教育部人文社会科学基地重大项目
项目批准号：01JAZJD720005

现代哲学的变更
与
后现代主义
和西方马克思主义

刘放桐 主编

华东师范大学出版社

目录

- 001　绪论

001　第一篇　革命变更与现代转型：现当代哲学发展的大背景

- 003　第一章　现当代西方社会历史和科学文化的变更
- 018　第二章　马克思主义哲学的产生和发展
- 036　第三章　西方哲学的现代转型

055　第二篇　对现代性的批判与后现代主义

- 057　第一章　后现代主义与当代西方哲学走向
- 076　第二章　现代性概念和后现代哲学的继承与批判
- 087　第三章　利奥塔的后现代主义
- 110　第四章　福柯的实证主义与"后现代主义"
- 135　第五章　后现代科学哲学
- 157　第六章　鲍曼论现代性和后现代性
- 179　第七章　查尔斯·泰勒对现代性政治文化的反思
- 202　第八章　后现代主义史学述评

227　第三篇　后现代主义与马克思主义

- 229　第一章　德里达的"解构的马克思主义"
- 241　第二章　德勒兹与马克思："无产阶级"的"逃逸线"

253	第三章	鲍德里亚与马克思：异化、革命与"乌托邦"的希望
265	第四章	论罗蒂与马克思
276	第五章	阿伦特与马克思主义
296	第六章	麦金太尔：亚里士多德式的马克思主义

307 第四篇 现代哲学变更背景下的西方马克思主义

309	第一章	从经典马克思主义到西方马克思主义
322	第二章	现代西方哲学背景下的西方马克思主义
336	第三章	哈贝马斯与西方马克思主义和后现代主义
353	第四章	詹姆逊与后现代背景下的当代西方马克思主义
371	第五章	"生态学的马克思主义"与后现代主义的对立
386	第六章	从与后现代主义对立的视角看西方马克思主义的意义

402 代结论：当代哲学走向：后现代主义、西方马克思主义还是发展着的马克思主义

418 后记

绪论

后现代主义和西方马克思主义是现当代西方各国广为流行，并引起学界广泛关注的两种重要思潮，它们同现当代西方其他思潮一样不是单一的，而是包含了各种不同的派系。它们各有不同的理论特征，彼此之间不仅存在差异，有时甚至相互对立。但在超越和反对西方近代哲学的绝对主义和思辨形而上学等倾向上，在对所谓"现代性"的批判和超越上，它们却往往存在重要的共同之处，并由此使其与具有划时代意义的西方近代哲学在哲学思维方式上区别开来。它们的产生和流行各有独特的社会和思想理论背景，但都是在马克思所引起的哲学上的革命与西方哲学从近代到现代转型这个现当代哲学发展的大背景下出现的，是这种变更和转型的特殊的、既包含着扭曲，又包含着发展的形态。为了对它们有较为深刻和全面的认识，应当首先把握这个大背景，并由此出发来考察和认识它们在不同理论形态下所体现的现当代哲学的根本倾向，特别是较为准确地揭示它们与马克思主义哲学之间复杂的社会历史和思想理论之间的联系。

一、革命变更和现代转型是当代各种思潮的大背景

19世纪中期马克思在哲学上实现的革命变更建立了作为革命无产阶级世界观的理论形态的马克思主义哲学，从根本上超越了以往西方哲学，特别是作为早期资产阶级世界观的理论形态的西方近代哲学，克服了它们的种种片面性，开辟了哲学发展的新方向。同一时期的西方哲学家虽然无法摆脱他们所依附的资产阶级的眼界，但其中较为敏锐的人士毕竟在不同程度上察觉到了西方资本主义社会的内在矛盾以及由此所陷入的困境和危机。为了使资本主义

社会能在一定程度上摆脱这种困境和危机、使之在不同程度上能继续存在和发展,必须进行某些改革。与此相适应,在哲学上也要进行某些变更,特别是要促使哲学从纯粹和抽象的思辨转向对具体的现实生活的关注,而这种变更是对近代以来西方哲学思辩模式的一种转化,具有划时代的意义。正是在这种情况下,西方哲学的发展出现了从近代到现代的转型。革命变更和现代转型在阶级背景和理论形态上都有原则区别,但二者在超越近代哲学思维方式并转向现代哲学思维方式上有着重要的共同之处,两者都标志着西方哲学进入了一个新的发展阶段,即现当代阶段。尽管后现代主义的代表们大都认为他们自己的哲学标志着哲学发展的新阶段,但实际上各种形式的后现代主义的形成和发展都未能真正超越现代转型所开辟的哲学发展道路的范围,它们的变更实际上都是在这个范围内所发生的变更。尽管西方马克思主义者对马克思主义的解释与正统派马克思主义有不同之处,甚至有的把马克思主义与西方哲学思潮融合起来,从而产生对马克思主义的阐释有所扭曲的情况,但只要他们还是作为现当代的思潮存在,他们的思想倾向就没有越出革命变更和现代转型的范围,而是二者的某种特殊组合形式。

由革命变更所开创的马克思主义哲学和在现代转型中建立的各派现当代西方哲学体现着现当代哲学在发展过程中两条不同的路线。它们各有自己的发展道路,并以自己的独特方式适应新的社会历史条件和思想文化背景而不断提出新的理论形态。二者既相互对立,有时甚至作为直接对立的敌对阶级的意识形态而存在。但二者又存在着统一,都要回答同一个时代提出的哲学问题,并在这些方面相互联系,有时甚至是重要的联系。西方马克思主义和后现代主义等现当代西方各国形成的各种思潮虽然各有自己的特殊背景,但它们毫无例外地以革命变更和现代转型这两种划时代的哲学变更为大背景。它们或者是革命变更的某种持续(其中包含着发展,也存在扭曲)的形态;或者是现代转型的某种同样包含了发展和扭曲的变种。它们彼此之间以及它们与其他各种思潮之间的各种联系和冲突,都是在这个大背景下发生的。

二、对现代性的批判与后现代主义

后现代主义是一个意义含混的概念,其使用范围很不确定。甚至在被公认为是后现代主义者的哲学家中,对究竟什么是后现代主义也没有一致的看法。正因为如此,人们对它的评价也必然不同。但尽管如此,在不同的后现代主义的定义中还是存在着重要的共同之处,那就是它们都包含了对现代性,即现代主义的批判和超越。

早在第一次世界大战后,在西方就有人用后现代(Postmodern)这个词来表示当时欧洲文化的虚无主义倾向。第二次世界大战后,西方出现了一种以抛弃普遍性、背离和批判现代性的设计风格和规范为特征的建筑学及相关的文学艺术思潮。这种思潮不久便被移用于文化、哲学、社会学、政治学甚至自然科学等诸多领域,使这些领域出现了类似的思潮,它们被认为是当代后现代主义的直接理论来源,甚至可以说是它的最初形态。在法国,利奥塔、鲍德利亚、福柯、德里达等与后结构主义相关的一些哲学家纷纷通过批判从笛卡尔到启蒙运动的基本观念来消解和否定西方传统的体系哲学,他们的哲学观点由此成了后现代主义的典型形式。伽达默尔的哲学释义学从其把理解当作一种具有历史性的主体间的视界融合,以此取代和超越建立在主客二分基础上的传统哲学的认识论来说,也被认为具有后现代主义意义,甚至还是德国后现代主义的重要形态。英语国家的文化、历史,特别是文学艺术领域早已有后现代主义倾向,以蒯因和罗蒂为代表的新实用主义被认为是美国哲学领域的后现代主义的标志性形式,而丹尼尔·贝尔、汉娜·阿伦特、齐格蒙特·鲍曼和查尔斯·泰勒等人则被认为是后现代主义在社会、政治、道德等接近现实生活领域的重要代表。值得指出的是:后现代主义在美国的影响主要表现在这些较为接近现实生活的领域。一些欧洲的后现代主义者到了美国以后,往往同样转向这些领域。

尽管后现代主义哲学家的学说各不相同,甚至可以划分出众多派系,又在不同领域从事研究,但是正如上面谈到的,他们在要求批判和超越现代性上有着一致之处。后现代之所以被称为后现代的原因正是基于对现代性的批判和超越,而后现代主义与非后现代主义之间的争论也突出地表现在对现代性的不同态度上。因此,如何理解和对待现代性就成了关于后现代主义的讨论中最重要的问题之一。

现代性本身也是一个有着多方面内容的概念。西方哲学家对它的表述也各不相同。在西方后现代论著中颇有代表性的美国哲学家道斯蒂文·贝斯特和格拉斯·凯尔纳的《后现代理论》中有这样一段话:"现代性一词指涉各种经济的、政治的、社会的以及文化的转型。正如马克思、韦伯及其他思想家所阐释的那样,现代性是一个历史断代术语。指涉紧跟中世纪或封建主义时代而来的那个时代。在一些人看来,现代性与传统社会相对立,它具有革新和不断变动的特点。从笛卡尔起,贯穿着整个启蒙运动及其后继者,所有关于现代性的理论话语都推崇理性,把它视为知识和社会进步的源泉,视为真理之所在和系统性知识的基础。人们深信理性有能力发现适当的理论和实践规范,依据这种规范,思想体系和行动体系就会建立,社会就会得到重建。这种启蒙运动也在美国、法国以及其他一些国家的民主革命中发挥了作用,这些革命旨在推翻封建社会,建立一种体现理性和社会进步的公正平等的社会秩序。"①之所以引述这段话,是因为它能较好地印证我最近十多年来一再提及的看法。

现代性在英文中为modernity,从社会经济领域而言,它泛指西方中世纪以后、资本主义生产关系开始萌芽以后的时代,特别是西方各国现代化运动萌芽、成长以致发展的时代;从政治和思想文化领域而言,泛指反封建的世俗思潮,特别是西方各国的启蒙思潮及与之相关的资产阶级民主革命思潮;从哲学领域而言,泛指从笛卡尔以来的崇尚理性、并由理性出发来构建无所不包的哲学体系的思潮。从理性就是主体性的角度说,崇尚理性的时代就是强调主体性的时代,由主体性出发去构建形而上学体系的时代,即主体性形而上学的时代。由于理性被认为具有普遍和绝对意义,是一切知识和科学文化的基础、本质,绝对理性主义同时具有基础主义和本质主义的意义。modern philosophy 在中国哲学界中以往一直被译为近代哲学,特别是指从笛卡尔到黑格尔的哲学。与此相适应,modernity 指的就应是近代性;对现代性的批判和超越就其主要意义来说实际上就是对近代性的批判和超越。对现代性这个概念,还可以有其他许多理解。例如,现代性可以意味着以同一性代替差异性、以普遍性代替特殊性、以必然性代替偶然性、以确定性代替非确定性、以绝对性代替相对性、以中心代替边缘等等;现代性也可意味着对基础、本质、本源、规律、公理等的肯定。对现代性的这些肯定实际上意味着对传统体系哲学,特别是从笛卡尔到黑格尔的主体性形而上学的肯定;而后现代主义之所以被称为后现代主义,正是源于对现代性的批判和超越,主要表现为对笛卡尔到黑格尔这一时期为主导的主体性形而上学的批判和超越。

国内外哲学界大都把哲学上的后现代主义限定为20世纪下半期由法国后结构主义(解构主义)、美国新实用主义所代表的思潮,而利奥塔的《后现代状况》一书的出版(1979)被认为对后现代主义的正式流行具有标志性意义。事实上,不少谈论后现代主义的论著往往以利奥塔、鲍德利亚、福柯、德里达等与法国后结构主义相关的一些哲学家以及同一时期的英语国家的哲学家为主要代表人物。尽管他们对后现代主义的具体解释各不相同,例如利奥塔就不把后现代主义看作时间上的后于现代主义,而强调它是与现代主义不同的一种

---

① [美]斯蒂文·贝斯特、道格拉斯·凯尔纳著,张志斌译:《后现代理论:批判性的质疑》,中央编译出版社2011年10月版,第2—3页。

思维方式。因为他认为,同一时代的思想有的是现代的,有的是后现代的。又比如,福柯等人不使用,甚至不接受后现代主义这个名称。但这些哲学家在要求批判和超越现代性上,特别是在反对和超越传统体系哲学、反对和超越作为近代哲学思维方式主要特征的二元论、基础主义、本质主义、绝对理性主义等方面却有着一致性。正是这种对传统和现代性的批判态度将他们联系在一起。还有一些人(例如以"新马克思主义"为代表的美国哲学家詹姆逊)将后现代主义限定为他们所谓的晚期资本主义的文化逻辑,而所谓晚期资本主义也有不同说法,通常将其归结为帝国主义之后的资本主义,即所谓"第三阶段的资本主义"。也有人将其看作冷战结束以后、特别是当代信息技术出现以后的最近几十年的资本主义。但是,不管对狭义的后现代主义怎样限定,它的主要理论特征仍然是反形而上学和对上述现代性概念的批判,而现代性概念则必然是广义的,即包括了与欧洲早期现代化运动相伴随的早期资本主义的范围。因此不管是作广义或狭义理解,后现代主义都具有反传统形而上学等西方近现代哲学的特征,都是西方哲学从近代到现代转型期的产物,与这一转型有着密切联系。

既如此,为了要对后现代主义(包括狭义的后现代主义)有较为准确的理解,就应当把它们放在西方哲学从近代到现代的转型这个大的背景下来分析。因为反对传统体系哲学,或者说超越近代哲学思维方式并非上述狭义的后现代主义哲学独有的特征,也非它们所始创。自19世纪中期西方哲学发展开始出现哲学思维方式的转换,即现代转型以来,大多数新兴的哲学流派在不同程度上都具有这种特征。只是它们没有使用后现代主义这个称呼。也正因为如此,一些西方哲学家将现象学和存在主义、各种类型的语言哲学和科学哲学等流派在不同意义上都归属于后现代主义。将一些较早出现的哲学流派的代表人物(例如实用主义哲学家皮尔士、詹姆士和杜威,生命哲学家柏格森,过程哲学家怀特海等人)当做后现代主义的奠基者,将尼采、狄尔泰等19世纪的思想家当作后现代哲学的重要先驱,甚至是划分现代与后现代哲学的转折点。当解构主义、新实用主义等当代后现代主义者论证自己的理论时,几乎无不援引这些前辈的哲学流派。这样后现代主义就成了在哲学思维方式上与近代哲学(modern philosophy)不同的现代哲学(contemporary philosophy)的统称,成了一个可将一切具有反传统体系哲学(特别是笛卡尔和康德以来的近代哲学)倾向的哲学流派和思潮都归入其内的普泛概念。对普泛意义的后现代主义哲学的解读和评价实际上从属于对近代哲学思维方式采取批判态度、要求实现西方哲学的现代转型的现代西方哲学的解读和评价。

当然，人们完全可以从狭义的意义上来谈论后现代主义；完全可以、甚至应当对解构主义、新实用主义等当代哲学流派的那些"后现代话语"加以具体的解读和研究；完全可以、甚至应当具体分析詹姆逊等人关于后现代主义作为晚期资本主义的文化逻辑、作为信息时代的资本主义文化的意义。但不应当把这种狭义的后现代主义与 postmodernism 可能包含的广泛的意义混淆起来，更不应当把前者声称在哲学上的变更与后者所蕴含的变更混淆起来。如果肯定广义的后现代主义可以泛指尼采以来一切具有反传统体系哲学倾向的哲学流派和思潮，那就应当肯定它们在哲学上所实现的变更是根本性的哲学思维方式的变更，具有西方哲学从近代到现代转型的意义。当代后现代主义派别对这种转型也作出了贡献。但只要将他们的理论比照此前的现代西方哲学流派，就不难发觉他们所要求实现的哲学上的变更仍然没有越出西方哲学的现代转型的范围，并不是这一转型之后发生的另外一次具有划时代意义的哲学思维方式的新变更。

总的说来，如果我们肯定西方哲学的发展继近代转型（认识论转型）之后从 19 世纪中期开始出现了新的转型（现代转型），后现代主义思潮正是这一转型过程中出现的，而当代后现代主义在哲学上的变更正是这一转型在新的条件下的继续和发展，因此也应当从这一转型的角度去解读和评价其意义。

但是我并不因此主张把后现代主义与西方哲学的现代转型相提并论。后者的意义要确定和深刻得多，至少较易避免"后现代主义"这个泛泛名称所导致的各种含混性。自 19 世纪中期以来，许多对时代精神的变更有一定觉察的西方哲学家纷纷起而对以黑格尔为顶点的西方近代哲学的局限性和矛盾性进行批判，试图超越它们的界限，甚至从根本上改变西方哲学发展的方向。他们的理论当然远非完善，甚至还充满着种种矛盾，但他们在这方面毕竟有相当丰富的内容，而这是含混的后现代主义概念所难以涵盖的。

更为重要的是：马克思在哲学上的革命变更虽然与西方哲学家实现的现代转型有着原则的区别，但这一变更毕竟也是西方哲学从近代到现代转化的这个大背景下发生的，是这种转化中最彻底、最完善的形态。有的西方哲学家，特别是一些当代西方马克思主义者由此把马克思说成是一个后现代主义哲学家。这当然包含了对马克思的扭曲。不管对后现代主义作何解释，用后现代主义这个含混的概念来指称马克思主义必然会使马克思主义变得含混，混淆其与西方现当代哲学思潮的界限。

至于詹姆逊等后现代主义哲学家把西方马克思主义与后现代主义联系在一起，在一定程度上倒是有其理由。西方马克思主义最早出现于 20 世纪 20 年代，那时狭义的后现代主义还没有出现,但马克思在哲学上的革命变更和西方哲学从近代到现代的转型都早已发生了,以批判近代哲学思维方式为主要内容的对现代性(近代性)的批判思潮已经出现了。这意味着不使用后现代主义这个名称的广义的后现代主义早已存在了,而西方马克思主义者最显著的特点正是对马克思主义发展过程中出现的复活近代性思潮的批判。尽管他们的这种批判有时走向了另一极端,以致可能背离马克思主义。但这与后现代主义,特别是狭义的后现代主义对现代性(近代哲学)的批判大体一致。总之,在对现代性的批判上,西方马克思主义者与后现代主义者往往走到了一起。在一定程度上我们甚至可以说,某些形态的西方马克思主义(例如德里达、詹姆逊等人的马克思主义)是将马克思主义作后现代解释的马克思主义。

由于后现代主义思潮的出现与西方哲学的现代转型有密切联系,甚至也与马克思在哲学上的革命变更在某些方面相关。因此不宜对之简单否定,而应当实事求是地揭示其可能存在的积极意义。但后现代主义的出现是一种复杂并存在着种种矛盾的现象。有的后现代主义者在哲学上批判近代哲学思维方式的缺陷和所谓现代性的弊端时往往走向了另一个极端,以致陷入了极端主观主义、相对主义和虚无主义。这样他们就会将西方哲学的发展引入歧途。随着这种极端形态的后现代主义的破坏性弊端日益显露,许多西方哲学家企图与之划清界线。于是有的人提出要反对颠覆性(破坏性)的后现代主义,倡导建设性的后现代主义,甚至更多的人反对继续使用后现代主义这个可以作出不同解释的模糊概念;以致后现代主义思潮已经风光不再,人们已在谈论西方哲学在后现代主义思潮之后如何发展的问题了。还有的人鉴于全球化已成了当代世界势不可挡的潮流,于是就企图用时髦的全球化话语来包容后现代,将后现代当作全球化的题中之义。后现代问题就成了全球化条件下的哲学发展方向问题,然而这样一来后现代主义就失去了它的拥护者们原来所强调的意义了。

三、西方马克思主义的定性与当代国外马克思主义的分野

西方马克思主义也是一个多义的概念。狭义的或者说本来意义上的西方马克思主义是指与经典马克思主义及被认为是其合法继承者的正统马克思主义相对应的非正统的马克思主义。它往往保留了经典马克思主义的一些重要原则,但又以反对后者发展中的教条主义和僵化倾向等为理由而放弃了经典马克思主义的另一些重要原则;它保留了马克思主

义的名义,因而不同于现代西方哲学,但又融入了后者的一些因素,特别是某些超越西方近代哲学的因素。广义的西方马克思主义也可以有不同所指,有时甚至可以用来泛指在西方国家得到研究和流行的马克思主义。这种意义的西方马克思主义者中有的是忠诚的马克思主义者,有的只是马克思主义的同情者,甚至只是一般的研究者。他们的理论观点有的可能接近正统马克思主义,有的可能接近狭义的西方马克思主义,还有的可能是非马克思主义,甚至是反马克思主义,后者有时被称为西方马克思主义学。我国学界谈论的西方马克思主义通常是指其狭义的形态,即与正统马克思主义相异的非正统的马克思主义。它们是马克思主义在西方特定历史条件下的发展的产物。

导致西方马克思主义产生的特定历史条件可以有不同说法,但大都与正统马克思主义在西方国家遇到挫折,甚至遭到失败相关。其中最突出的是如下两个相关的历史事实:一是在列宁领导下俄国无产阶级取得了十月革命的伟大胜利,列宁主义由此被认为是马克思主义发展中的正统理论,十月革命武装起义的道路也由此被认为是无产阶级革命的普遍道路;二是一次世界大战后欧洲一些国家出现了有利于无产阶级革命的形势,但各国按照十月革命模式所进行的革命均遭到了失败,后来许多发达国家甚至没有再发生革命。这种情况引发了欧洲国家一些马克思主义者对列宁主义和十月革命模式的普遍有效性的质疑,由此产生了与正统马克思主义有所不同的新的马克思主义思潮,它们被认为是西方马克思主义。在20世纪20年代,西方马克思主义者关注的正是如何看待上述两个历史事件。在30年代,西方马克思主义者中一些人关注从政治、经济,特别是从心理学上分析法西斯主义的起源。二次世界大战以后,他们中有一些人致力于对发达资本主义社会的分析和对苏联模式的社会主义弊端的批判。他们的这些活动都蕴含着对以列宁主义为标志的正统马克思主义的偏离。

西方马克思主义者虽然都有上述偏离,但他们内部并不统一,包含了思想倾向各异的一些派别。有的虽然受到同时代西方思潮的较多影响,但主要思想倾向仍属马克思主义,可以算是西方国家中出现的有不同见解的马克思主义派别。例如,西方马克思主义的创始人卢卡奇以及科尔施、葛兰西等人的理论是对经典马克思主义,特别是马克思本人的某些理论的重新解释和发展,他们在整体上并没有离开马克思主义和共产主义运动。葛兰西甚至还是意大利共产党的杰出领导人。有的人受同时代西方思潮的影响很大,甚至可能是某种西方思潮的代表,从原则上说他们不属于马克思主义派别,而只能归属于现当代西方哲学流派,只是在某些方面接近马克思主义。例如萨特的存在主义的马克思主义实际上仍然是存在主义的表现形态。在广义的西方马克思主义中，有的与在当代流行的后现代主义有着密切的联系，甚至可能是后现代主义的表现形态。詹姆逊的所谓新马克思主义同时又是后现代主义的一种特殊表现形态。至于最近一些年来在西方国家受到关注，并被当作西方马克思主义在当代的继续的所谓后马克思主义、生态的马克思主义，已不具有与经典马克思主义相对应的性质，与本来意义的西方马克思主义自然更有很大不同。西方马克思主义既然存在如此明显的歧异性，在评价它们时，应当分别按照不同情况作出具体分析。

对于西方马克思主义从20世纪20年代以来所形成和发展的历史过程以及它的各个代表人物的主要观点，国内外各种有关论著所作的介绍和解释有时虽互有差异，但大体内容彼此出入不大。东欧各派新马克思主义虽不能简单归结为西方马克思主义，但二者主要理论倾向很是接近，人们对将其与西方马克思主义放在一道讨论也未引起多大争议。学界在西方马克思主义讨论中的意见分歧似乎集中在如何从理论上给这一思潮定性：应当把西方马克思主义看成马克思主义本身发展中产生的与以前苏联模式为代表的"正统"马克思主义不同的派别呢，还是只能看成与马克思主义根本对立的资产阶级思潮？因而不能算是马克思主义。对此我想应当考虑如下两个方面。

第一，判定西方马克思主义是否属于马克思主义本身发展中出现的不同派别，既要看后者是否可能出现不同理论并由此在一定意义上产生不同派别；又要看西方马克思主义各派理论能否在一定程度上符合本来意义上的马克思主义。

前一个问题应当不难回答。因为任何一种思想和学说要不断具有生命力，其代表人物都必须不断进行新的探索，不断修正、深化和发展自己的理论，使之符合不断变化和发展的现实生活和实践的新要求。马克思主义更是如此。马克思和恩格斯一直根据他们所处西方资本主义社会的发展、无产阶级斗争条件的变化而不断修正和发展他们的理论。从他们实现了哲学上的革命变更时起，他们的哲学理论的基本立场即始终一致，但具体解释又处于动态的发展过程中，并非固定不变。无论在马克思和恩格斯之间或者他们各人在不同时期之间，由于所处具体条件以及现实要求等的不同而在某些方面必然存在、事实上也的确存在差异。不承认这种差异，无异于否定马克思主义哲学的发展；而肯定这种差异不仅不会违背马克思主义的基本原则，反而是尊重了他们所一再强调的不把理论当作僵化的教条的基本原则。要使马克思主义理论生机勃勃、战无不胜，各国马克思主义者必须在坚持其基本原理的前提下紧密联系所处特殊时代和特殊地域的具体实际，不断提出新的理论。既然马克思主义在发展中必然存在差异，人们有时会按照不同具体条件对马克思主义的普遍原理作出各有特色的解释,从而出现不同理论,甚至形成不同学派。只要这些学派坚持马克思在实现哲学上的革命变更时所确立的那些基本原则,那不管它们是否符合"正统"马克思主义模式,都应当肯定其为马克思主义本身发展中出现的派别。

至于判定西方马克思主义理论是否符合本来意义的马克思主义,显然不能简单地说"是"或"否",因为西方马克思主义这个大的思潮中又包含了具有不同理论倾向的派系,应当在正确理解本来意义的马克思主义发展的基本方向这个前提下,对他们的具体理论倾向作出具体分析,分别作出回答。

在广义的西方马克思主义思潮中,有些人(例如萨特和法兰克福学派诸家)的理论之所以被归入其内,是因为他们往往对西方资本主义社会以及资本主义的意识形态的许多矛盾和弊端作了相当尖锐的揭露和批判。对马克思的理论,特别是关于现实生活和实践、人的能动性、人的自由和全面发展的学说以及马克思在哲学上的变更在哲学史上的革命意义作了高度的评价。但他们本身的基本理论倾向(例如萨特的存在主义和法兰克福学派的社会批判理论)与马克思主义又有本质区别。他们虽然也参与一些批判西方资本主义的活动,但与在马克思主义指导下的无产阶级的解放运动,例如西方各国共产党和工人党领导的革命运动有较大距离。他们大都也并不自命为马克思主义者,而只能说是马克思主义的某种程度的同情者。严格说来,与其说他们是西方马克思主义者,不如说是西方各国马克思主义的阐释者和研究者,不应将其归属于马克思主义本身发展中的派别。西方马克思主义与西方国家的学者对马克思主义的研究(或者说西方国家的马克思主义)具有不同的意义。这就是本来意义的西方马克思主义与广义的西方马克思主义的不同。

在人们通常谈到的西方马克思主义的代表人物中,从卢卡奇、科尔施、葛兰西以来相当多的人都曾是西方各国共产党的著名理论家或者独立从事研究的马克思主义者,他们之所以提出不同于"正统派"马克思主义的理论,在很大程度上是由于前者不仅未能使西欧各国的无产阶级取得社会主义革命的胜利,反而使他们遭到了严重挫折。这促使他们超越这种理论模式而按照他们各自理解的当代西欧社会状况和无产阶级所面临的新形势对马克思主义理论作出新的探索和解释,为西方的革命寻找新的道路。由于他们的理论锋芒所向主要是资产阶级的意识形态以及国际共产主义运动中的教条主义和机械论倾向,并发挥了马克思对人的实践和能动性、人的自由和全面发展的强调,因而大体上符合马克思在哲学上的革命变更的方向,甚至可以说在某些方面对丰富和发展马克思主义作出了贡献。他们的理论的确往往存在很大片面性,例如有的人在反对机械论时往往偏离了唯物主义立场,走向相对主义和主观主义;在强调马克思主义的实践性时却又使自己脱离了现实的政治实践。但不能因此将它们简单归结为资产阶级思潮,这正像不能因正统的马克思主义有时存在严重的教条主义和机械论倾向而将其简单归结为资产阶级思潮一样。

第二,判定西方马克思主义各派理论是否只能是与马克思主义哲学根本对立的资产阶级思潮,除了要看他们的基本理论倾向是否与本来意义的马克思主义根本对立,还要看这种理论倾向与相关的现代西方哲学流派的联系以及后者与马克思主义哲学联系的性质。前一方面上面已经论及,在此仅简单说明后一方面。

西方马克思主义的各个派别大都与现代西方哲学的某些思潮或派别有密切联系,但这并不意味着可以笼统地将它们归结为与马克思主义哲学根本对立的西方资产阶级思潮,认为它们只能是用唯心主义和形而上学来攻击马克思主义的唯物主义和辩证法。这是因为:

一、在不同西方马克思主义派别那里上述联系的性质和程度不同。其中有的是从某种现代西方哲学流派的基本观念出发(例如萨特从存在主义出发)来构建自己的理论,只是在某些方面接受了马克思主义哲学的某些因素,从整体上说它们的确可归属于现代西方哲学思潮。但也有些人本来就是马克思主义者,其理论目标也是发展马克思主义,他们往往只是在某些方面接受或借鉴了某些西方哲学的内容(例如卢卡奇等早期西方马克思主义者借鉴黑格尔主义),显然不宜将他们的理论简单归属于某种西方哲学思潮。

二、尽管西方马克思主义所接受或接近的现代西方哲学思潮与马克思主义哲学在理论特征上存在对立,但正如上面提到的,在超越近代哲学思维方式、走向现代哲学思维方式(也就是实现西方哲学的现代转型)上二者之间存在着重要的共同之处。即使是那些从整体上说应当归属于非马克思主义的西方思潮的西方马克思主义派别,在这方面与马克思主义哲学同样有着共同之处。如果把二者的关系仅仅归结为根本对立的关系,那必然会忽视二者的这种超越,从而必然扭曲二者的实际所是。

三、西方马克思主义一些派别的确受到现代西方哲学流派所存在的唯心主义和形而上学倾向的影响,这种倾向无疑与马克思主义的唯物主义和辩证法相冲突。但无论是他们本人或对他们发生影响的许多现代西方哲学家,其基本理论倾向并非直接就是唯心主义和形而上学。对于以实体本体论、机械论、独断论等形态出现的传统唯心主义和形而上学,他们往往还采取反对和批判态度。说他们的理论仍然存在唯心主义和形而上学倾向,主要是因为这些理论在某些方面仍然脱离现实生活和实践。甚至一些称自己的理论为唯心主义的人,其唯心主义的意义也与传统哲学的实体性唯心主义有很大区别。因此我们既要善于识别西方马克思主义者所接受的现代西方哲学的唯心主义和形而上学倾向,划清马克思主义的唯物主义和辩证法与它们的界限,又要善于看到它们在反对和超越传统唯心主义和形而上学上与马克思主义的共同之处,从中吸取经验教训。

总之,我们既要看到西方马克思主义所接受的现代西方哲学与马克思主义哲学的差异和对立,又要看到二者之间存在的共同之处,根据不同情况分别作出具体分析。这里最重要的仍然是正确认识西方哲学的现代转型和马克思在哲学上的革命变更的真实意义,超越近代哲学的视野来看待西方马克思主义与现代西方哲学及本来意义的马克思主义的联系。

随着苏东事变的发生和冷战的结束,马克思主义在国外存在和发展的条件出现了很大变化。以往那种以苏联为代表,并作为其官方意识形态的正统马克思主义因原有存在条件的变化而失去影响,在许多情况下甚至不复存在。在中国得到丰富和发展的马克思主义一开始就强调与中国革命和建设的具体实践相结合,不同于苏联模式的马克思主义,从而不具有与西方马克思主义相对应的正统性质。持正统马克思主义立场的当然还有人在,但他们大都失去了原来的正统地位。至于原有作为与这种正统马克思主义相异,甚至相对立的西方马克思主义,由于不处于与原有的正统马克思主义相对立的地位,也就不再有作为原有意义的西方马克思主义而存在了。因此,把正统马克思主义与西方马克思主义作为马克思主义的两种主要形态来研究也就不再具有原有的意义。当然,从总结以往哲学研究的经验教训来说,对原有西方马克思主义作更为深入具体的研究当然仍然具有重要的意义。考虑到中国学界在这方面的研究已有大量成果,除了对与后现代主义有着较密切关系的詹姆逊等人外,本书对那些被许多人谈论的当代西方马克思主义者就不一一介绍了,仅对西方马克思主义的来龙去脉作简单综述。

西方马克思主义作为一种与正统马克思主义相对而存在的思潮不等于西方国家的马克思主义研究,更不等于国外马克思主义。后者的范围要广泛得多。除了本来意义的西方马克思主义以外,还有其他许多马克思主义和非马克思主义的学者在研究马克思主义。这种研究在苏东事变以后仍继续存在。而他们的研究从基本倾向、范围、重点、目标等方面来说,往往各不相同。对马克思主义哲学作一般性研究的人当然还有,但多数人宁愿去研究当代社会的一些具体问题,例如政治、伦理、宗教、种族、女权、生态方面的问题。所谓女权主义的马克思主义、生态的马克思主义等就是由此出现的。在本来意义上的西方马克思主义已经停滞,甚至终结的情况下,如何突破西方马克思主义研究的范围,积极开展对各种类型的国外马克思主义的研究就成了我国马克思主义哲学和外国哲学研究的重要课题。我们只是在此提出这方面的问题,但并未作这方面的研究。

国外学者对马克思主义研究的状况比西方马克思主义的研究更加复杂。这些学者的哲学和政治立场各不相同,他们与各种西方哲学流派有着不同的联系,特别是他们研究马克思主义各有特定的目的。因此不仅难以用正统马克思主义作标准来衡量他们,也难以用原有的西方马克思主义作标准来衡量他们;而应当从他们本来的哲学背景出发,根据他们对马克思主义的实际研究来对他们作具体评价。在这方面,我们应当避免两种极端倾向。一种是:仅仅根据他们说过一些赞成、甚至褒扬马克思主义的某些理论的话,特别是赞成马克思本人在特定条件下所说的某些话,就把他们看作是马克思主义的拥护者。因为他们很可能是由于这些理论和话语符合他们本来理论的要求而表示赞成马克思和马克思主义的。他们所真正维护的实际上仍是他们自己的理论,而不是马克思和马克思主义。例如,著名的解构主义哲学家德里达说过不少褒扬马克思的话,有些话语听来甚至使人感动,但他之所以肯定马克思,是因为马克思哲学的批判性可以用来论证解构主义。如果我们过分相信他那些赞扬马克思的话,我们就可能有在维护马克思主义的意图下落入解构主义的陷阱,至少有这种危险。另一种是:仅仅由于某些西方哲学家说过一些反对马克思主义的话而简单地将其看成是马克思主义的敌人。因为有的西方哲学家所反对的马克思主义是由他们自己或其他人扭曲过的理论(例如实际上与马克思主义相背离的经济决定论、消极反映论、纯粹自然主义的唯物论),如果我们用马克思主义的名义起而维护这些理论,那我们就是站在扭曲马克思主义人的一方了。

在当代新的历史条件下,各国社会的发展有着不同路线。马克思主义的基本原理仍然有效,但传统的社会发展模式的确受到了种种冲击。一些后现代主义哲学家关于现代文明的冲突、关于晚期资本主义发展的特殊性、关于信息技术和网络文化对社会发展的影响等等议论虽然都存在明显的片面性,但也往往包含了某些真理。这些都要求我们突破某些过时的思维框架,在发展着的马克思主义的指导下,以实事求是和与时俱进的态度对新的情况进行具体研究。正是由于各国的发展条件不同,各国马克思主义的研究也有着不同的发展路线。对中国马克思主义学者来说,我们既要坚持中国特色的社会主义和中国特色的马克思主义,又要放眼世界,关心各国社会的发展和各国马克思主义的发展。既要致力于马克思主义在当代中国的发展,又要了解马克思主义在国外的发展,加强国外马克思主义研究。这种研究包含了许多方面。例如,除了国外马克思主义者的研究外,还包括众多非马克思主义的学者的研究。他们从各自立场出发对马克思主义的研究并非仅仅是对马克思主义的攻击,有时还包含着可资借鉴的见解。即使那些对马克思主义明显存在扭曲的理论也可通过批判用来作为防止扭曲的材料。正因为如此,本书收录了一些介绍西方著名哲学家,特别是后现代主义哲学家对马克思主义的一些论述。由于我们缺乏深入具体的研究,这些论述显得零散、肤浅。考虑到学界这方面的研究还很少,如果我们这些介绍能成为引玉之砖,我们就部分地满足了。

第一篇
革命变更与现代转型：现当代哲学发展的大背景

关于马克思在哲学上的革命变更和西方哲学家实现的在哲学上从近代到现代转型的共同背景和各自的特殊背景，我在《马克思主义与西方哲学的现当代走向》（人民出版社 2001 年）、《西方近现代过渡时期的哲学：哲学上的革命变更和现代转型》（人民出版社 2009 年）、《探索、沟通和超越：马克思主义哲学和现代西方哲学比较研究》（北京师范大学出版社 2010 年）、《马克思主义哲学和现代西方哲学研究》（北京师范大学出版社 2012 年）等相关论著中都已作过较为具体的阐释。革命和转型是包括后现代主义和西方马克思主义在内的整个现当代哲学发展的大背景。后现代主义和西方马克思主义思潮的产生和流传是在革命变更和现代转型的基础上发生的，是在新的条件下对革命变更和现代转型的重读或重构。我们对革命和转型背景的阐释在一定意义上也适用于认识后现代主义和西方马克思主义。因此我们在本书中首先仍然要提及革命和转型的大背景，这与上列书中的阐释在基本观点上是一致的，但按照阐释后现代主义和西方马克思主义的要求作了较多补充。为了避免过多重复，本书有的阐释从简，对这方面问题感兴趣的读者请参看上列诸书。至于后现代主义和西方马克思主义形成和发展的特殊背景，我们将在下面的相关篇章中具体阐释，在本篇中仅简略提到。

第一章　现当代西方社会历史和科学文化的变更

第一节
西方各国资本主义制度的确立和发展及其对哲学发展的影响

马克思在哲学上实现革命变更是在19世纪40年代发生的。西方哲学由近代到现代的转型发生的更早一些,但它是在一个漫长的历史时期内经过曲折的道路以不彻底的形式实现的,在19世纪中期成为一种具有较大普遍性并产生较广泛影响的思潮。这意味着革命变更和现代转型都以19世纪中期以来西方各国的社会历史条件的变更以及以自然科学等人类认识条件的变更为重要背景。后现代主义和西方马克思主义的产生和流行都是20世纪的事,但由于它们分别是作为现代西方哲学和马克思主义哲学发展过程中的变异形式出现的,因而不能离开19世纪中期以来革命变更和现代转型的背景。

一、西方各国由封建主义向资本主义的转化

19世纪的西方各国大都处于由封建主义转向资本主义的决定性的过程中。在此以前几个世纪,资本主义在这些国家已开始孕育并有一定成长。1688年,英国发生了所谓非暴力的"光荣革命",尽管它很不彻底,却毕竟为资本主义的产业革命,即早期现代化运动的兴起开辟了道路。在1789—1794年法国大革命爆发以前,西方各国在政治和思想文化方面从总体上说还处于封建贵族的统治之下。资本主义发展较晚的德国甚至尚未改变严重的封建割据状态,未能形成一个统一的民族国家。资本主义在西方各国虽然都已有一定发展,但尚未形成一个具有统一市场的资本主义世界。法国大革命的爆发不仅标志着法国资产阶级正式走上政治舞台,确立了资本主义在法国的主导地位,为法国继英国之后进行产

业革命创造了必要前提,而且对先行的英国和后起的德国资本主义的发展都起了重要的促进作用。恩格斯就曾指出法国革命"像霹雳一样击中了这个叫德国的混乱的世界"①。1848年在德国终于发生了资产阶级的革命,尽管这次革命在政治上并未取得胜利,但它毕竟由此促使德国走上了资产阶级与容克贵族相勾结的独特的资本主义发展道路。西欧各国由此正式进入了以早期现代化运动为重要标志的资本主义时代。

关于从封建主义时代到以现代化运动为标志的资本主义时代的过程,西方学者有着各种不同的论述。有的认为现代化运动的到来经历了四个阶段。即文艺复兴时期、宗教改革时期、科学革命时期和启蒙运动时期。其实与其把它们看作是四个阶段,不如说它们是统一的过程中四个不同方面。文艺复兴的直接意义主要在于以恢复古代的世俗文化的名义来取代中世纪万流归一的基督教文化,宗教改革是将适应封建主义需要的基督教旧教(天主教)改造为适应新兴资产阶级需要的新教。科学革命的直接意义在于以适应资本主义生产需要的实证自然科学代替宗教盲从与迷信。启蒙运动则是以发展市场经济所需要的在市场上的自由和平等来代替与市场经济原则相抵触的封建从属关系。这四个方面实际上不能独立存在,它们只有在统一中才能成为资本主义现代化运动的重要前提。

资本主义制度的确立及随之而来的资本主义现代化运动使西方各国的社会生产力在较短时期内就取得了超越前几个世纪的发展。这意味着资本主义制度比封建专制制度更能促进社会的发展。致力于反封建革命的新兴资产阶级在一定程度上体现了先进生产力和社会其他各个方面发展的前进方向。

但资本主义制度在取得比以往社会制度巨大得多的进步的同时,它所固有的种种矛盾,特别是生产的社会性和生产资料及劳动产品的私人占有这个基本矛盾也会越来越激化。这特别表现在作为生产资料占有者的资产阶级与作为劳动者的无产阶级的矛盾不仅越来越明显暴露,而且越来越激化。在资产阶级反封建的时代,无产阶级往往只是充当资产阶级的同盟军,尚未形成为独立的阶级力量;他们虽然与资产阶级已经存在矛盾,但这种矛盾尚不是社会主要矛盾。但在资本主义确立以后,面对着比以往的剥削和压迫都更为残酷的资本主义的奴役制度,无产阶级越来越觉醒,为了求得自身的解放,除了反封建外,更要反对新起的资本主义制度。他们必须发展成为一支与资产阶级处于直接对立地位的独立的阶级力量。至于资产阶级,为了巩固既得利益,最重要的已不是继续反封建,而是反对

---

① [德]马克思、恩格斯:《马克思恩格斯全集》,人民出版社1957年第1版,第2卷,第633—634页。

直接威胁其既得利益的无产阶级。资产阶级和无产阶级的矛盾由此上升为社会主要矛盾，它与旧有的社会矛盾相互交织，使这一时期西方各国的社会矛盾呈现出错综复杂的状态。

二、西方各国社会关系的变更对思想文化发展的影响

19世纪中期西方各国社会制度和阶级关系的这种变化，必然对哲学等思想文化产生深刻的影响。这突出地表现在：与资本主义制度和资产阶级要求相适应的以理性主义和理性批判为旗号的理论体系，因资本主义制度的确立而达到了顶点，各国启蒙运动的兴起就是其重要标志。但自此以后，这种理论体系所提出的社会理想，与资本主义制度确立以后西方各国的现实状况形成了强烈的反差，甚至发生了严重冲突。启蒙所倡导的资本主义制度的片面性和虚幻性日益暴露，甚至失去了其存在的合理性。

经济危机是资本主义固有矛盾的体现。1825年英国第一次爆发了经济危机，这种危机后来又在资本主义国家周期性的爆发。它既给广大无产阶级造成了深重灾难，也暴露了资本主义制度本身的危机。这种状况既激起无产阶级对资本主义理想社会的完全失望，越来越认识到必须进一步展开反对资本主义的斗争。代表无产阶级利益的思想家正是由此去探索推翻资本主义制度、建立共产主义新社会的道路，为无产阶级制定革命的世界观，并进一步探索制定正确的革命斗争的战略和策略。这一点正是马克思在哲学上实现革命变更的社会基础。

19世纪上半期以来以理性为旗号的资本主义固有矛盾的暴露及其所陷入的困境和危机，也使资产阶级中越来越多的人察觉到了现存的资本主义社会秩序已难以为继。为了挽救资本主义，必须在不动摇其根本制度的前提下对其作某种程度的调整和改造。一些较敏锐的资产阶级思想家正由此去探索改造和维护资本主义的途径，建立相关的理论。在哲学上突出地表现为在一定程度上要求批判和超越作为近代资本主义制度理论基础的绝对化了的理性主义。事实上，正是从这个时候起，无论在先行的英法两国还是后起的德国，对近代西方理性主义哲学体系的反思和改造，甚至带有不同程度的否定性的批判越来越成了相当广泛的思潮。由于各国具体历史条件、特别是无产阶级反对资产阶级的斗争条件不同，原有的文化传统和现实的思想文化发展的趋势不同，各国社会的变更应当朝什么方向走，各国的思想文化应当采取怎样的新的形式也都表现得各不相同。但是，在要求超越用理性主义包装起来的原有的资本主义制度以及与之相关的启蒙运动等理性主义的哲学体系上，

则有着重要的共同之处。正是这种共同之处促使西方哲学家开始寻找新的哲学方向,在不同程度上准备进行由近代哲学到现代哲学的转向。

西方哲学的现代转型与马克思在哲学上的革命变更有着原则性的区别,这点在任何情况下都不能忽视。但我们也必须按照马克思主义的求实的原则,肯定其在超越脱离实际的绝对理性主义、思辨形而上学等近代哲学思维方式的某些局限性上,革命变更和现代转型毕竟也存在着重要的共同之处。这主要在于二者有上述共同的社会历史背景,而这种社会历史背景使这两种哲学都必然在不同程度上各自以自己的方式在哲学发展的方向上实现某些超越近代哲学思维方式的变更。

三、19世纪70年代以后西方的社会变更和哲学变更

为了更为全面地认识哲学上的革命变更和现代转型的形成和发展趋势,我们需要看到欧洲1848年革命、1871年德国统一,特别是巴黎公社革命等标志性事件对西方资本主义的发展及国际共产主义运动的发展所产生的深刻和广泛的影响。

1848年以前的德国资产阶级既向往革命,又因害怕当时已兴起的工人阶级的革命运动而向封建贵族妥协。与此相适应,在哲学上出现了既要求变更,特别是反对与封建专制有内在联系的绝对理性主义和独断论,又表现出动摇和折衷,甚至倒退的思潮。当时在德国开始露头的非理性主义思潮就是这样。它批判了绝对理性主义许多的确存在的弊端,但同时又往往走向相对主义和虚无主义,甚至宗教神秘主义。

类似的思潮在英法美等国也在不同程度上存在。例如在英法两国流行的实证主义本来是以强调科学和科学方法为己任的,但他们在理论上仍然在一定程度上追求建立近代哲学那种无所不包的理论体系,甚至向传统宗教妥协,主张调和科学与宗教、理性与信仰。至于这些国家中(特别是法国)普遍存在的折衷主义,甚至复辟唯灵论等宗教唯心主义的思潮,则更为突出地体现了当时哲学发展既要摆脱绝对理性主义传统,又未能找到正确方向,以致出现倒退的现象。这种情况正是西方哲学由近代到现代曲折过程的转型体现。

19世纪40年代,欧洲工人阶级已由资产阶级反封建的同盟军逐渐发展成一支既反对封建势力又反对资产阶级,并由此争取自身和全人类彻底解放的独立的阶级力量,或者说已由自在阶级发展成了自为阶级。马克思和恩格斯正是适应着无产阶级革命斗争的需要建立了马克思主义的革命学说,特别是无产阶级在政治和意识形态领域与资产阶级进行革

命对抗的理论。他们在《共产党宣言》等许多论著中都明确指出资本主义连同一切剥削和压迫制度都应当彻底推翻和消灭,一种没有剥削和压迫、能保证人的彻底解放和全面发展的新社会,即共产主义社会必将出现。他们这一时期在建立和论证自己的理论时,总是把各种资产阶级的思潮,特别是同时代那些涉及现实的政治运动的思潮当作敌对阶级的意识形态而给予坚定的揭露和批判。在阶级斗争处于尖锐对抗的时期,为了坚持和贯彻无产阶级的革命立场和新唯物主义(实践的唯物主义、唯物史观、唯物辩证法)的哲学路线,他们也只能采取这种态度。至于资本主义制度是否经过自我调节还有一定的发展余地,资产阶级学说在某些方面是否还可能存在现实和合理的因素,这在当时并无明显的征兆,因此必然难以引起,事实上也很少引起他们的特别关注。

1871年以后,西方各国资产阶级民主革命的激荡时期已经过去,无产阶级反对资本主义的革命斗争也在巴黎公社起义失败后落入低潮。西方资本主义进入了一个相对"和平发展"的时期。如果以第一次世界大战爆发为其终点,它持续了40多年。期间西方各国资本主义经济都获得了飞速的发展。这说明资本主义在经过一定的改革和调整后还继续存在较大的活力。对于西方资本主义社会在19世纪下半期以来的变化,马克思和恩格斯都有所揭示。恩格斯在《卡·马克思〈1848年至1850年的法兰西阶级斗争〉一书导言》(1895年3月6日)中更是将欧洲各国资本主义19世纪下半期的发展情况和40年代的情况作了对比,明确地肯定了资本主义仍然存在的发展余地以及这种发展为通向新的社会制度创造了更好的条件。

既然西方资本主义经过调整尚能获得一定的发展活力,作为资本主义意识形态的西方哲学也能通过一定的变更而取得新的发展。这突出地表现在西方各国许多学者在哲学上强化了与早期资本主义相应的传统形而上学和绝对理性主义的批判。叔本华、克尔凯郭尔、孔德等人在19世纪上半期早已提出的一些反传统形而上学的见解这时得到广泛流行,并为他们的一些后继者所发挥。例如,尼采、柏格森和德奥法等各种类型的生命哲学家对非理性主义的发挥,马赫主义者对实证主义的发挥,都表现出了更明显的反思辨形而上学和强调现实生活和实践的特色。与此相适应,这一时期许多西方哲学家纷纷由对超越的物质实体和精神实体的追问而转向对现实的物质和精神对象及其不断流变过程的描述,各种类型的进化论由此盛行;由对抽象的理性概念的思辨转向对人的现实生活和实践的关注,各种关于哲学应以实践和行动为中心的理论层出不穷;由个体化的主体性转向超越个人界限的社会化的主体间性,以具有独特个性的个人之间的社会交往代替封闭的个体的主张得到相当普遍的认同。这些转向都具有由近代哲学转向现代哲学的意义。当时在英法德美等国哲学中都有一些流派和哲学家具有诸如此类转化的倾向。尽管就个别哲学流派和个别哲学家来说这类转向可能并不明确,其中往往混杂着与之相反的倾向,表现出这一时期的哲学作为近现代过渡时期的哲学必然具有的新旧混杂、调和折中等不彻底的特性。

四、垄断资本主义的形成及其对哲学变更的影响

19世纪末,特别是20世纪初以来,西方社会发展中出现了许多新情况。作为19世纪70年代以来资本主义"和平发展"的突出后果之一,资本主义各国的生产和资本因越来越高度集中而形成了垄断;工业资本和银行资本的融合形成了金融垄断资本,资本输出代替商品输出成了在政治上和经济上行使支配职能的主要手段。垄断组织由此在西方各国经济和政治中越来越占有统治地位。以自由竞争为特征的自由资本主义由此转化为以垄断为特征的垄断资本主义,即帝国主义。在帝国主义时代,资本主义所固有的各种矛盾空前激化,资本主义国家之间经济和政治等发展的不平衡性导致它们之间出现重新瓜分世界等矛盾,这种矛盾的激化导致了帝国主义之间的战争,而战争削弱了资本主义。在资本主义薄弱的环节(一国或几国)出现了无产阶级取得革命胜利的可能性。列宁深刻地揭示了帝国主义时代的这种新形势,并领导俄国无产阶级在正处于这种薄弱环节的俄国取得了十月社会主义革命的伟大胜利。关于这一历史过程的具体发展状况,已有众多马克思主义学者作过大量具体论述,大家在这方面的基本观点大体一致。我们在此仅拟简单提及这种新的社会历史条件对哲学发展所产生的深刻影响。

从西方各国哲学说,它们在这个新的历史时期的处境比19世纪70年代以来的所谓资本主义"和平发展"时期要复杂得多。

作为帝国主义时代的统治阶级的垄断资产阶级需要有自己的意识形态,同时代的西方哲学必然被利用来充当他们的意识形态。他们必然要求对这些哲学进行某种改造,以适应他们的需要。事实也是如此。尼采权力意志论的主旨本来是反对传统哲学的思辨形而上学,强调人的自由和能动性。甚至他关于主人道德和奴隶道德的观点也并非维护奴隶制,而是反对消极无为和强调积极行动。然而,在帝国主义时代,他的这种观点却被改造为认证垄断资产阶级的权力意志、对广大人民群众无情镇压的工具。实用主义对实践的强调原本是反对脱离实际的思辨形而上学,在帝国主义时代也被解释为不要原则,只要实际利益。

这些哲学因此一度被一些马克思主义者简单地称为帝国主义哲学,就不是偶然的了。还应当注意的是:帝国主义时代也是无产阶级革命的时代。十月革命的胜利,使作为无产阶级意识形态的马克思主义在取得革命胜利的国家成了占统治地位的意识形态。西方资产阶级本来就反对马克思主义,在这种新的历史条件下他们对马克思主义更加敌视了。这样,现代西方哲学与马克思主义哲学的对立就显得更为尖锐。在马克思主义者的视野下,西方资产阶级哲学往往被当作维护反动资产阶级的利益的反动哲学就不无理由了。

但是,西方哲学在19世纪末和20世纪初以来的变化并不能改变19世纪中期以来出现的从近代到现代转型的总趋势。事实上,这一时期西方各国出现的哲学大体上仍然延续了19世纪中期以来的超越近代哲学思维方式的倾向。德法生命哲学及后起的现象学和生存哲学在对以绝对理性主义为代表的思辨形而上学的批判上无疑继承了尼采等人的路线。英美哲学中的分析哲学和科学哲学思潮同样是对19世纪以来的实证主义思潮的发展。西方哲学发展的这种倾向虽然存在种种不彻底性,但从整体上说却意味着它的进步。我们只能在一定意义上称这一时期的西方哲学为帝国主义反动哲学。如果笼统地把这些哲学称为帝国主义哲学,那就是以偏概全了。因为19世纪末20世纪初以来的时代既是帝国主义时代,又是西方社会的多数人反对帝国主义的时代。甚至西方哲学界的多数代表性人物(例如杜威、罗素、萨特等人)也明确地反对帝国主义和垄断资本主义。还应当看到的是:帝国主义时代是资本主义矛盾激化而陷入危机的时代。为了应对,甚至在一定程度上克服危机,维护资本主义的根本制度,西方各国资产阶级不得不对资本主义进行某些改革,而这些改革有时在一定范围内可能是有效的。事实上,20世纪以来,西方各国经历了大大小小各种危机,但毕竟大都由于实行某些改革而在一定范围内得到缓解,使资本主义在一定历史时期仍能存在,并且仍能继续获得发展。也正因为如此,西方各国的哲学在一定历史时期内同样能得到发展。其中有的哲学思潮既是西方资本主义的矛盾和危机的产物,又在一定程度上体现了西方社会在当代的发展。20世纪70年代以来盛行的所谓后现代主义就是这样。这点我们将在下面有关篇章中具体阐述。

从马克思主义哲学方面说,它在这一时期获得了历史性的飞跃发展,但这种发展又经历了曲折的道路。

马克思主义哲学作为革命无产阶级世界观的理论形态,在马克思恩格斯时代就已在指导着无产阶级的革命斗争并取得了一系列重要胜利。但是,由于各种复杂的历史原因,从打倒资产阶级、取得政权这种意义上说,这些斗争未能取得实质性的胜利。马克思主义在西方社会中仍不是占统治地位的意识形态。列宁领导的十月革命的伟大胜利从根本上改变了这种状况。随着无产阶级革命政权的建立,马克思主义也成了无产阶级社会占统治地位的意识形态。马克思主义的发展由此不仅表现在对革命原则的进一步完善,更表现在将马克思主义的原理应用于社会主义革命和建设的具体实践。马克思主义哲学的实践性也由此得到了更为充分的发挥。列宁主义作为马克思主义发展的一个新阶段的主要意义也正在此。正是由于不把马克思主义当作教条,而当作从实际出发指导实践的纲领,以列宁为首的俄国布尔什维克党在革命初期不仅粉碎了国内反动势力的叛乱和国际帝国主义的封锁和包围,而且克服了政治和经济等方面的许多困难。斯大林继承了列宁的事业,以强有力的手段领导苏联人民初步实现了工业化和农业现代化,特别是取得了卫国战争的伟大胜利,在行动中丰富和发展了马克思主义。马克思主义在苏联的这些胜利不能因为后来它的某些领导人存在背离马克思主义等方面的错误,以致导致苏东事变等重大挫折而笼统予以否定。

但是,20世纪以来马克思主义的发展道路的确极其曲折,存在许多值得马克思主义者认真总结的沉痛的教训。例如,在第一次世界大战后,欧洲许多国家出现了很好的革命形势,但由于准备不足和策略上的失误等原因而未能取得革命的成功。不过最突出的还是20世纪90年代初期发生的苏东事变。学界对如何看待和总结这一事变至今仍有分歧,但大家大概都会肯定,以苏共为首的这些国家的共产党相继出现的对马克思主义的左和右的背离是其最主要原因。

俄国的十月革命是在国际和国内阶级斗争,特别是工人运动和马克思主义内部的斗争都极其尖锐复杂的条件下获得的。在资本主义"和平发展"条件下滋生的修正主义思潮在俄国的变种孟什维克和取消派都反对用武装起义夺取政权,对革命前途悲观失望。他们在理论上要求用马赫主义来代替马克思主义。为了论证、推动和保卫革命,以列宁为首的布尔什维克不得不从政治和意识形态上对资本主义和修正主义采取坚决批判的态度。这在一定历史时期内是完全必要的。但是,在列宁逝世以后,苏共没有根据现实情况的变更而变更,反而越来越形成了一种系统的左的封闭的理论体系。工业化、农业集体化,特别是卫国战争的伟大胜利,更使斯大林等领导人冲昏了头脑:宣布西方资本主义处于危机中,而苏联即将建成共产主义。这样,无论对西方资本主义还是苏联社会主义社会建设的状况都没有按照马克思主义实事求是的观点获得正确的认识。错误的认识导致错误的政策。其突出的后果是使苏联经济发展由严重失衡导致严重破坏,在与西方发达国家的竞争中遭到失败。在这种失败面前,苏共领导人又惊慌失措。他们不仅没有按照马克思主义的观点寻找失败的教训,反而从极左转向极右,将失败的原因归结为实行了马克思主义,并由此公开宣布放弃马克思主义,解散苏联共产党,使十月革命和往后苏联社会主义建设的伟大成果毁于一旦。苏联的失败又导致东欧各国出现资本主义的复辟。

苏东事变的风暴当然不能改变马克思主义和共产主义运动发展的历史趋势。以中国共产党为代表的中国马克思主义者不仅在这场风暴中起了中流砥柱的作用,而且在中国特色社会主义的建设中创造性地发展了马克思主义。其他各国忠诚的马克思主义者和进步人士也未因此放弃自己的革命立场。但是,这场风暴毕竟对马克思主义和国际共产主义运动造成了严重损害,使它们进入了低潮。这就要求马克思主义者进一步对这场风暴的根源和后果作出更加深刻和全面的分析,从中吸取经验教训。从哲学上来说,就应当结合对时代精神的变更和发展,进一步深刻而全面地认识马克思主义哲学的真实意义以及使之进一步得到丰富和发展的正确道路。其中除了更加密切地结合建设中国特色社会主义外,最为重要的是更好地面向发展着的当今世界,更为全面和深刻地重新认识与同时代西方哲学(包括西方马克思主义)的关系,更好地做到既划清与它们的界限,又充分批判地借鉴其反映当代时代精神的有益成果,使中国马克思主义哲学的发展既更加具有中国特色,又能更好地体现当代世界的发展。

第二节
19世纪以来西方科学的发展及其对哲学变更的影响

马克思在哲学上实现革命变更和西方哲学家实现由近代哲学到现代哲学的转型不仅以二者所处的19世纪的社会历史为背景,也以二者所处的19世纪自然科学发展为背景。我们在此无法列举和分析19世纪各门科学的形成和发展的具体材料,仅提及它们的发展趋势,以便分析当时的科学发展状况与在哲学上发生的革命变更和现代转型的联系。20世纪的科学发展趋势是19世纪的延续,大体方向基本一致。由于革命变更和现代转型直接涉及的是19世纪自然科学的变更,不是20世纪自然科学的变更,因此对后者阐释从简。但是马克思主义哲学和现代西方哲学在20世纪都有重大的发展,而这与20世纪自然科学的发展息息相关。因此在下面有关篇章中对此也要提及。

一、19世纪成为科学的世纪与形而上学自然观的危机

近代自然科学始于15世纪下半期,到17世纪已有较大发展,但只有到19世纪才出现革命性的变更。因为只有到这时,科学发展才最为迅猛并对人类生活的各个方面发生全面和深刻的影响。这特别表现在分门别类地对各个领域进行研究在这时已蔚为潮流,科学研究的对象除了自然领域以外越来越扩及到社会历史等人类活动的更广阔领域,甚至也扩及到以往很少涉足的意识和精神领域。社会学和心理学作为实证科学都是在这个世纪开始出现的,它们不仅在人类科学思想发展上具有重要的创新意义,对社会历史发展也产生了深刻影响。

19世纪的科学研究超出以往抽象和理想化的研究的范围而致力于分门别类的研究,特别是把确立抽象的科学概念与探究具体的技术和发明结合起来,是科学史上的重大进步。因为它促进了科学理论和实际相结合,使科学技术和科学方法被用来促进人的现实生活和实践。它彻底改变了人类生活条件。科学已不仅仅被看作是一些抽象的理论和概念,而已发展到抱着实践的目的来对作为人类生活对象的各个领域进行分门别类的专门化的研究。科学的功能已不只是理论上的满足,而首先是要促进工程技术等实践领域的发展,也就是促进社会生产力的发展。从这种意义上说,与以往历史时代相比,19世纪已是真正科学的世纪。

但是19世纪科学研究的专门化也有明显的缺陷。这突出地表现在一些科学家将科学的研究绝对化和片面化。他们在这方面确有丰富的成果,但他们中许多人往往走向另一个极端,即忽视具有普遍和一般意义的理论思维,由此在科学的发展上缺乏敏锐的眼光,对科学中的新事物、新思想、新理论也往往反应迟钝,在遇到与他们所熟悉的理论相冲突的新理论时茫然不知所措。当19世纪后期新的科学革命开始出现后,他们的这种表现就更是突出。在17和18世纪被奉为经典的科学原理在19世纪被自然科学中的一系列新发现否定,为科学发展中的新概念和新理论所动摇和取代。这使一些科学家感到科学危机的时代已经来临。因此19世纪这个科学的世纪同时又是自然科学处于危机的世纪。

从自然科学发展史来说。在19世纪可谓出现了转折性的变更。恩格斯在谈到这一时期自然科学发展的特点时指出:"经验的自然科学已经积累了庞大数量的实证的知识材料,因而在每一个研究领域中系统地和依据内在联系来整理这些材料,简直成为不可推卸的工作。同样,在各个知识领域之间确立正确的关系,这也是不可推卸的。于是,自然科学便走上理论的领域,而在这里经验的方法不中用了,在这里只有理论思维才管用。"①就19世纪的重要科学发现而言,它们所关涉的事实上也都不是以往哲学和科学中所讲的那种不变的、抽象的本质,而是具有活动性、可变性、过程性、历史性(时间性)等特征的本质。

总的说来,这一时期自然科学发展所显露的共同特性最主要的就是自然事物的变化(分化)、生长(繁殖)、转化、过程、进化以及与之相关的时间性和历史性。谁如果肯定这些与辩证法的思维方式相联系的特性,谁就要否定17、18世纪流行的传统的形而上学的思维方式。正因为如此,恩格斯在为他写作《自然辩证法》的"总计划草案"中指出:"在自然科学中,由于它本身的发展,形而上学的观点已经成为不可能的了。"②这意味着在此以前占支配地位的形而上学自然观遇到了危机。

二、19世纪以来自然科学的变更与西方哲学的变更

19世纪是科学时代真正开始的世纪,又是形而上学自然观出现危机的世纪。二者都对当时的哲学发展产生了深刻影响。革命变更和现代转型都受到这种影响,并以这种影响为重要的理论背景。

从19世纪作为科学时代真正开始的世纪来说,它使当时的各种哲学流派都必须直接面对科学,表明自己对科学的态度,重新思考和对待哲学与科学的关系问题。

在近代哲学中,哲学往往首先被看作是穷究一切存在的本性的形而上学。由于这种形而上学超越现实经验和生活的范围,带有浓厚的思辨性,因而成了思辨形而上学;又由于它企图凌驾于科学之上,充当科学的指导原则,因而被认为是"科学的科学"。近代哲学的创始人之一笛卡尔曾经把全部知识体系比作一棵树,树根是形而上学,树干是物理学(关于自然的科学),其他一切科学都是树干上长出的枝。形而上学由此被当作一切科学之源。近

---

① [德]马克思、恩格斯:《马克思恩格斯选集》,人民出版社1995年第2版,第4卷,第284页。
② 同上书,第259页。

代哲学的最后和最大代表黑格尔构建出了一个无所不包的思辨形而上学体系。一切自然科学都从属于他的自然哲学,后者是他关于绝对精神自我运动的整个唯心主义体系的组成部分。黑格尔作为一个辩证法家在论述自然现象时显露出了一些辩证法的火花,但他把整个自然界看作是绝对精神的外化,把一切自然科学都归结为对绝对精神的显露,必然从根本上扭曲自然界,从而必然与自然科学的发展处于对立地位。

从笛卡尔到黑格尔的近代哲学家大力倡导理性,实现了西方哲学发展中的认识论的转向,这对近代自然科学的形成和发展起了不可或缺的促进作用。然而,他们将哲学变成脱离现实生活和实践的思辨形而上学,变成凌驾于实证科学之上的"科学的科学"又使自己实际上站到了自然科学的反面,成了自然科学发展的严重障碍。自然科学为了求得自身的发展,必须摆脱对作为"科学的科学"的思辨形而上学的束缚。19世纪自然科学的重大进步正是在形而上学束缚下的一种解放,而这也意味着必然对哲学中的思辨形而上学造成重大冲击。西方哲学为了继续发展和进步,必须顺应自然科学发展的反形而上学要求,重新确定自己的发展方向。这意味着西方哲学在近代实现了认识论的转向之后要有新的转向。事实上,随着19世纪之成为科学的世纪,无论在科学界和哲学界,都发出了反对以黑格尔为最大代表的近代思辨形而上学的呼声。这种呼声体现了在科学时代到来之际重新思考哲学与科学的关系的客观需要,而这种需要也正是西方哲学实现新的转向的需要。

19世纪以来自然科学发展对西方哲学的新的转向的影响,随着自然科学中不断出现新的、具有革命性意义的变更而更加明朗。这些变更既然动摇了许多在17、18世纪被奉为经典的科学理论,使经典的自然科学陷入危机之中,就势必动摇以这些理论为重要根据的形而上学自然观。由于形而上学自然观与整个近代哲学的形而上学思维方式联系在一起,这些变更也从一个方面动摇了整个近代哲学的形而上学思维方式,由此揭示了在哲学中形成辩证法的思维方式的必然趋势。马克思通过提出唯物辩证法在哲学上实现的革命变更最为明确和科学地体现了这种趋势。

这里需要说明的是:人们平常所说的形而上学一词的两种意义(即对超乎经验和现象范围的存在本身进行研究的意义和与辩证法相对立的意义,或者说本体论意义和方法论意义)在17、18世纪以至整个近代哲学中大体上是相通的。本体论意义的形而上学企图从某些所谓绝对可靠的理性或先验原则出发去建立关于整个世界的全面、完整的哲学体系。这种形而上学体系脱离经验和实践、脱离现实,带有很大思辨性,从整体上说是思辨形而上学。由于其体系被认为是完满的、绝对的,因而必然是封闭的,最后必然排斥变化、发展和过程,排斥时间性和历史性(辩证法家黑格尔的绝对观念发展到绝对精神阶段后就到了顶点,其发展、变化、时间性和历史性也都终结了),而这些正是反辩证法意义上的形而上学的根本特点。

因此,19世纪自然科学的变更之所以成为哲学上的革命变更和现代转型的重要背景,主要就在于这种变更不仅动摇了形而上学自然观的基础,也动摇了以形而上学为根本特征的整个近代哲学思维方式的基础,使之陷入困境和危机之中,而这正好是为以强调现实生活和实践的辩证法为根本特征的新的哲学思维方式的形成开辟了道路。对唯物辩证法的强调是马克思主义哲学的理论核心,马克思主义的哲学思维方式就是以唯物辩证法为根本特征的。对近代哲学思维方式进行批判的西方哲学家并不都是辩证法家,但他们都在不同程度上受到19世纪以来自然科学革命的影响,往往能够在不同程度上接受这种革命对变化、发展和过程、时间性与历史性的强调,从而也都在不同意义上接近以辩证法为特征的哲学思维方式。

西方近代哲学所实现的认识论的转向的确为自然科学的发展开辟了道路,但西方近代哲学所陷入的思辨形而上学思维方式又把自然科学归属于其具有很大封闭性的体系之内,使自然科学的发展受到这种体系的制约。恩格斯指出,旧的自然哲学只能这样来描绘自然界:"用观念的、幻想的联系来代替尚未知道的现实的联系,用想象来补充缺少的事实,用纯粹的臆想来填补现实的空白。它在这样做的时候提出了一些天才的思想,预测到了一些后来的发现,但是也发表了十分荒唐的见解,这在当时是不可能不这样的。"①因此,为了使哲学和自然科学进一步向前发展,关键就是突破具有很大思辨性、封闭性的形而上学思维方式。而19世纪自然科学发展的突出贡献就在于它的一系列重大发现使整个自然科学观念发生了根本性的变更,而这种变更要求从根本上超越近代哲学的形而上学思维方式。

为了认识19世纪自然科学的变更怎样要求超越近代哲学的形而上学思维方式,恩格斯特别强调当时自然科学中的三大发现(细胞学说、能量守恒和转化定律,以及生物进化论)的革命性作用。他说:"第一是发现了细胞,发现细胞是这样一种单位,整个植物体和动物体都是从它的繁殖和分化中发育起来的。这一发现,我们不仅使我们知道一切高等有机体都是按照一个共同规律发育和生长的,而且使我们通过细胞的变异能力看出有机体能改变自己的物种从而能完成比个体发育更高的发育的道路。""第二是能量转化,它向我们表

---

① [德]马克思、恩格斯:《马克思恩格斯选集》,人民出版社1995年第2版,第4卷,第246页。

明了一切首先在无机界中起作用的所谓力,即机械力及其补充,所谓位能、热、辐射(光或辐射热)、电、磁、化学能,都是普遍运动的各种表现形式,这些运动形式按照一定的度量关系由一种转变为另一种,因此,当一种形式的量消失时,就有另一种形式的一定的量代之出现,因此,自然界中的一切运动都可以归结为一种形式向另一种形式不断转化的过程。""最后,达尔文第一次从联系中证明,今天存在于我们周围的有机自然物,包括人在内,都是少数原始单细胞胚胎的长期发育过程的产物,而这些胚胎又是由那些通过化学途径产生的原生质或蛋白质形成的。"①

恩格斯正是从这三大发现得出了自然界的辩证法的结论。在此补充的是,当时自然科学的许多其他发现也同样证实了并强调事物的运动、发展、分化、变异、转化、生长、过程等为特征的辩证法的结论。而所有这些发现都动摇了在17、18世纪占支配地位的形而上学自然观。例如,我们上面提到的英国科学家道尔顿根据试验,发现原子具有原子量和按倍比关系结合的化学属性,因而他的理论不仅克服了古代原子论的朴素性,而且克服了17—18世纪原子论的机械性(原子被看成是具有各种齿轮状和粗糙不平的物体)。又如,德国科学家维勒(Friedrich Wöler 1800 - 1882)在1824—1828年研究成功用人工方法合成尿素就打破了关于有机界和无机界存在不可逾越的界限的旧的观念。

所有这些都说明,19世纪自然科学的变更从根本上动摇了旧的形而上学的自然观,而这也意味着从根本上动摇了在近代占支配地位的形而上学(包含它的两种意义)思维方式。西方哲学如果不突破形而上学思维方式,不仅无法求得进一步的发展,还必然会陷入深刻的危机。马克思的哲学变革以及西方哲学家所进行的从近代哲学向现代哲学的转型既有深刻的社会历史背景,又有19世纪自然科学发展出现划时代意义的变更的背景。

应当指出的是:19世纪以来自然科学发展的上述趋势,在19世纪以后得到了进一步的发展。如果说以恩格斯所提到的自然科学的三大发现为标志的19世纪自然科学的发展冲破了实体本体论和形而上学自然观的樊篱,而把人们引向对运动、分化、变异、生长、过程等为特征的辩证法的方向,那么20世纪的科学发展则进一步揭示了这种方向。在此值得特别关注的是爱因斯坦在1905和1915年相继提出的狭义相对论和广义相对论。相对论否定了作为古典物理学支柱的牛顿关于绝对空间和绝对时间的观念及与之相关的实体性的物质概念,肯定了空间、时间与物质和运动之间的本质的联系,为原子内部的微观物理学和

---

① [德]马克思、恩格斯:《马克思恩格斯选集》,人民出版社1995年第2版,第4卷,第245—246页。

以天体物理学为代表的宏观物理学奠定了理论基础。以 1900 年普朗克量子假设为起点、由 1905 年爱因斯坦的光量子说及后来玻尔、海森堡等进一步发展而明确提出的量子力学及与之相关的测不准关系的提出,彻底改变了经典物理学的架构,明确地开辟了现代物理学发展的新道路。现代物理学的发展又连带地促进了以量子化学为代表的现代化学、生物学等以及系统论、信息论、控制论等众多新科学的形成和发展。所有这些科学的发展的共同特征进一步否定了形而上学的自然观,肯定了辩证法在认识世界上的不可或缺的作用,也肯定了在人的认识中发挥主体性的能动作用的必要性。所有这些都进一步证实和揭示了哲学上的革命变更和现代转型的必要性,并为发展这种变更和转型进一步指出了正确的方向。

第二章　马克思主义哲学的产生和发展

马克思在哲学上的革命变更标志着作为革命无产阶级世界观的理论形态的马克思主义哲学的产生。关于马克思实现这种变更的社会历史和思想理论背景，以及这一变革的理论内涵和在当代哲学发展中的意义，众多的马克思主义哲学教材和论著中都有相当详尽的阐释，我在《马克思主义与西方哲学的现当代走向》等上面提到的几本关于这两种哲学的关系的论著中也从特定的角度作过相当具体的阐释。考虑到正确理解马克思主义哲学是正确理解后现代主义和西方马克思主义的重要前提，我在此仍不得不对马克思在哲学上的革命变更的有关问题简单提及，并对个别地方作了一些增补。读者们如果觉得此处的论述不够清晰，请参看上述论著。

第一节
马克思主义哲学产生的社会历史条件的特殊性

马克思的哲学是无产阶级革命世界观的理论形态，其产生的必要条件是无产阶级能够具有这样的革命世界观。这意味着无产阶级必须是发展成了一个在其革命导师指引下具有高度的阶级自觉性、能够深刻地意识到自己的阶级地位和阶级使命的独立阶级，能够联合本阶级及一切受剥削和压迫的人民，进行反对资本主义剥削和压迫制度、建立没有剥削和压迫的社会主义新制度的斗争。这种条件在19世纪中期已经具备。

无产阶级是与资产阶级相对立而存在的。从资产阶级由一般的市民等级发展成为一个占有生产资料和劳动产品的剥削阶级时起，作为它的对立面的被剥削阶级的无产阶级就已产生了。马克思和恩格斯指出:"随着资产阶级即资本的发展,无产阶级即现代工人阶级也在同一程度上跟着发展。"①资产阶级的形成本身是一个长期发展过程,是生产方式和交换方式的一系列变革的产物。无产阶级在与资产阶级的斗争中形成一个独立的阶级同样经历了一个长期的过程。

当无产者作为个别的工人,或者某一工厂和某一地区的工人与资产阶级作斗争时,他们实际上还未正式形成一个独立的阶级。在这个阶段上,"工人的大规模集结,还不是他们自己联合的结果,而是资产阶级联合的结果,当时资产阶级为了达到自己的政治目的必须而且暂时还能够把整个无产阶级发动起来。"②尽管当时无产阶级已是资产阶级的对立面,但是他们自己还未能联合起来去进行反对资产阶级的斗争,而是被资产阶级联合起来去反对封建专制等资产阶级的敌人。这意味着无产阶级还只是充当资产阶级反封建的同盟军,而尚未发展成为以反对资产阶级和资本主义制度、建立消灭剥削和压迫的新的社会制度为自己使命的独立阶级力量;还只是一个"自在"的阶级,而不是"自为"的阶级。他们当然还不可能形成自觉地反对资产阶级和资本主义的革命的世界观,更不可能产生体现这种世界观的理论形态。

无产阶级能够发展成为一个意识到自己的阶级使命的自为阶级,既要有社会政治方面的条件,又要有经济和物质方面的条件。

所谓社会政治方面的条件是欧洲各国资本主义制度的正式确立、资产阶级成为统治阶级。因为在这种情况下,资产阶级已不再需要利用无产阶级作为同盟军去反对封建势力,而仅仅把他们当作为自己所攫取物质财富的工具,也就是使资本最大限度地增殖的工具。为了使经济上的剥削得以顺利进行,他们还需要从政治上对无产阶级进行压迫。资产阶级对无产阶级的这种剥削和压迫必然激起无产阶级的阶级醒觉,越来越意识到自己和资产阶级在阶级地位和利益上的根本对立。历史的事实也正是如此。在英法德等国先后进行资产阶级的革命,各国的资产阶级在不同程度上成了统治阶级以后,那里的社会阶级斗争主要地表现为无产阶级反对资产阶级的斗争,而且这种斗争尽管还带有很大的自发性,但又越来越具有明显的政治意义。例如,在 19 世纪 30—40 年代英国的宪章运动、1831 和 1834 年法国里昂工人的起义以及 1844 年德国西里西亚的工人起义中,无产阶级都提出了自己

---

① [德]马克思、恩格斯:《马克思恩格斯选集》,人民出版社 1995 年第 2 版,第 1 卷,第 278—279 页。
② 同上书,第 280 页。

独立的政治要求,发出了消灭私有制的呼声,并为此进行了有组织的大规模的斗争。这是无产阶级走向成为自觉的革命阶级的重要标志。

所谓经济和物质方面的条件是资本主义制度正式确立以后产业革命在西方各国的普遍兴起以及与之相随的机器大工业的出现。正是产业革命从根本上动摇了以手工技术为基础的工场手工业,开辟了以工厂制度为主的机器大工业的时代。后者集中地体现了资本主义的内在矛盾。正是机器大工业的社会化大生产使资本主义的生产力获得了飞速的发展,使它在不到一百年内创造出的财富超过了以往历史时代的总和。然而在资本主义私有制的条件下,这些财富却被资产阶级占为己有,而用自己的劳动创造财富的工人却反而受到这些财富的制约。他们的劳动被异化了。劳资之间的矛盾必然激化。还应当看到,产业革命所导致的机器大工业的出现不仅使工人人数大大增加,而且使他们越来越超出了仅仅作为个人的地位,使他们越来越在共同的阶级地位以及反对资产阶级的剥削和压迫的共同要求下联合起来,这使以往那种个别工人和资本家之间的冲突越来越发展成为无产阶级和资产阶级两个阶级之间的阶级斗争。

无产阶级形成为独立的、自为的阶级的政治和经济条件是相互依存的。如果资本主义制度没有确立、资产阶级没有发展成为一个统治阶级,就无法推动产业革命,无法使资本主义在经济上获得前所未有的进步。反过来说,如果没有产业革命所导致的资本主义在经济上的进步,资本主义制度就难以巩固,资产阶级在与封建势力争夺统治权的斗争中就不可能取得最后胜利,资产阶级难以成为一个真正的统治阶级。资产阶级在政治和经济上所取得的空前胜利意味着他们对无产阶级的剥削和压迫也空前加剧,而这在同样程度上促进了无产阶级反对资产阶级的剥削和压迫的斗争,促进了他们的阶级醒觉,并由此形成彻底批判资本主义旧世界、建设没有剥削和压迫的新世界的革命世界观。

无产阶级为了建立批判旧世界、建设新世界的革命世界观,除了要有对自己的阶级地位和生存条件以及资本主义制度的内在矛盾有深刻认识外,还要有对整个社会历史发展趋势的深刻认识。19世纪30年代以后欧洲资本主义社会所发生的变革,特别是由产业革命所导致的统一的资本主义世界市场的建立和国际交往的扩大,打破了以往一直存在的民族和地域的局限性和狭隘性,大大地开阔了人们的社会和历史视野,而这为无产阶级认识历史发展的客观规律提供了现实的条件。

欧洲各国资本主义制度的确立和产业革命的开展以及由此导致的无产阶级的醒觉和他们反对资本主义的斗争的发展既是统一的,又存在某些不平衡性。就资产阶级革命和产业革命的历史进程来说,英国开始最早,法国紧随其后,德国相对滞后。尽管在19世纪30年代也已开始了产业革命,但软弱的德国资产阶级直至1848年才在工人运动的强大推动下发动了以妥协投降为结局的政治革命。与德国资产阶级的软弱形成鲜明对照,德国无产阶级成了当时欧洲工人运动的先锋队,德国也由此成为欧洲无产阶级革命运动的中心。这种状况决定了德国无产阶级能最早形成革命的世界观。德国无产阶级的革命家马克思和恩格斯不仅在理论上高度体现了德国无产阶级的革命要求,同样也体现了英法等国无产阶级的革命要求。他们建立的马克思主义理论由此成了具有普遍意义的无产阶级的革命理论。这使他们成了全世界无产阶级革命的伟大导师,也使德国成了马克思主义的故乡。

第二节
马克思主义哲学产生的理论来源

马克思主义哲学19世纪中期在德国的产生,既有特定的政治和经济条件,还有特定的思想文化、特别是哲学本身发展的条件。马克思主义哲学既应全面地体现时代精神的动向,又应深刻地体现西方、甚至整个人类哲学发展的必然趋势。因此马克思主义哲学除了总结当代自然科学和社会科学的成就外,还必须批判地继承以往哲学发展的全部丰富的遗产。由于以黑格尔和费尔巴哈为代表的19世纪德国哲学集近代西方哲学之大成,这在很大程度上为马克思实现哲学上的革命变更准备了充分的理论前提。此外,以威廉·配第、弗朗斯瓦·魁奈、亚当·斯密和大卫·李嘉图等人为代表的古典经济学以及英法空想社会主义也是马克思主义的主要来源。国内的有关论著对此有大量阐释,在此不拟具体论及。

马克思主义产生的主要来源并不是全部来源。马克思的哲学、政治经济学和科学社会主义学说中还有其他许多来源,甚至是相当重要的来源。马克思在哲学上就继承了古希腊哲学以来西方哲学的全部最优秀的成果。例如他早在《博士论文》中就已揭示了伊壁鸠鲁的原子偏离学说的深刻意义。后来他在《神圣家族》、《德意志意识形态》等论著中对笛卡尔以来的近代哲学的优缺点作了精辟的分析,对洛克以来的政治哲学,特别是卢梭关于平等和自由等激进的政治学说给予了高度评价。应当提到,马克思对梯叶里、米涅、基佐等法国"复辟时期"(1815—1830)的一批历史学家对英雄史观的批判和对人民群众作用的强调以及他们的历史决定论和阶级斗争等学说都作了充分的肯定。恩格斯后来曾谈到:"如果说马克思发现了唯物史观,那么梯叶里、米涅和基佐以及1850年以前英国所有的历史编纂学家则明确表明,人们已经在这方面作过努力。"①此外,马克思还深深受到欧洲古典文艺思潮,特别是法德启蒙思想家和浪漫派作家的作品中所显示出来的那种深厚的人文主义精神的感染。还应当提到,马克思后期对美洲的关注、对东方社会的深刻研究更表明他的视野远远超越了欧洲的界限。这一切都说明我们应当从更广泛的视野来看待马克思的学说,特别是他的哲学思想的理论来源。

我国学者撰写的许多马克思主义哲学和哲学史论著对马克思的哲学思想的理论来源,特别是马克思对黑格尔的辩证法和费尔巴哈的唯物主义的批判继承,都作了相当具体的阐释。我没有新的具体补充,也不想过多重复大家都讲过的那些话。考虑到我国哲学界对费尔巴哈的人本主义的评价还存在一定分歧,我在《西方近现代过渡时期的哲学》一书中曾结合学习恩格斯和列宁的有关论述,就费尔巴哈哲学作为马克思的哲学变革的理论来源的中介作用谈过一些看法。此处概略提及。

从马克思的哲学变革的思想准备来说,他参加当时德国的青年黑格尔派是一个重要环节。青年黑格尔派在如下两点上为马克思所肯定。一是割断了黑格尔的绝对理性与宗教神学的联系,由此使理性从天国转向人间;二是强调了作为普遍理性的人的自我意识的创造性,由此体现了黑格尔的辩证法对能动作用的强调。这两点对马克思后来实现哲学上的革命变更显然起了促进作用。

然而青年黑格尔派把自我意识作为纯粹精神活动的唯心主义却又是马克思实现哲学上的革命变更的障碍,而这一障碍在很大程度上为费尔巴哈排除了。恩格斯指出:"对现存宗教进行斗争的实践需要,把大批最坚决的青年黑格尔分子推回到英国和法国的唯物主义。他们在这里跟自己的学派的体系发生了冲突。"②这种返回中最突出的人物是费尔巴哈。恩格斯后来谈到,费尔巴哈"在好些方面是黑格尔哲学和我们的观点之间的中间环

---

① [德]马克思、恩格斯:《马克思恩格斯选集》,人民出版社1995年第2版,第4卷,第733页。
② 同上书,第221页。

节",在马克思和恩格斯的哲学的根本性的转折期,费尔巴哈对他们的影响"比黑格尔以后任何其他哲学家都大"①。马克思和恩格斯从青年黑格尔派走向费尔巴哈,可以说是他们实现哲学上的革命变更的最重要的思想准备。

马克思和恩格斯之所以高度肯定费尔巴哈,直接原因是费尔巴哈把黑格尔的唯心主义抛在一边,"它直接了当地使唯物主义重新登上王座"②。但费尔巴哈不只是简单恢复18世纪的唯物主义,而是在吸取以黑格尔为代表的德国唯心主义辩证法的基础上,或者说是在吸取法国唯物主义被德国唯心主义所战胜的教训的基础上而恢复唯物主义的。

列宁在《马克思主义的三个来源和三个组成部分》一文中说:"马克思并没有停止在18世纪的唯物主义上,而是把哲学向前推进了。他用德国古典哲学的成果,特别是黑格尔体系(它又导致了费尔巴哈的唯物主义)的成果丰富了哲学。这些成果中主要的就是**辩证法**,即最完整最深刻最无片面的关于发展的学说……"③列宁在此所特别强调的是马克思"用德国古典哲学的成果,特别是黑格尔体系(它又导致了费尔巴哈的唯物主义)的成果丰富了哲学",并指出"这些成果中主要的就是**辩证法**"。这意味着没有黑格尔体系的丰富成果,没有辩证法,就不可能产生费尔巴哈的唯物主义。反过来说,如果费尔巴哈没有吸取法国唯物主义被黑格尔等德国唯心主义战胜的教训,他不可能真正驳倒黑格尔,不可能"使唯物主义重新登上王座"。

因此,费尔巴哈哲学作为马克思哲学的理论来源的作用,在于费尔巴哈不只是重新肯定了唯物主义的一般原则,而是在吸取18世纪唯物主义被黑格尔的辩证法驳倒的教训的基础上恢复了唯物主义的权威。尽管费尔巴哈未能把唯物主义和辩证法统一起来,但他毕竟超越了18世纪的停留于纯粹自然主义的唯物主义的界限,后者的根本缺陷在于使唯物主义完全脱离现实的人的存在(生成)及其活动(实践),使唯物主义抽象化了,使它必然被德国唯心主义所战胜。费尔巴哈在批判黑格尔唯心主义的体系时在一定程度上吸取了其中关于发展和变化的辩证法的成分。他用人本主义取代自然主义实际上已蕴含着承认人的生存和实践对于肯定唯物主义一般原则的不可或缺的意义。这一点从其代表作《未来哲学原理》的《引言》就可看出。其中明确提到:"未来哲学应有的任务,就是将哲学从'僵死的精神'境界重新引导到有血有肉的、活生生的境界,使它从美满的神圣的虚幻的精神乐园下

---

① [德]马克思、恩格斯:《马克思恩格斯选集》,人民出版社1995年第2版,第4卷,第211—212页。
② 同上书,第222页。
③ [苏联]列宁:《列宁选集》,人民出版社1995年版,第2卷,第310页。

降到多灾多难的现实人间。"①费尔巴哈在此所主张的"有血有肉的、活生生的境界"、"多灾多难的现实人间"都蕴含着自然界的人化意义,与被马克思形容为"敌视人"的机械唯物主义,即自然主义的唯物主义显然有所不同。

费尔巴哈原来属于青年黑格尔派,他在批判青年黑格尔派的纯粹自我意识的始源性的唯心主义并与之决裂时,保留了其中对主体的能动性的肯定。他不是笼统地否定自我意识以及一般理性,包括黑格尔的理性的存在的合理性,而只是要求将自我意识、理性归属于以自然为根据、具有自然属性的人,也就是把自我意识、理性归结为人的存在的属性。在他看来,"旧哲学的自我意识是与人分离的,乃是一种无实在性的抽象。人才是自我意识"②。

正是基于这种认识,当费尔巴哈克服青年黑格尔派的唯心主义而转向唯物主义时,他不是简单地返回到那种仅仅肯定自然界的首要性而忽视其与人的联系的自然主义的唯物主义(17世纪英国和18世纪法国唯物主义以及与费尔巴哈同时代的德国庸俗唯物主义都属于这种唯物主义)。费尔巴哈明确肯定作为其哲学核心的人的存在以自然为基础,认为"自然是与存在没有区别的实体,……自然是人的根据"。他将人作为哲学的核心蕴含着肯定自然的实在性。但费尔巴哈同时又肯定人具有自我意识等超越单纯的自然属性的精神属性,后者意味着人是具有能动性的存在。人是自然(物质、肉体)和精神的统一,是"一切对立和矛盾、一切主动的和被动的东西、精神的和感性的东西、政治的和社会的东西的实际上的(并非想象是的)绝对同一"③。物质和精神、思维和存在也只有在人所实现的统一中才有现实意义。"思维与存在的统一,只有在将人理解为这个统一的基础和主体的时候,才有意义,才是真理。"④换言之,只有人这种同时具有物质和精神属性的存在才能将它们统一起来,并使它们具有现实意义。如果脱离了与人的存在的联系,无论是物质世界、自然界还是意识和精神世界,都只能是抽象的、没有现实意义的存在。

费尔巴哈这种把人当作哲学的出发点、通过人,或者说通过人的感性活动来统一思维和存在、精神和自然界的对立的观点,显然超越了近代哲学中把二者割裂开来,并各执一端的自然主义的唯物主义和各种形式的唯心主义。他的这种超越在一定程度上体现了我们在上面作了较多论述的西方哲学从近代到现代的转向的基本趋势,这一趋势的重要特征之

---

① [德]费尔巴哈:《费尔巴哈哲学著作选集》,生活·读书·新知三联书店1959年版,第120页。
② 同上书,第117页。
③ 同上书,第116页。
④ 同上书,第181页。

一是使哲学由脱离了人的纯粹的、实体性的自然或精神转向处于活动和过程中的人。因此费尔巴哈的人本主义的唯物主义哲学在一定程度上(当然也只是在一定程度上)已有超越近代哲学思维方式的界限的表现。在一定意义上我们可以把他看作是一个处于向现代转向过程中的哲学家。

也正因为如此,马克思和恩格斯在脱离黑格尔学派以后,不是去简单恢复法国自然主义的唯物主义,而是倒向费尔巴哈的人本主义的唯物主义哲学。马克思对以德国古典哲学为顶点的传统哲学的批判继承在一定意义上是以对费尔巴哈的这种思想的批判继承为前提的。因此,马克思对黑格尔的辩证法等传统哲学的批判继承与对费尔巴哈的人本主义的唯物主义的批判继承是一个内在地统一的过程。在一定意义上可以说,费尔巴哈哲学是马克思实现他的哲学变革的中介和桥梁。

马克思走向费尔巴哈意味着他已为进一步进行哲学上的革命变更作了重要的理论准备。但为了在这种准备的基础上实现哲学上的革命变革,他们必须克服费尔巴哈由于脱离社会现实生活和实践而必然存在的严重的局限性,立足于人的现实生活和实践,建立与无产阶级的现实革命运动相统一的新的哲学理论。这一过程是他们在19世纪40年代完成的。

第三节
马克思在哲学上的革命变更的意义

为了正确理解马克思在哲学上的革命变更的伟大意义,最重要的是正确理解这一变革的根本观点和核心内容。众多的马克思主义哲学教材和论著对此已有大量论述,而且大都企图克服以往在这方面存在的种种片面性,特别是克服所谓以往的"教科书框架"的片面性。后者的主要缺陷在于按照近代哲学思维方式来看待马克思主义哲学,因而不仅不能准确地理解马克思主义哲学,也难以准确地理解与马克思主义哲学同时代的西方哲学思潮,包括20世纪出现的后现代主义与西方马克思主义等思潮,更难以理解马克思主义哲学与这些思潮的关系。我们也力图克服这方面的片面性。我们对马克思主义哲学的根本观点和核心内容的看法曾在近几年发表的一些论著中较具体地阐释过。本节的阐释虽然较为简短,但个别地方仍然作了一些补充。

一、马克思在哲学上的革命变更的根本观点

马克思的哲学变革是哲学史上最伟大的革命变更。这是所有马克思主义者都认同的。问题是怎样正确认识并坚持这一变革的真实涵义,为此就应当从马克思主义哲学的本质特征出发正确理解这一变革的根本意义和核心内容。

真正的马克思主义者必然是无产阶级革命事业的拥护者。他们对马克思在哲学上实现革命变更的理解与对马克思和恩格斯领导无产阶级革命的现实斗争的理解总是统一的。马克思和恩格斯建立他们的新哲学的根本目标就是为已成为独立的革命阶级的无产阶级制定科学的世界观,也就是使其革命的世界观具有科学的理论形态。马克思主义哲学与一切旧哲学的根本区别就在于它不局限于成为抽象的理论体系,而公然申明它是为无产阶级和全人类的解放事业服务的,公然申明它的独特的阶级性和实践性。马克思早在《〈黑格尔法哲学批判〉导言》中就明确指出:"哲学把无产阶级当作自己的物质武器,同样,无产阶级也把哲学当作自己的精神武器。"①马克思接着还把哲学与无产阶级的关系比喻为头脑与心脏的关系。马克思主义哲学的这种特性就是它的本质特征,它决定了马克思主义哲学的根本意义就在充当无产阶级批判旧世界、建设新世界的革命实践的武器。这意味着革命实践及与之相关的现实生活的观点是马克思主义哲学的根本观点。因为只有将革命的实践的观点当作马克思主义哲学的根本观点,才能将无产阶级的认识和行动,即认识世界和改造世界的活动统一起来,由此摆脱一切旧哲学由于将认识和实践分割开来而难以摆脱的独断论和怀疑论以及各种消极无为观念的界限,使哲学真正成为无产阶级在现实斗争中战无不胜的精神武器。

马克思在哲学上的革命变更对以德国古典哲学为代表的传统哲学的超越,马克思和恩格斯作为无产阶级革命导师对一切资产阶级思想家的超越,最重要的是他们在行动上和理论上都将革命实践和现实生活放在首位,这是他们的根本目标。

---

① [德]马克思、恩格斯:《马克思恩格斯选集》,人民出版社1995年第2版,第1卷,第15页。

作为对传统哲学的扬弃,马克思在哲学上必须在费尔巴哈以人本主义的唯物主义扬弃黑格尔唯心主义的辩证法的基础上进一步扬弃费尔巴哈对现实的人及其世界的脱离,这也只有将社会实践的范畴当作整个哲学的基本范畴的条件下才能实现。马克思实现哲学上的革命变更的过程也正是他把现实生活和实践的观点当作哲学的基本观点的发展过程。马克思在《关于费尔巴哈的提纲》中宣布"哲学家们只是用不同方式**解释**世界,问题在于**改变世界**"①标志着他的哲学变革基本完成,他所说的"改变世界"的观点正是现实生活和实践的观点。

从马克思哲学的理论形态来说,不管是叫它为辩证唯物主义和历史唯物主义或新唯物主义、现代唯物主义、实践的唯物主义、历史唯物主义,其最重要的特征都在于把唯物主义和辩证法有机地统一起来,并由此超越资产阶级思想家从来都无法真正超越的抽象思维和感性直观、绝对理性主义和狭隘经验主义等的界限,而这种统一和超越只有在强调现实生活和实践的决定作用的前提下才能实现。正因为如此,马克思明确地把唯物主义和辩证法都与人的"感性活动",即现实生活和实践联系起来。这一点,从马克思的《关于费尔巴哈的提纲》第一条中的那段著名的话中就可看出。其中讲到:"从前的一切唯物主义(包括费尔巴哈的唯物主义)的主要缺点是:对对象、现实、感性,只是从**客体**的或者**直观**的形式去理解,而不是把它们当作**感性的人的活动**,当作**实践**去理解,不是从主观方面去理解。因此,和唯物主义相反,**能动**的方面却被唯心主义抽象地发展了,当然,唯心主义不知道真正现实的、感性的活动本身的。"②

马克思在此指出以往唯物主义的主要缺陷在于不是从人的感性活动的观点、实践的观点去看事物、现实,这明白无误地证明他的唯物主义的根本特点是从感性、实践的观点去看事物。他的唯物主义的出发点不是离开实践的纯粹的、自在的物质(自然),而是与物发生关系的人的现实的实践。肯定物质第一性、意识第二性,这当然是唯物主义的一条根本原则。离开了物质的先在性,人类的实践活动以及以之为基础的一切其他活动都不可能存在。这当然是马克思主义者所坚持的。但是,物质的先在性的原则得以确立又必以人的感性活动、实践为前提和中介。因为不与人的感性活动、实践发生关系的,纯粹的自在之物本身不可能与意识、精神发生关系,当然也谈不上存在对意识、精神的先在性的问题。马克思

---

① [德]马克思、恩格斯:《马克思恩格斯选集》,人民出版社1995年第2版,第1卷,第57页。
② 同上书,第54页。

就此指出:"只有当物按人的方式同人发生关系时,我们才能在实践上按人的方式同物发生关系。"①也正因为如此,马克思一再明确地指出他不赞成那种脱离人的实践的纯粹自然主义,或者说抽象的唯物主义,并认为后者实际上不能坚持唯物主义,反而会落入唯灵论等形式的唯心主义。因为物本身并没有能动性,不能与其他能动的东西发生关系。如果物不按照人的方式与人发生关系,那它们就只能按照神的方式与神发生关系,那样势必走向唯灵论,或者说神秘主义。马克思正是在这种意义上指出:"抽象的唯灵论是抽象的唯物主义;抽象的唯物主义是物质的抽象的唯灵论。"②马克思在《神圣家族》中谈到法国唯物主义被德国唯心主义所战胜的原因时也指出正是由于法国唯物主义停留于自然主义水平。总之,不是从纯粹的、抽象的物出发,而是从人的现实生活和实践(人的感性活动)出发,这是马克思的唯物主义不同于旧唯物主义(包括费尔巴哈人本主义的唯物主义)的区别的根本之点。相对于旧唯物主义之为自然主义的唯物主义,马克思的新唯物主义是一种实践的唯物主义。

马克思的辩证法不仅与以黑格尔为最大代表的唯心辩证法根本不同,也与以往某些唯物主义哲学家的理论体系中存在的辩证法因素不同。这种不同的根本点同样在于马克思是通过人的现实的感性活动,即客观的实践来理解辩证法的,因而既能揭示主观的辩证法,又能揭示客观的辩证法,并在实践的基础上达到主客观辩证法的统一。正是这种统一使马克思的辩证法具有充分的现实性和具体性。在马克思哲学中,通过感性活动、实践对辩证法的揭示与通过感性活动、实践对物质的客观性和先在性的揭示是统一的。因此马克思的辩证法是唯物主义的辩证法,而他的唯物主义则是辩证法的唯物主义。黑格尔等唯心主义哲学家阐释的辩证法,尽管能在一定程度上具有丰富性和系统性,并因此而受到马克思、恩格斯及其他杰出的马克思主义者的高度肯定。但由于他们"不知道真正现实的、感性的活动本身",不会通过人的现实的感性活动、实践去理解和揭示辩证法,因而他们的辩证法必然带有浓厚的思辨性,无法达到主观辩证法和客观辩证法的统一,无法使辩证法具有现实性和具体性。正因为如此,黑格尔等唯心主义哲学家尽管能胜过旧唯物主义而发展了辩证法这个能动的方面,但他们"只是抽象地发展了"。至于包括费尔巴哈在内的以往唯物主义者,虽然肯定了物质世界的客观性和先在性这个唯物主义的基本原则,但由于他们不是从

---

① [德]马克思、恩格斯:《马克思恩格斯全集》,人民出版社1979年第1版,第42卷,第124页。
② [德]马克思、恩格斯:《马克思恩格斯全集》,人民出版社1956年第1版,第1卷,第355页。

社会化的人的感性活动的观点、实践的观点去看物质世界,自然无法理解和揭示物质世界的辩证法的意义。尽管有的唯物主义哲学家的思想中可能包含某些辩证法的因素,它们也只能是直观的、素朴的(如早期希腊哲学家)或者思辨的(如斯宾诺莎)、抽象的(如费尔巴哈),最后必然被唯心主义和形而上学所取代。

总之,现实生活和实践的观点是整个马克思哲学的根本观点。它不仅因强调人的实践在认识中的决定作用而具有认识论意义,而且还因强调人的实践使物质、自然的存在成为具有现实意义的存在而具有存在论(生存论)意义。它不仅因促使人与自然界的相互作用得以发生而具有自然观的意义,还因促使人在与自然的相互作用中与他人结成一定关系而具有社会历史观的意义。因此,不管是用辩证唯物主义和历史唯物主义还是用其他名称来指称马克思哲学,都不能离开现实生活和实践的观点,否则就会划不清马克思的唯物主义与旧唯物主义、马克思的辩证法与黑格尔等人的辩证法的界限,就会偏离马克思哲学的真实意义,偏离马克思在哲学上的革命变更的真实意义。

在马克思主义哲学的发展中,左倾教条主义和右倾机会主义(修正主义)在理论上的错误都突出地表现在脱离了现实生活和实践。教条主义者关注的是建立一个表面上严密完整、实际上是脱离实际的封闭的、僵化的哲学体系。他们实际上是按照近代哲学的思想框架来理解马克思主义哲学,把马克思主义哲学倒退到近代哲学的水平。修正主义者关注的是应付眼前事变而放弃无产阶级的革命要求原则,而这在哲学上往往通向主观主义和相对主义。他们实际上往往是按照某种现代西方哲学的思想框架来理解马克思主义哲学。教条主义和修正主义当然有所不同,但它们在对马克思主义哲学的理解上都脱离了这种哲学本身所固有的革命性,因而都不能正确理解革命实践对这种哲学的根本意义。

而坚持马克思主义正确路线的马克思主义者的突出优点也正在于他们坚持了现实生活和实践的观点。因为这个观点不是马克思主义理论中的某一特殊的观点,而是其根本观点。脱离或坚持这个观点就是从根本上脱离或坚持马克思主义。30年前在我国开展的关于真理标准问题的讨论之所以具有伟大历史意义,正在于是否肯定实践是检验真理的唯一标准,所涉及的是能否坚持实践的观点这个马克思主义哲学的根本观点。批判了"两个凡是",肯定了真理的实践标准,就是从根本上纠正了脱离实践的方向和路线上的错误,从根本上重新肯定了马克思主义的正确方向和路线。

还要提及的是,马克思在哲学上对社会化的人的现实生活和实践的强调高度地体现了西方哲学由近代到现代发展的必然趋势。而这种趋势标志着西方哲学的发展必然出现具有划时代意义的哲学思维方式的变更。与马克思大致同时代的一些西方哲学家也在以他们特有的方式致力于实现这种变更。但他们只能通过迂回曲折的道路在一定程度上达到。其主要原因就在于他们的资产阶级眼界使他们不能深刻而全面地理解人的实践的意义,他们对实践概念的理解总是包含着种种片面性和不彻底性,甚至包含着种种扭曲。马克思主义经典作家由于亲身参与并领导无产阶级的革命实践,他们在哲学上的变更活动与他们参加无产阶级的现实斗争的活动是高度统一的,因而他们在哲学上的革命变更比任何其他西方现代哲学流派都更为明确、更为深刻地揭示了西方哲学发展中的这种变更趋势,更为全面、彻底地实现了这种划时代的革命性变更。我在近些年来发表的一些论著中已作过较多论证,此处从略。

二、马克思在哲学上的革命变更的核心内容

现实生活和实践是人与自然、人与社会、主观与客观相互作用的过程。就整个人类来说,这是一个永无止息的发生和发展的过程。发生和发展的过程的根本特征在于其时间性和历史性。马克思的哲学变革以现实生活和实践为其根本观点蕴含着他所建立的新哲学必然是一种肯定人与自然、人与社会、主观与客观相互作用为根本特征的哲学,或者说以它们之间的发生和发展的现实过程为特征的哲学,也就是以时间性和历史性为特征的哲学。这种哲学由于肯定自然和社会存在的先在性而属于唯物主义。这种唯物主义因与辩证法相统一被称为辩证的唯物主义,而从其以时间性和历史性为特征来说就是历史的唯物主义。当恩格斯谈到马克思以"关于现实的人及其历史发展的科学"[①]来超越费尔巴哈建立新哲学时,后者指的正是历史唯物主义。因为他所说的"现实的人"正是通过实践而处于一定的自然和社会环境中并与这种环境发生相互作用的人,关于这种人的"历史发展的科学"当然就是历史的唯物主义。建立历史唯物主义正是马克思的哲学变革的核心内容。

关于马克思如何从《〈黑格尔法哲学批判〉导言》和《巴黎手稿》中对家庭、市民社会、国家的分析开始,通过《关于费尔巴哈的提纲》、《德意志意识形态》等的进一步论证,发展到在《政治经济学批判》中明确提出历史唯物主义的基本理论的过程,许多学者作过非常具体而有说服力的论证。我个人在这方面并无深刻和独到的研究,不应在此重复这些论证。

---

① [德]马克思、恩格斯:《马克思恩格斯选集》,人民出版社1995年第2版,第4卷,第241页。

我试图作出的补充只是：从把西方哲学的现代转型作为参照系来看，可以发觉肯定时间性和历史性在哲学中的核心地位是现当代哲学发展的普遍趋势。如果说各派西方哲学家都只是在某一方面以不彻底的方式体现了这种趋势，马克思在哲学上的革命变更则全面而深刻地体现了这种趋势，因而他的历史唯物主义在他的整个哲学中必然具有核心地位。

西方哲学由近代到现代转型的重要方面（也可以说是西方哲学发展在现当代的普遍趋势）之一是它在不同程度上企图扭转由抽象的物质或抽象的意识（观念、精神）出发去构建无所不包的关于世界图景的完整体系的潮流，超越脱离现实的形而上学（特别是理性派思辨形而上学）的近代哲学的视野，而转向超越绝对化的理性界限的现实的人及其所牵涉的世界。就哲学所研究的存在的意义而言，这种转向在一定程度上就是从把存在当作实体、基础、本质转向当作活动、趋势和过程。后者具有明显的时间性和历史性特征。所谓科学主义思潮和人本主义思潮的各派哲学在不同程度上都有这种特征。在生命哲学、现象学、存在主义、过程哲学等流派那里，这方面的特征都非常明显。例如柏格森认为真实的存在是生命之流（生命冲动），后者不是实体，而是过程，是时间的绵延；而过程、绵延也正是真实的历史性的体现。怀特海、狄尔泰、胡塞尔、海德格尔、雅斯贝尔斯、萨特、伽达默尔等人同样以各自独特的方式强调时间性和历史性是一切真实存在的根本属性。孔德的实证主义具有较多的传统体系哲学的特点，但他同样企图用人类精神（智力）的历史发展来作为建立他的实证哲学的理论支柱。从批判理性主义以降的西方科学哲学的发展史更是具有越来越强烈的历史主义特征。但是，所有这些西方思潮对过程、时间性和历史性等的强调都偏离了唯物主义基础，脱离了现实的人的社会实践，特别是脱离了作为人的一切实践的基础，甚至脱离了使人得以作为人存在、使人类社会得以发展的生产劳动，因而实际上不可能深刻地揭示作为哲学研究对象的人的存在及其与世界的关系的真相。他们有关这方面的理论都有很大片面性和局限性，最后必然转向唯心主义。

马克思在哲学上的革命变更与西方哲学的现代转型具有本质区别，主要就因为马克思对人的存在及其与世界的关系作了历史唯物主义的解释。马克思深刻地揭示了人的存在及其与世界的关系的社会性和历史性。他早在《提纲》中就明确指出："人的本质并不是单个人所固有的抽象物。在其现实性上，它是一切社会关系的总和。"[①]马克思所说的社会关系不是抽象的，而是具体的，即处于一定历史时代中的、以物质资料的生产关系为基础的人

---

① [德]马克思、恩格斯：《马克思恩格斯选集》，人民出版社1995年第2版，第4卷，第56页。

们之间的各种具体的联系。所以他说"抽象的个人,是属于一定的社会形式的"①。当他在《提纲》中谈论"人的感性活动"、"实践"时,其所指正是具有社会性和历史性的现实的人的活动。正是由于马克思深刻地揭示了人的存在,特别是"人的感性活动"、"实践"的社会性和历史性,使他能在唯物主义的基础上正确地揭示和解释人与世界(包括自然和社会等诸多领域)的关系,实际上就是重新正确认识作为哲学基本问题的主客、心物、思有之间的关系问题,实现了哲学上的革命变更。马克思的历史唯物主义当然适用于解释社会历史,它在一定意义上可以说是马克思主义的社会历史观。但是既然马克思正是由建立历史唯物主义出发而实现了哲学上的革命变更,那他的历史唯物主义就不只是社会历史观,而是他的全部哲学的核心内容。

在相当长一段时期内,人们由于受到一种长期被当作权威观点的影响,把历史唯物主义看作只是把辩证唯物主义的原理运用于社会历史领域。这种观点近年来受到一些人士的质疑是可以理解的。这不仅是因为马克思在哲学上首先提出的是历史唯物主义,恩格斯《在马克思墓前的讲话》中提到的马克思在哲学上的贡献也是历史唯物主义,还因为后来的马克思主义者提出的辩证唯物主义概念实际上必须以历史唯物主义为前提。作为关于世界观、本体论的理论,马克思主义的辩证唯物主义不同于传统的唯物主义(如费尔巴哈)和唯心主义(如黑格尔)的根本之点,就在于它既不是以抽象的物质,也不是以抽象的精神为出发点,而是以生产劳动为基本形式的社会的人的实践为出发点。在马克思哲学中,人与自然的关系不是抽象的人与脱离人的抽象的自然的关系,而是社会化的人与人化的自然的关系。换言之,人被社会化、自然被人化。人与自然的关系问题的解决以人与人的关系问题的解决为前提,这些都表明历史唯物主义在整个马克思主义哲学中具有怎样的核心地位。从辩证唯物主义的原理的建立以历史唯物主义为前提,并与历史唯物主义相一致来说,二者作为世界观和本体论的理论是相互包容的,既可以说历史唯物主义具有辩证唯物主义的意义,又可以说辩证唯物主义具有历史唯物主义的意义。换言之,这种唯物主义是辩证的、历史的唯物主义。

---

① [德]马克思、恩格斯:《马克思恩格斯选集》,人民出版社1995年第2版,第4卷,第56页。

第四节
马克思主义哲学发展中的曲折历程

从马克思主义哲学产生之日起,如何看待这种哲学,特别是如何看待其根本观点和核心内容,无论在西方哲学家中还是在马克思主义者队伍内部,一直都存在激烈的争论。马克思主义哲学不断受到各种扭曲,又通过克服这些扭曲而得到发展。

现代西方哲学各个流派的哲学家由于不能摆脱资产阶级的眼界,自然看不到马克思主义哲学的革命意义。尽管他们有的人也力图超越西方近代哲学,甚至以某种不彻底的方式在一定程度上把面向现实生活和实践当作哲学的新方向。但他们却往往看不到马克思主义哲学对西方近代哲学的超越,特别是马克思所强调的人的社会实践的真实意义。他们大都仍然是以近代哲学的眼光来看待马克思主义哲学,把马克思主义的唯物主义与近代唯物主义等量齐观,把马克思主义的辩证法与黑格尔的辩证法相提并论,把这些哲学存在的问题当作马克思主义的问题,并由此加以批判和攻击。例如,许多有代表性的西方哲学家都竭力指责马克思主义哲学的"二元论"、"教条主义"。其实,马克思早在《关于费尔巴哈的提纲》等早期著作中,就已非常明确地把"实践"、"真正现实的、感性的活动"当作他的全部哲学的出发点,从而从根本上超越了唯心主义和直观的唯物主义的界限,动摇了产生"二元论"、"教条主义"的基础。对作为马克思主义哲学核心内容的历史唯物主义,西方哲学家们更不理解,往往给其加上社会乌托邦之类罪名而予以简单否定。他们中有的人表面上赞扬马克思的批判精神,却又把马克思的批判精神与他们自己的虚无主义的批判精神混为一谈,因而实际上仍然是扭曲和否定了马克思。一些当代后现代主义者在这方面表现得特别突出。

在马克思主义者内部,人们对马克思主义哲学的解释也往往有所不同。原因是多方面的。例如所处历史时期和社会背景上的差异会使人对马克思主义哲学强调的方面有所不同。这种不同是正常的现象。对马克思主义哲学的正确理解和强调的方面需要考虑时期、地点、条件等多方面的特殊因素。例如,在19世纪中期以后的很长一段时期,西方哲学中唯心主义泛滥。一些原有的唯心主义哲学流派以新的形态出现,一些试图超越西方近代哲学界限的哲学流派往往具有唯心主义色彩。在工人运动中,以朗格、杜林为代表的一些人往往以工人领袖身份宣扬唯心主义。在这种情况下,维护唯物主义的一般原则,揭露和批判唯心主义,就成了当时马克思主义者在哲学上的要务。马克思和恩格斯当时理所当然地特别关注批判唯心主义和论证唯物主义。1905年俄国革命的失败后,俄国工人运动中出现了对马克思主义失去信念而倒向宗教唯心主义,特别是要求用马赫主义来取代马克思主义的情况。是否能坚持唯物主义影响到俄国无产阶级革命的成败。列宁也为此在这一时期特别关注对唯心主义的批判和对唯物主义的论证。

但是,马克思主义经典作家对唯物主义的强调绝不意味着他们像旧唯物主义者一样停留于坚持唯物主义的一般原则;恰恰相反,他们一再强调他们的唯物主义与辩证法的有机统一,而这种统一只有以社会实践为出发点才能达到。这也正是他们实现哲学上的革命变更的根本所在。正因为如此,当有些人曲解他们的意思,把他们的哲学变更归结为坚持唯物主义的一般原则时,他们立即出来澄清。恩格斯就德国的情况指出:"对德国的许多青年作家来说,'唯物主义'这个词大体上只是一个套语,他们把这个套语当作标签贴到各种事物上去,再不作进一步的研究,就是说,他们一把这个标签贴上去,就以为问题解决了。"①在法国和英国也有类似情况。马克思和恩格斯明确地与这些人划清界线。恩格斯一再提到,马克思为了与70年代末一些法国"马克思主义者"区别开来,不得不说"我只知道我自己不是马克思主义者"②。恩格斯还说:"马克思大概会把海涅对自己的模仿者说的话转送给这些先生:'我播下的是龙种,而收获的却是跳蚤。'"③可见,马克思和恩格斯对当时那些只会贴唯物主义标签的人是多么鄙弃。列宁对那些只讲唯物主义一般原则而忽视辩证法的人同样给予了明确的批判。他在《哲学笔记》中关于"聪明的唯心主义比起愚蠢的唯物主义来更接近聪明的唯物主义"的著名论断以及对唯物主义、唯心主义与辩证法的关系的许多著名论述都突出地表现了这一点。

只强调唯物主义的一般原则,忽视它与辩证法的有机统一,只看到物质和经济基础的作用,忽视意识和上层建筑的作用,这种片面性往往成了马克思主义发展中左倾教条主义的根源,而教条主义在遭到失败后往往又导致右倾机会主义。国际共产主义运动发展中出现的挫折往往与此相关。由此引起马克思主义者对如何正确认识马克思主义的争论,并通过这种争论而取得进步。例如,在第一次世界大战和十月革命爆发后,中西欧一些国家出

---

① [德]马克思、恩格斯:《马克思恩格斯选集》,人民出版社1995年第2版,第4卷,第691—692页。
② 同上书,第691页。
③ 同上书,第695页。

现了有利于进行无产阶级革命的形势。各国共产党纷纷以十月革命为榜样先后发动了革命,但都遭到失败。为什么会如此?这显然与如何看待列宁主义和十月革命道路的普遍意义,与如何重新认识马克思主义关于经济基础与上层建筑的关系以及唯物主义的一般原则与辩证法的关系等问题密切相关,这些问题引起了各国马克思主义者的反思。其回答不尽一致,与正统马克思主义不同的所谓西方马克思主义由此出现。这对马克思主义的发展并非只是坏事,它至少推动了马克思主义者根据新的历史条件重新思考和发展马克思主义的真理。第二次世界大战后,随着法西斯势力的覆灭,众多东欧国家走上了社会主义道路;中国革命的成功更使得马克思主义在世界人口最多的国家取得了伟大胜利,一个以苏联为首的强大的社会主义阵营由此形成。然而,又是由于左右倾机会主义的影响使这些国家在发展中屡经曲折,苏东剧变意味着资本主义在那里公开复辟,社会主义阵营瓦解,马克思主义在世界范围的发展也陷入低潮。

马克思主义在其发展过程中之所以出现曲折,不是由于它本身存在内在矛盾或片面性,而是由于人们对它作了教条主义等脱离其实际所是的理解和发挥。既如此,为了克服这些曲折,就不是超越、更不是放弃马克思主义,而是由被曲解或作了片面发挥的马克思主义返回到以现实生活和实践为出发点的真正的马克思主义。正是由于马克思主义哲学以现实生活和实践为出发点,所以它能克服由于背离现实生活和实践而造成的各种偏向和挫折,不断修正、丰富和发展自己的理论,使其在新的条件下继续具有强大的生命力。继毛泽东思想克服了种种左右倾机会主义,引导中国革命取得了光辉胜利后;邓小平建设中国特色社会主义理论又批判和克服了新的左的倾向,使中国社会主义建设取得了举世公认的伟大成就。他们的共同特点,就是紧紧适应中国革命和建设的现实和实践,从而克服和纠正了各种背离现实和实践的左的或右的倾向,创造性地发展了马克思主义。

总之,马克思在哲学上的变更并未给人们一张包治旧哲学百病的现成药方,而是指示了一条超越旧哲学建立新哲学的现实道路,这就是哲学与人的现实生活和实践紧密相联的道路。人们在这条道路上还会遇到各种险阻,受到各种干扰,甚至出现挫折和失败。但只要能紧随时代精神的脉搏,就仍然可以及时回到正确道路上来,在新的条件下获得新的发展。

第三章　西方哲学的现代转型

尚在马克思实现哲学上的革命变更以前,随着西方近代哲学陷入困境和危机,在一部分对这种困境和危机较为敏感的西方哲学家中,就已开始探索西方哲学发展的新道路,这在一定意义上意味着他们开始酝酿西方哲学从近代到现代的转型。不过,由于这种转型是在不触动资本主义的根本制度的前提下进行的,加上西方哲学家不能不具有的其他局限性,因此这种转型当时不可能明确地提出,它还需要经历一个相当复杂、漫长而又曲折的历史过程。在马克思和恩格斯实现哲学上的革命变更的 19 世纪中期,西方哲学家所进行的从近代到现代的哲学转型已开始明朗化。当时的西方哲学大都仍然具有某些近代哲学的特征,但又已开始从哲学思维方式上超越近代,并对近代哲学的主要缺陷作了一定程度的批判。一些在 20 世纪流行的主要哲学思潮和流派这时大都已出现了其早期形态,为后来这些流派正式形成作了重要的先行准备。20 世纪下半期首先在法国,接着在其他西方各国仿佛成了时髦思潮的所谓后现代主义的一些主要观念其实早在这一时期就已提出了。在一定意义上我们可以把 19 世纪中期到 20 世纪初这一段时期看作是西方近代哲学转到现代哲学的过渡时期。关于这方面的问题,我在《西方近现代过渡时期的哲学》一书中有较为全面的阐释。本章对西方哲学的现代转型的社会历史根据和理论根据以及这一转型的基本含义等问题作必要的重述。至于后现代主义等思潮后来对这种转型的发展,本书下面的有关篇章中将另作具体阐释。

第一节　西方哲学现代转型的社会历史根据

马克思的哲学变革和西方哲学的现代转型具有某些共同的社会历史和思想理论背景,

但这种共同背景对二者又有着不同意义。对于同一背景,不同的哲学倾向可以有不同的取向,由此呈现出各自的独特性。现代西方哲学本身又具有各种不同的派别和思潮,它们的社会历史和思想文化背景也各有其独特性。这些在具体谈论这些派别和思潮时应当阐释。此处限于从整体上谈论现代西方哲学背景,相对于马克思在哲学上的革命变更的背景,这些就是西方哲学现代转型的特殊背景。阐释西方哲学的现代转型的社会历史背景,主要就是揭示这一时期资本主义发展的特殊性。

西方哲学由近代到现代的转型大致从19世纪中期开始。这时西方各国资本主义制度大体上已经确立。资本主义制度的内在矛盾开始暴露,无产阶级逐渐形成为一个与资产阶级处于直接对立地位的独立阶级以及他们反对资本主义的革命运动的兴起,使整个西方资本主义社会陷入了深刻的困境和危机。为了使之能继续存在下去,需要对之加以变更,在哲学等意识形态方面也需要发生相应的变更。但是,西方哲学家无论在对待处于困境和危机中的资本主义制度的态度上还是在进行哲学变更的方向和目标上,都与马克思和马克思主义者有着根本的区别。

尽管与马克思同时代的一部分西方哲学家在不同程度上看到了资本主义制度的种种矛盾和危机,他们中有的人对资本主义社会中的种种弊端和罪恶也有所揭露和批判,在特定情况下还表现得相当激进,甚至还能提出某种乌托邦式的社会理想。但是他们不能超越资产阶级的狭隘的眼界,不把无产阶级看作是体现社会发展的前进方向的阶级,不支持无产阶级的革命要求,不可能通过对资本主义制度的揭露和批判提出超越资本主义的社会变更的目标。他们在社会变更方面的主张只能停留于在不触动资本主义根本制度范围内的社会的改革或改良,也就是对资本主义的某些方面加以变更,使资本主义在新的条件下能继续存在,甚至还争取能有所发展。因此从根本上说他们仍然是资本主义制度的维护者。这一点决定了他们在哲学上所要求进行的变更与马克思的哲学变革必然存在着原则性的区别。

上述观点国内外马克思主义学界早就提出并反复论证过,在这方面大家的观点大多接近。但如下两个问题往往存在较大分歧。第一,资本主义制度陷入困境和危机是否意味着它在近期内就会灭亡,是否意味着它不再有存在和发展的可能性?第二,与马克思同时代的西方哲学家提出的学说是否必然都是逆历史的潮流而动的,是否只能是与马克思主义哲学根本对立的纯粹的唯心主义和形而上学?这两个问题也就是如何重新认识转型期的资本主义以及如何重新评价转型期的西方哲学的问题。前者涉及西方现代哲学的社会历史根据,后者涉及其思想理论根据。二者又是密切相关的。

资本主义制度必然灭亡,社会主义和共产主义必然胜利,这是马克思和恩格斯用历史唯物主义观点研究社会历史发展得出的一个根本性结论。谁不承认它谁就不是马克思主义者。但是,在对这一结论的具体解释上,例如在对"灭亡"和"胜利"的具体过程和道路的解释上,马克思和其他伟大的马克思主义者都没有将其简单化和绝对化,而是在坚持无产阶级革命的根本原则的基础上根据对现实历史发展的新认识而不断有所调整和更新。

在19世纪中期,特别是在马克思和恩格斯建立他们自己的革命性的新理论的40年代,欧洲各国资本主义的发展已开始处于危机和困境之中。经济危机在西方各国先后爆发,以合乎理性为标榜的各种社会秩序越来越陷入动荡局面,以推翻资本主义、争取阶级解放为目标的工人革命运动四处兴起。这一切都使马克思和恩格斯认为资本主义已经腐朽没落,资本主义的末日已经临近,无产阶级社会主义革命在西方主要资本主义国家同时取得胜利的时期即将到来。他们在1848年发表的《共产党宣言》的基本思想正是宣布资产阶级的统治和资本主义制度的必然灭亡以及无产阶级革命和共产主义新社会的必将实现。"资产阶级不能统治下去了","它的生存不再同社会相容了","资产阶级的灭亡和无产阶级的胜利是同样不可避免的"。[1]

但是,尽管马克思和恩格斯关于"资产阶级的灭亡和无产阶级的胜利是同样不可避免的"这一结论合乎历史发展规律,因而完全正确。但19世纪中期与导致"灭亡"和"胜利"相关的西方资本主义发展的某些方面还不很明朗,马克思和恩格斯掌握的有关材料还不很充分,"灭亡"和"胜利"的进程没有像他们当时估计的那样快速。与无产阶级在酝酿,甚至准备进行消灭资本主义的革命同时,西方资产阶级及其思想家也察觉到了资本主义发展的危机和困境的趋势,也在寻找摆脱危机和困境的道路。各种在不触动资本主义基本制度而又对之作出某些改造的理论和方案(包括倡导以发展科学技术和实行产业革命为特征的"新启蒙主义"和各种类型的社会改良主义)先后出现。由于它们都不过是在资本主义范围内进行的自我调节,与无产阶级的革命理论相对立,马克思和恩格斯对之采取了批判态度。然而从现实的历史发展过程看,应当承认它们在一定范围和时期内起了缓和资本主义的矛盾、延缓资本主义灭亡的作用,在某些方面甚至在一定程度上尚能促使资本主义继续有所

---

[1] [德]马克思、恩格斯:《马克思恩格斯选集》,人民出版社1995年第2版,第1卷,第284页。

发展，并为过渡到社会主义和共产主义创造了更为有利的条件。

对资本主义后来尚具有一定活力的事实，马克思和恩格斯晚年都有所察觉。由于逝世较晚，恩格斯有更多机会对当时资本主义的变化作更深入的观察，因此对这种情况的揭示更为明确。面对着德国社会民主党等工人政党在资本主义发展出现新形势下的认识不足，特别是除了左倾的布朗基主义的影响依然存在外，以伯恩斯坦为代表的右倾修正主义也开始滋长，恩格斯当时的许多论著都致力于既维护和坚持他和马克思在《共产党宣言》等论著中所阐释过的关于资本主义必然灭亡、社会主义和共产主义的新的社会制度终将实现的基本理论；同时也明确承认他们在19世纪中期法兰西阶级斗争时代对资本主义继续发展的潜力估计不足。一直到19世纪末无产阶级更加成熟、其与资产阶级的对立更加明朗的条件下，他们反对资产阶级的斗争还不可能立即取得决定性的胜利，在19世纪中期就更不可能了。恩格斯在《卡·马克思〈1848年至1850年的法兰西阶级斗争〉一书导言》（1895年3月6日）中谈到：在1848年爆发欧洲资产阶级革命那种情势下，"我们不可能有丝毫怀疑：伟大的决战已经开始，这个决战将在一个很长的和充满变化的革命时期中进行到底，而结局只能是无产阶级的最终胜利。……历史表明我们也曾经错了，暴露出我们当时的看法只是一个幻想。历史走得更远：它不仅打破了我们当时的错误看法，并且还完全改变了无产阶级借以进行斗争的条件。1848年的斗争方法，今天在一切方面都已经过时了。……历史表明，我们以及所有和我们有同样想法的人，都是不对的。历史清楚地表明，当时欧洲大陆经济发展的状况还远没有成熟到可以铲除资本主义生产的程度；历史用经济革命证明了这一点，从1848年起经济革命席卷了整个欧洲大陆，在法国、奥地利、匈牙利、波兰以及最近在俄国刚刚真正确立了大工业，而德国简直就成了一个头等工业国，——这一切都是以资本主义为基础的，可见这个基础在1848年还具有很大的扩展能力。然而，正是这个工业革命才到处都使各阶级之间的关系明朗化起来；它排除了从工场手工业时期遗留下来而在东欧甚至是从行会手工业中遗留下来的许多过渡形式，造成了真正的资产阶级和真正的大工业无产阶级，并把它们推到了社会发展的前台。因此，在1848年除英国以外只在巴黎以及充其量是几个大工业中心发生的这两大阶级之间的斗争，现在已经遍及全欧洲，并且达到了1848年难以想象的猛烈程度。那时有的是许多模模糊糊的宗派福音及其各自的万应灵丹；现在则是马克思的理论，是一个得到大家公认的、透彻明了的、明确表述了最终斗争目标的理论。那时按照地区和民族来划分和区别的群众，只是由共同蒙受痛苦的感情联结起来，还不成熟，往往一筹莫展地摇摆于热情与绝望之间；现在则是一支社会主义者的国际大军,它不可阻挡地前进,它的人数、组织、纪律、觉悟程度和胜利信心都与日俱增。既然连这支强大的无产阶级大军也还没有达到目的,既然它还远不能以一次重大的打击取得胜利,而不得不慢慢向前推进,在严酷顽强的斗争中夺取一个一个的阵地,那么这就彻底证明了,在1848年要以一次简单的突然袭击来实现社会改造,是多么不可能的事情"①。

马克思和恩格斯一直对资本主义社会不断进行观察,注意研究它的新变化,发现其中可能产生和存在的对工人阶级的斗争和向未来社会发展具有积极意义的因素。他们对这些因素的肯定实际上正是对资本主义在一定时期和范围内还具有合理性、还存在发展余地的肯定。

例如,随着资本主义的发展,出现了股份公司和工人合作工厂,他们随即对其作了研究,并指出了其超越传统的资本主义私有制、过渡到联合生产方式的意义,而后者是转向社会主义的前提。关于股份制,马克思在《资本论》第3卷中指出:"股份制度——它是在资本主义体系本身的基础上对资本主义的私人产业的扬弃;它越是扩大,越是侵入新的生产部门,它就越会消灭私人产业。"②恩格斯也指出:"由股份公司经营的资本主义生产,已经不再是私人生产,而是由许多人联合负责的生产。如果我们从股份公司进而来看那支配着和垄断着整个工业部门的托拉斯,那么,那里不仅没有了私人生产,而且也没有了无计划性。"③关于工人合作工厂,马克思认为"是在旧形式内对旧形式打开的第一个缺口";"这种工厂表明,在物质生产力和与之相适应的社会生产形式的一定的发展阶段上,一种新的生产方式怎样会自然而然地从一种生产方式中发展并形成起来。没有从资本主义生产方式中产生的工厂制度,合作工厂就不可能发展起来;同样,没有从资本主义生产方式中产生的信用制度,合作工厂也不可能发展起来。"④

如果说马克思和恩格斯在19世纪中期在无产阶级斗争的策略中关注的主要只是武装起义这种非合法的斗争形式,随着巴黎公社革命失败后出现的资本主义"和平发展"的新形势,他们也越来越同时关注合法的斗争形式。恩格斯对德国工人利用资本主义制度下的普选权来进行反对资本主义的斗争就给予了高度肯定,认为这是他们对工人阶级的事业作出的重大贡献。"他们给了世界各国同志一件新的武器——最锐利的武器中的一件武器,向

---

① [德]马克思、恩格斯:《马克思恩格斯选集》,人民出版社1995年第2版,第4卷,第509—513页。
② [德]马克思、恩格斯:《马克思恩格斯选集》,人民出版社1995年第2版,第2卷,第519页。
③ [德]马克思、恩格斯:《马克思恩格斯选集》,人民出版社1995年第2版,第4卷,第408页。
④ [德]马克思、恩格斯:《马克思恩格斯选集》,人民出版社1995年第2版,第2卷,第520页。

他们表明了应该怎样使用普选权。……由于这样有成效地利用普选权,无产阶级的一种崭新的斗争方式就开始发挥作用,并且迅速获得进一步的发展。人们发现,在资产阶级用来组织其统治的国家机构中,也有东西是工人阶级能利用来对这些机构本身作斗争的。工人参加各邦议会、市镇委员会以及工商业仲裁法庭的选举;只要在安排一个职位时有足够的工人票数参加表决,工人就同资产阶级争夺每一个这样的职位。结果弄得资产阶级和政府害怕工人政党的合法活动更甚于害怕它的不合法活动,害怕选举成就更甚于害怕起义成就。因为这里斗争的条件也已经发生了根本的变化。旧式的起义,在1848年以前到处都起过决定作用的筑垒巷战,现在大大过时了。"①

总的说来,马克思和恩格斯虽然早在19世纪40年代就已得出资本主义必然灭亡、社会主义必然胜利的理论,而且始终坚持并根据新的形势而不断发展这一理论。但他们从未将这一理论简单化和绝对化,而是抱着与时俱进的观点来对此不断重新加以解释,把"灭亡"和"胜利"看作是一个随着新的形式的出现而不断改变其形式的历史过程。虽然他们的逝世使他们没有充分看到19世纪末期以来资本主义的新发展,对20世纪以来资本主义的新变化更不可能作出准确预见,但他们对资本主义分析的一贯的求实态度实际上已蕴含着对资本主义在一定历史时期和一定范围仍然具有发展余地的肯定。马克思和恩格斯的这种在坚持马克思主义基本原理前提下的与时俱进的态度使他们与左的教条主义和以"民主社会主义"形式出现的右的机会主义严格区分开来。

第二节
西方哲学现代转型的理论趋向

19世纪中期以后西方资本主义是否仍有发展的余地在很大程度上决定了与之相适应的西方哲学的发展趋向:它们只能是背离社会发展的潮流、从而只能是对近代哲学所作的

---

① [德]马克思、恩格斯:《马克思恩格斯选集》,人民出版社1995年第2版,第4卷,第516—518页。

唯心主义和形而上学的反动呢,还是可能在一定范围内适应社会发展的要求,从而在一定程度上超越近代哲学的某些局限性而把西方哲学推向前进?

国内外马克思主义学界在很长一段历史时期内大都作了前一种回答,因为它可援引马克思和恩格斯的一些论断来作为理论根据。然而如果我们从马克思和恩格斯以与时俱进的态度对待西方资本主义及与之相应的哲学的发展状况,就会发觉后一种回答才真正符合他们的学说。

马克思和恩格斯在19世纪中期实现哲学上的革命变更,是以资本主义制度行将灭亡、社会主义制度行将胜利作为主要社会历史根据,而这在当时是有充分理由的。因为当时西方资本主义各国的确已陷入严重的危机和困境之中。为了使西方社会继续发展,必须进行社会变更。对这一点,不仅马克思和恩格斯作过深刻的揭示,许多西方思想家也是承认的。只是彼此的立场不同,对进行社会变更所制定的方向也必然大不相同。

马克思和恩格斯从解放无产阶级和全人类的神圣使命出发,把推翻资本主义制度和资产阶级的统治、进行社会主义革命当作他们关注的核心。在哲学和思想理论上,他们所关注的是在批判继承以往优秀哲学遗产的基础上建立关于无产阶级革命的世界观和方法论的理论,并与同时代的一切资产阶级哲学理论(包括各种改良主义和其他形式的社会主义理论)严格划清界限,甚至与之针锋相对。《共产党宣言》和他们当时的其他论著都体现了这种倾向。这具体表现在:他们无论是对孔德等人的实证主义思潮,还是叔本华等人的非理性主义哲学思潮以及一切以继承休谟和康德、黑格尔等近代哲学的某些成分结合起来为特征的同时代的哲学,一律采取坚决否定的态度。正像他们当时并未考虑这些国家的资产阶级是否还能对现存社会作出某些有效的改革,从而在一定程度上尚能推动社会进步一样,他们同样没有去深入研究这一时期的资产阶级哲学家是否还能够对陷入困境的西方近代哲学作出某种具有积极意义的改造,是否还能够提出某些合理的思想,对西方哲学的进步还能作出某种贡献。出于资本主义行将灭亡的预计,这些问题必然不为他们所特别关注,甚至可能处于他们的视野之外。总的说来,他们对同时代西方哲学家的态度主要是着眼于他们与当时工人运动的关系,哲学斗争直接服从于当时的政治斗争。

例如,马克思曾多次批判过孔德。他在1866年7月7日给恩格斯的一封信中谈到:"我现在在顺便研究孔德,因为对于这个家伙英国人和法国人都叫喊得很厉害。使他们受迷惑的是他的著作简直像百科全书,包罗万象。但是这和黑格尔比起来却非常可怜(虽然孔德作为专业的数学家和物理学家要比黑格尔强,就是说在细节上比他强,但是整个说来,黑格尔甚至在这方面也比他不知道伟大多少倍）。而且这种腐朽的实证主义是出现在1832年！"①在为总结巴黎公社起义的经验教训而写的《法兰西内战》初稿中，有一节《工人和孔德》，其中谈到："巴黎工人知道，孔德在政治方面是帝国制度（个人**独裁**）的代言人；在政治经济学方面是资本家统治的代言人；在人类活动的所有范围内，甚至在科学范围内是等级制度的代言人；巴黎工人还知道，他是一部教义问答的作者，这部新的教义问答用新的教皇和新的圣徒代替了旧教皇和旧圣徒。"②前一段话批判的主要是孔德企图建立的无所不包的实证主义体系，而这正是孔德哲学中最消极的部分。在以黑格尔的无所不包的绝对理性主义为顶点的近代体系哲学因与现实严重脱节而陷入不可解救的困境以后，孔德却企图用新的形式建立体系哲学，可以说是哲学上的一种倒退。马克思的这段话鲜明地体现了他对体系哲学的否定态度。然而，孔德哲学中所包含的对黑格尔的绝对理性主义批判和反形而上学立场，孔德要求对社会现象进行实证研究及由此成为社会学创始人的作用，却完全没有为马克思所提及，说明他根本没有关注这一方面。至于后一段话，则明显地表现出马克思完全是从总结巴黎公社起义中孔德对工人运动的否定来批判孔德的。这种批判必然是一种否定性的政治批判。

恩格斯把叔本华的哲学归结为1848年革命失败后德国资产阶级消沉颓废情绪在哲学上的反映，是"迎合于庸人的浅薄思想"③。这里的批判同样只是一种从当时工人运动出发作出的政治批判。至于叔本华对黑格尔等传统绝对理性主义的批判以及在一定程度上对人的精神活动中的确具有的非理性方面的揭示则没有涉及。

马克思和恩格斯对与他们同时代的各种哲学流派和思潮都是密切关注的。但从他们参与并领导无产阶级的革命斗争起，他们观察这些哲学的着眼点就是它们在这一斗争中所起的作用。恩格斯的《反杜林论》对杜林的理论作了深入系统的批判，就是因为杜林当时在"作为社会主义的行家，同时兼社会主义的改革家"的装扮下抛出了一个对工人运动在各方面都可能造成极大损害的体系，才促使恩格斯不得不放下其他工作而给予回驳。马克思和恩格斯都曾批判新康德主义者朗格，主要原因是朗格直接卷入了工人运动，而马克思和恩格斯的批判主要是针对朗格的《工人运动》一书中所表述的观点，而较少涉及其哲学理论的某些具体方面。至于一些不直接被用来攻击马克思主义和工人运动或不对后者直接产生

---

① ［德］马克思、恩格斯：《马克思恩格斯全集》，人民出版社1962年第1版，第31卷，第236页。
② ［德］马克思、恩格斯：《马克思恩格斯选集》，人民出版社1995年第2版，第3卷，第106页。
③ ［德］马克思、恩格斯：《马克思恩格斯选集》，人民出版社1995年第2版，第4卷，第286页。

损害的哲学流派,他们大都未涉及,更未去作系统的批判;即使批判,也大都只涉及其中的个别观点。总的说来,马克思和恩格斯对同时代西方哲学流派的批判主要是政治批判。

从维护革命无产阶级的思想统一、不受敌对阶级在哲学和社会思想上的消极影响来说,马克思主义经典作家对他们同时代的西方哲学流派采取否定态度是可以理解的。他们的这种态度与他们对意识形态的历史唯物主义分析,特别是与对当时资本主义现实社会的分析是一致的。如果当时西方资本主义制度和资产阶级的统治像他们当时分析的那样不可能再存在下去了,那他们对西方哲学等当时的西方资产阶级意识形态怎么可能采取肯定的态度呢!

然而,尽管马克思和恩格斯在《共产党宣言》等论著中对社会发展的一般规律的揭示以及由此得出的资本主义必然灭亡、社会主义必然胜利等论断完全正确,但是受具体的历史发展时代等条件的限制,他们当时不可能掌握充分的材料对这个"灭亡"和"胜利"的复杂进程和途径作出具体和准确的判断。19世纪中期以后各国资产阶级在资本主义制度范围内所进行的各种改革部分具有成效,在一定程度上缓和了资本主义的矛盾和危机,法德等国继英国之后所进行的产业革命更是大大地提高了资本主义的社会生产力,使资本主义制度在其后相当长的历史时期内获得了重要的发展余地。这些都超出了马克思和恩格斯在19世纪中期的预见。对于这种情况,恩格斯晚年已有所察觉并作出了相当明确的揭示。这些上面已经谈到。

西方资本主义在19世纪中期以后继续具有发展的余地在一定程度上决定了与之相适应的西方哲学的理论取向并不必然都是逆历史的潮流,而是有可能在一定程度上体现社会发展的客观趋势,因而它们并不必然都是脱离现实发展的哲学,并不必然都是纯粹否定意义上的唯心主义和形而上学。正像马克思和恩格斯为了无产阶级的革命要求而需要在哲学上实现革命变更一样,同一时期的西方哲学家为了挽救处于危机和困境中的资本主义,也需要在哲学上进行某种程度的变更,也就是对处于危机和困境中的西方近代哲学加以改造,使之合乎新的现实环境发展的要求。这种改造从理论内容来说当然与马克思的哲学变革有着原则性的区别,但在要求超越西方近代哲学上则有着重要的共同之处。因为这种改造的目标并不是发展已经陷入危机和困境的西方近代哲学的唯心主义和形而上学等局限性,而是在一定程度上克服这种局限性,使西方哲学在一定范围内和程度上摆脱危机和困境。这种哲学改造的目标决定了西方哲学家不可能只是简单地恢复或者改进传统的唯心主义和形而上学,而是在某种程度上超越这种唯心主义和形而上学,也就是要建立某种在哲学思维方式上与近代哲学有着根本性区别的新哲学，或者说在一定程度上符合现代哲学思维方式要求的哲学。我们上面谈到，马克思哲学的变革目标是建立以直接面向现实生活和实践为根本哲学的观点，以历史唯物主义核心内容的新哲学，并把这种哲学当作无产阶级进行现实斗争的精神武器。同时代西方哲学家的哲学变更归根到底也是建立摆脱纯粹抽象的思辨、返回到现实生活世界的哲学，适应在资本主义制度范围内实现社会改造和发展的现实需要。尽管他们由于受到阶级局限性以及由此产生的理论局限性的制约，在通向新哲学的这方向上必然要经历迂迂曲折的道路，但他们在哲学上终究要通向一个与近代哲学思维方式不同的新的哲学发展方向。

19世纪中期以后的西方哲学的发展并不是简单地决定于当时的政治斗争，它们还受到同时期自然科学以及其他思想文化发展的强烈影响。我们上面已对19世纪的自然科学的发展对哲学发展产生的影响，特别是它们怎样导致哲学思维方式的变更作过较为具体的阐释。总的说来，促使马克思主义唯物辩证法产生或马克思的哲学变革的那些科学和文化条件在一定意义上也是19世纪中期以来西方哲学实现由近代到现代转型的重要条件。

还应当注意的是：哲学发展虽然在不同程度上受到经济、政治和其他思想文化条件的制约，但毕竟具有其自身特有的规律性。在西方近代哲学中，英法德美等国由于所处的具体的政治、文化等诸多方面的条件不同，其哲学在表现形式上也各不相同。但它们都以不同形式倡导理性并在不同程度上强调理性的权威，都把主客二元分立作为出发点，把探究认识论和方法论问题作为哲学研究的主题，把建立与完满的理性秩序相统一的严密完整的理论体系当作哲学的根本目标。正是这些共性把西方近代各国哲学联系起来，构成了西方哲学发展中的一个重要阶段。这些理性主义等特征与西方资本主义在一定历史发展阶段是相适应的，对推动后者的发展无疑起过积极作用。然而，由于在近代哲学后期的发展中理性越来越被绝对化和独断化，以致使它不仅与历史发展的现实脱节，也与哲学思想本身发展的内在逻辑相冲突，陷入了我们上面一再谈到的危机和困境之中。西方哲学要求得进一步发展，必须突破和超越被绝对化的传统的理性主义的理论框架，或者说近代哲学思维方式，而转向一种以强调现实生活和实践的核心作用的新的哲学思维方式。西方近代哲学陷入危机和困境以及为摆脱这种危机和困境而进行的改造，不是某一个国家、更不是某一种哲学流派特有的现象，而是在西方各国普遍存在的现象；而这种哲学上的改造意味着其理论取向的变更，这种变更不只是个别理论和观点的改变，而是具有划时代意义的哲学思维方式的转型。由此可见，19世纪中期以来西方哲学发展的理论取向的变更，不仅可以从社会历史条件和自然科学等思想文化的变更中找到根据,也可以从哲学思想本身发展的内在规律中找到根据。

在19世纪中期,马克思和恩格斯由于受历史条件的限制,对西方哲学理论取向的这种改变未能明显察觉,当然也不可能对其作出具体的论述,但他们一贯的求实的科学态度,使他们对西方资本主义以及与之相适应的西方思想文化后来的发展适时地作出了新的评价,表明他们在一定程度上肯定了19世纪中期以后西方哲学发展中出现的新的变更。

上面谈到,恩格斯晚年看到工人阶级斗争条件的根本变化而肯定他们在资本主义制度范围内争取普选权的意义,并认为旧式的武装起义已经过时[①]。同样,他也一直关注资本主义发展条件的变化在哲学等意识形态方面的影响。例如恩格斯就指出了随着资本主义的发展在道德方面的进步。"资本主义生产越发展,它就越不能采用作为它早期阶段的特征的那些小的哄骗和欺诈手段。……这些狡猾手腕在大市场上已经不合算了,那里时间就是金钱,那里商业道德必然发展到一定的水平。"[②]恩格斯在商业道德这个具有很大政治和意识形态倾向性的领域对资本主义后来的发展能作出如此明确的肯定,表明他实际上已改变了以往对同时代西方哲学家简单否定的态度。

但我们应当看到,马克思和恩格斯以及马克思主义者对西方哲学由近代到现代的转型的理论取向的态度的改变是一个复杂的历史过程。这是因为这种转型尽管具有哲学思维方式的根本性变更的意义,毕竟是由资产阶级思想家在处于重重矛盾和危机的资本主义制度内部进行的,它们在政治倾向上必然(至少归根到底)以某种方式在不同程度上体现资产阶级反对无产阶级革命的要求。因此马克思主义者对其采取否定态度是很自然的事。而且,这种变更过程是一个充满着种种曲折(其中有时还包含着各种类型的倒退)的过程,往往难以清楚明白地表现出来,人们对其可以作出不同的、甚至相反的解释。实证主义、唯意志论、新康德主义等马克思和恩格斯所批判过的流派虽然已具有现代哲学的某些特征,但又仍然带有近代哲学的明显印记,人们完全可以据以将其列入唯心主义或形而上学范围。事实上,不仅马克思主义者从反对资本主义制度的角度出发对它们加以批判,在它们内部也存在着各种斗争,彼此指责为唯心主义或形而上学。西方哲学由近代到现代的转化只有到20世纪,随着分析哲学和现象学思潮的兴起,才有其相对明确的形式。即使这些思潮,

---

① [德]马克思、恩格斯:《马克思恩格斯选集》,人民出版社1995年第2版,第4卷,第516—518页。
② 同上书,第419页。

也仍然具有各种不彻底性。马克思主义者既要抱着求实的态度,肯定它们对于近代哲学的进步,特别是在促进现代资本主义各个方面发展中的意义,又要揭示和批判它们存在的种种片面性和局限性,并由此更加确信只有具有与时俱进品格的马克思主义哲学才能代表当代哲学发展的正确方向。

第三节
西方现代哲学的形成

西方哲学的现代转型是由西方近代哲学的走向终结和现代哲学趋于形成两个相互联系的方面构成的统一的过程。此处主要分析形成,但也将涉及终结。

西方近代哲学的终结不是指个别哲学家的哲学理论受到批判、并由此而在整个哲学的发展中不再发生明显的影响,而是指以倡导理性为旗号、以主客心物分立为出发点、以建立无所不包的理论体系为目标的近代哲学思维方式在整体上陷入了危机和困境,从而失去了其现实性和合理性,必然被符合新的现实的新的哲学思维方式所取代。同样,西方现代哲学的形成也并不是指个别的哲学家提出了超越近代哲学思维方式的理论,而是西方哲学发展的总的趋势已经开始越出近代哲学思维方式的范围,一种能够体现社会历史时代发展和哲学本身发展要求的新的哲学思维方式开始建立。个别哲学家,甚至哲学流派的理论只有在符合和顺应终结和形成的总趋势的条件下,才能在终结和形成中起到其独特作用。黑格尔学派的解体之所以被认为是西方近代哲学终结的标志,就在于它不只是这个学派本身的终结,而更主要的是体现了近代哲学的终结。叔本华、克尔凯郭尔等人的哲学之所以被当作西方现代哲学的先驱,甚至是其早期代表,就在于它们在19世纪中期以来对西方哲学的发展具有标志性作用。

各个历史时代的哲学的发展都不是单一和纯粹的,都既有与整个哲学发展趋势相适应的主流哲学,也有滞后或者超越这种趋势的非主流哲学。有的超越主流的哲学虽然具有进步意义,但这种意义只有到后来在一定历史条件下才能显现出来。西方哲学由近代到现代的发展情况就是这样。在近代哲学的盛期,既仍然存在与中世纪经院哲学密切相关的过时的哲学,也有在一定程度上已超越近代哲学范围的哲学。例如,与笛卡尔同时代的法国哲学家帕斯卡尔、稍晚的意大利哲学家维柯以及其后德国浪漫主义思想家等都已对近代哲学中的二元分立和理性独断等弊病进行了尖锐的揭露和批判。他们的哲学显然超越了近代哲学思维方式的界限。然而,尽管这些哲学家的理论后来为19世纪德国哲学家叔本华和丹麦哲学家克尔凯郭尔等早期现代哲学家超越近代哲学、开创现代哲学提供了重要的启示,被他们当作自己的理论先驱,但这些哲学家的理论在他们自己所处的那个理性主义时代尚无法在哲学中占有主流地位,不是作为那个时代哲学发展的标志性主流哲学,也还谈不上是现代哲学产生的标志。其实,即使是后来越来越被公认为是西方现代哲学的开拓者的叔本华和克尔凯郭尔等人的哲学,在它们于19世纪早期提出时,也还未成为西方近现代哲学的转折点。因为以黑格尔为代表的德国古典唯心主义在当时的哲学发展中尚占统治地位,叔本华等人虽然声称其理论体现新时代的要求,但当时不仅不为多数人所理解,甚至往往成了被嘲弄的对象。

只有到了19世纪中期,西方哲学的发展才发生转折性变更,即由近代到现代的变更。因为只有到这时,作为近代哲学的社会历史基础的早期资本主义制度才因其内在矛盾的明显暴露而陷入了严重的危机和困境之中,为了继续存在下去,必需进行变更。也只有到此时,与早期资本主义制度相适应的西方近代哲学才与现实社会发生了严重的冲突,其存在的基础才开始动摇。西方哲学为了求得进一步发展,起到作为时代精神体现的作用,同样必须进行具有时代标志性意义的哲学思维方式的变更。正因为如此,黑格尔哲学那样宏伟的哲学体系随着黑格尔在1831年的逝世迅速倒塌;叔本华和克尔凯郭尔的那种公开向传统的理性主义发动攻击的哲学却受到广泛欢迎和赞扬,甚至成了当时哲学发展中的标志性理论。西方哲学的这种变更正是从近代到现代的哲学思维方式的变更,它标志着近代哲学走向终结,现代哲学开始形成。

哲学思维方式的变更从来都不可能是骤然发生的,新旧哲学之间的更替也从来不可能是二者之间的全面决裂。近代哲学的终结和现代哲学的形成并不意味着后者对前者的简单否定,而毋宁说是后者对前者的一种批判和超越,其中包含着对前者的某些因素的继承。叔本华、克尔凯郭尔、孔德等现代西方哲学的早期代表几乎都自觉地批判和否定以黑格尔为最大代表的近代哲学,但他们的哲学理论却又是在近代哲学的土壤里生长出来的,因而到处都显露出近代哲学的痕迹。尽管从哲学思维方式上说我们应当把现代和近代区分开来,但对具体的西方哲学家来说,他们的理论中现代和近代的内容往往是混杂在一起的。我们只能从他们的理论的基本趋势上把他们看作是现代哲学家,而不能将他们的理论看成纯粹现代的。

因此,从西方近代哲学到现代哲学的转换不是新旧哲学之间发生的突发式的断裂,而是一个相当长的由此及彼的渐进的过程。在这个转型期中,一些国家的哲学发展中可能出现动荡和混乱状态。新的哲学形态固然已脱离朦胧状态而越来越明显表现出来,但旧的哲学影响依然存在。社会上必然存在、事实上也的确仍然存在一些与传统哲学在理论取向上有着密切联系的哲学流派和思潮;即使是新出现的哲学流派和思潮也往往具有不彻底、新旧混杂、折衷等特点。正因为如此,人们完全可以按照不同的思想倾向,甚至不同的着重点而对转型期的哲学作出不同解释,而这些解释都可以找到理论根据。人们对由近代哲学到现代哲学的转型在性质、作用,甚至发生的时间上之所以有不同看法,与转型期哲学的这种复杂性密切相关。

西方现代哲学在19世纪中期至20世纪初期的形成过程正是这样一个近现代新旧交织而又不断迈向现代的过程。由于西方各国的具体的社会历史和思想文化条件都有所不同,新旧交织和前进的具体方式和道路必然有所不同,但这个总的趋势大体是一致的。

按历史年代来说,近代哲学最早在英国受到挑战。18世纪出现的休谟怀疑论主要是对绝对化的理性主义及与之相关的独断论的怀疑,这在一定意义上就是对以近代哲学为集中表现的传统哲学思维方式的怀疑。休谟哲学本身当然不是现代哲学,但在18世纪末和19世纪上半期这段时期内,当以黑格尔为最大代表的理性派思辨形而上学在德国空前得势时,在英国却没有再出现过有重大影响的持近代哲学思维方式的哲学。这意味着近代哲学在英国已经衰落,新的哲学思维方式必将出现并逐渐取得主导地位。

这一时期的法国哲学发展的情势与此大体相似。过去盛极一时的作为理性主义典范的启蒙思想家和唯物主义者的哲学越来越受到怀疑,以至被抛弃,这标志着具有积极作用的近代哲学思维方式已经开始向反面转化。当时在公众中流行的往往是各种形态的折衷主义甚至唯灵论。这些哲学本身并未摆脱旧的形而上学,但它们的出现毕竟暴露了后者的堕落和陷入危机。这种状况在一定程度上预示着哲学变更的年代快要来临。

在德国,早在18世纪下半期,康德的批判哲学已在很大程度上意识到近代理性主义和思辨形而上学的哲学思维方式的缺陷,他的"哥白尼变更"在一定意义上就企图为哲学的发展另辟蹊径。但是他本人并未能摆脱旧的哲学思维方式,以致其后的德国古典哲学家,特别是黑格尔由他出发合乎逻辑地建立了集理性派形而上学大成的哲学体系。然而，随着黑格尔的逝世（1831）和黑格尔学派的解体，哲学中的理性主义和思辨形而上学传统也很快受到怀疑和否定。德国所谓有教养的阶层之所以对哲学失去兴趣而热衷于牟取实际利益也正是这种怀疑和否定倾向的体现。

总之，在18世纪下半期、特别是19世纪上半期这段时期，欧洲各国哲学领域明显地处于萧条、冷落和凋零状态。但是，这种状态并不能笼统地说就是西方哲学的没落，更不意味着哲学的绝对荒芜，而是转型期往往难以避免的暂时的沉寂。因为新的哲学思维方式无论是就其提出和被人接受来说，都需要人们一段时间的反思和比较。在这段旧的哲学思维方式已失去影响力、新的哲学思维方式尚未成熟的时期内，人们对哲学显得冷落或提出一些奇谈怪论，都是很正常的现象。最重要的是要看到：就在这段冷落、动摇和混乱的时期内，甚至更早一些时候，已有一些哲学家在酝酿新的哲学思维方式了。德国哲学家叔本华、丹麦哲学家克尔凯郭尔、法国哲学家孔德、英国哲学家穆勒都在这一时期发出了反对以黑格尔为代表的绝对理性主义的呼声。他们由于分别强调非理性的人和实证科学，成了后来现代西方哲学中所谓"人本主义"和"科学主义"的早期代表。尽管19世纪上半期欧洲哲学领域的状况相当混乱，已经受到强烈冲击的以理性独断和主客心物二分为特征的近代哲学（包括德国古典哲学）在某些情况下仍占主导地位。这些哲学家的理论尚未引起西方舆论界的充分注意，未形成具有强大影响的哲学学派。但它们的出现却已无可逆转地预示着西方哲学的重大转向的来临。

19世纪40年代以后，欧洲各国的社会历史条件、科学和认识发展的状况以及思想文化的各个领域的状况都发生了重大变化。这些变化各以其特有的方式对那里的哲学发展状况发生了深刻影响，而这些影响都在不同程度上导致对近代西方哲学的进一步否定，这意味着以黑格尔为代表的理性主义哲学传统进一步受到批判。例如，在19世纪70年代以后的德国哲学中，继承叔本华传统的尼采对传统理性主义进行了更加激烈的批判，并公开要求排除一切实体性的存在，排除一切以构建体系为特征的形而上学。19世纪末至20世纪初的德国和法国的一些所谓生命哲学家也各以其独特的形式发展了这种思潮。又如，19世纪70年代产生于德奥等国的马赫主义以及产生于美国的实用主义继承了实证主义科学主义倾向，但又企图克服实证主义的形而上学残余，在反近代形而上学上迈出了新的步伐。在这期间，在西方产生了数不胜数的哲学流派，其中也有不少流派在理论上仍较多地保留着传统形而上学，甚至思辨唯心主义特征，它们与一些古典实在主义和唯心主义哲学或宗教哲学流派关系密切,往往是由后者脱胎而出的。但即使这些流派也仍与传统哲学有着重要区别,在不同程度上表现出了超越后者的倾向。

总的说来,尽管"人本主义"、"非理性主义"、"实证主义"、"科学主义"等称谓都有局限性,难以用它们准确地概括当时西方哲学的全貌,但它们大体上毕竟体现了当时西方哲学发展的趋势。这种趋势在20世纪得到了进一步的发展,出现了许多与上面的哲学流派有重要渊源关系的新流派。因此我们可以说,19世纪中期以来这些哲学思潮的正式形成和流行,标志着西方哲学发展到了一个与近代哲学有重大差别的新的和更高的阶段,也就是现代哲学阶段。

至于20世纪下半期以来被广泛谈论的所谓后现代主义,从其理论取向来说,实际上与19世纪中期以来的现代西方哲学大体一致。它们同样以反对和超越笛卡尔以来的西方近代哲学的二元论、绝对理性主义、思辨形而上学等为主要特征。只不过它们在这些方面外表上更加彻底,实际上更加走向极端。从根本性的,或者说具有划时代意义的哲学思维方式来说,它们与现代西方哲学原则上是一致的。各种形式的西方马克思主义各有自己的特征,但它们大体上都是马克思主义哲学和现代西方哲学的不同形式的融合。马克思主义哲学和现代西方哲学从阶级基础和理论形态说都有原则的区别,就此而言它们本来是无法融合的。但是,二者作为现代哲学又有着重要的共同之处。当某种形式的马克思主义(主要是有左的倾向的"正统"马克思主义)哲学偏离了其本身而倒向近代哲学思维方式时,往往有人企图从现代西方哲学中的某些内容融入其中,作为对左的倾向的"治疗"。这种融合有时可能背离马克思主义,但有时也可能的确涉及到了被扭曲的马克思主义哲学中的某些弊端。关于这些,我们在本书以下篇章中将要较为具体地谈到,此处暂时不具体谈及。

第四节
西方现代哲学对近代哲学的超越

从19世纪中期西方哲学的发展出现方向性转型以来已有一百多年。其间又经历了多种多样的变迁,大小思潮和流派此起彼伏。它们的理论特征各不相同。就对它们的思想的评价说,往往是真理与谬误并存,进步与倒退交织。抱着完全相反的立场和观点的人都不难从其中找到自己所需的例证。但是,如果将整个西方现代哲学(包括后现代主义和部分西方马克思主义派别)的理论走向与近代哲学作比较,我们还是可以发觉它们在如下几个重要方面在不同程度上超越了后者。

第一,大部分现代西方哲学流派都倾向于反对传统形而上学。他们大都放弃了建立无所不包的哲学体系以及把哲学当作"科学的科学"的企图。随着各门特殊科学的形成和发展,现代自然科学越来越具有独立地位,不需要建立在某种绝对的哲学原则基础上,更不需要哲学来代行其职能。它们为了自身的进一步发展,必须突破原有的知识体系,更不能继续被当作哲学的分支。在现代西方哲学家中的确存在由此走向极端,以至主张根本取消哲学等片面性倾向;但大多数人承认科学并不能完全取代哲学,哲学仍然具有存在的意义。他们只是要求重新思考哲学和科学及其他一切知识的关系。有的人主张哲学可以,而且应当成为科学方法论;有的人认为哲学和科学分属不同领域。他们都要求重新思考哲学的本性和功能;但哲学究竟应当和可以做些什么?他们众说纷纭。近几十年来显得突出的所谓后现代主义大都强调哲学的"解构"等批判功能。尽管由于他们片面强调批判而走向相对主义和虚无主义,但他们针对的仍然主要是传统形而上学。相对于传统哲学被当作形而上学,有的西方哲学家把现代哲学的转向称为后形而上学的转向。

第二,现代西方哲学家大都企图排除作为近代认识论基础的二元分立倾向。这并不是简单地否定主客、心物、思有之间的差别和联系,有的西方哲学家更不否定自然界、物质世界本身先于人而自在地存在,有的人(例如詹姆士、杜威)甚至还肯定意识是高度发达的物质(人的大脑)的功能。他们往往只是要求不在哲学上把主客心物当作独立存在的实体,而看作是一个不可分割的、统一的、相互作用的过程。他们有的人由此肯定康德的"哥白尼变更",但又批判康德在现象和自在之物之间、理论理性和实践理性之间划了一道鸿沟,从而没有真正克服二元论倾向。不少现代西方哲学家企图进一步强调主体的能动作用来克服康德的不彻底性,企图把理论理性世界和实践理性世界归属于统一的现实生活世界,后者正是人的创造性活动所发现或界定的世界。他们在这样做时往往存在片面性,有的人甚至走向极端。这特别表现在他们撇开(尽管并不都是简单否定)人的创造性活动的客观基础,从而具有相对主义、主观唯心主义、甚至唯意志主义倾向。但是其锋芒毕竟主要是指向与二元分立相关的机械论、独断论和怀疑论,是对这些倾向的某种程度的否定。有的人还以人的生活和实践来解释人的创造性活动,提出不应以主客二分,而应以人(而且是与他人共在的人)的实践作为哲学的出发点,正是实践使主客分离的世界转向了二者统一的现实生活世界。这在一定程度上意味着他们通过迂回曲折的道路,以某种片面甚至歪曲的形式走向了与马克思的实践观相似的思想。总的说来,他们是从生活和实践的观点来超越传统的二元分立哲学模式。从这种意义上说,从近代哲学到现代哲学的转向是生活和实践的转向。

第三,许多现代西方哲学家对近代哲学中所表现出的理性万能和理性独断倾向进行了公开挑战。他们要求超越理性的界限、转向非理性世界,并对人的非理性的精神活动进行多层次和多方面的研究,试图揭示与人的精神活动直接相关的研究(社会历史与心理等学科)和自然研究之间的区别,制定与自然科学方法论不同的精神科学方法论。有的西方哲学家由此贬低理性的作用,夸大情感意志等非理性的心理活动的作用,从而在不同程度上走向唯意志主义和反理性主义。但他们对非理性活动的揭示和研究毕竟扩大和加深了人们对人的精神活动的认识,有助于通向比理性世界更为广阔的人的现实生活世界,达到对人的更全面和完整的理解。这是对传统理性主义的超越。还应当指出,许多西方哲学家对传统理性主义的批判不意味着全盘否定理性,也不意味着必然走向反理性主义和唯意志主义,而只意味着否定理性的独断或者说绝对理性主义。他们认为人的生存具有多方面、多层次的意义,对传统理性主义的超越的主要意义在于全面地认识和领悟人的生存,从人的生存活动本身之中领悟人的生存,并由此而更全面地认识和领悟人与世界的关系。哲学的出发点不应当是人的狭隘的理性,而是具有丰富多彩意义的生存。从这种意义说,西方哲学从近代到现代的转向可以说是生存论的转向。

第四,西方近代哲学以倡导人文精神开始,然而思辨形而上学和二元论思维方式使哲学家们把人的存在抽象化了:把人要么看成与其对象相分离的纯主体,要么将其对象化而失去作为主体的意义,而这都掩盖了人的现实存在和人的本真性。现代西方哲学家在从哲学上重新研究人时大都一方面反对把人对象化,要求恢复人的本真的存在,重新认识人的存在及其活动的价值和意义。他们强调要把人看成完整的人,看成目的而不是手段;认为人不是哲学体系中的某个环节或组成部分,而是整个哲学的核心,任何哲学问题都是因人的存在及其活动而获得意义。传统哲学的失误归根到底是由于它们实质上遗忘了人;而哲学的重建归根到底是向人的回归。另一方面,他们中一些人又反对把人当作纯粹主体,即孤立的、原子式的自我存在,而认为应当看成与其对象不可分割地联系在一起的存在,或者说一定境遇中的存在。对人作为主体的肯定意味着同时对自我、他人和环境(客体)的肯定。他们要求以交互主体取代个体主体,以主体间性(主体交互性)取代主体性,以主客的相互作用(生活、实践、过程)代替主客互为独立的实体。这种理论虽然同样有片面性,但毕竟是在提倡一种新的人文精神,至少对西方社会中人的异化现象及把人的存在抽象化的传统人道主义的种种弊端作了较大深度的揭露和批判。这是对近代哲学关于人和人道主义理论的超越。

西方现代哲学对近代哲学的超越还可以从重过程、轻实体的角度来分析。西方近代哲学的形而上学往往以实体本体论为核心,强调存在的纯粹的实体性。当西方近代哲学家从主客分立出发构建其哲学体系时,其主体和客体都在不同层次上被归结为独立的实体。唯物主义者的物质和唯心主义者的精神往往都被归结为实体性的存在。甚至对理性和人,也往往赋予实体性的意义。西方现代各派哲学,特别是"人本主义哲学思潮"的各派在批判近代形而上学、二元论、绝对理性主义时则大都排斥相关存在的纯粹的实体性,而强调存在的活动性和过程性以及与之相关的时间性和历史性。他们在这些方面的观点虽然有片面性,有时甚至走向极端,但与近代哲学相比,在对人与世界的认识上都有重要的进步。

西方现代哲学对近代哲学的上述超越不只是个别哲学流派和哲学家的个别理论观点的改变,而是西方哲学发展中一种具有相当普遍意义的理论思维方式的转型,即有关哲学研究的对象、方法和目的等方面的基本观念的重大变更。许多现代西方哲学家都在用一种不同于近代哲学的思维方式来重建哲学,企图以此摆脱近代哲学的困境,为哲学的进一步发展开辟新的道路。总的说来,他们的哲学的确也更能体现这一时期西方社会的政治、经济和文化发展的状况,特别是科学技术的飞速发展所导致的各种问题,因而具有重大的进步意义。与近代哲学比,现代哲学的出现标志着西方哲学发展到了一个新的、更高的阶段。

至于本书下面的篇章中将所要谈及的后现代主义和西方马克思主义,在超越近代哲学上可以说与现代西方哲学是一脉相承的。它们的时代背景各有特色,但作为一种后近代哲学、后形而上学哲学,它们大体上是一致的。这些我们将在后面具体阐释。

第二篇 对现代性的批判与后现代主义

后现代主义是一个含义很不确定的概念。一些西方学者将其特指为20世纪70年代以后在法国出现并散播开来的一种对笛卡尔以来的现代哲学(modern philosophy),尤其是尼采以来的后期现代哲学采取激进的批判态度的思潮。但也有相当多的西方学者(例如格里芬等一批美国后现代哲学家)将其当作是一个范围广泛的概念,凡是按照当代的精神对广义的现代和"现代性"(modernity)加以批判、反思或重新解释的思潮都可归属于后现代主义。尽管有些现代西方哲学家不承认自己是后现代主义哲学家,甚至还反对后现代主义,并为现代性作辩护;但是,由于他们对现代性作过反思和重新解释,一些西方哲学家由此也把他们归属于后现代主义。德国著名哲学家哈贝马斯和加拿大著名哲学家查尔斯·泰勒就是这样的哲学家。

后现代主义在中国最早引起文艺界的注意并由他们作了一定介绍,20世纪90年代起才受到哲学界的较大重视。从那时起,国外关于后现代主义的一些有代表性的论著大都陆续被介绍进来,国内学者撰写的这类论著也已大量涌现,其中不乏精湛之作。对后现代主义的一般意义及其主要代表人物的理论观点,特别是当代法国后现代主义的观点,中国哲学界已不再陌生。除了专业从事现代西方哲学研究的哲学家外,不少从事其他学科研究,特别是从事马克思主义哲学研究的人士对此也都有较多了解。一些中青年学者可以说已成了这方面的有关专家。

但是,这并不意味着有关后现代主义的问题已经妥善解决了。无论在西方国家和中国,关于后现代主义与西方现当代哲学的关系,后现代主义在西方哲学发展上的地位,后现代主义的出现是否意味着西方哲学发展的新的转向,后现代主义与马克思主义有什么关系,马克思主义者是否可以并怎样从后现代主义的发展中吸取某些经验教训,诸如此类的问题都有待进一步加以研究。

本篇中的各章试图从不同方面对有关问题作出某些阐释。以利奥塔、福柯、德勒兹、德里达等为代表的法国后现代主义被认为是后现代主义的典型形式,按理本书应当重点阐释。但考虑到我国学界对他们已有大量相当深入和具体的阐释,我们对他们又难以提出多少创见,因此我们决定对他们理论的一般介绍从简,而尽可能揭示他们与马克思主义,特别是与西方马克思主义的关系,也因此把对他们中的一些人的阐释放在本书第三篇"后现代主义与马克思主义"中。考虑到我国学界对后现代主义在自然科学、政治、伦理、史学等方面的表现的阐释相对较少(例如,对于泰勒、鲍曼等人的后现代主义思想在学界就鲜有介绍)。本篇除了对后现代主义的一般理论阐释外,将着重阐释后现代主义在这些特殊方面的表现。

第一章 后现代主义与当代西方哲学走向

20世纪60年代以来,在对传统西方哲学的批判和超越以及对19世纪中期以来的现代西方哲学的反思和发展的浪潮中,在寻找克服现代西方哲学的矛盾、解脱其所处的困境以及探索它们的新的发展道路的各种尝试中,西方各国出现了各种形态的新哲学思潮和流派。其中最为引人注目的是所谓后现代主义。一些西方哲学家,特别是法国和美国的哲学家曾对其加以广泛炒作,认为它克服了现代西方哲学的种种矛盾,使之摆脱困境,也调和了"科学主义"和"人本主义"等不同思潮的对立。有的人甚至把它的出现说成是西方哲学发展中的一次新的转向。然而,另一些哲学家则往往对其投以鄙薄的眼光,甚至称某些后现代主义议论是"胡说八道"[①]。中国学者对后现代主义的理解和评价也互不相同。在一些人士中(特别是文艺界人士中),后现代主义曾经很是受到青睐。某些当代后现代主义者杜撰的那些费解的概念和话语往往被当作时髦而被广泛使用。究竟应当怎样看待这种哲学思潮?它是否真的具有上述重要意义,并体现西方哲学在当代的发展方向?它与我们平常谈论的现代西方哲学有什么关系?这些问题都值得从不同层面和视角加以思考和研究。下面主要从西方哲学现当代转向的角度作些考察。

一、后现代主义的多重含义及其产生的背景

后现代主义是一个相当模糊的概念。它的内涵和外延是什么?这在西方哲学界(甚至在被公认的主要后现代主义哲学家中)并无一致看法。道格拉斯·凯尔纳和斯蒂文·贝斯特所著的《后现代理论》在众多的后现代主义论著中被认为有代表性。该书就曾明确强调后现代理论的歧义性:"并不存在什么统一的后现代理论,甚至各种立场之间连基本的一致

[①] 参见欧仁(Dallas L. Ouren):《评"建设性后现代主义哲学的奠基者"》,美国哲学促进会(SAAP)〈Newsletter〉,No. 72,1995,Oct.。

性也没有。相反,通常被笼统地归并到一起的各种'后现代'理论与后现代立场……之间的差异足以使人震惊。"①但为了讨论后现代主义的含义,就不得不对后现代主义这个概念的所指有所限定。

据凯尔纳等在《后现代理论》一书"对后现代概念的考古"一节中的考证,早在1870年左右,英国画家查普曼(John Watkins Chapman)就曾使用过"后现代绘画"一词,用来指称比法国印象派绘画更为前卫的绘画作品;潘诺维茨(Rodolf Pannowitz)在1917年出版的《欧洲文化的危机》(Die Krisis der europäischen Kultur)一书中用"后现代"一词来描绘代表当时欧洲文化的虚无主义和价值观崩溃的现象,以及代表军国主义、民族主义和精英价值的新的"后现代人"的形成过程,这种现象后来与法西斯主义结合了。第二次世界大战后,萨摩维尔(D. C. Somervell)用后现代一词来描绘汤因比的《历史研究》中的一个阶段。汤因比本人后来也认同了这种用法,即把1875年以后的时期称为后现代时期。汤因比的后现代概念与当代后现代主义很不相同。但他和尼采、斯宾格勒一样揭示了当今社会的文化和社会的虚无主义倾向。

不过,作为一种当代哲学思潮的后现代主义的直接来源,主要是指20世纪40—50年代以来一种以抛弃普遍性、背离和批判现代主义的设计风格和规范为特征的建筑学及相关的文学艺术和美学思潮。它们后来被移用于指称文化、哲学、社会学、政治学甚至自然科学等诸多领域中具有类似倾向的思潮。在法国,由于结构主义哲学在某些方面与人类文化的研究、文艺创作甚至建筑设计有一定联系,而利奥塔、鲍德利亚及其后的德里达、福柯、巴尔特等一批与后结构主义有着密切联系的哲学家又都企图由批判从笛卡尔到启蒙运动的基本观念,特别是早期结构主义的一些基本观念出发来消解和否定整个传统西方体系哲学(首先是"现代"哲学)的基本观念,因而后结构主义被认为是后现代主义哲学的典型形式。在德国,以伽达默尔为代表的哲学释义学把理解当作一种具有历史性的主体间的视界融合,以此取代和超越建立在主客二分基础上的传统哲学的认识论,而这被认为是后现代主义倾向的一种重要体现。在英国和美国,早在20世纪40—50年代,一些文化历史学家和社会学家也已在谈论后现代概念,到60—70年代,在文化艺术领域已越来越广泛地使用后现代概念来表示"资本主义的文化矛盾"。丹尼尔·贝尔1976年出版的同名论著就已在谈论后现

---

① [美]斯蒂文·贝斯特、道格拉斯·凯尔纳著,张志斌译:《后现代理论》,中央编译出版社1999年版,第2页。

代时期的来临。不过,在哲学领域,蒯因、罗蒂等从分析哲学中分化出来的所谓新实用主义哲学家更有标志性。他们企图通过重新构建实用主义(特别是强调杜威等人的工具主义)来批判和超越近现代西方的哲学的传统,他们的哲学由此被认为是后现代主义在美国的主要形态。

一般说来,当代后现代主义哲学大多是指60年代以来在西方,特别是法国和美国出现的具有反西方近现代体系哲学倾向的思潮。然而,在理论上具有上述反传统倾向的哲学家在现代西方的各个哲学流派中都能找到。事实上,除了利奥塔、福柯、德里达、德勒兹、鲍德利亚尔等法国后结构主义者被公认为是后现代主义的典型代表外,不少西方学者对后现代主义作了较广义的解释,认为凡是具有反传统哲学,特别是思辨形而上学倾向的哲学家都可列入后现代主义之内。当代美国活跃的后现代主义哲学家之一格里芬就说:"如果说后现代主义这一词汇在使用时可以从不同方面找到共同之处的话,那就是,它指的是一种广泛的情绪而不是任何共同的教条——即一种认为人类可以而且必须超越现代的情绪。"[①]这样一来,不同时期具有这种理论倾向的哲学家都可归属后现代主义(尽管其中有的人并不承认自己归属,甚至还反对后现代主义)。除上面提到的外,其中比较重要的还有海德格尔、伽达默尔、哈贝马斯、弗洛伊德、维特根斯坦、奥斯汀、戴维森、波普、库恩、拉卡托斯、费耶阿本德、贝尔、伯恩斯坦(R·J·Bernstein)等人以及西方马克思主义者马尔库塞、阿多诺等人,克尔凯郭尔、尼采、狄尔泰等一些19世纪思想家则被当作后现代哲学的重要先驱。在格里芬编辑的《建设性后现代哲学的奠基者》(1993)一书中,被当作这样的奠基者的还有老一代实用主义哲学家皮尔士、詹姆士和杜威,生命哲学家柏格森、过程哲学家怀特海和哈茨霍恩。一句话,19世纪中期以来西方最有影响的反传统的哲学家大都被当作后现代主义者。有的人甚至把后现代主义追索到帕斯卡尔、维柯和卢梭。由于这些哲学家分属不同哲学流派,其理论重点和目标也互有差异,后现代哲学自然就成了一个范围广泛的概念。其中多数人并不承认自己是后现代主义者。后现代主义这个名称在有的人活动的年代还没有出现。有的人虽然活动在后现代主义流行的时代,但是他们本人不仅不把自己归属为后现代主义,甚至还以批判后现代主义为其主要活动内容。例如哈贝马斯就是这样一个哲学家。在凯尔纳等人所著的《后现代理论》一书中,他们在"后现代概念的考古"这一节还曾谈

[①] [美]大卫·格里芬编,马季方译:《后现代科学——科学魅力的再现》,中央编译出版社1995年版,"英文版序言"。

到在80年代,"存在着两个相互矛盾的后现代话语的源头",即肯定性的和否定性的后现代话语,"他们的理论都是对当代资本主义的发展作出的反应"。其中还分裂成了"谴责新发展的文化保守主义和颂扬新发展的前卫主义两个派别"①。

从"后现代主义"一词的西文语义说,人们有理由将其所指向的由20世纪60年代以来的特定思潮扩展为20世纪上半期甚至19世纪中期以来西方哲学中一种广泛的思潮。"后现代主义"(postmodernism)一词中的"后"(post)一般是指现代之后之意,"后现代主义"自然应归属现代主义之后的另一个哲学时代。但也有人说这里的"后"是指现代主义的"后期"阶段,从而后现代主义仍是现代主义的一种继续或变形。还有人认为它是指现代主义已经结束,新的哲学时代尚未正式形成的某种"间歇"、"过渡"时期。另外,也还有一些哲学家(包括著名的法国后现代主义者利奥塔)提出后现代主义只是表示一种不同于现代主义的思维方式,而不是时间概念。同一时代的不同哲学理论有的属于现代,有的属于后现代。后现代主义哲学家和评论家都承认他们使用"后现代"概念的模糊性和不确定性。凯尔纳等人所著的《后现代理论》一书中就指出:"各种后现代话语所操弄的'后'这个词本身就有着一种内在的模棱两可性。一方面,'后'描述一种不是现代的东西,……另一方面,后现代一词中的后字也表示了对此前之物的一种依赖和连续关系使得某些批评者认为后现代只是一种进化了的现代性,是一种超现代性。"②

然而,无论根据上面哪种说法,都可以在时间界限上将"后现代"上推到20世纪60年代以前的时期。因为在英语等西文中,"现代"(modern)通常泛指西方"现代化"(modernization)运动(以17世纪英国产业革命开始为标志)开始以来的整个资本主义时代,是相对于古代(ancient)和中世纪(medieval)而言的时代。中文通常译为"近代",例如modern history 译为近代史,modern philosophy 译为近代哲学。这样postmodernism 就应译为后近代主义。如果仅指具有当代意义的现代,英语文献中较多地是用contemporary,而不是modern。至于modern时期何时结束或者其后期何时开始,虽然也可以有不同说法,但都很难说是以20世纪60年代(或者说二战以后)为界限。因此,postmodern所表示的"后现代"显然不局限于20世纪60年代以来的当代,反而可以上推到当代以前的很长时期。在这种情况下,为了不致引起概念混乱,说后现代主义还不如说后近代主义。但由于

---

① [美]斯蒂文·贝斯特、道格拉斯·凯尔纳著,张志斌译:《后现代理论》,中央编译出版社1999年版,第18—21页。
② 同上书,第38页。

modernity 和 modernization 译为"现代性"、"现代化"在学界已得到几乎是排他性的公认，postmodernism 自然也只能依俗译为"后现代主义"。不过我们还是应当记住，"后现代"哲学同时具有"后近代"哲学之意。从西方哲学的实际发展来说，既然从 19 世纪中期，特别是 20 世纪初起就已先后出现了各种类型的批判和否定近代哲学的思潮，自然可以说从那时起就出现了包含了后近代意义的后现代主义哲学。

由此可见，"后现代主义哲学"一词并不是单义的，而可以有不同所指。在谈论后现代主义时，首先应当指出其具体所指。如果抽象和一般地谈论它，或者把它的某种特殊意义当作普遍意义，就可能误解它的真实意义，不能对其作出正确评价。在认识和研究西方后现代主义上，也正像在认识和研究其他问题上一样，我们必须抛弃从概念出发的抽象推理方法，而应当"回到事实本身"，即针对它的具体所指作出具体分析。只有这样，我们才能在它的某种确定含义下揭示其在西方哲学中所处的地位及其所实现的"转向"的性质。

如果它被用来泛指 19 世纪中期以来整个西方以反传统哲学为特征的哲学，那它所实现的转向从属于现代西方哲学的转向。从这种意义上说，20 世纪 60 年代以来的后现代主义就只能算是整个后现代主义，即现代西方哲学的一部分，也可以说是它的"后期阶段"或者说它的继续。

如果把它限定为 20 世纪 60 年代以来的当代哲学，认为它实现了新的转向，那意味着把它当作超越现代西方哲学的一种新的哲学思维方式，代表了西方哲学发展中一个最新阶段。由于它是具有后于"后现代"（"后近代"）意义的哲学，有些西方哲学家认为应当称它为"后后现代主义"(*post*-postmodernism)①。

当西方学术界把福柯、德里达、利奥塔、鲍德利亚尔、德勒兹、伽达默尔、蒯因、罗蒂等人当作当代后现代主义哲学家，并强调他们的哲学是对现代哲学的超越和转向时，显然是把他们归属于这种后后现代主义。因为这些哲学家在否定现代哲学时既指向 19 世纪中期以前的"近代"，又指向以后的"现代"。因此考察他们是否实现了西方哲学发展的新转向以及这种转向是否和怎样体现当代哲学的走向，既要揭示他们是否以及怎样超越笛卡尔以来的西方"近代"哲学，更要考察他们是否以及怎样超越 19 世纪中期，特别是尼采以来的西方"现代"哲学。这就需要从与现代西方哲学相比较的角度对其一些主要理论加以剖析。

---

① 参见 Dallas L. Ouren：《评"建设性后现代主义哲学的奠基者"》，美国哲学促进会（SAAP）〈Newsletter〉，No. 72，1995，Oct.

当代主要后现代主义哲学家在理论上各有特色,他们分属于不同的哲学流派、甚至不同的哲学思潮。但他们又存在着重要的共同之处,而且正是这些共同之处才使他们都被当作后现代主义者。这些共同之处突出地表现在他们几乎都有反对(否定、超越)传统形而上学的体系哲学、心物二元论、基础主义、本质主义、理性主义和道德理想主义、主体主义和人类中心论(人道主义)、一元论和决定论(唯一性和确定性、简单性和绝对性)等理论倾向。估价当代后现代主义在西方哲学转向上的意义,最重要的就是考察他们的这些否定和超越与西方近现代哲学的关系。

后现代主义作为一种在20世纪60年代以后流行的思潮,其产生和流行有着与这个时代相应的社会背景。从社会层面上说,这时西方各国已步入以计算机的运用等信息技术为主导的所谓信息社会,或者说后工业社会。一方面,信息化意味着科学技术的强大发展,造成了人类知识的空前膨涨,而这种膨涨导致了理性的进一步绝对化,更加强化了其对人的统治,其后果是对人的理解更加抽象化、片面化,人的具体性和个体性更加受到遮蔽,人的个性和自由更加受到抑制。作为对这种后果的消极反应,反文化、反理性、反美学、反价值的思潮由之而起。后现代主义的出现正是从哲学上体现了这种消极反应的思潮。另一方面,后现代主义者认为,计算机的运用等信息技术证明了与现代性相关的技术理性主义观念是一种虚构。因为信息传递的数据是由人赋予的,也就是虚构的;它们对人有使用价值,但并不是客观的。因此,信息社会的到来否定了现代性所肯定的技术的客观性和绝对性,而证明了后现代主义所倡导的主观性和相对性。

二、后现代主义的否定性理论及其对现代西方哲学的继承

后现代主义作为一种在20世纪60年代以后流行的哲学思潮,其突出特点在于其理论的彻底的,或者说极端的否定性。无论从传统哲学的本体论、认识论、价值论、方法论等各个方面说都是如此。它否定任何的基础性的存在和意义,由此也否定任何整体性、一般性、普遍性、确定性,否定任何前提、中心,否定任何确定的价值。当代后现代主义者尽管分属于不同哲学流派,但都否定近代哲学所确认的几乎一切。它们在否定和要求超越以心物主客分立为出发点的基础主义、本质主义、理性主义、一元论和二元论等传统哲学的主要特征上有着重要的共同之处。无论是法国后结构主义者福柯、德里达以及利奥塔、德勒兹、鲍德利亚尔,德国释义学最大代表伽达默尔,美国新实用主义者蒯因和罗蒂等人,在哲学上都有

这种倾向。其中不同形式的反基础主义又是他们哲学的根本观点。有的西方哲学家甚至认为"后现代主义可以说就是反基础主义"①。

基础主义(Foundationalism)泛指一切认为人类知识和文化都必有某种可靠的理论基础(或所谓"阿基米得点")的学说。这种基础由一些不证自明、具有终极真理意义的观念或概念(罗蒂称为"特许表象")构成。学术研究的目的就是发现这个基础。从认识和方法论上说基础主义往往表现为将现象与实在(本质)、外在与内在分裂和对立起来的本质主义。17世纪以来,由于心物、主客之间的分离和对立以及二者之间是否存在屏障的问题被突出地提了出来,基础主义便以本质主义的形式在哲学中占了支配地位。

在当代后现代主义者对基础主义的批判中,罗蒂所作的批判有较大的代表性。他在其代表作《哲学与自然之镜》的"导论"中明确提出:"本书的目的在于摧毁读者对'心'的信任,即把心当作某种人们应对其具有'哲学'观的东西这些信念;摧毁读者对'知识'的信任,即把知识当作是某种应当具有一种'理论'和具有'基础'的东西这种信念,摧毁读者对康德以来人们所设想的'哲学'的信任。"②在1982年出版的《实用主义的后果》中他更把上述批判扩大到整个柏拉图主义传统。

罗蒂几乎把全部传统哲学都归属于基础主义,认为它们之间的区别只是在何种形态下以什么(例如以一般概念或经验)为基础的区别。在各种形态的传统哲学中,他认为柏拉图、笛卡尔和康德哲学最具代表性,并集中地对其加以批判。他把它们都看作以心物、主客等分离和对立为前提的视觉中心论(镜像论)。柏拉图关于真理和知识的学说把哲学看作是关于表象的一般理论。掌握表象意味着人的意识(人心)摹写作为对象的外物,犹如人眼的看,这就是把人心当作照耀外物的一面镜子。笛卡尔把"我思"作为出发点意味着认识是从人的内心发生的,人心成了一面映照外在世界的内在镜子。康德企图消解主客等二元分立所导致的近代哲学中的各种对立(如经验论和唯理论,唯物论和唯心论的对立),目的仍然是由人心为科学、艺术、道德和宗教等提供一个可靠的基础。在科学和认知领域为自然立法,在道德领域颁布绝对命令。他的三大批判实质上就是检查、修理和照亮这些领域的镜子。

总之,按照罗蒂的解释,只要是把人心(主体)与其对象(客体)区分和对立起来,把哲学

---

① Bill Shaw:"Virtues for a Postmodern World"〈Business Ethics Quarterly〉, Vol. 5; No. 4, 1995, oct.
② [美]罗蒂著,李幼蒸译:《哲学与自然之镜》,商务印书馆2003版,第4页。

的任务看作由心灵去掌握对象,并企图由此而为人们寻找知识和行为的可靠准则,那就是把人心当作自然之镜,就是遵循某种形式的基础主义,而传统哲学的基本理论框架,无论是其存在论或认识论,几乎都以把人当作自然之镜为前提,从而也都是某种形式的基础主义。因此,对传统哲学的批判在罗蒂那里就表现为对作为自然之镜的人心的消解和摧毁。

罗蒂在批判基础主义的名目下对传统哲学的否定体现了当代后现代主义哲学家的共同立场。尽管他们批判的名目不同,批判的方法和方面也互有差异。例如德里达致力于对"逻各斯中心主义"、"言语中心主义"的"解构"(集中地表现为对结构主义语言模式的批判);福柯则致力于对传统"认识型"(episteme)的批判。利奥塔热衷于对叙事(narrative)的探讨,特别是对所谓元叙事的批判。就对后现代主义进行具体研究来说,这些差异是不应忽视的。但他们的批判与罗蒂接近。罗蒂也承认自己的观点与德里达、福柯、伽达默尔等人很是类似。并认为"德里达的反逻各斯中心主义不过是……反本质主义的一个特例"①。就揭示当代后现代主义者对西方传统和现代哲学的超越的性质来说,最值得注意的正是他们的这种共同倾向。

从现当代西方哲学的大背景来考察,由反基础主义所体现的当代后现代主义哲学家的这种共同倾向在哲学思维的基本方式上与19世纪中期以来许多反传统的西方哲学家并无实质性区别,实际上是以某种不同的形态对后者的继承。

第一,他们在各种新名目下所批判的仍然是这些哲学家所一再批判过的传统形而上学(本体论、认识论、二元论等)思维方式,只是有时对他们(特别是尼采、海德格尔等欧陆哲学家及杜威等实用主义哲学家)的批判作了某些局部的变换或者运用于某种具体领域。罗蒂就认为"德里达的大多数工作继续了一条始于尼采而一直延伸到海德格尔的思想路线。这条思想路线的特征就是越来越激进地拒斥柏拉图主义"②,而德里达对逻各斯中心主义的批判则"是把尼采和海德格尔所共有的反本质主义运用到句子和信念的特例上去"③。至于他自己的反基础主义和反本质主义则正是詹姆士和杜威等人表示过的立场。因为他们的实用主义"只是运用于像'真理'、'知识'、'语言'、'道德'这样一些观念和类似的思考对象的反本质主义"④。利奥塔对语言的批判大体上就是模仿维特根斯坦,特别是其语言游戏说。

---

① [美]罗蒂著,黄勇译:《后哲学文化》,上海译文出版社1992年版,第149页。
② 同上书,第98页。
③ 同上书,第149页。
④ 同上书,第245页。

第二,他们的新哲学理论在基本方向上也未越出这些哲学家的大范围。

罗蒂倡导的所谓"教化哲学"、"小写的哲学"、"后哲学文化"被认为是当代后现代主义理论的范例。然而他本人也一再指出它们源于杜威、维特根斯坦和海德格尔等人的理论,甚至是现代西方两大哲学传统(思潮)汇流的结果。从实证主义到分析哲学的传统"在以批评柏拉图主义开始而以批评(大写的)哲学本身结束这一点上与尼采—海德格尔—德里达的传统十分相似"①。德里达的解构主义从直接的意义上说是对他以前的全部哲学的"消解",但他并未因此而提出一种超越传统哲学范围的新哲学。他的"消解"主要只是对原有哲学文本由单义阐释转向多义阐释,而这并未越出原有哲学的基本框架。正因为如此,他对体现了近现代两种主要哲学倾向的黑格尔和尼采这两位哲学家都既不全盘肯定也未全盘否定,而游移于对立的两极之间。利奥塔明确地把他关于语言和知识的合法性的理论与维特根斯坦的语言游戏说联系起来。

后现代主义哲学家的其他否定性理论与上述反传统哲学立场有着内在联系,可以说是其表现形式或必然后果。它们也并未从根本上越出西方现代哲学的范围。

例如,对近代哲学中主体性理论和人类中心论的批判是他们对传统哲学批判的重要方面之一。他们大都认为,以作为主体的人取代神的地位、以主体性取代神性是"现代"哲学最重要的特征。然而,不管这种特征曾起过多么重大的作用,要超越"现代"便必须超越主体性。德里达、福柯等人都致力于对主体的消解。德里达之否定主体在语言中的直接在场作用和福柯之提出"人之死"概念就是否定主体性的集中表现。这种否定正是源于对近代哲学的主客二元分立、实体本体论的否定。因为主体性原则和人类中心论正是以这种分立和与之相联的主体实体化为前提。

然而对主体性原则和人类中心论的批判是尼采以来的现代西方哲学中就已存在的。例如尼采认为主体无非是一种自我欺骗的产物,他所倡导的主人道德就是对维护这种主体性的奴隶道德的超越。维特根斯坦的语言哲学把主体和自我当作语法的一种特殊功能,弗洛伊德的精神分析学通过揭示自我意识之下的无意识将自我置于从属地位。

后现代主义哲学家大都还以非理性主义反对理性主义(包括以诗性哲学取代理性哲学)、以非确定性(相对主义、无中心论、无整体性)否定确定性和整体性、以多元论和非决定论反对一元论和决定论。这些也都无不出于对基础和本质的否定。而它们也都早已为许

---

① [美]罗蒂著,黄勇译:《后哲学文化》,上海译文出版社1992年版,第13页。

多现代西方哲学家以不同形式提出过。我们在此就不一一评述了。

三、后现代主义对现代西方哲学的超越

但是不能由此认为,在批判近代哲学上,后现代主义哲学家只是简单重复此前的现代西方哲学家。二者之间在某些方面仍有重要区别。后现代主义哲学家不仅批判西方近代哲学,也批判现代哲学。后一种批判体现了他们对西方现代哲学一定程度上的超越。下面我们列出五个较为重要的方面。

第一,后现代主义者大都指责现代西方哲学家对传统形而上学批判的不彻底性,在批判基础主义时往往陷入另一种形式的基础主义,而他们则力图克服这种不彻底性。

罗蒂在这点上表现得特别突出。他认为现代西方两大哲学思潮的一些最著名的哲学家都没有摆脱对科学和哲学等的最后基础的寻求。例如语言哲学家们提出的"语言的转向"不过是用"语言"取代"心"的方式继承了旧的基础主义传统。以胡塞尔为代表的现象学则企图通过本质还原和先验还原而获得一种绝对可靠的基础,仍是基础主义的真实继承者。① 尼采、柏格森、狄尔泰、布拉德雷、罗伊斯、弗洛伊德等人对传统哲学虽然都进行过激烈批判;但无论是尼采的意志、柏格森和狄尔泰的生命、布拉德雷等人的精神或弗洛伊德的利比多,都无不是柏拉图式的理念的变形,仍然带有明显的基础主义痕迹。罗蒂同意海德格尔这样的话:尼采是最后的形而上学家,因而还不是能完全摆脱柏拉图主义的后形而上学思想家。②

德里达等人也表示过类似观点。德里达以反对"在场的形而上学"和"逻各斯中心主义"等形式继承了海德格尔等现代西方哲学要求摆脱形而上学的立场,但他要求比海德格尔等人更进一步。他说:"没有海德格尔提出的问题,我想做的工作将是不可能的。"然而,正因为受惠于海德格尔,才必须"在海德格尔的著作中寻找其属于形而上学或他所谓的存在—神学的印记"③。德里达所说的形而上学印记,主要是指海德格尔用了"存在"这个概念。海德格尔把存在(在)和存在物(在者)区分开,在反形而上学上迈出了重要的一步。但在德里达看来,海德格尔所作的这种区分仍然受形而上学支配。为了把自己与海德格尔区

---

① [美]罗蒂著,黄勇译:《客观性,相对主义和真理》,1991年英文版,第179页。
② [美]罗蒂著,黄勇译:《后哲学文化》,上海译文出版社1992年版,第99页。
③ [法]德里达:《立场》,1981年芝加哥英文版,第9—10页。

分开来,德里达创造了"痕迹"(trace)、"延异"(differance)等一套晦涩的哲学术语来表达他对难于捉摸、隐喻和不断自我再构造的东西的称颂,并企图以此最终摆脱形而上学思维方式。

第二,后现代主义者对某些现代西方哲学家即已表现出的反主体性和人类中心论(人道主义、人本主义)倾向作了进一步发挥。

反主体性和人类中心论是西方现代哲学超越近代哲学的重要方面之一。由于主体性和人类中心论均以主客、心物等二元分立为前提,而后者往往导致人的异化(物化、对象化),使人失去其本真的个性,不少现代西方(特别是所谓人本主义思潮)哲学家要求重新认识人的存在及其活动的价值和意义,把人看作是完整的人。后现代主义者继承了这种观点,但不同意现代西方哲学家仍然将人看作一种确定的存在,即具有实在性的主体的倾向,认为这未能摆脱形而上学。他们要求像消解其他实体性的存在那样消解人的存在。人在哲学中自然也失去了核心意义。他们由此要求以非人本主义取代人本主义。福柯将尼采的"上帝之死"发展成为"人之死"在这一点上就具有典型意义。他在《事物的秩序》一书的末尾中谈到,"随着语言的存在越来越明亮地照耀我们的地平线,人类便逐渐地消亡"①。他认为不是人作为主体把语言当作自己的工具,而是语言的存在揭示了人的存在的意义。

其实,海德格尔早已表示过类似的思想。如果说他前期在《存在与时间》中对此在的追问还没有脱离以主客二元分立为特征的主体性的形而上学范围,他后期所一再谈论的"在的真理"就是一种排除了主客二分而达到主客融合(天人合一)的存在论。他认为西方近现代哲学中的许多概念(如真理、实在、文化、价值、世界)都是在主客二分的前提下提出的,必须加以超越。他经常援引未受二元分立框架约束的古希腊哲学和中国古代哲学,以便从中发现更具有始源性的真理。他认为人的本真的存在不是作为自然的主宰,而是与自然融合在一起,并由此要求不把人置于宇宙的核心和支配地位,而只能当作众多的在者之一。这也就是使人由自然的统治者、主宰者变成世界上其他一切存在的倾听者、守护者。

海德格尔的这种观点与福柯的人之死和德里达的无中心和非在场的观点有所不同。德里达就不同意海德格尔走出"人",即二元分立和主体性的道路,认为所需要的是一种"风格"的改变,这种风格能"同时说几种语言,产生几种文本"②。尽管如此,在要求改变主客二元分立的思维方式,从而抛弃与之相关的主体性原则和人类中心论上,他们却是一致的。

---

① [法]福柯:《事物的秩序》,纽约1970年英文版,第386页。
② [美]罗蒂著,黄勇译:《后哲学文化》,上海译文出版社1992年版,第135—136页。

应当注意的是,后现代主义者提出人的消失并不是笼统地否定人的存在及其意义,而只是要求取消作为与客体相对立的主体的人的存在。也就是使人摆脱主客心物等等依存关系,摆脱对外在世界和普遍的理性观念的依赖。有的后现代主义者鼓吹要使人成为无中心、无本质、无长远的目标和理想、不担负社会和历史使命以及政治责任和道德义务的人,不受任何外在的或内在的制约,而只享用当下的、现实的生活的人。在他们眼中,只有这样的人才是真正自由和自主的人,才能充分展示人生的价值和意义。这些看起来是很荒唐的,实际上主要是反对以普遍理性和主客心物等二元对立为特征的哲学思维模式的一种极端形式。

第三,后现代主义者不仅要求超越近代哲学的理性主义,而且要求超越现代哲学的实体性的非理性主义。

后现代主义者认为,一些现代西方哲学家虽然看到了理性主义把理性当作基础的错误,但又用意志、生命、无意识等非理性存在取代理性,将他们当作基础,这不仅仍然是一种基础主义,而且并未摆脱理性的制约。因为"意志"、"生命"、"无意识"等无非是在旧形而上学基础上用理性构建出来的非理性结构,是变了形的理性。后现代主义哲学家则要求在哲学中完全排除任何实在和本质(不管是理性的或非理性的),从而要求不仅超越传统的理性主义,也超越现代的非理性主义。他们大都不承认自己是非理性主义者。就实在性(实体)意义上说,他们也的确与一般非理性主义有别。不过,由于他们夸大人的理智的有限性和随意性,否定存在和认识的相对稳定性和确定性,从而也否定了任何理性的认识形式和方法的可靠性。一切都变成变动不居的、非决定的、不可比较、不可公度的东西。人的认识成了一种无政府主义式的自由嬉戏。在这种情况下,当然也谈不到对真理的确定性和客观性的肯定。德里达明确地说:"没有真理自身,只有真理的放纵,它是为了我、关于我的真理,多元的真理。"①这种观点显然仍具有非理性主义色彩。

第四,在方法问题上后现代主义者以语言游戏说和解构法发展了现代西方哲学家的主观主义和相对主义倾向。

他们大都认为近现代哲学(特别是实证主义和分析哲学等科学主义思潮)中追求普遍性的方法论是陈旧的、封闭的。那些以理性和逻辑为基础制定出来的实证科学方法实际上不过是某种类型的游戏规则。如果将其当作普遍规范,就必然束缚人们的想象力,因而不

---

① [法]德里达:《驱动:尼采的风格》,1979年英文版,第103页。

仅不适用于人文和社会学科,对自然科学也会成为一种束缚。只有个人的情感、体验和想象才是创造的泉源和真理的尺度,也是制定和评判游戏规则的尺度。利奥塔和德里达的观点在这方面很有代表性。

利奥塔否定整体性、普遍性和明确性,而热衷于模糊性和差异性。他号召人们:"让我们向同一整体开战;让我们成为那不可表现之物的见证人;让我们持续开发各种差异并为维护'差异性'的声誉而努力。"①他正是在这种思想指导下发挥了维特根斯坦的语言游戏说,认为语言游戏虽然要有规则,但这些规则不是固定的,而是参加者通过约定而形成的。参与者之间人人平等。都可以仅按自己的选择和自由想象去参与游戏和发表己见,无需遵守确定的规则和方法。他把语言游戏当作人们实现自由思考的重要途径。认为越是大胆想象,就越能最大限度地发挥自己的创造性,从而也越能使自己成为有个性和创造性的人。自然科学研究也无非是语言游戏。他援引20世纪五六十年代以来科学发展中出现的不确定性和突发性情况来论证科学研究中语言游戏的不确定性、相对性、不可通约性。

德里达用解构方法来取代传统和近现代的哲学方法。他的解构实际上是对概念(语言符号)的意义进行批判性解释。它通过读解文本来发现其自身的矛盾,对其存在的等级秩序加以颠倒,进而改变和重新解释原有概念关系。换言之,它从揭露文本本身的矛盾出发来摧毁(消解、颠覆)文本原有结构,发掘被其中心意义所排除、隐蔽或遗忘的意义,特别是那些普遍和确定的意义之外的意义。它强调意义的多向性和不确定性、含混性,颠倒结构的中心和边缘的关系,消除结构中一切确定和固定的东西。这意味着解构方法是对原有文本作出多义的、不确定的、含混的解释的方法。也正因为如此,他不仅接受了维特根斯坦的语言游戏说,而且使之更具主观随意性。因为他实际上否定了游戏需要遵循一定规则。认为这些规则并不制约游戏。"游戏的规则已被游戏本身替代。"②

第五,后现代主义者把对传统和现代西方哲学的超越发展成了对哲学本身的超越,消解了哲学的本来意义,也就是使哲学变成某种非哲学的东西。

从表现形态上看,后现代主义哲学家大都一改传统哲学构建抽象和思辨概念体系的倾向。他们不仅用文学、艺术、心理学、社会学以及符号学等领域的语言来表述自己的哲学观点,而且超越哲学原有的意蕴和方法,将其融化于这些学科之中,使之具有超越和否定通常

---

① 王岳川、尚水:《后现代主义文化与美学》,北京大学出版社1992年版,第24页。
② [法]德里达:《结构、符号与人文科学中的嬉戏》,王逢振等编:《最新西方文论选》,漓江出版社1991年版,第150页。

哲学的形态。罗蒂的后哲学文化就是一个典型。

所谓后哲学文化指的是在消解传统和近现代西方哲学后所建立的文化,相应于启蒙思想家在否定神学文化后建立的"后神学文化"(即哲学文化)。后神学文化以哲学打破和取代了神学在整个文化中的至高无上的地位,而后哲学文化虽然打破了哲学文化(后神学文化)的这种地位,但它本身不再具有这种地位,它已不是文化之王。它只能像一个封建社会中的国王在去位之后仍然可以作为一个普通公民那样继续存在。在此没有任何学科能取代原来哲学的地位。无论科学、文学或政治均如此。与原有的哲学文化(即所谓大写的哲学)不同,后哲学文化下的哲学所要做的只能是怎样将不同事物关联起来,只能"骑在文学的—历史的—人类学的—政治学的旋转木马"上行进。罗蒂对这种文化下的状况作了这样的描绘:"在这里,没有人,或者至少没有知识分子会相信,在我们内心深处有一个标准可以告诉我们是否与实在相接触,我们什么时候与(大写的)真理相接触。在这个文化中,无论是牧师还是物理学家,诗人还是政党,都不会被认为比别人更'理性'、更'科学'、更'深刻'。没有哪个文化的特定部分可以挑出来作为样板来说明(或特别不能作为样板来说明)文化的其他部分所期望的条件。"在这样一个文化中没有大写的哲学家,只有"能够理解事物如何关联的专家"。这样的专家所能满足的不是传统哲学的目标,而是对"人类迄今发明的各种谈话方式的利弊的比较研究"。后哲学文化时代的哲学家的专业"是理解宏伟图画之间以及想弄清事物如何关联的各种努力之间的相似和区别。他是一个告诉你事物相互关联的各种方式本身如何相互关联的人。"①

德里达等其他后现代主义者的观点与罗蒂大同小异。值得注意的是:他们把哲学和诗融合起来。他们对主客二元分立、主体性和人类中心论等的否定使他们强调以物我不分或物我皆忘为特征的直观、想象的情感境界,这往往就是诗的境界。这必然导致哲学的诗化。在这一方面,海德格尔后期关于诗化哲学的思想对当代后现代主义者产生了深远的影响。正是在海德格尔的启化下,德里达提出哲学与诗同源,并进一步要求消除哲学与诗的界限,认为从事哲学就是从事诗的创作。也正是在这种意义上,德里达把哲学当作隐喻之学。他认为在古希腊哲学中,哲学充满隐喻,可谓是充满隐喻的诗。柏拉图的洞穴喻中讲到眼睛如何借助太阳光而看到事物。人在洞穴中看不到太阳,只看到被太阳照亮的事物的影子。但从中知道外面有一光源(太阳),在其照耀下可以走向光明。德里达由此提出:哲学的作

---

① [美]罗蒂著,黄勇译:《后哲学文化》,上海泽文出版社1992年版,第14—18页。

用就像这样的太阳。就是说,起隐喻的作用。然而,在传统形而上学中,隐喻被驱逐出去了,只有在诗和文学中才有其存在的余地。而哲学与诗和文学由此绝然分裂了。他认为应当把二者重新统一起来。

如何评价后现代主义哲学家对现代西方哲学的上述超越是一个相当复杂的问题,对以上五个方面都可以而且应当从不同角度加以分析。我们无法在此展开讨论,但如下两点似乎是可以肯定的:第一,在对传统和近代哲学的批判上他们比此前的现代西方哲学家在某些方面更为彻底并揭示了后者的许多缺陷,但有时又往往更加走向极端,因而可能具有更大的片面性;第二,他们的批判和立论对现代西方哲学都有所超越,有的甚至是重要的超越,但在整体上并未超越原有现代哲学思维模式的界限,并未形成一种不同于现代哲学模式的新模式,实现哲学上的根本性变更。

四、后现代主义与当代哲学的走向

在对后现代主义之所是及其对西方近现代哲学的否定和超越作了以上限定和阐释后,我们再来对本章开头提出的问题加以考察。

"后现代哲学"概念既有多重含义,那就必须按其具体所指分别给予评价。

如果它泛指后于笛卡尔、康德等人所代表的"近代"(modern)哲学,其所批判和否定的是由笛卡尔、康德等人的哲学所体现出来的基础主义、本质主义等传统形而上学倾向,那它不过是给19世纪中期以来就已存在的对近代哲学进行批判的广泛思潮加上了"后现代"这个新名称。在这种情况下,后现代哲学对"现代"(modern,实际上也就是近代)哲学的批判意味着要求以现代哲学思维方式取代近代哲学思维方式。在这一点上,我们可以把当代后现代主义当作19世纪中期以来整个西方哲学中以反传统为特征,也就是要求超越"现代性"(实即"近代性")的广泛思潮的新形态,并由此而肯定其在西方哲学发展上所具有的积极意义。

如果它是指后于19世纪中期以来的现代西方哲学,即被某些当代后现代主义哲学家声称为西方哲学发展的一个最新阶段的哲学,那对这种声称就很难予以肯定。因为如上所说它们在基本哲学思维方式上与此前的现代西方哲学并无实质区别,其在哲学上所实现的变更并未越出现代西方哲学所实现的变更的大范围。我们可以把当代后现代主义当作整个现代西方哲学发展中的一种新的思潮或倾向,但不能说它实现了对现代西方哲学的根本性超越或西方哲学的新的方向性转换。

后现代主义能否体现当代西方哲学的新走向呢？这既要看西方哲学在当代的发展需要什么样的变更，也要看后现代主义能否以及在什么程度上适应这种变更的需要。前者涉及如何估计西方哲学在当代的发展状况和趋势，后者涉及如何估价后现代主义在当代西方哲学发展中可能发生的作用。

虽然西方现代哲学取代近代哲学是哲学思维方式的重大变更，标志着西方哲学发展到了一个更高阶段。但它也像被它取代的近代哲学一样本身包含着严重的缺陷和矛盾。这不仅就它的各个具体流派和思潮说是如此，就整个现代西方哲学说也是如此。我们经常可以看到，在一些现代西方哲学家宣告他们开辟了哲学的新纪元之后不久，他们的不少后继者甚至他们本人就已开始为再次陷入难以摆脱的困境和危机（以及与之相应的理想和信念危机）而忧虑。

现代西方哲学的缺陷和矛盾有各种不同表现，其中较为突出的是：它在批判和否定近代哲学所表现出来的形而上学思维方式时往往要么不彻底，回到原来被它所批判的理论的立场；要么走向另一个极端，特别是相对主义和虚无主义，以至于由否定传统哲学而取消了哲学本身的意义。一百多年来西方哲学有过重要的发展，但始终未能摆脱在这两个极端之间摇摆的局面。尽管现代西方哲学从整体上说体现了一种与近代方式不同的现代哲学思维方式，但这种体现远非完善。它的各种独特的哲学形态（各种流派和理论）都带有更大的片面性，因而必然陷入困境和危机。为了摆脱这种局面，必须重新审视、批判、超越此前的各种哲学流派和理论，建构出符合现代社会各个方面（包括哲学本身）不断发展要求的新的哲学理论。

后现代主义哲学思潮的出现在一定程度上适应了对现代西方哲学的发展进行新的反思和变更的需要。后现代主义哲学家大都对尼采以来的现代西方哲学家的理论的矛盾和缺陷进行了揭露和批判，并以开辟哲学的新方向为己任。从揭露西方传统和现代哲学的缺陷和矛盾说，他们的工作是很有价值的，至少能给人以启迪。他们所提出的反体系哲学和绝对一元化、反二元分立、反人类中心论、反绝对化的理性主义和非理性主义等主张在一定程度上的确反映了现代哲学发展的一种趋势。

然而，尽管后现代哲学家不仅要求超越近代哲学，而且要求超越现代哲学，但如上所说，他们的哲学并未真正超越后者，仍然包含着后者具有的种种矛盾，不能完全适应对西方哲学发展进行新的变更的要求，也不能真正体现西方哲学的当代走向。正因为如此，尽管它在20世纪60年代以来在西方哲学界曾轰动一时,近几年来却因受到越来越多的批评而有冷落之势。西方哲学家们纷纷在讨论如何超越后现代主义,探索摆脱哲学困境的新的途径。

在此值得一提的是:1997年11月14—16日,在美国芝加哥大学举行了一次有93位哲学家参加的关于后现代主义之后,或者说后后现代主义(After Post Modernism)的学术讨论会。会议的主题正是针对近年来后现代主义的式微而探索哲学发展的新途径。早在这次会议举行前,就由会议的发起者、芝加哥大学的根德林(Gene. Gendlin)和施伟德(Richard A. Shweder)通过互联网组织了几个月的通讯讨论。参加者不仅有美国和其他西方国家的哲学家,也有众多发展中国家的哲学家,可谓是一次世界性的讨论。讨论非常热烈,人们通过互联网络和电子信箱几乎每天都可收到新的讨论信件。在会议之后,这种网络讨论仍在继续。由于参与讨论者的背景和哲学立场互不相同,他们对后现代主义的看法自然也互不相同。持赞成和否定态度的都大有人在。总的倾向则是超越后现代主义、为哲学的发展寻找新的道路。根德林在广泛征求与会者的意见后于1998年2月18日发布的(通过网络)关于芝加哥APM会议的报告显然就体现了这种倾向。下面我们摘引报告中的一些段落和提法:

"'我们继续批判现代性,但我们要超越某些后现代主义支派所主张的那种任意性。我们怀疑一切确定的基础,但并不意味着什么都不值得一提'。这是在芝加哥举行的APM会议上93位与会者……的座右铭。"

"诚然,……,所有的词都带有不可避免的'形而上学'。问题显然不可能、也不应当'解决'。然而,我们能否比……以非中心化、不可确定性、断裂……做得更多一些呢?"

"我们现在所处的时期是破坏逻辑的基本原理及科学的'客观性'的时期刚刚过去。我们需要一种对科学的力量和限制的重新理解并找到使科学对象重新概念化的道路。借口科学无为并不能改变那些仍然决定着我们的社会政策和制度的那些假定和价值。而后哲学现在是、从来都是直接研究这些假定并探讨它们怎样才能可能的学科。"

"许多人现在都知道,每一个词都与旧有概念相联,我们可能落入这些概念之中。但这是否是后现代主义者所说的那样使我们根本失去与语言相关的新的道路呢?后现代的批判及其所提出的问题已广为人知,而我们许多人也为不断的阻塞着恼,因为人们所使用的每一个词都可能显得是倒退到旧的形而上学。现在是摆脱这种半幽默、其实往往都是太实在的'后现代悖论'的时候了,这一悖论是:一旦我们拒斥任何确定的真理,就根本不会有其他真理存在。其实,在实践中,我们所做的都比这要好。"

"关于'真理'和'客观性'的一般陈述一直是含混的。但这并不是说就没有真理和客观性"。"我们不要单纯的多元论,而可以创造出'多重真理的复合'"。

"理论和实践彼此开放。实践的方面的优先性并不是只要实践不要理论这种呆板观念,而是我们在行动中都必有的一种感觉,即我们怎样在超越概念范围的情境下发现我们自己……。如果人们把一切归之于规则,那是坏消息,然而现在超越后现代主义的道路已经打开。我们怎样发现自己,这总是认识所不能穷尽的。为基础的模式和对它们的否定所忽视的多种可能性已经打开。背景的多样性避免了后现代主义的非此即彼。它们既不是纯粹逻辑的,也不是任意的。我们可以寻问我们如何认识背景以及它怎样影响我们的话语所指。"

"我们不再需要仅仅用否定的方式说话。"

"亲身认知(bodily knowing)的可能性及其与语言的关系终结了后现代主义关于要么是确定的基础、要么什么也不是的抉择。"

报告还从科学、文化、历史、伦理、语言等各个方面对后现代主义的相关观点提出了质疑甚至否定。我们不再一一引述了。

上面摘引的这些话语都表明,在美国和其他西方思想家,已有为数众多的哲学家企图在"后后现代主义"的旗号下超越后现代主义,对当代后现代主义者的那些纯粹否定性、主观主义、相对主义、虚无主义观点提出了质疑和挑战,克服后现代主义者的极端性和片面性,为西方哲学的发展寻找较为合理和健全的道路。不过,他们并没有对自己的观点作出系统和充分的论证,多数还只是一些片断之见;他们彼此之间往往存在很大差异。因此,所谓后后现代主义还只是一种开始显露的朦胧的倾向,谈不到已为西方哲学的发展找到了新的道路。但是,这种后后现代主义倾向的出现毕竟可以表明:当代后现代主义者所提出的哲学发展的新道路是一条走不通的路。

西方哲学应当朝着什么方向发展,对现代西方哲学所体现的哲学模式应当进行怎样的变更,应当以何种哲学模式来取代它?这些都是中外哲学界一直在讨论和探索,而一时又都难以达成共识的问题。也许并不存在(至少暂时不存在)单一的道路和模式。应当容忍,甚至倡导各种不同的道路和模式(包括东西方哲学、马克思主义与非马克思主义哲学等)共同发展、相互沟通和借鉴。事实上,随着冷战的结束、国际经济的进一步一体化以及许多现实矛盾的不断消解和克服,西方哲学中不同派系尖锐对立的情况也已有所缓解,越来越多的哲学家趋向于走求同存异之路。如果将来会有一种超越和取代现代哲学模式的新的哲学模式出现,那消解各种不同哲学倾向的对立、促进它们之间的交融和统一也许是通向它的最可行之路。

对于马克思主义者来说,无疑应当重新树立对马克思主义哲学的坚定信念,重新认识它之真实所是及其在哲学上所实现的变更的真实意义,恢复它作为现代哲学思维方式的本来面目。这也就是把它看作能摆脱西方现当代哲学的种种弊端、具有开放性、能吸取人类文化一切有价值成果、处于不断发展中的学说。只有这样的马克思主义哲学才能最鲜明地体现当代哲学的正确走向。这当然不是对以往马克思主义哲学的简单否定,不是在原有马克思主义哲学思维方式之外发现一种新的哲学思维方式。但它毕竟要求人们摆脱长期以来在各种复杂因素影响下对它的扭曲和误解,特别是摆脱它本来应当否定和超越,却又因种种原因而重新陷入的基础主义、本质主义等近代哲学思维方式所特有的倾向,因而在一定程度上具有哲学思维方式新的转向(或者说观念更新)的意义。在这一方面,深入研究和重新看待它与包括后现代主义、后后现代主义在内的现代西方哲学的关系将是十分重要的。尽管后现代主义、后后现代主义本身并不能体现当代哲学的正确走向,但它所提出的理论中包含着某些能促进走向新的哲学思维模式的因素,这是马克思主义哲学家应当予以重视和大胆借鉴的。

第二章 现代性概念和后现代哲学的继承与批判

一、现代与现代性

"现代性"是一个现代哲学广为谈论的概念,后现代哲学对传统哲学的批判也主要围绕着它展开。要谈论"现代性"(modernity),当然要从对"现代"(modern times)的界定开始。人类从什么时候进入了"现代","我们现代人"这样的说法何时进入日常谈论并成为人们的普遍意识?一般教科书把 17 世纪英国资产阶级革命作为现代的开端,有些人则认为 16 世纪的宗教改革是人类历史进入现代的标志,因为"在 1400—1600 年期间,尤其是 1520 年以后,传统基督教整个结构中的几乎每个部分都受到了批评性的审查"①。但是宗教改革并不是突然间爆发的,它本身也是从中世纪通往现代的多重因果链条中的一个事件,于是人们又追溯到 15 世纪末 16 世纪初的文艺复兴。正是文艺复兴时期的学者发明了"中世纪"一词,来指那个横亘在他们无比敬仰的古代和他们自己置身于其中的现代之间的鸿沟。这样的历史追溯难有终结之时,一般我们用"现代"来泛指以 17 世纪的产业革命为标志,上推至 15、16 世纪的文艺复兴,最初是欧洲,随后是北美及世界其他地区相继进入的整个资本主义时代。

哈贝马斯在《现代性的哲学话语》中,从黑格尔开始来考察现代性的哲学话语,因为现代性在黑格尔那里首次获得了哲学上的概念化表达。黑格尔起初把现代当作一个历史概念来使用,把"现代"(Moderne Zeit)看作一个"新的时代"(neue Zeit),并将新世界的发现、文艺复兴以及宗教改革这三个 1500 年前后的里程碑式的事件,看作现代与中世纪之间的分界线。哈贝马斯指出,只有当"新的时代"或"现代"这样的说法失去单纯编年的意义,而具有一种突出时代之"新"的意思时,上述的划分才能成立。

---

① [英]麦克曼勒斯主编:《牛津基督教史》,转引自沈语冰著:《透支的想象——现代性哲学引论》,学林出版社 2003 年版,第 37 页。

通过对黑格尔的"现代性"概念的考察,他凸显了在黑格尔那里,这个时代之"新"的两层含义:

1. "现代"作为同过去的决裂,向未来的敞开的一种过渡的时间性含义。在《精神现象学》导言中,黑格尔有一段著名的表述:"我们不难看到,我们这个时代是一个新时期的降生和过渡的时代。人的精神已经跟他旧日的生活与观念世界决裂,正使旧日的一切葬入于过去而着手进行他的自我改造。……现存世界里充满了的那种粗率和无聊,以及对某种未知的东西的那种模模糊糊的若有所感,都在预示着有什么别的东西正在到来。可是这种逐渐的、并未改变整个面貌的颓毁败坏,突然为日出所中断,升起的太阳就如闪电般一下子建立起了新世界的形象。"①从这种与过去决裂,推陈出新的时间意识上,革命、变革、进步、危机、解放等动态的概念,才成为迄今有效的描述现代世界的语词。

2. 精神的自我意识和自我决定。现代与它之前的古代和中世纪的最大不同是,现代世界丧失了传统世界由宗教—形而上学—政治的三位一体权威所赋予的稳固性和统一性,人类必须在理性的自我意识中重建世界的统一性基础。对黑格尔来说,就是精神必须借助自我反思、自我理解,从个别上升到普遍,完成普遍规范的自我确证。《精神现象学》导言中的这一段话也被广为引用:"从前有一个时期,人们的上天是充满了思想和图景的无穷财富的。在那个时候,一切存在着的东西的意义都在于光线,光线把万物与上天联结起来;在光线里,人们的目光并不停滞在此岸的现实存在里,而是越出于它之外,瞥向神圣的东西,瞥向一个,如果我们可以这样说的话,彼岸的现实存在。那时候精神的目光必须以强制力量才能指向世俗的东西而停留于此尘世;……而现在的当务之急却似乎恰恰相反,人的目光是过于执着于世俗事物了,以至于必须花费同样大的气力使它高举于尘世之上。"②"时代精神"(Zeitgeist)这个词在黑格尔那里意味深长,黑格尔把他对精神的辩证把握看作新时代的哲学奠基工作,"新精神的开端乃是各种文化形式的一个彻底变革的产物,乃是走完各种错综复杂的道路并取得各种艰苦的奋斗努力而后取得的代价"。③

因此,比年代学考察更重要的是,"现代"意味着一种完全不同于古代和中世纪的"气质"、"态度",一种看待世界和人自身的不同方式,一种不同的精神类型。因而哲学家们大都不约而同地,用"现代性"一词指现代的思想态度和行为方式,这一点特别是由福柯定义

---

① [德]黑格尔著,贺麟、王玖兴译:《精神现象学》(上),商务印书馆1996年版,第7页。
② 同上书,第5页。
③ 同上书,第7页。

的,福柯指出现代性是"一种态度",而不是一个历史时期,不是一个时间概念。"所谓态度,我指的是与当代现实相联系的模式;一种由特定人民所作的自愿的选择;最后,一种思想和感觉的方式,也就是一种行为和举止的方式,在一个相同的时刻,这种方式标志着一种归属的关系并把它表述为一种任务。无疑,它有点像希腊人所称的社会的精神气质(ethos)那样的东西。"①

二、现代性概念的基本内涵和特征

从以上对现代性概念的考察中,我们就可以从下面三方面来勾画现代性概念的基本内涵和特征。

1. 现代性的根本问题是正当性问题,对此的解答则是理性的自我确证。"现代性"意味着人类彻底丧失了传统宗教或形而上学所赋予的永恒价值、普遍规范,人的存在被彻底地历史化。它无法再借助传统的宗教或形而上学标准来证明自身的正当性,来提供普遍的价值规范,而要在自身当中,在理性的自我反思当中寻求正当性的基础。一方面人彻底摆脱了传统束缚,打碎偶像,获得了真正的解放;另一方面他又不得不承受自由的重负,自己为自己寻求正当性、合法性的依据。现代性思想家如康德、黑格尔、马克思等都意识到了这个时代积极和消极意义的并存,希望和绝望的并存,他们试图以各种方式一方面承认现代摆脱了传统依附的个体之价值,另一方面寻求纯粹理性的普遍法则、绝对精神的自我理解或历史目的来对抗现代的虚无主义。

哈贝马斯认为,四种现代思想主题标识着现代与传统的决裂。这四种现代思想主题是:后形而上学思想,语言学转向,理性的定位以及理论优先于实践的关系的颠倒——或者说对逻各斯中心主义的克服。首先,经验科学已经获得了一种自足自律的地位。今天从实证主义角度对经验科学的自主性加以弘扬的做法已不再新鲜。但即使是尼采,在他对柏拉图主义的拒斥中,也仍然离不开强大的传统理论概念和对通往真理的特殊途径的诉求。只有在一种平和的后形而上学思想的前提下,这种强大的理论概念——声称不仅要把握人类世界,而且要从内部结构上掌握自然界——才会瓦解。第二,从意识哲学向语言哲学的范式转换,导致了一场同样深刻的变革。语言符号先前一直被认为是精神表达的工具和附属

---

① [法]福柯:《什么是启蒙》,汪晖、陈燕谷主编:《文化与公共性》,北京三联书店1998年版,第430页。

品,现在,符号意义的领域展现了其特有的尊严。语言与世界以及命题和事态之间的关系取代了主客体关系。建构世界的重任从先验主体性头上转移到语法结构身上。语言学家的重建工作代替了难以检验的反思。此外,本体论意义上的现象学以终极性、时间性和历史性的名义剥夺了理性的古典属性。先验意识应当在生活世界的实践中把自己呈现出来,并在历史形态中使自己丰富起来。人类学意义上的现象学则把肉体、行为和语言作为其他的表现媒介补充了进去。维特根斯坦的语言游戏、伽达默尔的效果历史、列维—施特劳斯的深层结构以及黑格尔派马克思主义者的历史总体性等,都试图把偶像化的抽象理性重新放回其语境当中,并把理性定位在它所特有的活动范围内。最后,把马克思主义思想推向极端最终颠覆了理论与实践之间的古典关系。并且无论从皮尔士到米德和杜威的实用主义,还是舍勒的知识社会学和胡塞尔对生活世界的分析,都充分证明了我们的认识能力深深地扎根在前科学的实践以及我们与人和物的交往中。[1]

2. 现代性的基本原则是主体性原则。现代性把正当性的根据建立在理性的自我确证的基础上,主体性原则也就被彻底释放出来。现代主体性原则的奠基者当然是笛卡尔和他的"我思故我在",从笛卡尔开始,主体的自我意识被提升到基础地位,或者作为精神本身被置于绝对高度。黑格尔认为,"说到底,现代世界的原则就是主体性的自由"[2],在描绘"现代"(或现代世界)的外观时,黑格尔用"自由"和"反思"来解释"主体性":"事实上,我们时代的伟大之处就在于自由地承认,精神财富从本质上讲是自在的。"[3]就此而言,哈贝马斯指出,主体性包含四种内涵:①个人(个体)主义:在现代世界中,所有独特不群的个体都自命不凡;②批判的权利:现代世界的原则要求,每个人都应认可的东西,应表明它自身是合理的;③行为自由:在现代,我们才愿意对自己的所作所为负责;④最后是唯心主义哲学自身:黑格尔认为,哲学把握自我意识的理念乃是现代的事业。[4] 在此意义上,理性、主体、自由、进步等成了现代的关键词。

在现代,宗教生活、国家和社会以及科学、道德和艺术等都体现了主体性原则。贯彻主体性原则的主要历史事件是宗教改革、启蒙运动和法国大革命。自马丁·路德开始,宗教

---

[1] [德]哈贝马斯著,曹卫东、付德根译:《后形而上学思想》,译林出版社2001年版,第6—7页。
[2] [德]黑格尔:《黑格尔全集》,第7卷,第439页,转引自哈贝马斯著,曹卫东等译:《现代性的哲学话语》,译林出版社2005年版,第20页。
[3] [德]黑格尔:《黑格尔全集》,第20卷,第329页,转引自哈贝马斯著,曹卫东等译:《现代性的哲学话语》,译林出版社2005年版,第20页。
[4] [德]哈贝马斯著,曹卫东等译:《现代性的哲学话语》,译林出版社2005年版,第20—21页。

信仰变成了一种反思,在孤独的主体性中,神的世界成了由我们所设定的东西。社会与国家的组织原则和权利基础重新奠定:"正义"和"道德"开始被认为在人类现实的意志中有它的基础,以前这种"正义"和"道德"仅出现在新旧约书中外在地规定的上帝的命令中;主体性原则还确立了现代文化形态。这一点首先适用于既揭开了自然的面纱又解放了认知主体的客观科学,如黑格尔所说的,"所以,一切奇迹都被否认了:因为自然乃是若干已经知道和认识了的法则组成的一个体系;人类在自然中感到自得,而且只有他感觉自得的东西,他才承认是有价值的东西,他因为认识了自然,所以他自由了"①。现代的道德概念是以肯定个体的主体自由为前提的。一方面,这些道德概念建立在私人权利基础之上,而这种私人权利认定他的所作所为都是对的;另一方面,它们又要求,每个人在追求幸福目标时都应与他人的幸福目标保持一致。只有从普遍法则这一前提出发,主体意志才能获得自律;但是,只有在意志中,即在主观意志中,才能实现自由或达到自在的意志。现代艺术在浪漫派身上显示了其本质,浪漫派艺术形式和内容都是由绝对内在性决定着,富有表现力的自我实现成了作为生活方式出现的艺术的原则。②

3. 现代性表现为世界的除魅和分化。现代世界不再是一个内在统一的、整体的、有机的图景,而是冷静计算的对象和工作进取的对象。在韦伯看来,西方文化的现代性是一个不断分化的过程,是从早期基督教—形而上学世界观向世俗的自身合法化的文化转变的过程。这个不断"合理化"的过程伴随着世界的"除魅",去神秘化的过程。传统形而上学希冀无所不包地理解世界的所有方面,为人类生活的所有方面提供指导。在哈贝马斯看来,传统形而上学综合了三方面的内容:同一性主题,以唯心论为基础的存在与思想的一致性问题和一种强大的理论概念。①古代哲学把世界的起源理解为始基,作为无限物,它相对于有限世界,或作为有限世界的基础。这种始基无论是作为凌驾于世界之上的创世主,还是作为自然的本质原因,或再抽象一步成为存在,都被理解为万事万物的根本统一性,原理或本质。世界分化为现象和本质。②自笛卡尔的"我思故我在"以来,自我意识,即认知主体与自身的关系,提供了一把打开我们对于对象的绝对内在领域想象的钥匙。形而上学思想在德国唯心论那里表现为主体性理论。自我意识不是作为先验能力的本源被放在一个基础的位置上,就是作为精神本身被提高到绝对的高度。观念本质变成了一种具有创造性的

---

① [德]黑格尔:《黑格尔全集》,第12卷,第522页,转引自哈贝马斯著,曹卫东等译:《现代性的哲学话语》,译林出版社2005年版,第21页。
② [德]哈贝马斯著,曹卫东等译:《现代性的哲学话语》,译林出版社2005年版,第20—22页。

理性的规定范围,无论是在从基础主义的角度把理性当作使整个世界成为可能的主体性,还是从辩证法的角度把理性看作自然和历史前进过程中显示出来的精神——在这两种情况下,理性活动既是整体反思,同时也是自我关涉的反思。③任何一种具有世界游戏那个的宗教都描绘出一条拯救个体灵魂的特殊途径,比如佛教提倡苦行,基督教提倡遁世,哲学则把沉思生活,即理论生活(bios theoretikos)当作拯救途径。理论生活方式在古代生活方式中是最高级的,它替少数人打开了通往真理和幸福的大门,对大多数人却一直都是关闭的。但形而上学这种追求整全的思想方式在现代受到了来自17世纪自然科学的经验方法、18世纪道德和法学理论、19世纪的历史解释学的各项挑战,如此封闭的世界图景已经越来越显得拙劣和讽刺了。①

随着自律要求在不同文化价值领域的应用,造成了法律、道德、科学、艺术等各领域的分化。18世纪后半期,欧洲文化出现了三种相对独立的价值体系:科学、道德以及艺术。分化涉及不同的有效性主张,科学立足于真的有效性,道德立足于规范的有效性,艺术者提出特定的审美自主要求,而且科学、道德和艺术获得了相对于宗教的独立性。这种文化领域的分化其实在康德的三大批判中就存在了:《纯粹理性批判》阐明现代自然科学的前提条件,《实践理性批判》给予道德以自主的、独立于认识的地位,《判断力批判》确定了美学相对于科学和道德的界限,现代自此以不同的世界展开在人们的面前,科学有科学的世界,道德有道德的世界,艺术家自成一体,最终,每个人都有他或她自己的世界。

三、后现代哲学家对现代性概念的批判

就现代性以启蒙运动对理性的高扬为标志而言,现代性又常常被称为启蒙的现代性。启蒙运动最重要的成果是打碎了中世纪宗教神学的束缚,理性和知识得到了广泛传播。"知识就是力量"的观念深入人心,对自然技术控制的增长,物质福利方面的增长,个体自由的巨大解放感,使人们对人类精神的能力充满信心,相信自身可以理解并阐明人类生活的方方面面,乃至整个宇宙。前期现代性的发展一方面给西方社会带来巨大福祉,另一方面也造成了许多传统社会闻所未闻的问题。因此,从现代性诞生伊始,在强烈的乐观主义态度背后,就一直存在着对现代性的反思和批判。卢梭是最早使用现代性概念的西方哲学

---

① [德]哈贝马斯著,曹卫东等译:《后形而上学思想》,译林出版社2001年版,第29—32页。

家,同时也是第一个批判理性和科学的进步观的思想家,黑格尔、马克思、尼采、韦伯、齐美尔、斯宾格勒等都对现代性进行了深刻的反思,一种对现代性的既爱又恨的矛盾态度蔓延开来。进入20世纪,两次世界大战的空前灾难,法西斯极权主义的登台,人类社会生活各个领域普遍存在的异化和工具理性现象,更让人们意识到现代的启蒙理性本身的问题。在霍克海默和阿多诺合著的《启蒙辩证法》中,启蒙的理想变成了不平等的压制,理性成了制造其他一切工具的工具,技术的解放力量成了奴役人的锁链。

就对现代性的反思和批判而言,从卢梭、黑格尔以来的现代哲学家都可以说是"后现代的",不过我们今天特指的那些后现代哲学家——德里达、福柯、利奥塔、罗蒂、德勒兹等,他们的共同点更在于积极地批判现代(近代)哲学跟西方传统哲学共享的那些思维方式——主体论的、意识哲学的、形而上学的、元叙事的、基础主义和本质主义的,他们宣布了主体的终结、宏大叙事的解体、揭露传统科学和哲学的西方中心主义、文化帝国主义谱系,要求以往被遗忘、被抹杀的理性的他者的地位。在哲学上,他们深受尼采、马克思和海德格尔批判现代性的影响,又从现代符号学、语言学、现象学、社会学等的发展中获得思想资源。下面我们简要谈谈法国后现代哲学家的三位代表人物——福柯、德里达、利奥塔批判现代性的主要观点。

1. 福柯对理性主体的批判

现代性通常被看作西方理性主义的结果,但福柯认为理性是一种压迫性的力量,他把现代性分成两个时期,一是古典时期(1600—1800);二是现代时期(1800—)。古典时期,理性作为一种强有力的控制人类的方式开始形成,并在现代达到高峰。启蒙运动所宣扬的历史进步观念其实只是控制和塑造人的权力机制和技术的日臻完善。现代理性通过社会制度、话语和实践等方式对个人进行统治,各种人类经验,例如疯狂和性行为等,都在理性主义和科学的参照框架下,被整合进了现代知识的话语实践中,被社会制度所控制和管理。启蒙的任务就是伸展"理性的政治力量",并且渗透到社会的各个角度,规范人们的日常生活。精神病院和诊所的诞生,被福柯描述为现代统治技术的规训形式的典型例子。在福柯那里,理性成了某种事件,这一事件,就是使理性成为独白逻辑的对疯狂的迫害运动。他指出,直至文艺复兴时期,对疯癫的情感还是与天马行空的想象联系在一起的,到了古典时期,人们第一次通过对游手好闲的谴责和在一种由劳动社会担保的社会内涵中来认识疯癫。劳动社会获得了排斥性的道德权力,它能够驱逐各种社会垃圾,无用者,把他们驱逐到另一个世界,把精神病人和罪犯关在一起。理性不仅借由疯狂的禁闭显示自己,而且更通过结束与非理性的对话,从而将非理性彻底从现代社会中驱逐出去。19世纪的人们认识到将精神病人与犯人一起投入监狱是个错误,于是他们把疯子和其他禁闭者分离出来,但这并不代表着人道主义上的进步,而是为了获得廉价劳动力的需要和避免可怕的政治骚乱。由此,福柯从未把疯癫当作一种疾病的功能现实,在他看来,它纯粹是理性与非理性、观看和被观看相结合而产生的效应。用他在《疯癫与文明》中的话来说,疯癫不是一种现象,而是一种文明产物。没有把这种现象说成疯癫并加以迫害的各种文化的历史,就不会有疯癫的历史。

2. 德里达的解构哲学

所谓"解构",针对的是传统思想中主体—客体、本质—现象、所指—能指之类二元对立的概念解构,在这类二元结构中有一个是中心,是本源,另一个从前者中获得意义。它们在西方历史上有种种变种,但共同特征都是预设了某种东西的先决存在或在场,如上帝与人、灵魂与肉体、理性与非理性、男性与女性、西方与东方等。德里达指出,西方传统思想是逻各斯中心论的,其所假定的"结构"的历史无非是一系列采取不同形式和名称的中心的更替,就像是一个由各种有决定性的中心联结起来的链条一样。在《书写与差异》这本书的中文译本的访谈中,德里达论述了他对哲学的看法。"哲学自身的性质,哲学自身的运动,就在于征服一切空间,在于不肯接受存在哲学的某种外部。"①哲学的这种征服空间的运动其实和我们每个个体的生命运动都是相关的:就像很多人的梦想都是环游世界,足迹遍布世界的每一个角落,在不同的地方看日出,品味着不同的生活方式,这就是人不断地试图突破自身的肉体上的、地域上的局限,去征服"空间"的努力。换言之,这种运动的本性就在于,不接受存在着"外部",没有什么界限是不能被跨越的,而最为根本性的行为因此正在于对于现有的界限的跨越。"因此,存在着许多种聚集方式,它们不一定是些系统。"②"哲学"的,也就是以逻各斯中心主义为特征的西方思想作为系统的整合思想的方式仅仅是思想本身的一种可能,而它之所以不能代表哲学的本质,恰恰是因为这种中心化、整体化的"系统"方式使得哲学的空间趋于封闭,哲学的界限趋于固定。例如像康德这样的哲学家总是始终致力于给哲学"划界"、"奠基",就是要给哲学划出一个自己的本质的区域,从而把哲学建立为一个严密的思想体系。但在德里达看来,哲学的真正的力量并不在于"建立"起某种庞大的

---

① [法]德里达著,张宁译:《书写与差异》(上册),生活·读书·新知三联书店2001年版,第9页。
② 同上书,第10页。

思想建筑,相反,在于解构,在于穿越既有的界限,向不同的空间的旅行和冒险。所以他的一本书叫做"margin"(边缘),哲学正是存在于不同的界限之间的边缘。像我们前面说过的罗蒂的思想强调哲学的作用也正在于在不同的领域、不同的话语方式之间建立起新的联系。德里达哲学实践在很大程度上正是试图在以往的柏拉图主义的哲学大厦中不断地找到缝隙、裂痕与开放、瓦解的可能性。

"解构",就是以非哲学的方式来进行哲学的思索。或者用福柯的话来说,追求"别样思考"。比如,同样是对"理性",对"人"的概念,我们可以把它们当作自明的概念的起点和标准来建立起一套哲学思想的"体系",但是,同样,我们也可以像福柯在《词与物》之中那样思索"人"这个概念是怎样在历史中产生出来的,或者像他在《疯狂与文明》中论述"理性"这个概念在历史中是怎样通过不断地压制、排斥、同化"非理性"(疯狂)而实现自身的"同一"的。所以,在他看来,其"解构"的策略正是介于逻辑(理性)与超越逻辑、超越理性的边界之中存在。即,正如他自己所说,"解构"的前提正在于,要尊重我们所要"解构"的东西,要理解我们所要超越的文本,要首先遵循着它的内在的思想的线索即它的严密的逻辑线索,但正是在这种遵循之中时刻注意着那些不能被逻辑地思索的东西,不能被那种传统的哲学系统所"系统化"的东西。

3. 利奥塔批判元叙事

利奥塔把后现代性定义为"对元叙事的质疑",这一定义已经成为经典性的。他说,"元叙事或大叙事,确切地说是指具有合法化功能的叙事"①。所谓"元叙事"(meta-narratives)或"大叙事"(grand-narratives),指的是包含一种普遍、绝对理念的叙事,它赋予其他小叙事以合法性。比如起源叙事,把所有的经验和认识都联系到某个原初的创生行为,作为绝对的开端;解放叙事则建立在要实现的未来目标——"人类解放"的事业上;形而上学叙事从一个思辨的理念获得至高无上的权威。利奥塔认为这种特征正是现代性的标志,他把建立在普遍理性基础上的资本主义的政治、法律等制度都归入元叙事之列,揭露了它们背后的霸权主义意识形态。

利奥塔对叙事的看法与他对知识的广义解释联系,他谈到,知识的法文词 savior 具有知道、理解、常识、本事等含义。如果把知识仅仅理解为科学,就太狭隘了,科学只是知识的

---

① [法]利奥塔著,谈瀛洲译:《后现代性与公正游戏——利奥塔访谈录》,上海人民出版社1997年版,第160页。

一部分。"知识还包括了'如何操作的技术'、'如何生存'、'如何理解'等等观念。因此知识只是一个能力问题,远远超过简单'真理标准'的认识和实践,再进一步,扩展到效率(技术是否合格)、公正和快乐(伦理智慧)、声音和色彩之美(听觉和视觉的感知性)等标准的认定和应用。"①总之,知识不是一个认识问题,它还与人对善恶美丑等各方面的选择和评价有关,因此对知识的表达来说,最适当的形式不是科学,而是叙事。知识乃是构成叙事类型的话语形式。利奥塔"对元叙事的质疑",就是否定与现代性联系在一起的对普遍性、一元性、同一性的追求,代之而起的是对特殊性、多元性、差异性的肯定和崇尚。"后现代知识……能够使我们对形形色色的事物获得更细微的感知能力,获得更坚忍的承受宽容异质的标准。后现代知识的法则,不是专家式的一致性;而是属于创造者的悖谬推理或矛盾论。"②

四、后现代哲学对现代性概念的继承

其实福柯、德里达、利奥塔这些被世界公认为后现代主义哲学的代表人物,都不承认自己是后现代主义者。后现代主义在更大程度上是现代的一种复杂多元的社会文化现象,是试图从现代性内部突破现代性的一种批判和创造力量。在《福柯:现代还是后现代?》一文中,戴维·霍伊把现代和后现代的思维方式都假定为对未思的思考,在此基础上,他认为现代与后现代的区别在于,首先,后现代主义者愿意接受而非抱怨他们不可能思考"巨大的未思"这一事实,主张未思不纯粹是我们可以学会思考并在理论上充分再现的一种特殊思想。其次,在如何思考未思上,后现代的特征是①不存在思考未思的一种单一特殊方式;因而其必然结果是②没有理由相信只有一种未思,以及③任何未思都不是只能进行一种描述或单层面分析的单一事物。③

现代性是西方理性主义的产物,理性成了衡量一切的唯一尺度,正如恩格斯所说,传统的一切,宗教、自然观、社会、国家制度,都受到了最无情的批判,都必须在理性的法庭面前为自己的存在做辩护或放弃存在的权利。但启蒙理性作为批判一切的标尺,最终自身也要受到批判,理性的批判变成了对理性本身的批判,这一点从1968年后法国哲学对黑格尔的

---

① [法]利奥塔著,岛子译:《后现代状况》,湖南美术出版社1996年版,第74—75页。
② 同上书,第30—31页。
③ [美]戴维·柯真斯·霍伊:《现代还是后现代?》,汪民安、陈永国等编:《福柯的面孔》,文化艺术出版社2001年版,第289—317页。

重新解释当中就表现得很清楚,1945年以前,所有现代的思想都来自黑格尔,而且调和现代性各种相互冲突的要求的唯一办法是发展对黑格尔的解释。到1968年后,现代的哲学家——科耶夫、梅洛-庞蒂、萨特——都从黑格尔中发展出与黑格尔相敌对的思想。"扩大的理性"可以从两个方面来理解:既指理性扩大它的地盘,把所有异于它的东西都整合到它的话语系统,也指理性不得不改变它自己,失去它的统一性,向着非理性、疯癫、他者的运动。因此后现代思想不仅是对现代性思想的种种"反"——反—基础主义、反—本质主义、反—逻各斯中心主义,而且在一定意义上是对现代性的继承。至少,它继承了现代理性的自我反思、自我批判功能;它坚持各文化领域的自律原则,坚决捍卫个人的自主和自由;而它之所以能向现代社会毫不留情地开火,又得益于现代民主制度的合理化程序。

现代性的基本特征是自己为自己确立合法性,因而它自身就包含着不断超越的冲动。利奥塔反对"后现代性"这个提法,在他看来,首先,现代性与所谓的后现代性并无明确界限,"后现代总是隐含在现代里,因为现代性、现代的暂时性、自身包含着一种超越自身、进入一种不同于自身的状态的冲动。……现代性在本质上是不断地充满它的后现代性的"[①]。其次,他指出,如果把后现代的"后"理解为一连串历时性的阶段,每个阶段都可以清楚地确定,把"后"的意义看作类同转换,那它实际上仍是属于现代性的。因为"这种直接性年代排列的观念本身,是完全'现代'的。它同属基督教、笛卡尔主义和雅各宾主义的一部分"[②]。我们也可以说,如果把后现代的"后"仅仅理解为单纯的"反",那么这种颠倒的思维方式就仍属于现代的。利奥塔提出"重写现代性"的主张来代替"后现代性",就是说通过不断地"重写",在现代性中"找出、指明和叫出那些隐藏起来的事实",对现代重新加以审视,排除历史和传统积累的种种偏见,把现代性的本来面目揭示出来,揭露"我思"背后巨大的"未思"(the un-thought)。利奥塔强调"重写现代性",在一定程度上就是为了把他自己的立场与那些极端后现代主义的立场区分开来。

[①] [法]利奥塔著,谈瀛洲译:《后现代性与公正游戏——利奥塔访谈录》,上海人民出版社1997年版,第154页。
[②] 同上书,第143页。

第三章 利奥塔的后现代主义

在批判近代思辨理性主义及其二元分裂这一点上,利奥塔与福柯、德里达、德勒兹可谓志同道合。鉴于福柯在笛卡尔理性主义膨胀到用理性来排斥甚至抹杀癫狂的情况下强调理性与癫狂原本一体,德里达在逻各斯中心主义用言语来排斥甚至取消书写的情况下试图通过原初书写和原初痕迹这两个概念来克服言语与书写的对立,德勒兹的"感官的逻辑"和"意义的逻辑"弘扬一种"彻底的经验主义"以批判传统的表象主义,利奥塔则是在理性形而上学和文本主义贬损感性图形而褒扬理性话语的情况下要把图形从受屈从和贬抑的境地中解放出来,在本质主义"求同去异"的情况下捍卫"歧异"论题,研究了后现代知识状况和后现代文化特征,从而阐发了其后现代主义学说。从关键词的变换来讲,从"图形"、"欲望"到"语句"、"歧异"、"政治"这样一条思想轨迹大体上可以反映出利奥塔学术事业的展开过程。

一、感性图形与理性话语

利奥塔的博士论文《话语,图形》就是要捍卫"看"的感官——"眼睛",要接纳图形,要凸显图形的重要性。因为在利奥塔看来:图形要比话语来得重要,感官要比理性来得重要,看要比说来得重要。总之,图形、形式和艺术形象相比于理论话语来说具有优先权。

鉴于克洛代尔认为"眼睛倾听"而把可见与可读、可听、理解等同起来,利奥塔则认为可见的并非一个有待于阅读的文本,文本并不具有感性意义上的深度,因为可见的一切包含着意指活动所不能加以把握的根本性的深度和差异。虽然文本与图释、读与看,一直存在于自基督教以来的整个西方思想史和绘画史,但图释与看在《圣经》及其各种各样的解释中往往是作为赦免的对象而出现的。

利奥塔《话语,图形》就是要为"眼"辩护,该书关注的是"阴影"(pénombre)。"自柏拉图以来由言语像灰色面纱般投射在可感物上面的阴影,被言语不停地主题化为存在—贬损

(un moins-être)的阴影,其立场只是很少被真正捍卫,只是很少被真实捍卫,因为这个立场被看作是虚假的立场、怀疑论的立场、雄辩家的立场、画师的立场、冒险家的立场、放荡者的立场、唯物论者的立场。"[1]梅洛-庞蒂把可感物称作交错配列(chiasme)的场所,是我与他者并未发生分化的场所,这个场所首先不是被听到的言语,这个场所衍生出了见者(voyant)与可见者(visible)这两个伦理生活所谈论的不平衡的侧面。梅洛-庞蒂并没有通过现象学还原来粉碎这个不平衡,并没有通过先验领域的内在性来克服外在性,就径直深入到这个作为起源的交错配列了,并为此而发现一种语言来指明何谓意指活动的根基,利奥塔认为这至少就是梅洛-庞蒂的解决方法。然而,利奥塔认为梅洛-庞蒂只有把言语与动作混合在一起才能使语言与语言所言说的交错配列的空间保持同体同在。可是,一旦梅洛-庞蒂混合了言语与行动,就难免不步黑格尔的后尘:挑动感性确定性说出自己而又不陷入不确定性的焦虑之中。利奥塔要向黑格尔式的话语的自负和蛮横发难。利奥塔指责利科解释学之无止境的诠释以及原初话语所具有的意义的绝对过剩都残留有黑格尔主义痕迹,"因为黑格尔第一个仅仅将象征符号设想成是供人思考的,第一个将象征符号尤其看做一个有待超越的时刻,说到底,他仅仅忽视了去看象征符号而已,他想要倾听象征符号沉默的声音"[2]。象征符号不是被当作事物,而是被当做混乱的言语。象征符号的超越性就是源于他者的话语的超越性。

在利奥塔看来,艺术是对僵硬理性的驳斥,艺术的立场是对话语立场的驳斥。艺术的立场表明了一个未被意指的图形(figure)的功能,这个功能围绕着话语甚至径直就在话语之中。艺术的立场表明象征符号的超越性是图形,是语言空间所无法内在化为意指的外在性和空间性表现。艺术需要图形。"真正的象征符号供人思考,但它首先供人'看'。"[3]令人惊讶的并不是象征符号供人思考,难解之谜是它仍有待于被"见",是它不停地维持为可感的,是存在着一个作为"视域"储藏的世界或一个作为"视觉"储藏的间世界(entremonde),是整个话语在征服它之前都已衰竭。

图形处在语言之中。人们仅仅是从话语内部才能通向并进入图形。图像既处于外部,又处于内部。语言既是分裂者,又是被分裂者。因为语言将可感世界外化为其对立面,因为语言将图形要素内化于被言说的一切(articulé)。眼在言语中,因为没有某个可见者的外

---

[1] Jean-François Lyotard, Discours, figure, Klincksieck, 1971, p. 11.
[2] Ibid., p. 12.
[3] Ibid., p. 13.

在化就没有被言说的一切,因为话语中心处存在着动作性的作为眼的表达的可见的外在性。凭着这双重的外在性,可见者、眼就能应对语言、耳的挑战了。词语不仅不能表达那个能提供深度的动作性广延,而且还以这种广延为其表达力量的源泉。"没有任何话语不包含有这种设法要加以打破和恢复的不透明性、这一无穷无尽的深度。"[1]利奥塔这里所说的"不透明性"其实就是深不可测、永不枯竭的"图形"。利奥塔也强调话语也是有深度的,话语不仅仅意指,而且还仰仗眼来表达,而表达是有力、有能量、有运动的。利奥塔说明了外在性、力、有形的空间如何出现在内在性之中,出现在封闭的意指之中。

利奥塔区分了文本性空间和图形性空间,这两种意义域分别形成了各自所占据的空间的特有组织结构:字母或线条,因而它们之间具有存在论差距。前者是记录书写能指的空间,而后者则是展现造型艺术及其所表现者之间关系的空间。字母支撑了一种约定的、非物质的意指,在各方面等同于音素的在场。书写空间与读者己身的关系是任意关系。"读是听而不是见。"[2]利奥塔否认可读者的可见性。而图形性线条(色度、颜色)在流动中就展现了多变的意义,线条的图形性力量迫使精神驻足于可感者,图形空间与观者的关系就不是任意的了。利奥塔强调必须不断地从文字中夺回线条,让具有造型空间的图形因素远离理性主义话语而把所有对象都封闭在意指领域这样的文化氛围。我们也不能在造型意义上来阅读可见者。图形世界的特征就是模糊无序却真实,而书写世界的特征就是清晰有序却虚假。

图形与文本也并非截然对立。利奥塔研究诗歌作品中图形因素在话语中的在场、欲望在话语中的在场问题,认为我们并不必须在似乎进行欺骗的图形性空间与建立知识的文本性空间之间作非此即彼的选择,因为利奥塔发现了一项原则上与图形性空间相联系的、出乎人们意料却源自于欲望的真理功能。话语具有语言符号的结构,能指、所指、被指称者处于意指和指称这两个坐标轴上,而图形的三个等级(图像、形式和母型)则运用可见性标准来说分别是物体的图像、可见者的形式,更深层的只可能接近却不能被看见的形态。利奥塔发现各个图形领域与各个话语坐标轴之间存在一种可能的衔接:可见者就是这样的轴,指明活动在这个轴上把对象提供给话语。图形和话语这两个图表的连接点就是图形—图像或被指明者。任何话语都诉诸于一种在视域中作为图像而被给予说话者的指称。当然,

---

[1] Jean-François Lyotard, Discours, figure, Klincksieck, 1971, p. 14.
[2] Ibid., p. 217.

图像的秘密不在空间经验中,它是一个无意识母型的产物,而母型"并非一种语言活动,不是一种语言结构,不是棵话语树"①。母型意味着不可交流,孕育着图像和形式,而话语可能要加以言说的仅仅是由母型产生的那些形式和图像。母型处在超越可知者而完全被差异所支配的空间中,图形世界的秘密就是违反构成话语的那些间距,违反构成表象的那些间距。利奥塔为图形辩护的意图和立场还是很明确的。

利奥塔把眼看作是力,能折叠文本而使之成为一部作品的能量。然而,整个西方理性的所作所为却是把无意识变成了冰冷的话语,从而忽视了力这种作为形式和差异的能量。其结果就是西方理性在梦想艺术的同时扼杀了艺术。西方理性让语言无处不在,遍布四周,实施对可感物和快感的抑制,这并未与形而上学决裂,反而是形而上学的完成。绘画不是供人读的,而是展现在人面前让眼看的,见是一种舞蹈,看画就是辟路,眼将恢复原本固定在画框内而显得僵硬和毫无生气的画的运动和生命。

利奥塔对话语的构型,即参照共同规则的对话过程提出质疑,断定这一西方社会随着苏格拉底而获得的作为其特有话语立场的形态恰好意味着真理的终结,而唯有凸现力、差异和形式的图形才能让人获得真相。利奥塔认同弗洛伊德的看法,即真理从不出现在人们期待它出现的场所,真理显现为一种以意指和知识为尺度来衡量的谬误。真理从不经由意指的话语,真理让人感到是出现在话语的表层的。意义的出场就是表达,但并非所有的表达都是真理。弗洛伊德还让利奥塔辨别两类表达,一类旨在诱骗,另一类旨在证实。利奥塔与福柯一样敌视传统哲学对统一性、第一因和起源的探寻和阐明。"我们已抛弃了统一性的狂热,已抛弃了在某种统一的话语中提供第一因的狂热,已抛弃了起源的幻想。"②这是因为弗洛伊德的死亡驱力阻止多样性被统一起来。哲学家们应该抛弃生产一种统一的理论。既不存在原初,也不存在统一的境域。鉴于梅洛-庞蒂谈论的是生存的侧面性、主体的侧面性,利奥塔则谈论无意识或表达的侧面性。"这个侧面性就是差异或深度。"③鉴于梅洛-庞蒂典型地运用于感性的交错配列中的主体的侧面性有可能的运动、持续的能动性、普遍开放性而屈服于统一性话语的幻想,而利奥塔则将与塞尚、马拉美、弗洛伊德、弗雷格一起,让图形空间捍卫自身:深度远远超过一种反思所具有的想要在自己的语言中意指图形的力量。若意义在场,意指就不在场。意指要捕获意义,意义也就被驱逐到新的言语动作

---

① Jean-François Lyotard, Discours, figure, Klincksieck, 1971, p. 327.
② Ibid., p. 18.
③ Ibid., p. 19.

的边缘。于是,建构意义从来都只是解构意指。

利奥塔并不认同梅洛-庞蒂对"眼"所做的知觉现象学的阐明,因而要降低知觉的重要性。梅洛-庞蒂也谈"眼",但是把"眼睛"与"精神"放置在一起来谈的。"眼睛"是美学的可见者,而"精神"则是哲学的不可见者。利奥塔致力于把话语领域中相互交织在一起的意指(signification)与指明(désigantion)区分开来,并强调视觉空间的属性截然不同于语言学意指的属性,却并不信奉梅洛-庞蒂所创立的可见者的现象学。从视野过渡到视觉,从世界过渡到幻想,去构成对象,这不再是话语注视的责任,而是欲望实现的事了。图形"也不再仅仅是出场或表象的图像,而是场景化的形式,甚至是话语的形式,并且更为深刻的是幻想母型。弗洛伊德课程战胜了胡塞尔课程"①。

动作的意义与语言的意指相对立。在语言意指中,思者与被思者从未混淆,而梅洛-庞蒂意义上的动作则正好相反,它是对某种经验的感觉,感觉者与被感觉者融为一体,而且构成可感者的要素形成了一个有机的和历时的整体。动作即使不依赖于主体,那也是依赖于哪怕是匿名的主体性,动作属于无意识状态,但这种无意识状态(inconscience)并不是压抑的对象,而是构成对象的主体。精神分析所谈论的意义对立于语言意指吗?表面上似乎力比多意义与可感意义相互包容以共同对立于语言意指,但利奥塔要拆解这种包容性,认为现象学面具不是移向无人曾看见也无人将看见的无意识(inconscient)的脸上,而是移向欲望的面具上。"这个没落是现象学的没落。"②

现象学强调作为差异的可感空间并不是完全可以通过概念来设想的几何构造。梅洛-庞蒂《眼与心》对知觉综合的被动性作了极妙的描述,用塞尚的空间来排斥笛卡尔《屈光学》对知觉空间所做的理性化。利奥塔发现视觉主题、对作为被动性却又支撑着体系构成论题的"见"的激情,在笛卡尔那里无所不在,可梅洛-庞蒂曾试图证明《屈光学》在原则上基于对生动的眼、对该眼之生成空间的运动性的排除,"这种盲人光学的功能实是为了扫清视域所固有的异质性,以使得视域成为一个知性空间、一个'有待听的空间'"③。梅洛-庞蒂认为这种"见的思想"无法完全覆盖现行视觉,而现行视觉中则存在着一种必须归之于身体与事物达成的默契的被动性,这种默契先于精神的审策,精神的审策将要使清楚明白的观念挣脱这种默契。由于笛卡尔坚持身心二元论,因而被体验的空间与思想的空间是分离的。而梅

---

① Jean-François Lyotard, Discours, figure, Klincksieck, 1971, p. 20.
② Ibid., p. 20.
③ Ibid., p. 183.

洛-庞蒂倡导的身体的灵性化和心灵的肉身化则反对这种分离。然而,利奥塔认为梅洛-庞蒂这样做仍未摆脱其作为知觉现象学家所提出的假说,因为梅洛-庞蒂对可见者的经验做了优先的、排他的参照,以这种经验对立于可见者的知性活动。利奥塔指责梅洛-庞蒂把事情简单化了,因为可见者的本质并不是经验的对象,因为可见者的特征,即差异,恰恰是在关于知性活动本身的理论中重现的。尤其是笛卡尔那里同样存在着与几何主义相反的思想过程:精神审策有其童年——斜视和幻影。

梅洛-庞蒂认为一种对意义和空间的分节的、非连续的、能动的、逻辑的设想只可能错失可见者的所予(donnée)或确切说错失可见者的给出(donation),因为这个可见者的原初给出恰恰是这种理性设想所不可见的。塞尚渴望圣维克多山不再是视野(vue)的对象,而是成为视觉领域(champ visuel)中的一个事件;在利奥塔看来,梅洛-庞蒂对此却是心有余而力不足。虽然梅洛-庞蒂最后为了抓住所予者的事件性而提出了被动性概念,但被动综合是被瞄向者的给出,瞄向是作为基于被动综合之上的行为。"因此,这一被动性还是被看做进行瞄向的主体的假定,作为该主体与对象的超越关系中被预先假定的内在性。"[1]利奥塔认为梅洛-庞蒂在此既废黜了主体,又设定了主体,并试图据此从单数的我过渡到匿名的复数的人们。然而,利奥塔怀疑这个过渡是不成功的,因为在人们与本我之间依然有距离。利奥塔顺着这一匿名状态的方向,发现虽然事件出现在诸多感性形式的时空构造中,虽然所予者被给出,但匿名状态不可能成为任何事件的根源(principe)。匿名状态只能解释事件被吸收、接收、觉察、纳入世界之中,却不能解释视域有事件存在这一事实。事件之谜依然未能解开。事件之谜要通过对给出进行探索才能解开,而无关于对所予者的匿名或非匿名条件的探寻。"现象学无法达到给出活动,这是因为它因忠实于西方哲学传统,而仍然是一种对认识的思考,并且这样一种思考的功能就是吸纳事件,将他者(Autre)回收到同者(Même)。"[2]

鉴于梅洛-庞蒂把在意指领域中表现出来的作为骚动的事件仅仅归于己身(corps propre),并设法在肉(chair)之生命的沉默基础上构建一种异教哲学,利奥塔就断言梅洛-庞蒂的异教主义仍然被固定在知识的问题域中,造就了一种有关肉的精巧哲学。梅洛-庞蒂"眼"的"看"其实就是每个人自己的身体对被看之物的距离性接纳。身体是能看者,精神与

---

[1] Jean-François Lyotard, Discours, figure, Klincksieck, 1971, p. 21.
[2] Ibid., p. 21.

身体融为一体,画家用身体作画。如果说理性主义者认为只有精神之眼才能看到作品的深度,并否认现实世界的可见性,那么,梅洛-庞蒂则认为作品的深度源自于身体的感官体验,并且每个人通过自己的身体而与他人共处的那个真实世界就是可见世界。利奥塔否认身体能对抗语言,否认身体是事件的场所,因为作为骚动的事件不仅对抗被吐露为话语的知识,而且还能动摇关于己身的准确理解。"这并不是身体扰乱语言,而是其他东西既能扰乱身体又能扰乱语言。把身体接受为事件的场所,这是为了掩盖欲望而担负的由柏拉图-基督教传统实施的防御性移置和广泛理性化。"①利奥塔认为事件只能被安置在由欲望开启的作为给出活动的选定场所的空洞空间之中。事件并不来自人们期待于它的地方,因为欲望在自身中有对其自身的拒斥,也并不存在事件的拥护者和代理人,因为给出的活动剥夺了我们。无论是话语还是身体,都不能使得可见者的给出活动成为可能,倒反而允许对所予者进行确认或理解。按照利奥塔对塞尚的解读,可见者既不与语言的我—你(Je—Tu)相联系,也不与知觉的人们(On)相联系,而是与欲望的大写本我相联系。欲望的大写本我并不是指欲望的即刻图形,而是指欲望的运作。虽然都批判传统理性主义和表象主义,但利奥塔与梅洛-庞蒂的关注领域不同,前者关注本我领域,而后者则关注知觉人们的领域。

鉴于黑格尔在《精神现象学》中通过逻各斯语言中介活动最终断定感性确定性的不确定性,利奥塔则断定黑格尔的囿于语义学平面图表的语言言说活动无法认真对待需要在空间图形形式上加以指出和显明的具有深度的可感者。黑格尔把可感者与有意义者分隔开来,否认在语言活动之前存在意义,这主要是由于黑格尔幻想着让"见"消失在"说"之中。

"说"与"见"是反思通过否定而聚焦和支配的两种经验,现象学家把这种产生广延、深度、图形的运动性经验当作优先的描述对象,在胡塞尔那里就是处于既成视觉中的构成性的"见",在梅洛-庞蒂那里是空间和客观身体的永恒起源,然而,利奥塔认为无论在胡塞尔还是在梅洛-庞蒂那里,这种经验都是属于先验领域的原初的无意识经验,它的原初性保障了其无意识状态②,因而也就是保障了作为前意识状态的不知。

梅洛-庞蒂认为最具哲学性的言语是那些最有力地向存在开放并动摇证明性的言语,

---

① Jean-François Lyotard, Discours, figure, Klincksieck, 1971, p. 22.
② 利奥塔区分了两种无意识状态:一种诉诸于现象学,另一种诉诸于考古学;考古学的无意识状态使得行为无意识于自身而在对象的单纯而自然的迷惑中遗忘自身,是见物而不自见的匿名状态;而现象学的无意识状态则先于行为而使得行为成为可能,它环绕行为而始终不为行为所知,它是被行为所依附并且行为凭自己的存在要加以消除的他者,因而也就是作为前意识状态的不知。这个不知也就是索绪尔所说的"生成性的被动性",意味着否定是外在于并先于主体的。

而并不必然是那些将封闭自己说出的内容的言语,因而梅洛-庞蒂的蕴藏着欲望能量迸发的属于身体动作的运动性就要敲打执迷于封闭的语言的理性(被言说的言语),旨在其中产生梦、诗和图形的"无序",旨在实际上在其中揭示出某种介于爱欲—死亡与爱欲—现实、可变与不可变、图形与话语之间的存在之不稳定、不可能的"秩序"①。虽然在批判理性话语这个问题上利奥塔与梅洛-庞蒂有着相同的使命,但他们之间存在着批判方式的差异。梅洛-庞蒂想把可感者的身体动作纳入语言体系所特有的不变性,以说出构成说的行为的基本要素,以再现那种创造言说可能性的行为。利奥塔把梅洛-庞蒂的这一做法看作是先验反思的最后努力,是徒劳无功的努力,因为被假设创造出意指的言语动作永远不可能在其进行构造的作用上被把握,而总是并只可能以解构的形式被把握。梅洛-庞蒂知觉现象学在赋予语言以重要性时却没有考虑到使得语言活动成为可能并作为语言活动场所和规则的另一种结构性前意识。在"说"中有"见"。利奥塔强调要像弗洛伊德那样把语言的空间与图形的空间衔接在一起。

绘画的职责就是显现诸物体的起源,画家的职责是要提供深度的秘密。然而,这种起源和秘密却只有通过敏锐的眼才能被记录、构成展示,并获得意义,绘画必须经由眼来通达真实。而可见者恰恰又是与欲望有着密切关联。可感者与欲望同时构成并从欲望那里获得深度。弗洛伊德将可见的、想象的和可说的东西的构成与欲望对象的消失和再现密切联系在一起。"我们知道,在弗洛伊德那里并且从弗洛伊德开始,被要求的中介就是欲望的中介,因为正是与欲望相联系的缺乏(manque)才成了所有否定因素的轴心。"②弗洛伊德不再把指称(Bedeutung)空间看做一种简单的纯理论距离,而是看作欲望象征的眼的活动空间,是对同源体的一分为二。"欲望区域为思想造窝并让思想栖居其中。对象经由一分为二而失落,又经由幻想而重现。"③利奥塔要重新分析这只不再是处于话语边缘而是处于话语深处的眼。鉴于现象学最本质的否定恰恰是这样一种否定:主体通过否定成为自己,甚至主体在其对立面中构建自己,而弗洛伊德的否定则是驱力经由其在语言中的通道而向欲望的转化。对弗洛伊德来说,语言学的否认,这并不是也不可能是驱逐出自身之外这样的生物—心理学机制。

无论是意指及其主体空间,还是指明及其系统空间,都不能穷尽意义,只有作为欲望专

---

① Jean-François Lyotard, Discours, figure, Klincksieck, 1971, p. 56.
② Ibid., p. 29.
③ Ibid., p. 129.

属空间的图形空间才能穷尽意义,诗人和画家在欲望空间中不断与大写自我的文本作斗争。很显然,在感觉图形与理性话语的关系问题上,利奥塔不仅要超越主体、主体性原则和主体哲学,而且还要超越系统、非主体性原则和非主体哲学。弗洛伊德在《梦的解析》中把梦的工作(travail du rêve)与话语优势地位对立起来,强调欲望不仅不言说,反而还破坏言语的秩序。利奥塔发现弗洛伊德通过三种违反(对对象、形式和空间的违反)至少两度让图形与欲望相契合:在话语的边缘,图形是我所言说的对象躲藏其中的深度;在话语的中心,图形是我所言说的对象的"形式"。弗洛伊德所谈的"扭曲"以及"梦的工作"所实施的四个运作("凝缩"、"移置"、"形象性"、"二次加工")都有赖于一种被假设记录着文本的感性造型领域,而根本不依赖于话语意指所处的那种空间性。因为"梦的工作不思想"①。不仅如此,图形还反对精神。梦的工作不是语言活动,而是图形要素实施的力量在语言活动上产生的效果,它阻止人们去听,而是让人们去见。利奥塔显然是用弗洛伊德主义来反对黑格尔、胡塞尔、梅洛-庞蒂和弗雷格的。

二、后现代知识状况

现代性对利奥塔来说意味着有可能并且必须与传统决裂并确立全新的生活方式和思考方式。后现代指的是书写在遭受现代性的玷污并试图自愈之后如何定位自己。人们错误地认为后现代性总是在现代性"之后"到来,利奥塔则认为正好相反,在现代中已有了后现代,后现代肯定是现代的一部分。现代性就是现代的时间性,它自身就包含着超越自己、改变自己的冲动。在利奥塔看来,如果说资本主义作为现代性的别名,其前提就是对金钱、权力和新奇事物的无限欲望置身于意志的诉求,那么,后工业化的决定性特征,就是意志的无限性侵犯了语言本身,语言变成了多产的商品。无限欲望在语言中的投资将破坏社会生活中有生命力的创造本身的稳定。身处后现代语境,利奥塔的态度很明确,反对无限意志对语言的侵蚀,批判浅薄的信息观念,揭示语言本身内部的不透明性。于是,强调不同用语体系之间的不可转换性和不可通约性也就成了利奥塔所说的后现代主义的本质特征之一。

虽然利奥塔把历史性与元叙事看作现代性最重要的两个特征,但利奥塔反对把"现代"看作一个历史时期。在西方哲学和文化领域,利奥塔根据历史性概念出现与否来断定西方

---

① Jean-François Lyotard, Discours, figure, Klincksieck, 1971, p. 245.

社会是否进入了现代或后现代社会。利奥塔一直把"元叙事"看作现代性的标志：理性和自由的进一步解放，劳动力之进步性或灾难性的解放（资本主义中异化价值的来源），全人类通过资本主义科技进步带来的富有，甚至还有通过让灵魂皈依献身的爱的基督教叙事导致人的得救。由于黑格尔哲学把所有这些叙事总体化了，所以就集中体现了思辨现代性。然而，这些宏大叙事却陷入了深深的危机之中，实现普遍性这一现代性设想也完全落空了。"奥斯威辛"和现代科技导致人的异化就是现代性丧失合法性的标志。

利奥塔研究了最发达社会中的"后现代"知识状况，研究了在 19 世纪末以来那些已经影响了科学、文学和艺术之游戏规则的变化发生之后的文化状态，并通过与叙事危机的比较来定位这些变化。显然，利奥塔探讨的是知识的合法化问题，采用的是维特根斯坦的语言游戏理论。

利奥塔把现代科学的合法性奠基于现代哲学的宏大叙事之上。哲学这个元话语（métadiscours）明确诉诸于像精神辩证法、意义解释学、理性主体或劳动主体的解放、财富的扩展这样的某个宏大叙事，而"现代"科学为探寻真理则又诉诸于这种元话语来使自身的游戏规则合法化。于是，科学与宏大叙事之间的密切关系是显而易见的。启蒙运动的叙事说的是，在理性精神之间可形成一致意见，人们可以接受一个具有真理价值的陈述在发话者与受话者之间建立起来的共识规则。知识英雄为普遍和平这个伦理—政治的美好目标而努力奋斗。既然知识的合法化借助于历史哲学的元叙事（métarécit），那么支配着社会关系的那些制度也需要被合法化。换言之，真理、正义都是诉诸于宏大叙事来进行合法化的。

然而，"后现代"就是对元叙事的怀疑。随着合法化的元叙述机制的衰落，形而上学哲学和依赖于该哲学的大学制度也明显出现了危机。统一的总体化的叙述功能四分五裂，所谓伟大的英雄，伟大的冒险，伟大的探险，伟大的目标都分崩离析了。在这方面，利奥塔明显秉承了维特根斯坦语言游戏说的反本质主义。"叙述功能分散在叙述性语言元素的元团中，但也分散在指示性语言元素、规定性语言元素、描述性语言元素等云团中，每个云团都带有自己独特的语用学原子价。我们都生活在许多原子价的十字路口。"①叙述性语言，指示性语言、规定性语言和描述性语言，都是不同的语言游戏。利奥塔谈论语用学原子价、语言粒子的语用学，都是为了说明语言游戏的异质性、片断性、不确定性和局部性。

利奥塔指责决策者们设法依照输入输出模型，依据一个包含元素可通约性和整体确定

---

① Jean-François Lyotard, *La condition postmoderne*, Les Éditions de Minuit, 1979, p. 8.

性的逻辑,来管理社会性的这些元团。因为权势的合法化要求社会正义和科学真理都要最大限度发挥系统性能,获得最佳效能。人们时刻面临着某种或软或硬的恐怖:你们应该成为可操作的,即可通约的,否则就消失吧。利奥塔明确反对整体主义、形式主义和交往理论。在元叙事之后,合法性能存在于哪里呢?操作性标准是技术标准,不适于判定真理和正义。合法性也不存在于哈贝马斯所认为的通过商谈(discussion)获得的共识之中。因为这种共识违背了语言游戏的异质性,而发明总是在意见分歧中作出的。"后现代知识提高我们对差异的敏感性,增强我们对不可通约进行支撑的能力。后现代知识的根据并不在于专家的同构(homologie)中,而是在发明家的误构(paralogie)中。"①

在信息社会中,知识的性质发生了变化。知识只有被翻译为信息量才能进入新渠道,成为可操作的。"知识的提供者和使用者与知识之间的关系,趋向于并将趋向于具有那种商品的生产者和消费者与商品之间的关系形式,即价值形式。"②知识现在是并且将来是为出售而被生产的,是为了在新的生产中增值而被生产的。都是为了被交换这个价值而被生产的,从而牺牲了使用价值。知识已是主要生产力,知识早已是并且将继续是世界权力竞争中的一笔主要的甚至最重要的赌注。由于民族国家曾为了控制领土而战、为控制原材料的处置和剥削廉价劳动力而战,所以,利奥塔设限它们将来就会为了控制信息而战。后现代知识为工业和商业战略,为军事和政治战略开启了一个新领域。

知识的唯利化势必触动现代民族国家在知识的生产和传播方面曾经掌握和现在仍然掌握的特权。社会的生存和发展取决于社会中流通的信息丰富并易于解码。知识的商品化要求交流的透明性,多国企业的资本采取新的流通形式,有关投资的决定部分摆脱了民族国家的控制。于是,经济机构与国家机构之间出现了新的张力和尖锐的关系问题。利奥塔断言,随着信息技术和信息电信技术的发展,这个关系问题有可能会变得更加棘手。也就是说,随着知识地位的改变,随着信息技术使得决策数据和控制手段变得更流动和易于窃取,随着国际市场的重组、新一轮经济竞争的开始和政治意识形态因素的淡化,经济机构开始制约国家机构,并迫使国家机构重新考虑自己在法律上和事实上与大企业进而与市民社会的关系。于是,知识并不是依据自身的"构成"价值或政治(行政、外交、军事)的重要性而被传播,而是依据与货币相同的网络而被流通的,像货币一样成为"用于支付的知识"和

---

① Jean-François Lyotard, *La condition postmoderne*, Les Éditions de Minuit, 1979, pp. 8 – 9.
② *Ibid.*, p. 14.

"用于投资的知识"。在知识之流中,有些知识是用于决策的,而另一些知识则用来偿还每个人在社会关系方面的永恒债务。

利奥塔还考察了知识性质的变化而导致的科学知识的合法化问题。利奥塔的合法化是指一个过程,一个立法者通过这个过程,获准去颁布这条作为规范的法律。一个科学陈述要服从规则:为成为科学陈述,一个陈述必须描述某组条件。通过合法化这个过程,一个处理科学话语的立法者就获准来规定内部一致性条件和实验证实条件,以便让一个陈述成为这个科学话语的组成部分,并能被科学共同体所考虑。利奥塔认为,自从柏拉图以来,科学的合法化问题就与立法者的合法化问题密不可分,决定真理的权利也并不独立于决定正义的权利。谁决定什么是知识?谁知道适合于加以决定的一切?"在信息时代,知识问题比过去以往任何时候都更是辖治(gouvernement)问题。"①

利奥塔在分析知识状况时强调语言事实及其语用学方面,强调语言游戏的"招数"和竞技性。利奥塔整个方法的第一原则:说话就是游戏意义上的战斗,语言行为属于一种普遍的竞技。利奥塔的第二个原则是:语言"招数"构成了可观察的社会关系。如何确定"社会关系"的性质呢?知识的主要角色是充当社会运转不可缺少的因素,要探讨最发达社会中的知识的传播,就要先描述最发达社会。在诸多社会理论中,利奥塔拒绝在功能主义与马克思主义之间作出抉择,拒绝在社会的内在同质性与社会的内在二元性、知识的功能主义与知识的批判主义之间进行抉择。因为前者向往统一的、总体化的真理,符合系统管理者向往统一的、总体化的实践;而至于后者,利奥塔认为阶级斗争,作为二分法原则的社会基础,已朦胧得丧失了任何激进性,阶级斗争不是变成了系统的调节器,就是干脆失去了存在的权利。利奥塔想逃避抉择,因而区分了两种知识,一种是实证的、技术的知识,很适合成为系统不可缺少的生产力;另一种是批判的、反思的或解释的知识,直接或间接地询问价值或目标,阻止任何"回收"②。

从后现代视角来看,社会关系具有哪样的性质呢?利奥塔指出,由于在后现代信息社会中,信息的生产、存储、流通和加工处理变得异常重要,而支配这些信息都是各类专家管辖的事情,因此,作为决策者的领导阶级不再由传统政治阶级所构成,而是企业主、高层官员、各大职业组织、工会组织、政治组织、宗教组织的领导组成的复合阶层。生活目标是依

---

① Jean-François Lyotard, *La condition postmoderne*, Les Éditions de Minuit, 1979, p. 20.
② *Ibid.*, p. 29.

据每个人的请求来定的。每个人都诉诸于自身。每个人都知道这个自身(soi)是微不足道的。认同伟大的名字和当代历史英雄变得更加困难。虽然这是宏大叙事崩溃的情形,但这个崩溃并不造成社会关系的瓦解和社会集体的离散。一个人自身虽然微不足道,但处于比过去以往任何时候都要复杂、更多变的关系网之中,处在不同性质的陈述经过的一些位置上。一个人或者是发话者(destinateur),或者是受话者(destinataire),或者是所指(référent)。"……社会关系的问题,作为问题,是一种语言游戏,是询问的游戏。它立即确定了提出问题的人、接受问题的人和所询问的所指:因此这个问题已经是社会关系了。"①利奥塔把社会"原子化"为灵活的语言游戏的网络。语言获得了一种新的重要性。陈述,作为语言的原子,具有完全不同的形式和作用,陈述还可分为指示性的、规定性的、评价性的、言有所为性的(performatifs)等等。利奥塔说,作为原子,陈述具有反社会系统性和灵活应用的特点。利奥塔在《后现代状况》中赋予陈述的原子地位,让我们想起了福柯在《知识考古学》中赋予陈述的原子地位。

当然,体制会对陈述进行限制,使某些陈述享有特权,成为体制话语。如军队中的命令陈述,教会中的祈祷陈述,学校中的指示性陈述,家庭中的叙事陈述,哲学中的询问陈述,企业中的言有所为的陈述等就是体制话语。利奥塔指出,体制设置界限是为了对付语言游戏的语言"招数"所具有的潜能,但这种界限实际上从未能确立起来,因为这种界限本身也是在体制内外实行的语言策略的临时结果和赌注。如部长会议在展望社会未来,当然可以讲故事;如军官正在同士兵协商,军营里当然可以请愿。

利奥塔区分了叙述性知识与科学知识,并分别对它们作了语用学探讨。利奥塔确定"叙述性"知识的性质,是为了弄清楚当代社会中科学知识具有的某些形式特征,从而有助于人们理解为何要提出或不提出合法性问题。利奥塔重申,叙事知识并不只指指示性陈述,还包括道义性陈述、规定性陈述、评价性陈述,包括做事能力、处世能力、倾听能力等。叙事知识是在一个由认识、决定、评价、改变等各种能力构成的主体中体现出来的唯一形式。一个无论什么样的陈述,之所以被认为是好的,是因为它符合"拥有知识"的对话者构成的群体所承认的那些标准(正义、美、真理、效率)。叙述形式在传统知识的表达中占有主导地位。叙事是传统知识最完美的形式。"叙述所传递的知识并非仅仅涉及陈述功能,它也同时要确定为了能被听见而应该说的东西,为了能够说话而应该听的东西以及为了能够

---

① Jean-François Lyotard, *La condition postmoderne*, Les Éditions de Minuit, 1979, p. 32.

成为叙事的对象而应该(在故事现实的场景中)玩耍的东西。"①叙事能使自身合法化,因为叙事确定了能力的标准,并且/或者阐明标准的实施,叙事界定了那有权在文化中进行自身言说、自身成形的东西,而且叙事也是这种文化的一部分。

而科学知识的语用学,相比于叙述知识的语用学,则具有以下特征。首先,科学知识要求分离出一种语言游戏,即指示性陈述,并排除其他陈述。其次,科学知识不再像叙述知识那样是社会关系的一个直接因素,而是一个间接因素。第三,研究游戏中要求的能力只涉及陈述者的位置,而对受话者的能指和所指的能力都没有任何要求。第四,科学陈述不能从它被讲述这个事实获得任何有效性和合法性,而是从证实或证伪中获得其有效性和合法性的。第五,科学游戏意味着历时性,即一种记忆和一种设想。以存储记忆和追求创新为前提。

通过对叙事知识的语用学和科学知识的语用学进行分析比较,利奥塔强调科学知识的存在并不比叙事知识的存在更加必然,也并不更加偶然。"两者都是由陈述整体所构成的;这些陈述都是游戏者在普遍规则的范围内使用的'招数';这些规则对每种知识来说都是特殊的,并且那些到处都被认为正确的'招数'不可能是相同的,除非出于偶然。"②为此,利奥塔反对两种倾向:我们既不能从科学知识出发来判断叙述知识的存在和价值,不能因为叙述知识并不重视自身合法性问题而把叙述知识归入舆论、习俗、权威、偏见、无知、空想这样愚昧、落后、异化的行列,也不能从叙述知识中引出或生出科学知识,不能把叙述知识看作科学知识的萌芽。

利奥塔注意到科学知识是公开或非公开地诉诸于叙述知识来解决自己的合法性问题的。"因此,我们不能否认,诉诸于叙述是不可避免的;至少就科学的语言游戏希望自己的陈述是真理来看,就它无法依靠自己的手段来使这种真理合法化来看。"③柏拉图的洞穴比喻讲述了人们为何以及如何需要叙事而不承认知识。知识就这样是由关于它的牺牲的叙事所确立起来的。柏拉图的每篇对话都始终具有科学讨论的叙事形式。如果不诉诸于叙事,那么,科学知识就无法知道也无法让人知道它是真正的知识;但如果没有叙事,科学知识就被迫把自身当作前提条件,并由此陷入它所谴责的偏见之中。即使像笛卡尔这样坚定的思想家也只是在瓦莱里所说的心灵史或者《方法谈》这类教育小说中才能阐述科学的合

---

① Jean-François Lyotard, *La condition postmoderne*, Les Éditions de Minuit, 1979, p. 40.
② *Ibid.*, p. 47.
③ *Ibid.*, p. 49.

法性。对于叙事与科学的关系尽管在历史上有反复,但人们不久就恢复了叙述文化的尊严。随着现代科学的发展,叙事不再是合法性的失误。"这在知识问题上明确求助于叙事,是伴随着资产阶级摆脱传统权威的束缚而发生的。叙事知识重新回到西方,为新权威的合法性带来一种解决办法。"①

如果说科学知识仅仅满足于认识,仅仅使用指示性陈述,那么,传统叙事知识不仅认识,追求真理,使用指示性陈述,而且还立法,追求正义,还要使用规范性陈述。因此,叙事作为知识的有效性有两种表现:叙事主体,作为认知主体,知识的英雄;叙事主体,作为实践主体,自由的英雄。有关知识的合法化的叙事,有侧重政治和侧重哲学两大版本。在自由叙事中,人类作为自由的英雄而成了叙事主体,全体民众从神甫和暴君那里重新夺回了科学权。而在知识叙事中,德国思辨哲学制造了理性元叙事,把知识、社会和国家的发展建立在实现"主体的生命"(神圣的生命、绝对精神)这一基础上,抽象的、绝对的主体保证了绝对理性这个元叙事的合法性。但在当今,当知识的思辨统一性被破坏时,就不可能在元话语中统一或整合各种语言游戏。知识的有效性也不在一个通过实现自己的认识可能性来获得发展的抽象主体中,而是在一个作为人类的具体的实践主体中;不在使用指示性陈述的知识主体之中,而是在使用规定性陈述的实践主体之中。重要的并不是或并不仅仅是让那些属于真理范畴的指示性陈述合法化,而是让那些属于正义范畴的规定性陈述合法化。知识唯一的合法性就是让道德有可能成为现实。利奥塔显然更看重自我奠基或自我管理的自由英雄、实践主体。科学家只有认为国家的政治是公正的,他们才可能服从国家。

在后工业社会和后现代文化中,无论是思辨叙事,还是解放叙事,宏大叙事已失去了其可信性。但究竟是什么原因造成了宏大叙事的没落呢?利奥塔否定二战以来技术飞速发展和资本主义的复兴繁荣与宏大叙事的合法化力量的没落之间有因果关系,而是要探讨19世纪宏大叙事固有的"合法化丧失"(délégitimation)和虚无主义的萌芽。从19世纪末开始,科学知识的"危机"并不来自科学的突飞猛进,而是来自思辨游戏中的知识的合法性原则的内在侵蚀。来自于启蒙运动的解放叙事也受到了内部力量的侵蚀。解放叙事的特征是把科学的合法性和真理建立在那些投身于伦理、社会和政治实践的对话者的自律上。利奥塔认为这种合法化一开始就有问题,一个具有认知价值的指示性陈述与一个具有实践价值的规定性陈述之间虽相关,但没有本质的必然联系。因为我们并不能证明:如果一个描述现

---

① Jean-François Lyotard, *La condition postmoderne*, Les Éditions de Minuit, 1979, p. 52.

实的陈述是真实的,那么与它相对应的注定要改变现实的规定性陈述就是公正的。① 宏大叙事丧失了合法化,这表明了科学玩的是自己的游戏,科学不能使其他语言游戏合法化,例如,科学不能控制规定性的语言游戏。尤其是科学并不像思辨所假设的那样更能使自己合法化。社会关系是语言关系,它不是仅由一根纤维组成的,社会关系是一个至少由两类遵循不同规则的无数语言游戏交织而成的结构。维特根斯坦已经说明了统一总体性(unitotalité)原则、知识的元叙事权威下的综合原则都不适用于社会关系。利奥塔在维特根斯坦所使用的化学符号系统和微积分标记法之外,又补充了机器语言、游戏理论模型、新乐谱、非标准逻辑标记法、遗传密码语言、音位学结构图等,来说明宏大叙事丧失其合法化。合法化来自何处呢? 利奥塔认为,合法化只可能来自于人们自己的语言实践和交流互动。维特根斯坦在研究语言游戏时已经勾勒出了不同于言有所为(performativité)的这另一种合法性视角。

  在研究和教学两方面,"言有所为"也能确立起合法化。这是因为在知识研究中,人们为了得到科学信息受话者的赞同而进行的举证论证中,作为最佳输入输出比的言有所为,取代真理而成了新赌注。在当今出资人的话语中,唯一可信的赌注就是权势(puissance)。人们购买学者、技师和仪器,并不是为了真理,而是为了增加权势。利奥塔相信关于权势的话语能建立合法化。虽然权势与涉及真假范畴的指示性游戏、涉及正义与否的规定性游戏相比,权势属于那涉及效率高低的技术性游戏,但是,大量进入科学知识中的技术标准不会始终不影响真理标准,程序的言有所为会取代法律的规范性,言有所为的改善,有可能被看作一种合法化。这是一种经由事实的合法化,经由权势的合法化。权势不仅仅是好的言有所为,而且也是好的证实和好的裁决。权势既通过效能使科学和法律合法化,又通过科学和法律使效能合法化。"权势像一个按照最大程度进行言有所为的系统那样进行自我合法化。无论指示性陈述,还是规定性陈述,其言有所为的增高,是与拥有的关于所指的信息量成比例的。权势的增加以及它的自我合法化现在就要通过信息的生产、存储、提取和操作了。"②

  同样,在知识的传递中,人们也能确立起经由言有所为的合法化。"知识的传递似乎不再为了培养能在解放之路上引导民族的精英,而是为了向系统提供能够在体制所需的语用

---

① Jean-François Lyotard, *La condition postmoderne*, Les Éditions de Minuit, 1979, p. 66.
② *Ibid.*, p. 77.

学岗位上合适地承担角色的游戏者。"①受话者也随着高等教育功能目的发生改变而改变。大学生不再是来自"自由精英"的青年,也不再或多或少关心社会进步、人类解放的伟大使命。自从知识不再以理念的实现或人类的解放为自身的目的,知识的传递就不再属于学者和大学生特有的责任了。职业学生、国家或高等教育机构提出的问题,都不再是知识的真理问题,而是知识的效用问题。知识是否可以出售?知识是否有效?这种知识的拥有者是收购对象,甚至是政治引诱的赌注。以此看来,知识的末日不仅没有到来,而且正好相反。今天的数据库将是明日的百科全书。知识的传递不应该限于信息的传递,还应该包括学习所有的程序,进行跨学科工作。跨学科这个观念本质上属于丧失合法化的时代。利奥塔断言,"丧失合法化以及言有所为的优势都敲响了教师时代的丧钟:教师并不比存储器网络更有能力去传递确定的知识,教师并不比跨学科小组更有能力去想象新的招数或新的游戏"②。

作为研究不稳定性的后现代科学,会提出哪种合法化模式呢?利奥塔认为,后现代科学知识的语用学不同于那追求最佳言有所为的、基于输入输出稳定模式的决定论。量子理论和微观物理学的发展驳倒了这种决定论的稳定系统思想。"通过关注不可确定的事物,关注有关控制的精确度的界限,关注不完整信息的冲突、量子、'碎片'、灾变、语用学悖论等,后现代科学把有关自身发展的理论变成了一种关于间断性、灾变、不可纠正、悖论的理论。"③后现代科学聚焦于不确定的知识,旨在探索未知(inconnu),从而改变了知识一词的意义。后现代科学的用处就是产生想法(idées)。后现代科学提出的一种合法化模式,是被理解为误构(paralogie)的差异的模式,而完全不是最佳言有所为的模式。误构就是在知识语用学中使出的"招数"。后现代科学的有效性不能依靠精神辩证法、人类解放这些宏大叙事以及基于解放叙事的共识原则,而只能依靠误构了。

仅仅以误构为依据的合法化是否可能?科学语用学认为,在科学研究过程中,会有一种力量来颁布新的规范、提出科学语言游戏的新规则来界定新的研究领域。"发现"的不可预测性推迟了共识的到来。分歧就在眼前,而共识是从未到来的远景。科学语用学反对系统稳定的模式,主张科学模式的开放性和不稳定性,强调任何陈述只要包含与已知事物的差异并且可得到证明,就都应该得到考虑,否认科学中存在着可以转写和评价一切语言的

---

① Jean-François Lyotard, *La condition postmoderne*, Les Éditions de Minuit, 1979, pp. 79 - 80.
② *Ibid.*, pp. 87 - 88.
③ *Ibid.*, p. 97.

普遍元语言。科学语用学的中心问题是指示性陈述,但它的后现代发展却要求指示性陈述也需要一切规定语言游戏策略的元规定性陈述(métaprescriptifs)规则来引导。"在当前的科学语用学中,区分、想象或误构活动的功能就是阐明这些元规定性陈述,并要求对话者接受其他规定性陈述。最终可以使这样一个要求变得可接受的唯一合法性就是:这将产生思想,即产生新的陈述。"①

而社会语用学要比科学语用学复杂得多,因为它是由指示性陈述、规定性陈述、性能性陈述、技术性陈述、评价性陈述等形态各异的紧密网络组成的怪物。我们找不到全部这些语言游戏所共有的元规定,更找不到一种可检验的共识能包容那调节所有陈述流通的全部元规定。利奥塔断言:"出于这个原因,像哈贝马斯那样,通过他所说的'商谈'(Diskurs),即辩论对话,把合法性问题的建构引向一种普遍共识,似乎是不可能的,甚至也是不谨慎的。"②哈贝马斯的观点基于两个假设:一是假设了所有对话者都会同意那些对所有语言游戏都普遍有效的规则或元规定。但在利奥塔看来,这些语言游戏明显是形态各异的,属于异质的语用学规则。二是假设了对话的目的是共识。但在利奥塔看来,共识只是讨论的一个状态,而不是讨论的目的。确切地说,讨论的目的应该是误构。基于这两点考虑,利奥塔认为,我们不能像哈贝马斯那样相信,"……作为集体(普遍)主体;人类通过调节在所有语言游戏中允许使用的'招数'来探寻自身的共同解放,并且任何一个陈述的合法性都在于它对这个解放所作出的贡献"③。总之,利奥塔坚持科学语用学的两个原则:语言游戏形态各异;对那些定义每种语言游戏及其所施"招数"的规则的共识,应该是局部的共识,可能会被废除。

三、歧异与共识

鉴于巴尔特、克里斯蒂娃是从对语言和能指符号的偏爱转向对身体和欲望的偏好,利奥塔这是从对身体和欲望的特别关注转向对语言的热衷。但无论是在早期的博士论文《话语,图形》《力比多经济》,还是后来的《后现代状况》《歧异》中,利奥塔一贯坚持的后现代核心思想就是"差异"思想,反对"共识"和"商谈"。

---

① Jean-François Lyotard, *La condition postmoderne*, Les Éditions de Minuit, 1979, p. 105.
② *Ibid.*, pp. 105 - 106.
③ *Ibid.*, p. 106.

如果说"我思"、"主体"、"理性"、"意识"、"自我"是能很贴切地表达近代法国哲学的核心概念,那么,"非思"、"非我"、"直觉"、"身体"、"无意识"、"话语"、"语言"、"他者"就成了占据 20 世纪法国哲学舞台的主要概念,而这些主要概念与"差异"概念差不多又是同义词。大体上讲,如果说"我思"、"自我"、"理性"、"意识"是"同",那么,"非思"、"非我"、"非理性"、"无意识"就成了"异";近代哲学主要是关于"同一"的哲学,20 世纪法国哲学主要是关于"差异"的哲学。从 20 世纪法国哲学是对近代哲学进行超越的意义上来看,不仅"差异"概念成了法国哲学不同派别在批判理性形而上学和破除二元思维模式时共同援引的核心概念,而且"差异"问题的全新探讨还为法国哲学乃至世界哲学很长时期的发展提供了多元的、开放的和生动的话语领域。

同 20 世纪许多哲学家一样,利奥塔也强调差异,反对千篇一律的同一。利奥塔强调下面三个陈述之间存在着不可通约性、不可转换性:旨在探求真理并具有认知价值的指示性陈述,旨在追求正义并具有实践价值的规定性陈述,涉及事实并具有客观价值的描述性陈述。利奥塔的《歧异》强调语句和陈述的异质性,否认语句与语句之间相互转译的可能性,宣称句法体系设定了作为游戏者的主体的具体位置,旨在彻底肃清主体形而上学。这说明《歧异》与《后现代状况》相比更为激进地批判传统主体哲学,更有力地推动了后现代哲学的发展。

利奥塔以不存在普遍认可的仲裁和衡量法则为由,把语句歧异与法律诉讼区分开来,旨在批判西方理性主义诉诸元规则、元话语来评判和压制少数话语的做法。"不同于诉讼,歧异是一个(至少)两方之间发生冲突的事例,由于缺乏可适用于争执双方的评判规则,这个歧异就得不到公正解决。一方合情合法并不意味着另一方就是不合情合法。然而,假如人们把同一个评判规则应用于双方,来消除双方的歧异,似乎这种歧异是一场诉讼,那就会损害其中的一方(至少,并且如果双方都不承认这个规则,那就会损害双方)。"[①]损害源自于事实,即人们据以评判的那类话语规则并不是被评判的那类或那些种类的话语的规则。一般说来,我们在处理异质话语的冲突时缺乏普遍的评判规则。一个常见的语句是依据一组规则得以构成的。推理、认识、描述、叙述、询问、指明、命令等就是这样的语句。规则相异的两个语句不可相互转译,却可以依据一个由一类话语确定的目的而相互联系在一起。这类话语或这些话语提供了相异语句的联系规则。这些话语规则在达到"认识"、"教导"、"公正"、"诱惑"、"验证"、"感动"、"控制"等这些目标时是独特的。利奥塔的结论是:一般说来,

---

① Jean-François Lyotard,*Le différend*,Les Éditions de Minuit,Paris,1983,p. 9.

并不存在"语言"(langage),而只有语句(phrase)。

相异话语之间的冲突如何发生呢？利奥塔这样说道：一类话语凭其规则提供了一组可能的语句,其中每一个语句都属于一个语句规章。可另一类话语则提供了一组其他的可能语句。于是,这两组语句之间因为异质性而产生了歧异。由于没有一个话语规章或一类话语享有普遍仲裁的权威,因此,无论什么样的评判对于那些其可能的语句仍未被现实化的规章或话语类型来说都会是一种损害。利奥塔的问题是：既然不同语句之间的冲突不可避免,而又没有普遍话语类型可以处理这些冲突,那么,即使不是发现什么能使评判变得合情合理,那也至少得弄清楚如何拯救思想的荣誉。利奥塔要让我们相信,在对诸语句之间冲突的进行仲裁或者把语句与语句连接起来时会根据情形涉及到思想、认识、伦理、政治、历史、存在。利奥塔要抛弃几个世纪的人道主义和"人文科学"带给人们的偏见,即存在着"人",存在着"语言","人"为自己的目的而使用"语言",假如"人"达不到自己的目的,那是由于未能"借助于"一种"更好的"语言来控制语言。利奥塔通过表明语句与语句的连接是成问题的并且这个问题是政治,来创立哲学政治,而不是"知识分子"的政治。

利奥塔曾经举例说明这样的歧异问题。作为法国殖民地居民,阿尔及利亚人因法国未能给予他们名分而受辱,法国使他们成为"所谓的"法国公民(如没有选举权等),而法国则因政治和宪法原因不能赋予他们公民权。实际上,依照法国《宪法》,法国是"统一的和不可分割的整体"。于是,在阿尔及利亚人对公民权的请愿与法国保护其领土完整性的意志之间并没有任何法庭可以进行裁决。利奥塔认为这是他所说的"歧异"(différend)之最简单的例子：有一个争诉,没有一个法庭可理解它。结论就是：阿尔及利亚人拿起了武器。当歧异发现不了解决措施可以把歧异转化成法律那样的诉讼时,暴力就出现了。

伴随着西方哲学的语言转向和英美语言分析哲学渗入欧陆哲学,普遍主义宏大叙事(近代形而上学学说：有关进步、社会主义、富足、知识的叙事)就衰落了。利奥塔认为康德的《判断力批判》和维特根斯坦的《哲学研究》都质疑了普遍主义学说自以为能据以用来果断解决歧异和争端的那些术语(实在、主体、共同体、合目的性)。康德和维特根斯坦对这些术语的质疑要比胡塞尔"严密科学"凭借本质变换和先验明证性以及笛卡尔现代性最高手段而对它们所作的质疑更为严密。"与胡塞尔相反,康德认为并无理智直观,维特根斯坦认为一个术语的意指就是其用法。"[1]利奥塔诉诸于英美语言哲学理论来批判作为现代性重大

---

[1] Jean-François Lyotard, *Le différend*, Les Éditions de Minuit, Paris, 1983, p. 12.

理论特征之一的宏大叙事,诉诸于维特根斯坦"语言游戏"理论来否认语言游戏具有共同本质。但利奥塔为了凸显出"歧异"的确切含义并彻底摆脱主体哲学,利奥塔在《歧异》中更是用"语句体制"来取代《后现代状况》中所说的"语言游戏",因为"语言游戏"概念还意味着存在一个把语言当做工具箱的游戏者,即傲慢自大的语言主体。

利奥塔对共识的怀疑是一以贯之的,他不仅不认同哈贝马斯的"商谈"伦理学,也批判罗蒂的"共识"理论。针对罗蒂1984年抱怨法国哲学家总是醉心于寻觅或建立语言学孤岛并邀请人们去定居,而不太关心在这些孤岛与大陆之间架设桥梁的言论,利奥塔予以了有力回击。利奥塔认为"语言游戏"的多样性和异质性,会给罗蒂所坚持的同质语言原则带来难以处理的问题。因为语言游戏的规则的具体应用要比确定更为重要,而规则的具体应用就要视具体情况而定了。合理性只有在它承认理性是多样时,才是合理的。语言游戏的多样性并不就是体现在一种语言中并且可在多种语言之间进行转译的分歧性。我设法用来"说服"我的辩论对手某种东西是美的方法,并不能转译成他设法用来说服我这同一个东西是真的方法。由于一个对话者本人能以几种方式讲话,或者说他的语言允许完全不同的方法和赌注,出于语言可以玩真、玩善、玩美这样相异的目的和用途,因此一种话语并不能化约为另一种话语。再加之,不同的话语也并不具有相同的布局和配置。利奥塔有理由怀疑罗蒂所说的对话及其转换规则能在写作、反思和翻译中组织起语用学关系。异质性和不可化约性是显而易见的事实,因此,利奥塔不能接受罗蒂那旨在说服别人相信他的话的真实性的讨论,甚至也不能接受作为最简单的语用学状态的"对话"。利奥塔希望罗蒂多研究语用学,因为弗洛伊德近一个世纪以前早就指出每个人都可细分为多个对话方。利奥塔要用超越—对话(méta-conversation)的王国,用交往语用学(pragmatique communicationnelle)来取代罗蒂那并不令人向往的对话王国。"守住我们的群岛在我看来是一个最明智的措施。"①

总之,利奥塔认为不同的用语体系、不同的语言游戏都有其位置,各司其职,各尽所能。不同用语体系具有异质性、不可化约性,我们不可能让不同用语体系服从同一个法则,这就是利奥塔所说的不可化约性(incommensurabilité),它标志着认知用语或规定用语与疑问用语、行为用语、感叹用语之间的差异关系。

在利奥塔看来,在后现代社会,文化同资本一样,成为了商品。出现了文化流、资本流

---

① Jean-François Lyotard, *Moralités postmodernes*, Éditions Galilée, 1993, p. 130.

和文化资本流。后现代文化的特征也是歧异、相异、差异和多元。讨论会、访谈、研讨班都是为了谈论同一件事情,谈论相异性(altérité)。大家都一致认为共识是可疑的。人们追逐相异性,光顾小型的流动文化市场,崇尚文化资本的美妙的小小流变。文化资本主义所发现的,就是特异性(singularité)市场。每个人都说明其特异性。每个人都是在他所处的性别、人种、语言、年代、社会等级和无意识构成的网络中的位置来谈论自己的特异性的。大众传媒向得意洋洋的资本主义自由主义的文化政策提供了审美的种种巨大可能性。而由巨城的文化机构提出来的那些角色的相互竞争的多元性对这种文化政策是至关重要的。这种多重的审美化趋向把我们的文化变作一个博物馆。

  利奥塔也极其重视政治制度之间竞争的开放性和歧异性。鉴于利奥塔认为后现代战争是通过其他手段得以继续的经济冲突,因而在他看来,无论纯粹自由主义解释,还是笼统马克思主义分析,都不能把握当时由柏林墙倒塌和海湾危机所标志的历史局势。因为一个制度只有更开放才会更有竞争力,否则,就会被其竞争者所淘汰。在制度之间的竞争中,决定性的行动似乎是在自己的运转方式中所保存的开放度和"游戏"①。这样的制度拥有充分权利成为权利和自由(包括批判的权利和自由)的唯一捍卫者。利奥塔描绘了自由帝国主义的资本主义制度的图景。这个制度并不允许和平,而是用竞争手段来保证安全。这个制度不允许进步,而是用同样手段促进发展。这个制度引起分歧,挑起不和,倡导多元文化。这个制度的内在构成没有受到彻底震荡,而仅仅是作了修正。这个制度没有政治取代,而只有政治交替。这个制度是根据多人游戏的规则进行运作的,这些规则确定了每个领域容纳的要素和许可的行动。这个制度通过整合胜算策略而进行连续的自我修正。这个制度的合法性就在于其自我构建的能力。制度的复杂化使它能够控制和开发以前是分散的"自然"或"人力"能源。

  在利奥塔看来,资本主义民主制度胜利地从几千年来尝试过的共同体组织中脱颖而出,其效用是根据推断出来的个人需求和制度的需求这两方面来计算的。说推断,是因为制度中的游戏始终是"部分信息",始终存在着无法克服的偶然边缘。制度很赞成不确定性,因为它并不封闭。许多事情都必须在这个由制度留给我们去思考的不确定性的边缘被说出和做出。无论我们如何讨论和写作,如何进行介入,我们都知道在说话或行动之前,我们的介入都将被制度所考虑,看看我们的介入是否有助于制度的改善。这并不因为制度像

---

① Jean-François Lyotard, *Moralités postmodernes*, Éditions Galilée, 1993, p. 76.

萨特和福柯所抨击的那样是极权主义的,相反,是因为制度的不确定性的边缘相当开放。我们只能为有这样的自由而庆幸,但我们也必须衡量我们的思考和写作为了它们周围的那份殷勤(prévenance)而付出的代价。利奥塔抨击法国历史学家诺拉(Pierre Nora)竟然想要动用"罗马军团"来使散乱的巴黎思想界变得井然有序并通过讨论来重构精神秩序这样的举动。这种"罗马军团特有的沉重步伐"让利奥塔感到震惊和恐惧。要求人文科学按照这种"沉重步伐"前进,是为了把对话和论据强加给像利奥塔这样具有进攻性的和糊里糊涂的抄写员[1]。利奥塔坚持一个事实:作品并非由制度所产生,作品并不是凭借制度或者反对制度而创作的,制度仅仅是作品的上下文而已。作品远离任何透明的交往。利奥塔认为福楼拜和波德莱尔最先起而对抗愚蠢制度。当今知识分子被制度招去发表公共意见,只因为他们比别人更懂一点使用语言重申共识的紧迫性。而利奥塔则认为,在画布或纸头面前,共识就等于零。现在不是哲学家打算建造一个思想巨城的时候,哲学家无需依据共同体来进行思考,也无须加入一个无论什么样的政党。

在阐发歧异思想时,利奥塔诉诸于康德和维特根斯坦的相关学说,也有学者以利奥塔拿康德思想来说后现代的事而谈论利奥塔游移在现代与后现代之间。笔者以为利奥塔并没有人为地在后现代与现代之间造成张力,因为他是把后现代当作现代的一部分来看待的。当然,利奥塔对"歧异"的强调有些过头啦,毕竟在有些情况下,人们还是可以达成"共识"的,在有些情况下也许不可解决的"纷争"、"歧异"是必然的。

---

[1] Jean-François Lyotard, *Moralités postmodernes*, Éditions Galilée, 1993, p.176.

第四章　福柯的实证主义与"后现代主义"

福柯并不像传统哲学家那样探讨哲学问题,而是在一些实证历史科学领域内通过对思想史的梳理和对社会生活世界和科技世界的关注,阐发一些关于传统哲学问题和思想史问题的见解。正是由于福柯的著述和思想介于哲学与历史之间,福柯才把自己的研究称之为"一种历史存在论"(une ontologie historique)。这种历史存在论分别探讨科学知识层面上的人与真相的关系及其认识主体的构成,强制性实践层面上的人与权力的关系及其权力主体的构成,以及主体性层面上的人与道德的关系及其伦理主体的形成。而福柯这样的实证主义主体观又与非历史主义的历史观和微观政治哲学的国家观密切相关。

一、非主体主义的主体观

尽管在学术生涯伊始福柯免不了也要受到作为当时思想背景的现象学和存在主义的影响,但这种影响的时间并不长,自从20世纪50年代中期起,福柯那一代人就开始远离萨特和梅洛-庞蒂那一代人的主体哲学了。虽然福柯的研究领域是癫狂、犯罪、性这些很少有人问津的社会边缘文化领域,但福柯发现自笛卡尔以来西方文化传统根深蒂固的哲学基础——人类学主体主义思想却是无处不在。福柯所做的,就是要秉承尼采哲学来反对和破除作为西方文化传统支柱的大写理性和大写主体,批判肇始于笛卡尔的理性主义和康德的人类学主体主义,批判现象学和存在主义的主体哲学,阐发一种基于历史维度探索的实证主义主体观和不同于传统形而上学思辨的在历史内部诊断当下现实的历史存在论。因此,我们不能因为福柯在《词与物》中谈论"人之死"而否认福柯有主体观,也不能因为福柯与20世纪60年代及以后那一大批思想家有着相同的思想旨趣(批判近代主体性形而上学)而把福柯简单归结为"结构主义者"甚或"后现代主义者"。

自从20世纪50年代接触了尼采哲学以后,福柯开始怀疑和敌视至高无上的、起构造和奠基作用的、无所不在的主体。"在17和18世纪的哲学和思想中,主体都是至高无上的。

稍后,在 19 世纪的意志哲学中,尽管以不同方式,但主体仍然是至高无上的。……我认为我们时代的主要特征之一,就是质疑主体的这种至高无上性。"①福柯是指萨德用欲望的无限力量来剥夺主体长期以来一直占据的至尊地位。在《词与物》出版的同一年,福柯曾回忆自己在 20 世纪 50 年代初就已经非常远离萨特和梅洛-庞蒂的存在主义的主体哲学了,从对生活、政治存在的激情转到了对概念和"系统"的热情。《词与物》设法阐明的就是这样作为关系集合的系统。这些关系把事物联系在一起,但又独立于事物而维持着、转化着。这个体系还先于人及其一切活动而存在着,人们的任何行为都受制于一个随着时代和社会的变化而变化的理论结构、系统。"这个无主体的匿名体系是什么呢?谁在思考呢?'我'已经爆裂了(请看现代文学)——这是发现'有'(il ya)。有一个集合名词,即有人、人们(on)。以某种方式,人们又回到了 17 世纪的观点,差别在于:不是把人置于上帝的位置,而是匿名的思想,无主体的知识,无身份的理论……。"②

  福柯之所以发动对主体哲学的批判,这不仅是因为 20 世纪 50 年代发生的一系列政治事件导致他的政治理想破灭了,而且还有深刻的思想上的动因。因为福柯认为科学话语的历史分析最终应属于话语实践理论,而非属于认识的主体理论。③ 福柯的批判自然首先聚焦于近代主体哲学的创始人笛卡尔的理性主义。笛卡尔的"我思故我在"把存在("我在")、个别主体("我")和意识("我思")三者都等同起来了,排除了作为无意识现象的梦和癫狂,作为共同体现象的语言,变动不居的历史经验。在古典时代,以笛卡尔理性主义为代表的西方文化的大写理性的独白把癫狂压制到沉默无声的地步。作为社会底层的发掘者和辩护者,福柯非常关注癫狂曾被捕捉、被剥夺资格、被禁闭、被鄙视和诋毁的方式。福柯批判西方大写的理性,是为了改变因癫狂受抑制而造成的理性独白的局面,是为了替非理性争得应有的权利,为了恢复理性与非理性的对话。这并不是要否定任何理性的作用,而是希望人们从理性化与人类暴行的关系中感悟到什么。

  福柯对癫狂史所做的历史考察表明:16 世纪文艺复兴时期的人们把作为多样性整体的癫狂安置在想象世界中,癫狂者并未被紧闭,癫狂与理性之间有对话;17、18 世纪古典时

---

① Michel Foucault,"Les problèmes de la culture, un débat Foucault-Preti", *Dits et écrits*, II, 1970 - 1975, Éditions Gallimard, Paris, 1994, p. 376.
② Michel Foucault, "Entretien avec Madeleine Chapsal", *Dits et écrits*, I, 1954 - 1969, Éditions Gallimard, Paris, 1994, pp. 513 - 515.
③ Michel Foucault, "Préface à l'édition anglaise", *Dits et écrits*, II, 1970 - 1975, Éditions Gallimard, Paris, 1994, p. 13.

代的人们则把癫狂与非理性混合监禁在一起,癫狂与理性截然对立;而19世纪则依照道德感知的规则把癫狂一分为二:好的癫狂(出现在理性的边缘被人接纳)与坏的癫狂(作为无法补救的侵犯而受到古老的诅咒),癫狂在疗养院里成了被理性观看的对象而归于沉默,癫狂与理性之间没有对话。从18世纪末起,精神病学奠基于将癫狂确立为精神疾病,精神病学的语言是理性关于癫狂的独白,现代人不再与癫狂者沟通、交流。此时,"癫狂与理性曾经用来交流的所有那些不完善的、缺乏固定句法的、有点结巴的语词被归于忘却"①。虽然理性知识把癫狂当作疾病加以消除、治愈,但由西方时空概念显现出来的拒斥结构却表明"在西方文化中没有癫狂就没有理性"②。19世纪疗养院不再束缚癫狂,但这并不意味着非理性获得了解放,而是意味着癫狂很久以来已被制服了。"对于支配疗养院的这个新理性而言,癫狂并不代表绝对形态下的矛盾,还不如说代表的是未成年,是新理性本身的一个方面,无权享有自主性,只能嫁接在理性世界上生存。癫狂是童年。"③疗养院是一个无宗教的宗教领域,纯道德和伦理一致化的领域。虽然20世纪弗洛伊德的精神分析注重挖掘被监护者的无限的自言自语,在非回应性的语言结构与非交互性的目光结构之间保持一种平衡,但由于精神分析未能取消这个作为具有异化力量的形象的医生及其大权,也就不能真正倾听非理性的声音。福柯的观点是:站在西方大写的理性立场上的"真理目的论"和"理性因果链条"都无力说明在古典时代理性与非理性之间造成的断裂、理性对非理性的排斥和随之而来的理性的独白。不仅癫狂的内容是理性,而且癫狂的外显形式也是作为理性的语言,因而,主体的真相只能在理性与非理性的变奏和合奏中显现。

如果说福柯的批判对象,在古典时代是笛卡尔的理性主义的主体哲学,那么,在现时代,从康德和18世纪末起,就是人类学了。康德把人的知识的可能性与人的有限性联系在一起,正是福柯所要批判的人类学主体主义的典型特征。由于从17世纪中叶至18世纪,对语法或财富体系作研究时,只需通过能对物之序作表象的话语,而无需通过人文科学,所以,人在古典知识内部并不存在。"人"只有200年的历史,"在18世纪末以前,人(l'homme)并不存在"④。只有从19世纪初起,当话语失去了它在古典知识中曾经拥有的组织作用和对经验世界的法则力量时,人才存在,人文科学才产生。也就是说,人的存在与话

---

① Michel Foucault, "Préface", *Dits et écrits*, 1954-1988, Éditions Gallimard, 1994, p. 160.
② *Ibid.*, p. 163.
③ Michel Foucault, *histoire de la folie à l'âge classique*, Éditions Gallimard, 1972, p. 509.
④ Michel Foucault, *Les Mots et les choses*, Éditions Gallimard, Paris, 1966, p. 319.

语的存在是不相容的,人之序与符号之序是不相容的,活着的、劳动着的和讲着话的人只存在于话语消失的地方。由于现代哲学把对人的有限性所作的经验分析误当成了对人的无限本质所作的先验分析,所以,现代哲学就陷入了"人类学沉睡"之中。通过存在论寻根,通过对心理主义和历史主义进行批判,通过语文学批判,都可以把现代思想从人类学昏睡中唤醒过来。因为在19世纪,以人为经验对象的人文科学(如社会学、心理学)是在"知识三面体"(一是数学和物理学这样的演绎科学,二是语言学、生物学和经济学这样的经验科学,三是哲学)的夹缝中生存的。由于现代思想不能使这三者各居其位、各得其所、各司其职,所以,就容易使这三者陷入人文科学、进而陷入"人类学主义"的危险之中。由于这三者的界限是模糊不清的,所以,人文科学的疆域和对象也是易变的,人文科学势必被精神分析和人种学这样的反人文科学所取代。精神分析和人种学都不停地"拆解"那个在人文科学中创造和重新创造自己实证性的人,它们并不询问人本身,而是询问通常使得一种有关人的知识成为可能的区域。福柯借用列维-斯特劳斯就人种学所说的话来说精神分析和人种学:即它们消解了人(elles dissolvent l'homme)。"……人将被抹去,如同大海边沙地上的一张脸。"① 人从不存在到存在再到消失,这都是西方认识型的知识的基本排列发生变化的结果。

  按照福柯的说法,康德虽实施了哥白尼革命,但又认为"自在之物"不可知,所以,康德的批判哲学变成了人类学。福柯所说的人类学并不是通常意义上的一门特殊学科,而是指使得哲学问题全都置于人类有限性(la finitude humaine)领域之内这样一个哲学结构。福柯认为人类学这个基本排列(la disposition fondamentale)已统治和引导着自康德直至我们的西方哲学思想。这个作为我们历史组成部分的根本排列,现在正在分崩离析。对"所有那些还想谈论人及其统治或自由的人们,对所有那些还在设问何谓人的本质的人们,对所有那些想从人出发来获得真理的人们……我们只能以哲学的一笑来加以反对,即在某种程度上,付之默默的一笑"②。人类学的典型特征就是把知识的可能性与理性的界限、人的有限性联系在一起,也就是说,自康德以来,人们不再是从无限或真理出发来思考人的问题的。"如果人们只能对作为一个自然人(un homo natura)或作为一个有限存在(un être fini)的人进行哲学思考,那么,整个哲学从根本上讲难道都不将是人类学吗? 此时此刻,哲学就

---

① Michel Foucault, *Les Mots et les choses*, Éditions Gallimard, Paris, 1966, p. 398.
② *Ibid.*, pp. 353 - 354.

成了文化形式,在这种文化形式内部,所有人的科学都是可能的。"①福柯显然是说,康德的基于有限自然之上的先验是不可能成为无限的真理的。

由于主张有限先于无限或在企图有限的基础之上妄求无限,胡塞尔和萨特与康德就处于同一个人类学构型之中。作为先验主体哲学,现象学的做法在福柯看来是存在问题的。无论是意向性理论、意义理论,还是先验还原,现象学都不恰当地向有限的意向主体提供了"绝对的优先权",向有限的意向活动提供了构建一切的作用,以至于最终陷入了先验意识之中。虽然萨特也反对胡塞尔的先验自我,但福柯与存在主义也注定要发生冲突。因为萨特的"自为的存在"赋予"自在的存在"意义,认为世界万物的意义都是由人、意识、反思前的我思赋予的。对萨特而言,人(或意识)既是意义的读解者,又是意义的操作者和实践者。就现时代把人类存在建构为可能的知识对象而言,人只是现时代的"特产"。人本主义运动也是始于19世纪末的。人类学主义贯穿于整个现代西方意识哲学之中,其中在现象学和存在主义中更是根深蒂固。现时代的人,作为生活着、劳动着和讲着话的存在,就是有限的,因为人受制于劳动、生命和语言,人的具体存在的规定性体现在它们之中。然而,现时代的意识哲学看不到这一点,硬是把人的有限性遮掩起来了,故意或无意地把有限的人当作谈论一切问题的基础;硬是把无限的、绝对的、创造者的角色归之于有限的人,让有限的人不堪重负、膨胀欲裂;硬是在抛弃了真正的无限之后,还乐观地梦想着进行一次从有限到无限的跃迁。

自从人在现时代存在起,有限性就是人具有的一切,只是被现代意识哲学人为地掩盖掉了。因而,福柯在《词与物》中所要作的,就是要表明在18世纪末和19世纪初人是由那些部件和片断组成的,要恢复人在现时代具有的有限性、有限的身份、地位、作用,把人从无限拉回到有限。人的有限性,因涉及到人在生命、劳动和语言等方面的经验领域,因而本来是具体的。福柯阐明并要加以恢复和维护的正是人的这种具体的有限性。然而,从康德直至现象学和存在主义的近现代意识哲学,由于把名不副实的无限作用赋予有限的人,所以,在损害人的有限性的本来面貌时,也损害了这个有限性的具体性。福柯的"人之死"与尼采的"上帝之死"是血脉相连的,福柯认为"尼采质疑了笛卡尔和康德含义上的主体的至上性

---

① Michel Foucault,"Philosophie et psychologie", *Dits et écrits*, I, 1954 - 1969, Éditions Gallimard, Paris,1994, p. 439.

或——确切地说——主体的特权,质疑了作为意识的主体的至上性或特权"①。福柯欣赏尼采在不预设认识主体存在的前提下,用一种话语类型对主体本身的构成作了历史分析,欣赏尼采否认认识与认识对象之间存在着由上帝确保的和谐统一,欣赏尼采因看到认识与本能之间存在着的决裂、奴役和权力关系,而进而否认上帝的存在,否认统一的和至高无上的主体的存在,欣赏尼采把知识与权力结合起来考察。当代哲学只有在人消失的空当内才能重新进行思考。这样,在尼采眼里,尼采就第一个开始把西方哲学从人类学沉睡中唤醒了,尼采为以后哲学的发展指明了道路,提出了继续努力的使命,于是,当代哲学在此基础上就可继续进行思考了。鉴于从17直至20世纪的绝大多数西方哲学家就都武断地在先验层面上把主体与意识等同起来,福柯则坚持认为认识功能的结构、规则是出现在历史进程中的,不同的主体是处于历史进程中的。

需要指出的是,我们并不能因为福柯与20世纪60年代的结构主义者们一样都反对传统主体哲学而把他列入结构主义者的阵营。实际上,批判传统主体哲学几乎是20世纪哲学、人类学、语言学、精神分析、文学、史学、科学史理论的共同思想倾向。因为虽然福柯认为萨特最大的错误就是把知识建立在意识哲学的基础上,虽然福柯认为结构甚至掌握有关结构的严格话语的可能性都会导致关于主体的否定性话语,但是福柯强调自己是从外部来谈论结构、无意识,谈论"结构主义",而根本没有使用作为结构分析特征的方法、概念或关键词,因而不同于结构主义者的做法。福柯谈论货币理论,但不像列维-施特劳斯那样谈论经济结构,福柯谈论语言理论,但不像列维-施特劳斯那样谈论语法结构,尤其是福柯并不谈论亲属关系或婚姻规则。虽然福柯与结构主义者都重视语言,但福柯对语言的思考不同于结构主义者把索绪尔语言学当作自己的思想来源,福柯并不受惠于索绪尔,而是得益于马拉美、布朗肖和其他法国文学批评家,即都把语言当作主体的对立面,认为语言占据了人曾经占据过的位置,讲话者并不是人(笛卡尔式的自我),而是词(集体无意识的语言)。虽然福柯的《词与物》和《知识考古学》表面上类似于结构主义对共时性研究的强调,但实际上福柯在其他语境还强调文化实践具有长时间的连续性。

虽然在否认萨特规定的由人解读和操作的意义,转而强调系统的重要性这件事上,虽然在消除人之被扭曲的传统形象,转而强调事物间的关系这件事上,福柯受到列维-斯特劳

---

① Michel Foucault, *Dits et écrits*, II, 1970-1975, Éditions Gallimard, 1994, "Les problèmes de la culture, un débat Foucault-Preti", 1972, p. 372.

斯、拉康和杜梅泽尔等人的影响,但福柯强调他自己关注的是含义因客体的构成而修正或消失的方式,关注含义消失而使其他事物出现的条件,而结构主义则是在语言领域中提出了含义得以出现的形式条件问题。福柯认为他自己与结构主义处于双重关系之中:"我设法做的,就是把结构主义风格的分析引入到其直至目前尚未到过的领域中去,即观念史、认识史、理论史的领域中去。在这个程度上,我就依据结构来分析结构主义本身的诞生。在这个程度上,我与结构主义既保持距离,又有重叠。说有距离,这是因为我谈论结构主义,而不直接对它进行实践,说有重叠,是因为如不谈论其语言我就不想谈论它。"①尤其是福柯的知识考古学并不把结构主义引入历史领域中,因为当务之急是要把思想史从对超验的屈从中解放出来,而不是使思想史结构主义化。同样,人文科学知识的重大转型的顶点,与其说是结构分析,还不如说是质疑人类学地位、主体的地位,质疑人的特权。

主体问题是福柯一贯的重要思想主题。为何主体问题对福柯来说具有如此重要的意义呢?这是因为不同的主体观就会有不同的历史观、国家观和伦理观。主体及其历史、主体权能的范围、主体自身与他人的关系都是一些相互关系密切的问题。康德、胡塞尔意义上的先验哲学的主体观必须要加以抛弃,萨特存在主义能赋予世界以意义的主体观也是要加以拒斥的。福柯这一代人的使命就是要去除主体太过玄虚飘渺的先验奠基作用,要掏空主体的意义源头,因为这种意义源把主体当成了真理的根源和救世主。福柯的思想史工作旨在恢复真实主体的本来面目,倡导实证主体的真实作用,从而逆转传统哲学和思想史基于先验主体观和赋予意义的主体观而得出的全部见解。在福柯著作中,无论是癫狂主体,犯罪主体,还是性倒错主体,都是实实在在的处于历史境遇中的活生生的单个的具体主体。

二、非历史主义的历史观

福柯哲学始终不遗余力地批判自笛卡尔和康德以来 200 多年西方哲学传统的先验意识哲学或人类学主体主义。福柯坚决否认存在一个至高无上的、起基础作用的主体,一个人们在到处都能发现的普遍形式的主体。按他的话说,他"非常怀疑和非常敌视这个主体

---

① Michel Foucault,"La philosophie structuraliste permet de diagnostiquer ce qu'est 'aujourd'hui'", *Dits et écrits*, I, 1954 - 1969, Éditions Gallimard, Paris, 1994, p. 583.

观"①。与实证主义的主体观相对应,福柯坚持非历史主义的历史观。《知识考古学》强调话语作为事件和实践这双重特性,倡导基于陈述并合、间断和个体化分析的实证主义话语历史观,旨在批判以黑格尔、马克思、萨特等为代表的基于主体哲学之上、倡导起源、连续性和总体化的传统观念史学说。

福柯非历史主义的立场与当时特殊的政治氛围的变化密切联系在一起。首先,1956年1月,法国中左政府掌权,3月在阿尔及利亚殖民地实施镇压措施,在投票赞成这一会造成大量道德问题的措施的代表中,共产党人竟占了455名。其次,1956年6月,《世界报》发表了赫鲁晓夫谴责斯大林主义犯有实施大清洗和搞集中营等罪行的报告。第三,1956年11月前苏联对匈牙利革命的镇压导致许多人退出法共。最后,1958年,戴高乐掌权进一步使知识分子脱离政治。② 总之,在整个50年代,法国发生的这一系列政治事件,造成了学界在50年代末对人道主义和政治不感兴趣,对大写历史的总体连续性、人和主体不再感兴趣,而是转而从事像认识论、人种学、心理分析等不太具意识形态色彩的学术研究,转而关注体系和事物。

从思想渊源上看,福柯在三方面吸取了反历史主义的精神养料,并在癫狂、监狱和性这样一些全新的但常被人视作卑微而受忽视的特殊经验领域中加以深入探讨和论证。

首先,是尼采使福柯抛弃了历史主义和黑格尔主义的历史观。尼采之所以使福柯感兴趣,主要有两个原因。一是福柯在尼采身上发现了实证主义类型的、并不诉诸起源(l'originaire)的历史分析,旨在重新质疑认识、道德和形而上学的基本概念。二是福柯认为"尼采质疑了笛卡尔和康德含义上的主体的至上性——或确切地说——主体的特权,质疑了作为意识的主体的至上性或特权"③。福柯也强调认识功能的结构、规则是出现在历史进程中的,不同的主体是处于历史进程中的,所以在反对自笛卡尔和康德以来200年的传统先验哲学上与尼采是血脉相连的。

其次,在科学哲学和科学史上,巴歇拉尔和康吉汉对间断性的强调,使福柯获益匪浅。巴歇拉尔描述了并不进行无限合并、并不探究沉默开端的认识论活动和界限。而康吉汉的

---

① Michel Foucault, "Une esthétique de l'existence", *Dits et écrits*, IV, 1980 - 1988, Éditions Gallimard, Paris, 1994, p. 733.
② Clare O'Farrell, *Foucault: Historian or Philosopher*? Macmillan, 1989, pp. 4 - 6.
③ Michel Foucault, "Les problèmes de la culture, un débat Foucault-Preti", *Dits et écrits*, II, 1970 - 1975, Éditions Gallimard, Paris, 1994, p. 372.

概念分析则表明,"概念史并非总是概念渐趋完美的历史,并非总是概念之连续增加的合理性之历史,并非总是概念之抽象梯度的历史,而是概念之各种构成和有效性领域的历史,是概念之连续使用规则的历史,是概念在其中得以续存和被制成的多重理论环境的历史"①。

最后,在文学上,巴塔耶的色情的经验和布朗肖的语言的经验,都被理解成对主体(色情主体和讲话主体)的消解、消失和否认。再加上杜梅泽尔的神话研究,所有这些都促使福柯提出主体消失的论题。

如果历史主义者所做的,就是从因果关系的角度描绘一个在过去有其起源并且在未来有其连续性的总体化历史过程,并认为历史的目标和本质就是人的自我意识的实现、人的理性的和预定的实现,那么,很显然,福柯就不是历史主义者。

福柯是用尼采谱系学来反对历史主义的第一个论题的,即反对起源的。尼采谱系学反对理想意义和无限目的论之元历史的展开,反对探求"起源"。因为探求"起源",就是"设法把握事情的确切本质、最纯粹的可能性以及得到细致迭合的同一性,设法把握事物之静止的和先于外部的、偶然的和连接的世界的形式"②。如果谱系学家拒绝探求"起源",而是去倾听历史的话,那就会发现事物背后并无本质或事物本质是以零星方式产生于不同于事物的图像的,就会发现理性是完全"合理地"诞生于机缘的。谱系学更加关注的是偶然性、变化、差异、分歧和偏差。高尚的"起源"只是一种形而上学的延伸物,因为它相信事物从产生时起就是最为珍贵的和根本的。但实际上,历史的开端要普通得多。在福柯眼里,胡塞尔和海德格尔虽然重新质疑了我们所有的认识及其基础,但他们这样做时却是基于起源的,从而牺牲了全部所说之历史内涵。

谱系学并不打算在时间上往回追溯,并不想恢复一种能避免分散的事物被遗忘的巨大连续性;"谱系学的使命并不是表明,过去在一开始为自己的全部路程强加了一种预定的形式以后,过去仍在那儿,活跃在目前中,秘密地激发着目前"③。因而,在反对"起源"论题的同时,还须批判与此紧密相连的"连续性"论题。必须说明,虽然在用词上,福柯自 20 世纪 70 年代初起更多谈论的,不再是"考古学",而是"谱系学",但无论在 60 年代的考古学时期,还是自 70 年代起的谱系学时期,他都在同时批判历史主义的三个论题。只不过,他对这三

---

① Michel Foucault, *L'Archéologie du savoir*, Éditions Gallimard, Paris, 1969, p. 11.
② Michel Foucault, "Nietzsche, la généalogie, l'histoire", *Dits et écrits*, II, 1970 - 1975, Éditions Gallimard, Paris, 1994, p. 138.
③ *Ibid.*, p. 141.

个论题的批判,在 60 年代是以考古学的名义进行的,而自 70 年代起是以谱系学的名义进行的。

若要批判人类学主体主义及其人道主义,就必须批判历史主义的观念史。因为福柯敏锐地认识到,使历史分析成为连续性的话语,使人类意识成为所有生成和所有实践的最初主体,这是近代主体哲学同一个思想体系的两个方面。连续的历史是主体之奠基功能必不可少的相关物。如果思想史仍然是连续的、不中断的,那它就将为意识的统治权提供特许的庇护所。

在具体批判历史主义的第二个论题"连续性"时,福柯所依据的并不是结构主义的结构分析,而是借助于"考古学"的话语分析。结构观念对他来说毫无意义。因为如果使历史结构主义化的话,就会让活生生的、脆弱的、颤动的历史消逝。必须说明,虽然福柯自 70 年代初起更多谈论的,不再是考古学,而是谱系学,但他始终反对观念史的论题,当然,诚如他曾指出的,他所说的考古学,并不确切地指一门学科,而是指他所要考查的一个研究领域。他要在其中考查西方社会特有的作为认识、制度和实践之可能性条件的知识。

《知识考古学》系统阐述了一种能克服传统观念史学科某些缺陷的历史方法论,为史学家避免历史主义提供了有益的启示。在"前言"中,福柯一开始就明确指出,史学家长期来只关注长时期或世纪这样的大单元,只关注巨大的思想连续性,而忽视了断裂现象和局部间断性,他们消除了作为时间之皱痕(le stigmate)的间断性,以使事件的连续性呈现出来。福柯要求历史以考古学为目的,以对文献遗迹作内在描述为目的,在连续的观念史中引入并增加断裂,使间断性概念在历史学科中取得重要地位。强调历史间断性的可能性,这能抑止主体的先验构造作用;因为主体现在没有身份,或至多主体所具有的身份都受制于他者,都受制于我们何时思考他者和自我的暂存性。主体始终处于一个变动不居的状态之中。

福柯的知识考古学不同于传统的观念史学说。观念史是关于意见、谬误和精神状态类型的分析,而不是关于知识、真理和思想形式的分析。考古学并不想限定隐藏或显现的思想、表象、意象、论题,而是要探讨具有形体的话语,即名为遗迹(le monument)的话语。考古学的问题是要限定话语的特殊性,有差别地分析话语方式。考古学排斥创造性主体,反对作为作品存在的理由和作品的统一原则。考古学只是重新书写,是对早已被书写的一切作有规则的转换。考古学并不是返回到最内在的起源秘密,而是要系统描述话语对象[①]。

[①] Michel Foucault,*L'Archéologie du savoir*,Éditions Gallimard,Paris,1969,pp. 182-183.

观念史是通过主体的先验质问去探索意识—认识—科学这根轴线(l'axe conscience — connaissance — science)的,而考古学则是在主体必然所处和依赖的、既非先验也非经验的领域内,去探索话语实践—知识—科学这根轴线(l'axe pratique discursive — savoir — science)的①。《知识考古学》要表明,我们必须看到思想史呈现出任何目的论形式都不能加以还原的间断性,确信思想史的展开是无先验主体的,是匿名的,是无身份的,思想史在面向时间时并不返回到开端。

福柯倡导间断性、断裂、界线、裂口等,主要都是为了杀死传统哲学家的历史神话。福柯反对哥德曼、卢卡奇、狄尔泰、19世纪的黑格尔主义者们以及萨特等人把历史分析当作连续性的话语,把人类意识看作一切生成和一切实践的原初主体。因为他们在说明历史变化时,主要依据的是基于连续性的种种历史主义观念,如影响、因果关系、传统、发展、进化、"精神状态"或"时代精神"。福柯曾说道,对哲学家们来说,存在着一种大写的历史的神话,这种历史"是一种巨大而广阔的连续性,个人的自由与经济或社会的确定性将在其中相互纠缠在一起。当人们触及这样的大论题时:连续性、人类自由的有效行使、个人自由与社会确定性相结合,当人们触及这三个神话中的一个时,勇敢的人们就立刻开始抱怨强暴或谋杀。实际上,像马克·布洛赫、吕西安·费夫尔、英国史学家等这样重要的人及时地终止了这个历史神话"②。福柯很高兴被人认为自己杀死了这个历史的哲学神话,但他又强调这样的历史不是一般意义上的历史,他并不想杀死一般意义上的历史,而是想杀死对哲学而言的大写的历史。

福柯把话语分析当作研究对象,反对现象学在话语背后去发现权力和权力的来源,反对现象学从话语中推演出讲话主体(le sujet parlant)的意向性。福柯要谈论的就是本来的话语!就是要检验话语借以在包含权力的战略体系内部起作用的不同方式,权力是为这个体系而运作的。对他来说,重要的是把话语看作一系列事件,并确立和描述这些话语事件与其他属于经济体系,或政治领域,或机构的事件之间保持的关系③。历史并不是一个永恒的或统一的连续过程,而是充满着永恒斗争和权力的强弱变化。他认为把话语看作一系列

---

① Michel Foucault, *L'Archéologie du savoir*, Éditions Gallimard, Paris, 1969, p. 239.
② Michel Foucault, "Foucault répond à Sartre", *Dits et écrits*, I, 1954 - 1969, Éditions Gallimard, Paris, 1994, pp. 666 - 667.
③ Michel Foucault, "Dialogue sur le pouvoir", *Dits et écrits*, III, 1954 - 1969, Éditions Gallimard, Paris, 1994, p. 468.

事件,这一事实自动就把我们置于历史维度之中。

起源观、连续历史观势必导致总体历史观。福柯对历史主义这三个论题进行的批判,是一以贯之的,是同时进行的。福柯对这第三个论题即总体化论题所作的批判,具体表现为:《古典时代的癫狂史》主要批判体现为古典时代的西方理性对非理性实施的排斥过程;《词与物》主要批判了康德总体化的人类学中心主义;《知识考古学》主张用通史来取代总体史;《监督与惩罚》主要攻击西方社会对犯人的规范化管理;《性史》主要揭露西方文化对性的压制。

《知识考古学》坚决反对总体化的观念史,描述了观念史上发生的突变带来的革命性后果:它"已分离了由意识的进展、理性的目的论或人类思想的发展构建的漫长系列;它已质疑了汇聚(la convergence)和完成(l'accomplissement)这两个论题;它已怀疑了总体化(la totalisation)的可能性。它导致了不同系列之个体化(l'individualisation)……"①。福柯是要说明,由意识发展和理性目的论提出的总体化是不可能的,把现代社会的进步看作是过去的积累和完成也是不可能的。

福柯反对史学家和哲学家使用世界观、理想类型和时代精神这样的文化总体性的范畴,他要用系列、界限、偶然来质疑目的论和总体化。他主张用通史(une histoire générale)来取代总体史(une histoire globale)。因为总体史"设法重构一个文明的总体形式,一个社会的物质或精神原则,一个时期的所有现象所共有的意蕴,说明这些现象的连贯性规律,即人们用隐喻所说的一个时期的'面貌'"②。而通史则讨论(problématise)系列、区分、界限、断裂、起伏、变化、转换、差距、年代学特征等特殊形式、可能的关系类型。因为总体史把所有的现象都压缩在唯一的核心,即原则、意义、精神、世界观、总体形式的周围。而通史正好与此相反,通史将展现无主体的、分散的、散布的、非中心的、充塞着各种偶然性的多样化空间。

黑格尔是总体化历史主义的典型代表。在近代社会经济飞速发展和科学取得惊人变化的动态条件下,哲学就不能像传统那样僵化地把世界看作封闭的宇宙或固定的总体性,于是,黑格尔就用活生生的、动态的、发展的和过程的总体性来取代以往自然的、无时间的和静止的总体性。黑格尔认为历史的总体性过程就是绝对精神实现其自身的过程,是人类

---

① Michel Foucault, *L'Archéologie du savoir*, Éditions Gallimard, Paris, 1969, p. 16.
② *Ibid.*, p. 18.

据以意识并实现其自由的发展过程,这说明黑格尔的历史观虽然有神学和形而上学的残余,但他还是倡导一种典型的人道主义的、历史主义的进步观。对黑格尔来说,正是现代国家代表了客观精神领域中普遍性和理性的充分示例。这一方面是为了神化普鲁士政府,另一方面是为了把占统治地位的历史民族的制度和法律结构看作精神本质的客观体现,因为黑格尔把历史发展理解成精神的神圣展开。① 福柯一针见血地指出,对黑格尔来说,大写的理性占据了上帝的位置,这是人类精神的逐渐实现。而尼采则清除了形而上学的残余,并不让人来取代上帝的位置。

虽然马克思有关人类本质力量的实际活动和积累的发展观点吸收了黑格尔关于历史生成的解放观,但马克思批判黑格尔思辨哲学看不到理性理论需要其内在的实践和物质力量或历史主体。马克思把人类劳动看作历史过程的隐藏的实际动力,而黑格尔忽视了人类活动的自然和客观基础。这说明马克思有意识地去掉了黑格尔形而上学的残余,把总体性概念重新置于革命实践的实际领域之中。马克思把人的本质看作一切社会关系的总和,反对黑格尔在思维(精神)的基础上实施思维与存在的同一,反对黑格尔在普遍精神的基础上把主客体统一起来,从而质疑了黑格尔总体性观念的基础。因为在马克思看来,黑格尔这种消除各种张力以求同一的做法实际上就意味着历史终结了,人类自我展开的过程停止了。然而,在约翰·E·格鲁姆雷看来,当马克思认为在共产主义社会里,人与自然、人与人、存在与本质、自由与必然、个体与人类之间的冲突都得到真正解决时,马克思就重犯了黑格尔的错。因为马克思排除了历史进程的持续性并公开赞扬人类学目的论,马克思只是简单地用人类本质来取代黑格尔的精神本质,马克思的人类本质的历史实现意味着各种历史张力得到了调和,达到了总体历史过程的顶点,获得了据以评判所有现存社会条件的普遍价值视角②。换言之,马克思与黑格尔最终都主张总体史观,都倡导历史主义,因为马克思强调人类无限生成和个体发展的前景,把历史视作人类潜能的深层展开。

福柯反对人们把马克思的思想当作永恒真理而神化马克思,因为这会使马克思脱离其时代并去创立一种本身是元历史的历史科学。马克思正是通过操纵实际上确立起来的并已存在好几年的政治经济学,才能提出一种仍能有效的对资本主义社会的历史分析,并能创立一种今天仍生机勃勃的革命运动。就马克思主义历史学说最终诉诸经济基础,诉诸意

---

① John E. Grumley: *History and Totality: Radical Historicism from Hegel to Foucault*, Routledge, 1989, p. 34.
② *Ibid.*, p. 46.

识形态，诉诸上层建筑和经济基础的作用而言，福柯的权力关系则并不必然形成从生产力到上层建筑这般金字塔式的结构，福柯强调在权力技术与生产力的发展之间存在着多重关系。而且，福柯还把马克思关于劳动构成人的具体本质的观点看作典型的黑格尔观点①，因为马克思关于劳动构成人的本质这个观点无法说明 19 世纪阶级冲突的情况。尤其是福柯避免并批判马克思那样的总体化理论思考和总体化分析，因为福柯认为理论是实践，是局部的、地区性的和非总体化的实践，理论是用来构造适于读者使用的工具的，而不是用来构建永恒真理的体系的。

福柯欣赏尼采的谱系学并不诉诸起源、并不追求连续性和总体化，拒斥形而上学的超历史的视角，因而为我们展现了"真实的历史"。"重要的是要系统地粉碎人们据以转向历史并把握历史总体性的支撑点，粉碎使得人们能把历史当作一种耐心的连续运动加以回想的观点……历史将是真实的，这是在这样的程度上说的，即历史会把间断性引入我们的真正存在之中。历史划分我们的情感，夸大我们的本能，繁殖我们的肉体并使肉体自己反对自己。"②福柯想说，历史之所以真实，是因为历史没有终极原则和传统史学家所妄求的连续性。

真实的历史不是诉诸天命或最终因，而是依据事件最独特的特征、最清晰的表现形式，来探讨事件，而这样的事件又是充满着机缘的力量关系的逆转和权力的侵占。历史不应成为哲学的奴婢，成为大写的历史，而是应成为治疗科学，成为关于能量和虚弱、顶峰和崩溃、毒物和解毒剂的有差别的知识。历史的目的并不是为了发现主体的身份根基，而是要消解我们的身份，设法揭示出在我们身上穿行和涌现的间断性。真实的历史不是关于帝王将相的历史，而是关于社会底层的历史。因为福柯与尼采都是社会底层的发掘者，总是对旁门侧道或社会底层感兴趣。真实的历史要对目前作诊断，而不是一味对目前唱赞歌。以黑格尔为代表的历史主义者们倾向于不仅把目前当作过去的本质连续，而且更把目前视作历史的最高点，是太平盛世，是新时代的启示降临，是哲学终结的时代。与此相反，福柯认为目前不同于过去，目前与过去是相分离的。目前并不产生于某种不可避免的历史必然性，而是产生于无数具体而偶然的人类实践。

---

① Michel Foucault, "Dialogue sur le pouvoir", *Dits et écrits*, III, 1970 - 1975, Éditions Gallimard, Paris, 1994, p. 470.
② Michel Foucault, "Nietzsche, la généalogie, l'histoire", *Dits et écrits*, II, 1970 - 1975, Éditions Gallimard, Paris, 1994, p. 147.

鉴于历史主义把历史混同于陈旧形式的进化、生命连续性、有机发展、意识进步或存在筹划,赋予了时间过多的作用,从而贬低了空间的功效,福柯要做的就是去凸现空间的功能。他认为,对话语行为作空间描述,就能促使人们去分析与话语相关的权力结果。① 在他的眼里,科学、知识并不遵循某种直线式的"进步",并不服从"增长"的原则,并不服从认识集中一致的原则。思想不应确立一种中心态度,而应指向界限、外部,指向人们所言的一切的虚无和否定,指向断裂、变迁、转换、相互竞争的诸叙事以及短暂而非正规的话语。总之,真实的历史重视系列、区分、界限、断裂、个体化、起伏、变化、转换、差距等,凸现无主体的、分散的、散乱的、非中心的、充塞着各种偶然性的多样化空间。哈贝马斯曾形象地解读这样的历史:福柯的历史是一座由任意的话语形式构成的移动着的冰山,这些话语形式前后涌动、上下起伏,不停地变化和重组,毫无连续性可言。

福柯的真实的历史是不存在事物本质起源的历史,是不太具连续性的历史,是不同的个体化的历史,因而就是非历史主义的历史。

三、拒斥大写的国家的国家观

现代性哲学的宏大叙事理论与近现代宏观政治哲学紧密相关。在拒斥了大写的理性、大写的主体、大写的历史之后,福柯还要拒斥大写的国家。鉴于传统宏观政治哲学往往聚焦于国家、政党、阶级、民主、政权等这样一些宏大的政治范畴,福柯不仅要去除传统政治哲学赋予国家的那种主宰民众的权利,而且还提出了旨在探讨遍布社会各个层面的权力关系及其抵抗的微观政治哲学。福柯提出的以人口为主要目标、以安全配置为根本手段的国家辖治理论,削弱乃至否认了人们通常赋予国家及其权力的重要性、优先性和基础性,提出了取决于社会市场调节的国家辖治的适度性原则,挖掘了国家过度辖治的哲学根源——哲学国家,批判了当代政治想象力贫乏的理论根源——国家哲学,开启了有别于马克思主义宏观政治哲学的微观生物—政治哲学向度。

从中世纪直至 20 世纪,西方国家依次呈现出司法、行政和辖治这样三种形式。产生于封建型领土权的司法国家,产生于边疆型领土权的行政国家,依赖于人口和经济知识的辖

---

① Michel Foucault, "Questions à Michel Foucault sur la géographie", *Dits et écrits*, III, 1970-1975, Éditions Gallimard, Paris, 1994, p. 34.

治国家,自然也就经历了主权社会、戒律社会和受制于安全配置的辖治社会这三种社会形式。福柯的重点当然是落在"辖治"及其主要目标"人口"上面。"如何被辖治?被谁辖治?辖治到什么程度?为了什么目的被辖治?用什么方法辖治?"也就成了一般辖治的问题域。

由于福柯把"辖治"(gouvernement)理解为统领人的行为之技术和程序,因而,辖治不仅有政府和国家层面上的管理之意,也有个体或团体层面上的管理之意。辖治有多种形式,既有斯多葛主义对人自身进行的辖治,又有天主教和新教的牧师神学对灵魂和行为进行的辖治,既有16世纪教学法对儿童的辖治,又有君主对国家的辖治。

辖治形式虽然多种多样,但归纳起来不外乎三类:作为道德研究对象的自身辖治,作为家政学处理对象的家庭辖治,作为政治学探讨对象的国家辖治。探讨这三类辖治形式和三类辖治者之间的实质性关联,成了福柯辖治理论的关键所在。一个人只有先学会如何辖治自己,如何辖治自己的财产,如何辖治家业,才能成功地辖治国家。同时,当一个国家被合理辖治时,家长就知道如何辖治家人,如何辖治他的财产和他的家业,如何按照他所应该做的那样行事。在三者之间的相互关系中,家庭是一个关键要素。辖治艺术实质上是要探讨如何把家政学(即在家庭范围内管理个人、物、财产的正确方式)、如何把父亲对其家庭的这种无微不至的专注,引入到对国家的管理中来。于是,福柯深信把家政学引入政治实施之中,这将是辖治的本质关键。卢梭为《百科全书》所撰词条"政治经济学"就已深含此意:辖治国家就意味着施行家政,在整个国家的层面上建立家政,也就意味着对国家的居民,对每个人和所有人的财产和行为,实施一种像家长对他的家务和财产一样专注的监视和控制。魁奈把好的辖治称做"家政辖治"也是此意。

福柯赞赏拉佩里埃(Guillaume de La Perrière)在其《政治之镜:涵盖各种辖治手段》中所给出的"辖治"定义:辖治就是为了便利的目的而负责的对事情的正确处理。拉佩里埃的辖治观是反马基雅维里的主权理论的。拉佩里埃的辖治观与马基雅维里的主权观之间的本质差异,集中体现了司法国家与辖治国家的差异。至于行政国家和戒律社会,福柯在《监督与惩罚》中有较多论述,在此不宜涉及。

鉴于马基雅维里在《君主论》中认为君主与其主权之间是一种外在的和超越的关系,拉佩里埃则把辖治者与其辖治对象的关系看作内在的多重的关系。鉴于马基雅维里的君主权力针对的是领土和居民,而拉佩里埃的辖治所针对的绝对不是领土和居民,而是"事情",是一种由人和事构成的复合体。"在这个意义上和辖治相关的事实际上是人,只不过这个人是与财富、资源、谋生手段、领土(具有特定特点、气候、灌溉条件、肥沃程度的领土)这些事关联、交织的人;是与习俗、习惯、行为方式和思维方式这些事关联的人;最后,是与饥荒、流行病、死亡等事故和不幸这些事关联的人。"①与这种人与事的复合体相比,领土和财产几乎只是次要的、可变的量。鉴于马基雅维里的君主的首要目标是通过法律来保全君权或达到普遍的善,拉佩里埃的辖治则并不是通过法律,而是运用策略(tactiques),为了一种对每一项有待辖治的事情来说都"便利"的目的来正确处理事情。为此,辖治必须保证尽可能大量的财富被生产出来,必须保证给人民提供了足够的谋生手段,必须保证人口的增殖等等。辖治的目标并不是通过法律手段来达到的。

福柯对"辖治活动"(gouvernementalité)的理解要比拉佩里埃来得宽泛和完整。福柯的"辖治活动"有三个意思:首先,指一系列以人口为主要目标、以政治经济学为主要知识形式、以完全配置为根本技术工具的制度、程序、分析、反思这些权力形式及其相关的计算和策略。其次,在西方社会很长一段时期内,"辖治"这种权力形式要比"主权"、"戒律"等其他权力形式更占主导趋向,从而既导致了一系列特殊辖治机器的形成,又导致了一整套知识学科的发展。第三,通过辖治活动这个过程,中世纪的司法国家和法律社会,在15、16世纪开始转变为行政国家和戒律社会,从18世纪开始逐渐成为辖治国家和受制于种种安全配置的社会了②。国家的辖治活动这个西方历史上的根本现象是在基督教教士神学、新的外交——军事技术和治安这三者的基础上得以产生的。

然而,"辖治艺术"(arts de gouverner)并未得到顺利发展,不仅16世纪"以国家利益为名的理由"(raison d'État)而进行的治理实践,而且17世纪的军事、政治和经济危机,17世纪主权理论的制度结构和心态结构,都阻碍着这个辖治艺术的发展。重商主义第一个尝试在政治实践和关于国家的知识层面上行使作为辖治实践的权力,但它那以主权者的权势为目标、以主权为手段的制度结构和心态结构却又切切实实地阻碍了辖治艺术。在18世纪初重商主义受到清算之前,在整个17世纪,辖治艺术都是停滞不前。国家主权的框架太宽泛、僵硬,而家庭的范围又太狭小、脆弱无力,辖治艺术找不到自己特有的维度。福柯认为只有当18世纪出现人口问题及其相关的货币和农业问题时,阻碍辖治艺术发展的障碍才能得到清除。

人口问题是如何扫除对于辖治艺术的障碍呢?这是因为人口的视角,人口特有现象的

---

① Michel Foucault, La "gouvernementalité", *Dits et écrits*, III, 1976 - 1979, Éditions Gallimard, Paris, 1994, p. 644.
② *Ibid.*, pp. 655 - 657.

现实性,都使得经济学(家政学)概念最终有可能摆脱家庭模式、在家庭以外重新获得中心地位,辖治问题最终得以能在主权的法律框架之外被思考、反思和算计。在重商主义传统中曾经只服务于君主行政利益的统计学,现在则成了这个扫除主权障碍的主要技术因素之一。统计学表明:人口有它自己的规律性,有它自己的死亡数和发病数,有它自己的偶发性规则。人口领域包括一系列它本身固有的总效果,这些现象不能化约为家庭的现象:像重大流行病、地方病扩散,劳动和财富的螺旋形增长。通过人口的迁移、风俗、职业活动等,人口有一些特定的经济后果。由于人口绝对不能化约成家庭,所以,家庭的重要性就比不上人口了,家庭已不是良好辖治的空想模型了,家庭似乎是人口内部的要素,家庭是辖治人口的优先手段,因为有关人口的信息(关于性行为、人口统计、儿童数、消费等)都要通过家庭才能获得。福柯强调,家庭从模型层面到手段层面的这种转变是绝对根本的,因为人口正是通过消除家庭这个模型,扫除了对辖治艺术的障碍。人口既是辖治的最终目标,又是辖治最根本的手段。辖治就是要利用人口领域内所固有的手段来达到人口福利和财富增加、生命延长、健康增强这个目标。"在18世纪,从辖治艺术到政治科学、从受制于主权结构的政体到受制于辖治技术的政体的转变,是围绕人口因而也是围绕政治经济学的诞生而发生的。"①福柯坚信,自从18世纪至20世纪,辖治、人口、政治经济学这三个运动构成了一个坚实的牢不可破的系列,他所要做的工作就是揭示这三个运动之间深刻的历史联系。

西方政体从主权到辖治的转变,并不意味着主权和戒律已经不复存在,恰恰相反,正是随着辖治实践的进行,主权和戒律问题比以往任何时候都更加凸显出来了。卢梭在《社会契约论》中运用自然、契约和公意这样的概念,提出了一种将让位于主权法律原则的普遍辖治原则,就充分说明了这一点。

福柯要摘除人们习惯于笼罩在国家头顶上的美丽光环,因为国家并没有人们通常所想象的那么重要,我们不应对国家问题进行价值夸大。"或许对我们的现代性,即对我们的现实性来说,重要的并不是社会的国家管理体制,而是我所说的国家的'辖治化'(gouvernementalisation)。"②自18世纪以来,人们一直生活在"辖治活动"的时代。辖治活动的问题和辖治技术之所以已真正成为唯一的政治问题,已成为政治斗争和政治竞争的唯一真实的空间,那是因为国家的这种辖治化同时就是使国家得以幸存下来的现象。因此,

---

① Michel Foucault, La "gouvernementalité", *Dits et écrits*, III, 1976 - 1979, Éditions Gallimard, Paris, 1994, p. 653.
② *Ibid.*, p. 656.

福柯以为我们只应从辖治活动的一般策略出发，才能理解国家的持续存在和国家的界限。

福柯强调国家适度辖治的重要性。自18世纪以来，健康、卫生、出生率、寿命和种族等人口现象向辖治实践（pratique gouvernemental）提出了种种直至今日仍然是政治和经济的焦点问题。生物政治学（biopolitique）就是要使这些问题合理化。这些关键的政治和经济问题与"自由主义"这一政治合理性框架密不可分，因为它们是在"自由主义"内部产生并获得其尖锐性的。"辖治是否太过？"，这成了英国乃至欧洲政治生活的主要议题之一。福柯关心的问题就是："在一个为尊重个体的权利和创造性自由而操心的体制中，'人口'现象及其专门的后果和问题能得到怎么样的说明呢？人们能以何名义并依据哪些规则来管理'人口'现象？"①但必须指出，按照福柯的理解，"自由主义"既非一种理论、一种意识形态，也非社会用来再现自身的方式，而是一种实践，一系列谨防过度辖治的原则和方法，它反对在尽可能减少辖治成本的情况下旨在使辖治效果最大化这样一种为辖治而辖治的做法。福柯这里讲的"辖治"是指通过国家工具来支配人的行为这样的活动。鉴于16世纪的"以国家利益为名的理由"（raison d'État），设法在国家的存在和强化中寻找那易于证明日益增加的辖治活动（gouvernementalité）并易于控制其发展的目的，18世纪以来的自由主义则认为辖治本身并无存在的理由，辖治活动必须接受批判。

自由主义坚守"辖治总是过度了"这个原则立场，倡导"有节制的辖治"，反反复复询问同一个根本问题："为何必须辖治？"自由主义要询问辖治活动达到其效果的计划的可能性和合法性。因此，自由主义批判也就总是与对社会进行的新质疑密切相联系。如果说以国家利益为名而实施的辖治逻辑地融涵了国家的存在直接确保了辖治的必要性、合理性和最大效果，那么，自由主义则是以社会的名义，以与国家处于内外复杂关系之中的社会的名义，来询问为何必须要有辖治，又如何放弃辖治。"正是既作为状况又作为最终目的的社会，使得我们能不再提问'如何以尽可能少的成本进行最大可能的辖治？'，而代之以设问'为何必须辖治？'"②也就是说，在福柯看来，辖治的必要性、可行性和合理性根本上都取决于社会，而不取决于国家。

福柯也不把自由主义看作一种从未被实现的乌托邦，而是把它看作一种对以往陈腐的、不合理的、被滥用的辖治实践进行批判的工具，一种对辖治实践进行批判反思的形式。

---

① Michel Foucault, "Naissance de la biopolitique", *Dits et écrits*, III, 1976 - 1979, Éditions Gallimard, Paris, 1994, p. 818.
② *Ibid.*, p. 820.

苏维埃社会主义、民族社会主义和凯恩斯的干预政治论都是过度辖治的集中体现,三者的共同问题就是看不到市场机制的经济辖治能在法律与自由之间左右逢源。尽管对市场合理性及其功能的定位有所不同,但无论德国的秩序自由主义,还是美国的经济自由主义,都无一例外地批评了二战前后世界范围内的在政治、经济和社会规划等方面体现出来的过度辖治的种种后果。

我们不仅不应以国家的存在和强化来证明辖治活动的必要性、合理性和效果的最大化,而且也不能想当然地认为国家的权力是根本的和基础性的。福柯要剥夺人们通常赋予国家权力的优先性、基础性和根本性。基于刑事立法之上的戒律(discipline)确实曾经维护了国家权力的有效行使,然而,随着工业社会的发展和人口的增加,种种戒律在那些工业化国家中已纷纷陷于危机。社会和个体都已经发生了变化。愈来愈多的个体并不强使自己遵守戒律。福柯甚至于认为我们应该展望无戒律的未来社会。

人们通常认为国家权力至高无上,国家权力具有优先性,其他权力形式都是从国家权力中派生出来的。然而,福柯则认为,国家权力至少奠基于其他权力形式之上,正是其他权力形式才使得国家权力存在的。"我们如何能说存在于两性之间、成人与儿童之间、家庭中、办公室中、病人与健康人之间、正常人与非正常人之间的权力关系是派生于国家权力的呢?如果人们想改变国家权力,那就必须改变在社会中运作的各种权力关系。"①社会的变革取决于在社会生活中实际运作的各种权力关系的变化。我们可以这样来理解福柯的三层意思:首先,社会—民间权力要比国家权力来得基础和重要;其次,具体的、多重的、发散的社会—民间权力是抽象的、单一的和集权的国家权力所无可替代的;再次,社会—民间权力关系的实施者能够独立于国家权力的拥有者而自主地行动。福柯以苏联为例,说明统治阶级虽已发生变化,但原先的权力关系却一如既往。因而,福柯认为重要的,是那些独立于拥有国家权力的个体们而运作的权力关系。总之,国家权力与其他权力形式相比只具有次要地位。

由于福柯确信自20世纪60年代以来,主体性、身份和个体性成了主要的政治问题,所以福柯就格外关注对个体实施管理的合理性化问题。在这点上,现代国家又成了个体的敌人。现代国家并不像人们通常所认为的那样忽视个体,恰恰相反,现代国家对个体生活的

---

① Michel Foucault, "La société disciplinaire en crise", *Dits et écrits*, III, 1976 - 1979, Éditions Gallimard, Paris, 1994, p. 533.

一切都感兴趣。国家对个体的关注表现在,国家发明和展开了种种技术来确保个体不能逃避权力、监督、控制、智慧、校正、纠正。"兵营、学校、工场和监狱,所有这些重大的惩戒机器都使人们能包围个体、知晓他是谁、他做了啥、我们能对他做什么。"①于是,个体及其生存就成了一个对于权力在现代社会中的实施来说是相关的、必需的和必不可少的事件。但现代国家对个体的这种兴趣就好比黄鼠狼给鸡拜年一样不安好心。"正是当国家开始实施其大屠杀时,国家才关切个体的身心健康。"②1784 年,法国出版了第一部探讨公共健康问题的伟大著作,1789 年法国大革命爆发,1794 年拿破仑战争爆发。20 世纪的斯大林政权也是如此。"苏联人为建设社会主义已屠杀了 1 600 万人。对民众进行大屠杀和对个体实施控制是所有现代国家的两个深层特征。"③福柯感叹,现代国家的主要悖论之一,就是在生与死之间玩转着游戏。福柯并不局限于研究机构制度的问题,而是要揭示并分析在一组权力技术与像国家这样的政治形式和社会形式之间存在的关系,探讨对个人治理的合理性问题,梳理在机构制度和人们行为中运作的合理性的历史。合理性规划和指引着全部人类行为。无论在机构制度中,还是在个体行为和政治关系中,都存在着合理性。然而,暴力在合理性中却如鱼得水,暴力在合理性形式中深深扎根并获得其持久性。福柯要确定这个与暴力如此相容的合理性的本性。福柯言下之意就是国家合理性意味着国家暴力,福柯要确定由国家合理性施加在个体身上的国家暴力的本性。如苏联政治制度对苏联人行为所作的强制性塑造就是这种国家暴力的集中体现。然而,这种违背个体意愿的塑型却会受到抵抗。这是因为虽说没有统治就没有政治权力,但没有人甘愿受宰制,于是,政治结构动荡不稳、革命起义此起彼伏也就不难理解了。如果要保持政局稳定,百姓信服,适度的辖治才是上上之策。

由法西斯主义和斯大林主义集中体现出来的过度辖治、国家暴力和权力的生产过剩,既潜伏于现代国家制度的内部结构之中,又有其哲学根源,这个根源就是哲学国家。当然这并不是说哲学是导致法西斯主义和斯大林主义的理论根源,而是指哲学国家的当权者利用本是反统治的哲学来为其统治实践服务。

---

① Michel Foucault, "La philosophie analytique de la politique", Dits et écrits, III, 1976 – 1979, Éditions Gallimard, Paris, 1994, p. 551.
② Michel Foucault, "Foucault étudie la raison d'État", Dits et écrits, III, 1976 – 1979, Éditions Gallimard, Paris, 1994, p. 802.
③ Ibid., p. 802.

如果说在法国大革命以前,在西方没有哲学国家,西方哲学并未像东方哲学那样与整个社会的政治实践、道德实践结为一体,那么,自法国大革命以来,"19世纪欧洲出现了以前未曾出现过的东西:哲学国家、国家—哲学、同时是国家的哲学以及那些从哲学命题出发、在哲学体系内进行思考、反思、组织并确定其基本选择并把哲学当作历史的哲学真理的国家"①。哲学与国家结为一体了。福柯在法国大革命与18世纪哲学之间、在拿破仑皇帝与卢梭之间、在普鲁士国家与黑格尔之间发现了有机联系。福柯同样惊奇地发现,这些变成为国家的哲学,这些关于自由的哲学最终都成了反自由的哲学,都导致了体现为恐怖、官僚主义和官僚主义恐怖的权力形式;这些旨在反对权力及其过度行使的哲学,最终却认可了权力的种种过度形式。黑格尔与俾斯麦政权、尼采与纳粹政权之间的关系就是如此滑稽可笑。而当斯大林主义成了作为哲学的国家时,这种哲学恰恰宣告和预言了国家的消亡,这种国家又排除了任何哲学思考的可能性。斯大林主义既作为一种政治学说,又作为一种哲学学说。作为政治学说,斯大林主义宣扬在共产主义社会国家行将消亡的理论,而作为哲学学说,斯大林主义禁锢人们的思想,信奉一种真理,独尊一种主义。

显然,哲学国家并非福柯所能认同的。对以斯大林主义为代表的哲学国家的批判反思,导致福柯去深入思考哲学在当代的本真使命以及权力实施和抵抗的特殊性。福柯确信哲学应该在反权力方面有所作为,也可以有所作为。在反权力方面,哲学的使命就是要分析、澄清、揭示并因而强化围绕权力而展开的斗争、权力关系内部对手的策略、所使用的战术、抵抗的策源地,要设问:我们身陷其中并且哲学本身至少一个半世纪以来陷于其中的权力关系是什么?要分析在贯穿社会机体的权力关系中所天天发生的一切,要弄清楚权力关涉到什么,权力关系的形式、争论焦点、目的是什么?② 由于福柯确信理性与非理性、生与死、犯罪与法律等日常问题都是深深触及我们同时代人生活、情感和焦虑的根本性问题,因此福柯并不想研究国家与公民或者与其他国家之间的游戏,而是热衷于研究极其有限的、极其谦卑的、在哲学中并无高贵地位的权力游戏:围绕癫狂、医学、疾病、病体、刑罚和监狱的权力游戏。通过对这些权力游戏、抵抗和斗争的考察,福柯发现,当代许多抵抗和斗争都是漠视政治体制或经济制度或社会结构的,并不具有与传统政治或革命运动相同的目标。当代许多抵抗和斗争的根本目标就是权力实施这个事实本身,而非经济剥削,也非不平等。

---

① Michel Foucault, "La philosophie analytique de la politique", *Dits et écrits*, III, 1976 - 1979, Éditions Gallimard, Paris, 1994, pp. 538 - 539.
② *Ibid.*, p. 541.

如人们批评医疗机构在身体上、在病人的痛苦上、在其生死上施加一种不受控制的权力。当代许多抵抗和斗争还具有直接性,这些斗争指责所有直接施加在个体上的一切权力,这些直接的斗争也并不指望在未来某个时刻(革命、解放、阶级的消失、国家的消亡)能解决种种问题。福柯直言,当代抵抗和斗争所实际具有的根本重要性与人们迄今为止只赋予其边缘价值这两者之间形成了强烈的反差。权力哲学必须珍惜这些卑微的、平庸的通常细小的抵抗、骚动和斗争。因为"绝对明显的是,无论使用何种词汇,无论那些参加斗争的人们的理论参照是什么,这都绝对不是一个传统意义上的革命了,不是全国、全民、全阶级的全面的和联合的斗争,不是彻底推翻现有权力、毁灭其原则的斗争;不是确保总体解放的斗争,不是要求所有其他斗争都服从于它的绝对迫切的斗争"①。虽然暴风骤雨式的革命垄断不复存在,但这些细小的抵抗和斗争却也不是改良主义的含情脉脉,而是要使权力机制变得不复稳定。

由于权力并非愈来愈官僚化和国家化,而是愈加细小和个体化,因而,针对这样的权力的细小的抵抗和斗争,既非针对政治司法权力的政治斗争,也非针对经济权力的经济斗争,也非针对种族统治权力的种族斗争,而是针对牧师权力(pouvoir pastoral)的特殊斗争。牧师权力针对的恰恰是每个个体从出生到死亡的整个生命历程。"我想要知晓我们的身体、我们的日常行为、我们的性行为、我们的欲望、我们的科学和理论话语以何种方式相关于本身相互联系在一起的多重权力体系。"②牧师权力还无处不在,因为无论在人与人之间的言语交往关系中,还是在恋爱、制度或经济关系中,一个人总是设法操控另一个人的行为,但福柯着重指出,权力的实施还必须以个体自由为前提,强调主体自由是权力关系得以存在的必要条件。如果一个人完全受制于另一个人并成了另一个人的物品,成了另一个人能在其身上施加无限的和无边无际的暴力的对象,那就不存在权力关系了。

如果说福柯批判哲学国家在动机与效果之间形成了一种悖谬关系,从而强调哲学履行其本真使命、抵抗牧师权力的重要性,那么,福柯对国家哲学的讨伐就直指其是造成当代政治想象力贫乏枯竭的罪魁祸首。福柯不仅不能接受哲学国家,而且也不能容忍国家哲学。其根本原因就是国家哲学从根本上直接导致了政治想象力的贫乏和枯竭。福柯之所以对

---

① Michel Foucault,"La philosophie analytique de la politique",*Dits et écrits*,III,1976-1979,Éditions Gallimard,Paris,1994,p. 547.
② Michel Foucault,"Dialogue sur le pouvoir",*Dits et écrits*,III,1976-1979,Éditions Gallimard,Paris,1994,pp. 469-470.

癫狂、精神病学、监狱和性等人类边缘的经验领域和"新的政治想象领域(nouvel imaginaire politique)"①感兴趣,就是为了要唤起新的政治想象力(imagination)。如果说在 18 和 19 世纪,从卢梭到洛克或到空想社会主义者,西方社会充满着社会—政治想象力的丰富成果,那么,20 世纪的人们却不幸地生活在政治想象力极其贫乏的世界上。福柯这方面观点的立场就是:作为国家哲学,马克思主义对当代政治想象力的贫乏起了推波助澜的作用。这里涉及到福柯所理解的马克思主义究竟是什么形态的马克思主义,这样的马克思主义又在什么程度上成了当代政治想象力贫乏和干涸的理论根源。

福柯强调把马克思与马克思主义区分开来的重要性。马克思只是一个具有与其他历史存在相同的历史性的人物,是一个正确无误地解释了某些事情并作为历史事件的无可置疑的存在。对这样一个历史事件,我们既不能加以摆脱,也不能加以消除。而马克思主义就不同了。马克思主义只是基础意义上的权力样态,马克思主义作为人类历史科学、预言科学和国家哲学,是一种具有强制性效果并相关于某种真理的动力学。马克思主义一旦离开政治运动、政党和国家便无法生存和运作,同时,国家也需要作为哲学的马克思主义。福柯直言,当今某些国家只有利用这种哲学才能作为国家而运作。法国大革命依然是判断国家哲学存在与否的分界线。法国大革命以前的国家始终奠基于宗教之上,但法国大革命之后的国家则奠基于哲学之上。福柯的结论,作为科学话语、作为预言、作为国家哲学或阶级意识形态,马克思主义的这三个组成部分不可避免地与整个权力关系内在地相关联,形成了权力关系的动力学②。摆脱国家哲学,就是要摆脱与实施着三重功能的马克思主义相联系的权力关系的动力学。我们既要充分肯定马克思在 19 世纪所起的几乎是决定性作用,又要清醒地认识到这个作用典型地是 19 世纪的并且只能在 19 世纪发挥出来。于是,那些与马克思的预言特征相联系的权力关系就必须被减弱。由于马克思并非真理的决定性持有者,因此马克思主义作为权力样态所施加的影响就必须被弱化。由于马克思主义只作为政党的表述而运作,从而看不到重大现实社会生活问题所具有的政治维度,因此,马克思主义作为政党的表述而表明的权力关系也同样必须被削弱,以便凸显医学、性、理性和癫狂这些问题的政治意蕴。西方知识分子、学生、犯人等发动的抗议和反叛运动,苏联东欧国家的批评活动,都使福柯看到了摆脱作为国家哲学的马克思主义的契机。苏联和东欧这些社会

---

① Michel Foucault, "Méthodologie pour la connaissance du monde: comment se débarrasser du marxisme", *Dits et écrits*, III, 1976 - 1979, Éditions Gallimard, Paris, 1994, p. 599.
② Ibid., p. 601.

主义国家的政治突变实践已经验证了福柯在20世纪70年代所作出的预言和分析。由于马克思主义是对与马克思本人的话语相联系的权力所作的表述模式,福柯认为一个生活在20世纪下半叶的人的最低职责就是,要凭着完全不受制于马克思的真实情感,去系统地检验每一个这样的表达模式。福柯指责马克思主义造成了政治想象力的贫乏,主要是指马克思主义作为政党的表述仅仅关注阶级的划分以及参加斗争的阶级立场,而忽视了具体的、生动的现实社会生活中大量存在的具有政治意蕴的历史事件和经验素材。

尽管我们不应在相同的内涵和外延上来理解福柯与马克思的权力概念,尽管福柯把权力主要理解成渗透于社会各个层面的多重的力量关系,尽管在当代社会政治生活格局已发生重大转型时期政治哲学理论关注的侧重面应该有所不同,但是,福柯有着把权力概念泛化的理论倾向,他在过多关注社会之微观的、实证的、具体的政治生活方面的同时,也忽视了社会之宏观的、先验的、抽象的政治策略。

第五章　后现代科学哲学

所谓"后现代",主要不是指一个具有"时代化"意义的全新时代,而是在广泛的时代背景下对现代性的某些极端化特征的重写。作为后现代哲学的有机部分,后现代科学哲学也并不是一种具有特定理论模式的科学哲学,而是一种具有特定趋势的科学哲学思潮。作为后现代主义与科学哲学相结合的产物,后现代科学哲学的产生与发展有其自身广泛的内外部条件,并形成了与现代科学哲学截然不同的特质,通过对其基本观点分析与思考,我们将会发现其积极的方面和其合理性所在,从而更为准确地认识和把握后现代科学哲学基本观点及其未来发展趋向。

一、后现代科学哲学产生与发展的时代背景

后现代科学哲学的产生与发展既与对当代科学与技术进行深刻的哲学反思密切相关,又是当代反思现代性潮流在科学哲学中的体现,有着自身发展的内在必然性。

首先,20世纪以来,随着自然科学的研究向高速、微观、宇观领域的深入,传统科学观念不断受到冲击,一系列新的认识论和本体论问题不断涌现。特别是相对论、量子力学和非线性科学的产生以及计算机技术和网络技术的发展,使经典物理学和传统认识论的一系列基本观念受到了根本性的冲击。在今天,与经典物理学为代表的自然科学相应的机械论、决定论、还原论越来越失去效用。相反,各种不确定性、非连续性、无序、断裂和突变现象越来越受到重视。

1. 相对论表明,既没有绝对的运动,也没有绝对的时间和空间,而量子力学的海森伯不确定性原理及玻尔的互补性原理则进一步冲击了传统的客观性观念和决定论世界观。在作为知识之楷模的数学领域,哥德尔"不完全性定理"表明,人类建立的每一个数学体系都注定是不完全的。由此表明人类更不可能找到其他知识领域的最牢固的基石。所谓知识的基础只不过是人类自己的虚设而已,是根本不存在,因而也是永远不可达到的虚幻的目标。

2. 高能物理的研究表明,作为物质最终单元的"基本粒子"并不存在,物质粒子之间是相互联系、相互生成的。新的宇宙观把宇宙看作是相互关联的事件的动态网络,作为一个相互联系的总体,这个网络的任何一部分的性质都不具有基本的意义。正如诺贝尔物理学奖获得者薛定谔所认为的那样:物理学的新发现已经推进到了主观与客观的神秘分界线,并且告诉我们这根本不是一个明显的界限。它使我们明白,对一个物理的观察永远无法不被自己本身的观察行为所修改,它同时也让我们理解,在改进观察方法和对实验结果进行思考之后,主客观间的那种神秘界限已经被破坏。事实上,"主体和客体是同一个世界。它们之间的屏障并未因物理学近来的实验发现而坍塌,因为这个屏障实际根本不存在"[①]。这种整体论宇宙观对传统科学哲学的自然观、科学观及表象主义认识论都产生了巨大冲击。

3. 计算机技术、网络技术、信息技术的发展为后现代科学哲学的发展提供了强大的技术支持。20世纪60—70年代,计算机技术、网络技术的发展在得到以反中心主义、反权威主义为价值理念的黑客运动之有力推动的同时,也有力地促进了这些后现代特色的价值观向不同领域的渗透与拓展。信息技术的进步使虚拟实在的认识论地位日益突出,客观实在的认识论地位明显降低。知识的技术化、信息化、符号化特征使知识的产生与传播发生了重大变化,展现出明显的外在化特征;其次,随着符号转换在知识的产生与传播过程中的作用日益突出,虚拟实践的作用受到广泛关注。由此使得知识的内容与形式的关系日益间接,纯形式的方面更加突出,科学知识的真理性与客观性受到了怀疑,进而对基础主义的认识论(反映论)带来了严峻挑战。电子传媒所创造的虚拟空间是一个既没有中心,也没有事物,有的只是游戏、约定和规则的世界。在符号化的幻象中,传统形而上学所预设的"本体"、"本质"、"实在"、"真实"、"真理"等概念都失去了合法性的依据。

4. 随着科学研究环境的极端化特点的凸显,对于处在微观、宇观和极端温度或极端压力等极端条件下的研究对象,直接观察已不可能,研究对象与认识主体间的技术环节越来越复杂,"经验"概念日渐多义,科学理论越来越远离经验,理论与经验间的对应日趋多样化。换言之,对应于同一组经验材料,可以有多个等价的理论与之对应,即科学理论可建构的自由度越来越大,关于科学理论的建构、解释和评价问题的分歧日益加大,这构成了后现代反实在论试图消解、排除以致否弃实在论的主要根据之一。另一方面,科学活动的技术化特征,使得技术因素不仅对现象的显现起着重要作用,而且对现象的解释也趋于多样化

---

① [奥]薛定谔著,罗米欧、罗辽复译:《生命是什么》,湖南科学技术出版社2003年版,124—125页。

和复杂化，这不仅对何谓"客观实在"和科学认识的真理性提出新的挑战，同时也必然导致对科学活动主体性的强调和科学认识的"真理性"的重新解释，直接引发了科学实在论与反科学实在论的激烈争论。现代自然科学与技术的发展所揭示的自然界的相对性、不确定性、不完全性等特点以及新的本体论问题，从根本上冲击了传统的确定性的世界观，使先前人类所抱有的能够确定不移地把握世界本质的观念从根本上受到了动摇，为后现代科学哲学的产生与发展提供了强大的内在动力和丰富的科学思想源流。

5. 系统科学、复杂性科学等交叉学科的发展及其对还原论（方法论的还原论和本体论的还原论）的超越为整体性科学观的形成提供了有力的科学支持。

基于当代自然科学的最新成果所形成的以整体性、相对性、非线性、非还原性、非决定性为特征的后现代科学观对后现代科学的产生与发展起到了巨大的推动作用。

其次，就科学哲学自身的发展而言，逻辑经验主义于20世纪20年代的产生标志着科学哲学学科的正式建立，在其后的发展中，不同流派之间相互批判、相互借鉴，促进了不同观点的交叉与融合，形成了多样化演进的局面。科学哲学研究中的理想化色彩不断淡化，科学活动日渐被看作是处于特定社会条件下的现实的人（科学家）的现实的活动。其根本特点是正统科学哲学的核心观念不断软化，学科边界日益模糊。

在逻辑经验主义看来，观察名词和理论名词有着根本区别，观察行为是中立的，科学理论的检验就是理论中立的经验事实的比较；科学发现的范围与辩护的范围有严格的区别。科学的合理性即逻辑性，科学哲学旨在发现科学活动中的逻辑和推理程序，从而为科学找到合理性基础。

随着科学哲学的发展，正统的观点不断受到质疑。1951年，美国新实用主义者蒯因在"经验论的两个教条"一文中对逻辑实证主义的理论基础进行了有力的批判，给逻辑实证主义造成了致命的打击。在他看来，"现代经验论大部分是受两个教条制约的。其一是相信在分析的，或以意义为根据而不依赖于事实的真理与综合的，或以事实为根本的真理之间有根本的区别。另一个教条是还原论：相信每一个有意义的陈述都等值于某种以指称直接经验的名词为基础的逻辑构造。我将要论证：这两个教条都是没有根据的"①。首先，所谓分析的真理和事实的真理的区分只是相对的，而不是绝对的，因为任何分析的前提都是来

---

① [美]蒯因著，江天骥、宋文淦、张家龙、陈启伟译：《从逻辑的观点看》，上海译文出版社1987年版，第19页。

自于经验事实的总结。换言之,分析真理必须以综合真理为基础,二者是互为前提不可分割的,因而,分析真理和综合真理都不是必然的,而是或然的,所以二者的区分只是相对的,而不是绝对的,试图在二者间作出严格的分界是不可能的。还原论认为我们的认识有一个可靠的基础,这个基础可以通过分析和还原而达到。而这个还原程序的最终基底就是直接经验材料,与把原子作为物质最基本单元的原子论相类似。在蒯因看来,经验论者相信每一个有意义的陈述都等值于某种以指称直接经验的名词为基础的逻辑构造。换言之,"每一个有意义的陈述都被认为可以翻译成一个关于直接经验的陈述(真的或假的)"①。然而,事实上,意义的承载单位和受到检验是理论的整体,即整体论知识观。"我们关于外在世界的陈述不是个别地,而是仅仅作为一个整体来面对感觉经验的法庭的……具有经验意义的单位是整个科学。"②

蒯因的整体论的科学观认为,科学是一个整体,整体性是科学的根本特征。检验理论的最小单位不应该是个别观念或个别命题、个别语句,而应该是整个科学理论系统;检验科学理论真伪的准则不应该是"经验的观察,而应该是经验的实用性",由此彻底打碎了还原论的梦想,为科学哲学注入了新的活力,有力地推动了具有鲜明的自身特质的后现代科学哲学产生与发展。

二、后现代科学哲学的基本特质

如果说现代哲学所追求是事物的始因、本质、基础,以绝对的确定性和绝对真理作为衡量一切价值的标准,那么,后现代哲学则是用一个未知的、不确定的、复杂的、多元的世界概念取代了传统的给定的世界概念。如果说理性、统一性、客观性、本质性、同质性、还原性、必然性、普遍性、连续性、中心性、绝对性、确定性、永恒性等范畴是现代哲学的主要概念,那么,非理性、异质性、相对性、非连续性、多元性、非还原性、非决定性、非确定性、非中心性等则是后现代哲学"概念库"的主要内容。用美国新实用主义者罗蒂的话来说:传统的那一套认识世界的概念、范畴已不适用了,后现代哲学用一个未知的、不确定的、复杂的、多元的世界概念取代了传统的给定的世界概念,确定性是相对的、不确定是绝对的思想。

---

① [美]蒯因著,江天骥、宋文淦、张家龙、陈启伟译:《从逻辑的观点看》,上海译文出版社1987年版,第35页。
② 同上书,第38—40页。

如果说执着于追求统一性的现代哲学的根本特征体现为理性主义、基础主义和本质主义;那么,以强调多元、差异为主要特色的后现代哲学则集中体现着强烈的非理性主义、反基础主义和反本质主义倾向。

1. 非理性主义

非理性主义思潮并不是完全地放弃理性,而是对现代哲学中理性的至上性、理性的霸权的一种反叛与修正。哈贝马斯把非理性主义视为后现代主义的主要特征,利奥塔则声称后现代主义是与理性观念的主要转变相适应的,理性的死亡标志着现代性的终结。

传统科学哲学认为,科学是理性的事业,科学活动就是用理性的思维去归纳和整理感性的材料,科学的发展就是在理性的规范下使知识的客观性和真理性不断纯化的过程。其科学观可概括为:科学家是公正无私的,是真理的代言人,科学方法是唯一合理的认识世界的方法,科学知识是一切知识的典范,科学发展是事实和真理的不断积累。逻辑经验主义更是把科学发现的范围与科学辩护的范围严格区别开来,认为科学的合理性即逻辑性,科学是观察、归纳和推理的结晶。

科学哲学旨在发现科学活动中的逻辑和推理程序,从而为科学的合理性找到可靠的根据。基于当时自然科学革命的时代背景,逻辑实证主义流派继承和发扬了实证主义以及罗素、维特根斯坦逻辑原子主义的基本精神。在他们看来,科学哲学中的许多假问题和伪问题的根源都是由于语言的误用,因而科学哲学的任务就是通过对语言的逻辑分析,从科学中清除一切无意义的命题,为有意义的科学命题提供一个标准的逻辑结构,从而使科学家免于陷入一些无意义的形而上学问题的争论。换言之,科学主体的主观前见、个人动机、理论背景等价值因素是游离于科学活动过程之外的。于是,科学家被看作逻辑的人,科学活动成了纯逻辑的人(科学家)的纯理性的活动。科学陈述的逻辑形式、科学定律的逻辑结构、科学理论的逻辑模式、科学推理的逻辑关系受到了片面强调,科学哲学被归结为科学逻辑。由此只能对科学理论进行静态的逻辑分析,从而脱离了科学内容及科学的历史发展的丰富性,其次,实证主义把科学语言区分为"观察语言"和"理论语言",理论语言必须根据观察语言来定义和解释,经验证实原则是一切理论陈述是否有意义的标准,于是科学发现的过程就是经验归纳的过程,科学发展就是科学知识逐渐积累的静态过程。逻辑实证主义以逻辑的人、理性的人为前提,以逻辑为工具,追求一种形式的、超验的、非历史的、绝对的普遍性。于是,现实的人的现实的科学就变成了逻辑的人的抽象的科学。

基于对科学史的深入研究,波普尔提出了颇具新意的证伪主义和"猜测与反驳"的科学发展模式,但其坚持的仍是理性主义科学观。

而在库恩看来,科学的历史表明,科学发现并不像实证主义所认为的那样只是已被证实的事实逐渐积累的结果,而是积累与革命、连续和间断相统一的过程。他把科学发展的模式表述为:前科学时期→常规科学时期→科学危机时期→科学革命时期→新的常规科学时期→……

库恩认为,科学革命前后科学家所使用的范式是不同的,而作为共有的信念的不同范式又是不可通约的。那么,面对危机科学家是如何达到观点的统一,并最终确立起公认的新范式的呢?其间有什么适当的理由吗?库恩指出,这一过程是一个非理性的过程。尽管没有非那样不可的充分理由,但确实有一些供科学家作出评价和选择的参考性标准。它们是①简单性:更简单、更实用的范式就是较好的;②有效性:看哪个范式更有说服力,即有更强的解决问题的能力;③精确性:作出的推理和预言与观察和实验更符合的范式就是更可接受的范式;④普适性:有更大适用范围的范式就是更可取的范式;⑤一贯性:一个具有内在逻辑完备性并与公认的理论逻辑上自洽的范式就是更好的范式。的确,科学史上的范式转换过程中,以上标准中的某条或几条同时起作用的案例非常之多。但库恩也指出,上述几条标准并非绝对的,因为它们常常互相矛盾,而不能全部兼顾。除此之外,库恩还认为,世界观和方法论、科学家的个性以及政治、经济等社会因素的影响也会在科学家进行范式选择时发挥作用。的确,库恩理论有着相对主义之嫌,尽管他后来一直为之辩解。事实上,正是库恩的《科学革命的结构》为非理性主义和相对主义思潮的兴起提供了最为重要的理论资源。哲学家罗蒂(R. Rorty)就把这一结局归之于库恩的科学社会学研究的感召力和持久影响,指出正是"库恩将科学哲学还原为科学社会学"[①]。可以说,在20世纪70年代前后,几乎每个科学的社会研究者都不同程度地受到库恩的直接影响,以至于许多人将这个时期的工作称之为库恩的后学或"后库恩科学社会学"。

费耶阿本德则更为激进,在他看来,科学与非科学之间根本不存在永恒不变的界限,就如同真理与谬误不存在明显的界限一样。任何强行为科学与非科学划界的理论或学说,只能成为权威主义和教条主义的工具,去压制不同的意见和观点。因此,必须反对科学沙文主义,提倡科学民主化。

费耶阿本德攻击的矛头直指科学沙文主义。他认为,科学只是人们发明的一种应付环

---

① R. Rorty. Consequences of Pragmatism. Hassocks, Sussex, Harveser Press, 1982, p. 55.

境的工具,但它不是唯一的工具。科学是一种集优点与缺点于一身的知识形式,但不是唯一的知识形式,更不是万能的。科学事业与其他事业一样是无政府主义的事业,只有提高科学研究的自由度,才能发现自然界与人的秘密。自培根以来的方法论一直存在着一个误区,即以永恒不变的方法论原则去考察丰富多彩的宇宙。科学家和哲学家都认为,一旦找到了这种普遍而有效的方法论原则,人类所从事的科学活动及其他一切人类活动就会变得井然有序和具有理性主义品格,否则,人类的活动就会变成盲目的、无序的或非理性的。然而,在真实的科学活动中,以确定性的理论、方法和原则根本不能解释不确定的世界,科学家既不能通过归纳方法得到选择和评价理论的普遍标准,也不能通过逻辑演绎方法推论出人与自然、人与社会的关系,因为能解决问题的不仅有科学方法,还有复杂的社会因素和自然因素。因而,普遍的、单一的、永恒不变的教条式的方法是不存在的。凡是可以解决问题的方法都可以采用。方法是多元化的,没有确定不移的逻辑程序。他的口号是"怎么都行"。

费耶阿本德认为,在科学理论的选择中,非理性的因素更为根本和重要,没有非理性的奇想和激情就没有人类的整个文化,没有模糊和发散式思维就没有人类知识。伽利略为哥白尼学说所做的辩护就是如此。他通过暗示、富有激情的宣传和理性之外的方法巧妙地引导人们接受他利用望远镜所得到的观察结果和他引进的新概念与新学说,从而新理论得以发展。而不是通过严格的科学论证和理性的方法去说服人们接受他的理论。总之,科学不是纯理性的事业,非理性因素和非理性方法不是毫无价值的,一味追求理性而拒斥非理性不仅不能促进科学的发展,反而会成为科学发展的障碍。

费耶阿本德的认识论和方法论上无政府主义的矛头是对准科学上的专制主义、教条主义和权威主义的。它表示科学主义方法论只是人类众多认识形式中的一种,而人类要认识自然就必然使用一切思想、一切方法,而不能仅用其中的一部分。

随着科学哲学从波普尔到库恩、费耶阿本德及新历史主义等流派的发展,人的心理的、社会的等方面的非理性因素在科学活动中的重要作用不仅日益受到重视,而且大有非理性主义泛滥之虞。这种趋势进一步促成了当代科学哲学的社会学转向,催生了当代科学社会学的重要流派——社会建构论的产生。

自20世纪70年代以来,社会建构论逐步发展壮大,至今已成为科学社会学的主流。与以实证主义为代表的传统科学观只承认自然的因素、否定或排除社会性因素的作用不同,社会建构论认为自然科学所揭示的事实本质上说是社会的。因此,当社会因素对科学的建构作用受到了强调的同时,自然的因素往往受到排斥,其结果是不但造成"自然"与"社会"的新的分裂,而且导致了相对主义。传统科学观否认科学是一个卷入社会的过程,因此对自然和社会进行了截然两方,并对科学的产生做了过分的"社会学简化"。与对真理、客观性等特征持批判态度的后现代主义有着共同的趋向。

激进的建构主义又过于强调社会性因素的作用,以至于否定自然因素的作用。其基本观点可概括为:①反对传统的科学理性观,认为科学不是一个由规则支配的活动,科学并不遵循一套能引导科学家独立发现真理的程序。②坚持相对主义。他们强调科学问题的解决方案是弱决定的,并且削弱甚至完全否定经验世界对科学知识的判决性作用,原因在于证据只有在与有关理论相联系时才有意义,因此非中立的证据不可能解决对立的理论间的争端。③否定自然界的重要性、否定自然界对科学知识的内容的影响作用,而认为自然科学的实际认识内容只能被看作是社会发展过程的结果,是受社会因素影响的。换言之,是科学家在实验室中的社会行为决定了自然规律如何界定。① 显然与传统的科学观或实证主义的科学观根本抹煞科学的社会性相反,社会建构论者又走向了另一个极端,他们过分强调了社会因素在科学中的作用,否定自然界、否定经验事实和逻辑规则对科学的影响,进而否定了客观真理。

非理性主义对理性主义的批判有其积极的意义,它强调人的情感,直觉等非逻辑思维的重要作用。但是,科学毕竟不是情绪化的任意所为,它既有客观性的硬约束,又有公共的行为规范。人能动地创造世界,但又不能随心所欲。因而,合理的科学观应当是既看到社会性因素的作用,即人的能动性建构,又看到自然界的因素所起的不可改变的作用。即科学可建构,建构有限度,这正是实在论的建构主义及弱建构论的基本观点。它既承认人的能动性,又防止陷入主观主义和相对主义。

2. 反基础主义

基础主义源于人类对统一性的执着追求,是人的形上本性的集中体现。面对纷繁复杂的世界,人类总是力图从最高的层次上把握其内在的统一性原理,由此获得关于世界的统一性解释。哲学史上关于"物质的统一性"、"理念的统一性"、"原理的统一性"、"科学的统一性"等等,都是人类历史上探究统一性的具体展示。这些探索可以概括为三个层次:追寻世界统一性的终极存在(存在论),反思知识可靠性的基础和知识统一性的最高原理(认识

---

① [美]史蒂芬·科尔著,林建成、王毅译:《科学的制造》,上海人民出版社2001年版,第6页。

论或知识论),探究作为意义统一性的终极价值(价值论)。所谓基础主义是指这样一种信念:存在着或必须存在着某种我们在确定理性、知识、真理、实在、善和和正义的性质时最终诉诸的永恒的、非历史的基础或框架,为知识寻找稳固的基础并合理地说明知识的本质是哲学的重任。从古希腊到后现代主义哲学产生之前的哲学史,不过是基础主义的各种表现形式交换更替的历史。基础主义传统的哲学家们,尽管对基础的理解和设定各不相同,但都强调基础的重要性,强调知识必须建立在某种牢固的基础之上。柏拉图的理念论是基础主义的典型表现之一,理念是万物的基础,感性的个别事物则是由于摹仿或分有了理念而存在的。在近代,笛卡尔则把"我思故我在"作为哲学的第一原理。康德关于"先天综合判断"何以可能的追问,以及现代西方哲学中的人文主义与科学主义都属于基础主义。人文主义者把意志等非理性因素看作某种根本性的、基础性的东西,科学主义的语言分析和逻辑分析也展现了基础主义的特征。

综合基础主义的基本观点,这一问题体现于认识论和本体论两个方面。

认识论的基础主义。基础主义的核心在于:知识必须建立在某种牢固的"基础"之上,这种基础具有不依赖人的认识与活动的客观性。因而,认识论的基础主义所追求的是知识可靠性及其标准的问题。近代以来,尽管认识论理论繁多,但有一个大致的模式:寻找知识的可靠基础或起点,制定、扩大和深化知识的可靠方法,以便在此基础上构建人类知识的整个大厦,从而获得关于客观世界的真理性认识。经验主义认为知识的基础在纯粹的感觉经验中,理性主义认为它在纯理性思考得出的第一原理中。经验主义认为只有归纳法才能扩大知识,理性主义认为只有演绎法才确定无误。但这种能力都出自理性的心灵。

传统科学哲学尤为强调"经验"在科学认识过程中的重要作用,科学的特征在于得到经验事实的实证。只有感觉经验是可靠的,科学来自于对感觉经验的描述、概括和总结。逻辑经验主义的纲领是关于科学知识的"合理重建",目的是要在概念和理论两个方面为科学知识寻找一个坚实的基础。依据其整个理论大厦之基础的经验证实原则,知识必须依据经验,任何命题只有通过观察陈述才能获得意义、得到辩护,否则就是无意义的、非科学的命题。于是,逻辑实证主义者提出了基础主义的科学结构理论。按照这种理论,观察陈述或数据既是科学语言的有意义的唯一源泉,也是科学陈述的辩护的唯一根据。每个科学理论都内在地发展它自己的概念系统,它和整个科学传统没有外在的概念关系。每个理论都具有自己概念的和经验的基础而孤立存在,理论之间的唯一关系是由中立的观察语言所提供的。卡尔纳普在《理论概念的方法论性质》中把科学语言二分为"观察语言"和"理论语言",

后者可以通过"对应规则"还原为前者。这样一来,科学理论就有了可靠的基础。而在所有的科学语言中,物理学语言是最具有普遍性的语言,科学的任何领域内的语言可以保存原来的内容翻译成为物理学语言。换言之,物理学及其物理学语言将是整个科学统一的基础。显然,经验证实原则隐含着两个前提:观察语言和理论语言的严格划分以及作为评判标准的中立的观察事实的存在。

但在谈到知识发展时,逻辑经验主义的代表人物纽拉特通过一个形象的比喻又透露出反基础主义的意味。他认为,科学家就像水手,他们必须在茫茫无际的大海里修理他们的航船。他们没有码头可以停靠。在修理过程中,船上的每一块木板都是可以抛弃的,但不能抛弃所有的船板。

波普对归纳主义与经验证实原则进行了深刻的反思与批判。他认为,认识的起点不是观察,也不是从理性的理念开始的,而是从问题开始的。我们不能像经验主义的基础主义那样,从纯经验事实开始,按照发现的逻辑,得出理论性概括或猜测,这样的逻辑道路是不存在的。我们也不能像演绎主义的基础主义那样,从所谓自明的第一原理出发,按演绎逻辑的规则去建立整个知识大厦。但在波普的哲学中,观察命题或经验事实仍然是理论选择时的重要依据,起着基础和标准的作用。尽管波普尔也承认观察渗透着理论,如他曾谈到"我们的日常语言是充满着理论的,观察总是借助于理论的观察"。这一点在他的证伪主义学说中并未得以贯彻。

汉森在《发现的模式》中针对逻辑经验主义的中性观察语言,提出了"观察负荷理论"的著名论点。他认为,科学观察不是纯粹视觉意义上的看。它是一件渗透着理论的活动,对X的观察是由关于X的先行知识构成的。表达我们知道什么所使用的语言或符号也影响着观察,没有这些语言和符号也就没有我们能认作知识的东西。① 经验命题并不是纯而又纯,绝对中立的,而是与理论相融合的,

因而不是科学知识的绝对起源和绝对基础。汉森的观点,对于鼎盛时期的逻辑经验主义运动及证伪主义的理论基础产生了有力的冲击,从而为历史主义的产生提供了重要的思想动力,其观点为历史主义学派普遍接受并加以发挥。

在历史主义的代表人物库恩看来,逻辑经验主义和证伪主义所谓经验的中立性或观察命题的中立性论题不过是一种幻想、一种教条,是与实际的科学活动及科学的历史不一致

---

① 参见[美]汉森著,邢新力、周沛译:《发现的模式》,中国国际广播出版社1988年版,第22页。

的。随着范式的变化,科学家的直接经验也发生了格式塔转换(如日心说与地心说)。经过科学革命,科学家进入了一个新世界,感觉经验也随之改变了。因此,中立的观察语言是不存在的,不可能的。由于没有共同的经验基础,前后相继的两个范式不能在共同的基础上进行评价,因而是不可比较,不可通约的。按照这种观点,科学理论没有好坏之分,也没有进步可言,科学的客观性也就破灭了,真理性更谈不上。

在谈到观察事实的非中立性时,库恩指出:"每个人自称的事实都部分依赖于他所信奉的理论,个人从效忠于一种理论转向效忠于另一种理论,与其说是选择,不如说是转向。"①"一种仅限于报道一个事先完全知道的世界的语言,不可能中立而客观地报道'直接的感觉内容'。现有的哲学研究甚至不能给我们以一点暗示,那种中立而客观的语言会是什么样的。"②在谈到自己的反实证主义观点时,库恩指出:波普尔和我"都强调科学观察同科学理论之间那种密切而又不可避免的纠缠;我们都对创造所谓中性观察语言的尝试表示怀疑,都坚信科学家完全会发明理论去解释观察到的现象"③。"观察和概念化,事实和事实被理论同化,在科学新事物的发现过程中是不可分地联系着的。"④

在认识论上,基础主义坚持反映论,认为实在是知识的基础,人的认识过程就是人的心灵同实在相接触形成观察的过程;观念是实在的副本或表象,正确的观念即真理同实在相符合。科学实在论的主要创始人塞拉斯认为,"所与"或感觉材料并不是知识的基础,普特南也反对基础主义者关于感觉材料是我们的直接认识对象,因而它是直接的、自明的、不会出错的观点。

罗蒂则指出,反映论把实在当作知识的基础是犯了一种简单类比的错误,即把认识活动混同于视觉活动,以致把人的心灵看作一面镜子,把心灵对外界之物的准确再现看作知识的基础。他反对把实在、理性,或者经验看作知识的基础,反对把对"必然真理"、"客观真理"的追求看作哲学的首要任务。通过对基础主义的历史考察,他批驳了笛卡尔把"心灵"看作认识的基础,洛克等经验论者把感觉经验看作认识的基础的观点。

后现代科学哲学认为,科学事实不应是,也不可能是价值无涉的,认识主体与认识客体难以截然分离,企图抛开主体去寻求所谓纯粹的"客观性"的还原论做法不过是一种幻想而

---

① [美]库恩著,纪树立等译:《必要的张力》,福建人民出版社1987年版,第332页。
② [美]库恩著,金吾伦、胡新和译:《科学革命的结构》,北京大学出版社2003年版,第115页。
③ [匈]拉卡托斯编,周寄中译:《批判与知识的增长》,华夏出版社1987年版,第2页。
④ [美]库恩著,纪树立等译:《必要的张力》,福建人民出版社1981年版,第169页。

已。这使得科学观由绝对主义走向了相对主义,并进而由相对主义演化出了泛文化主义的多元论。

在极端的社会建构论者看来,社会变量在科学知识的产生过程中具有决定性作用,科学知识是社会建构的结果,它并不反映外部实在。科学的所谓"真理性"并不是因为它与"实在"相符合,而是科学家贴在其所接受的实践和认识上的权宜性标签。观察事实与特定的社会语境密不可分,是多种因素共同作用的结果。于是,传统科学哲学最根本的基石——观察的客观性或经验的可靠性就被消解了,认识论的相对主义必然随之而来。

值得指出的是,社会建构论对人的能动性及社会因素在科学知识形成过程中的重要作用的强调是应当肯定的。然而,对于社会因素的重要过分强调又使他们走向了忽视客观世界在科学知识形成过程中的作用的极端,这是不足取的。因为科学知识必定是关于自然界的知识,不是只靠社会因素的建构就可实现的。正如马克思和恩格斯在批判德国唯心主义时生动指出的那样:"有一好汉忽然想到,人们之所以溺死,是因为他们被重力的思想迷住了。如果他们从头脑中抛掉这个观念,比方说,宣称它是迷信观念,是宗教观念,他们就会避免任何溺死的危险。"①

就连反实在论者劳丹都认为:"无论在大的社会背景下,还是某一具体的社会过程或社会交往形式,都不会影响科学知识的核心内容,如 $2+2=4$ 在何时何地都等于4,与社会因素毫无关系。"②事实上,科学作为人对自然界的描述方式,乃是人的本质力量对象化的产物。

在反基础主义看来,承认知识有中性的基础,就使反映论陷入一种误区,即追求某种与认识主体无关的、纯粹的客观性。事实上,认识者总是处于一定社会中的人,因而其认识活动及认识成果总是渗透着认识者已有的理论和价值观,中立的、纯客观的认识是不可能的。显然,抽掉客观、中立的观察事实这一基石,给传统认识论及传统科学哲学带来的将是灾难性的打击。

本体论的基础主义,在认识上必定是关于"什么"的认识以及认识的真理性问题必然追究到存在的本体问题。自柏拉图以来的绝大多数西方哲学家都把建构可靠的哲学体系当作自己的任务,他们都致力于追求超越全部知识而又给全部知识以统一性解释的最高原

---

① [德]马克思、恩格斯:《德意志意识形态》,人民出版社2003年版,第4页。
② [美]劳丹著,方在庆译:《进步及其问题》,上海译文出版社1991年版,第213—214页。

理,追求超越经验世界而又规范经验世界的永恒本体。这种最高原理和永恒本体在"那里"自在地存在着,与知晓它的人无关。哲学家的任务就是去"映照"、显示、临摹或揭示这一真实。可以说实在论是传统哲学之根,真理论、合理性、客观性都是从这个根上生发出来的。因而这里必然涉及实在论与反实在论长期争论的核心问题。

20世纪中叶,随着逻辑经验主义的衰落,科学知识的客观性、真理性光环不断淡化,其建构性、语境性等特征受到广泛关注,科学实在论快速兴起。科学实在论认为,科学所描述的实体是真实存在的,科学所揭示的世界图景是真实的,科学是发现而不是发明。然而,微观物理学的深入发展以及对应于同一组观察资料可以有多个相互等价的理论存在的事实,再加之与反实在论的激烈争论,使科学实在论既面临一系列新的挑战,又获得了全面发展的动力,推动科学实在论不断作出调整,相继出现了夏皮尔的历史实在论、普特南的内在实在论、邦格的科学唯物主义、波义德(R. Boyd)的辩证实在论、哈金(I. Hacking)的实体实在论以及与后现代主义的渗透相呼应的测量实在论、实验实在论、语境实在论等后现代科学实在论群体。

当代反实在论也随着库恩历史主义观点传播而快速发展。库恩虽未自称是反实在论者,但他的科学革命论和范式不可通约性观点所昭示的相对主义趋向不仅大大弱化了本体论承诺的地位,也消解了科学理论的真理性色彩。

与实在论相反,反实在论者认为,理论术语只具有工具意义,而无指称实在性。所有的基础主义都志在追求所谓"根据的根据"或所谓的"最后因",因而都是形而上学。一切知识结构以及所谓的本体都是虚构的,科学理论并没有一个终极的基础。因而,本体论上的反基础主义消解了简单的反映论和还原论。

反基础主义对评价认识的标准及本体论的否定必然导致对真理的否定。

波普尔把证伪原则作为科学与非科学的划界标准,科学理论就是在不断的猜测与反驳中发展的。任何科学理论都是可错的、暂时的、有限的和相对的。所谓永恒真理,只不过是人的虚构。由此破解了一个古老的迷信:科学=真理,真理即所谓永恒正确,意味着永远不被质疑。它显示了科学、真理、权威都不是绝对的和永恒的,科学不再是真理的同义语。

历史主义学派通过科学史的深入研究,提出分析与综合不可分、观察渗透着理论、科学理论的不可通约性等新观点。他们认为,理论进步的标准是解难题的能力,它们只是解难题的工具,工具只有好坏之分,无所谓真理性可言。因而否认了理论具有固定不变的、基本的本体论承诺。否认了理论本体论承诺的继承性和连续性。在其代表人物库恩看来:"科学家并没有发现自然界的真理,他们也没有愈来愈接近于真理。……除非我们干脆把通向真理的道路定义为科学家工作的必然结果,否则我们就无法承认我们在向着这个目标前进。"①

拉卡托斯认为,一切科学陈述都是可误的,并不存在由观察陈述组成的认识上可靠的基础。只有以理论系列代替波普尔的单一理论,才能合乎实际地说明科学的发展。因而,理论系列才是科学的最基本单元,才是区分科学与非科学、评价科学进步的基本单位。这种作为科学基本单元的理论系列叫作科学研究纲领,它是有多层次的内在结构和处于不断发展变化之中的。

基于无政府主义认识论和方法论,费耶可本德认为科学的发展是多种理论并存和激烈竞争的过程,其结果是旧的理论被淘汰,新的理论在竞争中获胜。不过,费耶阿本德并不认为这种过程是向真理的逼近,而是一个不断增加的、相互不一致的甚至是不可比的可供选择的海洋,其中没有什么东西可被忽略掉,没有什么东西是永远确定的。科学理论的更新并不是一个向真理逐步逼近的过程,其原因在于前后相继的科学理论之间是不可比的,从而也谈不上哪个进步,科学也就无进步可言。

在后现代主义看来,传统认识论把人的心灵比喻为一面能正确反映客体的"自然之镜",这是毫无根据的。认识实质上是一种语言游戏,认识论因而是一种语言与解释学相结合的语言哲学理论。维特根斯坦认为,语言并不表述实在,而只是一种其意义随语言规则的变化而变化的游戏。库恩和费耶阿本德更认为语言是不可通约的,因而语言的交流不具有客观确定的内容,而只具有语言游戏的约定性。

实用主义对本质与基础的拒斥,使后现代主义转向一种实用主义真理观,即真理都是当下的、情景化的,是行动着的个体对环境的应对策略,因而真理是"多元化"的,而不是"唯一的"。语言游戏说也是后现代主义反对传统的"真理观"的有力根据,他们认为,把真理说成是主观与客观相"一致"或"符合"都是一种在场的形而上学,是形而上学的独断论,是统治者骗人的把戏。因为真理从来都不是绝对的"符合",而是相对的"约定"。坚信存在着某种永恒不变的基础是西方哲学传统的重要信念,依据这一信念,哲学家的任务就是去发现这种基础是什么。

后现代科学哲学家们一般否认认识论的重要性,都主张没有真理。劳丹等反科学实在

---

① [美]库恩著,纪树立等译:《必要的张力》,福建人民出版社1987年版,第284—285页。

论者认为,成功的理论并不一定就是真理,科学史上有很多理论都曾经很成功,如以太说、燃素说等,但"以太"、"燃素"所指称的对象在客观世界中并不存在。因而,真理是不存在的,对真理的追求不过是一种乌托邦策略。詹姆斯·普特南强调实在离不开人的认识与活动。实在是被人们创造出来的,没有任何完全独立于人的客观实在。他进而大胆地宣称:为存在和知识提供基础的事业……已经灾难性的失败了。

反科学实在论者范·弗拉森则认为,真理只是科学家的一种信念,他们接受理论的标准就是这个理论在经验上的适当性,而非真理性。我们承认科学的根据在于经验的观察,但观察又是渗透着理论的,或者说是与主观性紧密相关的,所以我们无法获得真理,而只能达到"经验上的适当性"。

法因干脆宣布后实在论时代已经来临,实在论死了!诸如真理、实在、本体等概念都不是科学所非要不可的,科学无须依赖于形而上学。如果我们终止相信真理是那些与实质性事物相适合的理论、解释或图景,那么,我们就能终止基础主义。他甚至更直接地宣称,真理完全是由实在论者这些贩子们批发出来的,是由哲学史上的形而上学哲学家们虚构出来的。

罗蒂所倡导的后哲学文化的重要特征就是反基础主义。在他看来,基础主义是我们用信仰的决定作用来代替对话的窘困状态的这种原始希求的最终产物。"柏拉图的追求,透过现象抵达实在的内在本质的那个企图,是徒劳的。"一旦我们认识到"我们的所有意识都处于一个描述之下,而那个描述是社会需要的职能,那么'自然'和'实在'只能是不可知之物——像康德的'物自体'——的名称"[①]。他认为,西方哲学史包括科学哲学都是一种基础主义,它们为科学戴上"客观性"、"真理"等头衔,并且把科学的地位无限地提升,使之凌驾于艺术、文学、宗教和诗歌等其他的人文学科之上,形成了科学沙文主义。这种传统对于人类文化的丰富性和全面发展是不利的。要走出这种困境,必须摒弃西方特有的那种将万事万物归结为第一原理或到人类生活中寻求一种自然等级秩序的诱惑。倡导一种"后哲学文化",以实现人类文化中科学文化与人文文化的全面发展。《哲学与自然之镜》的重要目的就在于"摧毁读者对'知识'的信任,即把知识当作是某种应当具有一种'理论'和具有'基础'的东西这种信念"。意味着以认识论为主导,以奠定知识基础为主要任务的传统哲学的终结。

---

① [美]罗蒂著,张国清译:《后形而上学希望》,上海译文出版社2003年版,第28—29页。

范·弗拉森也认为,真理概念所冒的风险太大,把真理置于信念之上是不合科学活动的本质的。他主张用一个比较不具有冒险性的或风险性较小的概念——理论的"经验适当性"概念来代替真理,人们除了相信那些关于可观察的理论是适当的之外,其他方面都可悬而不论。

后现代科学哲学不再假定有一个绝对可靠的基础以使真理和秩序合法化。它认为,现代科学哲学的所谓科学的"本质"、"基础"和"中心"都是理论及社会建构的结果,以至包括科学揭示的"客观规律"、"物质实体"等也都是理论构造的结果,而非不以人的意志为转移的"客观实在"。解构的后现代主义哲学的核心是反对任何意义上的"真实",主张极端的相对主义。一句话,真理的标准是依赖于语境的。反基础主义就是要从根本上摧毁自柏拉图、亚里士多德、笛卡尔、康德、黑格尔等人所建构的西方传统哲学基础。

反基础主义者认为,基础主义者之孜孜不倦地寻找基础、设定基础,试图寻找某种能够描述实在的具有普适性的、唯一的一套元话语、一套标准的科学方法,其在很大程度上是由于他们不能摆脱同一性思维的束缚。这种同一性思维的错误在于它否定世界的多义性和多元性,把丰富多彩的复杂世界化归为苍白的贫乏的单一世界。而所谓"不变的存在"或"基础性的东西"不过是某种主观任意的虚构,是子虚乌有的。

3. 反本质主义

作为人类追求统一性的主要表现之一,本质主义实际上是与基础主义相通的,它在本体论上假定现象背后存在着起主宰作用的不变的本质,并把它作为认识的终极目标和评价的理论标准。反本质主义也与反实在论密切相关,因为"实在"与"本质"之两个概念是相通的,本质就是处于现象之后的实在。

自古希腊以来,西方哲学家一直坚持现象和本质的二元论,试图透过现象去达到实在的内在本质,这实际上是基础主义的重要表现之一。本质主义的世界观之所以有吸引力,就在于它在本体论上体现着这样一种要求,即假定现象背后有一个起支配作用的不变的本质作为终极存在;认识的目标则在于对这个本质的把握,由此达到对知识的最高的统一性解释;在价值论上致力于对一切行为原则的绝对善的追求。近代哲学根据本质在先的原则,把寻找永恒的始基、本原、本体、本质、本性作为整个哲学的终极价值和最终目标。如牛顿的宇宙规律、黑格尔的绝对精神、基督教的上帝等,都是本质主义的不同表现。这是一种永恒在场的形而上学。正如美国哲学家瓦托夫斯基所说:"不管是古典形式和现代形式的形而上学思想的推动力都是企图把各种事物综合为一个整体,提出一种统一的图景或框架,使我们经验中的事物多样性能够在这个框架内依据普遍原理而得到解释,或可以被解释为某种普遍本质或过程的各种表现。"①

这种永恒在场的形而上学是后现代主义攻击的核心目标。在德里达看来,西方哲学传统对"真理"、"本质"、"客观性"、"中心"、"同一性"、"结构"的孜孜以求和固守,实际做了一场永远无法自圆其说的梦。因为世界不存在绝对真理、终极意义、普遍规律和永恒本质。

与现代主义崇尚"中心",高扬"理性",尊崇等级、提倡权威不同。后现代主义的根本特点就是否定纷繁复杂的事物后面有一个最高、最后的本质。后现代主义者认为在现象背后并不存在什么本质,万物并没有什么共同的基础,宇宙中并不存在任何必然性和规律性。他们倡导的是并列关系,反对按级别排列的纵向关系。事物的性质不是由最高、最后的本质决定的,而是由一事物与它事物的关系决定的。事物之间关系的变化就改变了原事物的性质。

在维特根斯坦看来,本质主义的根本特点可以浓缩为一句话:渴望共性,蔑视个性。绝对主义、还原主义、科学主义都是本质主义的表现。他反对哲学家对科学方法的过度迷恋,他申明:"我指的科学方法是把对自然现象的解释简化为数目尽可能少的基本自然律;在数学中是用概括化使各种不同论题的处理统一起来。哲学家总是两眼盯住科学方法,不可遏止地想要采取科学处理方式提出和解答问题。这一倾向是形而上学的真实源泉,使哲学家陷入漆黑一团。"②后期维特根斯坦提出"家族相似"作为反本质主义的核心概念。这一概念强调世界上各种现象之间不存在绝对的普遍本质,而是像一个家族的成员之间那样显示出各种不同的相似性。《哲学研究》的基本思想就是:世界中没有最高的普遍本质,只有合理的家族类似;语言不依附于抽象的逻辑形式,而体现为具体的语言游戏。家族类似意味着不要受普遍性、共性的渴望的引诱,不要企图用一个共同的本质去统摄现象,存在的只是现象间错综复杂的相似关系。

罗蒂认为,并不存在像某物的内在本性、本质一类的东西,也根本不会有像一个与某物的存在方式相符合的存在方式这样的东西。

反本质主义致力于消解永恒不变的本质,试图消灭人们关于永恒真理的幻想。有的后现代科学哲学流派认为,真理的标准是依赖于语境的,他们把科学的实在性、合理性、真理

---

① [美]瓦托夫斯基著,范岱年译:《科学思想的概念基础——科学哲学导论》,求实出版社1982年版,第19页。
② 洪谦主编:《现代西方哲学论著选辑》上卷,商务印书馆1993年版,第742页。

性放在现实的科学实践的境域内进行的重新解读和辩护。这对于克服形而上学真理观具有积极意义,是值得肯定的。问题在于某些极端的后现代主义者完全否定本质的客观存在,这就从根本上取消了同客观事物的本质和规律相符合的真理概念,取消了真理的客观性,必然走向完全的相对主义。

三、流浪者思维的困惑及实践论科学观的兴起

后现代主义的一个核心特征是它的破坏性,它总是毁弃他人已建构之物。后现代主义并不想在否定中重新建立什么,它是一种只破不立的否定意识,它只强调不断地摧毁、否定和批判,而不注重建设。后现代哲学推崇"游戏"概念,它用"游戏"代替追求绝对真理的活动,用游戏的规则取代普遍必然的绝对真理。它把一切传统哲学、现代哲学统统斥之为不值得研究的形而上学,以反对权威的姿态来否定一切传统,这种绝对化的否定观是后现代理论的共同缺陷。

第一,后现代科学哲学在反对传统科学哲学强调基础、理性、确定性、统一性等概念,有助于克服以素朴实在论为代表的直观反映论的思维方式、以机械决定论为代表的线性因果观以及以抽象实体为基础的本质还原论。然而,后现代科学哲学又走向了另一个极端,片面强调非理性、不确定性、差异性及多样性,从而否定了在实际的科学研究过程中理性与非理性、多样性与统一性、确定性与非确定性之间的辩证关系,因而与科学的实际过程是不相符合的,他们已经从"反基础主义"走向了"无基础主义",滑向了虚无主义和怀疑主义。科学的历史有力地表明,没有基础、没有标准、没有理性、没有对确定性和统一性的追求,就不会有整个自然科学。这个基础和标准不在超验的彼岸,它就是人的现实的人类生存实践,这一点马克思、恩格斯早就作出了深刻的阐述。

第二,后现代科学哲学在反对传统认识论的主客二分、反绝对客观主义、倡导相对主义,对于克服传统哲学的表象主义认识论等方面有积极意义,它提醒人们从理想化的科学活动及理想化的科学家回归于现实的科学活动和生活于现实的物质条件、社会关系和特定历史境域中的现实的科学家(现实的人和社会的人)。从无主体的科学、无人的科学回归到现实的人的科学,使我们对科学及其成果有了更准确的认识和把握。正统的科学哲学的困境和后现代科学哲学的发展表明,那种与人的现实生活世界相脱离的所谓理想化的科学活动,不食人间烟火的科学家、纯粹客观的真理是不存在的。抽象的本质、超验的实体不过是

人类思维的建构物。这正是使逻辑实证主义走入困境的重要原因之一。另一方面,科学尽管不像传统科学哲学所认为的那样是纯客观的,但也不像某些后现代主义者所说的那样毫无客观性可言,社会建构论的强纲领的失误就在于它从反对传统哲学的"绝对主义"走向了毫无标准的相对主义,只看到了人而忘记了自然,忘记了人的现实的社会实践或生活世界对于科学活动的基础性地位。

社会建构论的强纲领对素朴实在论的科学观的批判有积极意义。通过对社会因素在科学理论的建构作用的生动分析,扩展并加深了我们对科学的理解。不可否认,自然界的规律不同于自然科学的规律,后者只是人所构造的对于前者的易领悟的一种图像,是对前者的描述(表述)方式,因而不同时代的科学家甚至同一时代但具有不同知识背景的科学家所给出的描述同一自然规律的科学定律是不同的,正如对一事物不同画家所画出的图样是不同的。牛顿万有引力定律和广义相对论就是对万有引力定律的不同描述,从而体现着科学的可建构性。然而,后现代科学哲学(如社会建构论的强纲领)却片面夸大了人的这种能动作用,以致否定自然在知识生产中的基本作用,把科学的客观性和科学的内在逻辑当着基础主义和本质主义的虚构而一概否定,从而走入了相对主义和虚无主义的困境。事实上,决定科学家的判断的最终基础还是自然界中真实存在的事物。无论磁单极理论多么美,物理学家们取得一致意见的最终基础只能是实际存在于自然界中的自然事物。换言之,科学知识的内容只能源于自然而不能源于科学的社会关系及理论背景,虽然后者对规律的表达接受的方式有影响。对于极端的后现代科学哲学流派的这类错误,马克思、恩格斯早就有过生动而深刻的批判,按照马克思主义观点,科学既不是传统实证主义者认为的那样是客观中立的,无主体的,也不像极端的后现代主义(如爱丁堡学派)认为的那样,科学是与自然界无关的任意性游戏。

按照马克思主义基本观点,作为根基的人类物质性实践活动,乃是自然科学与人文科学的共同基础。而科学文化与人文文化分裂的消除也必须在这个实践活动中得以解决。

第三,摒弃形而上学,倡导哲学是一种文学或是一种对待科学的态度。在现代西方科学哲学史上,否定形而上学是科学哲学一大主题。从逻辑经验主义者的宣言开始,形而上学就一直是科学哲学的批判对象。到20世纪70—80年代,这种否定形而上学的倾向有增无减,费耶阿本德提出了科学家无需请教科学哲学家,科学哲学无疑是一厢情愿。然而,费氏仅仅从自然界无齐一性出发来否定形而上学科学哲学。与之不同的是,后现代科学哲学反对基础主义和本质主义,就必然会导致对以往哲学或形而上学的摒弃,从而导致哲学的终结、形而上学的终结。众所周知,按照传统哲学的观点,哲学是以寻求真理为目标的,要寻求真理,就必须有确定的本体论与认识论。因此,对认识论的否定,以及对真理的否定,实际上也就是对传统哲学的否定。罗蒂认为,形而上学是与"实在"相联系的关于真理的观念,它与镜式反映的隐喻是分不开的。他主张超越科学的一个绝对的、永恒的、中立的观察者是不存在的。费耶阿本德否定传统的理性主义一元方法论,倡导多元主义方法论、后现代主义者认为,现象背后并没有什么最后的基础、最终的本质,万物并没有什么共同的基础,真理并不存在,宇宙中并不存在任何必然性和规律性,事物没有本质、没有永恒性、没有统一性。

这就又走向了另一个极端片面性,它在消解神圣形象的束缚,给我们带来自由的同时,也使我们带来精神家园的失落之感、生存的焦虑与不安以及难以忍受的生命之轻。因为追寻本体是人类的天性,正如黑格尔所说:"人乃是能思维的动物,天生的形而上学家。"[①]只要人类还存在,本体问题就会以各种不同的方式被追寻下去。取消一种形而上学,人又会构造另一种形而上学作为自己的安身立命之本。人的思维所具有的理性特征决定了人的思想活动不同于动物的经验直观。动物往往满足于当下直接呈现出来的、平面化的现象世界,而人总是要超越经验现象追问现象背后的东西,追求统一性本体及原理,以获得对万事万物的统一性理解和认识。这也正是人之为人,科学之为科学的内在根据。从逻辑经验主义拒斥形而上学,到科学哲学中的各派承认和强调形而上学对科学研究重要作用也有力地证明了这一点。

通过对后现代科学哲学基本观点的以上分析,我们认为,只有坚持马克思主义的实践生存论科学观,才能对科学哲学的一系列问题达到更为全面和准确的把握。

马克思主义科学哲学认为,实践是人的最根本的存在方式,科学认知活动的本体性根基在于人的本原性的生存实践活动,正如马克思指出:"至于说生活有它的一种基础,科学有它的另一种基础——这根本就是谎言。"[②]科学是现实的人的现实的活动,科学不是无主体的,而是包含了人的丰富的本质力量(包括感受的、意志的、信念的,审美的,伦理的等等)的实践活动,作为精神产品的自然科学定律与其他实物型的劳动产品一样,也是现实的人的本质力量对象化活动的产物。后现代科学哲学的某些流派已有类似思想,但远不如马克

---

① [德]黑格尔著,贺麟译:《小逻辑》,商务印书馆1980年版,第216页。
② [德]马克思、恩格斯:《马克思恩格斯全集》,人民出版社1979年第1版,第42卷,第130页。

思的观点那样深刻,也只有按照马克思主义的观点去思考科学哲学问题,才能既防止传统科学哲学的绝对主义错误,又能避免后现代科学哲学的相对主义弊端。

正是基于自然科学与人的社会生活的内在统一性,科学精神与人文精神必然有着内在的一致性。这一点不仅得到当代许多科学家的认可,而且也是后现代西方科学哲学基本走向。诺贝尔物理学奖获得者海森堡在谈到自然科学的人性特点时就曾指出,自然界在人之先,人在自然科学之先,自然科学乃是人的创造,因而体现着人的本质力量和自然科学的属人性。身为物理化学家的波兰尼在《科学、信仰与社会》一书中明确提出了一整套以人性为基点的新科学观,深刻揭示了科学背后的人性内趋力(信仰、直觉和热情)。在他看来,那种标榜自己为"精确科学"的唯科学主义实证论已成为当今种种谬误的最大源头。所谓离开主体性的"纯客观"科学定律只不过是一种虚构的神话。因为科学从根本上无法摆脱人的因素。斯宾格勒就明确反对非人性的自然科学,在他看来,"数学就是艺术",自然科学离不开生命(人性)的"笼罩"①。美国科学家G·萨顿在《科学史和新人文主义》一书中提出了一条将科学人性化的思路。他认为,传统的人本主义可悲地把科学与人性(价值)对立起来,这是人类理性的分裂,而我们必须准备建立一种新文化,它是在人性化的科学之上的新人本主义,它将赞美科学所含有的人性意义,并使它重新和人生联系在一起。我们必须使科学人本主义化,致力于说明科学与人类其他活动的多种多样的关系——科学与我们人类本性的关系。②美国心理学家马斯洛同样强调,科学必须与人类自身的发展统一起来,因为"科学是为人类创造、更新以及发展的。它的规律、结构以及表达,不仅取决于所发现的性质,而且还取决于完成这些发现的人类本性的性质"③。因而,科学是人学,也只能是人学,是人的科学,其中展示着人的本质力量。作为人的对象性活动的产物,科学与技术和工业一样是人的本质力量的公开展示。正如马克思所说:"工业是自然界对人,因而也是自然科学对人的现实的历史关系。因此,如果把工艺看成人的本质力量的公开展示,那么,自然界的人的本质,或者人的自然的本质,也就可以理解了。"④在谈到科学与人文的统一性时,马克思还深刻地指出:"自然科学往后将包括关于人的科学,正像关于人的科学包括自然科学

---

① [德]斯宾格勒著,陈晓林译:《西方的没落》,黑龙江教育出版社1988年版,第277页。
② [比]萨顿著,陈恒六译:《科学史和新人文主义》,华夏出版社1989年版,第125页。
③ [美]马斯洛著,许金声等译:《动机与人格》,华夏出版社1987年版,第1页。
④ [德]马克思:《1844年经济学哲学手稿》,人民出版社2000年版,第89页。

一样：这将是一门科学。"①

综观科学哲学的历史发展,只有在马克思主义实践生存论基础上去审视科学哲学的一系列问题,才有可能正确理解相对与绝对、事实与价值、自然科学与人文科学之间的辩证统一关系,从而准确把握科学哲学未来发展的方向。

---

① 同上书,第90页。

第六章 鲍曼论现代性和后现代性

齐格蒙特·鲍曼(Zygmunt Bauman,1925)是当代最重要的社会学家、社会哲学家之一。鲍曼的社会理论正在世界各地产生越来越大的影响,其著作《现代性和大屠杀》(1989)获阿玛菲奖,1998年他被授予阿多诺奖。丹尼斯·史密斯认为:"假如你对时下极为流行的有关现代性和后现代性论争感到生疏的话,最好先读齐格蒙特·鲍曼的书。"[①]确实,鲍曼很多时候作为一个后现代理论家存在,从20世纪80年代后期开始,鲍曼就把学术焦点转向了现代性和后现代性问题。但这仅仅是鲍曼的一个方面,或者说是一个鲍曼,还有另一个因没有这么大影响而被忽视却历时更长的鲍曼,托尼·布莱克肖认为是作为一个"文化马克思主义者"的鲍曼。文化马克思主义者鲍曼深深影响了后现代理论家鲍曼,使鲍曼的现代性和后现代性理论独具特色。

一、文化马克思主义者鲍曼

丹尼斯·史密斯认为"鲍曼是他所叙故事的一部分,人们可在他绘制的图景上找到他"[②]。所以,有必要简要介绍鲍曼的生平和其生活对思想的影响。鲍曼的前半生饱受反犹主义的困扰,他1925年出生在波兰西部波兹南一个贫苦的犹太家庭,这个家庭不仅忍受着贫穷,而且忍受了反犹主义的痛苦。1939年第二次世界大战爆发时,鲍曼一家幸运逃脱了德军魔掌来到苏联。四年后,18岁的鲍曼在苏联参加波兰红军,在炮兵部队与德军作战,并参加了1945年攻克柏林的战役。战后鲍曼在军队得到很快提升,50年代初,鲍曼成为波兰军队最年轻的少校之一。也是在这个时期,他开始在华沙大学攻读哲学和社会学学位。但此时,由于反犹主义,他被突然解除军职,鲍曼被告知有人看到他父亲去以色列大使馆咨询

---

① Dennis Smith,Zygmunt Bauman: *Prophet of Postmodernity*, Cambridge: Polity Press. 1999, p. 3.
② Ibid., p. 1.

移民可能性问题。残酷打击并没使鲍曼消沉,他把黄军服染成蓝色,投入到一个全新的领域:学术研究。1954年,鲍曼成为华沙大学哲学与社会科学系初级讲师,开始了他的学术生涯并取得不错成果。其后,他曾以访问学者的身份到英国进修;20世纪60年代中期,鲍曼被选为华沙大学社会学协会主席;1966年他被推举为波兰社会学协会执行委员会主席。然而,厄运(或许是磨难)再次降临,在1967年,因为以色列和埃及的六日战争,波兰又发生恶毒反犹运动,鲍曼与其他五位犹太教授被华沙大学以苏格拉底式罪名(毒害青年)解除职务。1968年他和他新建的家在以色列短暂旅行后,先后在加拿大、美国、澳大利亚工作,最后来到英国,1971年起在利兹大学担任社会学教授直到1990年退休。①

鲍曼在1954年到1967年这段华沙大学的任教经历中,主要关注的是重建马克思主义、社会主义、文化和社会学等议题,这从他发表的论文可以看出。例如《在工业生产中党组织的社会结构》、《对大众文化的两点评论》、《现代社会学中的男人意象》、《现代和现代马克思主义》、《马克思和当代文化理论》、《符号论和文化功能》、《宏观社会学和当代文化理论》等等。他到英国后在20世纪70年代末和80年代初出版的著作,还是这些思想和关注点的连续,如《作为实践的文化》、《社会主义:积极的乌托邦》、《论批判社会学》、《阐释学和社会科学》、《阶级的记忆》等。即使是在波兰,鲍曼都用英语发表文章,只有他于1960年在波兰发表的《在阶级和精英之间》是唯一一部用波兰文发表的著作,但到英国后不久就被翻译为英文。

在最初几十年里,鲍曼主要受到三位思想家的影响,他们是马克思、葛兰西和哈贝马斯。

毫无疑问,鲍曼受到马克思主义的影响,他在苏联所受的教育以及在波兰军队受到的熏陶,都是马克思主义的。鲍曼从马克思主义那里获取的核心论点是,为了理解世界,具体的人类存在不得不重新获得对世界的控制。在资本主义社会中,大多数男女都受到支配,被迫在剥削和疏离的条件下生活和工作,他们存在于一个扭曲的世界中。结果是,他们必须克服异化,再次使世界成为他们自己的。但是,由于波兰社会运动及其社会主义建设的独特性、华沙大学哲学和社会学系对马克思主义理论研究的特点、葛兰西理论对鲍曼的影响等原因,鲍曼对马克思主义的研究离正统的,或说是苏联式马克思主义越来越远,走上了一条自己的独特道路。后来,鲍曼主要集中于对社会主义乌托邦的考察。

---

① Dennis Smith, Zygmunt Bauman: *Prophet of Postmodernity*, Cambridge: Polity Press. 1999, pp. 38-40.

在一次访谈中,鲍曼承认葛兰西对他产生的重要影响,葛兰西理论是他关注文化问题的直接根源。葛兰西认为资本主义的生命力和恢复力,主要在于它有一种稳定的"文化基础"。按照葛兰西的观点,资本主义是强大的,因为它的统治思想已经完全彻底地渗入进市民社会。资本主义意识形态受到知识分子的鼓吹和支持。他们提供了一个总体的世界观来解释不平等、压迫和资本主义的不公正,并使它们合法化。他们采取的方法是:部分通过显示它们的效益和不可避免性,部分通过不让人们去注意它们。当这种世界观被建立起来,支配就被霸权所代替,人们把资本主义视作理所当然的习惯和价值观不假思索地接受。资本主义变成了常识,变成了每天生活的一部分,变成了从事每一件事的正确方法。它把自己深深地嵌入市民社会、家庭、行政机关、学校、教堂、酒吧、音乐厅。国家没有明目张胆地强化资产阶级的利益;相反,市民社会的原则和实践体现了一个特定社会集团的文化霸权,以及一个阶级占主导地位的国家的伦理内容。葛兰西认为文化是最具决定性的战场。鲍曼曾在《作为实践的文化中》主张没有文化就没有社会,文化是社会的基础。同理,社会主义建设也应该重视文化的巨大作用,社会主义知识分子的任务是将社会主义确立为一种新的、重塑常识的文化习语。

就社会学而言,鲍曼深受哈贝马斯交往行为理论的影响。哈贝马斯认为诸如社会学这样的文化学科其主要任务是"阐释性的"。也就是说,对理解诸如价值观、目标、情感、世界观等意义的关切,会以特定的生活形式体现出来,比如阶级、国家和种族集团。然而社会学科要做的是不仅给这些意义一致的解释,还要以"真理"的标准去检验这些理解。用于探索真理的这一策略是"社会学的阐释学"。它涉及到将不同的生活形式连同它们对世界的不同理解融入与他人的交流之中。例如,不同的社会集团、阶级、种族集团的成员可能被邀请到圆桌边,讨论他们对暴力、权威、正义等问题的认识。哈贝马斯对这样的话语发生的条件给予了极大的关注,所有的参与者必须以合作的态度承担探索真理的任务,他们的交流必须是理性的、真诚的、不受限制的。每个人必须具有进入相关知识领域的通道。讨论的议题将取决于争论力度,而不是任何其他因素,对此,人们必须达成共识。当遇到这些有助于"未被扭曲的"交流条件时,就极有可能从这些话语中浮现出真理。

鲍曼由此得出结论:社会主义知识分子的任务是,为"未被扭曲的"交流创造现实的社会和政治条件。事实上,这些条件与平等、自由公正的待遇十分相似,它们是社会主义乌托邦的基础。鲍曼对后现代社会学与后现代性社会学的区分也显现了哈贝马斯的影响,虽然鲍曼的这一区分不是很成功。

随着环境的巨大改变,波兰及全球的共产主义和社会主义运动急转直下,使鲍曼对社会主义越来越失望。此时,大屠杀、现代性与后现代性等议题摆上了鲍曼的议事日程,福柯、霍克海默、阿多诺和列维纳斯等人取代了马克思、葛兰西和哈贝马斯在鲍曼思想中的位置。在鲍曼后来对消费主义、全球化和共同体的探讨中,受到了鲍德里亚等更多当代思想家的影响。但他后期思想与前期思想的联系还是有迹可循的,比如鲍曼对大屠杀中的道德缺失以及对后现代伦理学的探讨,就是与他前期对社会主义的分析分不开的,鲍曼曾探讨过社会主义道德问题。鲍曼特定的学术渊源和学术视域,为我们研究西方马克思主义与后现代的关系提供了鲜活的素材,具有重要的理论价值。

二、鲍曼的现代性批判

学界普遍认为《立法者与阐释者》的问世标志着鲍曼理论兴趣的转向,从此鲍曼全力以赴讨论现代性和后现代性问题,相继出版了现代性三部曲(《立法者与阐释者》、《现代性与大屠杀》、《现代性与矛盾性》)和后现代性三部曲(《生活在碎片之中——论后现代道德》、《后现代伦理学》、《后现代性及其缺憾》)以及《后现代的通告》等作品。在这一系列作品中,鲍曼批判了现代性,分析了现代性固有的矛盾性,并阐述了后现代性在他那里所具有的意义,以及现代性和后现代性的关系,且特别探讨了后现代伦理学。

什么是现代性?什么是后现代性?现代性与后现代性有何关联?这样的问题即便不考虑提问方式的合理性,但给出的答案可能五花八门。因为现代性和后现代性,在不同的学科和专业领域,在不同的思想家那里,有着不同的意义和内涵,它们有相互交叉重叠的,也有不同乃至矛盾的,但有一点是肯定的,那就是脱离现代性来论述后现代性是不可能的,任何这样产生的理论都有失偏颇。德国学者沃尔夫冈·韦尔施就认为"谁谈论后现代,谁就不得不谈论现代。谁想明智地谈论后现代,就得说明他想抛弃的是哪一种现代"[①]。诚然,虽然"现代性"概念和问题比"后现代性"出现还早,但即使是在最早的现代性思想家,如波德莱尔、齐美尔那里,人们都能捕捉到"后现代性"的影子。在后现代性作为重要理论话语突显的今天,任何人讨论现代性而忽视后现代性的存在,都是不大恰当、极有可能被质疑的。任何人在今天讨论现代性或/和后现代性,都不能忽视对方的存在,甚至脱离了一方

---

① [德]沃尔夫冈·韦尔施著,洪天富译:《我们的后现代的现代》,商务印书馆2004年版,第66—67页。

就无法讨论另一方。鲍曼对现代性和后现代性问题的阐述,采取的就是这种态度,即用后现代性视角来理解现代性,而后现代性又总是作为现代性的对应物而存在。鲍曼在其把学术视野转向现代性和后现代性的著作《立法者与阐释者》一书中,从一开始就把现代性和后现代性对应提出。但在随后出版的几本著作中,鲍曼主要集中于对现代性的批判,随后才阐述后现代性的内涵和特征,但这并不是说他的后现代性思想产生于他的现代性批判之后,而是他的后现代性思想在他的现代性批判中进一步清晰起来,当然也就出现进一步的理论任务和兴趣,所以,现代性批判不仅不能忽视,还是分析鲍曼的后现代性理论的基础。可以认为,在鲍曼那里,现代性和后现代性互为视角。

鲍曼通过对几种主要的现代性理论进行分析后指出它们具有三个共同特征,其中之一是它们"都从'内部'看现代性","都是自我指涉和自我确证的","在它之外看不到任何东西,从而没有能够使现代性这一现象自身相对化和对象化的东西,同样原因,也无法把它看作一个意义已经被确定和限定的完成了的事件"。[①] 他认为,后现代主义提供了一个新的视角,把现代性看作一个已经盖棺论定的对象,一个在本质上已经实现了的产品,一个有明确开端和尾声的历史事件。鲍曼反对这种后现代主义的视角,但他借鉴了其特征:外在审视现代性。

1. 现代性意象:秩序与矛盾

立法者是鲍曼对现代性社会状况下知识分子的一个隐喻,与后现代性状况下知识分子的阐释者角色相对立,这一隐喻形象地说明了知识分子在现代性社会状况下的作用,更重要的是揭露了现代社会中知识/权力的共生关系。鲍曼认为"知识/权力"关系显现为一种无限的自我生长机制,即使在人类历史早期,它已经创造了使自身得以进一步延续并发展壮大的条件。而知识分子范畴从来不曾、将来也永远不可能"自足地被定义"。那些通行的知识分子定义,都只是依据范畴自身的特点来解释知识分子在整个社会中的地位和作用,它们都无法超出被知识分子合法化了的社会结构合法性层面;也就是说,这些通行的知识分子定义,依赖于范畴自身产生的权力修辞学,它们"错误地把问题当作了解决方法"[②]。随着文艺复兴、自然科学的发展,特别是启蒙运动以来,知识和知识分子在社会和人们的生活中显得越来越重要,理性的地位得到极大提升和巩固。人们应该理智地生活,应该用理

---

① Zygmunt Bauman: *Legislators and Interpreters: On Modernity, Postmodernity and Intellectuals*. Cambridge: Polity Press,1987,p. 116.
② Ibid., p. 18.

智来束缚激情,只有这样,才使生活更多一点幸福,少一点痛苦。但鲍曼认为"理智—激情"这套话语还有一个重要的语言表达效果,那"就是把穷人和微末的人重新铸造成必须受到管制和教训,以防成为破坏社会秩序的危险阶级,他们的生活方式也被重新塑造为一种出于动物本能的行为,低于理智的生活,并且与后者相冲突"。① 启蒙的一个重要途径和手段就是教育,鲍曼认为"教育是一种事后的思考,是一种'危机—管理'式的回应,是失控之后恢复控制的艰难努力"②。通过对启蒙时期教育思想的考察,鲍曼得出的结论是:"教育的目的在于使学生学会服从,……给学生传授的不是知识,而是一种循规蹈矩、有规则可循和在总体上行为具有可预测性的氛围。"③卢梭的格言"必须强迫人们自由"传达了这样一种观念,即"被理解为人类社会完美秩序的理性,并不置身于个体意识中,理性与个体意识两者不可相提并论,它们各服从于一套截然不同、独立的目的系统与行为系统,当两者遭遇时,理性必定被赋予相对于个体意识的优先性(这乃是一种正当要求)"。④ 所以鲍曼尖锐地指出"启蒙激进的实质,与其说是传播知识,毋宁说是推动了立法、制度化和管理的实践"⑤。鲍曼引用了奇西克的观点指出"启蒙被理解为有条理的、理性思维能力的发展和建立在广博知识基础上判断能力的提高,而'群众'的固有缺陷则是启蒙不可逾越的界限。统治者需要被启蒙,臣民需要受训练以成为有纪律的人",从而启蒙运动这一实践也"分为两个截然不同却密切相关的部分,第一,国家扩张它的权力,它的胃口在增大……第二,制造了一个全新的、有意设计的训导人们行为的社会机制,目的在于规范和调整作为这个教育者和管理者的国家的臣民的社会生活"。⑥ 对鲍曼而言,启蒙运动俨然成了知识和知识分子获取权力的过程,不管是出于何种目的、怀抱何种理想,"其真正的、最终的、最重要的结果是:知识者的统治和作为一种统治力量的知识"⑦。

丹尼斯·史密斯认为理解鲍曼的现代性和后现代性研究的精华,最快捷的方式是讲一个类似柏拉图"囚徒神话"式的"笼中人神话":现代性是一座城市,其快乐的居民没有被限

---

① Zygmunt Bauman: *Legislators and Interpreters*: *On Modernity*, *Postmodernity and Intellectuals*. Cambridge: Polity Press, 1987, pp. 57 - 58.
② *Ibid.*, p. 69.
③ *Ibid.*, p. 73.
④ *Ibid.*, p. 74.
⑤ *Ibid.*, p. 74.
⑥ *Ibid.*, p. 80.
⑦ *Ibid.*, p. 67.

制在洞穴里,但被放置在以人类工程学方法设计好的笼子里。这里指出现代性的一个最大特征就是"理性设计",首要的是对"秩序"的设计。鲍曼认为"在现代性为自己设定的并且使得现代性成为现代性的诸多不可能完成的任务中,建立秩序的任务(更确切的同时也是极为重要的说,是作为一项任务的秩序的任务)——作为不可能之最,作为必然之最,确切地说,作为其他一切任务的原型(将其他所有任务仅仅当作自身的隐喻)——凸现出来"①,"我认为集中于秩序,或一个有秩序的、可管理的社会,是其他现代事业——工业主义、资本主义、民主——的一个公分母"②。现代性是理性的艺术,理性希望像驾驭自然一样驾驭社会,通过理性的设计,产生一个确定的、秩序井然的社会。为了实现这一具有巨大诱惑力的宏伟计划,需要采取各种各样的措施,从有效监控、像园艺一样清除杂草到大屠杀,现代性无所不用其极。现代性在这种筹划的旗帜下,合理化一切手段。

  鲍曼钦佩和认同福柯用边沁的"全景式监狱"来分析现代性对人的控制和对秩序的追求,他说"再多点思考,我们就能把全景式监狱理解为边沁对整个社会的一种譬喻——一个充满生气的社会、一个富有秩序的社会、一个没有罪恶的社会、一个不合作行为极易显现并迅速得以处理的社会,一个积极为其成员寻求最高收益和最大幸福的社会,一个功能齐全、为自身生存和成功创造了条件的社会"③。这样一个社会就是现代性追求的目标,不仅监狱在目标的实现中发挥着越来越重要的作用,三分之一的人因为三分之二的人的利益被关进监狱。即使是福利制度,都是实现这种目标的重要工具,要想得到福利,你的每一个生活细节都会受到严格审查,你必须在申请表上公开全部隐私(这种表格就是为此设计的),必须按时汇报所有活动,细到一周使用几个避孕套。总而言之,你是赤裸裸的,被一览无余,这正是边沁全景监狱的实质。

  要设计、创制和维持一种秩序,最常用的有效手段就是"分类(classify)"。分类是给世界一个结构,把世界限定于某些范畴之中,减少可能性,好像世界不是偶然的一样行为;面对着日常生活中事件和情况的复杂性和随机性,它努力寻求秩序和一致性。但是分类天然地是两面派,包容和排斥是分类行为共存的两面;模糊性是分类的敌人,也是它得以存在的前提,没有模糊,就不需要分类。模糊性涉及的是用多于一个范畴去确定一个对象和事件的可能性,它甚至会质疑语言的能力,因为它否认事物能够被容易地区分、分开和命名,从

---

① Zygmunt Bauman: *Modernity and Ambivalence*. Cambridge: Polity Press, 1991, p. 4.
② Edited by Peter Beilharz, Zygmunt Bauman: Volume III, Lodon: Sage Publications Ltd. 2002, p. 78.
③ [英]齐格蒙特·鲍曼著,杨光、蒋焕新译:《自由》,吉林人民出版社 2005 年版,第 17 页。

而使由独立实体组成的世界能精确划分。鲍曼认为分类的理想是把事件安排进一种"包容一切文件的、宽敞的文件柜,这个文件柜容纳了世界所能容纳的一切——但将每份文件、每个项目放置在各自单门独立的地方"①。但是找到这样的一个文件柜永远只是现代性的理想。当追求确定性、可界定性、连贯性、一致性、协调性、清晰性、可决断性的同时,造就着同样多的不确定性、不可界定性、不连贯性、不一致性、不协调性、含混性、不可决断性;混乱与秩序如影随形,秩序和混乱是现代性的孪生儿,讽刺的是,越是追求这种划分,就有更多的矛盾性随之被揭露出来,越多分类企图,越显示任务是不可完成的,矛盾性"是分类劳动的副产品"②。

现代性的秩序和分类努力挣狞毕现,深入到了社会的各个层面,更重要的是,它与寻求秩序的反思过程结盟,在这个过程中,秩序之非自然性的发现导致了霍布斯观点的接受,即秩序必须被创造。这不是天真地认为前现代的秩序是令人满意的,而是像鲍曼所认为的那样,是一种"没有我们,定遭洪水灭世"③的感觉。于是乎,现代性事业不是企图去发现混乱背后的秩序,而是去设计一个不存在的秩序,它发明了"设计的任务",而不是接受世界已存的秩序。后果意义重大:自然现在是某些需要掌握、支配和征服的东西,它需要被再造;秩序是在不服从的自然之废墟中制造出来的。于是,一场西西弗斯式的战争打着进步的旗号在无数地方性区域展开了,这些区域反对被建构进伪天命的秩序。这是现代性极其愚蠢的梦想,认为世界的碎片能够轻易整合为一个整体。但事实是,这些碎片就是分类和整合制造的。正如鲍曼所言,"更多的矛盾性是现代的、碎片的、对秩序的追求的终极产物,问题是在解决问题的过程中产生的,是在对'对地方相对自治'的压制中产生的"④。

"陌生人"理论是鲍曼用来阐述现代性矛盾性的重要武器。在鲍曼的作品中有两个词可以翻译为"陌生人",即 alien 和 stranger,(alien 也被翻译为"异乡人",从其著作内容看来这两个词没有实质分别),陌生人不是定居者,他们有离开的自由和方便;陌生人也不是流浪者,因为他定居下来了,不再继续前行。陌生人比任何被社会地建构的敌人更为危险。她/他威胁社交本身,向敌人/朋友的二分法挑战,存在于地图没法定位的地方。陌生人是那些"不可决定"的事物之一,是可能是朋友可能是敌人甚或两者都是的人之一,既不在外面也不在里面,其真正的潜力和潜在的危险,正是不可决定性。"陌生人不能赎回的原

---

① Zygmunt Bauman: *Modernity and Ambivalence*. Cambridge: Polity Press. 1991, p.2.
② *Ibid.*, p.3.
③ *Ibid.*, p.8.
④ *Ibid.*, p.14.

罪,就是他的在场与他者的在场之间互不相容,而这则是世界秩序的根本"①,陌生人不是那些在现代性过程某一阶段不能分类的人,而是那些从来就不能被分类的人,"他们不是仅质疑当下的对立,他们质疑的是对立本身,质疑对立的原则,质疑它所主张的二分法的必要性和它所要求分隔的可行性,他们揭开了分类脆弱的虚假面具"②。陌生人不仅使这个世界的道德推理不得安宁,而且严重削弱了这个过程中世界的空间秩序,揭露它的虚假性和脆弱性。于是陌生人成了矛盾性、模糊性的代名词,它不是秩序,也不是混乱(混乱存在被秩序征服的可能性),而是"现代性的灾星",因为它"模糊了对社会秩序或生活世界建构有着至关重要性的边界线","没有一种反常现象比陌生人更反常"。③ 所以鲍曼用欧文·戈夫曼(Erving Goffman)所要除掉的"污名"和萨特所说混淆了事物边界、令人恐怖的"黏液"来形容陌生人,现代人对陌生人的恐惧比对敌人的恐惧更甚。可见,陌生人是现代秩序的破坏者,是难以分类的杂草,也就成了现代性园艺的对象,所以在追求秩序、完美、和谐的现代社会中,陌生人始终处于一种被消灭的状态,"秩序建构就是反对陌生人的拉锯战"④。鲍曼分析认为,并不是哪类人或哪些人天生就是或希望成为陌生人,事实上,陌生人是现代社会同化压力和现代性文化不宽容的产物,陌生人心中充满了不安和焦虑。

犹太人就是欧洲的陌生人,是现代社会的陌生人,"在走向现代性的途中,每一扇门砰然关上时,犹太人的手指都正好放在了门缝上。……实际上,概念中的犹太人已经被认定是渴求秩序和清晰的现代梦的'黏性物质'原型,被认定是一切秩序的敌人:旧的、新的,尤其是渴望得到的"⑤。犹太人的遭遇和体验是现代性矛盾性的集中体现,鲍曼从两个方面阐述了这个问题:一是犹太人矛盾的同化体验,二是犹太思想家对现代性矛盾性的敏锐深刻体察。现代性要根除不可根除的矛盾性,犹太人成了牺牲品。

在秩序创建的手段和措施中,"园艺"是鲍曼最喜欢和最常用的另一个隐喻,所谓园艺,就是一种花园建设和管理技术,其首要的任务就是清除花园中的杂草、按照规划来修剪花木。现代性的规划就是园艺,在现代社会中,知识分子乐于、积极承担起立法者的角色,他们为社会制定秩序,把人划分为守秩序的和不守秩序的,美好的和肮脏的。现代国家的官僚体制这

---

① Zygmunt Bauman: *Modernity and Ambivalence*. Cambridge: Polity Press. 1991, p. 61.
② *Ibid.*, pp. 58–59.
③ *Ibid.*, p. 61.
④ Zygmunt Bauman: *Postmodernity and its Discontents*. Cambridge: Polity Press. 1997, p. 18.
⑤ Zygmunt Bauman: *Modernity and Holocaust*. Cambridge: Polity Press. 1989, p. 56.

个勤劳而又无所不能的"园丁"克尽职守,要把一切肮脏的、破坏秩序的杂草清除出去。当无法被现代性同化为秩序奴隶的时候,遭遇的就是现代性的"吐出"(这是鲍曼借用列维-斯特劳斯的术语,与之相对应的是"吞噬",这是列维-斯特劳斯分析得出的两种不同的同化策略,古代主要是"吞噬",而现代更多的是"吐出",指的是把不守秩序者排除出体制之外)策略。

犹太人是天生的世界主义者,他们不适应民族国家的秩序,于是他们成了叛徒,成了建设一个纯洁而美好社会的障碍;他们是异类,是肮脏的,是现代民族国家要清除的杂草,于是希特勒要把犹太人迁出德国,这就是希特勒政府刚开始采取的政策,那么后来又何以发展成大屠杀呢?随着纳粹德国侵略行为的不断得逞,其版图越来越大,领土内的犹太人越来越多,而可迁之地却越来越少,加之对苏联的侵略受阻,把犹太人迁往北高加索地区的计划无法实施,这时,从身体上消灭成最符合理性原则、"行之有效"的方案,这就是大屠杀。

2. 大屠杀的现代性意谓

纳粹主义起源和成因的分析和深入探讨是战后德国思想界的重要任务,被广泛研究和论证,各个方面的可能因素都得到了分析,如宗教、民族、历史、国家以及希特勒等纳粹分子的个人心理、性格等等。因为这件事对德意志民族来说显得如此重大,意义如此深远,对其原因的合理解释既是德国思想界无可推卸的责任,又是他们急切想尽快卸下的思想包袱。其中有一种认同率高、影响重大的解释:所谓"道路特殊"(sonderweg)的论题,即假设德国在某个点上走上了一条特别的道路,偏离了"正常的"西方现代化进程,这个假设在 19 世纪末和 20 世纪初的德国已经是常见的了,此时,这种偏离被认为是积极的,因为一个强大的国家主义传统,有力和有效的公务系统,用改良代替了革命等等原因。这种解释在 1918 年后消失,但 1945 年后以一种完全颠倒的评价重现。此时,德国被认为是一个"落后的(belated)国家",它虽然在工业化方面取得了巨大成功,但在民主政治文化方面是落后的,相比西方其他国家而言,过迟的国家统一和民族国家建设、德国革命的失败和自由主义的懦弱都成了德国的缺点,这些因素导致了德国资产阶级在政治和社会方面影响有限。这种观点影响了大部分德国的自由主义和左派历史学家,这种解释成了一些知识分子自我理解的基石,他们把 1945 年后西德的西方化作为这种久存的否定传统的最终纠正。任何怀疑这种解释的人很快就被标上了保守主义、国家主义或反动的标签。汉斯·约纳斯说:"他的书《现代性与大屠杀》犹如晴天霹雳震撼了德国的讨论。"[①]鲍曼没有把种族大屠杀归结于罪

---

① Edited by Peter Beilharz, Zygmunt Bauman: *Volume II*. Lodon: Sage Publications Ltd. 2002, p. 3.

犯们的不正常心理或是德国历史的特定性，且他又或多或少的不同于主流社会学理论暗含的一个假定，即他坚决拒斥把大屠杀解释为现代化进步过程中的某种偏离。对鲍曼而言，大屠杀不能被宣称是德国人—犹太人关系历史中的一个特定事件，也不是现代性暂时的倒退或回归。相反，只有我们完全意识到它的现代的特征之后才能理解大屠杀，同时我们只有从大屠杀的理解出发，才能对现代性做出恰当理解。所以，约纳斯认为"鲍曼的书可以被认为是'后奥斯维辛社会学'的一个决定性文本"①。

鲍曼通过对大屠杀得以可能的条件分析指出，除了战争这一偶然因素外，其他条件都是现代性本身所具有的特征。导致大屠杀的两个互为联系的重要条件："在远处行动的能力"和"行为道德约束的失效"，都是现代官僚体制的重要特征，正是因为严密的、分工精细的官僚体系，使得行为和结果之间联系越发无法察觉，对官僚体系中工作人员工作的道德评价无从实施，对行为的道德评估被服从的伦理取代，使每个人在其职责范围内任务的道德意义被隐藏或消解，大屠杀的命令就这样被有效执行了。即使是犹太委员会"被诱惑的合作"也完全是理性的，是诸如"牺牲一百个人保全一千个人"之类理性算计的结果。鲍曼得出的结论是令人震撼的："在大屠杀漫长而曲折的实施过程中没有任何时候与理性原则发生过冲突。……大屠杀不是人类前现代的野蛮未被完全根除之残余的一次非理性的外溢。它是现代性大厦里的一位合法居民；更准确些，它是其他任何一座大厦里都不可能有的居民。……我还认为正是由于工具理性的精神以及将它制度化的现代官僚体系形式，才使得大屠杀之类的解决方案不仅有了可能，而且格外'合理'——并大大地增加了它发生的可能性。"②当然，鲍曼也并不认为现代性是大屠杀的充分条件，即现代性必然导致大屠杀；但他认为现代性是大屠杀的必要条件，没有现代性大屠杀是不可想象的，从而在现在这样一个现代性梦想并没有完全被抛弃的时代，类似的大屠杀完全可能，伊拉克对库尔德人的屠杀，发生在非洲大陆的种族大屠杀就是很好的佐证。

鲍曼虽然拒绝"特殊道路"理论，但有效的官僚体系在大屠杀之所以可能的原因中占有重要地。鲍曼认为大屠杀最关键的构成要素就是"典型现代的、技术—官僚的行为模式，以及这些行为模式的制度化、产生和再生产的心态"③。这种指导思想背景下的官僚体系产生的一个重要后果就是"对象的非人化"，这种对象的非人化、道德中立化是克服行动者道德

---

① Edited by Peter Beilharz, Zygmunt Bauman: *Volume II*. Lodon: Sage Publications Ltd. 2002, p. 5.
② Zygmunt Bauman: *Modernity and Holocaust*. Cambridge: Polity Press. 1989, p. 23.
③ Ibid., p. 94.

良知的重要原因。另外,官僚体系的严密分工,也是造成这种道德冷漠的方式,所以鲍曼认为"官僚体系有执行种族灭绝行动的内在能力"①。它遭遇现代性的另一个创造:一个更好的、更合理的、更理性的社会秩序的大胆假设以及实现这种设计和假设的决心时,大屠杀就产生了。所以,当采访者向他提出官僚体系的问题时,他承认高效的官僚体系这一普鲁士传统的角色——但很清楚的是他绝对不是意味着在绝对主义残余的意义上缺乏现代性,而是在官僚化的普遍现代趋势中的领先。

另外,鲍曼不管是在论述官僚体系还是科学技术在大屠杀过程中发挥的作用,都是通过道德冷漠和工具理性这两个范畴来论证的。鲍曼认为现代官僚体系最擅长的就是使手段与目的的道德评价脱节,手段仅受工具理性这一标支配。这一脱节是由两个过程造成,一是细致的劳动分工,二是以技术的责任代替道德的责任。劳动分工使对集体行动最终结果有所贡献的大多数人和这个成功本身之间产生了距离。这样,每一个人完成的任务,其本身可能不具有道德意义,它的意义要由整个事件来赋予,而最后的结果可能是行动者无法知晓的;有些行动者甚至对其行动的意义没有任何认识,他们的行动理由就是服从命令。这样产生的一个结果是,个人所做的每一件事在原则上是有多个结局的;也就是说,任何一件事都可以被合并和整合成多种意义决定的总体。这样,道德标准对整个过程的大多数行动者而言就显得不重要,他们也被剥夺了这种知情权,久而久之,给他们造成的就是彻底的道德冷漠,而技术责任却适时地取代了道德标准的位置,"道德也就归结为了要做一个好的、有效率的和勤劳的专家和工人的戒律"②。

鲍曼认为"在使大屠杀得以持续的过程中,科学既直接地又间接地扮演了黑暗而不光彩的角色"③。所以说间接的起作用,主要表现在科学提供的价值无涉。科学通过质疑道德和宗教的权威,通过质疑价值和规范的主观性和对客观性的追求,把工具理性摆上了神坛,科学使大屠杀看起来如此高效,如此之"合理","科学带着狂热和放任拆除了所有阻止它的障碍"④。一些科学家为了获得政府对科研的支持,采取了向纳粹妥协和合作的态度,一些科学家更是直接成了纳粹的帮凶,为大屠杀提供尽可能有效的技术手段,如毒气室的建造,运送犹太人的火车设计等等。当然,鲍曼并不会把科学家当成嗜血狂人,总的说来怀疑科

---

① Zygmunt Bauman: *Modernity and Holocaust*. Cambridge: Polity Press. 1989, p. 106.
② *Ibid.*, p. 104.
③ *Ibid.*, p. 108.
④ *Ibid.*, p. 104.

学家的崇高是没有道理的,更没有理由指责他们有恶意预谋。然而,犹太人屠杀给我们的教训是,"应该对科学家有权区分善与恶这一主张的明智性,对科学作为道德权威的能力,更确切地说,对科学家确定道德问题,并对他们的行动结果作出道德判断的能力,加以怀疑"①。鲍曼引用和详细分析了米格拉姆试验结果来证明他的观点。米格拉姆是耶鲁大学的一个心理学教授,他设计了一个实验,过程大致如下,在实验员的指导下,以科学的名义,用电、鞭打等方法残害实验对象,在电击这种远距离的情况下,当被告知电压不足以造成对象的永久性伤害时,随机找来的人都会拉下电闸,近距离鞭打,出现一定的拒绝率,当实验人员故意对实验方式表示分歧出现争吵时,一般都会拒绝参与实验。

阿格尼丝·赫勒说鲍曼是把现代性当作启蒙运动来批判的(这是她在复旦大学一次讲座上阐述的观点),这一论断很有见地,因为理性主义、进步主义以及科层制都发端于启蒙运动。从这里,我们也看到霍克海默和阿多诺对鲍曼的影响。当然,鲍曼的现代性批判有其重要的独特之处,就是深入分析了大屠杀过程中的道德缺失,这成为鲍曼极为关注后现代状况下伦理和道德的直接原因。并且,鲍曼的脚步并没有停下来,而是进入了后现代的领地。

三、后现代性和流动的现代性

鲍曼在批判地分析了现代性之后,开始试图去确定后现代性的含义,知识分子的角色同样在他的后现代性定义范围中,但他更关注的是后现代性的思维状态(state of mind)和后现代性社会形态,并对后现代伦理学进行了深入分析和提出了自己的伦理学主张。

1. 后现代性

在《后现代性的通告》一书中,鲍曼企图给后现代性一个较为明确的内涵,他在指出后现代性在不同方面有不同的意义基础上,认为"它也是——可能更是——一种思维状态(a state of mind)。更精确地说,是那些有反思它们自身、探索它们自身内容、报告它们自身发现了什么的习惯(或是欲望?)的思维状态:哲学家的、社会思想家的、艺术家的思维状态——所有的那些我们沉思时依靠的或停顿下来时发现我们正从他们那里起步或被促使

---

① Zygmunt Bauman: *Modernity and Ambivalence*. Cambridge: Polity Press. 1991, p.46.

的人的思维状态"①,"这是一种首先以嘲弄一切、腐蚀一切、溶解一切的毁灭为标志的思维状态。有时看来后现代思维就是在它最终胜利时候的一种批判:一种发现很难继续保持批判性的批判,因为它已经毁坏了它过去批判的一切从而使批判的紧迫性不复存在"②。他认为后现代性不是寻求用一个真理代替另一个,用一个审美标准代替另一个,用一个生活理想代替另一个;它把真理撕裂为已经被解构的或即将被解构的;后现代思维看起来谴责一切而不计划什么,拆除看起来是后现代思维擅长的唯一工作,解构是它意识到的唯一建构。③ 后现代性与现代性是如此地不同,但鲍曼从来就不认为现代性已经终结、后现代性取代了现代性。他说,"对差异和偶然性的后现代庆祝,还没有取代对同一性和确定性的现代欲望。而且,也不可能出现这种取代;也没有能力作出这种取代。就其本身而言,后现代精神和实践无法对任何东西加以移置、消灭或边缘化"④。他认为现代性仍然和我们在一起,后现代性是现代性的成年,后现代性是承认其原初筹划之不可行性的现代性。后现代性是与其自身之不可能性相妥协并决意无论好坏都要对之容忍的现代性,是一种自身监控的现代性——是清醒地抛弃了曾经不知不觉所做的一切的现代性。鲍曼反对后现代虚无主义的观点,且急切地想把自己与此种后现代态度切割开来,他说,"我很是忧虑'后现代'理念的一般(common)使用,我努力——我承认仅有混合的(mixed)成功——与'现代性终结'的宣言保持距离,更为努力地展示非为'后现代极乐(bliss)'的传道者和忠贞者的庆贺心态。……我把后现代性作为一个新的视角,一个对于转变和审视现代性未被揭示一面的'阿基米德点'来思考和写作的视角"⑤。后现代性所要毁灭的是现代性的思维方式,而不是毁灭一切,所以"当它碰巧是自我反思型的、哲学型的时候,后现代思维将驳斥它的批评者,指出它不是'毁灭性的摧毁',而是建构性的,且它一直在做此努力,尽管看起来相反。它的工作是一种扫清地盘的行为……总的说来,后现代性可以被看作回到现代性专横离开的世界,可以被看作为现代性努力'祛魅'的世界的'返魅'"⑥。总之,不能再用现代性的思维模式来描述世界,鲍曼希望发现一套新的理论模式来思考现存世界状况,用它自己的术语对待现实的可能性,作为一个自证的体系,而不是某种别的东西的次品,或改变了的形式,它仅是

---

① Zygmunt Bauman: *Intimation of Postmodernity*. Lodon: Routledge. 1992, p. vii.
② *Ibid.*, p. viii.
③ *Ibid.*, p. ix.
④ Zygmunt Bauman: *Modernity and Ambivalence*, Cambridge: Polity Press, 1991, p. 256.
⑤ Edited by Peter Beilharz, Zygmunt Bauman: *Volume I*, Lodon: Sage Publications Ltd. 2002, p. 32.
⑥ Zygmunt Bauman: *Intimation of Postmodernity*. Lodon: Routledge. 1992, p. x.

它自己。当现代性注定是不可完成的时候,现在需要揭示的就是现代性所忽视的东西,"后现代性理念作为一个纯粹缺席的集合(a pure collection of absence)被引入"①。所以,无可置疑,在鲍曼这里,后现代性思维方式既是毁灭性的,又是建构性的。

对后现代伦理学的深入探讨在鲍曼理论中占有重要地位,从他的字里行间我们深深感到一个道德、正义的社会跃然纸上,但又充满了疑虑和无奈。鲍曼认为现代是一个伦理的时代,道德完全被伦理压制和取代;而后现代,由于多元主义的出现,统一的伦理规范受到质疑,出现了"伦理危机",同时却为道德的复兴创造了条件。鲍曼认为大屠杀的一个重要理论启示就是必须寻求道德的前社会根源,鲍曼认同列维纳斯"责任先于存在"的思想,并根据这种思想提出了自己相应的伦理学主张。同时,鲍曼指出列维纳斯的思想存在很大的缺陷,即"对他者的无条件责任"只适合于纯粹的道德场景,走出道德场景之外就必须求助于社会正义,列维纳斯虽然希望国家机构的工作致力于促进正义发扬,但他没有正视它们的工作也许缺乏道德理想,甚或产生对道德价值有害的后果,鲍曼企图找到一种新的政治伦理来弥补这一缺憾。

鲍曼极力把他的"后现代性"概念与"后现代主义"这一概念区分开来并与之保持距离。因为"后现代主义"话语逻辑地推导出"现代性的终结",这与鲍曼的主张相反。但是,鲍曼发现,在许多场合,后现代性和后现代主义都被作为同义词使用,他区分后现代性和后现代主义的努力变得越来越困难,所以他考虑抛弃"后现代性"概念。另一个让他打算抛弃"后现代性"概念更为重要的原因是,无论如何,在我们使用"后现代性"这个单词时,总好像暗含了现代性的终结,把现代性抛在了后面,到了现代性的彼岸,但是,事实完全不是如此,我们像以往一样现代,持续地"现代化"我们手边的每一样东西。鉴于以上两个原因,鲍曼寻找用其他的概念来代替"后现代性"。他也曾考察过描述当代社会状况的其他概念:"晚期现代性"、"反思的现代性"、"第二现代性"等,认为它们都存在一定缺陷。最后,他找到了属于他自己的概念:流动的现代性(liquid modernity)。

2. 流动的现代社会

鲍曼没有进一步探讨"后现代性"的哲学含义,更不纠缠于概念问题,而是转而关心社会现实问题,在20世纪末和21世纪初,他在"流动的现代性"议题下又出版了数部作品:

---

① Edited by Peter Beilharz, Zygmunt Bauman: *Volume I*, Lodon: Sage Publications Ltd. 2002, p. 138.

《个体化的社会》、《流动的现代性》、《流动的爱》、《废弃的生命》、《被围困的社会》、《流动的生活》、《流动的时代》和《消费生活》。在这些作品中，鲍曼通过对消费者社会、全球化和个体化等现象的分析，描述了流动的现代社会的主要特征：不确定性、不安全性和不可靠性；充分揭示了流动的现代社会存在的问题：全球化和消费主义加剧了两极分化，个体普遍处于持续的焦虑和无穷的恐惧当中，共同体丧失了它昔日的意义和功能。

鲍曼认为"消费主义"是一个符合后现代性要求的理论模式的中心范畴。鲍曼认为在当今社会，最普遍、最吸引人的经历，即最有可能为世界图像的形成提供原材料的经历，是消费者的经历：一种把生活视为一系列消费者选择的经历。他认为消费不仅仅是一个满足物质欲望，或填饱胃的事情，它起着型塑当代社会的功能：在生活世界层面，它是构建身份、构建自我和构建与他者关系的工具；在社会层面，它是维持制度、群体、结构和此类事物持续存在的纽带；在系统层面，它是确保所有生活和社会状况再生产的途径。鲍曼认为就消费者社会作为表达当代社会一个不同的理论工具而言，它本身像其他的理论工具一样既不是道德的也不是非道德的。

消费主义的直接和首要后果就是型塑了社会机制和秩序。消费者模式扩展得如此之广以致涉及到生活的各个方面，它无意中产生了一个未曾预料的副作用，即生活过程被明显的普遍"市场化"，市场深入了以前位于货币交换以外的领域，当市场化进入这些新领域时，它就排斥其他"与商品市场相异的"动机和选择标准。

现在市场在维系和撕裂人际关系，在团结和分化人民、连接和拆散他们以及在把他们写上地址簿或从地址簿上删除等烦人行为中起调节作用。市场在办公室和家里，在公众和私人领域为人际关系着色。市场改变了生活追求的目标和路线以至于没有人能避开商业中心。商场把生活描述为一连串"可解决的"问题，但这些问题的解决办法仅能在商场的货柜上找到。市场为以前主要通过个人技术、朋友合作或友好协商获得的事物提供了商店供用捷径。市场把消费主义的阴影投射在整个生活世界(lebenswelt)。它无情地强调这个信息：每一件事情是或可能是商品，即使它还没有变成商品，也应该像一个商品一样对待。市场意味着事情"像商品"是比较好的。如果他们拒绝适用消费者目标模式，遭遇的将是怀疑的目光。

消费者社会的"上层"与"下层"的划分范畴是消费者"流动程度"，即选择何处去的自由度。① 选择的自由决定了一个消费者社会的层次和它的成员(消费者)的努力方向，一个人

---

① Zygmunt Bauman, Liquid Life. Polity Press, 2005, p. 83.

有越多的自由，在社会等级中就处于越高的层次，就更有自尊和获得更多的尊重，也就距离"好的生活"理想更近。财富和收入确实起着重要作用，没有他们选择可能被限制乃至否定，但是作为资本的财富和收入下降到了第二位或次要地位，如果还没有从视野中消失的话。财富和收入的首要标志是消费者选择范围的延伸。

全景体制的方法不适合消费者训练，这种体制善于把人们训练成循规蹈矩，从而达到限制或完全杜绝选择的效果。但一个消费者的优点就是没有常规和持续不断地选择，事实上，这也是"角色前提（role prerequisites）"。而全景方式培养出的气质和生活态度与消费者社会不协调，不利于理想消费者的产生。所以全景体制必然衰退，而新的统治模式也必将出现和崛起，这种新统治模式的独特之处在于：它以诱惑取代镇压，以公共关系取代警察，以广告取代权威性，以创造出来的需求取代了强制性规范。① 这就是消费塑造的统治模式，也是当今社会的主要运行模式。但是，因为这种模式只适用于胜任的消费者，对于有缺陷的（flawed）消费者而言，这种模式无法适用，对于这些人而言，适用的仍然是全景模式，所以鲍曼认为"我们的社会再一次由两个国家构成。……被诱惑者的国家和被压抑者的国家，前者随心所欲，后者被迫遵守规范"②。

消费导致的第二个重要后果是进一步促进了个体化，使我们的社会成为个体化的社会，且个体化和消费主义相互促进。

鲍曼认为"全球化"是一个无法逃脱的命运，一个无法逆转的过程，我们所有人都在被全球化。但是，鲍曼讲的全球化主要指经济全球化，是资本、市场的全球化。他认为政治不仅没有全球化，反而在经济全球化过程本土化、地方化。政治本土化不仅不与经济全球化对立矛盾，反而是经济全球化的条件和保证。鲍曼认为全球化的主要特征是"流动的自由"，在全球化时代，流动性成了最有力、最令人垂涎的划分社会阶层的因素。全球化使人类状况越来越趋向两极分化，因为一部分人的流动自由总是建立在剥夺其他人这一权利的基础上。资本全球化所带来的直接后果是，在世界范围内产生了更为严重的两极分化。鲍曼反复引用的数据是：358个全球首富的总财富相当于23亿最贫困人口（占世界人口的45%）的总收入。这种社会的极化现象不仅体现在发达国家与发展中国家之间，而且体现在发达国家内部。鲍曼指出，即便是在美国，依然有16.5%的人生活在贫困状态中，1/5的

---

① Zygmunt Bauman, Legislators and Interpreters: *on modernity, postmoderty and intellectuals*. Cambridge: Polity Press, 1987, p. 168.

② *Ibid.*, p. 169.

成年人处于文盲状态,13%的人的寿命不足60岁。① 这说明全球化是恶化了而不是消除了物质差异,它使一部分人更为地方化的同时,也给少数精英提供了无限机会。

消费主义和全球化导致一个共同结果:加速个体化。"个体化"指人们身份从"承受者"到"责任者"的转型,使行动者承担完成任务的责任,并对他们行为的后果(包括副作用)负责。鲍曼认为,个体化任何时代都存在,进入现代以来,个体化更为突出,但不同时代的个体化有不同的特征。流动的现代社会与稳固的现代社会的个体化存在一个重要不同,现在不仅个人的事物更少地受到公共监视,而且私人事物大大侵入公共领域,总统的私生活比他的政绩受到更多的关注;公共空间日益缺乏公众问题,但公众问题不是不存在,而是难以形成或得不到应有的重视,这使得那些只有通过公共层面才能解决的个体问题无法得到解决。今天,为个体能享受真正的自由,公共领域需要得到重建和保护,以免受私人事物的入侵。

但鲍曼认为,在当今社会,已经不存在传统意义上的、有着共同的信念、相对稳定的共同体了,现在的共同体是一些"衣帽间式的共同体"或"表演会式的共同体",这种共同体的最大特征就是进出自由,这种共同体不仅无法解决个体化带来的问题,而且有时还是使问题加剧的原因。

以上分析得出当今社会最大的特征就是"流动性",流动性带来的最大成果是自由,但它也产生了很多问题,如新贫穷、两极分化、世界极度无序等等。虽然鲍曼也曾经抱有马克思式"改变世界"的理想,但也深感理论作用的有限性。即便如此,分析解决问题的可能性是他的责任。

3. 寻找政治

鲍曼分析了流动的现代社会带来的政治困境:在私人生活和公共生活之间的纽带不复存在,私人麻烦和痛苦就无法被归结在一起,转换成一个公共问题,或反过来无法从私人麻烦中洞悉并指示其公共问题的性质,这样,个人自由和集体无能将同步增长。这种状况给当代社会带来种种麻烦,其中最险恶且最令人痛心的麻烦,鲍曼用德语单词 Unsichheit 来表达,它包含了三个英语单词——uncertainty, insecurity and unsafety——的意思。事实上,如果找不到解决办法,这种麻烦是自我循环的。鲍曼认为,要解决这种状况,一个可能性就是通过重建"私人/公共"领域(agora)——这是一个既非私人,亦非公共,而同时恰恰又

---

① Zygmunt Bauman: *Globalization: The Human Consequence*. Cambridge: Polity Press. 1998, p. 70.

更私人、更公共的空间——来找回失去的政治权力。鲍曼寻求建立一种新的共和主义,纠正越走越极端的自由民主带来的困境;他认为全球化负面影响只有在全球层面上才能解决,既要强调文化的多样性、保证不同文化存在的权利,又要促进不同文化之间的交流与融合。

鲍曼从分析古希腊的 agora 开始探讨公共空间。在古希腊,城邦(polis)由三个领域组成,即家庭(oikos)、政治场所(ecclesia)和 agora(鲍曼借用卡斯特里亚迪斯的观点将之称为"私人/公共"领域),"私人/公共"领域是联系家庭和政治场所的桥梁,"这一领域的主要作用不是将私人与公共相区分,不是严守各自领域的完整性,而是确保在这两者之间畅通与频繁的交往"①。这一领域是一中介领域,没有这一领域,无论城邦还是其成员,都不能获得决定公共之善的意义以及如何获得它的自由,"私人/公共"领域既是一个充满紧张、激烈竞争的场所,又是一个对话、合作和妥协的场所。鲍曼认为"私人/公共"领域在现代轮番受到来自两方面的攻击。在固定的现代性阶段,它受到极权主义的攻击,这一场所几乎完全被政治力量取代;而在流动的现代性阶段,因为政治力量大大削弱,却把这一领域完全交给了私人,由个人选择取代了相互竞争和妥协。这样的结果是不仅"私人/公共"领域荡然无存,连政治场所也溃不成军,而这种转变并没有给个体带来更大的自由,个体并没有更多的发言权,并没有取得更多的筹码,"它只不过将个体从政治公民变成了个体消费者"②,造成的问题就是 unsichheit。所以,鲍曼认为解决问题的途径就是通过重建"私人/公共"领域来夺回政治场所,考虑到现存的诸多困难,鲍曼也指出这是一个及其艰巨的任务。

首先,让个体再次成为公民。鲍曼赞同托克维尔提出的"个体是公民最坏的敌人"的观点。正如鲍曼所言,现在的公民将他们的政治权利拱手相让,退回到他们的私人家庭生活中来,但他们忘记了家庭生活与公共生活、私人与公共之间有着复杂而密切的关系。因此,要使人们分担责任,必须帮助公民恢复他们失去的或不再努力使别人听到的声音。声音与退出的区别是参加与缺席、责任与冷淡、政治作为与漠不关心之间的区别。由于过于关注自身利益,现今社会的个体丧失了其公民身份,而公民身份的丧失又进一步使得个体对"公共事业"、"普遍的善"、"公正的社会"倾向于冷漠、怀疑或警惕。正是个体间的冷漠、怀疑和对公共事务、共同利益的漠视妨碍了个体自由的实现。这集中体现在法律意义上取得自由

---

① Zygmunt Bauman: *In Search of Politics*. Cambridge: Polity Press. 1999, p. 86.
② Ibid., p. 78.

在实际行使过程中的无能。鲍曼指出,权力应该属于成熟公民深思熟虑的事务,公民一旦丧失发言权,就不能将任何选择加之于他们身上。① 因此,公民权的恢复是使法律意义上的个体成为实际意义上个体的方法、途径和标志,是个体进入"私人/公共"领域的前提,也是"私人/公共"领域得以重建的前提,因为"私人/公共"领域是公民参与的场所。

那么,个体的公民权如何才能恢复,鲍曼提出,在当今这种充满焦虑和恐惧的时代,公民权得以恢复并展现生机的一项先决条件是使人们免于生存处境的恐惧,获得安定和自信心。鲍曼借鉴和进一步论证了"基本收入"的解决模式。"基本收入"是托马斯·潘恩(Thomas Paine)的概念,即指独立于工作成就与出售劳动力之外的所得。在托马斯·潘恩之后,"基本收入"的理论得到了众多理论家的探讨,从历史正义、社会公正、人权和社会福利等等方面进行了论证,鲍曼认为,这些对"基本收入"的论证都是有一定道理的,"但是,支持对基本生计无条件进行社会保证的决定性论证,并不是来自于对残疾与贫困的道德责任(不管如何来补偿社会的伦理健康,这一责任无疑是要履行的),也不是来自于公平和正义的哲学体现,也不是来自于有益于共同生活的品质的东西,而是在于它的政治意义或对整体之重要性:它的至关重要的作用表现在对失去的'私人/公共'空间的复兴,表现在填补目前'私人/公共'空间的真空"②。也就是说,它是公民权复兴的必要条件,公民权只有在免于生存之恐惧、无忧无虑的人民之中方能被想象。鲍曼认为,"基本收入"理论和制度不仅具有许多理论家所论证的价值和意义,而且"或许并不能成功地根除所有的生存性不可靠性(当然也不会立竿见影,也不会一揽子解决),但是,这看起来确实是清除当前这些主要根源的最彻底的方法"③。鲍曼承认,诚如一些理论所指出的,基本收入仍然无法触及消费社会的一些重要问题,如地球资源的匮乏和根本上有限这样的问题,但鲍曼认为,基本收入还是提高了解决这些问题的概率,因为唯有卸下"活着,还是不活"这个问题的重负,消费者的竞赛,其价值与愿望这样的问题才能被公众所思考和出现在实践中。同理,基本收入无意于反对自由选择,因为基本收入的目的是使公民能自由讨论他们所喜欢的生活模式并实践这种模式,所以,它不仅不会减少个体自由,而且还会增强个体自由,更多的和真正的自由,因为基本收入"从自由的甜蜜糕饼中驱散了不可靠性这一令人讨厌的苍蝇"④。基本收入确保

---

① Zygmunt Bauman: *In Search of Politics*. Cambridge: Polity Press. 1999, p. 169.
② *Ibid.*, p. 182.
③ *Ibid.*, p. 186.
④ *Ibid.*, p. 188.

了每个个体能真正地进入"良善社会"的讨论和实践,使每一个小人物都能真正地在"私人/公共"领域中发挥作用,为重建政治场所——也为他们自己的利益——作出贡献。

鲍曼认为我们现在需要这样一种制度,不仅能够保证公民的自由,而且还要使这种自由成为追求公共之善的力量,在"个体的免于干预的自由与公民的干预权利之间获得一种平衡"①。鲍曼将这种制度下的社会称为"共和的共同体"。

始终坚持在自由与对公共之善的追求之间协调,是共和主义区别于自由主义的关键,"自由主义在共和主义列车行进到名为自由放任(laissez faire)的站点时'分道扬镳'了,共和主义列车继续前进,将个体自由锻造为一个自我监控的共同体,从而将个体自由置于对公共之善的共同寻求之中"②。而自由主义走上了另一条路,它带来了极大的自由,但同时也带来了孤独,这些个体有行动的自由,但对他们自由行动的目的却从不思考,更为重要的是,他们对他人的自由毫无兴趣,对如何运用所有人的自由亦无兴趣。这样,在自由主义社会,有的只是一群充分自由,但软弱无力、彻底冷漠和孤独的个体。这就是当今社会写照。在前面已经阐述了当今社会的主要塑造力量:经济全球化和政治地方化,以及消费主义,鲍曼将之成为"不确定之政治经济",因为不确定性就是它们造成的后果。鲍曼认为,不确定之政治经济,"从本质上可以被简单地归结为,禁止通过政治来建立并保障规则与管理,消除阻碍资本和金融成为真正(sans frontières)的保护性制度与联合"③。由于不确定之政治经济与共和思想的目标和后果尖锐对立,所以,在通往不确定政治经济规则的道路上,共和主义成了首要的牺牲品而被抛弃,鲍曼认为,与当年马克·布洛赫主张共和主义的首要敌人是极权主义——权力形式不能也不应未经个体之选择就强加于个体——不同,今天共和主义"首要的敌人是源于生存性不确定性弥漫于四周的恐惧,这种恐惧浓缩为对行动的恐惧,随后便是新型政治之不透明以及世界的难以测度,神秘所笼罩之处正是打击的发源地,且积聚而使反抗命运之信心完全丧失,不再相信会有任何其他的生活选择"④。

但是,在这种不确定性政治经济下的自由主义式民主,把对公共之善的追求任务也转嫁给了公民投票,但国家无论如何忠实地遵循民主之程序,它所实践的民主在保卫和调整对其公民生活至关重要之条件方面愈来愈无效和无能,而且自由主义社会下公民对共同之

---

① Zygmunt Bauman: *In Search of Politics*. Cambridge: Polity Press. 1999, p. 166.
② *Ibid.*, pp. 166-167.
③ *Ibid.*, pp. 173-174.
④ *Ibid.*, p. 175.

善的奉献精神和行动能力都大大削弱,这样民族国家也就丧失了共和的规定性和促进福利的大部分潜能,于是自由主义社会的个体也就只能生活在极大的、不可消减的恐惧中。不仅如此,自由主义还带来了一个极度危险的副产品,那就是民族主义的爆发,民族主义应自由主义之失败而生了,近来世界民族主义带来的灾难大家有目共睹,不仅难以抑制,且有愈演愈烈之势,民族似乎不再能够得到可靠的安置,其未来亦不能得到保障,得到安全之保护,共和之失败宣告了一个富有活力、狂暴和不受约束的民族主义时代再次降临。鲍曼认为"自由主义社会要想能抑制民族主义,就不得不采纳作为一项公共之善而非私人事务的伦理与正义之原则,换言之,它不得不将自身提升至共和之水准"①。鲍曼引用雅克·阿塔利对"泰塔尼克"号的解释来说明当前这种共和丧失的危险性:船长傲慢和过度自负,船员顺从,冰山无法引起足够的重视,现在社会的冰山又是如此之多,有核武器的冰山,有生态的冰山等等,而更为危险的是,船长(政治家)可能已经不再是这艘全速航行船只的指挥,即使他们还想指挥,可能也无能为力,船已经失控了。

从鲍曼的阐述中,可以看出,他认为解决当前危机的有效方式就是重建共和,当然鲍曼这里的共和肯定不再是大革命时期的共和,鲍曼肯定不会认为要建一种全新的秩序,这是他所极力批判的,这也是共和主义遭受集权主义破坏的重要原因,即大屠杀的原因。不过,当前共和主义遭遇的是自由主义的破坏。鲍曼反复强调当代绝大多数人生活世界特有的不稳定性,是当今共和危机之终极根源,而"私人/公共"空间的丧失则是导致了政治权力虚弱、"善之社会"追求目标和行动能力凋零的直接原因,所以,要重建共和,就要先重建"私人/公共"空间。鲍曼虽然详细阐述了重建"私人/公共"空间的必要条件,即"基本收入"策略,但是,具体怎样创建"私人/公共"空间,然后又怎样能够重建共和,他都没有详细阐述,这可能既超出了他的能力范围,也从根本上不存在一些统一的策略和措施,但有一点是肯定的,它需要极大的政治魄力和行动能力。

正如乌尔里希·贝克所言,他提出和阐述的风险社会与鲍曼的流动的现代性社会基本一样:都强调不确定性的回归,但鲍曼是悲观的。确实,鲍曼对当代社会的分析,与马克思和法兰克福学派的出发点是一样的,那就是批判。所以鲍曼说,如果社会主义是在以下意义:对社会持续地不满和批判,那他始终是一个社会主义者,并愿作为一个社会主义者而死去。②

---

① Zygmunt Bauman: *In Search of Politics*. Cambridge: Polity Press. 1999, p. 167.
② Zygmunt Bauman and Keith Tester: *Conversations with Zygmunt Bauman*, Cambridge: Polity Press. 2001, pp. 153-156.

第七章　查尔斯·泰勒对现代性政治文化的反思

在我们的时代,现代性早已不再仅仅是一种表征着人类历史之全面的、无限的、必然的进步的价值理想,而是需要加以客观地考察分析的普遍的社会经验现实。置身于这种现实之中,需要的不仅仅是对启蒙哲学的现代性方案的肯定和继承,更为重要的是对其进行反思和批判,以及在此基础上的或隐或现的重构和努力。当代著名哲学家查尔斯·泰勒基于自身兼具的欧美双重学术背景,在其《自我的根源》之"前言"中明确提出:"正确地理解现代性,就是实施拯救活动。"[1]这种观点针对的是表现在我们时代中两种对待现代性的片面理解——一种是完全乐观的态度,认为我们正在攀登新的高峰;另一种是绝对消极的态度,提供了一幅衰退、失落和遗忘的画面——这两个方面都忽视了我们境遇的极其重要的特点,没有抓住那些给我们现时代以特征的伟大与危险、宏大与卑微的独一无二的结合点。[2] 在现代性的态度上,泰勒既非一个盲目的乐观主义者,又非一个消极的悲观主义者,更非一个折衷主义者,而是一位立场接近于托克维尔之文化自由主义的偏向于浪漫主义的多元文化主义者;同时泰勒更是一个清醒的现实主义者:现代性是一种不争的事实,现代性的问题无法回避,我们需要一种对现代性的拯救,这种拯救是通过对现代性的追根溯源式的重新阐释和反思而实现的。泰勒希望以此来认清现代性的全部复杂性和丰富性,避免那些对现代性的肤浅和偏颇的左右摇摆的片面性判断。

一、现代性之理解方式的分殊及其隐忧

泰勒认为存在两种理解现代性的方式——非文化的现代性(acultural modernity)和文化的现代性(cultural modernity)。[3] 泰勒的"文化"概念是在人类学的意义上使用,描述的

---

[1] Charles Taylor: *Sources of the Self*. Preface. Harvard University Press,1989.
[2] Ibid., 1989.
[3] Charles Taylor: *Two Theories of Modernity*. Public Culture,1999,Vol. 11, Issue 1.

是一副人类文化的多元化图景：各种文化都拥有自己的语言、习俗及其所维系的对人性、社会关系、心灵状态、善恶、美丑等的理解。

所谓非文化现代性的观点是指从文化中立的立场来对社会文化发生的变化进行描述：科学自觉的增强、世俗观点的发展、工具理性的崛起、事实发现和价值评价之间更清晰的区别，体现在社会现实当中就是市场模式的推广、人口流动和集中的加剧、工业化进程的加快等。并且这样的一系列变化和转型是每种文化都势必要经历的，或将有可能被强迫经历的。过去两个世纪居于支配地位的正是这样一种非文化的现代性：社会的流动性和工业化同时带来了旧有习惯和信仰（宗教和传统道德）的松动，并进而变得难以维系，因为它缺少一种独立的合理性根基，而后者正是个人主义或工具理性所追求的；当然也存在广泛传播的现代性的消极理论，认为这是一种丧失和消沉，是一种视野和根基的失落，因为它否认了人类的局限性及对上帝和历史的依赖，对人类理性的能力给予一种无限的信心，致使产生了一种缺乏对英雄维度渴望的个人自我专注的渺小化和平庸化的生活。对泰勒而言，不管是对这种现代性的积极评价还是消极批判，都是一种非文化的现代性观点，并且这构成了一种占据绝对优势地位的文化解释模式，其结果可能导致一种文化霸权论，以及西方化与现代化的简单等同。

所谓文化现代性的观点指的是承认各种文化的价值自足性和正当性，从不同文化脉络来理解相应的文化转型。这样看来，西方文化的变迁只是一种新文化的出现而不是具有普世意义的文化模式的产生，那些本身具有跨文化普遍性的自然科学的发展是与其所处的某种特定文化（如宗教改革）相互共容的。各种非西方社会也会基于各自的文化基因而形成不同于西方的现代性。这样的一种文化的现代性追求的是与文化霸权论相对的多元平等主义。这种文化的现代性理解倡导的是一种差异现代性或多重现代性，值得肯定的是，它看到了现代性与多重文化的关系，现代化不等于西方化，对现代性的准确理解需要更为广阔的社会文化背景。在泰勒看来，非文化的现代性观点是一种蕴涵一元现代性的文化霸权论，依据抽象的理性价值（解放、启蒙、独立判断等）把现代性看成"每个文化都无可避免的一连串转型"；而文化的现代性观点则与前者正相反，其本质是多元的平等主义，解放、启蒙、独立判断等仅仅是西方社会习性的价值诉求，非西方社会没有必要亦步亦趋。然而，西方主流的社会理论不幸正是非文化性质的，它的根本误识是：把西方的现代性视为理性启蒙的结果，没有看到启蒙理性出现的背景理解（background understanding），即西方文化习性的人类学因素。① 在此,泰勒通过其文化的现代性表明的是一种各文化间的开放态度和包容精神,认为把西方的文化模式强加给其他民族或地区是文化霸权主义的表现。对于泰勒而言,西方近代的道德传统力图告诉我们一种普遍的行为准则,但是普遍或单一的标准并不能取代具体的道德选择,道德理论与道德直觉之间并不总是完全契合的,普遍化的道德理论所带来的虚假安全感并不完全适应于人类真实的生活状况。

  泰勒反对将规范性塞入现代性的观念,认为不能将现代性的高低归结为规范性的高低,主张一种文化的现代性观点。然而,文化的现代性是否同样会导致一种价值相对主义,甚至虚无主义呢?答案是否定的,因为泰勒的多重现代性观念既是"文化的",又是"规范的":其规范性的内容是对一种特定的看待自己的和别人的现代性模式的态度的价值的肯定,即愿意面向那种必定会改变我们在随之而来的视域融合中的地位的比较文化研究;同时泰勒还认为存在一些可取得跨文化共识的规范,这可以在三个层面上进行理解——对某些行为规范的世界性共识、有助于承认这些共识的哲学观念、有助于实施这些共识的法律机制;最终是多重现代性观念内涵着对先前现代性的批判,内在要求对新的现代性方案的探索和向其他现代性模式的学习,这是现代性的批判性自我反思的表现,这不仅仅是一种理智德性,也是一种伦理德性,是一个道德问题。② 现代性的批判性反思能力是现代性的根本特征,其运用的程度、方式和结果在不同的文化现代性模式中存在差异。对这样一种能力的积极而恰当的运用,反映了每一个身处现代性之中的人的道德态度。对于身处西方文化现代性之中的泰勒而言,正是依靠这样一种批判性反思,在努力谋求一种平等多元主义的文化对话的背景中,对自身所处的文化现代性进行了积极的检验和剖析,指出了其所存在的种种"隐忧"。

  第一种隐忧可以称之为自我实现的个人主义或意义的失落。这种自我实现存在着一种来自浪漫的表现主义的理想,与其19世纪的根源相比充满了更多的自然主义(这种启蒙自然主义的根源体现为工具主义和完全人类中心论的主观主义两个方面),它存在于当代美国人类潜能运动(the human potential movement in the contemporary United Stated)当中,并有一种土生土长的美国根基。这种自我实现一方面反对把传统的外部标准强加到自我身上,结果窒息其本真性的成长和实现,以此实现对自我本性和日常欲望的保护;另一方

---

① 刘小枫:《平等地分配真理?》,载《刺猬的温顺》,上海文艺出版社2002年版,第3—4页。
② 童世骏:《"说到底是一个道德问题"——探寻"多重现代性"概念的规范性内容》,文章来自 http://www.xschina.org。

面又存在对科学和技术的信仰(表现于特别重视治疗方法以及假定支撑着他们的科学——精神分析学、心理学和社会学)。泰勒认为这种观点所鼓励的生活方式倾向于某种肤浅性,因为它不承认任何非人类中心的善,任何超出主观的善都不被允许超过自我实现。这极易变为一种主观主义的"价值"言谈,将会走向一种除自我实现之外没有什么重要东西的虚无主义,共同体的隶属、出身、婚姻、家庭纽带将变得更加次要,且越来越被看成是可以随便取消的,这势必会产生认同感的无法维持甚至完全丧失。

泰勒以艾伦·布卢姆(Allan Bloom,1930—1992)的《美国精神的封闭》(The Closing of the American Mind)开始对自我实现的个人主义进行分析。该书对现代受过教育的青年提出了严肃的批评,因为他们接受了一种浅显的相对主义:每个人都有自己的价值,且不可能进行论证。更为重要的是,这不仅是一种认识论立场,而且是一种道德立场——个人价值不应被挑战,个人的生活选择应当受到尊重。这是一种以个人根据自己的判断规划自己生活的权利的名义所造成的一种价值相对主义,这会导致一种规范性的主观主义,使对任何道德争论的判断成为不可能。"道德"完全丧失了崇高的意蕴,完全沦落为一种无拘无束的生活享受。于是形成了一种喜怒无常的情绪、一种不知所以然的焦虑。现代人逐渐在文化解体和意向丧失中成为虚无主义深渊的自由落体,处于一种同他人和自然秩序失去联系的精神混乱之中。这种相对主义是弥漫于我们时代的自我实现的个人主义的一种衍生品,其原则是:"个人都拥有发展自己生活形式的权利,这种生活形式基于自身对何为重要或价值的理解。人们有责任真实对待自身,寻求自我实现。最终个体必须确定自我实现由何构成。任何他者都不能或不应该试图规定其内容。"①这样的一种个人主义实质是在赋予我们的生活世界以意义的传统视界(traditional horizon)消失后的一种衰退现象,也是目前造成道德无政府主义状态的根源所在。艾伦·布卢姆意识到,这是启蒙的结果,原来只有哲学家能够摆脱的"洞穴假象",在现代哲学家看来人人都可以做到,因为启蒙就是要把知识的光芒照进"洞穴",使"墙上的影子"永远消失,实现哲学家与人民的统一——于是,哲学家由贵族派变成了民主派:民主的本质就在于否认美好事物的不可企及。② 在现代以前的思想家看来,整个宇宙既是有秩序也是有目的的,其中每一个具体存在者的目的性体现在实现造物主对其创造时所赋予的本质功能,人作为其中一部分自然也不例外。人通过对宇宙秩

---

① Charles Taylor, *The Ethics of Authenticity*. Harvard University Press, 1991, p.14.
② [美]艾伦·布卢姆著,战旭英译:《美国精神的封闭》,译林出版社2007年版,第219、241页。

序的理解和体悟而达到对自我或主体性的理解,并通过实现上帝或自然赋予我们的本质功能而使生活有意义。伴随着现代科学革命的兴起,以及与之相伴的认识论革命的发生,自我不仅可以独立于固定的目的论的宇宙秩序,而且自身成为意义的规定者:自我不需要通过对宇宙秩序的理性洞察来实现自身,自我成为将自然界对象化并加以支配和控制的主体,一切意义和价值来自于自我创造和自我选择的活动之中。整个宇宙在被对象化的过程中,逐渐丧失了其原有的魅力和神圣性,不再被视为本身呈现意义的存在者;世界从具有魅力的、神圣性的或理念的场域变成了对我们的目的而言单纯的潜在工具的中性领域——这就是马克斯·韦伯所说的世界的"祛魅"(disenchantment)过程。

泰勒认为,现代以前的人们将自身视为更大秩序的一部分,在这种"伟大的存在之链"①中,个体扮演固定的角色,处于固定的位置,从而形成一种稳固的宇宙等级秩序,并反映在人类社会的等级结构之中。尽管这种秩序会对我们自身构成限制,但也赋予了世界和社会生活的行为以意义。"我们周围的事物不只是我们计划的潜在的原材料或工具,其在存在之链中的地位本事也是有意义的。"②这种等级秩序并非仅有工具性的意义,它反映的是一种存在方式和意义归属,完全不同于近代以来基于一定的利益需要而形成的契约秩序,这样的并非被认为是建构的秩序维持的是一种真正归属意义上的共同体和蕴涵了人类共鸣和丰富性的情感纽带,而非近代以来基于利益共同性而形成的"需要的体系"。泰勒认为,这样的一种世界的"祛魅"过程造成个体丧失的不仅仅是行为的更大社会视野,还有更为重要的意义失落:生命的英雄维度和生活的崇高感的失落。个人失去更为宽阔的视野而代之以生活的平庸化和狭隘化及变态和可悲的自我关注,"个人主义的阴暗面是以自我为中心,这使我们的生活既平庸又狭窄,使我们的生活更缺乏意义,更缺少对于他者和社会的关注"③。托克维尔早就注意到了民主时代人们对"渺小和粗鄙的快乐"的追求:英雄主义和

---

① "伟大的存在之链"(great chain of being),本是一个古老的中世纪经院哲学概念,经过德国哲学家莱布尼兹和瑞士博物学家博内的著作而流传至18世纪的自然史研究中。这是一种关于自然的哲学理论,把宇宙描述为一个统一体,一系列几乎难以觉察的细微阶段把无机物与有机物、地球生活与天国生灵连接起来。它暗示了在有机物与无机物、动物与植物、人类与其他动物之间并没有巨大的差异。神学家认为,这一理论公然挑战了基督教物种不变论以及造物主上帝与宇宙之间的传统观点。参见《启蒙运动百科全书》,彼得·赖尔、艾伦·威尔逊著,刘北成等编译,上海人民出版社2004年版,第45页。

② Charles Taylor, *The Ethics of Authenticity*. Harvard University Press, 1991, p. 3.

③ *Ibid.*, p. 4.

贵族德性消逝了,生活的崇高目的以及为之毅然赴死的勇气萎缩了,任何能给生活以深刻而有力的目的感的东西已不存在了。泰勒在这里又一次对我们发出了警示:个人主义与道德主观主义的结合,使我们在社会生活中总是孤独地面对外面的世界,"伟大的存在之链条"被个人主义所割裂,人之为人得以存在的社会性正在消失,而成为单一的和原子化的个人,生活意义也因之而逐渐消失了。

第二种隐忧是工具理性的优先性。宇宙秩序丧失了其存在论上的神圣意义后,成为我们作为主体对客体加以控制和利用的手段与工具。如何最充分地利用这种手段与工具,发挥对象化客体的功效,逐渐成为一种思考问题的固定模式,而这也就是所谓的工具理性。泰勒指出,"通过'工具理性'我意指的是一种在计算最经济地将手段应用于目的时所依赖的合理性。最高的效率,最佳的投入产出比率是其成功的度量标准"①。世界不断地被"祛魅",旧的存在方式和意义秩序不断遭到质疑,工具理性的领域也在不断得到扩展。泰勒举了医疗领域的一个例子:病人越来越被视为一个解决技术性问题的场所,医疗技术方法成为解决问题的工具,对于病人具有重要作用的充满人情味的护理遭到了完全的忽视。我们工具性地看待自身周围的一切,所有的关系都成了一种"手段—目的"的利益权衡关系,统治人类社会的制度和机制——市场与国家,成了囚禁我们的"铁笼"。我们周围的创造物逐渐失去原来其在存在之链中获得的地位的意义,日益成为我们计划的原材料和工具,技术在我们生活中的支配地位日益明显,生活进一步被狭隘化和平庸化,原有的意义深刻性和价值丰富性消失殆尽。工具化的生活模式驱逐了较早的、非工具性的自然生活方式,摧毁了意义原来能在其中欣欣向荣的母体。泰勒通过马克思在《共产党宣言》中提到的资本主义发展的结果之一是"一切固定的东西都烟消云散了",向我们表明"过去服务于我们的那些稳固的、持久的、总是意味深长的东西,正在让位于那些堆积在我们周围的快携的、廉价的、可替代的商品"。② 工具理性的盛行,打破了社会的神圣结构,社会安排和行为模式不再立足于事物秩序和正常意义,而是"可以嬗变由人",应对我们生活进行规导的那些独立目的,被产出最大化的要求所遮蔽。外界一切都成为人的手段,人们使用效率和收益的观念来审视整个世界,导致了生命意义的平庸和狭隘。

然而,在这样一种状况下,我们是否就注定要陷入一种无可挽救的宿命之中呢?泰勒

---

① Charles Taylor, *The Ethics of Authenticity*. Harvard University Press, 1991, p. 5.
② *Ibid*., pp. 6 - 7.

明确告诉我们,我们的自由度不是零。从浪漫主义时代起,对世界"祛魅"的抱怨和批判就不断得到阐明,这种技术文明的到来被看成是完全衰落的观点同彻底的技术拥护者针锋相对。然而,这两种极端的观点都是不正确的。我们需要从事的是一项挽救性的工作,以恢复某种平衡,"于其中技术在我们的生活中占有另一个位置,而不是作为一个固执的、不加反省的命令而存在"①。我们的社会比任何简单的理论所能说明的都要复杂得多,对任何事情都不能简单对待,对待工具理性的分析自然也不例外。泰勒指出,工具理性同牢牢控制了我们的想象力的人类主体的一个超然模型(a disengaged model of human subject)一起发展,后者描绘了人类思维的理想图景:"它为了成为纯粹的、自我证实的合理性,已经从其与我们的身体构成、我们的对话境遇、我们的情感和我们传统生活形式的凌乱关系中脱身而出。"②这种思维模式的关键一步是由笛卡尔迈出的,并得到了后世的广泛追随,从而成为我们文化中最受推崇的理性形式之一。然而,这在其被极端化后造成了灾难性的后果。我们与之进行斗争的方式之一是恢复其更丰富的道德背景,发掘其据以发生的道德资源。泰勒指出,对工具理性的强调产生于两个道德语境:一个自我负责、自我控制的推理的道德理想;二是对日常生活的肯定,这种日常生活指的是个体的工作和家庭生活,它关注的是生活条件的提高和个体苦痛的缓解。③ 其结果是工具理性的极端化最终背叛了自身发生的道德背景,所以我们的挽救性工作中要恢复这种道德语境,理解我们的道德资源,以将人类行为置于一个合适的理解框架中,形成一个共同理解的氛围和意识,才有可能避免当前的困境。

第三种隐忧是自由的丧失。这是个人主义和工具理性共同作用的结果,二者对政治具有极强的腐蚀性,个人封闭于自我世界之中并以工具性目光审视自我与外部世界的关系,对政治的公共参与热情降低,逐渐让政府获得不受监督的权力;反过来,个人面对强大的国家机器更感到无助,只能退回私人领域,从而出现专制的加剧。自由的丧失体现在两个方面:一是工业技术社会的制度和结构严重限制我们的选择,唯一能做的就是服从工具理性的逻辑,原本丰富多彩的生活近乎变成了一种循规蹈矩,我们日益成为了马尔库塞笔下的"单向度的人";二是个人利益至上主义引起的政治冷漠感会导致"政治自由"(指我们对命运的政治控制,某种我们作为公民能够共同运用的东西)的丧失,从而对一个巨大的监护权力日益依赖,并形成温和专制主义的恶性循环,社会呈现一种"碎片化"的趋势。真正的危

---

① Charles Taylor, *The Ethics of Authenticity*. Harvard University Press, 1991, p. 96.
② *Ibid.*, pp. 101 - 102.
③ *Ibid.*, pp. 103 - 104.

险就是这种"碎片化",也就是人们越来越难以形成一个共同目标加以落实。"一个碎片化的社会是一个其成员越来越难以将自己与作为一个共同体的政治社会关联起来的社会。这种认同的缺乏可能反映了一种个人利益至上的观念,据此,人们最终将纯粹工具性的看待社会。"①个体是一种自我规定、自我依赖的主体,个体之间存在的只是一种权利让渡的契约关系,社会是基于一定的利益要求和需要满足的聚合体,而非一种充满爱的依赖和归属意义的共同体。泰勒以美国为例加以说明,在这里从某种意义上看是高度民主平等的,充满了活力和对权威的挑战,且有力地分享着这样一个共同目标——社会按照对权利的保护加以组织。这导致了对法律的绝对依赖:越来越多的因素会挑起官司,政治过程中越来越多的精力转到司法复审之中,其中还伴随着利益政治(interest politics)和鼓吹政治(advocacy politics)。与此同时,围绕能够付诸实现的有意义的计划而形成民主多数这一点变得更加不可能,公共计划难以制订,共同的民主目标无法形成。

如何对抗这种碎片化呢?泰勒认为要依特殊情况而定,无普遍有效的解决方式。不过,他还是循着托克维尔的思路,指出"正如托克维尔所看到的那样,能够帮助我们减轻这种感觉的是分权。并且像在一个联邦系统中,特别是在一个基于补充性原则的系统中,普遍的权力下放或某种分权,是有利于民主强化的。如果权力被移交给那些已在成员生活中扮演共同体角色的组织,则情况就更是如此"②。泰勒举到了加拿大的例子,认为加拿大是一个多样性的联邦,存在着成员认同的区域社会,并未按照美国模式发生更大的中央集权趋势。然而加拿大却也缺少了一种能够将这些区域社会吸引到一起的共同视野,在此又一次显现出了泰勒的中间立场。

对于以上三种隐忧,泰勒在其《自我的根源》的"结论"部分中曾明确指出,最重要的是第二个方面,即"工具理性的优先性",其否定的后果是双重性的:一是经验性的,分解的、工具化的模式把意义生活空虚化了;二是公共性的,它威胁着公共自由,即自治的制度和实践。总之,对于泰勒而言,现代性文化是一种伟大与浅薄、危险的混合,我们处于一种知识、精神和政治的复杂的、多层次的处境和状态之中。对此,"只有一种兼有两者的观点才能给予我们未加歪曲的洞察力,去透视我们需要奋起应对其伟大挑战的时代"③。对于泰勒而言,现代性并非死路一条,它可以自我孕育出批判性的力量。泰勒对现代性之隐忧的惋惜

---

① Charles Taylor, *The Ethics of Authenticity*. Harvard University Press, 1991, p. 117.
② *Ibid.*, p. 119.
③ *Ibid.*, p. 121.

并不表明其对现代性的观念的质疑;他认为这是由于对现代价值的不恰当臆想、对其道德内涵的稀释淡化所致。换言之,现代性由于缺乏对自身同一性的清醒认识而逐步失掉了自身的内容。现代性之隐忧是我们无法回避的事实,然而我们不必因此陷入一种彻底的悲观中,我们能够通过正确理解和合理探索找到出路,我们的自由度不是零!

二、单一理解(非文化)的现代性之社会后果

泰勒所谓单一理解的现代性是与其多重现代性的观念相对而言,即前面所提到的非文化的现代性观点,这种现代性在现代社会集中体现为崇尚个体权利至上的社会原子主义主张。泰勒在纪念 C. B. 麦克弗森教授的文集《权力、占有和自由》(Powers, Possessions and Freedom)中撰写了《原子主义》,该文后收入其文集《哲学与人文科学》之中,现已成为共同体主义批判新自由主义的经典文献。泰勒所谓的原子主义出现于 17 世纪,是与霍布斯和洛克的名字联系在一起的,以强调权利概念对于确证政治结构和政治行动的作用的权利优先论为其核心信条,主张维护个体优先性和个体先于社会,社会只是为满足个体需要的一种工具性的联合。这种权利优先性的近代典范是洛克,而在现代则主要体现于罗伯特·诺齐克身上:他在其《无政府、国家和乌托邦》中确立了权利对于个体的基础性地位,探讨了在什么条件下我们能合法地要求对国家的服从,并且他在使个体权利成为政治的一个基本原则的同时,否认了归属和义务原则的同等重要性。这样的一种权利优先论已成为现代政治自觉形成的影响因素之一,这样的一种原子主义立足于关于个体权利的共同感的直觉之上,将个人选择自己生活方式的自由置于绝对核心的地位,并"从自 17 世纪至今的哲学传统中获得支持,这种传统始于一个由非广延性的主体(extensionless subject)、认识论上的白板(epistemologically a tabula rasa)、政治上没有预设的权利载体(politically a presuppositionless bearer of rights)所组成的理论假设"[①]。

这样一种对人作为主体的原子化认识真的符合社会发展的事实并能引导个体走向更完满自足的状态吗?泰勒告诉我们,人的身体生理性不能独立生存,并且只有在社会中才能发展他们表明人类特性的能力——正是在这种意义上,生活于社会中是发展理性的,或

[①] Charles Taylor, "Atomism", in *Philosophy and the Human Sciences*. Cambridge University Press, 1985, p. 210.

成为一种完全意义上的道德主体,或成为一种完全有责任的自主存在的必要条件。泰勒基于此种认识针对原子主义论题,提出了一种社会性论题(a social thesis):强调人的潜能的发挥对于某种社会形式的依赖,并且承诺在拥有权利的同时不可分割地拥有职责,且职责具有与权利同等的基础地位。正是社会性论题拓展了人们对于适当的人类生活形式的权利,使人具有了区别于动物的本质。原子主义论题和社会性论题之间的争论涉及到人类的同一性应如何定义,如何确认这样深刻的问题:原子主义者认为,谈论同一性及其在社会实践中的状况是思辨的,而宁愿停留在对人类权利清楚而明显的直觉上;在社会性论题看来,沉溺于自我满足的幻觉使得原子主义者不能认识到自由的个人、权利的载体只有通过他们与发展了的自由文明的关系才能设想人格的同一性,而一旦认识到这一点,就必然赋予了自由的个人去恢复、支持和完善社会的职责,因为只有在这样的社会中,个人的同一性才是可能的。① 在对泰勒的原子主义有了基本的了解以后,让我们再看看这种原子主义的两种后果:合法化危机和政治的碎片化。

合法性(legitimacy)问题是指一种社会政治秩序是否和为什么应该获得其成员的认可和忠诚,即社会秩序、制度或行为的道德基础和价值依托。② 合法化(legitimation)就是对一种社会政治秩序的合法性的论证,即合法性问题的解决过程。这是一个政治共同体得以健康运行和协调发展的关键问题。在世界被祛魅化以前,世间的万物(包括人在内)以特定的位置和目的固置于一定的宇宙秩序之中,社会政治秩序的合法性导源于这样一种神圣的宇宙秩序。在启蒙人士所谱写的现代性方案中,神义论已经失去了位置,以人自身的实存和属性作为现世制度和秩序的合理性根据的人义论成为了合法性的基础,关键是这种立足于此岸世界的人义论能否真正确立起行之有效的价值依托。伴随着社会现实语境中这种神圣性在自然科学技术及其所代表的技术理性的步步紧逼下慢慢地消失,异化、失范等社会

---

① 应奇:《解释的冲突与承认的政治——查尔斯·泰勒社群主义政治哲学述要》,载《学人》(第15辑),王守常、汪晖、陈平原主编,江苏文艺出版社2000年版。
② 在这里,泰勒基本上未明确区分"合法性"与"正当性",二者基本上是在同一意义上来使用的。施米特在《政治的神学续篇》中明确表明:"靠一种强调理性和'合符法则'的'认识来进行的辩护,表明的不是正当性,而是合法性,……自由意义上正当与作为强制手段的法则决然对立。……正当性的意思是符合正义的,合法性的意思是合符法则的。"(参见施米特著,吴增定译:《政治的神学续篇》,载《政治的概念》,世纪出版集团·上海人民出版社2004年版,第402页)即合法性意指某种社会秩序、制度或行动符合某种既定的法则程序,而正当性则意指的是一种社会秩序、制度或行为有其当然的道德基础和价值依托。在此泰勒并未进行明确的区分。

问题与合法性问题一起逐渐浮现出来。尤其是到了20世纪的七八十年代,现代西方的合法化危机更是成了许多思想家关注的焦点。一般而言,当代合法性理论可分为三类:一是试图恢复我们业已失去的世界的一些特征,将该秩序中的习惯和规范解释为与神意相连的或反照一种永存于自然之中的目的的传统,譬如保守派努力使自然意识在对资本主义立宪民主制必要的限制中得到重新确立,以开辟反契约化的生活领域;二是承认现代生活中的契约性特点,却试图将合法性问题限制于调整公民与国家之间的关系的契约上,并通过公民的理性同意来保证政府的合法性,譬如乔治·卡特(G·Kateb)提出的,现代性表明了自然的非神圣化、生活的契约化、政府的明朗化以及同意对于合法性的重大意义,但合法性问题应限于公民对治国的基本宪法原则的同意,民主资本主义国家内并未实际或永久存在着合法性危机;三是认为规范和标准的契约已经渗透于生活的各个领域,应把一个推断同意的价值标准运用于所有生活方式,譬如激进派试图使扩大了的一系列契约具体化,因为那些契约有可能获得和维持全体民众的折射式忠诚。① 要真正对合法性问题做出创造性思考,就要深入现代合法性问题产生的实际环境:泰勒以其加拿大双语公民的身份,置身于魁北克分离运动的现实政治环境之中,将身份认同问题同对合法性的思考结合起来,便可以视为这个方面的一种努力。

对于泰勒而言,合法化危机应被视为一种现代认同的危机。泰勒首先分析了人们对于无止境的经济增长的忧虑以及进行的相应的道德性谴责和批判:其一是对卡里克利斯(Callicles)②式的视贪婪和嫉妒为社会发展动力的道德批判,这样的一种无止境经济增长的欲望阻止了人们对真、善、美的追求,使人变得狂躁紧张、内心分裂和焦躁不安,从而引发人与人之间的冲突;其二是为卢梭所提倡,经早年马克思的积极响应、法兰克福学派的进一步发展和马尔库塞的倡导推动而广泛流传的浪漫主义批判,主张把自我从统治欲望所产生的焦躁不安、内心紧张和攻击性的暴力冲动中解放出来,才有可能恢复和谐交往、平等自由的人的本性;其三是对社会的日益集中化的批判,它摧毁了众多的小型民间组织,割断了人与人之间长期维持的亲密关系,在这种社会的集中化趋势中,人们难以获得人生的统一性和

---

① 戴维·米勒、韦农·波格丹诺、邓正来主编:《布莱克维尔政治学百科全书》,中国政法大学出版社2002年版,第440—441页。
② 卡里克利斯(Callicles),柏拉图《高尔吉亚篇》中人物,古希腊诡辩家,他试图从自然界中大鱼吃小鱼的事实中推出一种弱肉强食的权利,把"强者的权利"宣称为与"约定法"相对的"自然法"的基本原理。

连续性;其四是对现代社会的非理性化倾向的批判,人们的行为在很大程度上是未经选择的,更是未经深思熟虑的,这样的一种非理性的社会现象与道德混乱密切相关。在这样的一种状况下,泰勒的目标是"通过分析那些已经形成并强烈批判当今人类生活的理念的潜在特征,去解释造成这种既有助于社会经济增长而又不断提出批判意见的自相矛盾的社会现象。只有这种现代认同才有助于解释现代社会的合法化及其危机"①。

现代消费社会本身体现了现代认同的原子化倾向:人们专注于自我的私人生活,通过清晰地表达自己内心深处的欲望、反感、厌恶、希望和抱负来达到自我理解,并以之作为价值判断和社会选择的依据和标准。这样的一种自我的现代观念既指趋向于独立的私人性,又指对人本性中欲望和志向的价值实现程度的高度关注。与之相应的是人的道德生活也体现在两个方面:一是自主行事,二是一种洞察力——无需任何想象和假设地认同人的本性在内心召唤自己的能力。②

泰勒列举了基于这种现代认同的两种现代生活模式:一是工具主义的实用态度,我们周围的事物都是潜在地为我们实现目的而准备的原材料,他们与目的关联只能构成我们的目的,正是人的本性的内在工具性价值体现了人的自主性和自由,极端化为一种专注于感官欲望满足的享乐主义的盛行;二是一种抵消了前者的不良影响,成为现代社会批判根源的一种生活模式,主张人之本性是一种纯粹的高贵的内在冲动的情感,促使人们同情他人、勤劳善良、艰苦朴素、愉悦同类、崇尚和谐等。正是这两种依据人之本性而形成的生活模式构成了我们社会的当代文明,这两种模式深深交织于人们对待世界的理念之中。这两种生活模式阐述的是一个现代认识主体在社会中的基本生活条件,是其社会认同的基础;这两种生活模式的协调稳定是社会发展和个体认同所必需的。

然而现代消费社会却是第一种生活模式大行其道的状态,这种生活模式已经深深嵌入人们的日常行为之中。消费社会在三个方面诱致了社会的不安定:消费增长的成功导致了消费社会准则的丧失;自我实现的认同的膨胀发展导致了曾被视为神圣领地的家庭的破裂;社会集中的加剧使民众远离了政府。③ 另外集体效能感的过度膨胀也是社会动荡不安的一个重要原因,庞大的社会资源的日益集中与诸如贫困、种族隔离问题的难以解决使人

---

① Charles Taylor, "Legitimation crisis?", in *Philosophy and the Human Sciences*, Cambridge University Press, 1985, p. 253.
② *Ibid*., p. 264.
③ *Ibid*., p. 285.

们对政府管理机构的效率和功能产生了不满。工作的单调乏味、对自身优势的茫然、迷恋商品的拜物情结等反映了自以为已经自我实现的现代人所经受的奴役程度;社会实践中人的自信的丧失,对善的信仰和人类认同的放弃,人们不再相信维系社会生活的道德准则,认为社会道德充其量是一种外在形式,同时对整个社会的效率和功能更缺乏信心,其结果便是生活的无序和道德的失范。于是,形成了所谓的"认同危机":许多人由于缺乏使处身于其中以获得稳定意义的框架或视界,产生了一种严重的无方向感,不知道自己是谁,身处何处。

至此,泰勒指出,现代社会之所以会沦为周期性"合法化危机"的牺牲品,是因为这个社会存在一种逐步摧毁其合法性基础的致命倾向。表达和确立现代认同的制度和实践,同样削弱了对这种认同或作为认同之载体的社会制度或二者兼而有之的参与者的信心。① 在泰勒看来,日益增强的多元文化主义和本真性理想追求是造成这种合法化危机的主要原因,因为它们导致的是国家公民之间的群体意识和协同性意识的丧失,而这两种意识才是使民主真正发挥作用的关键所在,民主并不只是一种每个人在其中都拥有自由和选举权的政府形式。

现代自由民主制度的原子主义倾向在逐渐摧毁自身合法性的同时,还导致了一种政治碎片化的状况。对政治碎片化的表述就是阐明一种容纳狭隘界定的利益与提升对更大的政治体的忠诚之间的一种张力关系;换言之,即是在一个包容和承认社会差别的状态中,是什么使更大的共同体团结起来。政治碎片化阐明的是一种对少数人团体认同感增强的同时,对更大共同体认同感却逐渐降低的状态。上文我们曾经提到,泰勒对于政治碎片化的思考是基于加拿大政治现实而做出的,在此我们对其进行一种更为深刻的学理上的考察。

政治碎片化产生于一种共同认同的培育和对特殊认同的承认吁求之间的张力关系。对于泰勒而言,在现代民主时代要形成一个国家,一个社会必须要承担界定其集体认同的永远无法完成的任务,像加拿大这样的现代国家必须要认真处理来自不同群体的承认的要求。承认问题之所以如此重要是因为其与自我认同发展之间的关系:自我认同部分地由他者的承认构成;若得不到他者承认或得到的只是他者扭曲的承认必将损害自我认同,使自我处于一种被扭曲和被贬损的存在方式中。

---

① Charles Taylor, "Legitimation crisis?", in *Philosophy and the Human Sciences*, Cambridge University Press, 1985, p. 288.

现代民族主义作为政治碎片化最致命的原因之一的一个关键因素就是对集体认同的充分承认的追求。① 然而,现代自由民主制将这种对承认的寻求理解为一种平等正义的概念,致力于一种诸个体作为权利载体的平等原则,这是以原子化个体和程序自由主义为基本理据的。具体到加拿大而言,泰勒在此所针对的是特鲁多的"公平社会",认为这样的一种不能容纳魁北克作为一个特殊社会的做法,实际上破坏了加拿大视为公平正义基础的为《宪章》②所阐释的个体权利的保护,结果便造成了那些不被承认者的民族主义和分离主义倾向的加剧。

　　泰勒认为,这种对承认的追求来自于一种共同善的确证(the affirmation of the common goods),并且这形成了民族认同的基础。存在对共同善的两种理解:"(1)形成可理解的行动、情感和受尊重的生活方式的一种文化的诸善;(2)本质上包括对他们价值的共同理解的诸善。"③前者包括社会惯例体系、语言和习俗等使个体自由成为可能的因素,后者则指诸如参与性自治的实践、一种既定文化的成员所珍视的共同意图等,并且二者需要包含基础正当性的共同理解作为相互共容的基础。泰勒认为,第二种共同善对于一种健康的民主制是至关重要的,它能提供对普遍团结开放的一种爱国主义的基础,而这是与魁北克民族主义这种更密切的民族主义类型相对的。因为它有助于形成一种依赖于对人们正在共同做的事情、集体成就和共同目标的意义的理解的民族主义,而不是促成一种依系于坚持和保存一个既定民族的特性的所有方面的渴望和情感的民族主义(这正是勒维斯克和魁人党所提出和拥护的)。正是前一种形式的民族主义成为泰勒与政治碎片化进行斗争的关键,而后一种形式的民族主义表征了政治碎片化的倾向。

　　对于泰勒而言,一个碎片化的社会重视的是其成员个体的特殊性而不顾其共同意图和共同理解,政治碎片化被认为正在强化原子主义,它阻碍共同意图和共同理解的形成,而后

---

① Mark Redhead,*Charles Taylor:Thinking and Living Deep Diversity*,Rowman & Littlefield Publishers,Inc. 2002,p. 97.

② 指《加拿大权利自由宪章》(*Canadian Charter of Rights and Freedom*),初稿于1980年10月问世,经多次修改于1982年4月17日生效。《宪章》是唯一列入加拿大宪法的权利宪章,是加拿大1982年《宪法法案》的一个组成部分。《宪章》是一综合法律文件,主要包括:基本权利、民主权利、出入境权利、合法权利、平等权利、加拿大官方语言和少数民族语言教育权利等部分。根据该《宪法法案》第52条规定,任何与加拿大宪法有矛盾的法律均无效。据此,《宪章》实为加拿大最高法律的一个组成部分。

③ Charles Taylor,"Irreducibly Social Goods",in *Philosophical Arguments*,Harvard University Press,1995,p. 140.

者是一个现代社会的公民对诸多社会问题作出回应所需要的。对于加拿大魁北克的政治现实而言,勒维斯克及魁人党的主权联合的理想,不仅使政治碎片化的状态永恒化,而且会最终导致魁北克作为一个自由社会的解体,而特鲁多的"公平社会"也只是促成一个同样会加剧碎片化的原子主义的合法化社会。加拿大魁北克的出路究竟在哪里呢?合法化危机和政治碎片化的问题能否得到解决呢?在泰勒看来,这些问题的回答需要进行一种正本清源工作,发掘我们的道德资源以澄清自我认同与相互承认之间的关系,为原子化自我找到饱含生存意义的处境,营造一种深度多样性的"对话社会"。

三、作为多重(文化的)现代性之政治诉求的"承认的政治"

针对上面单一理解的现代性可能导致的社会后果,我们应该树立一种多重现代性的文化观点,这种观点与现代多元主义(既表现在个人生活实践上,也表现在历史文化或思想传统以及跨文化体的层次上)密切相关。泰勒认为,现代政治和文化冲突,导源于道德根源的多元性;他试图将个人重新整合进现代伦理视界之中,这其实是对由现代性理想所塑造的现代伦理学的重新思考。这种现代伦理学高扬价值无涉,力主在多元化社会中对社会成员个体生活规划保持道德中立,其所提供的只是确定在共同的社会及政治生活中所应遵循的游戏规则和程序或方法。在泰勒看来,价值无涉对伦理学而言是不可能的,从内容方面表现"好的生活"对伦理学来说是不可或缺的,因而现代的形式伦理学只是一个骗局,因为其本身也隐藏着自身的价值观念。泰勒追求的是明确放弃那种相对于内在价值的臆想的中立性而将其道德判断的前提公诸于众。泰勒的道德哲学涉及的是一种"善"的观念,或是一种关于"好的生活"的观念,这种善并不具有超时空的普适性,而只适用于个体处身于其中的具体的历史性文化群体。泰勒告诉我们,每一个社会都需要一种共同分享的善,否则民主实践便会消失,主体难以获得维护集体之生存所需要的那种适度的责任心和参与意识。

泰勒社会政治哲学的主要目标,是以一种更具建构性和更富张力的方式来回应文化多元主义对哲学在阐明和规整当今重大政治问题包含的内在困境的能力的挑战,即如何在社会民主化的议程中应对少数民族、"贱民"(subaltern)群体和形形色色的女性主义对于承认的要求和需要的问题。承认在今天已经成为文化多元主义的中心议题。就美国政治生活来看,政治话语和争论主要围绕非裔美国人、亚裔美国人、土著美国人和妇女的需要而展开;就全球范围来看,冷战结束后,种族、性别、民族—国家等问题以前所未有的尖锐程度凸显出来。这些后冷战时代出现的问题,与传统的民族解放运动、民权运动和妇女运动的语境截然不同,这使得以权利自由主义形式出现的新老自由主义理论和在当代境遇中的族性、性别及民族问题以及民族法律国家内部以"寻求自主性"为标记的包括分离主义运动在内的各种社会运动之间出现了巨大真空,而为泰勒代表的共同体主义者正是在敏锐地感受到这些问题对自由主义理论前提构成严重挑战的情况下加入这场争论的。① 泰勒在普林斯顿大学所作的"承认的政治"的演讲正是针对这样的一种后冷战时代的现实背景,尤其是针对自身所处的加拿大魁北克分离主义运动的政治现实。

自我认同问题是泰勒理论的中心,所谓认同问题的实质乃是对于"我是谁"这个问题的回答,即对于我作为人的本质特征的理解。这种自我认同又是与平等主体之间的相互承认紧密联系在一起的,"认同一词在此表示的是一个人对于他是谁,以及他作为人的本质特征的理解。这个命题意指,我们的认同部分地是由他人的承认构成的;同样地,如果得不到他人的承认,或只是得到他人扭曲的承认,也会对我们的认同构成显著的影响。……得不到承认或只得到扭曲的承认(nonrecognition or misrecognition)会造成伤害,成为一种压迫形式,将人囚禁于一种虚假的、被扭曲的和被贬损的存在方式之中"②。对于泰勒而言,来自平等主体的正当承认不是人们赐予别人的恩惠,而是人类的一种至关重要的需要。只有生活于这样的一种相互承认之中,我们才能真正有所归属,才能对"我是谁"这一问题有深刻的理解。泰勒正是从这种承认与认同的内在关联出发,探讨了承认话语是如何形成的,继而在区分承认话语的两个领域(私人领域和公共领域)的基础上集中分析了公共领域中平等政治的两种类型(尊严政治和差异政治),最后在解释尊严政治和差异政治的缺陷的同时阐发其承认政治论的构想。

为何有关承认和认同的话语会成为我们现在政治理论的主题呢？泰勒认为,在前现代社会中,承认从来没有成为一个问题,因为那时由社会地位决定的认同是人人都视为理所当然的社会基本范畴,它内在包含着承认。这并非是说前现代社会的人没有认同,也不是说认同不依赖于别人的承认,而是说对他们而言这些根本不成为问题,没有使其主题化的

---

① 应奇:《解释的冲突与承认的政治——查尔斯·泰勒社群主义政治哲学述要》,载《学人》(第15辑),王守常、汪晖、陈平原主编,江苏文艺出版社2000年版。
② Charles Taylor, "The Politics of Recognition", in *Multiculturalism and "The Politics of Recognition"*, Princeton University Press, 1992, p.25.

必要。但是两个多世纪以来逐渐发生了的两种变化一起决定了现代人必然要重视认同和承认的问题。一是社会等级制度及其价值评价体系的崩溃。正如托克维尔所言，人们之间的差异和不平等产生了荣誉观，而随着差异和不平等的消失，荣誉观也将逐渐冲淡，最后同它们一并消失，这是贵族时代向民主时代过渡必然要出现的。① 传统旧制度意义上的荣誉(honor)概念，是和不平等有着深刻的内在联系的。换言之，荣誉并非人人都能享有，它就其内在本质而言是一个优先权的问题。泰勒以加拿大勋章(Order of Canada)为例子指出，若将此勋章颁发给每一个加拿大成年公民将使其变得一文不值。在以荣誉为主导价值体系的社会结构中，承认要求不会成为主流政治话语。这样的一种传统的荣誉概念在今天已呈现式微之势，人们更加专注于的是在平等主义和普遍主义意义上使用的现代尊严(dignity)概念，这种尊严观是唯一适合于现代民主社会的观念，平等承认对于现代民主文化而言不可或缺。民主所开启的平等承认的政治，在当前就突出地体现为不同文化和不同性别对享有平等地位的要求。

第二个使承认与认同得以凸现的变化是人的自我评价根据的置换。这是18世纪末产生的有关个人认同的崭新理解：我所特有的、在自身之内发现的个人认同同忠实于我自己及我自己独特存在方式的理想相伴而生。泰勒沿用莱昂奈尔·屈瑞林(Lionel Trilling, 1905—1975)的用法将这种理想称为"本真性"(authenticity)理想。传统的人视自身处于一个较大秩序的一部分，这样的一种等级秩序赋予了自身几乎无法想象可以变更的角色和地位，人的完满存在同某种本源(如上帝和善的理念)保持联系。在这种由社会地位决定的认同中内在包含着普遍的承认，因而承认在这种状况下不会成为一个问题。然而18世纪出现的以现代自我观念的形成为标记的现代文化的主体转向(subjective turn)，认为人类具有一种有关对或错的直觉的天赋的道德意识，这样的一种道德意识最初是为了反对将对与错视为精心计算的结果的道德观点，它来自于我们的内在情感。作为一种内在声音的道德的重要性就体现在它能告诉我们哪些事情是正确的。于是，人成其为自己的本源深深植根于自身之中，人由此将自己看作是具有内在深度的存在。泰勒指出，卢梭是促成这种变化的最重要的哲学家，"卢梭经常将道德问题表述为听从我们内在天性的声音。这种声音经常为那些导致我们以依赖他人的激情所淹没，其中主要是自爱(amour propre)或自尊。我们

---

① 托克维尔指出，"荣誉"在法语中有两层意思：一是表示获得他人的尊重、赞美和尊敬；二是表示人们赖以获得这种尊重、这种赞美和这种尊敬的整个行为规范。托氏主要是在后一层意义上来使用的。参见托克维尔著，董果良译：《论美国的民主》(下卷)，商务印书馆1997年版，第775—788页。

的道德拯救来自于恢复同自身的本真性道德联系"①。并且卢梭还阐发了一种自决自由（self-determining freedom）的观念，即自由产生于自我决定不为外部影响所左右之时，并且这与我之被社会及其要求服从的法律所塑造和影响是相容的。这样的一种自决的自由在卢梭那里是与本真性观念处于一种时而冲突时而缠绕在一起的复杂关系之中，并且已经成为我们政治生活中有巨大影响力的思想。泰勒之所以将卢梭视为现代本真性话语的先驱之一，是因为卢梭在对等级制荣誉观和优先权进行尖锐批评过程中体现了有关公民尊严和普遍承认的思想萌芽。同时，这种本真性理想的发展又是与赫尔德的名字联系在一起的，因为他认可了每个人都有自己的"尺度"，都有一种独特的作为人的存在方式，并且这样的一种独特性既适用于与众不同的个人（the individual person among other persons），又适用于与众不同的负载着某种文化的民族（the culture-bearing people among other peoples）。在赫尔德这里，我们看到了现代民族主义思想的萌芽。

这样的一种本真性伦理规范为现代文化所独有，它以个人主义的早期形式（如笛卡尔首创的体现不受约束的理性观点的个人主义要求每个人自负其责地为自身思考，以及试图使人及其意志先于社会责任的洛克的政治个人主义）为基础，同时也是浪漫主义（对不受约束的理性观点和不承认共同体纽带的个人利益至上主义持批判态度）的产物。这种本真性理想能够瓦解传统社会中按照社会地位获得认同的可能性，它致力于去发现人的一种内在发生而非社会派生的自己独特的存在方式，同时内在发生并非意味着以独白的形式存在，"人类生活的关键特征在于其根本的对话性。我们只有掌握了丰富的人类表达性语言，才能成为人性之主体，才能理解我们自身，从而建构我们的认同"②。泰勒的语言是在广义上来使用的，既指所说的语汇，又指艺术、姿态等用以表明自身的其他表达方式。正视通过与自身相关之人的互动交往使我们掌握了语言，正是在语言的交流中我们获得了确定的自我认同。在这里泰勒引用了米德（George Herbert Mead）的"有意义的他者"（significant others）来意指人类思想的对话性，我们在同他者的对话中实现对自我认同的建构。尽管我们应该尽可能地依靠个人反思形成自己的意见、观点和立场，尽可能努力根据我们自身建构自己的认同，但这种"有意义的他者"的影响是无法根除的。即使是那些隐士（hermit）和孤独的艺术家也渴望进行某种对话：隐士的对话者是上帝，而就孤独的艺术家而言，艺术作

---

① Charles Taylor, "The Politics of Recognition", in *Multiculturalism and "The Politics of Recognition"*, Princeton University Press, 1992, p. 29.
② *Ibid.*, p. 32.

品本身就是对未来读者发表的演说。因而我们的认同的形成和发展始终都是对话性的。

尽管本真性理想源起于忠实于自我独特性的要求,但是这并不意味着自我实现可以忽略我们与他人的关联的要求而实现。首先我们对自我及其独特性的界定需要将某种对重要东西的感觉当作背景,正是在与他人的差异中对重要性和意义的找寻使自我获得界定。"事物所呈现的重要性是针对一个可理解的背景而言的。让我们将此背景称为一个'视野'。那么,如果我们要有意义地界定自我,我们不能做的就是压制或否定事物对我们而言据以取得重要性的那些视野。"① 因而,本真性理想的捍卫必据以有重要意义的视野,换言之,在我们对生活的自我塑造中,必存在着某种独立于个人意志的崇高而有意义的东西,正是这种既定的视野有助于我们界定在哪些方面自我塑造和实现是重要而有意义的。我们生活于一种历史传统、自然要求、同伴需要、公民职责、上帝召唤之中,正是在这样一种背景状况中我们才能成为本真性之自我。其次本真性文化对于自我实现的个人的理解,并不意味着人们生活于其中的共同体的重要性仅体现其对于个人的工具性方面。我们对共同体的义务和忠诚感不应是一种边缘性的因素,而是我们生活在一起的绵延终生的联系纽带。"本真性理想包含了某种社会概念,至少包含了关于人们应该如何生活在一起的观念。本真性是现代个人主义的一个方面,并且它是所有形式的不仅强调个人自由而且提出社会模型的个人主义的一个特征。"② 泰勒区分了"反常的和破裂的个人主义"(individualism of anomie and breakdown of course)和"作为道德原则和理想的个人主义"(individualism as a moral principle or ideal),认为前者与任何社会规范无关,而后者必提出关于个人如何与他人一起生活的观点。泰勒正是在后一种意义的个人主义的基础上来阐述其本真性理想的,因为它承认与有意义的他者的对话对塑造自我认同的作用和意义;而前者则代表了一种严重低估了对话在人的生活中的地位的独白式的理想,"忘记了我们对生活中美好事物的理解会因为我们与爱人的共同分享而有所改变;某些善只有通过这种共享才有可能实现"③。以上只是讨论了在私人层面上个体认同是如何在与有意义的他者的对话中形成和发展的,下面我们重点来看一下在社会层面上平等承认的政治如何在认同和本真性理想的基础上成为唯一适合于健康民主社会的政治模式的。

---

① Charles Taylor:*The Ethics of Authenticity*. Harvard University Press,1991,p. 37.
② *Ibid*.,p. 44.
③ Charles Taylor:"The Politics of Recognition",in *Multiculturalism and "The Politics of Recognition"*,Princeton University Press,1992,p. 33.

泰勒认为,平等的承认意味着两种截然不同的东西：一是强调所有公民享有平等的尊严的普遍主义政治(politics of universalism),其内容是权利和资格的平等化,所确认的原则普遍地意指同样的东西(主要是指权利的等同)；二是从现代认同观念发展中产生出来的认为应当承认每个人的认同独特性的差异政治(politics of difference)。它要求的是一种不能普遍分享的东西,追求的是对个人独特性的承认,而这种对独特性的承认同样来自于一种普遍平等的要求。这两种政治模式都是建立在平等承认的基础上,都反对社会歧视,但对何谓非歧视的问题二者的理解是相互冲突的：平等尊严的政治要求承认的是普遍的权利,反对任何形式的歧视,完全无视公民彼此间的差异；差异政治要求的则是某种特殊的认同,要求以公民彼此之间的差异为基础而加以区别对待。"一种观点认为,平等尊重的原则要求我们以一种无视差异的方式对待人。人们要求这种尊重的基本直觉关注的是所有人都相同的东西。另一种观点则认为,我们必须承认甚至鼓励特殊性。前者指责后者违背了非歧视性原则。后者则指责前者将人们强行纳入一个对他们而言是虚假的同质性的模式之中,从而否定了他们的独特认同。"[1]平等尊严的政治及其无视差异的价值中立原则,是以含蓄的和无意识的方式表现出来的高度歧视,实质是一种文化霸权的反映,是一种冒充普遍主义的特殊主义。泰勒以这种普遍主义的平等尊严政治意指的是无视差异的自由主义政治模式。

泰勒进一步将尊严政治区分为卢梭模式和康德模式。他考察了卢梭在平等尊严的政治发展中的重要作用,认为卢梭意识到了平等尊重的重要性及其对自由的必不可少,"卢梭主张以一种平等之中的自由(freedom-in-equality)来对抗等级制和以依附他人为特征的社会"[2]。这种对他人的依附不仅来自于这些人对社会的统治和需要这些人以维持自己的生存或在自己热衷的事业上取得成功,而首先是因为渴望得到他人的尊敬(esteem)。这种对他人依附的人实质上是意见(opinion)的奴隶。卢梭的观点似乎带有一种斯多葛派的味道：人应该脱离人类生活的角逐,不必在名声上患得患失,甚至可完全不介意自己在公共空间中的形象。然而,在卢梭对一个可能的美好社会的描述中,仍可以看到别人尊重的重要性,人们生活的很大一部分在公众的注视中度过的。"古希腊竞赛中的优胜者是在全体公民的欢呼声中戴上桂冠的——这些不断激发的竞争精神和对荣誉的爱把古希腊人的勇

---

[1] Charles Taylor: "The Politics of Recognition", in *Multiculturalism and "The Politics of Recognition"*, Princeton University Press, 1992, p. 43.
[2] Ibid., p. 45.

气和美德发挥到无与伦比的水平。所有这些今天已经不存在了,对我们而言只是一个遥远的梦——的确,它对于现代人而言是难以置信的。"[1]为何这样的一种荣誉观在古代能成为公民忠于自己所属共同体的纽带呢?答案在于作为平等之基础的均衡作用,即每个人都平等地依靠他人。在诸如竞赛、节日和朗诵等成为爱国主义或美德之根源的事件中,并不对不同阶级的公民进行歧视的划分和区别。正是这样一种完全均衡的交互作用可以使人摆脱对意见的依赖而与自由互不抵牾,从而使全体人民形成共同的目的——公意。在此泰勒区分了坏的他者依附(bad other-dependence)和好的他者依附(good other-dependence),前者反映的是一种个体处于竞争状态的等级制荣誉体系,光荣必定以耻辱或卑贱为代价,这导致了目的统一性的瓦解,形成了人与人之间的分裂和孤立;后者(卢梭根本不视为是一种依附)则包含有一种统一的规划,甚至包含一个"共同的自我"(common self)。在此,我们或许可以说,卢梭对于现实社会的不满是以放弃他人的承认而表现出来的(脱离人类生活回归原始状态),而其对于理想社会的向往同样体现了其对来自于平等主体的承认的重视和渴望。公意基础上所有公民对荣誉的享有标志着尊严时代的诞生,只有在具有共同目标的共同体中才有人际之间平等承认的可能性。正是在这种意义上,卢梭开创了新型的平等尊严的政治——自由(不受支配)、被区分的角色的不存在和一个高度统一的共同目标三者密不可分。在这样的一种情况下,是否会导致同质化暴政呢?从雅各宾派到20世纪的极权主义表明了答案是肯定了。所以,泰勒和卢梭模式保持了一定的距离。

而康德模式则不涉及公意问题和角色区分问题,只关心公民的平等权利,但这种模式只能给予特殊文化认同以非常有限的承认:这种建立在平等承认能力基础上的平等尊严政治易导致一种只关注公民平等权利的无一例外的同质化,即一种漠视差异的权利自由主义,它不能包容特殊社会成员保存其特性的渴望和要求,运用毫不例外的规则对权利进行界定,并对集体目标持怀疑态度。这种模式体现在当今英美国家就是越来越流行的程序自由主义:个人权利永远处于第一位置,个人权利按照非歧视性原则优先于群体目标。然而,在今天,越来越多的社会已成为包含不止一个要求自己的文化认同的文化共同体的多元文化社会,在这样一种情况下,僵化的程序自由主义很快就行不通了。泰勒紧密结合加拿大

---

[1] 转引自 Charles Taylor,"The Politics of Recognition", in *Multiculturalism and "The Politics of Recognition"*, Princeton University Press,1992,pp. 46-47。

魁北克保持和发展法语文化的要求,指出了在一个包含众多文化模式的多元社会中文化共同体保存其自身文化特性的正当性,因为文化的凝聚力对于好生活的判断具有一种基础性的作用。我们的时代在文化上趋于多元,同时文化间的交流渗透也越来越多。社会的开放性和文化交流的频繁,形成了越来越多的 diaspora(diaspora 原指以色列以外的四散居住的犹太人,泰勒在这里意指那些成为游离于故土之外的跨国移民)。在这样的一种状况下,我们的"挑战是如何在不使我们基本的政治原则作出妥协的情况下清除他们的边缘化意识"[1]。标榜价值中立性的自由主义本身就是一个战斗的信条(a fighting creed),它不可能也不应该在文化上完全中立,因为其本身就是西方基督教文化有机发展的结果,其背后是一种自以为是的文化优越感。在对这种无视差异的所谓价值中立的自由主义进行批判的同时,泰勒指出我们不仅应该承认文化保存为一个合法目标,在司法复审或其他重要的社会政策中允许合法的集体要求,而且应承认不同文化具有平等的价值,要在允许其存在的同时承认其价值。一个多世纪以来的汹涌澎湃的民族主义运动的主要原因就是体现其文化特性的价值得不到承认。

针对已经出现的或有可能出现的文化歧视,泰勒提出了一个假设——所有文化都具有平等的价值——作为其论述的逻辑起点和前提,并指出对这种假设的拒绝是偏见或恶意的结果,是对平等地位的否定。在泰勒看来,这种假设是平等尊严政治的逻辑延伸,"正如不论种族或文化背景如何,所有的人都必须拥有公民权和平等投票权一样,我们也应该接受各种传统文化都有价值的预设"[2]。尽管这样一个假设由平等尊严的政治派生出来,却同时对处于平等尊严政治核心地位的"无视差异"的原则提出了挑战。换言之,正视文化差异的存在,承认各种文化在人类文化发展史上的地位和作用,才是一种真正的平等尊重的实现。当然,这样的一种假设并没有使泰勒走向文化相对主义(这体现为坚持一种种族中心标准的自我封闭的差异政治,是与体现平等价值的同质性要求的尊严政治相对的),因为这种假设只是一种有意义的要求,即要求文化研究者以假设其有价值的态度来研究不同文化,至于被研究的文化是否具有价值则不是该假设所能决定的。在确立了这样的一种平等尊重的对待各种文化的伦理态度后,如何进行最终的价值判断呢? 真正的价值判断设定了一种各种标准的融合的视域(a fused horizon of standards),我们在研究他者的文化后会为其所

---

[1] Charles Taylor,"The Politics of Recognition", in *Multiculturalism and "The Politics of Recognition"*, Princeton University Press, 1992, p. 62.
[2] *Ibid*., p. 68.

改变,不再仅仅是根据我们原来所熟悉的标准进行判断。① 泰勒认为,这种关于平等价值的假设是其在尊严政治和差异政治之间寻求第三条道路(承认的政治)的唯一切实可行的办法。并且在此基础上,泰勒将多元文化价值的承认问题归结为一个道德问题,唯有傲慢,或者类似的道德缺陷,才会使我们把它拒之门外。② 对于泰勒而言,道德生活的三个维度——对他人的尊重、义务感、怎样过美好的生活——在每个文化中都是存在的,只不过各种文化中各自的地位存在差别。这样的一种道德维度是尊重个体生命与人的完整性的根据,也是承认多元文化价值的根据。

总之,泰勒的比较文化研究的态度是首先假定所有文化都具有平等价值的逻辑起点,继而在实际的研究中适当地调整自己的标准,对不同的文化作出具体的价值判断。这是一种真正的开放态度,因为它与求知欲和对无知的觉悟为伴。泰勒寻求的是一种介于平等价值的同质性要求和自我封闭的种族中心性标准之间的"第三条道路",这依靠的主要就是其所提出的"所有文化都具有平等价值"的假定,这是我们在研究他者时所应采取的立场和态度。它代表的是一种比较文化研究的开放意愿,因为我们还远未达到一种可使各种不同文化的相对价值有可能一目了然的终极视域,我们只能营造一种文化宽容的氛围以走向视域融合。具体到政治模式中,泰勒致力于的是在无视差异的自由主义平等政治与族群主义的差异政治之间寻求"第三条道路"——体现为对话政治和交往政治的"承认的政治"。"一方面,他把差异政治看作是从平等尊严的规范中派生出来的,认为承认的必要性在于能否真正贯穿平等的原则,这构成了对无视差异的自由主义的批评;另一方面,他把不同文化具有平等价值作为一个假设或逻辑起点,而不是实质性的判断,实际上是强调承认的政治必须在公共交往的前提下进行。"③这种承认理论,既关注作为特殊可能性的条件的最普遍的规范,又与以实现人的自我实现为目的的取向相一致,寻求的是一种普遍与特殊之间的最佳结合。泰勒正是通过这种寓于对话与交往之中的"承认的政治"来调和高扬普遍主义的自由主义与倡导特殊主义的族群主义之间的紧张关系,捍卫和修补自由社会的制度设计。

---

① Charles Taylor, "The Politics of Recognition", in *Multiculturalism and "The Politics of Recognition"*, Princeton University Press, 1992, p. 70.
② *Ibid*., p. 73.
③ 汪晖:《文化与公共性》,"导论",汪晖、陈燕谷主编,生活·读书·新知三联书店 2005 年版,第 19 页。

第八章　后现代主义史学述评

二战后兴起的后现代主义思潮席卷了西方乃至全世界，对现代文明和思想造成了强烈的冲击。它以尖锐的问题质疑历史学自启蒙运动以来形成的认知范式和概念理论，主要表现为质疑进步史观，反对宏大叙事，挑战历史真实性的前提假设，彻底断绝历史科学化的念头，把历史学与文学关联起来，倡导历史叙事化；所有这些主张以激烈的方式动摇了历史学的根基，给历史学带来巨大的挑战。在历史实践中，受到后现代主义影响的史学写作与以前的历史作品存在显著的不同旨趣，以《怀柔远人》为例的分析表明，后现代主义史学通过对历史事件与史料的重新解读，得出与主流看法不同的"边缘化"结论；同时，隐喻和叙事手法的普遍应用也改变了历史写作力图保持"中立和客观真实"的面貌。简言之，长于批判的后现代主义史学提出了一些有价值的命题和观念，揭示出曾经遮蔽的、需要思考和认真对待的问题，例如宏大叙事隐匿了历史的局限性，史料和历史真实的脱离等等，从而给当代史学带来以开阔的视野解释史料和历史事件的契机；另一方面，批判有余、建构不足的后现代史学在诸多基本概念和问题上含糊其辞，或取相对主义立场，它对传统和历史的消解必将导致对历史的淡化，从而转向现实和主体自我，其能动性建构意义被有尊古传统的中国历史学者所忽视。对后现代史学的一种哲学反思，就是把历史和材料的解读最终归结到人类历史性的、现实的生活世界，以及基于语言交往的社会实践活动。总之，辩证地看待后现代史学，以开放心态接受其批判、借鉴反思，把它变成史学理论发展的一个内在环节，而又不扼杀它所宣扬的滋生差异性的价值才是真正反思的完成。

一、后现代主义史学的渊源

众所周知，希罗多德因其传世之作《历史》而被视为西方历史学之父，他首创了一种历史编纂的体裁形式，以及基于历史批判的方法。在史学开创性方面，中国历史学之祖司马迁以《史记》，通过实录写法试图提供历史对当下的借鉴经验而名垂千古。但不同于中国历史学的发展,西方史学观念的变化与革新不断,风起云涌的范式转型创造出近代以来辉煌的历史学成就。粗略来说,源远流长的西方史学大致可分为这样几个阶段:古典史学,可以上溯到古希腊神话和《荷马史诗》,经过希罗多德和修昔底德的史学开创,到公元5世纪西方古典时代的终结;中世纪史学,贯穿着从5世纪到15世纪的千年"黑暗长夜";近代史学,从文艺复兴运动开启了西方现代化进程,到19世纪试图对史学进行科学化的兰克时代;最后是20世纪以来的现代史学阶段,包括年鉴学派、文化社会史学、后现代主义史学等几个新思潮的兴起和研究方向的演变。曾几何时,启蒙运动和随着工业革命而来的科学技术之快速发展带来的现代优越感如此强烈,以致文艺复兴时期普遍存在的悲观主义历史循环论很快就烟消云散,伏尔泰在《路易十四时代史》中宣称17世纪的法国是欧洲乃至整个人类文明的高峰,黑格尔更是从马背上的拿破仑看到了历史理性,把国家视为合理的、现实的最高阶段。在理性主义看来,人类的历史存在着一个形而上的终极意义,每个时代成为一个有着总体性的目的之一个环节,并以不同方式成就"历史的进步"。这样的叙述即元叙事,①它是一个结构性的原则,把各种各样分散的资料和叙述有机地组织成一个宏大结构,而历史研究通常围绕民族国家这个中心而展开②。18到19世纪的西方历史编纂学就是叙述着民族国家的形成及其历史意义,"如实直书"就是兰克客观主义求真的标志。史学家多关注历史发展的进程模式,虽然不同历史学家或者学派支持不同的理论,例如有的声称历史是循环发展的,有的赞同历史是倒退进行的,有的坚持历史遵循进化论模式,但是他们都有一个预设前提,那就是历史本身存在一种发展的规律性,而且这个规律是确定的,可以通过研究历史材料由人类理性来把握。在他们看来,各种历史研究都是从历史本身所展现出的方方面面来探索这个历史的根本问题。

然而信仰"历史进步"的观念和"元叙事"在20世纪初却受到了挑战,尤其是1914年的第一次世界大战,以及1920年代末资本主义国家的经济危机对西方乐观主义思想的打击。就像现代哲学对笛卡尔—康德体系的主体理性以及黑格尔哲学的态度转变一样,理性主义基本的理论假定一下子变得脆弱起来,不再是坚定的不可动摇的,也不再是清晰的和明确

---

① 元叙事(meta-narratives),有时也称为宏大叙事(grand-narratives/master-narratives),是后现代主义(post-modernism)和文艺理论批评中经常使用的一个概念。它是指一种无所不包的叙述,具有主题性、目的性、连贯性和统一性。史学中的宏大叙事与历史认识论息息相关,与历史的发展规律及史学家对于这种历史发展规律的探索与认识紧密相连,隐含着使某种世界观神化、权威化、合法化的本质以及政治特性。可以认为它是一种对于人类历史发展进程有始有终的构想模式。
② [德]黑格尔著,王造时译:《历史哲学》,上海书店出版社2006年版,第132页。

的。哲学所惯有的反思精神终于波及并深入到历史学对自我主体性的探索之中,西方历史学的研究范式随之发生巨大的转变。新康德主义者认为史学不是传统意义上的科学,施宾格勒否定"历史进步"而提出多元历史观,汤恩比质疑现代性、文化的局限性和相对性,作为西方历史编纂学理论基础的科学客观性就因所谓"宏大叙事"的主观性而受到质疑。科学在技术应用和经济等领域的成功以及技术应用对人类社会的生活方式的根本改变,激起历史学研究对"工具理性"的向往,各种科学化手段被引用进来,例如计量和统计的方法,行为科学、认知科学、精神分析和心理学的成果也被用来探索历史问题。与此同时,与实证主义科学方法相背离的否定历史学可以科学化的思想也逐渐兴起并产生深远影响,后现代思潮就是其中之一。

1940年代兴起的后现代思潮给人们的世界观以极大影响,它首先表现于建筑风格上的标新立异,但很快波及到文学艺术等看得见的活跃领域,进而影响到哲学、历史学、政治理论和人类社会学。这股思潮的产生和传播是有原因的,黑格尔之后备受现代哲学批判的理性仍然背负着短短三十年内发生两次世界大战的道义包袱,国际垄断资本主义给人类带来的不是幸福而是灾难;科学技术的快速发展一方面促进了生产力前所未有的提升、强化了人对自然的控制,另一方面也带来了环境污染、资源浪费、生态问题,冷战造成的人类生存危机、人文精神失落等等一系列社会问题;高速发展的信息化把文化变成为一种消费形式,精神文化的生产从崇高的地位、高雅的格调进入普通的商品生产流水线;而且,别忘了发生在世界范围内的各种反叛的革命激情的高涨——那是一个革命的年代。这几个方面的要素共同激发起西方知识分子在思想上对权力中心的瓦解意识,对主体性的反思孕育了以去中心、宣扬边缘和零散化、变动性、不确定性、无深度性等反传统也反现代性的后现代主义思潮。例如,后现代风格的玻璃塔楼在全世界各主要城市中心雨后春笋般地涌现出来,以形式的变革和建筑空间的转换改变人类的社会生活方式,以隐喻的方式侵蚀政治权力。在文学领域中虽然不存在一个特定的后现代作家群体,像"垮掉的一代"那样取消精英与"草根"、文学与非文学的划界,但没有共同纲领就是一份无形宣言,文学领域分支流派众多,各种思潮杂芜,摒弃终极价值,宽容不同标准,主张持续开发各种差异并维护差异性的声誉,崇尚"零度写作",惯用矛盾、交替、短路、反体裁、话语膨胀等手法,而且不计阅读艰辛的后果。福柯的权力与知识的关系很自然而恰当地运用到政治领域,与德里达的文本解构、利奥塔的知识报告理论一起剥离了权力的尊严。后现代思潮还表现在人类学家对殖民主义理性的清算、对"他者"的探究,如费孝通曾经高度评价对社会学研究对象的差异性和方法原则的多元性。后现代主义在哲学上似乎寻找到了恰当的理论支撑,与后结构主义、语言分析相结盟,使得其不明确性被遮蔽起来,从各种哲学学派收集凡是批判的思想和观念,甚至追溯到现代以前的哲学家如帕斯卡、卢梭等。① 就这样,始于启蒙运动的现代文明的理性被摆到质疑和批判的思想法庭上。

自1970年代以后,以福柯、德里达、利奥塔、罗蒂②等人为代表的哲学家在"反逻格斯中心主义"(或反本质主义、反基础主义)的旗号下,从后结构主义那里获得思想资源,不仅批判柏拉图主义主导的传统哲学,而且认为黑格尔之后的现代哲学的批判不够彻底,故而把现代哲学对传统哲学的批判推到极端,尤其是对启蒙运动以来的以科技革命和工商业文明为核心的现代性进行深刻的反思而偏激的批判。法国后结构主义重要代表利奥塔说:

> 我们的研究主要对象是高科技社会中的知识状况。我们决定用"后现代"来描述这一状况,缘于它正在美洲大陆的社会学家和批评家中间流行。19世纪后,我们的文化经历了一系列的嬗变:科学、文学、艺术的语言游戏规则全变了,"后现代"一词,恰好标示出当今文化的方位和状况。这项研究以"叙事危机"为焦点,来探讨上述一系列的文化变迁。③

他们的思想影响到哲学、人类社会学和历史学等广泛领域。后现代主义完全抛弃了传统的那种通过逻辑和历史论证阐明某个中心理论的理路,质疑客观真理和理性等经典观念和概念,否定理论框架或终极性解释,强调世界的偶然性、不稳定性和多样化。

由于受到"语言学转向"和解构主义的双重影响,后现代主义撇开主观客观问题,从历史著述的形式、概念和原理中来审视现代历史学。他们认为语言学的研究揭示了历史的局限性。哲学诠释学的发展经过海德格尔和伽达默尔的本体论解释,使得读者的角色由被动的接受者变成为主动的文本解读诠释者,文本除了通过读者的理解和解释以外并没有独立存在作者原有思想的真实。人对世界和文本的思想的阐释不仅是一种认识活动,而且更是

---

① 刘放桐:《后现代主义与西方哲学的现当代走向(上)》,载于《国外社会科学》,1996年第3期。
② 罗蒂在反传统哲学倡导后现代主义的立场上与福柯、利奥塔等人有所不同,他还是坚信历史的进步特征,我们的历史和社会是可以继续进步的,未来还是有希望的。比如他有论文集《真理与进步》、《哲学与社会希望》。他曾经乐观地期盼着在2000年实用主义和德法哲学聚合产生"后哲学文化"。
③ [法]利奥塔著,岛子译:《后现代状况:关于知识的报告》,湖南美术出版社1996年版,第28页。

一种基本的生存形式，人生存的价值和意义就是一个通过理解和阐释来扩大意义和寻找新的意义的过程。利科认为文本的深层结构、文本的所指和意义具有独立性，它将随不同的理解而增值。后现代主义史学是对近代以来的历史学（尤其是19世纪兰克客观主义史学）科学化的辩证否定，它直指历史学科学化的边界和有限性："历史学能否完全摆脱神话、迷信和宗教等文化影响？历史编纂或历史写作能否清除修辞和叙述结构所产生的虚构效果？历史学家的客观性考虑能否足以超越生活情景铭刻在其思想深处的文化价值的定位？"[①]

无论后现代主义是一种理论或者一种学术思潮，"历史学到底是一门艺术还是科学"的问题再一次被那个激进年代里的思想家提出。海登·怀特1973年在《元史学》（也有译为《元历史学》）中提出后现代史学理论，他认为，由于日常语言已经提供了各种样式的概念化建构历史对象的工具，而且不同的修辞手法可以让历史学家不受确定性因素制约，所以，只要史学家还使用日常语言，而不是用数学物理方程那样的人工规范语言来言说和写作，那么他们对过去的表现及其思考就仍然是文学性质的，甚至是"尼采式的诗化"。对历史事件与事实的区分揭示出事实的假说性构造，而史学家将对"客观事件"的关注转移到事实判断的意义建构的产生过程，还有概念系统的时代性、分析历史想象的深层结构。在他看来，后现代史学主要是针对传统史学理论的批判，它是一套在阅读史学思想的经典著作时，为了要将它们看作是历史反思的表现形态而所需要的有关历史写作的形式理论，从而实现对史学著作的显性层到隐性层的理解和转换；这个理论是价值中立和纯粹形式的，历史研究的非科学化的结果；它的基本特征是质疑理性主义的元叙事，解构历史的真理，认为历史文本是采用不同修辞手法的文学性质的作品（本文第三节将对此展开阐述）。他对叙事化的修辞手法进行了精心的研究，认为叙述形式必然会让历史学家在著述时不断整理和剪裁已经挑选过了的"史实"，并加以编排处理以体现所叙述故事的完整性，这样的工作与文学创作没有什么区别。隐喻的使用、史料的剪裁等等，史学家就是在有意无意地制造情节，从而使故事变得生动有趣。[②] 在后现代史学观看来，历史学没有真正的客体，所以历史研究也就不具有客观性。詹京斯在《历史的再思考》中把历史学家的著作看成历史学家本人的意识形态和世界观所包容的故事编集。伊格尔斯在《二十世纪的历史学》里倡导如日常生活史之

[①] 韩震：《20世纪西方历史哲学》，北京师范大学出版社2003年版，第109页。
[②] ［美］海登·怀特著，陈新译：《元史学：19世纪欧洲的历史想象》，译林出版社2004年版，第43—49页。

类的微观史学,"它从精英们的身上转移到日常生活的各种现实的方面,从宏观历史转移到微观历史、从社会史转移到文化史。从依赖于传统的经济学、社会学和政治科学到更多地依赖于人类学、语言学和符号学"①;他认为后现代主义瓦解了传统历史学的根基——对事实真相的客观描述。

对于后现代主义思潮的影响和冲击,中国学界也没有置身其外,但反应比西方要迟一步,在西方后现代主义开始退潮的1990年代,中国才开始热起来(当然这也有我国改革开放直到1970年代末才开始的原因),随后出版了一些译作和论著。文学界如王岳川的《后现代主义文化研究》;后来在哲学和历史等领域受到关注,如刘放桐教授辨析了后现代主义与西方哲学(包括马克思主义)之关系,还有郑群的《后现代主义与当代西方历史学》、张永华的《后现代观念与历史学》、王晴佳的《后现代主义与历史研究》等;韩震教授与陈新等人从历史哲学理论方面作了一些探讨和译介工作;不过多倾向于评述,而且持一种谨慎态度。热衷于追求"客观事实"的历史学界对于后现代的反应相对来说比较滞后,但由于后现代史学的观念与以前史学观念差异和对比鲜明,故而影响也更深刻。总体来说,国内的研究还需要理论的进一步深入,尤其是在历史哲学方面的研究。

二、后现代主义史学的基本特征

面对东亚以及第三世界的快速发展,西方不再可以孤芳自赏。唯我独尊不但显得狭隘肤浅,而且与已经走向多元化的时代和全球化趋势相背离。后现代主义正是在西方乃至全人类面临巨大变迁的背景下提出了现代世界的关键问题,它反对传统,看起来"只破不立,只见树木不见森林",却促使我们以更开阔的思路和视角来思考和回应传统、现代性和后现代性的"冲突"。要想真正理解后现代主义史学,我们首先要置身于后现代主义的"土壤"中,认识其面对的问题,理解其解决的思路,就像历史学家试图把历史材料放到原发情境之中来解释一样。

"宏大叙事"是后现代主义对现代以及传统历史学进行批判的靶子。现代史学持历史线性发展进步观,以揭示历史演变大趋势为目的,主要研究对象是精英在政治经济等中心舞台的活动和普遍理性之展现。后现代主义则颠覆了这种传统中心观念,把研究投向边缘

---

① [美]伊格尔斯著,何兆武译:《二十世纪的历史学》,辽宁教育出版社2003年版,第3页。

的、大众的和非理性的因素,例如社会文化史、性别史等"自下而上"的历史研究。对于后现代史学来说,文化不再只是一个受经济和社会决定的次要角色,它的能动性受到了重视。反对宏大叙事并非完全去掉宏大叙事,而是不再让它占据主导的中心地位,并给它附加约束条件、限制其有效范围。这样历史连续性就被割断,完整性也消失了。在巴尔特看来,过去事实的实在性必须与实在效果相联系,也就是说,过去的实在性是历史文本之间的张力所引起的效果,而实在效果是由历史文本中提到的不相关的细节所创造。这样,每个事件都获得了一种相对的独立性,不再拥有传统的按自然时间顺序发展的连续性和因果关系。后现代主义史学否认存在任何固定不变的中心和稳定的结构,并强调事物的多样性和不确定性。如精神分析彰显理性不能把握的无意识在人们行为中的基础性重要作用,语言学从结构主义到后结构主义的演化揭示出语言结构的复杂性和独立性。由于语言的不透明和不准确性,故而被认为是人们表达思想进行沟通时产生误解的根源。后现代史学认为过去的神话传说、宗教信仰、生态环境等等,如同民族国家一样,都能成为筛选编织和解释零碎知识的出发点。元叙事即使得到保留,也不再是过去的历史编纂模式,而变成一种可疑的"意识形态"。客观历史主义的宏大基石就这样被消解了。杜赞奇说,"现代社会的历史意识一直是受民族—国家的强烈制约的"①。但民族和帝国、科学和迷信等概念以及由此建立起来的话语体系不再能够统治历史叙事,因而微观化是历史研究的一个当然选择。"蒙塔尤"不只是一个说奥克语的小村庄,更是这样的一个隐喻:政治文化中心的边缘地带也能够存在,或者发掘出丰富的而又多趣的社会关系、宗教信仰以及风俗习惯,甚至性观念与生活的正当的历史。②

后现代主义史学还要"消解客观真实性"。宏大叙事的消解也就否定了历史学知识的原有结构。传统的视角不再是唯一的、需要扩展到多个方面。历史事件的意义往往并不在于发生的事件本身,而在于同时代人对它的感知(可称之为"原始在场")和后来时代人的理解(可称之为"后续诠释"),只有被同时代历史学家的现有历史知识结构能够包容的事件才能进入他们的视域。同样,它还要经过后来时代的历史学家意识结构的不断过滤和重新解读,才能进入社会大众意识。所以,历史事件的意义和重要性总是随着时代的变迁而变化。有的历史事件的重要性得到了提升,比如,随着中国的崛起从而在世界舞台上各个方面的

---

① [美]杜赞奇著,王宪明译:《从民族国家拯救历史》,社会科学文献出版社2003年版,第26页。
② [法]勒华拉杜里著,许明龙等译:《蒙塔尤》,商务印书馆2007年版。

影响日益增强,1972年中美关系的改善就越来越不是乒乓球所能比拟的了,它的意义也就日益超出了当初人们的预想和历史学家的评价,好像成了一个与时间正相关的价值增长器。有的历史事件当时被认为具有历史重要意义但后来被否定,日本1970到1980年代雄心勃勃的智能计算机研究计划曾被广泛认为是日本即将超越美国的标志,但随着整个项目的失败这个说法就销声匿迹了。原苏联的解体表明,俄国十月革命的历史意义由"伟大的人类解放和走向共产主义之序曲"变成了一场"冒冒失失的乌托邦试验",在许多人看来也是明明白白的"历史事实"。有的历史事件的意义由所谓"外在因素"所左右,法国大革命是思想家们谈论不休的历史话题,托克维尔的解释被认为要比米什莱的更合理、更可取,那只不过是因为"托克维尔的解释中体现出一种自由的个人主义价值观,而米什莱的解释表现的是左翼自由主义。可是当下读者中喜欢前一种解释的人更多"①。就拿我们中国近代史上人们比较熟悉的洋务运动、义和团和太平天国运动来说,我国史学界的基本看法在改革开放前后就很不相同,如果一定要说哪一个更符合"客观",倒不如说哪一个与现实需要和意识形态关系更密切。福柯说不受权力控制的真实历史还是一块处女地,"这个世界上的真理就是通过各种控制形式被生产出来的这样的东西"②。

后现代主义史学还倡导"从史料到文本的转移"。史料是历史学家进行历史研究的基础,可是对于同样的史料,他们却能得出不同的结论和解释,而且个个振振有词。但这并不说明史学家可以对史料进行随意解释,尊重史料和独立思考并不矛盾。历史学家的工作也不都是从原始材料出发的,尤其是如今面对史学界"生产过剩"的现象,许多研究实际上是从阅读二手材料开始的,从阅读中产生研究兴趣与问题意识,然后才寻找原始材料。而且,不断的引证逐渐模糊了历史作品与历史材料的区别。"为了使资料产生意义,把陌生转化为熟悉、把神秘的过去变为易于让人理解的现在,历史学家使用的唯一工具就是比喻语言的技巧。"③语言的修辞和虚构功能把历史文学叙述化了,有关过去历史事实的争论在本质上似乎只是一个语言学的问题,正所谓"文史不分家";诗化的历史文本写作似乎是一个反感科学主义的格式化,而要"回到"荷马史诗时代的诉求。我国清代学者章学诚曾经提出过"六经皆史"的说法,试图消解历来高于史学的"经"之权威性,如果再激进一步,按照海登·

---

① 陈新:《实践与后现代史学》,《学术研究》,2004年第4期。
② Michel Foucault: *Power / Knowledge*, ed. Colin Gordon New York: Pantheon Books, 1980, p.131.
③ [英]詹金斯著,江政宽译:《后现代历史学》,麦田出版社2000年版,第245—285页。

怀特的"历史皆是文学"的主张,那么高高在上的四书五经同演义别传无异也。隐喻就更是随处可见,我国历史上就充满了隐喻和类比的语言功夫,比如,"子在川上曰:逝者如斯夫,不舍昼夜";朱熹用"可惜死了告子!"来吊唁陆九渊是自比孟子以及对自己失去辩论对手的叹息,同时也不忘贬低一下对手;一些曾经想在功劳簿上吃一辈子的老干部能够脱口而出"我还要为党和人民鞠躬尽瘁死而后已",而那很可能只是要求干部终身制的冠冕堂皇的变相说法。出于政治或者其他文化之类的什么原因对炎黄两帝的尊崇其实没什么大不了的,但后现代史学观提醒我们切不可轻易混淆现实的政治意图与历史真实:分别隐喻长江和黄河的炎帝和黄帝到底是传说的还是真实的历史人物?中华文化标志城就更是一个利用名人效应的与利益相关的时髦项目。"一切历史都是思想的历史",历史叙述就要表达事件的历史价值和意义,而不是仅仅拿出编年史或者名人大事列表。对历史事件及其之间复杂关系的叙述还要配以有趣的解说和意义解释,最好能够达到小说那样的故事性,委婉曲折又动人心弦。后现代主义史学认可事件之间的联系和对材料的意义理解,但反对存在融贯的整体意义的说法,而且,对意义的理解不再依赖于所谓的"客观材料",而是转移到关注历史写作的思维范式、语言结构,尤其是关注文本。

简言之,历史写作由史料观转换到文本的语言结构,文本不再是透明的、无生命力的纯粹传递工具,而是有着开放性和生产性的意义散播的"在场"。德里达在《论文字学》中说"文字比说完就消失的语言更稳固持久,是一种写下的存在"。作者、读者、历史材料和文本为结构主义和后结构主义的语言舞台提供了变幻莫测的要素准备。用"历史叙事学"代替"历史科学"、倡导史学的叙事化,还蕴涵着这样的一层含义:在政治和社会层面,叙事在某种意义上确实总是意味着对资本主义的反叛,叙事的知识与科学或抽象的知识相对,这是一种前资本主义与正宗资本主义相对立的隐喻。

虽然怀特对史学家的语言形式和理论进行了深入的分析和论述,后现代主义史学理论,如同对于后现代主义的看法一样,不存在一个确切的定义。任何规定性的、不变的词语描述都可能被它自己所反感而抛弃。与其说它是个概念,还不如说它是一个过程、一股强调相对性与流动性的思潮。它与20世纪的其他史学思潮也存在相互影响和关联,分析的历史哲学对历史问题的出发点是主体而不是客体事件,它关注于历史学家如何认识客观历史的机制和过程。反宏大叙事并非后现代史学所特有,于1970年代后兴起的微观史学和新文化史(社会文化史)思想也有类似表现:历史写作的人物从决定历史发展的精英转移到老百姓;宏大结构当然不可能在老百姓身上体现出来,所以,结构就变得微观化,以政治军事等重大历史题材的社会主线细化到宽泛的文化史中的涓涓细流,如性别史、妇女裹足史、某种民族习俗如饮食服饰的演变等等。概言之,从小处着手,研究对象范围也缩小,地方边缘化、个例化,试图"以小见大"。这种转变必然导致对历史中心的消解、政治和文化的多元化,以及零散化、文学化的叙事方式。但是,无论微观史学还是新文化史都没有像后现代史学那样挑战历史真实性。"去真理化"实际上针对的仍然是本质主义,不管是基于主体认识论的内在真理,还是带着科学光环的外在客观真理,抑或各种各样的上帝崇拜。人随着其主体性的消解而被先在的身体所替代,福柯对中心权力进行解构的微观分析就是从身体的规训与行动的策略开始的。文学化,尤其小说叙事性质的使用彰显了文学语言的隐喻价值,虽然语言的逻辑空间和后现代文学所主张的开发差异性的可能领域是完全开放的。在抵制任何以中心自居的旨趣上,与其反本质主义是相辅相成、前后一贯的。

后现代主义史学质疑自启蒙运动以来的理性主义和客观的历史主义,但是这个批判可能走向了一个极端,例如,对否定中心与边缘的划分,而不顾及有限性的思维方式如此形成的历史原因和现实存在之"合理性",将事实与虚构相对化而不深思历史学传统的真理观问题,混淆历史学与文学。这种激进的方式必然会引起一些历史学家的反感,有人就认为后现代主义作为一种思想或知识体系对历史学的了解相当肤浅,根本贡献不出什么东西;即使同情后现代主义的安克·史密特也对后现代主义抱有警惕;伊格尔斯持一种有保留地接受的态度,他认可对科学合理性的边界限制,但反对把历史学与文学划等号;扎各闻担心与"疑古"一样过头的后现代主义怀疑情绪以及对史料的轻视会让它变成另一种形式主义的泛政治化教条。艾文斯在《捍卫历史》一书中表达了他的忧虑:历史文化与科学基础的动摇,以及历史一手材料与二手材料之间不同意义的界限的消除是否会威胁到历史学本身的存在。对于后现代主义思想来说,在其怀疑和批评的同时,也解构了更有趣而复杂的问题,遮蔽了后工业社会里其他科学技术、生产与社会等领域内因为急剧的变更所遭遇到的种种两难困惑。哈贝马斯更是斥责后现代主义是中产阶级庸俗趣味的逆流,是斯皮尔伯格式的反现代主义的新社会保守主义。

三、后现代主义史学的实践

直接表现为后现代主义实践的历史写作迄今还不算多。在可数的这类作品中,何伟亚的《怀柔远人:马嘎尔尼使华的中英礼仪冲突》是一个代表。它以后现代写作方式及其独特的结论,获得 1997 年度美国亚洲学会的列文森奖。其他的还有如杜赞奇的《从民族国家拯救历史》、柯文的《历史三调》,可能都受到了后现代主义的影响。这里以《怀柔远人》为例进行分析,展现它是如何以一个"小事件"来打开历史宏大叙事缺口的。

1793 年访华的英国马嘎尔尼使团在我国清朝当事者看来,是一个不太重要的偶然事件;但在英方看来却并非如此。它持续地引起西方历史学家的密切关注,导致各种各样的历史诠释,当然对于总是试图在古代王朝的种种行为规范中寻找帝国没落根源的现代中国人来说,它也不失为一个翻来覆去的素材与饭后谈资。一般来说,现在所形成的主流观点是将其看作一个为商业贸易所驱动的英帝国主义的扩张,与一个傲慢且自视为世界中心的中华帝国相碰撞而掀起的一朵浪花,一个只是因为文化的差异而发生误解和冲突的稀松平常的历史事件。故事梗概大体是这样的:清朝按照历史传承下来的、由来已久的与邻邦(包括国家和隶属国)交往的朝贡模式,要求马嘎尔尼带领的英使团行三跪九叩礼仪,但是,英方坚持按当时西方所普遍接受的平等外交的礼节来举行外交仪式,观念的分歧最后导致交往的失败,马嘎尔尼使团无功而返。

何伟亚把马嘎尔尼访华团的遭遇进行了解剖平台的转变,把它看作是两个扩张性帝国的政治冲突,而非文明的冲突;并且深入到事件发生的全过程中,进行细化分析,"考察一个满汉混杂的而非纯粹华夏的帝国的关注所在;探究清廷与英国不同主权观念的竞争;重新审视这次遭遇中仪式在双方的地位和作用"①。他区分开历史事件与进行历史审视的文化观,并用政治组织原则代替文化,试图在一个小尺度和低度概括性的范围内来解释事件,对既往"基于文明的冲突的历史定论"提出挑战,因为,他认为清朝和英国都是专制主义的帝国,竭力排斥危及自身权力的各种威胁。何伟亚反对像费正清那样将解释建立在两个文明或文化的遭遇上,而是从"帝国构建"的角度来分析双方所持强权政治原则的冲突,它们都试图把对方纳入自我的体系之内,但不是在文化上,而仅仅在政治权力与利益的层面上,"马嘎尔尼勋爵典型地代表了大英帝国主义野心"。何伟亚认为对觐见前后英使团的真实目的的评判一直是乾隆和清政府的重要任务,不幸的是随着使团的真实态度逐渐外显,乾隆皇帝和清朝官员认定在英国人的强大外在力量之后缺乏道德基础;马嘎尔尼的虚情假意和唐突行为以及一系列细节让敏感的清朝官员加深了猜忌。在何伟亚的书中,英国人的炫

---

① [美]何伟亚著,邓常春译:《怀柔远人:马嘎尔尼使华的中英礼仪冲突》,社会科学文献出版社 2002 年版,第 42 页。

耀和清朝人的顾虑处处形成对比。而且可以从徵瑞、福康安、和珅等满人与王文雄、梁肯堂等汉人对使团的态度差别,推断出满族人比汉族人在对外交上持更加保守的立场,对外来不确定性因素对国内政治的影响后果更为顾虑重重的心态。因为,国家之间交往的加深将注定不利于清朝的统治,那么如何可以期望清朝积极配合呢? 针对西方人的对华态度,他说:

> 是否存在或应该有通行的外交模式,对这个问题欧洲一直没有取得一致意见。譬如,拿破仑·波那巴认为,马嘎尔尼与中国人打交道,应该入乡随俗,因为每个主权国家都有权决定在其领土范围内外来者应如何与其打交道。……我认为,依靠这些通行的国际关系准则去协调一致地阐释或评价清帝国处理对外关系的礼仪,这是不可能的。马嘎尔尼对他出使清帝国的评价是这种不可能性的好例子。并且,这一事件的多数其他研究,其始点正是:通行的欧美模式的国际关系准则足以理解其他种种历史关系。①

何伟亚批评西方现代化转型中的一元主义,因为,在这个强力主导的进程中戴着有色眼镜,丢失了许多与其存在差异的其他"文明风景",也没有注意到自己的有限性和单调乏味。他认为英使团忽视了中国长久以来的礼仪制度对于统治的极端重要性和"自然"形成的"朝贡体制"外交;所以,以现代视角看起来平等的礼节在满清看来却可能是消解其政治统治的挑战和威胁,是对"中华宇宙—道德秩序"基于礼仪建构的漠视。何伟亚对马嘎尔尼只关注于商业利益,而不了解清朝宾礼对于满族人统治权力的重要性的这种"自责",倒是与一些中国学者批评清朝政府包括乾隆皇帝"妄自尊大"的心态从而导致和平外交转向武力外交的立场相似,只是指责对象不是"对方"而是"己方",形成某种形式的"自我批评"。

他还多处提醒清朝"朝贡体制"的防御性很容易被忽视,而这正是英使团的错误所在。这实际上是他对主导历史事件的政治情势的反面理解,立足于"弱者"一方的换位思考。清朝与以前朝代不同,满族人紧绷的神经、对统治合法性的敏感可以解释皇帝既勤于政事,又屡兴文字狱。尽管如此,何伟亚多次强调了清朝"宾礼"在不同场合的"可变性",而这一灵

---

① [美]何伟亚著,邓常春译:《怀柔远人:马嘎尔尼使华的中英礼仪冲突》,社会科学文献出版社2002年版,第29页。

活性就掌握在最高统治者皇帝的手中。"马嘎尔尼使团的礼仪之争并非不同寻常,礼仪之争亦存在于东亚与亚洲腹地的关系中,这表明清帝的最高君主地位是不确定的,是暂时的"①。何伟亚对于乾隆针对英使团的不同态度,在觐见英使团前后有个仔细的分析和鲜明的对比:之前,"通过军机大臣阿桂和和珅,……告知沿海各省官员……注意到请求书中所表达的'高度的恭敬,顺从,诚恳,忠诚等等情感……考虑到海上航行的风险,他提醒官员们……妥善接待"②;而后来因对英使团的反感和怀疑加重,典型地表现在对英国礼物"供小儿戏玩"的态度和给英王极为冷淡的回函上(这个函件一直被众多史学家所揶揄讥讽)。

何伟亚采用后现代主义方法重新解释相关史料,消解传统的历史与史料的联系。譬如,"观察主体的模式……有助于解释日记中对中国地理位置的确定;即以最重要的帝国中心——零度经线所在地格林威治——为标准,英国人正是借着格林威治确定了全世界的空间位置"③;重新解读乾隆给英王乔治三世的敕谕中的语句"我们并不过分看重这类东西,我们也不热切盼望你再把你们国家所制造的物品送来"④。对于西方在18世纪出现对中国的崇拜,如"儒学热"在法国的兴起,中国艺术和瓷器在英国的流行,但很快就在曾经陶醉于中国美术和社会生活方式的几乎同一代人中演变成对中国的普遍反感。他认为这对于理解中西交往事件至关重要:

> 正是对中国尤其是中国人的过去的否定,产生了"西方",它将一个活生生的真实存在的中国作为负面的形象,用以建构英国民族优越感并昭示英国人超越了过去的全球秩序。否定和蔑视表现在各个方面。如果说没有"中国",那么"西方"亦不可能存在,可是这种推论式的规则一再被忽略。在某种程度上,这种忽略是借助蔑视想象中的中国来完成的。第一个英国使团就是一个好例子。马嘎尔尼不但预期而且最终宣称,他的对抗行为——特别是他拒绝参加清廷的某些典礼——的结果是他的使团获得了成功。⑤

---

① [美]何伟亚著,邓常春译:《怀柔远人:马嘎尔尼使华的中英礼仪冲突》,社会科学文献出版社2002年版,第44页。
② 同上书,第141—142页。
③ 同上书,第90页。
④ 同上书,第214页。
⑤ 同上书,第76页。

他认为传统的解释,包括那些词语文字本身,都是被现代框架所驱动的必然,是现代话语权力的结果。能够像福柯所希望的那样写"另一种历史"就好了,所以他用的材料喜爱"边缘"的。如"外交和贸易被嵌入话语体系","匍匐拜倒在很大程度上变成了亚洲人奴性与女性化的典型特征……与羞辱、贬黜和他们认为的亚洲宗教具有的荒谬的鬼神崇拜相联系"[1];又如皇帝与西藏喇嘛的交往仪式的细节描写,地点挑选的周全考虑,乾隆皇帝献祭时在章嘉若必多杰面前的下跪和行顶礼,马嘎尔尼对赐物的微词等等。该书作者在研究中国明清时期的变迁时,用内生因素与外生因素所占比重日益不平衡来解释,用到一种"科学性"方法。对清廷与其他国家使团交往的比较,马嘎尔尼的日记,清英双方的记录的对比,关注各个参与要素等细节,如宁波港贸易,周边战争的关联等。对英使团使用贸易与礼仪两分理性,对于清廷的态度建立起来一个原则加灵活的"中线机制",这为分析乾隆等的态度变化提供了一个可靠支点。

何伟亚对清朝的官员的宽容和对英使团的苛刻批评形成鲜明对比,"偏离中线"的多是英国人,清朝官员的失职也主要在于助长了马嘎尔尼的傲慢。比如,"马嘎尔尼之所以爱夸耀,部分原因正在于徵瑞的无知和胆怯。因为不熟悉英国人带来的礼物,所以他被马嘎尔尼的话吓倒了,而这反过来又增加了贡使的傲慢。一旦马嘎尔尼身临帝国大殿,他就会产生敬畏,就会变得本分,变得老实"[2]。而且"对觐见形式的改动表现了清帝国构建的核心:差序包容模式"。这些可能"偏离中线"(何伟亚可能对中国古代的"中庸之道"有所误解)的美誉实质上构成了对现代史学的基础假设的质疑,但也可能隐含着另一种形式的西方中心主义的潜在立场,那就是他以西方为基准点来言说和检讨过去,凡是西方所没能看到做到的"偏见"是出于西方自我的弊端,从而需要更改,西方文明应该能够做到兼容一切从而最有利于自己。至于其他的包括被涉及方(如清朝),无论对与错,于"我文明"不太相干,用不着去检讨它了,检讨了也(于"我文明")没有任何价值。美国1950年代对谁丢失了中国的争执就是又一个证明。

但是,把事件本身与半个世纪之后才发生的鸦片战争联系起来还缺乏有力的因果联系的根据,难以避免以现代化定型思维来"染色"史料的嫌疑。毕竟首先发生在英国,后来完全改变了全世界的工业革命那时才刚刚开始(工业革命真正推广开来,产生效应是在19世

---

[1] [美]何伟亚著,邓常春译:《怀柔远人:马嘎尔尼使华的中英礼仪冲突》,社会科学文献出版社2002年版,第82页。
[2] 同上书,第157页。

纪之后,一般认为是在 1830 年代),即使有现代的历史解释说这一次的工业革命与众不同,它的确一开始就包括着后来历史的必然性进程,也难以与火烧圆明园和英国人找回那座当作礼物送给乾隆的大炮等关联起来。另一方面,中国历史上的外交争端事件并不少见,处理的经验也不少,而且对于英使团事件在"清廷的中文记载,只有皇帝为这一幕作的一首诗"(并不是所有皇帝的诗词都是珍贵的,乾隆一生数万首,但绝大多数不入流)。无论对英使团还是对清朝官员,苛以"事后诸葛亮"标准都是不现实的,也是非历史的。

何伟亚多次提到中国学者对西方"中西文明冲突"阐释的翻版:从把国家作为基本的分析单位,词语的类似使用,到线索分明的结论之趋同。在"历史的视野"一节对中国历史学家追随西方现代的视野进行了明确的批评:

> 以欧美方式重新审视中国的过去,他们接受了时间观念和组织分类,这些与从前存在于中国的任何治史方法完全不同,这个转变是一个更为普通的中国教育'西化'的一部分。……他们按照界限清晰的时空实体来安排他们的叙述,把文明和民族作为恒定的历史分析单位;以直线式的因果关系组织事件,明确地以宗教、政治、经济、文化等类别来界定社会成分;并将历史发展分割成黑白分明的各个阶段。……他们所赞同的对马嘎尔尼使团的阐释,完全是现代化的。①

他认为,正是因为这样的转变使得他们看不见清廷统治者的想法和信仰,即使以施莱尔马赫和狄尔泰所倡导的"移情和创建"的标准方法来说,也是专断和片面的。因此可以想见,半个多世纪以来运用现代话语体系解释中国的落后从而鼓吹社会经济变革,在何种意义上的科学性和可信性都是值得深思的。

由于篇幅所限,对于《怀柔远人》的后现代史学观分析就不进一步展开了。总之,后现代主义的理论根基仍然不够深厚,与现实之间也存在一定的落差,这也许就是有人认为后现代主义对历史学的影响至今仍然难以超出史学理论的范围,故而对具体历史的写作和实践影响不大。② 即使在后现代主义相对比较盛行的美国,大多数职业的历史学家也对后现代主义的观念有所保留和抵制。后现代主义的力量在于消解,而不是建构,期望它像传统

---

① [美]何伟亚著,邓常春译:《怀柔远人:马嘎尔尼使华的中英礼仪冲突》,社会科学文献出版社 2002 年版,第 249—252 页。
② 张广智主著:《西方史学史》,复旦大学出版社 2004 年版,第 389 页。

的史学理论那样正面地开创出一个主导历史写作的时代恐怕有悖于它本来的精神。反而是其消解传统尤其是"大一统"历史观的思想更能够对我们的史学实践,以及其他形式的文化的改造中扮演积极的角色。随着影视媒介对大众文化的影响日盛,其传播思想的作用不可忽视,这也是后现代主义所关注的焦点之一。然而,我国的许多影视,尤其历史剧,不用看结局就能知道结局,不用听就能猜到说什么;相似的语言和几乎一样单调的文本结构,一百部"王朝"和"大帝"都颂扬同样的一统和皇权之中心。无论那些编导使用什么素材和"史料",从浩瀚的中国历史海洋里拼凑出多少亡灵的展览,堆积多少泪水和辛酸,都填塞不了文化结构的空虚,掩盖不了心灵和思想的苍白。难道一定要忘记我们的现代身份、当下责任、还没有完成的民主和自由精神的普遍追求,而要返回到古老的世界去寻找未来的希望,把我们的终极关怀和真理追求放置在消解的甲骨碎片和"君言子曰"上吗?

四、对后现代主义史学的反思

启蒙运动建立起来的对普遍理性的信仰深深地植根于历史学家的头脑里。他们认为,理性所取得的前所未有的伟大成就直接地改变了人类历史,而且改变了人类的社会与思维。理性的思维渗进几乎所有的自然科学和社会学科,譬如社会分层理论,物理科学的基本假定,逻辑的推理等等。信仰理性的精神如此强烈,作为科学典范的物理学绝不会因为康德对外在世界"物自体"的不可知断言而瓦解。年鉴学派的史学思想与实践就特别重视历史研究的科学化,甚至断言不使用计量方法的历史研究就不是真正的历史研究。这似乎与后现代史学把历史文学化大异其趣。但无论如何,数学方法的引入曾经成功地使经济学进入到科学的殿堂,这不能不说是对历史研究走出神秘泥潭、模糊地带的一个极大诱惑。假如有一天,哲学研究也能够成功地深入和扩展某种科学化的分析或者逻辑的研究模式,把重要的哲学问题说清楚,也未尝不是一个可以期盼的未来。我们知道,亚里士多德在《形而上学》中对柏拉图的共相学说困难的克服,为现实世界进行了哲学上的辩护,从而避免了现实世界在理论上解释的失效和理论本身的瓦解。如果史学理论最终起到的是消解历史学的作用,那要么是历史学本身的历史使命的终结,要么就是这种史学理论在胡说八道。对于生活在历史中的人类来说,历史的相对性并不一定具有比其统一性更为优越的价值取向。

面对后现代主义对历史研究的挑战,我们首先要理解其真实内容和思想主张,它对现代客观主义史学的批判所在,分析和"解构"它提出的种种挑战理由,方可撇开其偏激而吸收其正确的有价值的见解,修正现代历史学自身确实存在的问题,把它变成历史学发展过程中的一个环节,从而超越它和自身,扩展历史学的视野,提升自我的"容错能力"。

现代史学关注的中心要素是否永恒不变呢?民族国家既然有其产生之时,也就有消亡之日。在流变的历史中,中心和边缘的相对性和不确定性是能够理解的,尤其是现在我们身处多元化的世界之中。那些确定中心和边缘地位的观念和准则也需要考察。毫无疑问,宏大叙事的理论基础也是历史性的,它一定打着特定时代的烙印。然而宏大叙事的消解并不排斥方法论意义上的方便的假设;宏大叙事经过合理的改造,以诸如审美的某种形式激起道德的共鸣仍然是值得追求的。黑格尔反思的意识也不能完满地辩护其箭头永远指向前方的历史理论,"至少未来在原则上是不能获得反思理论上的解释的;克尔凯郭尔和马克思一致假定,只能通过一种具有实践约束性的思想,才能把未来设想为一个整体"①。在一个确定的历史中,没有中心的边缘如何能够形成可以理解的融贯系统和可以交流的基础?消除基础和本质的理论本身又将奠基于什么之上呢?诸多深层问题对于后现代主义哲学还远没有肯定的答案。虽然兰克那"高尚的梦想"已经破碎,但将孩子和洗澡水一起泼掉也是对科学理性主义的过度批判的不负责任的一种极端形式。

关于历史的真实性,更是一个"宏大"而深刻的哲学问题。胡塞尔、海德格尔等现代哲学家向我们揭示出,生活世界是一切真实的发源地,无人不在一个由地球、树木花草等自然环境和人文社会规范和历史等构成的"大地"生存,这由不得你的选择、肯定或者否定。人只能在这个已然存在的世界里生存和经受遭遇,而且必须生存和实践。必须与各种外在的自然要素、社会组织、内在的思想因素等打交道,进行筹划建构起作为人的生命意义,实现人在世界上生活、行动以及存在的价值,这样的实践关注在马克思和杜威那里得到了更加明确的表达。生命的意义正在于我们永远现实地面对变动和显象出多元化的世界,在世界之中创建并赋予所有存在者以意义。而各种参与要素(不仅自然的,还包括我们的思想、历史观念)在伟大的存在之链中总是超出我们理性的把握而显得错综复杂、捉摸不定:中心和边缘相互转换,长时段要素与短时段要素彼此影响,主观和客观不可分开,偶然和必然若即若离。归根结底,是流变的生活世界以及开放性的人类实践真正地挑战现代史学对不变的"历史真实"的追求。黑格尔说只有在历史的终结处才能完成所有历史环节的意义,这显然会受到后现代主义批判。因为,我们只能处在历史的一个环节处,虽然所有历史事件的意

---

① [德]阿佩尔著,孙周兴译:《哲学的改造》,上海译文出版社2005年版,第161页。

义还没有"终结",但这并不妨碍对于当下我们还能够言说其价值和意义,我们的生活和经验的价值并不需要等等历史的完成才能界定。克罗齐在《历史学的理论与实际》中说一切历史都是当代史,而当代却是处在永不停息的"河流"之中,只有那些被人记忆起的事件才能成为历史事实的选项,任何所谓真实或不真实的历史都是对于当代的思想者才有谈论的意义。历史当然不可任意地虚构,"历史是虚构的"是对历史叙述的形式结构的稳固不变的批评,无论它是否真的是史学家诗性想象的产物,其意义生产性、有限性和遮蔽性如同对史料一样值得历史学家关注。

对历史文本本身的重新解释会消解掉历史材料的价值这是值得怀疑的,因为没有人会纠缠于拿破仑在滑铁卢战役中被打败这样的简单事实。但历史毕竟不是史料,还有更深厚的历史意义和价值。在号称"历史学的世纪"的整个 19 世纪,空前的研究规模把触角伸到了历史的每一个角落,图书馆里塞满了关于过去历史的文本、关于人类经验的"可靠知识"。然而,辉煌已成过往烟云,理性的历史研究并没能阻止住非理性的世界大战。不错,19 世纪也被称为"科学的世纪",科学的理性"过于片面的膨胀"也倍受批评。但战争的责任就没有历史学的一份吗?对于历史学和历史哲学理论,还可以自我追问许多问题。中国皇帝常常通读那浩如烟海的中国历史书籍,从中寻找可靠的经验和智慧,然而具有讽刺意味的是,他们恐怕永远也不知道究竟历史的真相是什么。崇祯知道关于袁崇焕的真相吗?他一定是对袁崇焕深恶痛绝到了极点才处他极刑。他不想知道真相吗?金科玉律的皇帝当然是要知道真相才可确保洞察圣明。然而他周围的人,那些知道所谓真相的人却有意无意地在欺骗他,只是告诉那些对他们有利的"现象",或者干脆就是假象,至于那是不是"真相"就无关紧要了。皇帝与真相(如果存在他想知道的真相的话)之间永远被一道坚硬而又柔软的墙所遮拦,他只要不打破常规,如跳出圈子微服私访,那么他所想要的真相就对他永远关闭着大门,而他却常常信誓旦旦的认为他知道的真相比谁都多。

相信"客观真理"的各种形式的历史主义都是基于对同一性"心理移情"的认同,假定历史学家可以回到过去实际发生的事件中,重建起一种"客观真实"的历史情境,包括当时人们的实际行为和习俗、社会氛围乃至思考方式和心理等复杂的因素,从而为关注的人物或者事件的研究提供背景。然而,这即使对于较真的历史学家来说都是很难的,历史学家实际上也不是这样实践的,因为许多事关重大的要素可能已经无人知晓,更不要说了解到历史上已经发生了的大大小小的全部事件。历史学家的座椅是搬回不到过去的,他们只能在其现有的理论框架下,以发掘到的素材为基础,用"反思"式的思维重建"历史情境"。如果说历史的时间差异对于顺从式的置身于其境来说是个障碍的话,那么,对于反思模式来说,它就变成生产性的力量。反思模式从根本上就抛弃了那种"客观真实",因为对于现实来说,它既不可能、也无必要。对真理的追求转向基于反思而达到的"效果历史",这实质上是一种面向未来的"语言游戏"的历史实践。一个很有趣的现象是后现代主义与实用主义(包括新实用主义)对真理看法的相似性。詹姆斯和杜威就坚定认为真理存在于行动的效果中,针对这个效果的"实用即真理";铭刻在纪念碑上不变的文字话语绝不是真理。对于他们来说,对历史文本的解释总是与承载时代精神的文化密切相关的,"在历史的文本获得意义前,历史学家的实践为文本导入意义和逻辑,而历史实践以文化为先决条件"①。新实用主义的主要代表罗蒂就干脆用"后哲学文化"来称谓经过实用主义改造的后现代哲学。

分析哲学挑出了语言是否透明的哲学问题,受到这个哲学中的语言学转向的影响,后现代主义史学观把"历史书写"本身是否"中性"和清澈无碍的问题掷地有声地提到历史学家面前,从而使文本被突显出来。其实,对于许多的确值得怀疑和思考的问题,我们却以常识的态度视而不见。比如,鲁迅赞之"千古之绝唱,无韵之离骚"的《史记》中对有些人物(如立有本纪的项羽)死前的心理和行为细节的描写和解说读来凄婉动心,虽然司马迁志在秉笔直书,而且也自我坚信不疑,但很难排除那不是他带有个人感情的书写。真无怪乎"文史一体"也。而且,后现代史学观认为历史学家本身的理论和观念必然限制着他们所能够"发现",从而书写的历史真实。即使现在,我们对中国古代社会的阶段划分和亚细亚生产方式的问题仍然不乏争论,一会说是受到前苏联马克思主义僵化的理论模式影响而官定的说法,一会又是对马克思原著的重新解读后的"再发现",而且声称有新的历史材料的佐证。亚细亚生产方式理论和东方社会理论是马克思提出的社会形态理论及其社会发展规律的重要组成部分,是他运用历史唯物主义的基本原理对东方社会所做出的理论分析,"大体说来,亚细亚的、古代的、封建的和现代资产阶级的生产方式可以看作是社会经济形态演进的几个时代"②。但我们对这个"亚细亚"存在诸多的歧见:是原始社会,还是其后向奴隶社会的过渡形态,还是专指东方奴隶制、封建制度,抑或只是马克思在建立唯物史观的学说过程中的早期假说? 无论如何,不能不说后现代主义点到了问题,而它又的确值得我们深思。

历史学家总是在一定的文明体系里从事写作,总是拥有其特定的时间和空间、历史背

---

① Sande Cohen, "Structuralism and the Writing of Intellectual History", *History and Theory*, 1978. 17.
② [德]马克思、恩格斯:《马克思恩格斯全集》,人民出版社1962第1版,第13卷,第8—9页。

景,以及立足于特定的立场和意图。无论历史学家是否意识到,离开宏大叙事或者对其可信度产生怀疑,他就不可能进行历史研究和历史写作。因为就如海德格尔所说,"世界总是已经"于此在诞生时存在着的,"从历史学上开展历史……按其存在论结构来说,其本身就根植在此在的历史性中"①。这个文化体系当然就是这个世界的一个要素,而且,外在于某个文明体系的视界可能带来迥异的观念,直接触动并消解文明共同体内的自我理解,比如史华慈等西方汉学家对中国历史和传统文化的解读。这种观念的交往和冲撞更新着陈旧的历史观。对于读者来说,历史作品是双重要素的交集:其一是读者所能理解和"还原"的作者写作时的历史情境,其二是读者自身的解读和视界融合②。不仅历史作者与"历史"本身之间存在一个中间环节,而且历史学家的作品与其读者之间也有一个差异存在。

时间间距的历史疏远化作用在伽达默尔那里得到了肯定,这进一步改变了早期历史解释竭力要克服的历史性看法;他相信我们对历史的理解永远面向着未来的新经验,"经验的辩证法的完成不在于确定的知识,而在于由经验本身激起的对新经验的开放性"③。试图从读者历史境遇直接进到作者的思想世界的想法也是天真的,反而正是读者历史性的视界融合导致心理移情。心理重建不可实现,传统占用我们每个个体而不是我们占用整个传统,作为中介的时间连接着历史和作者以及读者。时间使得历史文本受到"历练",逃离了时代的局限性而超越历史时间,从而获得普遍价值。而且,后现代主义者也同样认识到对既往历史的认识所倚重的历史和社会科学知识的积累更新正是历史被"现代化"的理论源泉。无论是遥远的过去,还是层层包装的知识的累积,都不过是人类面对当下境遇状况的反思和对未来的展望。总之,对历史的解读最终归结到人类的生活世界,以及基于语言交往的社会实践活动。

五、结束语:后现代史学的困惑与启示

把资本和科学技术发展带来的诸多问题和现代主义的哲学理论关联起来还需要时间来澄清,现代哲学也没有变成科学的附庸,从古希腊、文艺复兴,到康德、黑格尔,都还是哲学引领着科学,而不是相反。但是,现代哲学确实受到了科学技术所取得的巨大成就的鼓舞。不过,这里的情况可能比想象的更复杂,科学本来是基于近代以来的主体理性的,然而

---

① [德]海德格尔著,陈嘉映、王庆节合译:《存在与时间》,生活·读书·新知三联书店2006年版,第443页。
② [德]伽达默尔著,洪汉鼎译:《真理与方法》,上海译文出版社2007年版,第396页。
③ [美]罗蒂著,黄勇译:《后哲学文化》,上海译文出版社2004年版,第44页。

它简直可以说完全脱离了哲学的限制而独自发展了,与其他曾经关联的一切脱离开来,也许只有资本对它还有一定的影响。与科学技术相比,资本的渗透力和生产形式倒是更应该受到审视。现代哲学可以说是具有相当创新意识的,反对主体性的力度不可谓不小,也没有忽视科学的桀骜不驯,更不要说与其共谋。也许现代哲学的步伐与科学技术的异化相比仍然显得落后,而且科学技术,尤其信息技术的快速发展似乎并没有一味地遵循受资本控制下的运作模式那样与政治紧密勾连,而是滋生出对权力体系的消解趋向。这看来很像是配合了后现代思潮的发展,从而帮助了在年轻一代思想中的普及和深入。各种可以迅速共享传播的网络资源和以站点为社群单位结成的庞大网络潜移默化地宣扬着各种差异化生活方式,不断地突破传统规定的叛逆性的、"自我放逐"的游牧生活不可能存在对权威中心的忠诚,也不再拥有对确定性的、永恒不变的客观真理的信仰。

无论是历史学还是历史哲学,都不会因为某种理论或主义的批判而消亡。后现代主义不仅对历史学,而且对包括历史哲学在内的哲学、文学艺术等许多学科进行了显著的批判。撇开其焦虑的情绪和极端方式,我们可以看得,它的确指出了历史学、历史哲学领域内的传统研究所存在的问题,历史学家曾经想当然的认为普遍的必然性和确定性变得狭隘、相当化、不确定了。他山之石,可以攻玉,它开阔了我们那历史学家的视野,让我们看到了以前没有看到的方面和内容;"后现代主义对史学理论的影响还将持续下去……它的一个重要的贡献就是把历史学家的关注力有益地转变到'作历史'的基本哲学前设"[①]。如果说存在一个"绝对"的话,人类的思维就好比是井底之蛙,永远只能看到有限的天。然而,看到比以前更开阔的天的通道总是存在的,它就存在于我们的反思和实践行动中。

后现代主义史学及其以前的历史理论并不存在绝对的鸿沟。如果追索其理论渊源,以及其发展过程中与其他学派的相互联系,我们还是能够寻找到学派之间的"渗透"的。比如,年鉴学派的分时段应用不同的历史解释要素,不仅仅是对历史进行科学性的精细分析,而且就像其第三代重要代表人物拉迪里那样,是在"人的历史"之外开辟了易于科学分析的物质性要素的历史研究空间,包括地质、气候甚至瘟疫等等因素。这与蓬勃兴起的各种文化史一样丰富着历史研究的多个纬度,揭示"克丽奥"的多个面向,而不只是政治历史这一个中心。对于未来的"历史发展"亦然,过去的历史事实表明,在人类行为的任何一个领域,

---

[①] Ernst Breisach, *On the Future of History : The Postmodernist Challenge and its Aftermath*, Chicago: The University of Chicago Press, 2003, p. 205.

只有多元化才能形成制衡力量,而任何一种垄断,无论是意识形态的还是历史文化的,无论是超主权的还是基于主权的,最终都避免不了信用与权力滥用的结局。

后现代思潮和后现代史学当然存在它自身的问题和困难。詹姆逊说,"按建筑家自己的说法,后现代主义使现代主义者意识到他们根本上的失败。柯布西耶和赖特的新建筑,并没有改变这个世界,也没有美化后期资本主义所制造出来的垃圾空间"①。即使在历史领域中,它也缺乏历史主义的视域;面对走向"后现代"的社会,却缺乏观望未来的建构理想社会的责任感。对揭示出来的问题它也未有深度的思考,而通常只是诉诸偏激的批评了事。简言之,消解传统有余,积极建构不足,更缺乏有效的有价值的理论建构。利奥塔承认后现代主义理论终究是不完善或不纯粹的,他说见证"不可言说之物"的欲求需要以叙述的形式来表达。周锡瑞直言批评"何伟亚要破的很清楚,而他要立的则没那么清楚"。

当然,对于后现代主义极端的言词我们大可不必较真和介意,甚至可以说,我们目前首要的依然是史学的现代化而不是跳过现代化而直接从事后现代的理论和实践,否则,无论是否可行,那样的所谓后现代性就变成空泛的、不切实际的、虚假的了。这一点对于中国史学界尤其如此,而且,无论西方近代以来的历史理论还是后现代史学观念,对于我国的史学理论都有现实的批判力度。虽然我国历史悠久,各种史书堆积如山,但反思性的历史感尤为缺乏,要么是细究于史料的历史编纂,要么是被政治改造过的儒家思想所控制,没有自主性和反思深度。这正是被西方思想家所诟病的地方,直接面临西方武力威胁之时的皇权统治与两千多年前有何区别?甚至到了20世纪西方已经完成了现代化(无论是政治、经济,还是文化思想),还借口"民愚"而实是愚民的皇帝梦死灰屡屡复燃。历史理论和方法都与西方现代存在相当的差距,历史理论的主导模式直接影响着人们的历史观念,一脉相承两千年而无思想改革,有意无意陶醉于仕途或山水的精英又怎能期望没有启蒙的大众不是"成者为王败者寇"(关于历史思想的教育问题很重要,但不是本文所要讨论的),这让我想起罗伊斯的寓言②,那是一个很中肯的讽刺。在西方处于学术边缘的几位汉学家的作品拿

---

① [法]利奥塔著,岛子译:《后现代状况:关于知识的报告》,湖南美术出版社1996年版,第19页。
② 罗伊斯在《哲学的宗教方面》里有个寓言:如果你发现一个人在沙滩上铲沙,用车把沙运去筑堤,你又看到他运走了很大一堆沙,从而开始称赞他的勤劳……但是,你可能会忍不住要问他:"啊朋友,你已经干多久了?他回答说他自古至今一直在这干……这让你感到惊讶,认为他在撒谎,一定会激动地说,"如果这样,那么你一定自古至今是个懒惰至极的家伙"。参见:Josiah Royce: *The Religious Aspect of Philosophy: A Critique of the Bases of Conduct and of Faith*, Kessinger Publishing, 2007, p. 248 - 249。

到中国来却让人耳目一新,备受中国学者推崇①。

中国历史不同于西方,这么悠久而阔大,一定蕴涵以西方历史为主体的现代历史理论所遗漏的地方,而这是后现代史学视角所能关注到的,也许它能够帮助我们在中国历史长河中发现现代理性难以包容而后现代思维能够解释的闪光点。在西方学者看来,中国历史研究是对他们的历史研究和理解的补充。而中国学者虽然有得天独厚的史料优势和对中国文化的深切体验,但无开阔的视角,所研究的结论大多不免落入西方学者成熟的现代性之网中。王宪明对杜赞奇如下的评价发人深省:

> 史料,尤其是中文史料的使用上未必尽妥……但从总体上看,此书视野宏阔而不失精深,既能以全球眼光来审视近代中国历史,又能从关键之点切入,洞察细微,把握要害,融世界与中国、历史与现实、思想文化与政治实践和社会制度等诸多因素于一体,尤其是书中所提出的"复线的历史"的观念,对于拓宽近代史研究的视野,深化对近代中国史的理解,特别是拓展对于近代中国史学与政治社会互动关系的研究,具有重要的学术价值。②

的确,后现代史学批判对于我国学界还显得像是一个奢侈品。就如早已实现了现代化阶段的西方现在挑剔的是环境问题、文化和艺术质量、生活享受的方式,而我们还在为基本生存权、物质建设的现代化大兴土木,所谓"救亡压倒启蒙"的延续。由此可见,我们既要补上跨不过的"卡夫丁峡谷"③硬的一课,又要和发达的西方国家一同面对环境和人文等方面针对经济和科技发展所带来的负面效果的处理这一软的挑战。我国历史学(其实不只是史学,

---

① 除了何伟亚的《怀柔远人》外,还有史华慈的《古代中国的思想世界》;杜赞奇的《从民族国家拯救历史:民族主义话语与中国现代史研究》;弗里曼的《中国乡村,社会主义国家》;郝大维、安乐哲的《先贤的民主》;新近的有"华南学派"萧凤霞等。
② [美]杜赞奇著,王宪明译:《从民族国家拯救历史:民族主义话语与中国现代史研究》,社会科学文献出版社2003年版,第7页。其中"复线的历史"亦即分叉的历史、差异化的历史。
③ "卡夫丁峡谷"典故出自古罗马史。公元前321年,萨姆尼特人在古罗马卡夫丁城附近的卡夫丁峡谷击败了罗马军队,并迫使罗马战俘从峡谷中用长矛架起的形似城门的"牛轭"下通过,借以羞辱战败军队。后来,引申为人们在谋求发展时所遇到的极大的困难和挑战。马克思引用"卡夫丁峡谷"指资本主义生产发展的过程和其社会形态。马克思认为东方经济文化比较落后国家在一定的历史条件下可以不经过资本主义发展阶段或完全的资本主义发展阶段而进入社会主义,即跨越卡夫丁峡谷,但又提出必须吸收资本主义发展的所有积极成果。

政治等也是如此)的现代化还没有完成,对于西方现代史学的成果还在吸收消化过程中,同时又要叠加上后现代主义批判,其实这只是一种方便的、通俗的说法,因为按利奥塔在回答究竟什么是后现代的问题时所说后现代是属于现代的一个组成部分,"后现代主义并不是现代主义的末期,而是现代主义的初始状态,而这种状态是川流不息的"①。如同我国的经济和社会建设一样,在历史学、历史哲学等文化理论方面,我们能够停下现代化步伐来只关注后现代性的问题吗?我们又能够只是一味进行现代化而漠视后现代主义批判提出的问题吗?它们是已经发生的现实,我们无可逃避。

---

① [法]利奥塔著,岛子译:《后现代状况:关于知识的报告》,湖南美术出版社1996年版,第207页。

第三篇 后现代主义与马克思主义

后现代主义作为现代西方哲学的一个独特组成部分,同整个现代西方哲学一样,是在革命变更和现代转型这个大背景下产生的。因此它们不仅与由现代转型产生的现代西方各派哲学有着密切的联系,与由革命变更所产生的马克思主义哲学也有密切的联系。这种联系突出地表现在二者在一定程度上都是对所谓"现代性"(实际上就是对近代哲学思维方式)的批判和超越。事实上,许多后现代主义者在论证自己的学说时,往往要关涉到马克思主义哲学。这种关涉有时是把马克思主义哲学扭曲为形而上学、二元论、独断论(特别是与之相关的"极权主义"),然后在批判和超越"现代性"等名义下对马克思主义大肆攻击;有时恰恰相反,把马克思当作批判形而上学、二元论、独断论的先驱,甚至把马克思当作后现代主义的先驱,由此援引马克思来论证自己的学说。尽管表面上看来这是两种恰好相反的态度,它们之间也的确有所不同,但是二者其实是从不同方面来扭曲马克思主义。当然,后现代主义作为一种批判和超越近代哲学思维方式的思潮,在这方面与马克思主义哲学的确存在共同之处。然而,他们在从事这样的批判和超越时往往走向了极端的主观主义和相对主义、虚无主义,这样他们就与马克思主义哲学根本对立起来了。在本篇中,我们将从与马克思主义相关的角度来具体介绍一些后现代主义者的学说。其中有的人(例如德里达)表面上对马克思主义作了高度的评价,但这并不意味着他们真正站到马克思主义的立场上来了,他们不过是通过肯定马克思主义来肯定他们自己的学说,而后者与马克思主义有着原则区别。

第一章　德里达的"解构的马克思主义"

在当代解构主义大师德里达的哲学生涯中,20世纪90年代初发表的《马克思的幽灵》是一个非常重要的文本,它既是解构主义与马克思主义相遇和对话的产物,又显示了解构主义哲学对伦理—政治问题的关切。因为当德里达对所有本体论概念和所谓"在场形而上学"进行解构,返回到自我参照的文本和语言当中的时候,人们不禁怀疑,一种免除了任何本体论承诺,声称要对一切前提发问的哲学(或者不是哲学,只是一种哲学态度),能否提出自身的伦理或政治要求,而不陷入虚无主义和"怎么都行"的虚妄和无奈之中。虽然德里达的解构哲学一开始就对诸如女权主义政治产生了深刻影响,但在《马克思的幽灵》中,他才对他的政治观做了正面的阐述,并直接面对冷战后日益一体化的资本主义世界。因此,他迄今为止的哲学发展可以区分为两个阶段,即以《声音与现象》、《论文字学》和《文字与差异》为代表的"文字学"阶段和以《马克思的幽灵》为起点的政治—伦理阶段,事实上,他近些年关注的都是政治、伦理问题,并发表了一系列文章。

在《论文字学》这部解构主义的经典之作中,德里达用"文字学"的理论来批判整个西方传统哲学的逻各斯中心主义倾向。但在当苏东剧变、自由主义欢呼"马克思主义已经死亡"之时,德里达却郑重地推出了《马克思的幽灵》一书。正是在这部轰动西方世界的著作中,德里达大声疾呼:"不能没有马克思,没有马克思,没有对马克思的记忆,没有马克思的遗产,也就没有将来;无论如何得有某个马克思,得有他的才华,至少得有他的某种精神。""现在该维护马克思的幽灵们了。"他选择这个时刻向马克思致敬,首先是想表明,对马克思主义来说,现在已经不是人们需要不需要它的问题,而是它早已客观存在并必然对人们产生影响的问题了,马克思主义对资本主义的彻底批判,已随着资本主义全球化的统治而成了人类精神的宝贵遗产。不过,在我们欢迎德里达向马克思主义靠拢之前,我们先要弄清楚他一再呼吁继承的"马克思的精神"到底指的是什么,以及他的解构哲学如何能与马克思主义建立联系。这当然需要联系他在"文字学"中提出的解构主义和对传统形而上学的解构。

一、从"文字学"到"幽灵学"

在《声音与现象》中,德里达从分析胡塞尔的《逻辑研究》的内在矛盾入手,展开了对传统形而上学的解构。他用"逻各斯中心主义"来称呼传统形而上学,因为"逻各斯"这个概念既有事物的规律、本质、实在的意思,又用来指思想、理性、真理,同时又意指对真理的言说,话语。因而,这一概念意味着事物的本质,人的理性和话语(声音)相互之间的一致性,而真理和知识就存在于这种一致性中。即一方面暗示了思维和存在的一致性,另一方面暗示了思想和语言(对思想的再现)的一致性。逻各斯的概念集中体现了传统形而上学的一个隐蔽的前提:存在(本质)和思维和语言一一对应关系,这就是巴门尼德第一个表述的命题。德里达也把传统形而上学称为"在场的形而上学"。"在场"是他从海德格尔那里沿用的一个表述。不过德里达所说的"在场"不仅指传统形而上学肯定了事物的本质、实在或真理对于意义的"在场",而且指事物的本质、真理对于意识和语言的"在场",在此刻,在活生生的言说中存在,既是空间又是时间的在场。"形而上学的历史就如西方历史一样,大概就是这些隐喻及换喻的历史。它的母式也许就是将存在当作在场这个词的全部意义所做的那种规定。也许可以指出的是那种基础、原则或中心的所有名字指称的一直都是某种在场(艾多斯、元力、终极目的、能量、本质、实存、实体、主体、揭蔽、先验性、意识、上帝、人等等)的不变性。"[①]在语言学的层面,德里达又进一步把"逻各斯中心主义"揭示为"声音中心主义",一种说话(声音)对写作(文字)的压制。他指出传统哲学的一个语言学假定是,作为再现或表达事物本质的语言,说话是优于书写的,因为言说能在当下保持与思想的一致,能把思想活生生地传达出来,让那个本质、真理"在场"。与言说相比,书写以文字的固定形式使听者与说者在时空上拉开了距离,使言说者不在场,这样就有可能掩盖、歪曲那些最初赋予文字以生命的真实意图。《论文字学》中,德里达通过对柏拉图、卢梭、索绪尔、胡塞尔的研究指出了他们赋予口头语言以优势,以为可以追溯到完全清楚的意义的错误认识。德里达前期的作品如《声音与现象》、《论文字学》等都致力于打破在场与不在场,能指与所指,声音与文字这一系列二元对立的结构,表明在语言和符号之外寻找实在的想法本身是不可能的企图,

---

[①] 引自《人文科学话语中的结构、符号和游戏》,德里达著,张宁译:《书写与差异》,生活·读书·新知三联书店 2001 年版,第 54 页。

符号的意义不是借助能指和所指的对应来确定的,语言本身就是个自我指涉的无穷无尽的能指的系统,每一个词的意义只能从它与其他词的意义的联系、区别和差异中获得,因而永远也没有确定的、终极的意义。德里达采用了"延异"(différance)和"踪迹"(trace)来表述他的意义理论的特征,延异既指空间上的分离、分化、差异,又指时间上的延搁、延迟。在延异的状态下,意义或本原既是在场又是不在场,它们陷入无休无止的能指的战争或者说游戏中,只留下辨认不清的"踪迹"。"踪迹事实上是一般意义的绝对起源。这无异于说,不存在一般意义上的绝对起源。踪迹乃是延异,这种延异展开了现象和意指活动。当踪迹将有生命的东西与一般无生命的东西,与所有重复的起源,理想性的起源结合起来的时候,踪迹既非理想的东西也非现实的东西,既非可理解的东西,也非可感知的东西,既非透明的意义,也非黑暗的能量,没有一种形而上学概念能够描述它。"①

德里达的"文字学"显示了他解构本体论和形而上学的思路,一切都是文本,在文本之外什么也没有,因而任何东西都失去了它们自以为存在的核心、中心、本体。每一个东西都既是中心又是非中心,既是它又不是它。在这种"去中心化"的解构运动中,各种隐藏的话语霸权显形了,声称自身同一的东西出现了裂缝,被遮蔽的差异和他者显露了出来。德里达的解构哲学很容易被人们理解为一种"自我参照的自由游戏",一种在文本和概念中自我指涉的活动,不可能对现实的社会政治有所作为。但德里达本人从不这样看,对他来说,现实的政治、经济、文化建制都是用语言来表达的,而意义都是通过对他者的压制所强加的东西,因此,对语言的解构就是政治批判的活动本身。他说,"解构不是,也不应该仅仅是对话语、哲学陈述以及语义学的分析,它必须向制度、向社会的和政治的结构,向最顽固的传统挑战"②。后来,在《马克思的幽灵》中,他终于从应对新自由主义者关于"历史终结"的叫嚣,应对"马克思主义将往何处去"这一迫切的问题开始来阐发他的政治观点,并把对马克思主义的各种态度集中在"幽灵"的形象上。无论是马克思在1848年宣称的,正在欧洲徘徊、即将到来的"共产主义的幽灵",还是当今的新自由主义者在资本主义的胜利欢呼中埋葬,同时害怕还会再来的"社会主义的幽灵",抑或对马克思主义的前途命运担心的各类马克思主义者或马克思主义的同情者所期待的,不知道它要往何处去的"幽灵",进而,他把这一社会—政治向度的思考称之为"幽灵学"。因此我们可以把他的"幽灵学"看作他的"文字学"

---

① [法]德里达著,汪堂家译:《论文字学》,上海人民出版社1999年版,第92页。
② 包亚明编,何佩群译:《一种疯狂守护着思想:德里达访谈录》,上海人民出版社1997年版,第21页。

的社会—政治表达。

20世纪90年代以来,现实的社会主义国家纷纷解体,德里达认为,这一方面意味着阅读马克思、继承马克思主义的精神已成为我们的一种责任,因为我们不再有任何理由,任何借口为逃避这种责任辩解,不能再说它是教条的机器和意识形态的国家机构而把它轻掷一旁;另一方面,"这是一个脱节的时代",是传统政治权威和形而上学权威纷纷倒塌的支离破碎的时代,此时我们才可以不再受马克思主义的本体论或政党机构的约束,在它丧失肉身而游荡的幽灵当中寻找马克思主义的精神,因而,幽灵的形象只有在一个脱节的时代才是可能的。谈论马克思的幽灵,就要先寻找它的精神,精神总是在幽灵中显形,但幽灵既不是精神,也不是物质,那幽灵是什么呢?

从空间上来说,幽灵并不存在,既非实体,又非本质,既无当下的生命,也永远不会到场。这个存在于彼处的缺席者或亡灵不再属于知识的范围,我们不知道它是否真的是某个东西,是不是存在,是不是有一个相应的名字或对应的本质,它是否活着或已经死去,但是人们却能感觉到这个看不见的东西的存在,感到自己被一个不可见的目光所注视,对它或恐惧或期待,对幽灵的这种体验公然地蔑视着本体论的哲学。无疑,幽灵就是"文字学"中的踪迹,"一种生与死本身不过是一些踪迹和踪迹之踪迹的踪迹,一种其可能性将提前走向分裂或打乱生命存在以及任何实在性本身的同一性残余"[①]。从时间上说,幽灵的显现没有给出时间,它既不属于机械化、匀质化的时间,也不属于本雅明所说的"弥塞亚式的时间",幽灵的时间坐标既不是现在,也不是将来,它是将来的现在,现在的将来,它提示了某个将来,它会再次回来,重现,但是它的来临始终是不可决定的。

任何一种政治学总是包含着正义和责任的概念,幽灵学指示的是什么样的正义和责任呢?德里达说谈论某些既不在场,当下也无生命,某些既不会向我们呈现,也不会向我们的内部或外部呈现的东西,那些尚未出生或已经死去的鬼魂,形形色色的主义的牺牲品,必须引入正义和责任。这就是对所有不在场的人,已死去或还未出生的人,被遮蔽的他者,沉默的大多数,无权的人的责任,正义意味着对他们的尊重。一个正义的决定必须考虑到现存秩序之外的所有他者,各种处于边缘地位或被边缘化的存在,德里达引用了列维纳斯的话:"与他人的关系——可以说就是正义。"由于所有的他者始终处于现存秩序之外,因此只有

---

① [法]德里达著,何一译:《马克思的幽灵——债务国家、哀悼活动和新国际》,中国人民大学出版社1999年版,第5页。

通过对现存秩序的不断解构,他们的独特性和不可还原性才能显露出来,从语言上来说,就是解构现有的意义关系,显示未被"表现"或未被"符号化"的存在。因而这种正义观永远是不确定的,不可能简约为某些法律、权利或抽象的人权。对德里达来说,正义的观念只能是一个无止境、无条件和不可决定的观念。

二、"没有弥塞亚的弥塞亚政治"

"这是一个脱节的时代",在这样一个诸神隐退,一切都混乱错位的时代,任何社会的和政治的观念只能以幽灵的形式悄悄登场,到处游荡,暗暗地施展它的魔力。德里达发现"幽灵"这个概念总是有两个相关的意思:一是驱魔,用魔法使鬼魂显形然后驱除,二是用富于魔力的咒语召唤、呼吁某种东西的到来,这两个意思都在 conjuration 这个词中存在着①,是同一个过程的两个方面。关于幽灵的一切话语实际上都起着奥斯汀所说的行为句的作用,代表着一个行动和决定。例如,当今的新自由主义者欢呼自由市场的胜利和共产主义的死亡,其实暴露了他们内心中对那个依然挥之不去的幽灵的恐惧,宣告死亡仅仅是为了造成死亡,判处死亡。马克思在《共产党宣言》中说全世界的共产党,共产国际将是那幽灵的最终化身或实际在场时,这个宣告实际上以一种行为句的方式许诺和呼吁它的实际到来。那么德里达在《马克思的幽灵》中重提这个幽灵,他要驱除的是什么,召唤的是什么?

弗郎西斯科·福山的"历史终结论"是德里达在这本书当中要头号驱除的鬼魂,也是资产阶级意识形态在当代的集中体现。由于福山在 1989 年夏天就发表了以"历史的终结?"为题的文章,文章明确认为,随着 20 世纪对于法西斯主义和共产主义等意识形态的成功对抗,自由民主体制已经在世界范围内取得了胜利,因此,自由民主有可能成为人类意识形态发展的终点和人类最后一种统治形式,并且构成历史的终结。这里的终结当然不是指人类社会的结束,而是指黑格尔意义上的历史之目的的完成。他的文章发表之后不久就赶上苏联和东欧社会主义国家的解体,因而被当作一篇及时的预言,引起巨大轰动。几年后他在前文的基础上撰写了《历史的终结及最后之人》一书,在全球掀起了一场"终结热",各类有关终结的话语纷纷涌现,诸如哲学的终结,历史的终结,人的终结等等。

---

① [法]德里达著,何一译:《马克思的幽灵——债务国家、哀悼活动和新国际》,中国人民大学出版社 1999 年版,第 57 页。

我们先看一看福山是如何证明自由民主制度与自由市场的结合,就是人类最后的福音的。一方面,他求助于现代自然科学发展的证明,认为现代自然科学确立了一个统一的经济生产可能性的范围,财富的无限积累和人类欲望的日益膨胀,使所有人类都必然走上一条不可逆转的同质化道路。所有进行经济现代化建设的国家肯定会越来越相似,城市化和教育的现代化,世界市场和消费文化的传播似乎在左右着全世界朝着一个普世化的方向发展。这是一个自然科学和经济学的证明,也是一个经验的证明,但这个证明显然不够,因为存在着那么多悲惨的事实表明自然科学的发展并没有把人类带到进步的乐园,自由市场也暴露出许多难以解决的问题:失业,战争,核武器,军火贸易等等;前社会主义国家的崩溃被看作是自由市场的胜利,但随之而来的并不是大多数从前的社会主义国家实施任何一种西方经济模式;全球化的市场并没有把美国式的民主推广到全世界,而是在它无情地摧毁了各种古老的文明之后把它们全都抛入了市场的不稳定的状态,以至于今天孵化出了恐怖主义这样的怪物。面对这些经验上大不利的证据,福山还必须求助于"经济学"之外的另一个支柱。他说,"从前面的讨论可以看出,对民主这一现象,我们如果只从经济学上来理解,显然无法作充分的解释,对历史的所有经济学诠释把我们带到了自由民主乐土的门口,但它却没有把我们一直送进里面去"①。要踏上自由民主乐土,他又诉诸于黑格尔关于"相互承认的斗争"的逻辑证明,即人除了和动物一样有自然的需要和欲望之外,还有获得他人认可的欲望。他认为,黑格尔的主奴辩证法就描述了这种追求相互承认的斗争,为获得认可而斗争是一部专制、帝国主义和统治的历史,而在自由民主的国家才能用普遍、平等的认可一劳永逸地解决认可的斗争,实现历史的终结。福山的整本书都采用了亚历山大·科耶夫对黑格尔《精神现象学》的解释,以基督教式的目的论对主奴辩证法作了粗陋的简化,试图肯定战后的美国和欧洲共同体就是"黑格尔之普遍认同的国家理念的具体体现"。

德里达没费多少力气就指出了福山逻辑证明方式的混乱和浅薄,"一方面政治—经济自由主义的福音依靠马克思主义在想象中灭亡等现实的事件,另一方面,由于实际的历史以及如此众多的作为经验性之表现的现实都与这完善的自由民主制度的降临相矛盾,所以又必须同时将这种完善设定为调整性的和超历史的理想"②。福山在历史的经验性与目的

---

① [美]弗郎西斯科·福山著,黄胜强、许铭原译:《历史的终结及最后之人》,中国社会科学出版社2003年版,第151页。
② [法]德里达著,何一译:《马克思的幽灵——债务国家、哀悼活动和新国际》,中国人民大学出版社1999年版,第89—90页。

的先验性之间所玩的把戏,总是陷于两条战线作战的狼狈中,在现实的证据出了问题的时候,他就求助于"相互承认"的先验的理据,而在他把历史看成一个有其终结的普遍史的时候,他最终要依据一个超历史的标准——普遍的人性,"作为人类的人",丝毫不顾马克思、尼采、海德格尔等现代哲学家对所谓永恒人性的批判和人学的破产。实际上,福山所谓的普遍人性,无非就是霍布斯和洛克所说的追求自我保存和自利,以及黑格尔所说的追求承认两种欲望的结合罢了,这样他就在自由市场与自由民主的结合中看见了这两种欲望的统一,建立了它们的伙伴关系,而不管现实中它们之间是不是真的是伙伴关系。

1848年当马克思谈论共产主义的幽灵时,黑格尔有关绝对知识中历史终结的话语已经响彻全欧洲,150年后新自由主义者再次谈论全球自由市场中历史的终结,可见马克思主义仍然是资本主义一个无法驱除的梦魇,一个始终在那里的对立面。不过这次高呼资本主义万岁的独断话语借助技术传媒的力量,企图使这种政治神学成为可能。德里达认为当代社会这种流行的意识形态借助了三种形式的话语霸权:"统治阶级"所特有的政治话语,传媒话语和知识分子的学者型话语,福山之类就属于后一种。德里达指出,马克思的精神仍然是揭露此种流行话语的卓越武器,因为,第一,"马克思是历史上那些罕见的重视技术与语言本源的不可分离性的思想家之一"[①],第二,马克思遗产的一个十分重要的方面就是对意识形态的批判,马克思在《共产党宣言》中回忆观念的历史时就宣布:"任何一个时代的统治思想始终都是统治阶级的思想。"德里达认为,对马克思的批判理论进行过滤的有选择的继承不是不可能的,不必非要赞同社会阶级的概念,甚而悬置思想观念作为意识形态表现的上层建筑的规定,也可以继续坚持马克思的批判分析,讨论各种相互冲突的领域中统治势力"占统治地位"的话语霸权。

德里达认为,继承马克思的批判精神有两种方式,一种是二元逻辑的,以现实和理想的不相协调来批判现实,一种则是在经验现实之外也质疑理想性概念本身,更准确地说,是超出现实与理想之间的二元对立,在这中间游荡攻击的策略,后者才是幽灵的逻辑所要求的思考方式和批判方式。因为解构的主要特点是它不从一个外部的目标、普遍公理出发来对现实起作用,而是从批判对象的内部显示裂隙、异质,让对象自己解构自己。幽灵学就企图打破各种二元对立——生与死,理想与现实,实在与幻影的分界,在他的笔下,马克思本人

[①] [法]德里达著,何一译:《马克思的幽灵——债务国家、哀悼活动和新国际》,中国人民大学出版社1999年版,第77页。

俨然是个召唤幽灵的解构主义大师:《德意志意识形态》描画了一幅幽灵学地图,《资本论》中讨论货币,资本和商品的一般特征,揭露它们的非人格化,铸币的肉体只是一个影子,商品这无生命的东西却支使人等,就典型地具有幽灵的意义。《路易·波拿巴的雾月十八日》则是一个幽灵群集的图像:人们在过去的每一次革命中都要请出亡灵来为他们效劳,借用他们的名字,穿着他们的衣服,结果,"一切已死先辈们的传统,像梦魇一样纠缠着活人的头脑"。但是德里达认为马克思以幽灵学发起的对旧本体论的攻击还不彻底,当他以幽灵、幻影的存在去解构绝对唯心主义的自以为是时,同时又承诺了一个新的本体论,认为幽灵和实在的界限应当像乌托邦本身一样,通过现实的革命而跨越,从而想一举消除幽灵不可捉摸的影响。比如他认为商品的神秘性存在于资产阶级经济学的范畴之中,这些范畴依赖一定的社会生产方式即资本主义的生产关系,因而是客观的思维形式,一旦我们消除这种生产关系,"商品世界的全部神秘性,在商品生产的基础上笼罩着劳动产品的一切魔法妖术,就立刻消失了"(马克思:《资本论》第 1 卷,中文 1 版,93 页)。再比如,马克思谈到从前的革命总是召唤亡灵的行动,他相信即将到来的革命不会被死人所纠缠,无需哀悼,因而是真正革命的,完全属于自身。德里达认为,一方面马克思对资本主义的批判贯穿了解构的思路,克服了各种简单的二元对立的逻辑(唯物的、唯心的、拜物教的、意识形态的),另一方面,他"一直想在本体论中建立它对幽灵的幻影的批判或驱魔术,这是一个批判的而又前解构的——作为实际现实性或客观性在场的本体论"①。

我们现在就能比较清楚地看到,德里达在《马克思的幽灵》一书中借幽灵的形象要驱除哪些鬼魂:首先是以福山的终结论为代表的资本主义意识形态,然后是马克思主义本体论内含的共产主义理想,德里达把这两种不同类型的意识形态统统看作是关于历史的本体论—神学或本源论—目的论,认为它们不仅存在于黑格尔、马克思的思想中,甚至存在于海德格尔划时代的思想之中。最后,在这两大对立的意识形态之外的其他各种意识形态和本体论概念、总体化概念皆属他要驱除之列。他说,"真有所谓的幽灵存在,也就有种种理由质疑诸种现存的秩序,尤其是现在与非现在的界限。是不是从来就没有过一个封闭的区域和一个普遍的公理体系提供给马克思主义和它的反对者团伙或同盟之间的对峙"②。

---

① [法]德里达著,何一译:《马克思的幽灵——债务国家、哀悼活动和新国际》,中国人民大学出版社 1999 年版,第 225 页。
② 同上书,第 56 页。

幽灵的逻辑要求超越本体论,目的论,超越现实与理想的二元逻辑,可是,去掉了本质、目的、理想这类概念,是否就意味着放弃了解放的希望？不,相反,德里达认为,解构性思考超越二元对立和本体论的立场,在在场者的在场中,载入延异、他者、异质性,这正是重新政治化的基本条件,他把解构政治称之为"没有弥塞亚的弥塞亚政治"。"如果说有一种马克思主义的精神是我永远不打算放弃的话,那它决不仅仅是一种批判观念或怀疑的姿态(一种内在一致的解构理论必须强调这些方面,尽管也知道并非最后或最初的结论)。它甚至更主要地是某种解放的和弥塞亚的声明,是某种允诺,即人们能够摆脱任何的教义,甚至任何形而上学的宗教的规定性和任何弥塞亚主义的经验。"①这种"弥塞亚政治"包含着解放、允诺和希望,但只是在否定性意义上的,即允诺人们能够摆脱任何意识形态,本体论和目的论,从一切霸权形态中解放出来;它也包含着正义和责任,不是以自由民主制的理想或法律及人权的名义,而是让我们永远不要无视地球上不可胜数的特殊的苦难,无视无数被掩盖,被边缘化的他者的存在;因此这种政治观并不意味着放弃行动,而是需要行动、实践的新的有效形式;但是,允诺、正义和行动都是不可决定的,都面临着不确定性的重大危险,是一个没有保证的,脆弱和一无所有的经验,此一危险使政治成为一种激进的、无休止的、无限定的批判,一个向未来永远开放的运动。"没有弥塞亚的弥塞亚政治"也蕴涵一种不同于终结论或目的论的历史观,德里达称之为"末世学",以与终结论和目的论相区别。因为弥塞亚的降临不再是实实在在的、可期待的某个事件,历史不再是向着一个目的的进步,"即将来临的民主制度"是绝对不可预测的,期待也是遥遥无期的,没有期望或不再期望的期待,历史将是即时的断裂,闻所未闻的中断,没有实现的异质性。如此不确定之物,可是德里达认为没有它,今天就没有任何伦理—政治问题被展开或被唤醒的可能。

三、德里达所理解的"马克思精神"

德里达借助马克思的幽灵或马克思的精神完成了一番驱魔和召唤的活动,我们自然有必要整理一下他所指的马克思的精神到底是什么：1.根本的异质性。德里达一再声称马克思的精神不是只有一种,而是有许多种；2.任何人都不能摆脱自身的特殊立场,不可能超越

---

① [法]德里达著,何一译：《马克思的幽灵——债务国家、哀悼活动和新国际》,中国人民大学出版社1999年版,第126页。

历史。这不仅指阶级立场的特殊性,而且是说话地点,经历事件的地点和亲缘关系的特殊性;3.作为政治的行动和决定。德里达强调在此采取政治姿态的优先性,以避免一种流行的把马克思主义学院化、中立化和非政治化的倾向。

一方面抛弃马克思主义的本体论和其所有的实体化内容,"同作为本体论、哲学体系或形而上学体系的,以及作为'辩证唯物主义'的马克思主义区别开,同作为历史唯物主义或作为方法的马克思主义区别开,而且同被纳入政党、国家或是工人国际的机构之中的马克思主义区别开"①。一方面作为政治批判的指令和行动,并且"那指令本身(它总是说,'必须从你所继承的东西中间进行选择和确定')只有通过拆借自身,分离自身,延异/延宕自身,同时又通过多次——而且是用多种声音——言说自身,才能成其为自身"②,这就是德里达一再声称要继承的马克思的精神。我们到这里不禁疑惑了,去掉一切本体论层面和政治机构层面的马克思主义到底还剩下什么?除了解构或者说批判以外,什么也没有。"在我看来,除了一种激进化外,解构活动根本就没有什么意义或主旨,这也就是说,在某种马克思主义的传统中,在某种马克思主义的精神中,它至少是这样。因此,这种尝试将马克思主义激进化的做法可以被称作是一种解构。"③那德里达为什么特地要从马克思主义出发来阐述他的解构主义的政治呢?

在《马克思的幽灵》发表以前,很多人就已经注意到了马克思主义与解构主义的关系。马克思对形而上学、对意识形态、对商品拜物教的批判,有力地揭示了意义和真理是如何在资本主义权力关系内被"构造"和"生产"出来的,他对资本主义批判的深度把他的哲学和旧形而上学区别开来,也使得后现代主义者们不约而同地把他视为先驱。詹姆逊在比较马克思主义与解构主义时指出,正如马克思通过祛除生产过程和商品过程的神秘性而消除价值、主体和社会的形而上学概念一样,德里达也通过有力地揭露真理、本原、意义和同一性何以不是直接的或固有的,而是由意识形态的中介产生和构成的,解构了这些逻各斯中心主义观念;而马克思从"历史"和"关系"的视角解构资产阶级的政治经济,也类似于德里达运用"踪迹"和"延异"等新造概念对传统形而上学的解构;马克思主义和解构主义在抨击资本主义意识形态及其固有的制度方面都具有一种颠覆性,可以把解构主义视作马克思主义

---

① [法]德里达著,何一译:《马克思的幽灵——债务国家、哀悼活动和新国际》,中国人民大学出版社1999年版,第98页。
② 同上书,第26页。
③ 同上书,第129页。

的一种增补。① 对于像德里达这些在60年代的政治风暴中成长起来的法国知识分子来说，关于马克思的记忆是他们不可磨灭的遗产，他深情地称为"我们这一代人一生中所共同享有的东西"。当然后来他也对马克思主义的现实性产生过怀疑，但在苏东剧变后，新自由主义者高呼自由市场的胜利和历史的终结，使他再次认识到马克思主义作为一种对抗资本主义的思想资源，所具有的无与伦比的批判的力量。马克思主义自它诞生之日起，就永远地打破了资本主义铁板一块的、单向度的存在，在所谓全球化、一体化的制度中打入了离心化的楔子，从继承这样一个哲学和政治的事变的意义上，德里达说地球上的所有人都对马克思负有债务，不管他们愿意与否，知道与否，他们今天在某种程度上说都是马克思和马克思主义的继承人。② 这就是此书副标题"债务国家、哀悼活动和新国际"中所谓的"债务国家"的意思。但这笔遗产的继承首先要以对其本体论和政治建构的埋葬为前提，通过"哀悼活动"唤起新的政治可能性，即"新国际"；而新国际几乎算不上政治共同体，因为它无国家，无政党，无性别，无民族，无机构，仅仅是一个匿名的不确定的共同体，它以一种具体和真实的方式联合起来，是为了更新批判，尤其为的是使这种批判激进化。

显然，马克思主义和解构主义可以建立历史、现实的和哲学的联系，但他们仍有着根本的不同，虽然马克思开创了对意识形态的批判和对哲学的批判，但马克思主义是从具体的历史的阶级背景出发进行批判的，他的批判建立在一种历史本体论的基础上，而德里达对历史特殊性的过分强调，要求把"历史性"本身上升为超历史的立场，这样的批判只能导致虚无主义和政治行动的不可能。因为这里人们无从选择任何理论立场，所有的理论都因其是"存在的确定的在场"而遭到怀疑。另外，如M·瑞安在《马克思主义与解构》中所指出的："马克思主义和解构理论可以沟通，但是在一个基本点上它们无法联系。解构理论是对一些主要的哲学概念和实践的哲学质疑。马克思主义恰恰相反，它不是一种哲学。它为革命运动命名，同其他一些思想相仿，是建立在马克思对资本主义的批判分析之上，这一分析的理论与实践旨在推翻一个筑基于私有财富积累的社会，代之以一个自由合作的劳动者共享财富的社会。千百万人因为他们是马克思主义者而遭杀身之祸，然而没有人因为他或她

---

① [美]弗雷德里克·詹姆逊著，钱佼汝译：《语言的牢笼》，百花洲文艺出版社1995年版，第145页。
② [法]德里达著，何一泽：《马克思的幽灵——债务国家、哀悼活动和新国际》，中国人民大学出版社1999年版，第127页。

是解构主义者,而非得去死。"①

不过,无可否认,德里达围绕着幽灵的意象对马克思的著作所作的解构主义的阅读是十分有意义的,他提示了在后冷战时代理解诸如人权、正义等政治概念的新的方式,也开辟了在当代继承马克思主义对资本主义的批判和进行社会政治革命的新的方向。在其理论的影响下,女性主义政治、少数族裔政治、后殖民批评等以特殊性、边缘性存在为关注对象的政治理论日益兴起,以激进的姿态实践着与全球资本主义国家机器的斗争。

---

① [美]M·瑞安:《马克思主义与解构》,转引自陆扬著:《德里达:解构之维》,华中师范大学出版社1996年版,第242页。

第二章 德勒兹与马克思:"无产阶级"的"逃逸线"

法国著名学者 Éric Alliez 曾提到①,德勒兹生前计划写作的最后一本著作就是研究和反思马克思的专著,标题为《马克思的伟大》(*Grandeur de Marx*)。遗憾的是,哲学家的早逝使得这本相当令人期待的著作未能完成。不过,德勒兹有关马克思的一些反思已经散见于他生前出版的著作之中,尤其是两卷本的《资本主义与精神分析》。这个系列由两部作品组成,分别是 1972 年出版的《反—俄狄浦斯》和 1980 年出版的《千高原》。鉴于《千高原》之中对马克思的研究比较集中,我们在本章之中就主要围绕这本著作展开论述和比较。

一、社会构成:"矛盾"与"逃逸线"

首先值得分析的是德勒兹与马克思在对社会构成问题上的基本分歧。不过随着论述的深入,我们会看到,此种差异毋宁说仅仅是表面性的。在更深的层次上,两位大师的思想之间确实是有着契合之处的。

在《千高原》的第九章之中,D&G②详尽展开了对"微观政治"(micropolitique)的精彩分析。"微观政治"是本书之中所关注的一个极为重要的概念,它首先针对的是以往的政治思想和分析之中的那种"宏观的"视角:也即,将重点放在对社会、政治的宏观模式和结构的分析之上,而忽略了"微观层次"的运动、发展、演变、甚或断裂的种种样态。在 D&G 看来,实

---

① Nicholas Thoburn: *Deleuze*,*Marx and Politics*,Routledge,2003,Introduction,p. 2.
② 《千高原》是由德勒兹与其终生的思想战友加塔利(F. Guattari)合写的,因而,在提到这部书的作者时,一般简写作 D&G。虽然在本书之中确实能够明显辨认出二人所作的不同的段落,但此种差异并不是关键。因为,通观全书,无论是风格还是论述,其实是相当具有统一性的。因而,在我们的分析之中,也就不再对不同的作者进行区分。况且,在全书的一开始已经强调,"要达到这样一个点,在其上是否说'我'已经不再重要。我们不再是自身。每个人都会认出属于他自己的东西。我们被协助、被赋予灵感、被增殖。"(*Mille Plateaux*,Les ditions de Minuit,1980,p. 9,本章中的译文皆为笔者所做)。

际上,"宏观/微观",乃至"静态/动态"这些二元性的分析模式本身就是不充分的,因为这些表面上看似对立的两极或两项之间其实并不存在截然分裂的鸿沟。就从"宏观"的层次来说,仅仅分析普遍的、相对静态的结构肯定是不够的,因为这样一来我们就始终难以真正解释此种结构是如何真正地作用于那些活生生的、行动于社会场域之中的个体。一旦预设了"结构/个体"、"普遍/特殊"之间的对立,任何想要弥合二者之间的鸿沟的措施最终都将是不充分的,因为它们仅仅是"补救性"的,而没有真正解决问题。因而,要想真正克服此种陈旧的分析模式,看来必须找到这样一个中介项,它形成了、构成了对立两项之间的沟通和互动。D&G 将这样的中介项称为"节段"(segment)。"节段"之所以具有此种中介的作用,恰恰是因为它朝向两个方向:

一方面,它是社会的宏观结构的基本构成单位和要素,换言之,宏观的结构是通过对节段所进行的不同的组织方式才得以实现、展开自身的。D&G 主要区分了三种不同的组织方式:首先是二元性的方式,即将社会划分成对立的部分、集合、区域(比如"男性/女性"),然后再在它们之间建立起对应和转换的关系;其次则是中心/边缘的方式,最典型的形象就是层层嵌套、不断拓展的同心圆,不过,这里的"中心"并非实在的点,而毋宁说是功能的位置,因为正是它构成了不同的圆环之间的"共振";第三则是建构起一个同质性的"空间",与前两种方式相比,此种方式更着重以"几何"的方式(欧式几何)对节段进行划分和分配,它尤其体现了所谓的"国家的理性"。D&G 最后总结到,这三种组织方式最终都可被归结为"树形"(l'Arbre)的组织方式,"人们会注意到,每次,**树**都表现着此种僵化的节段性。**树**是树形的结点或二元分化的原则;它是确保着同心性的旋转轴;它是将可能的事物进行条块分割的结构或网络"①。"树"与"根茎"(rhizome)之间的区别是《千高原》的一个核心要点,当然也是我们理解节段和节段性的一个入手点。上面我们所看到的皆是节段的"树形"的样态,但节段还有另外一个方面,即我们在下面所要论述的微观层次的"精细的节段化"的运动。

之所以称之为"精细",当然一方面是与宏观层次的那些"僵化"的节段化的组织模式和结构相区分;但另一方面,这个词意味着,微观层次的节段化的运动是更为开放、动态、微妙的,因而,要想真正揭示这种种运动样态,就需要探寻新的方法。此种方法也就是 D&G 所提出的描述"根茎"的种种方式:即"导论"之中所概括的"连接"、"异质性"、"多元体"(多样

---

① *Mille Plateaux*, p. 259.

性)和"非表意性断裂"这四种主要方法。这里当然无暇展开论述,我们只需提到文本中的一个例子,即"群众"(大众)和"阶级"(阶层)之间的关系。简单说来,"群众"是分子层次(微观)的精细的运动,而"阶级"则是此种运动在分子层次(宏观)上所形成的分化的结果——用 D&G 的词语,即"结晶化"。正是因此,群众的运动要比阶级的运动更为根本,但这也就意味着我们不能以分析阶级关系的对立模式去揭示群众的动态,因为"社会阶层自身则指向着那些'群众'(masses)——它们不进行同样的运动,不具有同样的分布,没有相同的目标,甚至连斗争的方式也不相同"①。

不过,仅仅说阶级与群众之间是"宏观/微观"之间的区分,似乎既有重新落入二元性的僵化模式的危险,又难以真正理解二者之间的真正关系。关键在于,要理解"群众"在微观政治层面上的重要意义。如果我们局限于阶级的层面之上(阶级之间的区别,对立,斗争,等等),那就难以真正理解群众运动的特征和动力机制的,因为,"群众"的力量往往并不在于形成宏观的"阶级",而恰恰在于摆脱这些宏观的结构,自其中"逃逸":或者,在分化的节段之间建立起多元的、异质的、多样性的"连接";或者,瓦解节段之间的僵化的结合模式,将它们导入更为开放的根茎空间之中。D&G 尤其强调两个要点:首先,微观的群众运动是渗透于整个的社会场域之中的;其次,微观与宏观绝非简单对立,而恰恰是彼此交叉,甚至是相互推进。在这个意义上,D&G 将"群众"的运动描述为一种"流"(flux),它要比节段和节段性更为深层,它就是不断的逃逸的运动。

由此我们才能深入理解 D&G 的这段总结性的论述:"人们这样说是错的(尤其是在马克思主义之中):一个社会是为其矛盾所界定。这仅仅在宏观的尺度之上才是事实。从微观政治的角度来看,一个社会是为其逃逸线所界定的,而这些逃逸线是分子性的。始终有某物在流动和逃逸,它避开了二元性的组织,避开了共振的装置和超编码的机器。"②表面上看,这句话极为鲜明地揭示了《千高原》与马克思主义哲学在社会构成机制上的根本对立:一般说来,马克思主义确实是通过"矛盾"的机制来理解社会的结构和发展变化的,但在 D&G 看来,"矛盾"(无论是阶级之间的对立,还是经济基础和上层建筑之间的差异)其实都仅仅是一种宏观的现象,因而不足以揭示社会运动的微观动力,而此种动力才恰恰是本原性的。

---

① *Mille Plateaux*,p. 260.
② *Ibid.*,p. 263.

但能否做出如此简单的推论？或许我们应该更为仔细地考察马、恩自己的相关论述。

二、"无产阶级革命"：马克思和恩格斯的视角

正如某些学者非常正确地指出的，虽然"阶级"在马克思的论述之中是一个经常出现的重要概念，但他却似乎从未对它进行明确的界定。① 这一方面当然为后人的阐释留下了极大的发挥的空间，但另一方面，这也表明，在马克思看来，"阶级"本来就不是一个单一的现象，不能以既定的、固定的定义来对其进行限定，而是应该在具体的社会现实的发展和变化之中对其进行理解和分析。从这个角度来看，汤普森的解释是颇为确切的。在他看来，阶级"是一种历史现象，它把一批批各各相异、看来完全不相干的事结合在一起，它既包括在原始的经历中，又包括在思想的觉悟里"②。首先，这段话强调了阶级的"历史性"，即，它是随着历史条件和社会现实的变化而不断变化的，因而，应该"根据经常变化的条件"③来进行分析；其次，它揭示了，从起源上说，阶级是一种"异质性"的现象，即，是多重因素协同作用的结果，这些因素之间甚至有时会难以建立起统一性的关系。

"历史性"和"异质性"这两点尤其体现在马克思主义对于"无产阶级革命"这一重要思想的理解之上。首先应该明确的是，当马、恩提出"无产阶级"这个概念的时候，始终是将其作为一个革命和变革的力量而展开论述的。因而，从某种意义上说，"无产阶级"和"资产阶级"并不具有严格的对应性。换言之，不能仅仅将"无产阶级"作为有别于"资产阶级"的、与"资产阶级"相对立的另一个有着明确范围和界定的阶级群体（比如"工人阶级"），而是应该从根本上将其视作弥散于整个资本主义社会之中的种种变革的力量的总和。《共产党宣言》的口号"全世界无产者，团结起来"，正是对于此种革命力量的呼唤。当然，在马、恩所处的时代，"工人阶级"确实是最能够实现此种革命使命的力量（"工人总有一天必须夺取政权，以便建立一个新的劳动组织"④），但随着社会现实的变化，它的革命动机却越来越消退，甚而沦为维护资本主义社会秩序的保守力量。比如，很多西方马克思主义的学者都指出了二战之后西方主要资本主义国家的阶级结构和状况发生深刻变化的现实：大量的"白领工

---

① 康文龙：《马克思阶级概念的多重阐释》，《学术论坛》，2006年第6期，第17页。
② ［英］汤普森著，钱乘旦等译：《英国工人阶级的形成》，译林出版社2001年版，第19页。
③ ［德］马克思、恩格斯：《马克思恩格斯全集》，人民出版社1972年第1版，第38卷，第439页。
④ ［德］马克思、恩格斯：《马克思恩格斯全集》，人民出版社1964年第1版，第18卷，第179页。

人"的出现,使得人们开始质疑"工人阶级"的革命地位,因为这些"白领"非但缺乏进步的革命意识和动机,甚至越来越被资本主义社会"同化"。

在这样的背景之下,对于"无产阶级革命"理应进行全新的阐释。换言之,"无产阶级"理应更为接近上节所说的"群众"的流动的力量,而"工人阶级"作为有着自身的明确形态、特征和结构层次的群体,则是对"群众"之"流"的"结晶化"的结果。正如马克思所深刻指出的,"中等阶级的人数将增加,无产阶级(有工作的无产阶级)在总人口的比例将相对地越来越小……然而实际上资产阶级社会的发展进程却正是这样"①。这就提醒我们注意,既然"工人阶级"是趋向于"结晶化"这一极的,那么,它就必然越来越被节段化,越来越被整合于资本主义社会的宏观结构和秩序之中。"工人阶级"本身就倾向于分化为不同的层次。比如,这段话之中所说的"中等阶级"就主要是由从原来的"工人阶级"之中分化出来的高级的技术工人、商业销售工人和仆从服务人员所构成的,他们越来越倾向于与资产阶级融合在一起,形成"中间阶层"②,变为维持资本主义社会秩序的中坚力量。而这里所说的"无产阶级"其实指的是"体力工厂工人",当整个工人阶级越来越被节段化之时,似乎只有这个部分还保有着些许的(卢卡奇所说的)"无产阶级意识"。

但实际上,阶级结构的此种变化理应促使我们去重新回归到"无产阶级"的群众根源,重新去寻找新的变革的力量。法兰克福学派的理论探索值得我们深思。"鉴于工人阶级已经被资产阶级'一体化',法兰克福学派声称只能从这个'单向度'社会之外去寻找革命的主体,主要包括那些身受本地统治阶级和外在宗主国双重压迫的第三世界的被压迫者和现代工业社会中的'新左派'。这些'新左派'的主要成员是流浪汉、嬉皮士青年知识分子和大学生。他们比工人阶级更能'看破统治的面纱',意识到自身人性遭受异化的处境,无私无畏地同这一制度作斗争。"③当然,将后工业社会的状况界定为"单向度"的,这无论如何都不是一个充分的说法。因为我们在上节已经看到,随着资本主义社会的不断发展,"节段化"呈现出越来越复杂和多样化的样态,它所作用和操控的范围也越来越大。因而,不应该说"单向度的人",而应该具体深入地去分析人是怎样被"节段化"的。但无论如何,这段话让我们领悟到,既然"工人阶级"在当今的世界环境之中越来越无法成为革命的真正力量,那么,与

---

① [德]马克思、恩格斯:《马克思恩格斯全集》,人民出版社 1974 年第 1 版,第 26 卷(Ⅲ),第 62 页。
② 郝相钦:《试析马克思对资本主义社会阶级结构演变的研究》,《中共四川省委党校学报》,2008 年 1 月第 1 期,第 24 页。
③ 黄继锋:《西方新马克思主义阶级理论的嬗变》,《国外马克思主义》,2008 年 3 月,第 26 页。

其固守着陈旧的阶级分析的框架和模式,还不如去进一步探寻此种革命力量的新的群众根源。当然,仅仅将此种根源归结为主观的"意识"和"觉悟",这仍然有失偏颇,我们其实应该遵循马、恩的洞见:不是将重心放在对阶级结构的静态考察和对阶级划分标准的宏观厘定之上(哪些人是"工人阶级"? 哪些人是"资产阶级"?),而是应该进一步从微观的、动态的角度去理解"阶级"的"运动",换言之,应该始终将"阶级"与"革命"的动机和使命结合在一起(哪些人在进行逃逸? 哪些人仍然在瓦解着资本主义的节段化的秩序?)。

因而,马、恩在深入分析"无产阶级"的运动之时,其首要的目的当然不仅仅是对资本主义社会的宏观阶级结构作出静态的分析,而是探寻变革、转化宏观的秩序和结构的革命力量。"阶级"、"无产阶级"这些重要概念之所以没有得到明确界定,这并非是一种理论上的缺陷,而正是要强调其运动的本性。恩格斯的这段话是颇有启示意义的:"实行突然袭击的时代,由自觉的少数人带领着不自觉的群众实现革命的时代,已经过去。凡是要把社会组织完全加以改造的地方,群众自己就一定要参加进去,自己就一定要弄明白这为的是什么,他们为争取什么而去流血牺牲。"①这也就提醒我们,虽然在以往的暴力革命("突然袭击")之中,工人阶级是起到领导的作用,但我们并不能就将它和"群众"之间的关系进行本末倒置的理解。"工人阶级"仅仅是群众运动在宏观层次上的结晶化的产物,因而,当它不再能够释放群众的逃逸能量,甚至通过节段化来抑制此种能量之时,我们就应该再度回归微观层次,回归群众自身。

三、"非实体性转化"与"口令(口号,mot d'ordre)"

恩格斯曾指出:"正是马克思最先发现了伟大的历史运动规律,根据这个规律,一切历史上的斗争,无论是在政治、宗教、哲学的领域中进行的,还是在任何其他意识形态领域中进行的,实际上只是各社会阶级的斗争或多或少明显的表现,而这些阶级的存在以及它们之间的冲突,又为它们的经济状况的发展程度、生产的性质和方式以及由生产所决定的交换的性质和方式所制约。"②这段精辟的话非常清晰地揭示了阶级和阶级斗争在人类历史和社会之中的地位:即,它是介于经济基础和上层建筑之间的"中介"的环节。这是首先必须

---

① [德]马克思、恩格斯:《马克思恩格斯选集》,人民出版社1995年第2版,第4卷,第521页。
② [德]马克思、恩格斯:《马克思恩格斯选集》,人民出版社1972年第1版,第1卷,第602页。

明确的出发点。但接下来我们必须深思的是,阶级斗争到底是如何起到此种中介作用的?更进一步说,此种中介作用怎样能够与马、恩关于阶级斗争是"历史的直接动力"的断语统一起来?

首先要仔细品味恩格斯这段论述的含义。很多学者将这段话解释为"因果链条"的模型,即经济基础(简称为 A)决定上层建筑(简称为 B),而阶级斗争则是此种因果关联(A→B)得以实现的中介环节。但即便我们接受这个模型,阶级斗争的地位仍然是含混不清的:一方面,它可以仅仅起到"促进"或"阻碍"A 与 B 之间的因果关系的作用,即,若我们将阶级斗争简称为 C 的话,那么,上述的模型就可以写作 A—(C)→B;另一方面,它又可以切实地作为此种关系的中间项,这样就可以将上述模型写作 A→C→B。但无论哪种模型似乎都难以真正解释恩格斯这段话中的精确用语:上层建筑是阶级斗争的"表现",而阶级斗争则为经济基础所"制约"。首先,无论是"表现"还是"制约"都很难被等同于、归结于"因果"的关联;其次,"表现"和"制约"本身就是不同的作用,那它们又怎能被统一于一个单一的因果性的关联模型之中呢(换言之,如果 A 与 C 的关系根本就不同于 C 与 B 之间的关系,那么,又怎能用一根因果链条将它们串联在一起)?看来,学界所熟识的因果决定论的模型是不充分的。

关键的一点是要认识到,正如 D&G 所指出的,在经济基础和上层建筑之间,本来就不存在着单一的、同质的、可以被纳入到一个统一模型之间的关联,相反,二者之间的联系是多元的、开放的、异质性的,即,"根茎式"的。而在二者之间编织起这丰富关联的网络的,正是阶级斗争此种运动的样态。如果我们权且将经济基础理解为物质的、实体性的领域,而将意识形态理解作为精神的、观念性的领域的话,那么,首先要明确的一点就是,"阶级斗争"不能被归结为"物质"和"精神"的任何一方。用 D&G 在《千高原》第四章中集中论述过的一个概念,我们可以说"阶级斗争"实现的是一种"非实体性的转化"(transformation incorporelle)。更为重要的是,恰恰是此种"转化"的中介环节的存在,才使得我们能够克服"物质"和"精神"之间的二元对立的宏大模式,以微观的、动态的角度去理解社会的发展变化的"机制"。所以,当马、恩说阶级斗争是"历史的直接动力",D&G 说非实体的转化是"直接"地作用于肉体(实体)的,关键就在于理解这两个表述之中的"直接"这个词的深刻含义。

基于上面的论述,我们确实可以看到马、恩和 D&G 之间的汇通之处:即,我们确实可以将整个社会场域划分为物质和精神这两个领域,但这仅仅是一种理论上的"抽象",即便此种抽象为我们的理论分析提供了极大的便利;而当我们真正要去理解社会的现实状况的时

第二章
德勒兹与马克思:"无产阶级"的"逃逸线" _247

候,仅仅依赖抽象的模式就不够了,还应该把握的是这些"在理论上"被划分开来的领域"在现实中"是如何并存、相互作用、彼此联系的。而能够令我们真正实现从"理论"向"现实"的跳跃的,恰恰就是"阶级斗争"这个中间环节。

澄清了理解的前提,接下来的问题就是进一步阐明"阶级斗争"这个概念的真正内涵。还是仔细解读一下马克思在《致约·魏德迈》中的这段耳熟能详的论述:"无论是发现现代社会中有阶级存在或发现各阶级间的斗争,都不是我的功劳。在我很久以前,资产阶级的历史学家就已叙述过阶级斗争的历史发展。资产阶级的经济学家,也已对各个阶级作出经济上的分析。我的新贡献就是证明了下列几点:(1)阶级的存在仅仅同生产发展的一定历史阶段相联系;(2)阶级斗争必然要导致无产阶级专政;(3)这个专政不过是达到消灭一切阶级和进入无产阶级社会的过渡……"①而我们对"阶级斗争"的理解也应该从这三个要点入手。首先,从第一点看来,正如我们上节已经强调过的,阶级的本质规定性之一就是其历史性。但接下来就应该将(2)与(3)结合起来进行理解。在马克思看来,第(2)点的依据就在于,人类社会进入资本主义阶段之后,阶级的结构形态实际上是进一步简单化、明了化了,即日益演化成两大阶级阵营之间的对立。此种对立在资本主义社会的范围之内是难以最终调和的,因为"在资本主义制度下无产阶级的状况将日益恶化,不可能改变,这是资本积累规律作用的必然结果"②,由此也就必然导致无产阶级最终以暴力革命夺取政权,最终推翻、瓦解资本主义社会的秩序。

然而,很明显,人类社会的发展现实非但没有印证马克思的预言,反而似乎在昭示着资本主义社会构型(formation)的强大的、持久的生命力。这就难免使得我们追问:马克思的这个大胆断言的合理性到底何在? 我们到底应该如何理解这段话中的"无产阶级专政"和"消灭一切阶级"这些关键性的表述的含义?

极为重要的一点是,我们不应忘记,马克思在这段话里所做的并不(仅仅)是对历史现实的"描述",相反,他所做的是一种"预期"和"预测"。当然,我们可以从历史发展的现实状况出发来对马克思当时所做的这些"预测"进行"证伪"③;但是,我们还可以从"预期"的角度出发来真正理解这些"话语"的深刻含义。D&G 在《千高原》之中所进行的诠释是极为具

---

① [德]马克思、恩格斯:《马克思恩格斯选集》,人民出版社 1972 年第 1 版,第 4 卷,第 332 页。
② 池元吉:《马克思恩格斯阶级和阶级斗争理论与当代现实》,《吉林大学社会科学学报》,2005 年 7 月第 4 期,第 138 页。
③ 当然,"事实"能否,或在多大程度上构成了对"预测"的证伪,这本身就是一个值得深思的难题。

启示性的,值得我们思索。

  D&G 首先对"无产阶级"的存在论样态进行了反思:"无产阶级的观念可以对这个问题作出解释:无产阶级,它在某个时刻是否已经存在,是否已经作为一个团体而存在?(或,它还存在着吗?)显然,马克思主义者是在一种预期的意义上运用这个概念的,比如当他们谈到一个'胚胎之中的无产者'。"①这里,D&G 开宗明义地指出,不能从实在的、现成的、既定的状态上来理解、界定"无产阶级"。从时间性上看,不应该从"当下"和"过去"的维度来界定无产阶级("已经存在"或"还存在着吗?"),而应该从"未来"和"预期"的角度进行思索。"胚胎之中"正是强调,"无产阶级"始终是一个将来到来的、处于持续的生成和创造之中的"阶级"。而它的此种创造和生成所导致的并非是进一步的"结晶化"和"节段化",而是所有的阶级结构的最终瓦解和消亡,换言之,即是回归一种彻底的运动、纯粹的"流动"的状态。然而,无论是马克思还是 D&G 都非常清楚地意识到,此种状态是不可能最终被达到的。换言之,对阶级结构和种种节段化的瓦解和"逃逸"(用 D&G 的一个重要概念,即是"解域"(déterritorialisation))始终是与这些结构和节段化的重新形成("再结域"(reterritorialisation)紧密结合在一起的。我们必须把"解域"和"再结域"视作是同一个运动过程的两个不同的方向:一方面,资本主义社会不断趋向节段化和结晶化(证据就是"中间阶层"的日益强大);而另一方面,随着节段化的范围越来越大、样态越来越多样复杂、程度越来越强,它同时也在各个方向上催生出反抗的、逃逸的解域之"流":"克分子的组织越是强大,它就越是能够引发一种其自身的要素、关联以及基本装置的分子化。当机器变成全球的和宇宙的,配置就越来越倾向于微型化、趋向于生成为微观—布局。"②而介于这两个方向之间,起到中介和互通的作用的,恰恰正是作为"非实体性的转化"的"阶级斗争"。事实上,如果从 D&G 的解释模型出发,马克思关于阶级斗争的断言是极为正确的:首先,阶级斗争在资本主义社会之中确实达到了前所未有的激剧的程度,这是因为,没有哪个社会形态像资本主义那样将解域和再结域这两极都推向极端的地步;其次,资本主义社会的阶级斗争是不可调和的,这当然是因为解域和再结域的两极永远不可能实现重合。

  不过,如果可以作此诠释的话,那么通过暴力手段所实现的"无产阶级专政"又该如何理解?确实,一方面,我们可以将"无产阶级专政"理解为通向彻底、完全的(因而也是难以

---

① *Mille Plateaux*,p. 105,注解 13。着重号为本文作者所加。
② *Ibid.*,p. 263.

最终被实现的)"解域"的生成运动;而另一方面,我们也可以理解"暴力"的必要性,因为面对日益强大、僵化、深广的节段化,看来确实有必要以一种具有同等(甚至更高的)"强力"(force)的"解域"运动来与之相对抗。在这个意义上,我们甚至可以说,是"非实体性"的阶级斗争维持着资本主义社会内在的张力,这也是它得以不断持存、拓张的内在性机制。换言之,资本主义社会的内部确实存在着不断瓦解其自身的结构和界限的运动,但它自身却恰恰正是在此种运动之中"持存",也即,资本主义正是解域和再结域的共时性的并存。Nicholas Thoburn 由此总结道,马克思的伟大之处就在于:他一方面清醒认识到,面对庞大的"恶魔般的资本主义机器",不存在任何轻易的、现成的逃逸路径;但另一方面,通过对资本主义社会进行的深入细致的剖析,他所要揭示的恰恰是,即便"逃逸"是极端艰难的,它仍然是内在于资本主义的生产关系和社会关系之中的"可能性"。① 而此种可能性即是"共产主义"。

与"阶级斗争"或"无产阶级"一样,"共产主义"也不是对一种现实状态的预期或描述,而毋宁说是对一种纯粹领域和生成的"召唤"。"对于我们,共产主义不是一种将会被实现的事实状态,也不是一种现实需要根据其来进行调整的*理想*。我们将共产主义称作真实的(*real*)运动,它废黜了事物的当下状态。此种运动的条件源自现存的前提。"②因而,与"无产阶级专政"一样,"共产主义"也同样不能以"现实/理想"的二元对立的框架来进行理解,相反,它们都是超越现实的"非实体性的转化"。然而,正是因为它们是对现实的"转化",它们必然要以"现实的条件"为"前提"。如果说"阶级斗争"所维持的是资本主义社会的解域和再结域之间的张力,那么,"共产主义"所展现的则正是"现实"与"理想"之间始终存在的张力。

然而,我们反复提到"非实体性的转化",这是否是忽视了资本主义社会的阶级斗争的残酷现实呢?关键在于重新审视马、恩关于无产阶级革命策略的论述。马克思这段关于海牙代表大会的演讲是值得我们深思的:"工人总有一天必须夺取政权,以便建立一个新的劳动组织……但是,我们从来没有断言,为了达到这一目的,到处都应该采取同样的手段。我们知道,必须考虑到各国的制度、风俗和传统;我们也不否认,有些国家,像美国、英国——如果我对你们的制度有更好的了解,也许还可以加上荷兰——工人可能用和平手段达到自

---

① *Deleuze, Marx and Politics*, p. 3.
② 《德意志意识形态》,转引自 *Deleuze, Marx and Politics*, p. 3,译文是本文作者所做,斜体字为英文原文所有。

己的目的。但是,即使如此,我们也必须承认,在大陆上的大多数国家中,暴力应当是我们革命的杠杆。"①这里,马克思虽然强调了暴力革命在当时的现实条件之下的必要性,但他同时也揭示了两点:首先,即便就暴力革命来说,在不同的国家所采取的策略和方式也不尽相同;其次,在条件适合的条件下,和平的过渡确实是"可能"的。考虑到恩格斯晚年确实提出过"和平过渡论"②,确实有必要对马、恩在革命策略方面的观点的此种转变进行反思。对于此种转变,可以进行两种阐释。首先,我们可以认为,或许和平的手段(利用议会和选举)和平稳的过渡更为适合新的经济和政治的局势,因而要比暴力革命更为有效。不过,此种解释存在着一个严重的缺陷,即仅仅将"无产阶级"及其"革命"与"现实"的状况联系在一起,而忘记了其更为本质性的"预期"和"未来"的指向。换言之,即是仅仅将"革命"的契机归结为、归因于"事实状态",而这与我们前面所引证的《德意志意识形态》之中的鲜明立场似乎是相悖的。

关键的一点在于,"革命"确实要受到现实状况的"制约",但这绝不意味着它就是现实条件的产物和"结果",也不意味着它因此就要"落后于"现实状况或与现实状况相一致(比如,只有当现实条件"成熟"之际,方可发动革命;或者,当现实状况发生变化之时,革命的策略也必然要相应的发生变化)。相反,"革命"首先是一种"非实体性的转化",而正是因此,它首先是"先于"现实状态的,并通过此种"先行"来引导进一步的对现实所进行的改造和转化。关于革命的此种先行特性,D&G 结合列宁在十月革命之中对"口号"的杰出运用来进行阐释:"我们的分析基于列宁的一篇名为《谈谈口号》(1917)的文章。其中已经出现了一种非实体性的转化,它从群众之中抽离出一个无产阶级,并将其当作表述的配置,而此种做法要先于无产阶级作为一个实体而存在的条件。……利用了与社会民主党的决裂,列宁又创造或宣布了另一种非实体性的转化,它从无产阶级之中分离出一个作为表述配置的先锋队,并将其归属于'党'"③,在革命的危急时刻,列宁通过口号的宣言实现了从"群众"→"无产阶级"→"党"的天才性的"转化",从而不断地推动着革命的发展。关键在于,此种转化是先于"无产阶级"和"党"的实体(团体,corps)建立的,从此种意义上来说,它是德勒兹在《意义的逻辑》之中所深入论述过的纯粹的"事件"(événement),即,它脱离了现实层次的"因

---

① [德]马克思、恩格斯:《马克思恩格斯全集》,人民出版社1964年第1版,第18卷,第179页。
② 关于这方面的介绍,参见孙代尧:《马克思恩格斯无产阶级革命策略思想的演进》,《河南大学学报(社会科学版)》,2008年第1期。
③ *Mille Plateaux*,p.105.斜体字为原文所有,着重号为本文作者所加。

果"关联的制约,从而形成了一个"表层"(surface),用《千高原》之中的术语,即是通过"口号"而形成了一个新的"配置"(agencement)。"配置"是多元的异质要素所形成的格局,它往往标志着转化和过渡的时刻。而革命的节点恰恰就是这些非实体性的"事件"和"配置"所标志的,正是在这些节点之上,现实的僵化的节段化和结构开始瓦解,开始向新的配置开放。

第三章 鲍德里亚与马克思
——异化、革命与"乌托邦"的希望

一、鲍德里亚对马克思研究的发展过程

在 20 世纪后半叶的法国思想舞台上,鲍德里亚的光芒远远比不上福柯、德里达、德勒兹这样的思想大师,但他对马克思的持续反思与创造性解读却仍然不断给世界思想界带来一次次冲击。采用学界较为公认的说法,可以将鲍德里亚对马克思的思索大致分为三个阶段[①]:

一是早期思想之中对当时法国盛行的结构主义马克思主义理论及其方法在流行文化和大众消费领域加以运用,代表作当然是《物体系》(*Le Système des objets*,1968)及《消费社会》(*La Societé de consommation*,1970)。

但接下来,他不再满足于既有的对马克思的诠释,并进一步展开了对马克思原著的深入解读,其成果即是《符号政治经济学批判》(*Pour une critique de l'économie politique du signe*,1972,下简称《批判》)及随后的《生产之镜》(*Le Miroir de la production*,1973,下简称《生产》)。也正是在这一个阶段,鲍德里亚试图借助符号学理论对马克思的经济学—哲学思想进行批判性反思,尤其是针对作为马克思主义基石的"生产"概念。无论他的此种反思是否忠实于马克思原本的思想真相[②],但至少有一点是确定的,即在《生产之镜》之后,鲍德里亚可以说是正式与马克思分道扬镳。在随后的一系列更为尖锐、晦涩、甚至狂妄的著作之中——从《死亡与象征交换》直到《论诱惑》、《致命的策略》等等,他开始围绕"物"的概念展开了其"荒诞玄学"的思辨。

因而,本节的论述理应以第二个阶段为核心,正是在这个阶段,鲍德里亚与马克思之间

---

① 比如 Richard J. Lane,*Jean Baudrillard*,Routledge,2000,p.55.
② 国内一些学者(如张一兵)都对这一点提出了言之凿凿的置疑。

有着直面式的交锋。但纵观国内外学界对《批判》和《生产》这两本书的解读,似乎大都围绕着"生产"和"符号"这一对概念,换言之,大多数学者都将鲍德里亚对马克思的"批判"置于关注和论述的核心。但在我们看来,这只是其思想的一个方面(即"破"的方面),而更为关键的"立"的方面似乎更值得人们加以反思。遗憾的是,人们要么是根本否定鲍德里亚提出了任何可行的革命和解放的策略①,要么就是简单地用"回到马克思"式的立场来对鲍德里亚进行证伪,但无论何种做法,都没有对鲍德里亚的原文保持忠实和冷静客观的态度。确实,遍览鲍德里亚的早期四本代表作,对当代资本主义文明的嘲讽、批判、绝望肯定是主导性的氛围,但在《生产之镜》最后一章之中,他已经明确提出了"革命"和"乌托邦"这些更具积极意味的主题。对于任何一种以"批判"为导向的理论形态来说,其自身所采取的"立场"理应是颇为根本的一个维度。即便是那些以"无立场"自居的"解构"式批判,也必然或明或暗地提出了改变现状的策略和途径,否则就有可能沦为琐屑的理论"游戏"。对于鲍德里亚当然也是如此,下面我们就从《生产》的尾声部分开始深入解析他所向往着的解放之途,并以此为主线,对之前的三本主要代表作进行重新解读。

在《生产》接近结束之处,鲍德里亚明确地将自己的"乌托邦的反抗"与马克思的革命—解放策略对立起来。也正是在这里,他挑明了自己的"立场":"马克思主义的分析把人看作是被剥夺的、*异化的人*,并将之与*总体的人*联系起来,总体的他者就是理由,他者就是未来(这是乌托邦的思想,在这个术语的坏的意义上),这种分析把人看作是*总体性的筹划*。与这种分析相反,**对乌托邦来说,与异化的概念没有任何关系**。它将任何人、任何社会都看作是已经*总体化*的存在,在每个时刻,这些人和社会都有*象征的要求*。马克思主义从未分析过这种反抗。"②这段对比鲜明的论断完全可以作为鲍德里亚对其"马克思主义"时期的结语。不妨仔细分析一下其中包含的几重对比:

首先,鲍德里亚虽然也承认自己和马克思都将解放的希望寄托在"乌托邦"之上,但他也明确指出自己与马克思之间的根本差异:后者的共产主义"乌托邦"指向着未来的时间向

---

① 比如有学者就明确认为,"鲍德里亚对马克思劳动和生产范畴的批判和解构,是完全建立在对这些范畴的误读和曲解之上的。这种误解不仅有其直接的理论和现实原因,而且有其深层的方法论根源。正是这种错误的方法论,导致了鲍德里亚在理论上对唯物史观解构的非法性,并在实际上从对资本主义的绝望反抗走向了对资本主义反抗的绝望"。(《"后现代语境中的鲍德里亚及其在中国的效应"国际学术研讨会综述》,《哲学动态》,2008年第2期,第101页)
② [法]鲍德里亚著,仰海峰译:《生产之镜》,中央编译出版社2005年版,第152页。黑体字为原文所有,斜体字为本文作者所加。

度,而他所标榜的"诗歌和乌托邦的反抗"却拒斥未来,而回归、针对"当下":"不再向未来的解放相关联,而是要求直接在这里实现自己。"①

其次,鲍德里亚认为,马克思的"乌托邦"理想之所以只具有"坏的意义",正是因为他对资本主义社会的批判仍然是围绕"异化"这一概念展开的,而这一概念的最严重的缺陷就是从一种"总体性"的本质("总体的人")出发来对现状进行反思和批判;针对这一点,鲍德里亚试图以"象征"的"反抗"来取代"异化"的概念。

最后,在鲍德里亚看来,马克思的批判之所以不成功,其根本的症结还在于其基本的理论框架,即始终对历史持一种"普遍化"、"辩证化"和"理性化"的倾向,而其象征式反抗则与之截然对立:"象征意味着在想象的客观历史镜像中的非普遍化、非辩证化、非理性化。"②

很明显,鲍德里亚和马克思的论证焦点汇聚在"乌托邦"、"异化"和"普遍化"这三个概念之上,而其中"异化"就成为一个关键环节。下面我们就先从"异化"问题说起。

二、对马克思"异化"理论的批判

"异化"(衍生自拉丁文 alilenatio)当然不是马克思最早使用的,实际上,在他之前,已然有众多的西方哲学家和思想家对这个概念有过论述。这里无暇对这个概念的演变史进行深入考察,但总体说来,无论它被用于何种具体的语境之中,"分化"、"分裂"、"对立"这几个基本的含义始终构成了基调:从根本上说,"异化"即是从自体本身之中"分化"出来、进而成为一个"分裂"的(相对独立的)部分,更甚而与自体本身相"对立"。显然,谈"异化"必然要在一个对比参照的关系之中才得以可能,也即,我们必须首先要明确,"异化"是从"何者"之中、相对于"何者"而言的"异化",这里的"何者"当然就是"非异化"或"未异化"的"原初的"、"本真的"(我们转用了海德格尔的术语)状态。③

对于马克思的异化理论的理解也理应从这样一个参照视角出发。鲍德里亚将批判的矛头指向"异化劳动"这个堪称马克思异化理论核心的概念。虽然在早期的论著之中(比如

---

① [法]鲍德里亚著,仰海峰译:《生产之镜》,中央编译出版社2005年版,第152页。
② 同上书,第151页。
③ 必须同时理解"异化"中所兼有的"分化"—"分裂"—"对立"的关系,因为,如果单纯谈"分化"—"外化"的话就难以理解"异化"之中所隐含的那种矛盾冲突和对立的含义。

《论犹太人问题》),马克思已经初步涉及了"异化劳动"的问题,但深入的探讨当然还是在《1844年经济学哲学手稿》(下简称《手稿》)中展开的。限于篇幅,我们仅对《手稿》中对异化劳动进行的四重基本界定加以简要分析。重点还是要看鲍德里亚是怎样对"异化劳动"进行颠覆性的"解构"的。

"异化劳动主要表现在四个规定中,即(1)'劳动的产品……同劳动相对立';(2)'生产活动本身……劳动本身的异化、外化';(3)类的异化,即'异化劳动把自我活动、自由活动贬低为手段,也就把人的类生活变成维持人的肉体生存的手段';(4)人的关系的异化,即人与人的对立关系,因此'在异化劳动的条件下,每个人都按照他本身……所处的那种关系和尺度来观察他人'。"①第(1)点是从资本主义社会最基本的剥削的现实状况出发,揭示工人与其产品之间的对立,即产品非但没有成为创造者(工人自身)的本性力量的体现,也没有最终实现创造者的自由,而倒是反过来成为限制、压制工人的外在的、对立的力量。(1)虽然仅仅是对事实现象的描述,但却是理解整个异化系列的基本出发点,不可不察。(2)要比(1)更进一步,因为劳动本身的异化已经将工人(劳动者)与他的行动(劳动)本身相互割裂开来,这就进一步加深了工人的奴役,因为异化不仅仅体现于劳动的成果(产品)之中,而且贯穿整个生产过程的始终。(3)和(4)可以结合起来理解,它们将"异化"提升到"类"与"社会关系"的层次。第(3)点是马克思论述的枢纽,也很明显是理解鲍德里亚的批判(马克思从"总体的人"的"类本质"出发)的关键之点。其实马克思在这一点中所揭示的"本质"不应该从先验的普遍性的角度来理解,细读《手稿》原文,我们发现他说的只是人之所以不同于一般动物的那种创造的"能力"和本性而已。从而,说人与其类本质相异化,无非也就是说人不再能够通过创造性的活动体现自身的自由,仅仅从这层含义上看,马克思并未有任何"本质主义"的嫌疑。最后的第(4)点很自然地将"异化"拓展到整个社会的范畴之中来理解,将其最终视作人与人之间的"分裂"和"对立"。

回过头来再对比鲍德里亚的分析。固然,翻开《批判》与《生产》,我们发现,鲍德里亚对马克思"劳动"概念的解析始终围绕着"价值"问题展开。此种相对集中的视角一方面当然使他的分析具有了相对深入的洞察力,但另一方面也让他一步步地陷入到一种很容易产生的误解当中,即将马克思的批判仅仅局限在经济领域,甚至将其简单地等同于一种"经济决

---

① 转引自邓晓臻,温立武:《论马克思异化劳动学说的本体论建构意义》,载于《探索》,2008年第2期,第121页。

定论"。尤其在《生产》之中,此种片面的批判性论调是俯拾即是的:"经济主义"、"物质生产决定论"①等等,这些都是鲍德里亚所使用的典型语汇。还可以进一步从两个方面来理解鲍德里亚的批判:

首先,在他看来,马克思生产学说的核心框架即是"经济基础—上层建筑"的结构模式②,而这个模式的最根本缺陷就在于它是单向因果的、还原式的,即过于强调经济基础对上层建筑领域(符号、文化、知识)的决定性的"支配"作用,进而忽视了上层建筑领域本身所具有的相对独立性及其独特的运作规律(符号体系与生产体系有着根本不同)。与马克思相对,鲍德里亚更为突出上层建筑对于经济基础的反作用,甚至是"支配"性的统治地位。当然,马克思未能意识到这一颠覆性的格局,恰恰是因为在他所处的时代,资本主义社会的发展程度远未达到现如今的"信息社会"、"消费社会"的阶段,这就使得马克思没有真正意识到符号对于物质生产的支配性作用。

但我们当然可以反驳鲍德里亚说(其实鲍德里亚也已经向自己提出了相似的问题):马克思理论的生命力其实正是在于它不仅仅是对资本主义社会发展的某一个特定阶段的"描述"和"解释",相反,它是试图通过对"当下"的剖析来指明人类解放的"未来"。这样看来,我们理应深入理解马克思主义的跨越时代的意义:虽然他的理论肯定有着时代的局限性,但它的解释力还是可以引导我们对"当下"的时代状况进行深入反省的。

但鲍德里亚对这一点也持怀疑乃至否定的态度。他明确指出在当今的"资本主义领域中,有些东西已发生了激烈的改变,有些东西马克思已经不能够分析。因此,为了使马克思主义存在下去,必须进行理论的变革"③。但这可不是一般性的"变革",而简直就是对马克思的整体理论框架进行颠覆性的重新理解。鲍德里亚将矛头直接指向作为马克思主义的辩证法概念。总结说来,他认为马克思远未真正贯彻辩证法的精神,而是相反地不断陷入到对理性本身的普遍性权威的循环论证之中,即试图将人类的一切活动都置于其理性解释的控制之下。④ 鲍德里亚甚至将马克思的历史唯物主义称作"历史的欧几里得几何学",并坚持认为,马克思所探寻的那种普遍性的历史规律无非是黑格尔的历史决定论的幽灵重

---

① [法]鲍德里亚著,仰海峰译:《生产之境》,中央编译出版社2005年版,第103页。
② "'神秘的'理性在基础和上层建筑之间保持着区分的意志,没有这种区分,历史唯物主义就崩溃了。"(同上书,第54页)。
③ 同上书,第103页。
④ 同上书,第96页。

现。① 他用"生产之镜"和"历史之镜"这双重隐喻来解释此种决定论的策略:前者将所有的社会关系都还原于经济基础之中,从而最终将一切都视作生产活动本身的"镜像";而后者则将人类的历史演变都还原于基本的生产力发展和演变的规律,从而最终将一切都视作此种普遍必然的"历史规律"的"镜像"②。在这两面镜像的折射之下,虽然一切社会和历史现象都得到"明晰"和"透彻"的理解,但这并不是以"事实"来证明"理论",而不过是到处以"理论"来证明的"理论"的循环往复的圈套而已。

正是因此,当马克思之后的那些新—(后—)马克思主义者试图将马克思的理论在新的时代情境之下进行拓展的时候③,鲍德里亚却努力在探寻其所遭遇到的事实上的"界限":即在何种程度上,"事实"对"理论"本身构成真正的颠覆,从而迫使后者进行彻底"变革"。而他所"发现"的边界正是"象征交换"的领域。

三、何种"乌托邦"?:"象征诗学",还是"共产主义"希望?

领会了鲍德里亚批判的实质,再结合其早期文本,我们发现,即便他对马克思"生产"概念的剖析还算有几分道理,但他简单地从经济决定论来直接否定马克思的"异化"理论则肯定是一个失败的理论尝试。哪怕只是通过上节当中对《手稿》中"异化劳动"学说的简介,我们也已经可以理解:马克思之所以将注意力集中于劳动、生产和价值领域,一个根本性的考察恰恰是因为在资本主义社会之中,这个领域(所谓的"经济基础")恰恰最能够充分体现出人的异化的现实。简单地将马克思主义解读为历史决定论的变种,则从根本上错失了马克思批判的神髓:即摆脱异化,实现自由的理想。这一理想是不伴随着资本主义现实的变化而变化的,变化的只是实现这一理想的"途径"和手段而已。

从这个意义上说,早期鲍德里亚批判的实质无非也正是试图在新的时代条件之下去揭示新的"异化"的情况(符号交换领域的异化),并进而相对应地去寻找"解放"之"途"。这难道不也正是马克思批判精神的进一步拓展和延伸?实际上,在较为务实的《物体系》这本出

---

① [法]鲍德里亚著,仰海峰译:《生产之镜》,中央编译出版社2005年版,第97页。
② "真理的积累、决定性的事件、不可逆转的历史的过程"(同上书,第99页)。
③ 在鲍德里亚看来,这些努力的最终目的无非只是"将基础—上层建筑的决定论因果必然性改造为更加灵活的因果必然性,同时又保留经济决定论"(同上书,第56页,斜体字为本文作者所加)。因而从根本上说,马克思的基本理论框架从未改变过。

色著作之中,鲍德里亚已经坦承自己与马克思的异化批判之间的深刻趋同:"在这里,我们会合了马克思所分析的商品形式逻辑:就好像需要、感情、文化、知识、人自身所有的力量,都在生产体制中被整合为商品,也被物质化为生产力,以便出售,*同样的*,今天所有的欲望、计划、要求、所有的激情和所有的关系,都抽象化(或物质化)为符号和物品,以便被购买和消费。"① 显然,如果说马克思所论述的是"异化劳动"的话,鲍德里亚无非是将此种批判视角进一步拓展到"符号异化"的领域之中。在稍后的《批判》和《生产》之中,此种视角并未有根本变化,唯一的变化只是此种异化的形式更为彻底和极端,因为"物质化"和"物品"已然彻底为"抽象化"和"符号"所取代。

从这个思路看来,处于转变的中间阶段的《消费社会》的意义就更为清晰。在《物体系》中,"异化"并未真正成为主题,但在《消费社会》的结尾之处,这个问题则得到了总结性的论述。也正是在这个部分之中,鲍德里亚首次揭示了自己从批判向解放进行探寻的基本路向。

《消费社会》的正文大致延续了《物体系》的思路,只不过在这里鲍德里亚将此种思路深化为"异化程式,即被商品逻辑支配着的工业和社会生活的普遍化模式"②。初看起来,这当然与《手稿》之中的从商品与生产者的异化直到人与人之间的社会关系的异化的思路颇为一致,但细致地说,在鲍德里亚揭示的"异化程式"之中,"物"—"符号"的支配性体系起到的是核心的作用。不过,对于此种支配性异化过程,国内外学者的论述已然汗牛充栋,我们不拟再赘述。现在还是将重心转向更为值得关注的焦点:为了摆脱此种异化的困境,鲍德里亚到底提出了怎样的具体策略?

在"结论"部分的一开始,鲍德里亚首先借助一部老电影指明了反抗所面临的困境:对手(那个"复制品")既无处不在、如影随形,但又无法把捉、处处逃匿。此种困境其实也正是身陷消费社会的普罗大众的真正写照:支配性的符号体系总是以可见/不可见(在场/不在场)的双重方式对人(消费者)进行全面、深入地统治、压迫和奴役。说它"可见",因为它毕竟要体现为具体的、有形的、琳琅满目的、充满"诱惑"的商品—物品;但另一方面,它又是无形的、不可见的,因为它之施行奴役的手段潜藏在商品—物品的"丰盛"表象的背后,令消费者在不知不觉之中、在最通常的日常行为之中处处落入到此种逻辑的陷阱之中。可想而

---

① [法]鲍德里亚著,林志明译:《物体系》,上海人民出版社2001年版,第224页。斜体为本文作者所加。
② [法]鲍德里亚著,刘成富、全志钢译:《消费社会》,南京大学出版社2000年版,第224页。

知,要想对抗此种无形又有形的体系谈何容易:像福柯所论述的全景敞视社会一般,此种奴役体系的运作已然深入到日常生活的方方面面,更为重要的是,被奴役者(消费者)并不是全然外在于这个体系,倒是往往沦为这个体系得以进一步拓展的"结点"和"帮凶"。正如在那部电影的最后,主体下决心杀死了那个"镜像"—"复制者",但同时他也最终杀死了自己,因为他自己的所谓的"主体"的"同一性"早已支离破碎,沦为符号—消费体系的傀儡:"在消费的普遍化过程中,再也没有灵魂、影子、复制品、镜像。再也没有存在之矛盾,也没有存在和表象的豁然判断。只有符号的发送和接受,而个体的存在在符号的这种组合和计算之中被取消了……"①

鲍德里亚似乎为我们揭示了一个极为暗淡的前景:真正的"解放"之途唯有"主体"自身的"消解"—"死亡"。但即便是如此极端的反抗手段也仍然没有撼动那个压迫性的异化秩序,反而倒是更深地陷入其中:"在异化中,存在之客观化活力不断地消耗他变成他并这样将他一直引向死亡。"②正是从这里,我们看到了鲍德里亚与马克思在异化概念方面的最为根本的差异:鲍德里亚清除了、取消了"异化"概念中必不可少的"分裂"和"对立"这两个基本的环节,并以符号体系的无限"同化"和"吸收"作用来取而代之。而一旦失去了这两个最为关键的环节,"异化"也就不再成为"异化"了。但这样的"取消"最终只能意味一件事,就是批判立场的彻底消失以及随之而来的"解放"之可能性的彻底消亡。说到底,在《消费社会》的最后,鲍德里亚无非是在发出最深的哀叹:任何的抵抗都是不可能的,因为即便是怎样激进的反抗,最终的结局也只有一个,即:沦为消费体系"神话的一部分"③。也许是出于彻底的绝望,鲍德里亚在全书的最后一句中叹息道:"我们期待着剧烈的突发事件和意外的分化瓦解会用和1968年的五月事件一样无法预料但却可以肯定的方式来打碎这白色的弥撒。"④但不要忘记,在三个段落之前,他刚刚对"五月的不满现状者"的"革命"举动进行了最为深刻的置疑。

鲍德里亚的此种矛盾重重的姿态无非是来自他自身理论体系内部的困境。从"物"(商品)到"符号",他进行了一次太过决然的、彻底的跳跃,似乎符号体系骤然间就将整个社会淹没在"白色的弥撒"之中。也许是意识到了他对"异化"概念的理解存在着偏颇,在《批判》

---

① [法]鲍德里亚著,刘成富、全志钢译:《消费社会》,南京大学出版社2000年版,第225页。
② 同上书,第223页。
③ 同上书,第231页。
④ 同上。

一书中,他对马克思的经济学和哲学文本进行了更为细致深入的解读,并借助当时已取得长足进步的人类学研究成果,进一步提出了"象征交换"这一个颇具启示性的概念。这也标志了他正式摆脱了《物体系》和《消费社会》之中的绝望气息,开始向着自己的"乌托邦"理想迈进。

《批判》的核心自然是社会价值体系的四层建构:

"1. 使用价值的功能逻辑;

2. 交换价值的经济逻辑;

3. 象征性交换逻辑;

4. 符号/价值的逻辑。"①

很明显,马克思的政治经济学批判集中在 1 和 2,而鲍德里亚在《物体系》和《消费社会》中的批判集中于 4,而 3 则是《批判》之中的新的创见。但 3 这一层次并非仅仅是附加出来的,相反,它既起到转化—中介的作用,但同时又隐含着断裂和革命的契机。

看来最为关键的就是要搞清楚"象征交换"与"符号价值"之间的最为根本的差异。这也绝对是理解鲍德里亚从马克思主义向后—(反—)马克思主义转化的一个最关键要点。鲍德里亚已经将二者的根本差异说的清楚不过:

"——象征—物(l'objet-symbole)的运用发生于其具体的显现之中,在与对它自身的'特殊'名称的对应中存在,拥有感知和热情都被倾注到了物之中(在主体的形而上学的名义上),物被打上了人的烙印。

"——'消费'物的运用则发生于它的标识名称(marque)之中,这一名称不是某种特殊的名称,而是一种类似于教名(baprême)的名称。"②

一言以蔽之,在"象征交换"之中,"物"的意义是由人赋予的,因而,它与主体之间存在着亲密的、内在的关联;反过来说,在符号价值的体系之中,"物"的意义来自于那个吞没一切的体系自身,"主体"(从根本上看只是幻象)只是借助对"物"的消费而被动地去接受"意义"、成为此种"意义"得以流通的中转点。从这个角度说,象征交换之"物"("礼物"是其典型形态)是"独特的,因交换者及其独特的交换活动而具有特殊性"。③ 因此,如果说符号价

---

① 《批判》,第 47 页。
② 同上书,第 50 页。
③ 同上书,第 45 页。

值体系的本质在于"抽象化"①,那么"象征交换"的本质则在于"具体化"、"情境化"。

在本章的一开始,我们对比了马克思与鲍德里亚的"乌托邦"建构的差异,而此种差异可以归结为"时间性"策略的根本不同:马克思将希望指向"未来",而鲍德里亚则专注于"当下"的救赎。而此种差异的根源就在于"象征交换"。鲍德里亚以恩泽斯伯格和巴塔耶作为两个理论来源深入解说了"象征交换"的时间性的两个基本环节:一为"共时性",一为"耗费"。

首先是"共时性"。"在象征交换的关系中,存在着一种共时的回应。在一个信息的两端不存在传递者,也不存在接收者,由此也不再存在任何'信息',也不存在在某个符码的控制之下在唯一的解释路径中解码任何信息。象征性坚持打破'信息'的唯一阐释,恢复意义的不定性,……是对主导性的散漫符码的一种即时解构。"②很明显,在《消费社会》之中无从入手的抵抗实践在此种"即时解构"之中焕发了新的生机,只不过鲍德里亚不再诉求于"五月风暴"这样的整体性的断裂,而是将革命回归于符号所操控的每个个体、也即散漫的符号网络之中的每一个结点。真正的抵抗应该在"当下"、"即时"进行,面对那种无所不在的意义网络的每一次"渗透"和"同化",都理应作出积极的、反抗式的回应。这就是正如当代很多艺术家所进行的对物品—商品的含混地位的颠覆性置疑(如杜尚的《泉》)。

但即便如此,鲍德里亚仍然认为其并未为我们提供根本的解放契机:"在这一意义上的所谓策略,最终都被主导的形式所挫败。"③这样他才最终求助于巴塔耶的"耗费"概念来履行其必然要承担的解放承诺。

"即时解构"的最根本缺陷在于它的反抗仅仅是零星的、片段的,因而即便是在瞬间点上获得了优势,但最终仍然将在时间的延续当中被体系进一步同化。而在"耗费"则完全不同,它是象征交换体系的基本特征,从而试图以"象征交换"来全面取代、瓦解符号价值体系。

"耗费"之所以能够作为象征体系的实践手段,恰恰是因为它无法被纳入到无所不包的资本主义生产—消费的循环之中:"消费是为了重新生产。在消费中的花费实际上是一种投资,从总体上看什么也没有浪费。甚至当焚烧咖啡树根时,当大量的财富在战争中被浪费时,这个体系也不能停止使消费导向更大的再生产,它落入到了生产、积累、获利的必然

---

① "它所发挥的功能是将所有潜在的意义进行抽象和还原"(《批判》,第145页)。
② 同上书,第182—183页。
③ 同上书,第183页。

性中。"①与此相反,"耗费"的前提不是"生产",而倒是"给予"、"付出"、甚至"牺牲";进而,"耗费"虽然也期待着"回报",但此种"回报"却完全不能被纳入到有偿的"获利"的范畴之中。而从更为根本的意义上来说,所"耗费"的正是时间本身。对时间的"消费"是为了进一步获得"利润"和"地位",但对"时间"的"耗费"则恰恰相反,它是对任何同一化体系的坚决抵抗,它在既定的生产—消费的时间"节律"之中敞开种种断裂和"空白"。换言之,在"耗费"之际,我们既不生产,也不消费,我们只是享受着纯粹的"闲暇"。也正是在这个意义上,鲍德里亚指出,在当今的时代,真正的革命主力军已然不是工人阶级,而是那些整日"无所事事"的年轻学生,正是在他们身上,我们找到了那种"耗费"的能量。

当然,对于此种看似极为脆弱的乌托邦理想,鲍德里亚在随后的思想发展之中并未过多加以援用。在更为关注虚拟实在领域的问题之后,由精神分析之中衍生出来的"超真实"概念开始占据了论述的中心。对于后期的这些变化,我们已经无意加以详述。

最后,还是回到马克思主义本身的讨论。关于马克思主义的最终旨趣到底是"科学"还是"乌托邦",学界向来有着深入广泛的争论。在这里,我们仅想提及一位对马克思的"乌托邦"理想在当代的情境之下进行重新诠释的德国思想家,即被誉为"乌托邦哲学家"的恩斯特·布洛赫。将布洛赫的所谓"具体的乌托邦"与鲍德里亚的象征乌托邦进行对比是饶有兴趣的。

在接受法国《世界报》的一次访谈中,布洛赫明确指出了其乌托邦理想的基本特征:"乌托邦不是一种神话,相反,如果它关涉我谈过的这一具体乌托邦,那么它就表明是一种客观而现实的可能性。它是一种斗争原理。它暗示新事物的未发现状态。如果历史地考察,它是某种社会力量,甚至在它本身很少被认识时,它也起某种作用。"②此种反思要比鲍德里亚的激进批判更冷静,也更具有思想的深度。它首先启示我们,乌托邦虽然指向未来,但它并非仅仅是(或根本就不是)对某种总体性规划的永恒延期实现的承诺,相反,它理应是面对"客观现实"而展开的"斗争"。但只要它是一种真正的、清醒的(而非盲目的)"斗争",它就必然有着自己的"立场",而此种"立场"必然在某种意义上是"超越"现实的。鲍德里亚早期所提出的种种策略(从自戕、到暴动、再到"即时解构")之所以总是令人感到不切实际,恰恰

---

① [法]鲍德里亚著,仰海峰译:《生产之境》,中央编译出版社2005年版,第131页。
② 《乌托邦是我们时代的哲学范畴》,梦海译,载于《现代哲学》,2005年第4期,第74页。值得注意的是,在这篇谈话之中,布洛赫在乌托邦这个主题上同样论及了艺术和"年轻人"这两个相关的方面,这与鲍德里亚是非常相似的。

是因为他一开始就否定了、消解了此种与现实之间的批判性的"间距",以至于只能寄希望于在既定体系内部寻找裂痕。"耗费"是一种更具超越性的计划,但却最终呈现出一种消极顽抗的姿势,从而丧失了任何"革命"的动力。在这一点上,布洛赫的"希望哲学"确实带给我们更多的启示。

关于"具体的乌托邦",布洛赫还有一段经典概述:"**具体的乌托邦**,一个表面上的自相矛盾(这种矛盾很容易为人占为己有)乃是某种乌托邦事物的稳固基础,而这种稳固基础在于历史物质,甚至在于自然物质本身的具体的开放性之中。正像客观—现实的可能性用巨大的潜势把现存的现实事物围了起来一样,这种可能性也恰恰献给我们以人的希望—潜能及其类世界潜力的联系。"①这段话让我们重新理解乌托邦的历史唯物主义根基:一方面,它的发展运动从根本上说仍然是"辩证的",但此种辩证远非鲍德里亚所说的理性的圈套,而是内在于世界本身之中的现实性—可能性之间的辩证关系;另一方面,乌托邦的根基不仅仅是精神的筹划,而是深深奠基于"历史物质"的开放性运动当中,是世界本身的物质能量的充沛展现。

也许,透过鲍德里亚的"理论之镜"的反射,我们反而得以更为清晰地了解马克思的乌托邦思想的深刻之处。

---

① [德]E·布洛赫著,梦海译:《马克思,直路,具体的乌托邦》,载于《现代哲学》,2008年第1期,第51页。黑体字为原文所有。

第四章　论罗蒂与马克思

罗蒂生于1931年，马克思生于1818年。虽然两人生活的时代相隔一个世纪之多，但社会历史的不完善性和延异性却为两人思想气质的相似性和差异性提供了可能。"信念和乌托邦理想是理性最崇高的表现。任何一个富有理性光辉的人都不会听天由命"[1]——詹姆斯的这句话也许可以很好地概括出马克思和罗蒂在思想气质上的相似性。这是因为，面对社会历史的不完善性，无论是马克思还是罗蒂都不愿意听天由命，都渴望以某种广义上的理性批判所带动的社会实践使社会变得更完善并以此让人们能看到未来生活的希望。前者对希望的追求体现在共产主义这个理想目标的设定中；而后者对希望的追求则体现在美国实用主义左派的政治改良活动中。这种思想气质的相似性也使罗蒂对马克思充满了敬意。在纪念《共产党宣言》发表150周年时，罗蒂就曾撰文向马克思致以崇高的敬意，认为与放弃追求任何理想的后现代主义者相比，前者毕竟还有一个"乌托邦"的理想在。罗蒂甚至以赞赏的口气把马克思和实用主义者杜威相提并论。他说："这要感谢马克思、惠特曼和杜威等人，他们是浪漫的空想家，他们预言的人类未来既不模仿过去也不模仿永恒。"[2]在他看来，由惠特曼和杜威思想所促进的主张"人们的收入与财富平均分配、政府不但保证机会均等，而且保证个人自由"的20世纪60年代前的美国左派政治就是一种新的、半共产主义社会的进步运动。[3]

不过，社会历史的延异性也使得罗蒂对马克思的精神认同始终是有限的。也就是说，由于社会历史的变迁，马克思所处的时代境况与罗蒂所处的时代境况存在着很大差异；正是这种差异使罗蒂仅仅在思想气质上认同马克思，而在具体的思想方针和行动方案上却无法与马克思苟同。他说："左派当前有一个习惯——从长计议，忽略国家，寄望于一个全球

---

[1] [美]罗蒂著，黄宗英译：《筑就我们的国家》，生活·读书·新知三联书店2006年版，第6页。
[2] 同上书，第101页。
[3] 同上书，第5页。

政体。这个习惯尽管取代了对马克思历史哲学的信奉,但和后者一样无用。"①

至此,我们只是作了一个引子,以表明罗蒂和马克思的可比较性。下面我们就从两方面入手更深入地分析两人思想内在的相似性和紧张关系。这两方面分别是:1.马克思的唯物辩证法与罗蒂"崩溃"的辩证法;2.马克思的社会理想与罗蒂的改良左派思想。

一、马克思的唯物辩证法与罗蒂"崩溃"的辩证法

罗蒂既是一位新实用主义者,也是一位新解构主义者。他的新实用主义体现在他把实用主义与解构主义结合,而他的新解构主义又体现在他把解构主义与实用主义结合。罗蒂的新解构主义与德里达的解构主义有关,而德里达的解构主义又深受黑格尔辩证法思想的影响。由于马克思也深受黑格尔辩证法思想的影响,所以,我们就可以从辩证法出发找到罗蒂的新实用主义和马克思思想的交汇点。

就马克思与辩证法的关系而言,虽然他把黑格尔的观念辩证法改造成一种唯物辩证法,但黑格尔辩证法的核心精神仍在他的唯物辩证法中持存着。那就是:第一,像黑格尔一样,马克思坚持历史主义,也就是不承认什么不变的现实或永恒的真理,而是强调一切都在发展变化当中不断差异化自身。所不同的是,在黑格尔那里,这种发展变化是思想观念或绝对精神自身的发展变化和自身差异化,而在马克思这里,是社会历史的发展变化和差异化。第二,像黑格尔一样,马克思承认辩证否定性原则,认为否定是一种扬弃,是构成永恒变化和前进运动的强大动力和创造力。所不同的是,在黑格尔那里,这种辩证否定性是观念自身的内在张力所造成的一种必然的逻辑后果,而在马克思那里,这种辩证否定性则是社会历史自身的内在矛盾所造成的一种必然的现实后果。第三,像黑格尔一样,马克思也承认否定的制约性和发展变化的方向性。所不同的是,在黑格尔那里,否定的制约性决定了否定辩证法的前进方向是绝对精神向自身的回归,而在马克思这里,否定的制约性则决定了否定辩证法的前进方向是社会历史向理想社会即共产主义的不断迈进。

具体地看,辩证法的否定性在马克思那里至少还有这样几种表现:一是生产力的差异化运动所决定的社会历史的辩证性。在马克思那里,作为一种本原的动力,生产力在生成

---

① [美]罗蒂著,黄宗英译:《筑就我们的国家》,生活·读书·新知三联书店2006年版,第72页。后面,我们将会涉及这句话的语境,在此,暂不多做解释。

自身的同时也在差异化自身,同时还强制性地差异化自身的"依附物"生产关系。在这种差异化过程中,生产力和生产关系同时又发挥解构的作用不断"去对方化"。也就是说,生产力一直在不断向前从而远离生产关系的规约,并造成生产关系的瓦解,而生产关系又以自己的方式不断促成生产力的差异化。这种强制的必然性不断造就危机又愈合危机,不断推动社会历史向前发展,并在历史的最高阶段共产主义社会那里达成和解。由此,生产力和生产关系的相互解构就达到终点并完成自身。这样,被否定辩证法所消解的形而上学的稳定性和永恒性又赢回自身。二是私有财产的辩证性。在马克思那里,一方面人的社会性决定了私有财产的可能性,因为人只有生活在社会中才会有公、私之分,才会有确立所有权的必要性,而非社会性的个人是根本不需要界定他对物品的所有权的。另一方面,对私有财产的承认却恰恰是对人的社会性的克服,因为当人拥有自己的私人财产并因此能无关乎他人地使用自己的财产时,他就仿佛将自己从他人对自己的羁绊中解放了出来,并获得了与他人无关地行使自己财产权的自由。而这种状况又是与人性的辩证性相关的。人因为不完全自私而承认他人的私有财产权,但对这种权利的承认恰恰又成全了人的自私。马克思说:"私有财产这项人权就是任意地和别人无关地、不受社会约束地使用和处理自己的财产的权利;这项权利就是自私自利的权利。这种个人自由和对这种自由的享受构成了市民社会的基础,这种自由使每个人不是把别人看作自己自由的实现,而是看作自己自由的限制。"①由此可见,在马克思这里,私有财产具有一种内在的辩证性质:它既离不开人的社会性又在瓦解人的社会性,既成全人的自由同时又瓦解人的自由。三是资本主义社会生产劳动的辩证性。生产劳动本来是为了促进人的更好存在,但在资本主义制度下,人化的劳动对工人来说却意味着自己的非人化。在马克思那里,劳动之所以是人化的是因为,通过人,劳动才成为一种创造性的劳作和改造世界造福于人的途径;通过劳动,人才把自己的生命个性物化在劳动产品中并因此体验着自己作为人的创造性乐趣。但是,在资本主义社会,工人们虽然在劳动,但恰恰不能作为人在劳动,而是作为社会化大生产这架大机器的零部件在运转。就此而言,劳动非但没有实现人的本质,反而挤兑人的本质,或者使工人因为劳动的异化而丧失了他作为人的本质。更具体地说,对工人而言,他在劳动,他的劳动却不由他主宰;他生产出劳动产品,他自己却无权占有。用马克思的话说就是,"劳动的现实化竟如此表现为非现实化,以致工人非现实化到饿死的地步。对象化竟如此表现为对象的丧

---

① [德]马克思:《论犹太人问题》,《马克思恩格斯全集》,人民出版社1956年第1版,第1卷,第438页。

失,以致工人被剥夺了最必要的对象……对对象的占有竟如此表现为异化,以致工人生产的对象越多,他能够占有的对象就越少,而且越受自己的产品即资本的统治"①。在马克思对异化劳动的分析中,人之为人的本质同样充满着一种内在的辩证张力,那就是,通过劳动,人在实现自己的创造本质的同时却在不断地"去本质化"或远离自己的本质。四是理论的辩证张力。马克思一方面试图通过客观化和普遍化的理论揭示人类历史发展的本质——例如,他就以相当确信的口气说:"物质生活的产生方式制约着整个社会生活、政治生活和精神生活的过程。不是人们的意识决定人们的存在,相反,是人们的社会存在决定人们的意识"②,另一方面又强调普遍性理论只有通过在社会历史现实中的"肉身化"才能找到自己的落脚点,他说:"哲学家们只是用不同的方式解释世界,而问题在于改变世界。"③这样,在马克思那里,理论就获得了自身的辩证性质:它的客观性和必然性要求它出乎社会历史之外,而它的"肉身化"和"现实化"又要求它入乎社会历史现实之内;在理论和现实的辩证作用中,不仅理论通过自己的作用差异化社会历史现实,而且社会历史现实也通过自己的发展迫使理论差异化自身,由此,理论和社会现实之间也形成了一种彼此促进的辩证运动。

罗蒂与辩证法的关系是以德里达为中介的。作为解构主义者,德里达秉承了苏格拉底无休无止的诘问法,他不但像黑格尔的辩证法那样承认概念对自身的差异化,像马克思那样承认现实世界对自身的差异化,更强调现实始终对概念框架的逃逸和躲避。如果说,黑格尔和马克思各自还把辩证性当作精神运动或社会历史的真理加以揭示,而在德里达这里,所谓的真理就是没有真理。用罗蒂的话说,德里达要解构哲学家的这样一种信念,即认为他一直在追求真理,这种真理不是人们所达成的历史性共识,而是对世界状态实实在在的准确再现④。不过,在赞同德里达对哲学家信念的解构时,罗蒂对德里达的解构主义也提出了批判。在他看来,当德里达试图解构传统哲学中具有确定性和普遍性的元哲学话语的同时,他自己却可能落入到同样的窠臼当中,因为德里达用分延、踪迹和补充等词语又重新

---

① [德]马克思:《1844年经济学哲学手稿》,《马克思恩格斯选集》,人民出版社1995年版,第1卷,第41页。
② [德]马克思:《政治经济学批判》,《马克思恩格斯全集》,人民出版社1998年第2版,第31卷,第412页。
③ [德]马克思:《关于费尔巴哈的提纲》,《马克思恩格斯选集》,人民出版社1995年版,第1卷,第61页。
④ [美]罗蒂著,李幼蒸译:《解构和回避——论德里达》,参见《哲学与自然之镜》,商务印书馆2006年版,第406页。

编织出一套元话语。在此意义上,罗蒂说:"德里达学说中最糟的部分,正是他在那里开始模仿他讨厌的东西。"①为了摆脱德里达陷入的窠臼,罗蒂通过把理论态度转变为伦理态度而让辩证法走向"崩溃"。根据罗蒂的观点,概念和思想史的发展变化并没有内在的逻辑关系,社会历史的发展变化并没有内在的必然性规律;思想史的变化只不过是以一种术语体系代替另一套术语体系而已,社会历史的变化只不过是一种结果代替另一种结果而已,而这些代替是由纯粹的偶然性所致。

  要理解罗蒂所谓的偶然性,首先必须了解他的真理观。罗蒂认为,有两类哲学家:第一类哲学家坚信哲学家和自然科学家在发现真理而不是制造真理,而第二类哲学家则认为无论是哲学家、科学家还是诗人、政治家都是在制造真理而不是发现真理。罗蒂同意第二类哲学家的观点,即"真理是被制造的而不是被发现的"②。罗蒂的这样一种真理观意味着,被称为真理的哲学认识甚至科学认识并不是通过语言对世界本质或自我本性的真实再现,相反,它们只是人们制造出来以应付或改造社会历史环境或自然环境的一种方便的工具而已。基于此,对被制造的真理而言,就不存在符合论意义上的真假问题,而只存在实用主义意义上的是否有用以及有用性大小如何的问题。抛弃了真理观上的符合论,也就意味着我们根本不具有把认识与世界或自我的本质加以对照以确定其真假的判据;由此,所谓客观的、正确反映世界的真理就是不存在的,那种以认识世界的真相为己任的哲学家的抱负就是虚妄的。正是在真理性认识并没有其赖以为真的外在的参照系——或者是世界的本质,或者是自我的本性——的意义上,罗蒂称文化史、思想史和社会历史的发展过程是偶然的,也就是说,它们的发展演化并不是由于受到客观必然性的制约而不断向实在的本质或客观的目的靠近或与之符合的过程;充其量,新制造出来的理论术语和理论体系作为工具与旧的相比只不过能让人们更好地去应付世界而已。没有了客观必然性的制约,也就意味着语言所"描述"的真理除了是方便的、偶然被人们发明出来以应付环境的工具外,没有任何其他目的,尤其是没有再现世界真相的目的。罗蒂说,"我们的语言和我们的文化就像兰花和类人猿一样是偶然的、是数千种适得其所的微小突变的产物"③。由此,在马克思那里有方向、有目的的、由生产力和生产关系的矛盾运动所决定并推动的社会历史辩证法,在罗蒂这

---

① [美]罗蒂著,李幼蒸译:《解构和回避——论德里达》,参见《哲学与自然之镜》,商务印书馆2006年版,第415页。
② Richard Rorty: *Contingency, Irony, and Solidarity*, Cambrige University Press, 1997, p. 3.
③ *Ibid.*, p. 16.

里就变成了一连串漫无目的的、偶然的历史碎片之间的前后相继。不过,需要指出的是,虽然罗蒂不承认终极的必然性目的,但仍承认当下内在于社会历史实践的目的,这种目的的存在构成了人们制造理论工具的动力,尽管这种目的本身的形成和产生在罗蒂那里也是偶然的。

既然对罗蒂来说,真理是被创造的而不是被发现的,那么,他如何说明自己的这种观点的"真理性"呢? 如果他认为自己的说法具有真理性,这将意味着他像德里达一样模仿了自己所讨厌的东西,或者说,落入了他自己想摆脱的传统真理观的窠臼并因此陷入悖论当中。对此,罗蒂的回答是,"说我们应该抛弃真理在那儿等着被发现的观念并不是说,我们已经发现,在那儿没有真理;而是说,不再把真理当成一种深奥的东西、一个哲学感兴趣的话题,不再把'真的'当成一个值得'分析'的术语,将最合乎我们的目的"①。由此,再现的真理观就被罗蒂转变成了实用主义的真理观。按照罗蒂的思路,再现的真理观纠缠在真理的真假问题上而不考虑真理的实际效果,这样的讨论就只能流于"清谈"而无法解决实际问题。与之相反,如果我们不再考虑真理的真假问题,而仅仅考虑真理的有用性问题,真理就会和社会实践关联了起来并能作为有效的工具而对社会实践发挥作用。更进一步讲,为了我们目的的实现,实用主义的真理观比再现的真理观更能节省我们的精力,使我们更能全心全意地投入到实践当中。由此可见,罗蒂之所以抛弃真理的客观性问题,强调真理是促进环境改变的工具,主张真理的价值不应该按照其真假而应当按照它使我们达成目的的效率来衡量,目的是要把真理纳入到人类的社会实践之中,使其作为人类当下的实践工具而改变和创造人类的生活。在这一点上,他和马克思又有某种相似之处,因为后者也强调通过理论对世界的改造。

为了使黑格尔的辩证法适应他的新实用主义要求,罗蒂对其进行了重新诠释。如果说,在黑格尔那里,辩证法是从概念到概念、从命题到命题的一种合乎逻辑的辩证运动,在马克思主义那里,是社会基本矛盾的辩证运动,那么,罗蒂则把辩证法解释为一种诗意的文学修辞或文学批评,其目的在于通过"重新描述"或"对重新描述的重新描述"不断编织新的词汇体系以创造自我和充满希望的社会。他说:"黑格尔所谓的辩证法并不是一种论证程序或统一主体和客体的方法,它只不过是一种文学技巧——一种通过让一种词汇平滑、迅速地向另一种词汇过渡而造成格式塔转换的技巧……我所谓的'辩证法'现在有一个更新

---

① Richard Rorty: *Contingency, Irony, and Solidarity*, Cambridge University Press, 1997, p. 8.

的名称,即'文学批评'。"①由此,在罗蒂那里,一切和道德相关的文本,不论是哲学的、文学的、心理学的,都可以成为"文学",而所谓"文学批评"意味着概念与实在之间的对应关系以及概念与概念之间的逻辑联系被切断,剩下的只是词汇与词汇之间的偶然碰撞和诗意的自由转换。这样一来,在黑格尔和马克思那里至少具有逻辑必然性或规律强制性的辩证法在罗蒂这里就崩溃了,成了一种对偶然性词汇的不断发明和制造。由于他主张一方面要制造新的词汇,另一方面又否定这些词汇所具有的实在根基,认为对所有词汇都不必当真,所以,罗蒂把自己称为反讽的自由主义者或自由的反讽主义者。

二、马克思的社会理想与罗蒂的改良左派思想

无论是马克思主义哲学还是罗蒂的新实用主义哲学都是一种实践哲学和希望哲学。马克思把实践置于首要位置,其唯物主义被称为实践唯物主义。马克思哲学的实践性主要体现在它对现实的关注以及对哲学的实践功能的强调上。基于这样一种认识,哲学在马克思那里达到了"科学性"和"革命性"的统一,也就是"事实性"和"价值性"的统一。作为"事实性"的哲学,马克思试图揭示社会历史不以人的意志为转移的发展规律。借此,他不但揭示着社会历史发展的客观目的,也为社会历史的发展提供形而上学的有效性说明。作为价值性的哲学,马克思强调他对社会历史规律的揭示是与无产阶级的终极利益相符的,并因此可以作为无产阶级进行革命的精神武器。借此,他不但让自己的哲学成为一种针对无产阶级提出的"特权"哲学,而且将无产阶级的解放视为全人类解放的前提。由此,在共产主义社会,原本二元对立的资产阶级和无产阶级的区分就终将消失,所有的人都从异化状态回归到他的类本质,并获得全面自由的发展。与之相似,实用主义同样强调哲学的实践性。在罗蒂之前,实用主义者杜威就以"哲学的改造"为己任。他批判传统哲学只热爱超越时空和超越历史的"智慧",而无视人类当下的社会历史面临的困境和存在的弊端。而他则要求哲学把注意力放在让人类如何摆脱这些困境、克服这些弊端上,并由此让人类的生活变得更美好,而不是让自己的精力无端地耗费在那些无关人的切身生活的问题上。对杜威来说,重要的不是通过哲学证明什么,而是通过哲学做些什么。在罗蒂眼里,杜威哲学的最大成就就是不以"真实的"、"正确的"这些词语意指一种与实在相符的认识论上的客观性,而

---

① Richard Rorty: *Contingency, Irony, and Solidarity*, Cambridge University Press, 1997, pp. 78-79.

是用它们来表现找到具体问题的答案的满足感。① 通过批判真理符合论、强调真理乃是自由的人类个体之间达成的解决他们共同面临的困境的共识,杜威同样渴望一个理想的社会,那就是,没有等级和阶级、人们彼此尊重、能自由参加民主商议的社会,而杜威之所以渴望这样的社会,并不是因为它们合乎理性和自然,而是可能更少造成灾难。秉承杜威的哲学精神,罗蒂同样认为,我们不应该把哲学当成对实在本质的认识并为此去追求不可能的永恒真理,而应该把哲学当成对社会历史和自我生活的不断创造。他呼吁哲学家要从理论的旁观者立场转向行动主义的参与者立场,针对特定的社会问题,拿出具体的、切实可行的行动方案,而不是坐而论道、夸夸其谈。由此也可见,无论是马克思主义哲学还是实用主义哲学都是一种希望哲学,因为它们都强调哲学和社会生活的关系,强调通过哲学为人们提供精神武器去创造更美好的社会。在马克思那里,这种希望就是对共产主义社会的信念;在实用主义那里,这种希望就是对社会能够通过改良而不断取得进步的决心。杜威就曾把哲学当成一种通过努力行动创造希望的形式,而罗蒂对杜威有关哲学的目的应以创造希望取代获得知识的观点也深表赞同。②

尽管两者都是实践哲学和希望哲学,但其差别还是显而易见的。马克思试图为人类的希望和解放提供"形而上学"的基础,而罗蒂的新实用主义则否认这样一种基础的存在。也就是说,对马克思来说,通过社会存在决定社会意识、生产力和生产关系的矛盾运动这些历史唯物主义原则就能揭示社会历史发展的必然轨迹。《共产党宣言》就以确定无疑的口气说:"随着大工业的发展,资产阶级赖以生产和占有产品的基础本身也就从它的脚下被挖掉了。它首先生产的是它自身的掘墓人。资产阶级的灭亡和无产阶级的胜利是同样不可避免的。"③而在罗蒂看来,社会历史的变化发展并不是基于客观的社会规律的强制性,而是纯属偶然的实验结果,并且,这种偶然实验还将继续下去。有关他与马克思之间的这种差别,罗蒂说,"马克思认为,我们应该坚持科学而非仅仅是乌托邦——我们应该以更宏大的理论来解释我们时代的历史事件。杜威并不这样想。他认为人们必须把这些事件看作社会实验的记录,其结果是无法预测的"④。为此,他批判马克思"错误地认为黑格尔的辩证法可以

---

① [美]罗蒂著,黄宗英译:《筑就我们的国家》,生活·读书·新知三联书店2006年版,第22页。
② 同上书,第78页。
③ [德]马克思,恩格斯:《共产党宣言》,《马克思恩格斯选集》,人民出版社1995年版,第1卷,第284页。
④ [美]罗蒂著,黄宗英译:《筑就我们的国家》,生活·读书·新知三联书店2006年版,第29页。

用来预示未来和提供灵感",并以对杜威的立场充满赞赏的口气说,"尽管马克思和斯宾塞声称,他们通晓将要发生的事情,惠特曼和杜威却否认拥有这样的知识,这就给纯洁欢乐的希望留下了空间"①。如果人类社会历史的发展并没有客观规律可循,那么,社会希望从何而出呢?对此,罗蒂采取的是历史主义的比较原则。在他看来,我们所提出的一个好社会之所以好,也许并没有其形而上学基础,我们也无法为其作出逻辑证明,但我们能通过自己的感同身受以及与既往历史事实的比较召唤出自己的希望,并为此而去实验和创造。一旦有人问,为什么这种希望就一定好呢?唯一的方式就是只做不说,即回避对这个问题的苏格拉底式的本质或形而上学的追问,而是采取一种反讽主义的策略,即做自己想做的事情,又不过于对自己想做的事情较真,刨根究底地追问其先验性条件或本质基础是什么。与马克思试图从历史唯物主义出发为人类确立未来希望即共产主义社会形态不同,基于对社会历史发展的创造性和偶然性的再描述,后现代主义的罗蒂不允许自己编织形而上学的意识形态神话,而是试图从当下的现实出发去构筑美国形象乃至未来社会形象,并由此为人们描绘希望。这两种希望的差别,通过罗蒂对社会运动和政治活动的区别而体现了出来。在罗蒂看来,社会运动是全面的、渴望社会发生翻天覆地的变化和美妙的新事物的诞生,它拥有宏大的目标,并以崇高的名义追求纯粹的但却虚幻而不切实际的社会理想,而政治活动是具体的,它放弃对无限的热爱而重视有限,放弃对崇高的幻想而脚踏实地,它与崇高无关,但却促使我们的社会进行自我改良、自我改造和自我创新。他说,"我们需要彻底抛弃无所不在的目的论和进步论。我们需要放弃大写历史的努力,不再把历史看得像自然或上帝一样宏伟强大"②。

在马克思看来,资本主义社会工人的异化劳动扭曲了人的类本质,只有消除私有制、解放无产者,人类才能回归自己的类本质。为此,哪怕用暴力革命推翻私有制也在所不惜。他说,"共产党人不屑于隐瞒自己的观点和意图。他们公开宣布:他们的目的只有用暴力推翻全部现存的社会制度才能达到"③。在这样的过程中,人一方面仍是有希望的,是未来社会给全体人创造的无限希望,另一方面又是绝望的,因为暴力革命始终意味着一部分人要成为历史前进的牺牲品,即作为当下个体的他们要为此付出幸福、甚至生命的代价。与马

---

① [美]罗蒂著,黄宗英译:《筑就我们的国家》,生活·读书·新知三联书店2006年版,第15、18页。
② 同上书,第90页。
③ [德]马克思,恩格斯:《共产党宣言》,《马克思恩格斯选集》,人民出版社1995年版,第1卷,第307页。

克思不同,罗蒂则倡导通过自由对话、平等协商创造有限希望。在此,无限希望与有限希望的区别就在于,无限希望很可能是遥遥无期的,比如共产主义的各尽所能、按需分配以及人的全面自由发展,而有限希望则是出于对当下生活的当下改变的渴望而在一种平等自由的对话中绽放出来的近在眼前的希望。其中,所谓的真理仅仅意味着它是人们就如何改变生活使之更美好所达成的一种共识。虽然西方马克思主义者哈贝马斯也强调通过沟通合理性进行平等对话达成共识,但他强调的"共识"是合理性的并具有普遍的有效性。与之相比,作为后现代主义者的罗蒂则对此予以坚决否认,因为他强调的"共识"是偶然的和多变的。罗蒂说,哈贝马斯"仍坚持把非扭曲的沟通过程当成趋同,并把这种趋同当成沟通具有'合理性'的保证。我和哈贝马斯剩下的差别就在于:他的普遍主义使他用这种趋同取代非历史性基础,而我对语言偶然性的坚持则使我对这种趋同应该确保'普遍有效性'的观点表示怀疑"①。

与把自己的哲学当成无产阶级的精神武器的想法一致,马克思认为,只有通过无产阶级自下而上的革命才能塑造国家,因为只有他们能代表全人类的利益。他说,"在当前同资产阶级对立的一切阶级中,只有无产阶级是真正革命的阶级。其余的阶级都随着大工业的发展而日趋没落和灭亡,无产阶级却是大工业本身的产物"②。对此,罗蒂持有反对意见。在他看来,美国的左派政治史就不是单一的,而是自上而下的创举和自下而上的创举相互交错的历史③。一方面,拥有金钱和权力却为下层人的命运担忧的是自上而下的左派,另一方面,没权没钱的人反抗自己和他人受到不公正待遇,是自下而上的左派。这两者不但可以而且必须相互结合,并且都可以为社会公正和进步作出自己的贡献。不过,说马克思完全强调自上而下的无产阶级革命是不准确的,因为马克思也承认资产阶级思想家对社会革命的参与。例如,马克思就说,"正像过去贵族中有一部分人转到资产阶级方面一样,现在资产阶级中也有一部分人,特别是已经提高到从理论上认识整个历史运动这一水平的一部分资产阶级思想家,转到无产阶级方面来了"④。

罗蒂的新左派思想说明他在克服社会的不公正、消除社会弊端上和马克思的思想方向

---

① Richard Rorty: *Contingency, Irony, and Solidarity*, Canbrige University Press, 1997, p. 67.
② [德]马克思,恩格斯:《共产党宣言》,《马克思恩格斯选集》,人民出版社1995年版,第1卷,第282页。
③ [美]罗蒂著,黄宗英译:《筑就我们的国家》,生活·读书·新知三联书店2006年版,第40页。
④ [德]马克思,恩格斯:《共产党宣言》,《马克思恩格斯选集》,人民出版社1995年版,第1卷,第282页。

是一致的。但基于社会形势和立场的不同,他对左派却有着自己的独特理解。罗蒂并不认为推翻资本主义制度建立生产资料公有制是实现社会公正的唯一途径,相反,也可以通过实用主义逐步改良的实验思想防止社会不公并推动社会进步。在他看来,僵化的马克思主义者认为,只有那些坚信资本主义必然被推翻的人才是左派人士,其他任何人都不过是软弱无能的自由主义者和自欺欺人的资产阶级改良者——这种观点应该遭到排斥。① 这是因为,这种极端的左派强调左派的纯粹性就像宗教苛求彻底摆脱罪恶和绝对服从一样,虽然它以马克思主义者自居,觉悟到富人仍在剥削穷人、贿赂政客并随心所欲地左右一切,但由此而采取"革命"行动却不见得是明智的,也不见得会推动社会进步。② 为此,罗蒂试图扩大"左派"的含义,把一切寻求社会公正、试图消除社会弊端、维护弱势群体的经济利益和精神"利益"的努力都看成是左派的。在他那里,不仅有批判并渴望推翻资本主义制度的极端左派,也有在资本主义制度内通过改良性议政维护社会公正的改良左派,还有从精神分析学或心理学的角度主张宽容、消除歧视、维护人权的文化左派。他赞成极端左派对经济不平等和生活无保障现象的关注,但又不赞同其暴力革命的思想。对文化左派,他也持类似态度。在罗蒂看来,文化左派为美国社会营造出一个更宽容、更包容的精神空间,使社会在此意义上取得了进步,但对极端左派所关注的贫富差距悬殊、经济不平等和社会不公正现象,他们只是喜欢空谈,却拿不出实际的解决方案。为此,罗蒂建议,文化左派和改良左派应该建立联系。也就是说,文化左派不要把问题哲学化、学究化,而要面对现实问题,特别是经济问题,并希望它能像改良左派那样调查实际境况,提出切实可行的具体方案。罗蒂说,"我们不能只去设想一个完全不同的制度,只去设想一种完全不同的思考人类生活和事务的方式,而不对现有制度进行渐进式改革"③。很显然,罗蒂持有的是改良左派的立场,其目的是希望人们关注社会现实,去踏踏实实做出一些实实在在的"好事",而不是整天在理论上空洞地高喊一些意识形态口号。可见,像其他后现代主义者一样,罗蒂反对通过宏大叙事去编织解放人类的神话,而是倡导通过点滴改良谋求社会的当下美好。罗蒂的这种思想在某种意义上是一种经济原则,那就是,以最小的代价换取社会尽可能大的进步。但问题在于,平等协商、自由对话会不会也只是一种奢望。

---

① [美]罗蒂著,黄宗英译:《筑就我们的国家》,生活·读书·新知三联书店2006年版,第31页。
② 同上书,第35页。
③ 同上书,第77页。

第五章　阿伦特与马克思主义

汉娜·阿伦特(Hannah Arendt，1906—1975)是20世纪最著名的政治哲学家之一,著有《极权主义的起源》、《人的境况》、《论革命》、《论暴力》、《共和国的危机》等著作。她对当代政治思想作了许多原创性的贡献:在二战结束后她最早全面反思和分析了"极权主义"概念;在《人之境况》中,她从古希腊的城邦生活中提炼出一种政治概念,把被西方人长久遗忘的行动和公共领域重新带回到人们的视野,从而奠定了对现代的一种持续审视和批判的方式;20世纪50年代后她关于革命、宪政、民主和权力的一系列思考,已成为当代政治思想的重要资源。就思想来源而言,她的政治哲学建立在一种特殊的政治存在论的基础上,其中混合着亚里士多德传统、存在主义、现象学的影响,又具有高度的独创性;她思想的穿透性力量更在于她对当代政治问题的有力回应,特别是对她自己亲身经历的纳粹极权主义统治的回应。

一、对极权主义起源的探索

《极权主义的起源》(The Origins of Totalitarianism)是阿伦特最早对"极权主义"从概念上加以思考,并探索其起源的伟大作品。此书分为三个部分:反犹主义、帝国主义、极权主义。主要回答三个方面的问题:一是说明为什么犹太人单单被挑选出来作为纳粹大屠杀的对象?二是解释极权主义产生的起源;三是说明极权主义发展的逻辑。在第一部分"反犹主义"中,阿伦特分析了犹太人——这一没有政治共同体而漂泊无根的民族——与现代民族国家的关系:千百年来生活在异国他乡,犹太人努力使自己同化到所在国家中,但他们一直不被允许进入除商业以外的其他领域。在民族国家发展的早期,由于国际间金融借贷的需求,大量犹太人以金融掮客的身份在各国政府间发挥影响力,地位迅速上升。但作为整体,犹太人从未培养起政治意识和参与政治事务的能力,形成对政治现实漠不关心、被动反应的习惯。他们要么成为新贵,要么成为贱民,实际上始终处在政治社会之外。随着民族国家的衰落和帝国主义的扩张,犹太人失去了商业上的影响力,分化成一群有钱而无权的个人。拥有财富而无政治行动能力,这是他们在资本主义危机时期成为仇恨对象的主要原因。同时,在长期隔离于共同世界的状态下,犹太人开始把各民族之间的差异思考为自然天性和种族根源的差异,强化了上帝特选的意识。这种自我解释造成了一种更加复杂的隔离状态,产生出反犹主义的必要条件,实际上,反犹分子关于种族差异的宣传与犹太人对自身历史的解释并无根本不同。因此,在阿伦特看来,20世纪的政治危机将犹太人驱赶到各种政治风暴的中心并非偶然,犹太人由于自愿隔离于公共世界和缺乏行动能力,对自己的命运负有不可推卸的责任。

在"帝国主义"中,阿伦特分析了帝国主义以经济利益为主旨的扩张运动对现代民族国家的破坏,资本主义的无限扩张造成了大量的富余资本,同时造成了大量破产的贵族、农民和失业工人等。帝国主义时代,两个多余力量——多余资本和多余劳动力(暴民)结合起来向海外殖民地扩张,国家充当了扩张运动的保护人,结果一方面破坏了有一定疆域和宪政结构的现代"民族国家",摧毁了人权和法治的政治传统,从而一切驱逐、杀戮都成了可能的;另一方面毁掉了国家间的道义与和平,造成强权即公理、经济利益至上的观念。资本主义无休止的扩张剥夺了个人用于生活需要和确定身份的私产,并把私产转化为无限流动的资产,最终造成了"无世界"的"大众"(mass)。与帝国主义初期的"暴民"不同,"暴民"(mob)还多少分享了资产阶级的政治态度和价值标准,虽然以一种扭曲的方式。而"大众"则是完全失去了一切阶级联系,纯粹由原子化的个人组成的集合。在他们之间没有任何共同体的纽带把他们联系起来,他们亦不能从与他人分享世界中获得生活的意义,孤独、恐惧、绝望、无力、亦即根本没有行动能力,大众的这些特点正是极权主义赖以形成的群众心理基础。因此,极权主义自称能解答人类历史目的意识形态和它"退回到部落社会的运动"吸引了大众,使他们得到一种追求有意义目标的归属感和最低限度的尊严。在"帝国主义"一章中阿伦特还提出了著名的人权悖论:在近代宣称人权是不可剥夺的基本权利的条件下,人却只有属于政治共同体才能得到真实的保护。没有公民权,人权就是空洞的,实际上人权的不可剥夺性质,只有在大批多余的、不受国家保护的人突然现身在欧洲民族国家的边界时,才被人们意识到。当这些失去国家保护的人退而依靠人之为人的基本权利时,才发现没有任何政府或制度愿意保护他们。

在分析了欧洲传统的社会和政治结构当中与极权主义产生有密切联系的因素之后,阿伦特对"极权主义"作了概念的规定。她特别强调极权主义的"前所未有性",即不能把极权主义混同为历史上不绝如缕的暴政或专制形式。她指出极权主义的基本特征是意识形态和恐怖。通过意识形态和恐怖两方面的高度结合,极权主义达到了对人的自由的彻底根除和对人的全面统治;极权主义的另一个特点是"不断运动",它并不以某个个人或某个阶级的独占的利益为目的,实际上极权主义的目的不是任何的可理解的特殊利益目标的实现,恰恰是大规模的群众动员、运动过程本身。它从一种虚构的意识形态出发,所有的行为都服从于无休止的运动的逻辑。这一前所未见的政治体制能在20世纪中叶产生并发展成大规模的群众运动,其必要前提是资本主义疯狂扩张造成的社会政治环境和道德心理基础。阿伦特用"极权主义"这个概念来概括20世纪出现的两种政治形式:纳粹主义和斯大林主义。

《极权主义的起源》奠定了阿伦特在政治学界的独创性地位,也使她在极权主义的兴起与现代公共领域的丧失之间建立隐然而一贯的联系:首先,资本主义的崛起造成了政治的工具化和公共世界的衰落;一方面经济活动冲破家庭的狭小范围,为流动的资本服务,"公共"不再是亚里士多德所谓的"对言说和行动的共享",而变成私人利益的共同性,古代作为一种生活方式的政治,退化为经济利益的工具;另一方面,资本主义内在的运动性打破了传统、习俗、宗教、道德的一切权威,凡它所到之处,古老共同世界的稳固根基都被抽空了。资本主义发展到帝国主义时代,政治完全为经济的扩张服务,现代民族国家标榜的人权、法治观念形同虚设。其次,现代"大众"(mass)的出现乃公共领域失落的结果:丧失了公共生活给予人的现实感和存在感,大众成为孤独、表面化和原子主义的个人的麇集,他们完全没有对政治责任的判断和承担,因而极易受到极权主义宣传的煽动。再次,阿伦特揭示出极权主义带一种"反—公共领域"的特征:极权主义意识形态最大的特色就是创造一种虚构世界,用整套的逻辑推理证明这个虚构世界是真正的现实,比如犹太人密谋颠覆世界或阶级斗争无处不在;而严密组织的恐怖手段则把一切可能出现的自由消除在了萌芽状态。阿伦特后来把极权主义的根本罪行称为"反人道罪",不仅是指集中营对人的灭绝,更是指它对人的基本境况——复数性(plurality)的消除。既然公共领域因人的复数性的自由而存在,那么公共领域的丧失对人的戕害在极权主义中暴露得最为彻底,所有的人都变成了"一个人",所有的行动都旨在加速虚构的自然或历史运动。在极权主义下,无论统治者还是被统治者都是不自由的,前者一方面相信人无所不能、无比狂妄,一方面自认为是执行历史或自然法则的工具,后者生命中的主要经验是无力感和绝对顺从。

《极权主义的起源》已经提示了阿伦特后来关于政治的基本想法,并从公共领域失落的角度来反思现代性。她的《人的境况》(*The Human Condition*)则通过哲学的历史和概念分析回应了她对极权主义的这些反思。如阿伦特思想的研究专家玛格丽特·加诺万指出过的，表面上看，从《极权主义的起源》到《人的境况》，阿伦特的思想仿佛发生了一个极大的转变，从20世纪的灾难一头扎入了古希腊的理想世界，但实际上"不仅《人的境况》本身和《极权主义的起源》有着比它表现出来的更为密切的关系，而且阿伦特政治思想的全部内容都为她关于世纪中期的政治灾难的思考所规定了"①。对她著作的全面阅读就会发现，反思极权主义是她始终一贯的思想目标。她写作《人的境况》的缘起最初是想解决《极权主义的起源》留下的一个困难。《起源》的一个严重缺陷是对发生在前苏联的、被她归类到极权主义概念下的政治体制缺乏充分的分析，虽然她在斯大林主义中观察到了极权主义的基本特征——意识形态和恐怖，但对这些特征在苏联的发展她却不能做出类似的历史勾勒，也不能用帝国主义扩张、大众的孤独来解释。在《起源》中她只是用短短篇幅牵强地把纳粹主义和斯大林主义归为一类，但现代社会出现的孤独大众这一点并不适合于斯大林主义产生的背景，从而对极权主义这个概念的解释性力量构成了挑战。

研究阿伦特思想不能不注意到她同马克思主义的关系：1951年《极权主义的起源》的发表让她蜚声国际，成了最早的极权主义研究专家。但她用"极权主义"这个术语概括纳粹主义和斯大林主义这两种完全不同体制的做法，一直受到历史学家、政治学家的质疑。因此，她感到要说明斯大林体制的极权主义性质，就有必要进一步追溯马克思主义和极权主义的联系。所以阿伦特在完成《极权主义的起源》之后不久，准备系统地做一个关于"马克思主义中的极权主义因素"的研究，同时她从1953年开始，在普林斯顿大学开设了题为"卡尔·马克思与西方政治思想传统"的讲座。在研究当中她发现，对马克思主义的批判实际上把她导向了对整个西方政治思想传统的批判，最终这个研究计划未能如期完成，反而变成了《人的境况》这样一本全面清算西方政治思想传统的著作。在此书中，她认为马克思并没有真正摆脱西方哲学传统，他对传统的颠覆依旧是在传统概念框架内进行的。因为马克思和自柏拉图以来的传统哲学家一样，都对政治采取了"哲学家式的态度"——取消行动的多样性、自发性，让行动模仿制作，变成一个有固定目的和结果的产品，并最终从真理那里获得它的正确性标准，无论这个真理来自哲学家所观照到的理念，还是来自上帝的启示，或是来自近代的实验科学知识。在她看来，马克思虽然颠倒了传统的理论与实践的关系（马克思在《费尔巴哈的提纲》中说，"以往的哲学家们都是用不同方式在解释世界，问题在于改

---

① Margaret Canovan, *Hannah Arendt: A Reinterpretation of Her Political Thought*, Cambridge University Press, 1992, p.63.

变世界"),但传统的概念框架仍未受触动,行动或实践仍然以制作的方式被思考。正是经由马克思主义研究这一中介,使阿伦特从对极权主义起源的探索过渡到对西方政治思想传统的彻底反思,从一个优秀的政治思想家变成一个政治哲学家。

要理解阿伦特对马克思的这些看法,就首先要理解她的政治哲学对有别于"沉思生活"(vita contemplativa)的"积极生活"(vita activa)的基本规定。

二、"积极生活"的现象学

在阿伦特那里,"积极生活"包括三种基本的人类活动:劳动、工作和行动,这三种活动是基本的,各自不可替代的,每一个都对应于人在地球上的生活被给定的一种处境,即人在世存在的基本境况,劳动的处境是生命本身,工作的处境是人的世界,行动的处境是人的多数性的,三者分别满足人不同的需要和服从不同的标准。

"劳动是相应于人体生物过程的活动,人体自发的生长、新陈代谢和最终的衰亡都要依靠劳动生产和供应给生命过程的生活必需品,所以劳动的人之条件是生命本身。

"工作是相应于人类存在的非自然性的活动。人类存在不在于物种永无休止的生命循环,其必死性也不能以物种的循环来补偿。工作提供了一个完全不同于自然环境的人造物的世界,个体生命居于其中,然而这个世界本身将会超越所有人而持久存在。工作的人之条件是世界性(worldliness)。

"行动是唯一无须事或物的中介而直接在人与人之间展开的活动。它相应于多数性(plurality)的人之条件,因为事实上是人们,而不是单个的人生活在地球上以及居住在世界中。虽然人之条件的所有方面都多多少少与政治相联系,但特别是多数性是所有政治生活的条件。……如果所有的人都有着一模一样的,并且像任何其他东西一样有可重复的性质和本质,那么行动就会是一种不必要的奢侈,是对行为普遍法则的一场任意干预。多数性是人之条件,因为我们之所以是同样的,即都是人,在于没有人和曾经活过、正活着和将要活的任何其他人相同。"[①]

[①] Hannah Arendt, *The Human Condition*, Chicago: University of Chicago Press, 1958, p. 7-8,以下简称 THC。

劳动/工作/行动三者的区分是阿伦特政治哲学地图中最基本也最独特的一组概念坐标,关于这三种活动区分的表述最早可以追溯到亚里士多德。在亚里士多德那里,区分活动的标准是自由程度的不同,而自由意味着自足,不役于物,不假外求,以自身为目的。按照他的同时也是希腊人的普遍看法,受制于生存必需性的活动本质上是不自由的,自由首先表示着从生存的必然性束缚中摆脱出来。亚里士多德在《政治学》卷一一开始就提出了家务劳动和政治行动的区别。他认为,前者是生存的必需条件("奴隶和家畜用它们的身体满足生存的必需。"①"人如果不具备必需的条件,他简直没法生活,更说不上优良的生活。"②),而后者是生活的目的("城邦的长成出于人类生活的发展,而其实际的存在却是为了更优良的生活。"③)。在他看来使奴隶制成为必要的原因是生存必需性活动本身的奴役性质。同理,任何人如果仅仅像动物一样单为生存活着,他就是过一种奴隶的生活。奴隶和主人的区分并不是一种违反自然的人为区分,奴隶因其从事的生存性劳动而必然陷入不自由的状态,而主人就另有家务管理以外的自由生活而言便不属于奴隶。④ 亚里士多德区分了三种活动:理论(theoria)、生产(poiesis)和实践(praxis),因为出于生存必需的、本质上是奴性的"劳动"根本就不在他的人类活动之列。

工作,在制造的含义上,希腊人称之为 poiesis。与"劳动"相比,"工作"有了很大程度的自由,在工作中人可以不受自然需要的限制而自由地创造了一个属于他自己的世界,甚至制造出不具有任何实用价值的艺术品。亚里士多德区分了自然事物和人工产品,自然物是依自身本性而存在,自身具有运动来源的事物,即它存在或产生的来源在自身之中,人工产品产生或运动的来源在人那里,"一切技术都和生成有关,它设法让那些可以存在也可以不存在的东西产生出来,这些事物的来源在创制者那里,而不在被制作的事物那里,凡是本来就如此或必然会出现以及顺乎自然的东西都与技术无关"⑤。工作建立了一个非自然的人为世界,不过按照亚氏的自足理想,生产活动仍然是不自由的,因为工具的制造总受着在它之外的另一个目的的指引,它本身是达到那个目的的手段。非目的性的"自足"则是实践行为有别于技术行为的主要特征,"一切创制者都是为了某种目的而创制,不为任何目的的创

---

① [古希腊]亚里士多德著,吴寿彭译:《政治学》,商务印书馆1996年版,1254b25。
② 同上书,1253b22—25。
③ 同上书,1253a28—30。
④ 同上书,1254a5—20。
⑤ [古希腊]亚里士多德著,苗力田译:《尼各马可伦理学》,中国社会科学出版社1999年版,1140a5及以下。

制不是真的创制(都是在特殊关系中,属于特殊活动的一个目的),行为是为它而做的。良好的行动本身就是目的,它是欲望之所求"①。"创制之外另有目的,行动则没有,良好实践本身就是目的。"②制作和行动都是人克服自然必然性,改变和创造世界的成就,即它们都是非自然的人为活动,但"制作不是行动,行动不是制作"③,二者的区别在于:第一,在前者那里,产品与特定目的相关,是达到特定目的的手段,而行动不服务于某个特殊目的,它的目的是良好生活本身。第二,制作活动的过程是不重要的,重要的是完成的作品,用什么手段以及什么方式都无所谓,但是在行动中过程及手段、目的是一体的,实践行为是一种以自身为目的的活动,活动过程本身就是目的的实现,即亚氏所说的"现实性"(Energia)。他把行动比作吹笛的艺术,因为笛手的技艺只能在吹笛的过程中显示出来和得到实现。在共同体中与人相处的伦理实践不以生命的保存或产品的产出为目的,它实际上是朝向最好生活的生命的"绽出"行为,伦理的实践首先关涉到行动者本人,在这里,人是行动的起点和终点,选择行动就是选择成为什么样的人。

阿伦特关于工作(生产)和行动(实践)的区别虽来自亚里士多德,而为古代的亚里士多德完全轻视的劳动活动以及劳动和工作的区别,则是她从马克思主义中得到的启发。在她开始她的马克思主义研究后,她越来越意识到马克思的劳动概念包含着对西方思想传统的一个重大颠覆,一种对现代作为"劳动者社会"的重要把握,但她发现马克思混淆了劳动和工作,有时直接把人定义为"生产的动物"。她为此在巴黎研读了六个星期关于劳动史和社会主义史的资料,"在这里我全神贯注于劳动理论,劳动在哲学上与工作的区别,……人作为技艺人(homo faber)和作为劳动动物(animal laborans)的区别……就马克思把劳动提升为一种本质上创造性的活动,从而与整个西方传统决裂(在那个传统中,劳动代表着人的动物方面,而非人的方面)而言,在这个领域中作出清晰的概念区分和获得精确历史知识对我来说是重要的"④。马克思对劳动和工作的混淆也是阿伦特要着力澄清的,在她看来这种混淆同样意味深长。

在阿伦特那里,这三种活动的根本区别是它们造成了人和物存在的不同程度。劳动与

---

① [古希腊]亚里士多德著,苗力田译:《尼各马可伦理学》,中国社会科学出版社1999年版,1139b及以下。
② 同上书,1140b5。
③ 同上书,1140a5。
④ Elisabeth Young-Bruehl, Hannah Arendt, *For Love of the World*, New Haven: Yale University Press, 1982, p. 277-278.

单纯的生存本能相联系,这使它成为一种无休止的重复性活动,服务于无休止的生命循环:需求、劳作、消费、再生产的需求、劳作等。生存的强大需要逼迫着肉体反复劳作又迅速地吞噬掉它的产物,因此劳动事实上不显示任何东西,它是"劳而无功"的,在世界上留不下什么痕迹。作为劳动结果的东西在世界上只有短暂的出现,很快又被消费掉,返回到生命再生产的自然循环过程中。

劳动的条件是生存本身,而把人类从劳动、生命循环的劳而无功中解脱出来的活动是工作,在工作中人是制造者,制造出工具、用具和艺术品。与劳动的"非存在"、主观性和不自由相比,工作是一种"让世界存在"的客观性活动。与劳动陷于生物循环运动的无休止过程相比(活着是为了吃还是吃为了活着),工作有明确的开始和结束,工作的开始受一个相对固定的模型引导,工作的结束体现为一个产品,这个产品即使作为普通的用具也不会被人的生命需要完全消耗掉,一双鞋即使不穿也不会很快损毁,它的客观性在于它在满足人的需要之外有相对独立的存在。工作提供了一个不同于生命自然环境的人造物的"世界",人的存在必需依赖一个客观而稳固的家园,否则就会被自然循环所淹没,这就是人存在的"世界性"的境况。正是工作对自然循环的超越让我们有了一个相对持久和客观的世界,也是人摆脱生存必需性而赢得的成果。与人作为劳动动物所陷入的生命循环不同,人作为制造者掌握着工作的开始和结束,他能自由地生产和自由地破坏。在阿伦特看来,人为世界的建立越是不受生存考虑的左右,越是着眼于事物的纯粹显现,越能突出人摆脱自然之必然而创造性运用自身力量的自由。在此意义上她把"世界"的最高位置留给了艺术品。

与劳动相比,工作产生了一个稳固的外部世界,但工作的问题一是它不彰显制作者本人,人作为制造者也可以是匿名的,因为产品是制作活动的目的,产品并没有内在的显示作者的性质;二是它的内含的功利主义、工具主义态度倾向于把每一个事物都变成手段,根据其他的目的来衡量其价值;三是它的暴力性质,暴力因素存在于所有制作活动中,把原材料加工成固定的形态,制造出人工产品本身就是对自然的暴力掠夺和塑造。阿伦特认为,以制作代替行动的灾难性后果只有到近代才全面地爆发出来,因为在传统权威尚未崩溃的时候,暴力始终只是一种工具或手段,受到它的目标的严格限制,手段—目的范畴也受最终目的、比如上帝的限制。只有到了现代虚无主义阶段,暴力手段和工具主义才毫无顾忌地流行开来,彻底摧毁了政治的价值。

行动与劳动和制作的最大区别在于它们是一种自我彰显(self-disclosure)的活动,从而也是以自身为目的的活动。对言说和行动主体的彰显是行动必不可少的内容。因为言行总是出现在与人共在的地方,言说是和他人的交谈,行动是人际间的互动,在此之中自我的彰显获得了他的观众和听众。阿伦特认为,正是行动的自我揭示的性质决定了言说和行动的内在关联,"行动和言说紧密联系,因为对人来说基本的、特属的行动,必须同时是对每个新来者的发问'你是谁?'的回答……没有言说相伴,任何时候行动就不仅失去了它揭示的性质,而且,在同样的意义上,实际也就失去了它的主体;……无言的行动不再是行动,因为不再有一个行动者,而行动者,即行动的作者之所以可能就在于他同时是言说者"①。当然,劳动和工作对于自我揭示有准备性的意义,劳动维持了生命基本的生存条件,工作提供了一个相对不变的人类世界,但是在存在论上,行动才是首要的和基本的,因为劳动和工作是可替代的,一个人可以不劳动或工作而从别人那里获得生存必需品及使用物,但是没有言说及行动,他就不是他自己,他就没有真正存在过。

行动最重要的是它对行动者是"谁"的彰显性质,同时,言说和行动是在多数人之间发生的,它们在指向言说者和行动者的同时也指向了发生在他们之间的事情,这些事情乃多数人共同切中的东西,把人们联系在一起的人们之间的"共同利益"(inter-est)。"大量的言说和行动都关系到这个之间(in-between),它随着各个团体而变化,以至于多数的言行不仅是对行动和言说的当事人的揭示,而且揭示着某些客观存在的事情。"②从现象学看行动,行动一方面显示了"行动者"、创造、赋予世界以意义的"谁",另一方面显示了多数人活动中所关涉的"众人之事",对阿伦特来说,现象学进路揭示了政治的独特意义:**为了显示自己的个性和出于对公共事务的关心**。不过与胡塞尔的现象学不同,她的行动者不是孤独的意向主体,而是与他人在一起的言说者和行动者;另外,多数人互动的结果也使行动者不能成为完整意义上行动的本源,即行动者不能掌握他行动的结果。

在论说行动时,她也充分注意到了行动的困难。行动有三重的困难:结果的不可预见,过程的不可逆转,以及责任人的匿名。困难的原因首先在于行动者是完全自由的,他可能做出完全让人出乎意料的行动(从"人类心灵的黑暗"中自发产生的),我们对他过去的全部了解也不能保证他日后会做什么,即行动者本人的"不可依赖性"(unreliability)。其次,由于行动的复数性质,每个行动一开始就不可避免地落入到复杂的人际关系网络中,一个行为引起另一个行为,然后引发一连串的事件,最后的结果可能完全超出了当事人和当局者

---

① THC, p. 178-179.
② *Ibid.*, p. 182.

的预料,但他们都已没有能力阻止它。所以,公共领域对"谁"的揭示不是完全清晰的,虽然这个"谁"能够在向他显示,但在场的同伴并不能真正完成这一任务,事件本身的连锁性质让他们无法找出它的责任人。行动的困难表明行动根本不是制作,在行动中,他不能仿照一个模型来做出他的产品,在结果不符合他的设想时,他也不能像对待一个产品那样打碎了从头来过。就是说,行动者不拥有制造者根据自己的理念、意志而任意操纵事件过程的"自由"。在阿伦特看来,正是行动的这种完全不确定的性质,使哲学家想用明确的制作活动来代替行动,在人类事务的领域求助于"天意"、"看不见的手"、"世界精神"的帮助。"从脆弱的人类事务领域逃到坚实安宁的秩序中有如此大的诱惑力,以至于实际上自柏拉图以来的大部分政治哲学都可以被简单地解释为——为逃避政治寻找理论基础和实践方式的种种尝试。"①政治哲学上追求单一还是多元的区别特别来自制作和行动的思想方式的区别,在阿伦特看来,多元性正是行动的力量所在,取消多元性无疑是取消行动本身。行动的不可预测性对哲学家来说是难以忍受的,但在她看来行动因此有一种生成故事的能力,在无数冲突的利益和意图之作用下,行动最后的实现不是一个固定的产品,而是一个故事,无论是行动者本人还是囿于特殊场景的在场者都不能明白这个故事的真正意义,只有在"讲故事人"(storyteller)事后的讲述中,故事主人公和他/她的业绩才能真正揭露出来。"尽管每个人通过言行把自己切入人类世界来开始自己的生活,但没有人是他的人生故事的作者或创造者。换言之,故事,作为言说和行动的结果,揭露了当事人,但是当事人却不是故事的作者。"②人类的行动最终化为故事,被人们不断地讲述,阿伦特因此把政治看作是人类世界之意义不断生发的源泉。

要了解阿伦特对行动以及政治的独特看法,必须联系到她关于人之存在的基本境况的认识——复数性(plurality)和出生性(natality)。人的复数性,即不是一个人,而是无数的人生活在地球上,每一个人作为一个独一无二的个体,需要用言行来表达自己的独特性,不是表达自己生理或心理的欲望(因为对动物或一切人共有的那些欲望是不需要表达的),而是要表达他自己。这种自我显示的要求只有在与他人共在的多数性条件下才成为可能和必要,因为"行为和言说的基本处境,人的多数性,有相同和差异两方面的性质。如果人们不相同,他们就不能理解自己和理解前人,也不能计划未来和预见后人的需要。如果人们不

---

① THC, p. 220.
② Ibid., p. 184.

相异,每个人不是与活着、活过和将要活的其他任何人不同,他们就无需言说和行动以使自己被理解。要交流直接同一的需要和需求,符号和声音就足够了"①。言说和行动因此是人向他人显示自己独特性的方式,显示他作为一个"人"存在的特有方式。

出生性(natality),一个新的人来到世界上的"出生",是一个前所未有的开始,也是不需要再解释的存在论事实,阿伦特把行动看作跟"出生"一致的。开端启新的能力,个人以言和行向世界的切入是人在自然出生之外的第二次出生,给世界带来了全新的东西,以不同于自然生命开始的方式向世界宣告了一个新人的到来。"去行动,在最一般的意义上,就是去创新,去开始,如希腊词 archein 或拉丁词 agere,原初的意思是使某物运动。"②人是自由的,就在于他有开始的能力,是一个开始者(beginner)。这一对自由的看法来自她早年对奥古斯丁的研究③,奥古斯丁在诞生的意义上理解人的自由,说,"太初有始,在一个没有人的地方人被造出来。"

行动,就是开始的能力④,"出生性"证明了,对世界来说新意义的出现总是可能的,总会有不可预见的事情发生,无论是自然科学的行为主义⑤还是历史科学的逻辑都不能证明决定论的真实性。无论这世界上发生过什么事,无论有过多么大的悲伤,我们仍然有能力重新开始。海德格尔把人的有死性作为存在论上的根本条件,人的一切有限性的终极界限,阿伦特则补充了"出生性"作为一个希望的证明:行动这种不断开始的能力,打破必然性的能力一再地提醒人们,"尽管人必有一死,他也不是为死而生,而是为了去开始而生"⑥。在1958年《极权主义的起源》的第二版当中,阿伦特特别加上了"反思匈牙利革命"一章为后记,她以此企图表明,尽管极权主义统治是人类历史上最黑暗的一章,但人类仍然有重新开

---

① THC, p. 175 - 176.
② *Ibid.* , p. 177.
③ 她 1929 年完成了博士论文《奥古斯丁的爱的观念》。
④ 阿伦特有时把行动跟出生性联系起来,把言说跟多数性联系起来,"如果说行动作为开始相应于出生的事实,如果它是人的出生性条件的现实化,那么言说就相应于独特性的事实,是人的多数性条件的现实化,即在平等的人当中作为一个独特的个体存在。……显然,言说和揭示的关系要比行动和揭示的关系更紧密,正如行动和开始的关系比言说和开始的关系更紧密一样,虽然许多、甚至大多数行动都以言说的方式进行"(THC, p. 178)。
⑤ 在阿伦特那里,"行动"(action)和"行为"(behavior)是意义完全不同的两个词,她在行为主义的意义上使用后者,指机械因果性的、可预测的、单纯的刺激反应的活动,而前者"与单纯的行为不同,其作用恰恰是中断那些否则就会自动继续下去,因而可预测的过程"(CR, p. 133)。
⑥ THC, p. 246.

始的机会,因为人就是一个"开始者"。

劳动和工作都要从更高一级的活动中获得拯救:人作为"劳动动物"需要"工作"把他从无休止的生命循环中拯救出来,工具的制造不仅减轻了劳动的痛苦,而且使劳动者获得了一个相对持久稳固的世界。人作为"技艺人"面临的是无意义性,因为在一个由手段—目的范畴所决定的世界中,所有的价值都会自行贬值。只有言说和行动是以自身为目的的,自我显示的活动才能把制造者从无意义性中拯救出来。但阿伦特认为行动本身的困难却不能从另一种更高级的、外在的活动中获得拯救,只能从行动当中获得补救,依靠行动者相互做出"宽恕"(forgive)和"承诺"(promise)的能力。"宽恕",能对不可挽回的过去做一个恰当的结束,使人类能承受自己行为的可怕后果并重新开始,"承诺",使人们在面对未来的不确定性时有一个相对安全的支点。这里,阿伦特求助于契约论来解决行动的困难,她把"契约的同意"本身看作行动和自由的产物。宽恕和承诺只能在人们相互之间发生,源自相互的尊重和信任,一个人不能自己宽恕自己,也不能自己向自己承诺。但承诺绝不是放弃行动而代之一套规划完善的方针政策,"当承诺这种能力被误用去涵盖整个未来,用在所有方向上勾画安全道路时,承诺就失去了它在不确定的海洋上作为一个孤零零的确定岛屿的性质,失去了它的约束力"①。宽恕也不能适用于一切过错,从而"无法宽恕"就造成了罪恶的极端性质和对人类开端启新能力的根本挑战。宽恕和承诺依靠对人类的信心,重新开始和彼此信任的信心,虽然它们仍是十分脆弱的保证,但我们要自由,就要忍受它的不完美。人们能够宽恕过去和承诺未来,根本上在于行动的存在论境况,即出生性的重新开始的能力和复数性的相互承认的能力。

三、阿伦特对马克思的批判

阿伦特对马克思的批评贯穿在《人的境况》对现代性的讨论当中,特别是批评马克思的劳动概念。实际上,正是马克思的思想促使阿伦特全面反思"劳动"概念,思考这个在古代被人们瞧不起的活动为何在近代获得了"人的本质性活动"的崇高地位。

她认为马克思的"劳动"概念首先混淆了"劳动"和"工作"的区别,并且比单纯术语的区别更重要的是,在马克思那里占中心地位的只有一种活动,就是作为自然生命过程的劳动,

---

① THC, p. 244.

即他所谓的"人与自然的新陈代谢";从而她指出马克思的劳动概念存在着根本的矛盾:一方面他把劳动看作人的本质,一方面又期待未来社会是一个人从劳动中解放出来的、无劳动的"自由王国"。另外,马克思的政治哲学和传统政治哲学一样存在着把行动化约为工作的倾向——这表现在他对政治当中暴力使用的信赖和把国家看作统治阶级的暴力工具,并期待未来社会是"无国家(政治)的联合体",只需要普通的管理就够了。她因此质疑马克思所说的如果把行动等于工作,工作等于劳动,并规定劳动是人的本质,那么在革命后的自由王国里,劳动废除了,国家消亡了,在一个"无行动、无劳动的社会"①中,到底还有怎样一种真正的、人性的活动留下来?她评论道,在马克思的思想中包含着"根本性的、惊人的矛盾",这种矛盾在二流思想家那里几乎不可能存在,而在伟大思想家那里却成为引导我们对他们的问题和洞见达到真正理解的重要线索。②

劳动在马克思那里不仅是生存性活动,也是基本的创造性活动,建立一个人化世界的"对象化活动"。说马克思和近代的思想家一样"没有意识到他们把工作等同于劳动,以至于劳动被他们赋予了某些工作才有的性质"③,阿伦特难道是在玩弄概念游戏吗?不是,按照她对劳动和工作的区别,她指出在两个方面,马克思的"劳动"概念不可能同时容纳工作的维度。其一,工作的基本特征是制造者在制造产品之前先有一个模型、理念,阿伦特也援引了马克思将人区别于动物的那段名言:最蹩脚的建筑师从一开始就比最灵巧的蜜蜂高明的地方,是他在用蜂蜡建筑蜂房以前,已经在自己的头脑中把它建成了。但她说,虽然马克思这里说的是工作,而不是劳动,但工作并不是他关心的,因为"想象力这个对工作来说至关重要的因素在他的整体劳动理论中不起什么作用"④。

其二,工作的主要特征是"生产性"(productivity),以产生一个固定的产品为目的。马克思也谈到生产性劳动和非生产性劳动的区分,说明他意识到了劳动和工作的区别。但阿伦特认为,在马克思看来,劳动自身就有一种"生产性",这个"生产性"与产品的短暂还是持久无关,此生产性不存在于产品当中而存在于人的劳动力当中;实际上,马克思并不在意区分生产性或非生产性劳动,因为在他那里劳动本身就是"生产力",是劳动者本人拥有的身体力量(劳动力)。他以为劳动除了满足个人生命的再生产外,剩余的劳动力就可自动用于

---

① Hannah Arendt, *Between Past and Future*, New York: Viking Press, 1968, p. 24.
② *Ibid.*, p. 25.
③ THC, p. 102.
④ *Ibid.*, p. 99, n. 36.

物的生产,这就是劳动力的"生产性"。马克思有一种仿佛多余的劳动就可以自动向创造性活动转化的想法,前提是在打破了资本主义的剥削关系之后。这是她对马克思的最大批评之处。"与工作的生产性为人为之物增添了新的对象不同,劳动力的生产性只是偶然地产生对象并主要用于它自身再生产的手段;虽然它的力量不会被它自身的再生产所耗尽,可以用来再生产比一个人的生命更多的生命过程,但它除了'生产'生命本身外什么都生产不了。"①她引用《资本论》、《德意志意识形态》等马克思的著作表明,马克思反复强调的劳动实际上就是自然的生命过程,是"人与自然的新陈代谢",在劳动的过程中"自然物质适应人的需要而改变了形式",劳动和消费是生物生命反复循环的两个阶段。"马克思的整个理论都围绕着一个早期的洞察:对劳动者来说首要的是通过对维持他生存的手段的生产,来实现他自身生命的再生产。在他的早期著作中他认为'当人们开始生产维持他们生存的手段时,就开始让自己区别于动物'。"②他让所有的活动都用于生产生命本身,他把劳动称为"生产性的消费","在《资本论》第三卷中,他重复了超出直接需要之外的剩余劳动用于'再生产过程的不断扩大',除了偶尔的犹豫,马克思仍然相信'弥尔顿写作《失乐园》与蚕吐丝出于同样的理由'"。③

最后,在她看来,让人类全体投身于生命过程,乃至"类生命"变成整个社会的主体的思想,就反映在马克思的"社会化的人类"这一理想中。"在完成了的'社会化的人类'中——其唯一目标是生命过程的愉悦,不幸的是这正是指导马克思理论的非乌托邦式的理想——劳动和工作之间的区别完全消失了;一切工作都变成了劳动,因为所有的事物都不是从它们的世界性、对象性上去理解,而是作为劳动的结果和生命过程的功能。"④个人完全消失在生物性的"类存在"中。由此,在阿伦特看来,马克思对劳动的高扬乃现代主体主义最虚无之形式,与古代人因为劳动的主观性和虚无而轻视劳动相反,"马克思的劳动(不是上帝)创造人或劳动(而不是理性)使人区别于动物,只是整个现代一直同意的某种东西的最激进和最连贯的表述"⑤。

1953年,阿伦特在普林斯顿大学开设讲座"卡尔·马克思与西方政治思想传统",讲座

---

① THC, p. 88, p. 89.
② *Ibid.*, p. 99, n. 36.
③ *Ibid.*, p. 99, n. 35, 36.
④ *Ibid.*, p. 89.
⑤ *Ibid.*, p. 86.

手稿已由孙传钊先生翻译成中文出版。从讲座手稿中可以更清晰地看到,阿伦特的"劳动/工作/行动"的三元概念很大程度上与对马克思的批判性对话有关。简言之,在"劳动"方面,马克思关于"劳动创造人"的见解典型地表达了现代性的人性本质;在"工作"(制作)方面,马克思将自柏拉图以来西方政治思想史上的"制作者思维"推至顶峰,他相信不仅自然,而且历史也将成为人类"创造"的对象,宣称"从前的哲学家们只是用不同的方式解释世界,问题在于改变世界";最后,在"行动"方面,马克思始终将自由的、复数的行动理解为管理、支配活动,从而把暴力视为政治的改变世界、创造历史的主要手段,断言"暴力是历史的助产士"。就马克思对劳动问题的敏锐意识和对传统政治思想的"制作者"模式的继承以及把这种模式推到"创造历史"的极端而言,阿伦特把马克思视为一个典型的现代政治思想家,或者说作为传统终结的最后一位政治思想家。劳动问题和历史问题是现代人面临的主要问题,"只要我们还生活在这些问题依然存在的时代,那么我们今天依然与马克思生活在同一个时代"①。

四、马克思的劳动—实践概念对传统哲学的超越

对马克思思想稍有熟悉的人都会感到阿伦特对马克思也存在着"根本的、惊人的"误解,对之做了一个"经济唯物主义加形而上学"的庸俗理解。其实,马克思并不像阿伦特所说的,把工作等同于劳动。他的劳动概念虽包含维持生命和对象化生产两个层次,但他始终强调他关心的劳动不是动物式的、直接生命的活动,而是特定的人的活动,劳动作为人的类特性是通过实践创造对象世界,即改造无机世界的"自由自觉"的活动。马克思这样看待人和动物的生产的区别:"诚然,动物也生产。它也为自己营造巢穴或住所,如蜜蜂、海狸、蚂蚁等。但是动物只生产它自己或它的幼仔所直接需要的东西;动物的生产是片面的,而人的生产是全面的;动物只是在直接肉体需要的支配下生产,而人甚至不受肉体需要的支配也进行生产,并且只有不受这种需要的支配时才进行真正的生产;动物只生产自身,而人再生产整个自然界;动物的产品直接同它的肉体相联系,而人则自由地对待自己的产品。动物只是按照它所属的那个种的尺度和需要来建造,而人却懂得按照任何一个种的尺度来进行生产,并且懂得怎样处处都把内在的尺度运用到对象上去;因此,人也按照美的规律来

---

① [美]汉娜·阿伦特著,孙传钊译:《马克思与西方政治思想传统》,江苏人民出版社2007年版,第9页。

建造。"①可见,阿伦特谈的工作的生产性(创造世界)、想象力、"内在的尺度"的运用是马克思的作为人的本质的劳动的基本特征。马克思说人的生产是全面的,因为他把人的感觉、理性、知识都看作是人自身劳动的结果,劳动是人的自我发展的最主要手段。"不仅无关感觉,而且所谓精神感觉、实践感觉(意志、爱等等),……都只是由于它的对象的存在,由于人化的自然界,才产生出来的。五官感觉的形成是以往全部世界历史的产物。囿于粗陋的实际需要的感觉只有有限的意义。"②

比劳动和工作字面意义上的区别重要的是,马克思关心的不是抽象的劳动概念,而是劳动实际发生的历史过程,一个历史实践的概念。的确,他也把劳动定义为"生命的生产"——劳动和生育,即物质资料的生产和人类自身的生产,但他把维持个人生命和种族繁衍这种最基本的活动也看作创造历史的历史性活动(历史在阿伦特那里是行动者和技艺人共同造就的,劳动者没有他的历史),因为生命的生产一开始就"立即表现为双重关系,一方面是自然关系,另一方面是社会关系,……一定的生产方式或一定的工业阶段始终是与一定的共同活动的方式或一定的社会阶段联系着的",生产力不是纯粹的生命能力,"这种共同活动方式本身就是'生产力';……因而,始终必须把'人类的历史'同工业和交换的历史联系起来研究和探讨"③。在马克思看来,从来就没有一个单独的、孤立的生命生产的阶段,在他批评费尔巴哈的旧唯物主义时说:"他没有看到,他周围的感性世界决不是某种开天辟地以来就已存在的、始终如一的东西,而是工业和社会状况的产物,是历史的产物,是世世代代活动的结果。……甚至连最简单的'可靠的感性'的对象也只是由于社会发展、由于工业和商业往来才提供给他的。"④可见,马克思虽然常常谈到自然、感性、生命,却不是纯粹生物学意义上的。

更重要的是,马克思关心的不是劳动或生产的一般特征,而是人类在特定历史阶段的劳动表现形式,这就是他的异化劳动学说。作为人的类本质的、自我实现的活动在资本主义阶段与人自身相分离,"劳动的这种实现表现为工人的失去现实性,对象化表现为对象的丧失和被对象所奴役,占有表现为异化、外化"。马克思把异化劳动分为四个规定,一是物

---

① [德]马克思:《1844年经济学哲学手稿》,余源培主编:《时代精神的精华——马克思主义哲学原著选读》(上册),复旦大学出版社1992年版,第96页。
② 同上书,第122页。
③ 《德意志意识形态》,同上书,第212页。
④ 同上书,226页。

的异化,劳动者不拥有他的劳动产品,他同他的产品的关系是异己的、敌对的关系;二是劳动本身的异化,他在自己的劳动中不是肯定自己,而是否定自己,不是感到幸福,而是感到不幸,不是自由地发挥自己的体力和智力,而是肉体和精神都自我摧残、自我折磨的活动;三是人同自己类本质的异化,人正是通过对对象世界的改造才确证自己是普遍的、有意识的、自由的存在物,但在资本主义条件下,劳动对人来说却仅仅成为维持肉体生存的手段,"生活本身却仅仅成为生活的手段","有意识的生命活动把人同动物的直接生命活动区别开来。正是这一点,人才是类存在物。……异化劳动把这种关系颠倒过来,以至于人正因为是有意识的存在物,才把自己的生命活动,自己的本质变成仅仅维持自己生存的手段"。"结果,人(工人),只有在运动自己的动物机能——吃、喝、性行为,至多还有居住、修饰等等的时候,才觉得自己是自由活动,而在运用人的机能时,却觉得自己不过是动物。动物的东西成为人的东西,而人的东西成为动物的东西。"①第四,作为以上规定的直接结果是人与人相互关系的异化。由此可见,马克思的异化劳动学说解决了阿伦特所谓的他的"根本矛盾",共产主义社会的目标是通过消除资本主义生产关系而让人从异化劳动中摆脱出来,恢复真正的自由活动。

另外,马克思的"社会化的人类"、"过程"、"类存在"这些概念也绝不是阿伦特从字面上理解的,把人类全体从事生命活动作为人类的理想和本质。"社会"在阿伦特那里有特定的批判性意义,指在资本主义条件下,从前局限在家庭的生命生产活动进入了公共领域,她把近代出现的"社会"在贬义上看作私人领域扩大化、公开化的产物,一个非私非公的怪胎。但马克思在把未来理想社会直接称为"社会"时,指的却不是这样一个貌似公共、实质私人的虚假公共领域(那是马克思所批判的"市民社会"),而是消灭私人和公共之间的分裂,打破人的异化存在的社会组织,是一个黑格尔式的"伦理总体性观念"②。阿伦特主张私人领域和公共领域的分离,但从马克思的观点看,资本主义的出现已经使古典的私人领域消失了,家庭已经不再是个人生活资料生产的主要场所,这是必须接受的历史现实。同时,人在生产、交换领域的异化与政治上的被压迫一致,摆脱扭曲的生产关系必须通过政治革命,只有在未来的共产主义社会,才能真正实现人的自然属性与共同体属性的统一。"社会是人同自然界的完成了的本质的统一,是自然界的真正复活,是人的实现了的自然主义和自然

---

① [德]马克思:《1844 年经济学哲学手稿》,余源培主编:《时代精神的精华——马克思主义哲学原著选读》(上册),复旦大学出版社 1992 年版,第 95、96、94 页。
② [德]哈贝马斯著,曹卫东等译:《现代性的哲学话语》,译林出版社 2008 年版,第 72 页。

界的实现了的人道主义。"①"过程"对马克思来说也不是一个生物学意义上的概念,而是人通过劳动的对象化活动的自我实现的过程,这个过程的第一个活动当然是生产必要的生活资料,"直接生活的物质生产",但人一旦开始生产维持他生命的手段就把自己与动物区别开来,因为人不可能孤立地满足自身的需要,他在通过劳动满足需要时,也在改造着自己和产生着社会交往、社会关系、意识等等,因此人的自我实现过程始终是社会的、历史的,在现阶段占统治地位的历史条件下,正是这个对象化的过程导致了人的异化。最后,马克思在《手稿》中用的"类存在"是他借用费尔巴哈的术语来说明异化劳动的概念,异化劳动的第三个规定就是人同自己的类本质的异化关系。关于人的类本质他有两个规定,都实现在人的生产生活中。一是人能反思自身的生活,有自我意识,"动物和它的生命活动是直接同一的。……人则使自己的生命活动本身变成自己的意志和意识的对象。……有意识的生命活动把人同动物的生命活动直接区别开来。正是这一点,人才是类存在物"。二是自由的活动,"一个种的全部特性、种的类特性就在于生命活动的性质,而人的类特性恰恰就是自由的自觉的活动"②。换言之,正是人的生产生活,劳动使人成为类存在,人必须克服劳动的异化才能获得真实的类本质。但马克思后来抛弃了这个本质主义的概念,《关于费尔巴哈的提纲》中他批评费尔巴哈说:"人的本质并不是单个人所固有的抽象物,在其现实性上,它是一切社会关系的总和。费尔巴哈不是对这种现实的本质进行批判,……所以,他只能把人的本质理解为'类',理解为一种内在的、无声的、把许多个人纯粹自然地联系起来的共同性。"③后一句话适合阿伦特,她正是这样理解马克思的"类存在"的——"一种内在的、无声的、把许多个人纯粹自然地联系起来的共同性"。

其实马克思和阿伦特有很多共同之处,他们都十分重视政治自由的首要性,都不赞同"身份政治"的观点,不认为犹太人或妇女作为一个自然身份团体有什么政治的意义。他们两人都注意到,人作为劳动者或劳动动物的规定性是与资本主义相一致的形而上学原则,他们都抓住劳动概念,表达了对现代性的深刻批判。阿伦特指出,马克思思想与从前的乌托邦社会主义思想不同在于,马克思把握住了工人阶级解放的历史事实,而传统的政治范

---

① [德]马克思:《1844年经济学哲学手稿》,余源培主编:《时代精神的精华——马克思主义哲学原著选读》(上册),复旦大学出版社1992年版,第118页。
② 同上书,第95页。以及"人是类存在物,不仅因为人在实践上和理论上都把类——自身的类以及其他物的类——当作自己的对象;而且因为——这只是同一件事情的另一种说法——人把自身当作现有的、有生命的类来对待,当作普遍的因而也是自由的存在物来对待。"第94页。
③ 《关于费尔巴哈的提纲》,同上书,第191页。

畴从没有考虑过政治平等扩大到劳动阶层的状况。乌托邦社会主义的主要弱点并非在于马克思所谓的非科学,而在于仅仅把工人阶级看作是无权利、贫困的群体,把为了他们的解放斗争看作是为了社会正义的斗争。基督教自古以来对邻人之爱的信念逐渐发展成社会正义的激进理念,但它只对个人发生作用,不适用于社会群体。在这个意义上,无论过去还是今天,它都"落后于时代"。马克思所持观点则是:首先,在近代社会,劳动本身遭遇了决定性变化;其次,劳动是一切财富的源泉;从而,第三,劳动不仅是所有的社会价值的源泉,而且是所有的人类不论其阶级出身都面临着迟早要成为无产阶级的命运,不适应这样的社会变化过程的人,就被社会视为寄生虫。换言之,当工人阶级刚刚取得这样那样的权利的时候,马克思已经预言了这样的时代的到来:不是根据阶级,而是根据与阶级对应的阶级意识及其在整个社会中所具有的重要性,宣告不是工人阶级的人就不具有任何权利、甚至不具有生存下去的权利的时代的到来。这个过程的最终阶段当然不意味着其他所有的职业全部被废除,而是意味着把所有人类的活动,都修正、解释为劳动活动。①

阿伦特和马克思都深刻地把握到了现代社会的"劳动"特征,他们对于劳动的不同理解和不同拯救方案,与他们的不同哲学立场有关。阿伦特受亚里士多德的影响,坚持劳动/工作/行动在存在论上的区别不可消除,马克思的劳动概念则来自黑格尔的相互作用和对象化的辩证法,因此他能够把"人与自然的新陈代谢"、"生产性活动"、"自我塑造的自由的活动"这些在阿伦特看来完全不同层次的活动,融合在劳动——人的对象化活动这一概念中,人的自我最终是他的对象化活动的结果。② 阿伦特和马克思在他们各自的劳动概念上都要批判阻碍人的自我实现的资本主义统治,阿伦特把现代社会的异化看作政治活动被工作和劳动所取代而异化的结果,而马克思则认为异化的根源在于资本主义的生产关系。阿伦特认为马克思的劳动概念是现代关于人的本质的典型表达,而站在马克思的历史性立场上,他不会承认有什么本质性的劳动概念,正是工业化的进程在历史上把主体的本质完成为普遍化和一般化的劳动,他表达这一个概念是为了揭示它的内在矛盾,在他看来矛盾的解决只能通过实际的推翻资本主义的革命。阿伦特希冀行动的拯救,但对马克思来说,这个解

---

① [美]汉娜·阿伦特著,孙传钊译:《马克思与西方政治思想传统》,江苏人民出版社2007年版,第7—8页。
② "因此,黑格尔的《现象学》及其最后成果——作为推动原则和创造原则的否定性的辩证法——的伟大之处首先在于,黑格尔把人的自我产生看作一个过程,把对象化看作失去对象,看作外化和外化的扬弃,因而,他抓住了劳动的本质,把对象性的人、现实的因而是真正的人理解为他自己劳动的结果。"(《1844年经济学哲学手稿》,第157页)

决绝不是历史的简单中断,"自我异化的扬弃跟自我异化走着同一条道路",它要求自身为历史运动之现实的否定过程,他的共产主义毫不妥协地跟一切浪漫主义的解答划清了界限。与马克思相比,阿伦特单一、僵硬的活动区分没有注意到劳动的历史特征,她也忽视了,"劳动过程在现代生产条件下不可能没有一定的政治内涵"①。正像阿伦特所承认的,马克思第一个把劳动从黑暗、空虚、遗忘中拯救出来,他最早赋予了无产阶级以政治意义,让劳动者成为整个社会的代表,从而摧毁了古典政治概念的自相矛盾:政治的公共幸福和自由要依赖庞大的物质基础,而提供这种基础的大多数人都无法享有这一自由的美妙。

不过,阿伦特对马克思劳动理论的批评也让我们注意到了马克思主义的不足,作为特定阶级、特定历史阶段的革命的哲学理论,马克思希望通过物质极大丰富和社会分配正义来使劳动者进入公共领域的途径,也许不是一个成功的方案,资本主义进入消费主义时代就证明了这一点,阿伦特由此认为现代社会可以发展到一种"无劳动的劳动者社会"。经济发展并不自动地导向自由或成为自由存在的证据,在当前怎样使工人阶级免受消费主义意识形态的影响而为争取更多的政治空间奋斗,仍然是一个十分棘手的政治问题。

---

① [加拿大]菲利普·汉森著,刘佳林译:《历史、政治与公民权:阿伦特传》,江苏人民出版社2004年版,第44页。

第六章 麦金太尔：亚里士多德式的马克思主义

麦金太尔与马克思主义的关系伴随了其哲学探索的整个过程。他在16岁时进入伦敦大学玛丽女王学院，花了大量的时间阅读柏拉图、亚里士多德、数学，获得古典学学士学位。在大学期间，他首次接触到英国共产党，发现共产党对当时英国政治的批评很有说服力，就在18岁时加入了共产党并上了党课。但他对党的这种信任友善关系并没有持续太久，在一年多后他就因不满意而退出了[①]。当然他对马克思主义的兴趣一直持续了下来。在五六十年代，他是英国马克思主义左派中最为博学的成员之一。他是个斗士，先是活跃在共产党内部，继之是在新左派中，最后是在异端的托洛茨基国际社会主义派中。麦金太尔那"强有力的、乐观的、革命的马克思主义的自由的伦理学，仍是反对当今资本主义的突出的积极行动学说"[②]。Christopher Stephen Lutz 对麦金太尔的思想创作进行了一个归纳："麦金太尔是作为一个马克思主义者和自由的新教宗教哲学家、作为一个无神论的休谟式的学者和伦理学的历史学家、作为一个不满足的亚里士多德主义者、作为一个天主教的托马斯主义者而发表著述的。"[③]本文通过麦金太尔对马克思的伦理学、市民社会与共同体、理论与实践关系的关注，来探讨麦金太尔与马克思主义的思想旨趣和他对马克思学说难以割舍的情怀。

一

国际麦金太尔研究学会（ISME，the International Society for MacIntyrean Enquiry）提

---

① Thomas D. D'Andrea, *Tradition, Rationality and Virtue: the Thought of Alasdair MacIntyre*, Ashgate Publishing, 2006, p. xvii.
② Paul Blackledge(ed.), *Alasdair Macintyre's Engagement With Marxism: Selected Writings 1953 - 1974*, Haymarket Books, 2009.
③ Christopher Stephen Lutz, *Tradition in the Ethics of Alasdair MacIntyre: Relativism, Thomism, and Philosophy*, Maryland, Lexington Books, 2004. p. 2.

出,麦金太尔在当代向亚里士多德、圣托马斯、马克思的转向,给政治理论带来了革命化的转向,帮助我们认识现代哲学家错在什么地方以及我们可以为之做什么。"他的立场,在马克思主义和基督教之间,变换过好几次,始终没变的是他的信念:理论和理性探讨与我们的社会实践和道德传统密切相关","基督教和马克思主义,以不同的方式体现和塑造了我们的社会实践与制度","因为哲学的首要任务,是阐明和追问一般的人类问题,而不只是职业哲学家提出的问题"。① 所以英语世界有几种不同的指称麦金太尔的学说性质:Knight 把麦金太尔称为革命的亚里士多德主义(revolutionary Aristotelianism),而 Peter McMylor 则提出了亚里士多德的马克思主义(Aristotelian Marxism)、马克思主义的麦金太尔(the Marxist MacIntyre)、后马克思主义的亚里士多德主义的麦金太尔(the post-Marxist Aristotelian MacIntyre)②。

1991 年,麦金太尔对自己的思想发展历程有一个划分,作为一个学院哲学家的生活可以分成三部分:从 1949 年进入曼彻斯特大学读哲学以后直到 1971 年的 22 年,现在看来是第一个阶段。这个阶段对他而言是异类的、没有很好地组织起来的、有时是碎片化的、常常是令人沮丧和凌乱的探索,当然最后他也从中学到了很多;从移居美国不久后的 1971 年到 1977 年,是中间阶段,这是他痛苦的自我批判的反思时期;从 1977 年以来,麦金太尔有了明确的方向,专注从事于单一的计划,《德性之后》等几部书构成其核心。他"革命的亚里士多德主义"表明其根源在于五十年代和六十年代他的马克思主义的分析和实践。③ Paul Blackledge 认为"革命的亚里士多德主义者"这个说法不成立:革命是要推翻现存的秩序,他引用麦金太尔的话说,"不只是从未提供过自由现代性条件的药方,而且他的观点是根本没有药方。问题不只是改革主导的秩序,而且要找到保持共同的好生活以区域共同体来生存的路子,以抵抗民族国家和市场带来的离心力"④。

麦金太尔推崇马克思主义的全面性。他早期的思想活动深受基督教和马克思主义的

---

① Andrius Bielskis, "Teleology and Utopia in Alasdair MacIntyre's Ethics and Politics", *Politikos Sociologija*, 2008/1, p. 49.
② McMylor, Peter, "Marxism and Christianity: Dependencies and Differences in Alasdair MacIntyre's Critical Social Thought", *Theoria*, Volume 55, Number 116, August 2008, pp. 45-46.
③ Alex Law, "Unredeemed Marxism: Political Commitment in Bourdieu and MacIntyre", *Critique: Journal of Socialist Theory*, Volume 37, Issue 4, December 2009, p. 665.
④ Paul Blackledge, "Alasdair MacIntyre: Social Practices, Marxism and Ethical Anti-Capitalism", *Political Studies*: 2009 Vol 57, p. 869.

影响。他认为,马克思主义有一个宗教的根源,从基督教中获得了安宁与和睦的好生活的美景。① 麦金太尔23岁时出版了他的第一部著作:《马克思主义:一种解释》。这是他对马克思《1844年经济学哲学手稿》试图做出的"一种人道主义的解读,用一种激进的基督教的解释,指向心仪钟情的基督教社会主义政治"②。他为何选择一部关于马克思主义的书开始其思想生涯?他认为,只有马克思主义可以与基督教同日而语。他认为,马克思主义与实证主义是现代世界能够与基督教并驾齐驱的两种严肃的理论探索③,这本书在1968年修改扩充之后,直接定名为《马克思主义与基督教》,并在1995年又出了新版。作者为此专门写了一篇长文,详细地比较了他在1953、1968和1995年对马克思主义理解的视角变迁。他认为,马克思主义是世俗的正义福音。基督教像马克思主义一样,是一种实践的形式,亦即是理论与实践的结合体,它把道德命令的思想或承诺与世上的行动联结在一起了。所以它不可能是纯粹的理想主义或唯心主义的。

在1961年《马克思主义者们与基督徒们》(Marxists and Christians)一文中,他不再把自己看作一个基督徒,而是看作少数派意义上的马克思主义者④,"他把马克思主义的见解吸收到自己的哲学图式中"⑤。在20世纪60年代,他与马克思主义左派决裂,把斯大林时期和斯大林之后的国家权力称之为"伪马克思主义"(the pseudo-Marxism of Stalinist and post-Stalinist state power)⑥,认为它们是"彻头彻尾地拒绝了马克思主义"(root-and-branch rejection of Marxism)⑦。

在《德性之后》2007年第三版的长篇序言中,麦金太尔说:我也应当澄清的是,尽管《德性之后》认识到了马克思主义在20世纪的历史所展示出来的道德缺陷,但"我对马克思的

---

① McMylor, Peter, "Marxism and Christianity: Dependencies and Differences in Alasdair MacIntyre's Critical Social Thought", *Theoria*, Volume 55, Number 116, August 2008, p. 45.
② Paul Blackledge, "Alasdair MacIntyre: Social Practices, Marxism and Ethical Anti-Capitalism", *Political Studies*: 2009 Vol 57, p. 869.
③ Peter McMylor, *Alasdair MacIntyre: Critic of modernity*, Routledge, 1994, p. 4.
④ Thomas D. D'Andrea, *Tradition, Rationality and Virtue: the Thought of Alasdair MacIntyre*, Ashgate Publishing, p. 109.
⑤ Kelvin Knight, "MacIntyre's Progress", *Journal of Moral Philosophy*, brill: 6 (2009) p. 126.
⑥ Alasdair MacIntyre, *God, Philosophy, Universities—A Selective History of the Catholic Philosophical Tradition*, 2009, Rowman & Littlefield Publishers, Inc, p. 16.
⑦ Alasdair MacIntyre, "Three Perspectives on Marxism: 1953, 1968, 1995", in: Alasdair MacIntyre: *Ethics and Politics*, *Selected Essays*, Volume 2, Cambridge University Press, 2006, p. 145.

资本主义的经济、社会、文化秩序的批评,以及对后来的马克思主义者所作的发展,曾经有并仍然保持着深深的感激"①。

二

在麦金太尔看来,马克思主义是一门实践的学问。由于马克思主义是关于推动社会变革的"社会实践"的理论,因而马克思非常清醒地看到,在阶级斗争这类问题上,决不能去诉诸道德判断,不能抱有天真烂漫的幻想:这样做"不仅毫无意义而且肯定会使人误入歧途,所以他力图从第一国际的文件中删去为工人阶级诉诸正义的话。因为能向谁诉诸正义呢?可能是向剥削阶级诉诸正义,但他们的行为是符合自己阶级的准则的"。"使用道德词汇永远以共同具有某种社会制度为先决条件。诉诸道德原则来反对现存的事态总是在这种社会的限度之内做的事;要反对这种社会,我们就必须找到一种不以该社会的存在为先决条件的词汇。"②这是两个互相对立的话语系统,二者互不兼容。马克思反对这些"无聊的虚伪的道德说教"③,认为共产主义者根本不进行道德说教,不向人们提出道德要求,例如你们应该彼此互爱啊,不要做利己主义者啊,认为这是妄想④。

马克思没有在工人阶级应有什么道德体系上花费精力,对此麦金太尔一直感到惋惜,认为工人本应可以发展出自己的道德,而不仅仅是推翻资产阶级的道德,"当无产化使得工人不得不造反时,它也剥夺了工人的一些实践形式——通过这些实践形式,工人可以发现适于反抗的道德所要求的一种善和诸多德性的概念"⑤。这样的道德学说本来也应当可以成为工人阶级自己的实践武器,成为自己革命的道德。早在20世纪60年代,麦金太尔就指出,马克思没有提出"道德在工人运动中的作用问题",因为他认识到资本主义发展的逻辑必然产生出它的掘墓人,使工人阶级成为资本主义的自觉的敌对者,所以,"他从未讨论应当给工人运动提供什么行为原则的问题",工人生长在资本主义的环境之中,因而问题就出

---

① Alasdair MacIntyre, *After Virtue*, 3rd Edition, University of Notre Dame Press, 2007 p. xvi.
② [美]麦金太尔著,龚群译:《伦理学简史》,商务印书馆2003年版,第280—281页。
③ [德]马克思、恩格斯:《德意志意识形态》节选本,人民出版社2003年版,第120页。
④ 同上书,第104页。
⑤ Alasdair MacIntyre, "The Theses on Feuerbach: A Road Not Taken", in: Knight, K. (ed.), *The MacIntyre Reader*, Cambridge, 1998, p. 232.

现了:如何才能"在一个深受道德个人主义之害的社会,会逐步认识到和超越这种错误"①。麦金太尔清醒地看到,后来的马克思主义存在着两条发展路径,一是"普列汉诺夫的辩证的和历史的唯物主义"(麦金太尔认为,它来自恩格斯对马克思和费尔巴哈关系的误解),强调社会经济秩序的历史决定论性质;另一路向是青年卢卡奇的《历史与阶级意识》、《列宁》,他看到精神意识发展的作用,接续了马克思 1844 年巴黎手稿已经完满表述过的思想。麦金太尔认为,这两个路向都没有传袭马克思在《提纲》中留下的遗产,这两派都没有理解马克思《提纲》的意义。② 对于理论的巨大作用,麦金太尔认为列宁的《怎么办》说得非常中肯。列宁指出,由于当时的工人阶级文化水平较低,工人不能自发地产生科学社会主义理论。"社会主义学说则是从有产阶级的有教养的人即知识分子创造的哲学理论、历史理论和经济理论中发展起来的。"科学社会主义理论不是自发产生的,而是从外面充实(灌输)到无产阶级中的。列宁指出,德国工人属于欧洲最有理论修养的民族,他们保持了德国那些所谓有教养的人几乎完全丧失了的理论感。如果工人没有理论感,那么这个科学社会主义就决不可能像现存这样深入他们的血肉;相较之下,英国工人运动前进很慢的主要原因之一就是对于一切理论的漠视。列宁赞成考茨基的一段"十分正确而重要的话":考茨基批评社会主义意识是无产阶级阶级斗争的必然的直接的结果的说法,提出党的任务就是"把认清无产阶级的地位及其任务的这种意识灌输到无产阶级中去(直译就是:充实无产阶级)"③。

麦金太尔认为,"青年马克思的目标是理解理性,特别是实践理性对社会实践形式做出的表达"。他提出了一种假设,马克思通过资产阶级和无产阶级之间阶级斗争的经验观察,发展出了一种亚里士多德的德性伦理学,推论出:无产阶级行动者涵养出一种替代资本主义的德性。④ 但无产化也剥夺了支撑这一替代的实践。"马克思看到了无产者作为一个阶级将创立的社会主义,剥夺了过去的道德与宗教传统。"⑤

---

① [美]麦金太尔著,龚群译:《伦理学简史》,商务印书馆 2003 年版,第 281、282 页。
② Alasdair MacIntyre, "The Theses on Feuerbach: A Road Not Taken", in: Knight, K. (ed.), *The MacIntyre Reader*, Cambridge, 1998, pp. 232-233.
③ [苏联]列宁:《怎么办》,《列宁选集》第 1 卷,人民出版社 1992 年版,第 325—326 页。
④ Paul Blackledge, "Alasdair MacIntyre's Contribution to Marxism: A Road not Taken", *Analyse & Kritik* 30/2008 (Stuttgart) p. 215.
⑤ Alasdair MacIntyre, "Rights, Practices and Marxism: Reply to Six Critics", *Analyse & Kritik* 7 (1985), p. 247.

麦金太尔在不同的年代的不同著作中多次强调,工人阶级本可以发展出自己的道德但马克思却忽视了这一点。应当说,马克思富有激情地投向于革命运动,没有更多地致力于未来的道德设计。马克思不认为道德是圆融自洽的,亦非主观抽绎的,他认为道德思考是体现在实践中的,是要验证的、需要实现的,道德是实践问题,是变革的话语,不是理论自洽的体系。麦金太尔坚持马克思基于阶级的实践理性观念①,马克思把实践看作是"感性的活动",马克思主义研究学者鲁克俭由此认为,"人的思维能否达致对象性的真理",这自然不是一个理论(即"纯粹理性批判")的问题,而是一个实践(即对象化和扬弃对象化)的问题。因此,当马克思把黑格尔唯心主义历史(劳动)辩证法改造成唯物主义历史(劳动)辩证法,当马克思说"人不得不在实践中证明自己思维的真理性,即自己思维的现实性和力量,自己思维的此岸性"时,他并不是在谈论检验真理的标准问题,而是在谈论实践与理论的关系②。麦金太尔看到,在马克思那里,"道德思考被放到相关的实验验证中并实现其客观性。只有在这样的情境中,'人类思维是否具有客观真理性'的问题才能从道德思想方面得到回答,这样的问题也才不是一个'理论问题,而是一个实践问题'(《提纲》第二条)"③。

麦金太尔在《德性之后》以及其他论述中,对社会实践概念的厘清,可以被看成是他试图对马克思1845年开始、但后来放弃的计划的完善:对这些实践形式的探索可以为取代资本主义的德性提供根基。正如K. Knight所说,麦金太尔从未抛弃马克思"革命的实践"观念,他只是抛弃了"第二、第三、第四国际的马克思主义"④。可以看出,麦金太尔对马克思的"实践"理解比许多当代的思想家理解的要准确和深刻得多,例如他批评"西方马克思主义者"马尔库塞不是后马克思主义,而是前马克思主义,因为他又退回到了马克思曾经批判过的青年黑格尔派所主张的"批判的实践"。麦金太尔指出,"马克思早已抛弃了将逻辑推理和理论评价仅仅归结为语汇的作法"⑤。

---

① Daniel B. Gallagher, "Review On Tradition, Rationality, And Virtue: The Thought Of Alasdair Macintyre", *Philosophy*, Cambridge University Press, 2008 pp. 279 – 283.
② 鲁克俭:《关于费尔巴哈的提纲与历史目的论》,《河北学刊》,2009年第6期。
③ Alasdair MacIntyre, "The Theses on Feuerbach: A Road Not Taken", in: Knight, K. (ed.), *The MacIntyre Reader*, Cambridge, 1998, p. 234. 可参见中译文:马克思的《关于费尔巴哈的提纲》一条未走之路,乔法容译,《国外社会科学》,1995年第6期,第21—27页。
④ Paul Blackledge, "Alasdair MacIntyre's Contribution to Marxism: A Road not Taken", *Analyse & Kritik* 30/2008 (Stuttgart) p. 216.
⑤ [美]麦金太尔著,邵一诞译:《马尔库塞》,中国社会科学出版社1989年版,第25、42—43页。

三

马克思主义有着自身的特征,是科学性、指导性、实践性、批判性、阶级性的学说。麦金太尔强调,马克思主义是指导实践的理论,不是普通的学说。它着眼于感性的、客观的、社会的实践活动,这个活动,既是环境的改变,也是主体自身的变革,活动的目的性的实现,使得"大我"与"小我"一致,这充分地体现在真正的共同体的学说中,而与资产阶级的市民社会有着根本的不同。

市民社会的立场,在麦金太尔看来,是有很大的局限的。人们进入这种社会、经济、法律的关系,是基于个体利益关切的需要,这其实是一种"不得已"的社会关系,它不同于自主选择而进入的社会关系。它是"契约性的社会关系,一方面是每个个人达到自己目的的手段,另一方面也是建立起来的一个系统,加入这个系统,可使每一个体都变成其他个体实现其目的的手段"。这样的个体,"为了保护自己不被作为手段而受役使,就变成了阻碍而非实现他人的目的"。"在市民社会中,表征人际关系思想的中心概念,就是功利、契约、个人权利之类。"[①]的确,这种作为个人之间道德基础的契约理论,所设定的个人,彼此间是冷漠的、孤立的、算计的,借用《共产党宣言》的话语来说,"资产阶级在它已经取得了统治的地方把一切封建的、宗法的和田园诗般的关系都破坏了。它无情地斩断了把人们束缚于天然尊长的形形色色的封建羁绊,它使人和人之间除了赤裸裸的利害关系,除了冷酷无情的'现金交易',就再也没有任何别的联系了。它把宗教虔诚、骑士热忱、小市民伤感这些情感的神圣发作,淹没在利己主义打算的冰水之中"[②]。在麦金太尔看来,市民社会存在着一个矛盾,人们真实地、本质地存在,与人们如何理解自己,这二者间有一个分离,这一"分裂与自我矛盾",就是市民社会"这一时代的自我镜像"(self-images of the age)。由此,市民社会形成了一个社会秩序,"人们在其中普遍丧失了对自己和自身社会关系的正确理解,这也就是费尔巴哈诊断出的虚幻的根源","对这种幻象矫正的唯一良药,就只能是选择一种与市民社会立场不相容的实践形式"[③],在体制

---

① Alasdair MacIntyre, "The Theses on Feuerbach: A Road Not Taken", in: Knight, K. (ed.), *The MacIntyre Reader*, Cambridge, 1998, p. 223.
② [德]马克思、恩格斯:《马克思恩格斯选集》,人民出版社1995年第2版,第1卷,第274—275页。
③ Alasdair MacIntyre, "The Theses on Feuerbach: A Road Not Taken", in: Knight, K. (ed.), *The MacIntyre Reader*, Cambridge, 1998, p. 229.

允许的范围以外靠实践来改变。市民社会立场需要被超越。

麦金太尔正确地指出,马克思的《提纲》表达出了这样的立场:仅借助理论本身,市民社会是不可能被克服的,其局限也不可能被恰当地理解和批判。这样的理论是脱离了实践的理论,它只能被一种特殊的实践所克服,这种实践是由植根于该实践中的特定的理论所决定的。哲学家们试图去理解它,但他们的理解并不是为了以必须的方式去改造这一社会的和自然的世界。马克思《提纲》第11条,并没有告诉哲学家们放弃去理解世界的企图,而是告诉他们,指导哲学家这一"理解"任务的,是一个特定目的的实现。这个目的就是《提纲》第一条所说的"客观的活动"。人们结成一定的社会关系,在这种活动中实现个体的普遍价值,通过与其他这类个体的合作,在某一特殊的实践形式中体现出来①。这种目的,要求这样一种共同体和个体是相互信赖的关系,每一个体的实现,都既是共同体的目的本身,又是他或她自己的目的,这样,正如马克思所说,"只有在共同体中,个人才能获得全面发展其才能的手段,也就是说,只有在共同体中才可能有个人自由"。在这个共同体中,各个人都是作为个人参加的,它形成了这样一种各个人的联合:"这种联合把个人的自由发展和运动的条件置于他们的控制之下。而这些条件从前是受偶然性支配的,并且是作为某种独立的东西同单个人对立的。"在共同体中实现自我,与在市民社会中只有自我的目标,是完全相对的,后者正是马克思所说的,"各个人联合而成的虚假的共同体,总是相对于各个人而独立的"。"某一阶级的各个人所结成的、受他们与另一阶级相对立的那种共同利益所制约的共同关系,总是这样一种共同体,这些个人只是作为一般化的个人隶属于这种共同体,只是由于他们还处在本阶级的生存条件下才隶属于这种共同体;他们不是作为个人而是作为阶级的成员处于这种共同体关系中的。"②

马克思的这一思想,在古代和当代都有其反映与回应。如下面这段话:"自我实现,甚至对个人身份的确定以及在世界中的方向感,都依据于某一共同的事业。这种共同的变化过程就是公民生活,而公民生活的根存在于与他人——不同辈分的人和类型不同的他人——的相互关系之中。他们的差异性之所以重要,是因为他们为整体作出了贡献,而我们特定的自我感就是依据于这种整体的。因此,相互依存就是公民资格的根本观念。……在具有共同语言方式的共同体之外,可能还存在着作为逻辑抽象的生物学意义上的人类,

---

① Alasdair MacIntyre, "The Theses on Feuerbach: A Road Not Taken", in: Knight, K. (ed.), *The MacIntyre Reader*, Cambridge, 1998, p. 225.
② [德]马克思、恩格斯:《德意志意识形态》节选本,人民出版社2003年版,第63、66页。

但却不可能有真正的人。政治共同体在本体论的意义上优先于个体——古希腊与中世纪的这个论断说的就是这个意思。直接地讲,城邦使人之为人成为可能。"①

这也就是为什么麦金太尔说《关于费尔巴哈的提纲》的论证所需要的关键特征,将不得不以极似亚里士多德用语的方式去阐述,黑格尔的用语难以胜任②的原因。黑格尔聚焦于个体,而亚里士多德是一种共同体的观点。黑格尔的"市民社会"概念明显地不如亚里士多德的"城邦共同体"(Politike Koinonia, Political Society/Community, 拉丁文译为 *Societas Civilis*),亦即后来欧洲语言中的"市民社会"概念。马克思对市民社会提出了科学的、历史的理解。"市民社会这一名称始终标志着直接从生产和交往中发展起来的社会组织,这种社会组织在一切时代都构成国家的基础以及任何其他的观念的上层建筑的基础。"③有学者提出,"马克思的概念和范畴在核心上是亚里士多德主义的"④而不是黑格尔的。

麦金太尔注意到,市民社会中的所有事物被看作是在各个个体和个体的各个组集之间的事物,这些个体只是通过自己对社会环境的意向活动而偶然联系着,而社会关系也只是他们碰巧在任一特殊的时刻都能居于其中的。而这种理解是有问题的。麦金太尔非常赞赏马克思《提纲》第6条,人的本质不能被看成是单个人的属性,在其现实性上,它是社会关系的总和。"真正理解了他们本质上是什么的人们,将以他们现实的和潜在的社会关系去理解他们自身,并把这种理解,如其体现在其理论中一样地体现到他们的行动中去。"⑤

在这里,市民社会的典型特征,就存在着两个问题:一是其抽象的个人主义,市民社会是"单个的个体及其乌合",这些个体之所以是这个样子,是因为他们的环境及其所受的教育使然;二是它对理论与实践的关系的理解,马克思实践的唯物主义强调,要运用理论去引发现实的改变。麦金太尔认为,马克思已经看到了,市民社会的个人自由,提供了理论探索所需的自主性,"自我"作为自主行动者,也是替他人的潜在立法者。所以,马克思的自主理论,在麦金太尔看来,就是以两种互不相容的方式来对待"人":一方面是客观的社会环境和自然环境的产物,另一方面是理性主体自身的产物。围绕这一难题,出现了各种探索,但都

---

① [加拿大]威尔·金里卡著,刘莘译:《当代政治哲学》,上海三联书店2004年版,第457页。
② Alasdair MacIntyre, "The Theses on Feuerbach: A Road Not Taken", in: Knight, K. (ed.), *The MacIntyre Reader*, Cambridge, 1998, p. 226.
③ [德]马克思、恩格斯:《德意志意识形态》节选本,人民出版社2003年版,第75页。
④ Peter McMylor, *Alasdair MacIntyre: Critic of modernity*, Routledge, 1994, p. 69.
⑤ Alasdair MacIntyre, "The Theses on Feuerbach: A Road Not Taken", in: Knight, K. (ed.), *The MacIntyre Reader*, Cambridge, 1998, p. 229.

是在理论之内打转转,就理论谈理论。"马克思的观点,我理解为,来自理论之内的甚或来自理论家的实践范围内的解决是不可能的。"①在理论与实践的联结上,马克思高瞻远瞩,跳出就理论解决理论的窠臼,超越了理论理性的局限樊篱,把目光投向实践。"给马克思增光的是他认识到,市民社会的立场是不会仅借助理论就能超越的,但不幸的是马克思没有对能够克服市民社会局限的实践的性质给出更多的哲学思考。"②这是因为,马克思主义是投身于事业的科学,导致像打游击一样的政治实践。③ 马克思在1844年西里西亚纺织工人起义中有着战斗的织工经历,纺织工人成了坚定的"体力"宪章派。

四

麦金太尔至少有两个结论是值得商榷的:

第一,麦金太尔说马克思主义在写作《提纲》之后放弃了哲学:"随着他在1845年对哲学的放弃,他就没有机会再来系统地发挥这些思想,也失去了对理论与实践关系的涵义进行理解的机会。在他放弃的时候,撒下了未竟的哲学事业。"④这种论断是不公允的。其实马克思随后在1846年倾力写作的《德意志意识形态》,正是要清算"从前的哲学信仰",并阐述自己的新学说,正如恩格斯提出的,关于历史唯物主义新世界观的部分,"主要是马克思做出而我只能说参加了很少一部分工作"⑤。

第二,麦金太尔说马克思放弃了"实践",这成了马克思和我们的一条未走之路(A Road not taken)。这种论断也是不对的。马克思主义在《德意志意识形态》说:"在思辨终止的地方,在现实生活面前,正是描述人们实践活动和实际发展过程的真正的实证科学开始的地

---

① Alasdair MacIntyre, "The Theses on Feuerbach: A Road Not Taken", in: Knight, K. (ed.), *The MacIntyre Reader*, Cambridge, 1998, p. 230.
② Paul Blackledge, "Alasdair MacIntyre: Social Practices, Marxism and Ethical Anti-Capitalism", *Political Studies*: 2009 Vol 57, p. 874.
③ Jeffrey Reiman, "Moral philosophy: The Critique of Capitalism and the Problem of Ideology", in Terrell Carver (edt.): *The Cambridge Companion to Marx*, Cambridge: University Press 1991, reprint 1999, p. 144.
④ Alasdair MacIntyre, "The Theses on Feuerbach: A Road Not Taken", in: Knight, K. (ed.), *The MacIntyre Reader*, Cambridge, 1998, p. 232.
⑤ [德]马克思、恩格斯:《马克思恩格斯选集》,人民出版社1995年第2版,第4卷,第222页。

方。"①西方马克思学者洛克曼在《马克思主义之后的马克思》正确地揭示了马克思实践哲学的取向:马克思的观点"是一种行动主义哲学,这种哲学致力于改变现状,使之朝向受自由资本主义压迫的世界上所有的男人和女人的自由。有一段著名的评论,公正地指明了大多数哲学家的消极姿态,这些哲学家如果不是确实地对其他人漠不关心的话,就是满足于站在历史长河之外袖手旁观"②。马克思则明确地提出,"哲学家们只是用不同的方式解释世界,问题在于改变世界"③。马克思在《提纲》中的这一说法,在随后的著作中仍然有着深入的贯穿,只是这种实践具体化为人的"物质生活,即他们的相互制约的生产方式和交往形式"④。如在《德意志意识形态》中,马克思批评在"施蒂纳"们那里,"共产主义"是从寻找"本质"开始的,他们作为善良的青年,不想改变现状,想着只是"洞察事物的底蕴"。马克思批判道:"而共产主义是用实际手段来追求实际目的的最实际的运动"⑤,"在共产主义社会中,即在个人的独创的和自由的发展不再是一句空话的唯一的社会中,这种发展正是取决于个人间的联系,而这种联系部分地表现在经济前提中,部分地表现在一切人自由发展的必要团结一致中,最后表现在以当时的生产力为基础的个人多种多样的活动方式中"⑥。其实马克思后来一直强调,"只有在现实的世界中并使用现实的手段才能实现真正的解放","对实践的唯物主义者即共产主义者来说,全部问题都在于使现存世界革命化,实际地反对并改变现存的事物"⑦。在《德意志意识形态》中,马克思继续批判费尔巴哈对感性世界的"理解"仅仅局限于对世界的单纯的直观,仅仅局限于单纯的感觉,他设定的是"人",而不是"现实的历史的人",批判费尔巴哈把人只是看作是"感性对象"而不是"感性活动"。马克思强调,"这种活动、这种连续不断的感性劳动和创造、这种生产,正是整个现存的感性世界的基础"。可以说,这种实践的唯物主义的思想贯穿了马克思的一生。

---

① [德]马克思、恩格斯:《马克思恩格斯选集》,人民出版社1995年第2版,第1卷,第73页。
② [法]洛克曼著,杨学功、徐素华译:《马克思主义之后的马克思》,东方出版社2008年版,第122页。
③ [德]马克思、恩格斯:《马克思恩格斯选集》,人民出版社1995年第2版,第1卷,第57页。
④ [德]马克思、恩格斯:《德意志意识形态》节选本,人民出版社2003年版,第108页。
⑤ 同上书,第91页。
⑥ 同上书,第100页。
⑦ 同上书,第19页。

第四篇 现代哲学变更背景下的西方马克思主义

西方马克思主义是经典马克思主义在发展过程中出现的偏离和扭曲、从而在实践中出现失误和挫折的现象而产生的一种独特思潮。西方马克思主义者往往利用某些现代哲学流派的观点（在后现代主义产生以后有时也利用后现代主义的观点）去重新认识和解释马克思的学说，并以此来批判上述偏离和扭曲及由此而产生的失误和挫折。因此也可以说西方马克思主义是20世纪以来马克思主义与西方思潮在发展中发生碰撞的产物。关于西方马克思主义的这种背景，我们在本书绪论中已有所论及，本篇有的章也较直接地涉及这方面的问题。

关于西方马克思主义的形成以及各个流派和代表人物的基本观点，特别是卢卡奇、科尔施、葛兰西等西方马克思主义的创始人以及以法兰克福为代表的西方马克思主义的第二代人物的观点，国内近年来已有大量译著对其作了相当全面和具体的介绍，学界对他们也都较熟悉，本书在有限的篇幅内很难在这些方面作出新的补充，因此决定这部分从略。至于当代西方马克思主义，按原计划是我们应当重点探讨的问题。但当代如果仅指20世纪80—90年代之交的苏东事变以来的时期，那由于这时已不存在原来意义上的经典马克思主义，自然也难以谈论与之相对应的原来意义上的西方马克思主义。这时的西方马克思主义只能说是西方国家存在的马克思主义，对中国来说，这就是广义的国外马克思主义,这是本课题难以具体探讨的问题。因此,我们仅对詹姆逊以及近年来受到学界重视的生态的马克思主义作适当介绍。

考虑到我国学界关于西方马克思主义的论著较少关注从与经典马克思主义及西方思潮的联系的角度来分析它们在当代西方思想发展中的地位和意义,本书想在这方面提出一些看法。主要是从马克思主义哲学和现代西方哲学发展的趋势和曲折历程的角度来揭示西方马克思主义在20世纪的形成和发展的意义,以及它们与马克思主义哲学和现代西方哲学的联系和区别。即使在本书课题组内的成员对这些问题也有不同意见,我们提出来仅供参考。另外,广义的西方国家的马克思主义与西方马克思主义虽然是不同概念,但二者都势必受到在西方国家流行的各种非马克思主义的思潮、特别是后现代主义思潮的影响,在这方面它们可以说又有重要的共同之处。本篇对此也有所涉及。

第一章 从经典马克思主义到西方马克思主义

关于从经典马克思主义到西方马克思主义的发展,至少可以有两种论述方式。一种是按历史发展顺序讲述从前者到后者演变的具体过程,另一种是按理论特征对二者进行比较研究,揭示它们的联系和差异。这两种论述方式也可以结合起来进行。本文为篇幅所限,无法过多涉及具体的历史发生过程,只能大体上按第二种论述方式有选择地谈论几个相关问题。

一、经典马克思主义哲学的歧义

经典马克思主义哲学通常指马克思和恩格斯等马克思主义经典作家的哲学。由于马克思主义经典作家在一些问题上的观点和提法有所不同,人们对经典马克思主义哲学就可以有不同解释。在一个相当长的时期内,为了强调马克思和恩格斯以及其他马克思主义经典作家学说的统一性,在被认为是直接继承了经典马克思主义的正统的或占主流地位的马克思主义阵营中,大家往往回避谈论经典作家之间的差别。倒是西方一些研究马克思主义的学者一再指出存在差别。美国实用主义哲学家胡克在这方面就表现得特别突出。他把马克思和包括恩格斯、列宁在内的马克思主义者严格区分开来,认为在强调人的感性活动还是自然界本身上,马克思在《关于费尔巴哈的提纲》(以下简称《提纲》)等论著中的观点和恩格斯在《反杜林论》、《自然辩证法》等论著的观点以及列宁在《唯物主义和经验批判主义》(以下简称《唯批》)等论著中的观点有着很大不同。他大体上赞同他所理解的马克思的观点而反对他所谓马克思主义者的观点。与胡克大致在同一时期活动的一些西方马克思主义者也持类似的立场。

西方哲学家和西方马克思主义者在看待马克思主义经典作家之间的区别问题上当然存在着许多片面性和曲解。这特别表现在他们夸大和曲解这种区别,并由此而抹杀马克思主义经典作家在马克思主义根本原则上的统一。但他们所指出的马克思主义经典作家之间在某些观点上存在着差别,这在一定意义上符合事实。不同的马克思主义经典作家所处的环境、时期不同,关注和面对的问题不可能完全一致,他们个人的其他条件也有差异,这使他们在无产阶级革命世界观一致的前提下,彼此之间在某些具体的理论观点上必然存在着某些差别。这一点应当看作是很正常的现象。其实即使在他们个人的不同时期之间,在理论观点上也往往会有不同之处。像阿尔图塞等人那样认为马克思前后期之间存在着"断裂"也许言过其实,那样会抹杀马克思思想理论的统一性。但马克思前后期之间在某些方面的确存在差别(恩格斯等人也一样),这大概是不争的事实,不然又怎么谈得上他们的学说会适应不同时期的时代特征而不断发展呢!马克思和恩格斯本人就曾一再谈到不要把他们在特定条件下提出的理论当作教条,而应当看到他们会根据现实条件的变化而不断调整自己的理论。说他们彼此之间和个人在不同时期之间的观点在所有方面完全一致,这显然不符合马克思主义的求实观和发展观。

如果承认马克思主义经典作家之间以及他们个人在不同的时期在理论观点上可能存在差异,或者说肯定对经典马克思主义可以有不同解释,那我们在谈论和评价从经典马克思主义转向西方马克思主义时,就应当尽可能正确认识和分析这些差异,把握经典马克思主义的经典所在,也就是马克思主义作为一种无产阶级革命学说的实际所是和关键所在。马克思主义哲学是整个马克思主义的理论基础。为了正确理解经典马克思主义,首先要正确理解经典马克思主义哲学的实际所是和关键所在。

二、经典马克思主义哲学的经典所在

一提到以马克思和恩格斯为创始人的经典马克思主义哲学之实际所是,通常都说它是辩证唯物主义和历史唯物主义,在党和政府的有关文件以及领导人的许多言论中也都提到是辩证唯物主义和历史唯物主义。然而对于究竟什么是辩证唯物主义和历史唯物主义,历来有着不同解释。例如党内的各种机会主义(特别是"左倾"思潮)往往都声称拥护辩证唯物主义和历史唯物主义,但他们的理论观点实际上偏离了经典马克思主义哲学。因此人们是否坚持了马克思主义哲学不能由他们是否在字面上表示赞成辩证唯物主义和历史唯物主义来判断。与此相关,近些年来在学术讨论中有的专家主张在指称马克思主义哲学时也可使用马克思和恩格斯本人使用的其他一些名称,例如"新唯物主义"、"唯物辩证法"、"历史唯物主义"或者说"唯物史观"、特别是"实践的唯物主义"。这些名称本身与辩证唯物主义和历史唯物主义并无原则区别,人们对它们也有不同解释。因此,最重要的并非使用哪一个名称,而是如何正确理解马克思通过实现哲学上的革命变更所建立起来的新哲学的根本意义,这也就是理解经典马克思主义哲学的经典所在。只要对上面这些名称的解释适当,能准确地体现马克思主义哲学的根本意义,它们都是可以使用的。

马克思和恩格斯本人没有使用过辩证唯物主义和历史唯物主义概念。这个概念是普列汉诺夫等后来的马克思主义者为概括马克思和恩格斯哲学的基本观点而提出的。在列宁的《唯批》等著作中这个概念一再得到确认,其后一些苏联哲学家又纷纷对马克思主义哲学作为辩证唯物主义和历史唯物主义作了很多论证,并逐渐形成了一个关于辩证唯物主义和历史唯物主义的主要内容的理论框架,它们在马克思主义队伍中很是流行,对促进马克思主义哲学的发展和传播起过积极的作用。关于这段历史,黄楠森教授作过非常认真和可信的考证。我个人很是受到他的启发。不过我还是认为,辩证唯物主义和历史唯物主义这个概念虽不是斯大林首创,但它获得与马克思主义哲学几乎同义、甚至排他的地位,在很大程度上是由于斯大林以经典作家的权威地位在《联共党史》(1938)第4章第2节中把马克思主义哲学归结为辩证唯物主义和历史唯物主义。

正是因为辩证唯物主义和历史唯物主义这个名称既能体现马克思主义哲学的真实含义,又可能因对它的片面解释而偏离马克思主义哲学的真实意义,因此人们既完全可以继续使用它,又不应当把它当作是一个排他性的概念,更为重要的是要对它作出符合马克思主义哲学的实际所是、特别是其根本意义的解释。这要求我们更为深刻地认识马克思在哲学上的革命变更的根本意义。

马克思在哲学上实现革命变更究竟是什么样的变更?这可以从阶级基础和理论形态两方面来思考。前者主要表现为由资产阶级世界观转变为无产阶级革命世界观。在这点上大家似乎没有明显的分歧,我们在此略而不论。分歧主要在后者。按以往最流行的说法:马克思和恩格斯批判地继承了黑格尔的辩证法,摒弃了其唯心主义;批判地继承了以费尔巴哈为代表的近代唯物主义,摒弃了其形而上学,由此建立了将唯物主义和辩证法统一成为一个整体的唯物辩证法或者说辩证唯物主义。我个人从来没有怀疑过这种说法的正确性。

然而我认为至此为止还没有完全澄清马克思和恩格斯在哲学上的革命变更的深层意义。我们还应当进一步追问:他们是怎样实现上述批判继承并将辩证法和唯物主义统一起来的。历史和理论的考察使我们明白,这个变更的决定性环节在于他们通过批判地总结近代哲学陷入困境和危机的教训、特别是他们作为无产阶级的革命导师对无产阶级的现实生活和实践意义的深刻分析和总结而由此摆脱了抽象思维和感性直观、绝对理性主义和经验主义等的界限,强调了现实生活和实践在哲学中的决定性作用。他们对以物质资料生产的劳动为基础的无产阶级的现实生活和实践意义的深刻分析使他们对唯物主义和辩证法有了与以往资产阶级哲学家根本不同的认识。这突出地表现在马克思把唯物主义和辩证法都与人的"感性活动"、实践联系起来。这一点,从马克思的《提纲》第一条中的那段话就可看出。其中讲到:"从前的一切唯物主义(包括费尔巴哈的唯物主义)的主要缺点是:对对象、现实、感性,只是从**客体**的或者**直观**的形式去理解,而不是把它们当作**感性的人的活动**,当作**实践**去理解,不是从主体方面去理解。因此,和唯物主义相反,**能动**的方面却被唯心主义抽象地发展了,当然,唯心主义当然是不知道现实的、感性的活动本身的。"①

马克思在此指出以往唯物主义的主要缺陷在于不是从人的感性活动的观点、实践的观点去看事物、现实,这明白无误地证明他的唯物主义的根本特点是从感性、实践的观点去看事物。他的唯物主义的出发点不是离开实践的纯粹的、自在的物(自然),而是与物发生关系的人的现实的实践。肯定物质第一性、意识第二性,这当然是唯物主义的一条根本原则。但这条原则得以确立又必以人的感性活动、实践为前提和中介。因为不与人发生关系的纯粹的、自在的物本身不可能与意识、精神发生关系,当然也谈不上存在对意识、精神的先在性的问题。马克思就此指出:"只有当物按人的方式同人发生关系时,我们才能在实践上按人的方式同物发生关系。"②也正因为如此,马克思一再明确地指出他不赞成那种脱离人的实践的纯粹自然主义的或者说抽象的唯物主义,并认为后者实际上不能坚持唯物主义,反而会落入唯灵论等形式的唯心主义。正是在这种意义上,他说:"抽象的唯灵论是抽象的唯物主义;抽象的唯物主义是物质的抽象的唯灵论。"③(马克思在《神圣家族》中谈到法国唯物主义被德国唯心主义所战胜的原因时也指出正是由于法国唯物主义之停留于自然主义水平。)总之,不是从纯粹的、抽象的物出发,而是从人的现实生活和实践(人的感性活动)出发,这是马克思的唯物主义不同于旧唯物主义(包括费尔巴哈的唯物主义)的区别的根本特点。相对于旧唯物主义之为自然主义的唯物主义而言,马克思的新唯物主义是一种实践的唯物主义。

---

① [德]马克思、恩格斯:《马克思恩格斯选集》,人民出版社1995年第2版,第1卷,第54页。
② [德]马克思、恩格斯:《马克思恩格斯全集》,人民出版社1995年第2版,第42卷,第124页。
③ [德]马克思、恩格斯:《马克思恩格斯全集》,人民出版社1995年第2版,第1卷,第355页。

马克思的辩证法不仅与以黑格尔为最大代表的唯心辩证法根本不同,也与以往某些唯物主义哲学家的理论体系中存在的辩证法因素不同。这种不同的根本之点同样在于马克思是通过人的现实的感性活动,即客观的实践来理解辩证法的,因而既能揭示主观的辩证法,又能揭示客观的辩证法,并在实践的基础上达到主客观辩证法的统一。正是这种统一使马克思的辩证法具有充分的现实性和具体性。在马克思哲学中,通过感性活动、实践对辩证法的揭示与通过感性活动、实践对物质的客观性和先在性的揭示是统一的。因此马克思的辩证法是唯物主义的辩证法,而他的唯物主义则是辩证法的唯物主义。黑格尔等唯心主义哲学家阐释的辩证法,尽管能在一定程度上具有丰富性和系统性,并因此而受到马克思、恩格斯及其他杰出的马克思主义者的高度肯定。但由于他们"不知道真正现实的、感性的活动本身",不会通过人的现实的感性活动、实践去理解和揭示辩证法,因而他们的辩证法必然带有浓厚的思辨性,无法达到主观辩证法和客观辩证法的统一,无法使辩证法具有现实性和具体性。正因为如此,黑格尔等唯心主义哲学家尽管能胜过旧唯物主义而发展了辩证法这个能动的方面,但他们"只是抽象地发展了"。17、18世纪的唯物主义者虽然肯定了物质世界的客观性和先在性这个唯物主义的基本原则,但由于他们不是从社会化的人的感性活动的观点、实践的观点去看物质世界,自然无法理解和揭示物质世界的辩证法的意义。尽管有的唯物主义哲学家的思想中可能包含某些辩证法的因素,它们也只能是直观的、素朴的(如早期希腊哲学家)或者思辨的(如斯宾诺莎),最后必然被唯心主义和形而上学所取代。费尔巴哈比以往唯物主义者高明之处在于他肯定了对物质的先在性的肯定要通过人的感性直观。他由此把17、18世纪的自然主义的唯物主义改造为人本主义的唯物主义。但他把人的本质看作是单个人所固有的抽象物,而未能将其看作是一切社会关系的总和。因此尽管他"不满意**抽象的思维**而喜欢**直观**;但是他把感性不是看作**实践的**、人类的感性活动"[①]。这样他实质上还是停留于以脱离现实生活和实践为特征的旧唯物主义的范围。

上述马克思的观点实际上也正是恩格斯和列宁等马克思主义经典作家所坚持的观点,只是由于特殊的历史原因使他们对这种观点阐释的方面和方式与马克思有所不同,甚至因此产生了许多误会和扭曲,这点我们下面将要具体谈到。

总之,现实生活和实践的观点是整个经典马克思主义哲学的根本观点。它不仅因强调人的实践在认识中的决定作用而具有认识论意义,而且还因强调人的实践使物质、自然的

---

① [德]马克思、恩格斯:《马克思恩格斯全集》,人民出版社1995年第2版,第1卷,第56页。

存在成为具有现实意义的存在而具有存在论(生存论)意义。不管是用辩证唯物主义和历史唯物主义还是用其他名称来指称马克思哲学都不能离开现实生活和实践的观点,否则就会划不清马克思的唯物主义与旧唯物主义、马克思的辩证法与黑格尔等人的辩证法的界限,就会偏离马克思哲学的真实意义、偏离马克思在哲学上的革命变更的真实意义。

值得提及的是:马克思在哲学上对社会化的人的现实生活和实践的强调体现了西方哲学由近代到现代发展的必然趋势。而这种趋势意味着西方哲学的发展必然出现具有划时代意义的哲学思维方式的转型。与马克思大致同时代的一些西方哲学家也在以他们特有的方式、通过迂回曲折的道路致力于实现这种转型。而马克思在哲学上的革命变更比任何其他西方现代哲学流派更为明确、深刻地揭示了这种趋势,更为全面、彻底地实现了这种转型。关于这方面的问题,我在近些年来发表的一些论著中已作过较多论证,此处从略。

三、恩格斯、列宁与马克思在哲学上的差异和统一

无庸讳言,恩格斯和列宁在他们的几部最有代表性的哲学论著中更加关注的是维护唯物主义的一般原则,而不是作为确立这一原则的前提的人的现实生活和实践。例如恩格斯在《路德维希·费尔巴哈和德国古典哲学的终结》(以下简称《终结》)中着重论证的是思维和存在的关系这个"全部哲学、特别是近代哲学的重大的基本问题","哲学家依照他们如何回答这个问题而分成了"唯物主义和唯心主义"两大阵营"。① 在《反杜林论》、《自然辩证法》等论著中所着重关注的同样是哲学家们是否肯定物质第一性、自然界本身存在和发展的辩证法规律的客观实在性。列宁在《唯批》等论著中所强调的也是如此。恩格斯和列宁在这些著作中也提到实践的决定性作用,但往往是出于认识论和方法论的视角。恩格斯在《终结》中曾谈到,对不可知论"以及其他一切哲学上的怪论的最令人信服的驳斥是实践,即实验和工业。既然我们自己能够制造出某一自然过程,使它按照它的条件产生出来,并使它为我们的目的服务,从而证明我们对这一过程的理解是正确的,那么康德的不可捉摸的'自在之物'就完结了"②。恩格斯在此所谈的实践显然只是出于认识论视角,而且限定在"实验和工业"这个范围。列宁就恩格斯的观点指出:"对恩格斯说来,整个活生生的人类实践是

---

① [德]马克思、恩格斯:《马克思恩格斯选集》,人民出版社1995年第2版,第4卷,第223—224页。
② 同上书,第225—226页。

深入到认识论本身之中的,它提供真理的客观标准。……在人类实践中表现出来的对自然界的统治是自然现象和自然过程在人脑中客观正确反映的结果。它证明这个反映(在实践向我们表明的范围内)是客观的、绝对的、永恒的真理。"① 列宁本人在《唯批》中对此也作了大量类似的论述。例如他说:"生活、实践的观点,应该是认识论的首先的和基本的观点。这种观点必然会导致唯物主义……。"② 在恩格斯和列宁的上述论著中都有大量这类论述。它们的主旨都是证明认识论中的唯物主义。这些可谓是众所周知,不必更多引述。

恩格斯和列宁的这些论述与马克思在《提纲》等论著中的论述在着重点上显然有所不同。《提纲》强调的是人的感性活动、实践。正如我们上面曾谈到的。马克思在此所讲的实践不仅具有认识论意义,也具有存在论意义。正是通过对实践的强调,马克思把他的唯物主义和辩证法统一起来并与旧唯物主义和唯心辩证法明确区分开来。而恩格斯和列宁在上述论著中所强调的主要是坚持物质第一性、意识第二性(例如真理的客观性),划清唯物主义和唯心主义的界限。他们的直接目标也正是维护唯物主义的一般原则,驳斥唯心主义的攻击。即使在他们谈论生活和实践的观点时,目标也是这样。

为什么恩格斯和列宁与马克思存在这种差别(而且应当说这是明显的差别)呢?为什么恩格斯和列宁把自己的论述主要着眼于维护唯物主义的一般原则呢?这是需要马克思主义者从各方面认真研究的问题。我个人认为,这并不由于他们在根本哲学观点上与马克思有原则性的区别,而只是由于特定的历史原因,他们在哲学理论上关注的问题与马克思有所不同,阐释的方面和方式上与马克思也存在差异。其中最重要的一个因素是他们写这些论著的时期,马克思主义的唯物主义受到了工人运动内外的唯心主义思潮的攻击,而这些唯心主义思潮中有的流派(例如尼采哲学和各种类型的生命哲学以及在工人运动中发生过重要影响的新康德主义和马赫主义)还具有强调生活和实践的特征。因此,不是强调现实生活和实践,而是强调唯物主义的一般原则成了维护整个马克思主义哲学中的一项最为迫切的任务。

对于这种情况,只要分析一下他们写这些著作的背景就可看出。例如,1878年问世的《反杜林论》的主旨就是批判当时在工人运动中已产生很大危害的杜林的学说。恩格斯在批判中比较连贯地阐释了他和马克思主张的辩证方法和共产主义世界观,而且全书都得到

---

① [苏联]列宁:《列宁全集》,人民出版社1957年第1版,第14卷,第194—195页。
② [苏联]列宁:《列宁全集》,人民出版社1988年第2版,第18卷,第144页。

了马克思的赞同,然而批判杜林的体系的需要使恩格斯在许多地方"不得不跟着杜林先生走"。杜林的体系在哲学领域内是陈旧的唯心主义的翻版,恩格斯阐释的重点必然是维护唯物主义、批判唯心主义。至于恩格斯的《终结》的宗旨,正如他在"1888年单行本序言"中所指出的,是为了对他和马克思怎样受到黑格尔和费尔巴哈的影响而又超越他们作出简要的说明。重点自然也是划清唯物主义和唯心主义、辩证法和形而上学的界限。列宁的《唯批》也是一部论战性著作,其背景是俄国的修正主义者对马赫主义作了唯心主义的解释,并企图用它来取代马克思主义的唯物主义。批判唯心主义、捍卫唯物主义不仅是当时理论斗争的需要,也是挽救革命的政治斗争的需要。

由此可见,恩格斯和列宁在一些论著中之着重于阐释唯物主义的一般原则而未着重进一步探讨作为确立唯物主义一般原则的前提的现实生活和实践,并不意味着他们的根本哲学立场与马克思有原则性的分歧,而主要是由于在某些特定的历史时期内,阶级斗争和工人运动内部的斗争的形势要求他们首先要让人们划清唯物主义和唯心主义的一般界限。其实,马克思本人在这一时期的许多论著中重点也在维护唯物主义,反对唯心主义。其论述风格与《提纲》等较早期的论著也有所不同。这并不是马克思本人的思想发生了阿尔图塞等人所说的那种断裂,而是由于批判唯心主义和捍卫唯物主义的需要使他的论述的重点有所不同。关于这种情况,恩格斯本人作过非常明确的说明。这从他晚年在致约·布洛赫(1890年9月21日、22日)、康·施米特(1890年10月27日)、瓦·博尔吉乌斯(1894年1月25日)等人的关于历史唯物主义的一些信件中可以明显看出。他在这些信件中指出,他和马克思在创立历史唯物主义理论(这种理论正是整个马克思主义哲学的核心理论)之时,正值黑格尔派解体、唯心主义盛行之际。为了批判唯心主义,在物质与精神、经济基础与上层建筑相互关系中,他们更多地强调了物质对精神、经济基础对上层建筑的决定作用,而对精神对物质、上层建筑对经济基础的反作用则阐述得不够。例如恩格斯谈到,他和马克思在反对自己的论敌时,"常常不得不强调被他们否认的主要原则,并且不是始终都有时间、地点和机会来给其他参与相互作用的因素以应有的重视"[1]。恩格斯这里所说的正是他们由于反对唯心主义的需要而不得不较多强调唯物主义的一般原则,对其他方面不能不有所忽视。并认为一些青年人有时过分看重物质和经济方面,部分地应由他和马克思当时的这种做法负责。

---

[1] [德]马克思、恩格斯:《马克思恩格斯选集》,人民出版社1995年第2版,第4卷,第698页。

然而,马克思和恩格斯在特定时期对唯物主义一般原则的强调,并不意味着他们停留于一般唯物主义原则的水平。从以历史唯物主义为核心的他们的整个哲学来说,最为重要的是对现实生活和实践的强调。恩格斯指出:"根据唯物史观,历史过程中的决定性因素**归根到底**是现实生活的生产和再生产。无论马克思或我都从来没有肯定过比这更多的东西。如果有人在这里加以歪曲,说经济因素是**唯一**决定性的因素,那么他就是把这个命题变成毫无内容的、抽象的、荒诞无稽的空话。"①也正是基于这种观点,恩格斯反对当时许多德国青年人把唯物主义当作一个现成的套语和标签,而不肯去作进一步的研究。而他和马克思的历史观"首先是进行研究工作的指南,并不是按照黑格尔学派的方式构造体系的诀窍。必须重新研究全部历史,必须详细研究各种社会形态存在的条件,然后设法从这些条件中找出相应的政治、私法、美学、哲学、宗教等等的观点"②。恩格斯在此所讲的"重新研究全部历史"、"详细研究各种社会形态存在的条件"等的根本含义就是以现实生活和实践作为基本根据。这说明在根本哲学观点上他与马克思是一致的。恩格斯高度评价了马克思的《提纲》,认为它是"包含着新世界观的天才萌芽的第一个文件"③,并将其作为他的《终结》一书的附录第一次发表。这表明他充分理解并赞同《提纲》的观点,而《提纲》是马克思阐释他关于现实生活和实践的观点的最有代表性的论著。

与恩格斯一样,列宁尽管在《唯批》等论著中强调了唯物主义的一般原则,但只有对现实生活和实践的强调才是他的整个哲学的最根本的原则。列宁在许多论著中一再强调马克思主义的出发点和核心不是抽象的理论和原则,而是现实的生活和实践。例如他在《论策略书》一文中指出:"现在必须弄清一个不容置辩的真理,这就是马克思主义者必须考虑生动的实际生活,必须考虑现实的确切事实,而不应当抱住昨天的理论不放,因为这种理论和任何理论一样,至多只能指出基本的、一般的东西,只能**大体上**概括实际生活中的复杂情况。"④在《共产主义》一文中他更明确地指出:"……马克思主义的精髓、马克思主义的活的灵魂:对具体的情况具体分析。"⑤在《哲学笔记》中同样明确地指出了理论(包括唯物主义理论)对于实践和现实生活的依赖。因为正是实践使具有一般性品格的理论成为可能并使

---

① [德]马克思、恩格斯:《马克思恩格斯选集》,人民出版社1995年第2版,第4卷,第695—696页。
② 同上书,第692页。
③ 同上书,第213页。
④ [苏联]列宁:《列宁选集》,人民出版社1995年第3版,第3卷,第26—27页。
⑤ [苏联]列宁:《列宁选集》,人民出版社1995年第3版,第4卷,第213页。

这种理论具有直接现实性。"**实践高于(理论的)认识**,因为它不但具有普遍性的品格,而且还有直接现实性的品格。"①

总之,我们既应当明确地承认恩格斯和列宁由于较多强调维护唯物主义的一般原则而显示出他们与马克思有所不同,但同时又要看到他们的根本哲学立场与马克思并无原则性区别,在整体上是一致的。作为无产阶级的革命导师,恩格斯和列宁像马克思一样始终把参与和领导无产阶级的现实革命斗争当作是他们的根本使命。恩格斯始终与马克思并肩战斗,在马克思逝世后一直在继续着他和马克思的共同事业;列宁领导着俄国无产阶级的革命斗争取得了十月革命的伟大胜利。他们的这种革命人生决定了他们实际上最为关注的正是马克思所强调的现实生活和实践。他们的一切理论活动都服从于他们所领导的无产阶级的现实斗争。只是由于特定的历史条件使他们在一些场合下在哲学理论上更为关注维护唯物主义的一般原则问题,对现实生活和实践的决定作用有时强调不够。这里当然存在着缺陷(恩格斯本人也承认这种缺陷),因为它们可能被那些背离马克思主义哲学根本原则的人所利用。但只要我们能坚持求实的原则,就应当把存在这种缺陷看作是正常的现象。

四、对经典马克思主义哲学的根本意义的偏离与西方马克思主义的形成

在马克思主义哲学的发展中,马克思之强调现实生活和实践与恩格斯和列宁在一些论著中之强调唯物主义的一般原则这种差别往往被一些人作出片面解释,有时甚至被严重扭曲。这必然导致对经典马克思主义哲学的根本原则的偏离。这种偏离突出地表现为把对现实生活和实践的强调与对唯物主义的一般原则的强调完全分割开来和绝对对立起来,由此导致如下两种各执一端的倾向。

一种倾向是把马克思对抽象的、自然主义的唯物主义的批判扭曲为马克思忽视唯物主义的一般原则,并由此使马克思对人的现实生活和实践的强调偏离了其不可分割的唯物主义的基础,似乎马克思不再是一个本来意义上的唯物主义者,而只是一个人本主义者。恩格斯、列宁等人则由于强调唯物主义的一般原则而被认为是脱离了马克思强调现实生活和实践的立场,成了与旧唯物主义没有本质区别的自然主义者和教条主义者。胡克等西方哲

---

① [苏联]列宁:《列宁全集》,人民出版社1990年第2版,第55卷,第183页。

学家突出地体现了这种倾向,有的西方马克思主义者也接近这种倾向。

另一种倾向是把恩格斯、列宁(以及某些情况下马克思本人)对唯物主义的一般原则的强调曲解为忽视、甚至否定现实生活和实践的观点在马克思主义哲学中的首要意义,由此把坚持世界的物质性、物质第一性、意识第二性这些旧唯物主义者早已确立的原则当作是他们所阐释的马克思主义哲学的根本原则,有的人甚至把马克思早期根据现实生活和实践的首要作用的原则对抽象的自然主义的批判和对人化自然的肯定当作是马克思思想尚未成熟的表现,把马克思在某些情况下同恩格斯和列宁一样着重阐释唯物主义的一般原则当作是他的哲学的根本原则。这样,马克思主义哲学的根本原则,或者说经典马克思主义哲学的经典所在就被解释为对一般唯物主义原则的肯定。第二国际以来的一些有教条主义倾向的"正统派"马克思主义理论家突出地体现了这种倾向。

上述两种倾向尽管表现形式不同,但在偏离马克思主义哲学的根本立场上却是一致的。它们对马克思主义和工人运动的发展都产生了有害的影响。由于持后一种倾向的人大都是打着坚持经典马克思主义,或者说"正统马克思主义"的旗号出现的,对马克思主义和工人运动的危害就显得更加突出,国际共产主义运动中出现的许多挫折往往与之相关。追索这两种倾向的具体的历史发生和发展过程以及它们在理论和现实上造成的损害是一项重要课题,此处不作具体展开。在此仅从西方马克思主义的产生及其与经典马克思主义的关系的角度提及两个相关的历史事件。

第一个事实是俄国十月革命和列宁主义的胜利。

十月革命是俄国无产阶级在列宁领导下取得的社会主义革命的伟大胜利。从理论上说这是马克思主义和列宁主义的伟大胜利。但如何从哲学上理解导致这一胜利的马克思主义和列宁主义及二者的关系呢？这是值得重新思考的问题。十月革命当然证实了马克思主义关于阶级斗争和无产阶级革命(包括无产阶级专政)的学说,也证实了列宁在新的历史时代和俄国的特殊条件下对马克思关于无产阶级革命学说的一系列发展,包括进行和巩固革命的一系列战略和策略等众多方面(例如实行新经济政策)。其中特别重要的是提出了社会主义可以在俄国这样一个作为资本主义的薄弱环节的国家首先取得胜利的学说。尽管列宁在专门的哲学著作中没有像马克思那样明确地把对现实生活和实践的强调当作整个马克思主义哲学的根本原则,但他关于无产阶级革命等一系列革命学说,特别是领导十月革命取得胜利的一系列理论和策略正是按照这一原则提出的。其实,他的许多言论的基本精神与马克思很是一致,例如他曾谈到:"马克思主义的全部精神,它的整个体系,要求人们对每一个原理都要(α)历史地,(β)都要同其他原理联系起来,(γ)都要同具体的历史经验联系起来加以考察。"①这段话与马克思的唯物史观完全一致。总的说来,列宁提出的一系列学说是对第二国际教条主义的突破,是对马克思关于一切从现实生活和实践出发的学说的创造性发展。因此列宁主义没有偏离,而是发展了经典马克思主义哲学。

第二个事实是第一次世界大战后,中、西欧各国革命的失败。

第一次世界大战后,在资本主义发展上比俄国先进的中欧和西欧许多国家(芬兰、匈牙利、波兰、捷克斯洛伐克、德国、奥地利等)都出现了有利于无产阶级革命的形势,各国在共产党的领导下以十月革命为榜样发动了革命。然而这些革命都先后遭到失败。为什么会遭到失败,这理所当然地引起了各国共产党人和马克思主义者的思考,得出的答案也是多样的。其中较有影响的两种看法是:只关注了资本主义的经济危机作为革命的导火线的作用,而没有唤起广大无产阶级的革命意识;只是单纯搬用俄国十月革命的模式,而没有制定适合本国特殊条件的战略和策略。前者针对的主要是在第二国际得到流行的经济决定论,后者针对的主要是被简单化理解的列宁主义。匈牙利共产党人卢卡奇在《历史和阶级意识》(1923)和德国共产党人科尔施在《马克思主义和哲学》(1923)中对这些看法作了哲学上的论证,试图通过研究从黑格尔到马克思的发展来重新解释马克思的革命哲学理论。由于第二国际和列宁领导的第三国际在当时马克思主义发展中占有正统或者说主流地位。卢卡奇和科尔施等人的学说自然就被认为是与正统马克思主义有所不同的学说,后来被称为西方马克思主义。人们也往往由此把西方马克思主义与列宁主义甚至恩格斯以来的经典马克思主义对立起来。其实这种对立在理论上和事实上都并无充分根据。因为第二国际的经济决定论并不符合经典马克思主义,被简单化理解的列宁主义也并不是真正的列宁主义。用西方马克思主义来取代经典马克思主义实际上是出于对经典马克思主义的扭曲和偏离。

卢卡奇和科尔施开了西方马克思主义的先河。在他们之后,随着马克思主义和工人运动的发展中出现各种失误和挫折(例如欧洲工人运动之未能制止法西斯主义、苏联模式社会主义的弊端和失败、1968年的"五月风暴"及其失败、苏东剧变),陆续有一些学者在主流马克思主义运动和执政的共产党范围以外以马克思主义的名义力图对这些失误和挫折加以总结,并以此重新认识和解释马克思主义,他们大都也被认为是西方马克思主义者。由

---

① [苏联]列宁:《列宁选集》,人民出版社1995年第3版,第2卷,第785页。

于他们所面对的历史事件不同、思想和文化背景相异,他们的理论各有特色。这些,在近年来发表的许多专家的论著中已有相当深入具体的评介。此处不拟、也无法具体涉及。下面仅对这些西方马克思主义与经典马克思主义哲学的关系再说几句话。

西方马克思主义是在经典马克思主义发展中出现扭曲和偏离而产生的一种独特思潮。这种扭曲和偏离往往首先出现于占主流地位的马克思主义派别(例如执政的共产党内)。正是由于出现这种扭曲和偏离,这些占主流地位的马克思主义者在其从事的事业(例如社会主义革命和建设)中必然出现失误和挫折。西方马克思主义者则往往是以回到或重新认识和解释马克思的名义作为上述扭曲和偏离及由此而产生的失误和挫折的批判者出现的,但是他们往往又从另一个极端扭曲和偏离了马克思主义。

应当承认,许多西方马克思主义者对马克思的论著作过相当深刻的研究,在重新认识马克思哲学的本来意义以及对正统马克思主义派别中可能存在的教条主义等倾向的批判上,他们的许多论述的确存在着合理因素,很是值得一切忠实于马克思主义的人借鉴。简单地把西方马克思主义与经典马克思主义对立起来,将其归结为反马克思主义的资产阶级思潮,显然不是马克思主义者应有的求实态度。

但是,西方马克思主义者几乎都受到同时代的西方非马克思主义的哲学思潮的强烈影响,而且往往是按照他们所接受的某种现代哲学流派的观点去重新认识和解释马克思的学说的。尽管这些哲学流派在肯定现实生活和实践、要求超越导致教条主义和消极无为等缺陷的旧唯物主义的局限性上与马克思的哲学有相近之处,但二者无论在阶级基础和理论特征上都有原则区别。当西方马克思主义者在利用这些哲学流派的理论来反对教条主义等扭曲和偏离马克思的学说的倾向时,自己往往又以这些流派的主观主义和相对主义等片面性的学说来取代了马克思主义的唯物辩证法,特别是混淆了作为无产阶级革命导师的马克思与西方资产阶级思想家在理论上的原则界限。我们固然不应将西方马克思主义与经典马克思主义简单对立起来,又应看到二者之间的原则区别。当听到当代一些著名的西方马克思主义者(特别是德里达、哈贝马斯等人)高度赞扬马克思时,我们既应适当肯定,又要有清醒的头脑,要善于具体分析他们的称赞的真实意义。

第二章 现代西方哲学背景下的西方马克思主义

西方马克思主义是20世纪在西方出现的一种独特的思潮,其中包含了众多具有不同社会和思想背景的派别,它们都处于马克思主义主流派别以外,却又以马克思主义的名义出现。他们与经典的马克思主义在理论形态上以及所追求的人的解放和全面发展等目标上都存在某些共同之处,但又有重大区别。后者突出地表现在他们在论证自己的理论时不仅利用或借鉴了同时代西方哲学思潮的某些理论,而且往往与这些西方哲学思潮相融合。西方马克思主义与经典马克思主义和西方哲学的这种双重连结造成了西方马克思主义本身,从而也造成了人们对其认识和评价上的复杂性和差异性。我国学界近年来在对各派西方马克思主义的具体介绍以及相关材料的梳理上已相当成熟和规范。但在对它们的整体评价上尚无充分共识。究竟应当怎样看待这种思潮呢?这需要从不同层面上加以探讨。本章拟从这种思潮与现代西方哲学相连结的角度谈些想法。

一、西方马克思主义是马克思主义发展中的必然产物

对各个不同时期和派别的西方马克思主义产生的背景,国内近年来已有不少论著作过相当具体的评价。各家的说法在细节上虽有区别,但思考的基本方向和关注的中心甚至阐释时所用的材料都大同小异。对于西方马克思主义的创始人卢卡奇、科尔施和葛兰西等人的理论的历史背景,大都认为是他们出于对第一次世界大战后德国、奥地利、匈牙利、捷克、波兰等中、西欧资本主义国家无产阶级起义先后遭到失败的教训的总结,这种总结促使他们不仅从革命战略上、也从哲学上对由俄国十月革命模式所体现的被认为是正统的马克思主义理论的正确性产生了怀疑,于是着手重新研究马克思主义的革命和哲学理论,特别是从黑格尔到马克思的发展。英国学者安德森关于"西方马克思主义是第一次世界大战以后欧洲资本主义先进地区无产阶级革命失败的产物"的观点被中国学者普遍接受。在谈到赖希及霍克海默、阿多诺、马尔库塞等早期法兰克福学派思想家的理论的背景时,大家都举出

他们对欧洲工人阶级未能制止法西斯主义所作的思考,特别是考察法西斯主义被人接受的心理根源。他们接受了弗洛伊德主义心理分析的某些观念,并由此来重新认识和分析马克思主义。在谈到以萨特为最大代表的存在主义的马克思主义产生的原因时,大家都举出他们如何批判和揭露苏联模式的马克思主义忽视对人的研究等弊端及其所遭到的种种失败,并由此而要求以对人的研究为特色的存在主义等哲学来补充马克思主义。所谓发达资本主义和后现代(后工业)社会的来临及其所体现的与传统资本主义不同的特征,这种社会的种种矛盾和危机及其对人的生存状况的影响,现代科学技术革命和工具理性造成的社会后果,这一切都对传统马克思主义的理论提出了挑战,要求马克思主义者对它们给予新的解释。作为对这些新的情况的回应,在西方国家又产生了一些援引当代西方新的思潮来作出解释的非正统的马克思主义学派。

我对专家们对西方马克思主义产生的具体背景的诸如此类的分析没有异议。我在此想提出的问题只是:我们是否可以综合,或者说超越各派西方马克思主义产生的不同的具体历史背景,在马克思主义与同时代西方思潮,特别是哲学思潮产生和发展这个大背景下,来从整体上思考西方马克思主义这种独特的思潮产生的历史根源?这里先提出三层想法。

第一,马克思主义是在西方土壤下生长出来的,它在西方国家的产生和发展都离不开西方历史背景及与西方思潮的联系。

马克思主义哲学科学地阐释了人与世界,即人与自然和社会的关系问题,深刻地揭示了人类历史发展的一般规律,它的产生实现了哲学史上最伟大的革命变更。我们应当注意划清其与各种非马克思主义思想的原则界限。但这不仅不排斥、反而要求我们对马克思主义的西方背景有合乎实际的理解和认识。马克思主义具有"放之四海而皆准"的世界意义,但经典马克思主义无论从社会历史背景说还是理论来源说都是西方的产物。首先,马克思主义哲学是革命无产阶级世界观、人生观、价值观和方法论的理论形态,而革命无产阶级作为占统治地位的资产阶级的对立面最早出现在西方资本主义社会。没有西方资本主义的特定的社会历史环境就不可能有作为马克思主义的阶级基础的革命无产阶级,当然也不可能产生体现他们要求的理论。其次,马克思主义的创始人是在西方资本主义的社会和文化环境下成长起来的。他们在建立自己的理论时既要针对西方资本主义社会的现实环境,又要批判地继承西方的思想文化遗产。马克思在哲学上就批判地继承了古希腊罗马以来西方哲学的优秀遗产,特别是德国古典哲学的优秀遗产。因此马克思主义虽然与其他西方思潮有着原则区别,但从一定意义上说它本身也是一种西方思潮,这决定了它与历史上以及同时代的其他西方思潮必然存在密切的思想联系。撇开西方社会历史和西方思潮的发展的大背景,势必无法从根源上来深刻理解马克思主义的真实意义。

第二,马克思主义的发展是一个复杂而曲折的历史过程,对它理论的理解和解释不可能是单一的,在一定条件下可能形成众多既相互联系又相互区别的派别。

关于马克思主义产生以后的历史发展过程,包括它在不同地区和特殊条件下的传播以及在这些地区和条件下所获得的创造性发展,众多的马克思主义史论著已有详细而又具体的阐释,本章的有限篇幅不允许在这方面作具体铺叙。我只想提及这样一个事实:马克思主义的学说是一个有机的统一整体,在马克思本人不同时期之间、马克思和恩格斯之间以及后来的杰出的马克思主义者之间,在基本原则上是一致的;但并不意味着他们之间以及他们本人不同时期之间不存在差异。我们既要看到他们之间的同一性,又要看到他们之间的差异性。正是这种差异性使马克思主义在其发展过程中在一定条件下可能形成为彼此有别的派别。

马克思和恩格斯本人的思想发展就是一个相对曲折的过程,其中同样存在某些由历史局限性所导致的薄弱环节,有时甚至可能出现失误。这一点他们自己也是一再肯定的。恩格斯晚年就曾明确地提到他和马克思在19世纪40年代(也就是标志着他们的思想完全成熟的《共产党宣言》出版的年代)对资本主义进一步发展的可能性估计不足以及对无产阶级通过武装起义来实现革命的预期失当。他在1895年的《卡·马克思〈1848年至1850年的法兰西阶级斗争〉一书导言》中谈到,在1848年爆发欧洲资产阶级革命那种情势下,"我们不可能有丝毫怀疑:伟大的决战已经开始,这个决战将在一个很长的和充满变化的革命时期中进行到底,而结局只能是无产阶级的最终胜利。……历史表明我们也曾经错了,暴露出我们当时的看法只是一个幻想。历史走得更远:它不仅打破了我们当时的错误看法,并且还完全改变了无产阶级借以进行斗争的条件。1848年的斗争方法,今天在一切方面都已经过时了。……历史表明,我们以及所有和我们有同样想法的人,都是不对的。历史清楚地表明,当时欧洲大陆经济发展的状况还远没有成熟到可以铲除资本主义生产的程度;历史用经济革命证明了这一点,从1848年起经济革命席卷了整个欧洲大陆,……这一切都是以资本主义为基础的,可见这个基础在1848年还具有很大的扩展能力"[①]。这段话表明马克思和恩格斯后期在对资本主义的估计及无产阶级革命的道路这种重大问题上对前期的

---

① [德]马克思、恩格斯:《马克思恩格斯选集》,人民出版社1995年第2版,第4卷,第509—512页。

观点有所变更。

继马克思和恩格斯之后在新的条件下创造性地发展了马克思主义的马克思主义者同样受到所处历史条件和其他客观环境的制约,他们的思想理论同样是一个曲折的发展过程,在某些情况下同样存在着薄弱环节,因而同样不能将其绝对化和僵化。这里就不展开论述了。

马克思主义创始人和后来的马克思主义者的理论发展中存在的曲折,其在不同时期和境况下的差异,使人们有可能对其作出不同的理解和解释。不同时期和不同国度的马克思主义者由于所处社会和文化环境不同,面临的任务各有其特殊性,他们对马克思主义的认识,特别是所作的发挥更会存在差异,有时甚至是很大的差异。如果他们的认识和发挥能为一定的人群接受并产生了较大影响,成了有一定广度的思想倾向,就会形成特定的马克思主义流派。因此,在马克思主义的发展中,出现对它的理解或所作的发挥彼此有异的不同派别以及这些派别之间的对话和争论,应当看作是一种正常现象。坚持马克思主义主要在于坚持其基本原理以及它的基本的革命目标,而不是否定在它的不同时期和条件下事实上存在的差异及由此形成的不同派别。

第三,在西方国家产生的马克思主义派别在一定条件下必然与西方思潮存在连接或重合关系,从而可能形成以此为特征并与主流的马克思主义相分离的西方马克思主义派别。

在现代西方国家,除了马克思主义以外,还存在其他各种各样的思潮和流派。后者从整体上说是西方资产阶级的意识形态,与马克思主义处于对立地位;但他们的思想理论来源与以古典的西方思潮为主要理论来源的马克思主义却有相通之处。更为重要的是,他们作为存在于现代社会中的思潮,其中有的在不同程度上或在某些方面能体现现代社会发展的趋势,特别是现代自然科学和思想文化发展的趋势,因而在一定程度上有可能超越资产阶级的狭隘的阶级眼界,由此具有某种程度的合理性。这种合理性在一定条件下可能成为他们与马克思主义的交接点。换言之,在西方国家传播的马克思主义派别在体现现代社会进一步发展的趋势,特别是体现现代自然科学和其他进步的思想文化发展的趋势上,与这些西方思潮可能存在某些相通之处。他们为了使自己的理论更好地体现现代社会、现代自然科学和思想文化的发展趋势,在某些情况下不仅可以,而且应当善于批判地利用与之相异的其他西方思潮的资源,用来更全面地理解和解释马克思主义,甚至创造性地发展马克思主义,由此形成特定的马克思主义形态。后者如果与主流的马克思主义相分离,那就成了西方马克思主义派别。

总之，马克思主义之产生于西方土壤使它与在西方背景下产生的其他思潮必然存在着密切的联系，马克思主义发展的复杂性和曲折性又使它在特定的时期和环境下可能形成不同的派别，当马克思主义在西方国家的发展与其他西方思潮的某些方面发生连接、利用了后者的某些理论来解释和发挥自己的理论时，就可能产生以这种连结为特征，并与主流的马克思主义相分离的西方马克思主义派别。在马克思主义发展中出现了西方马克思主义派别这一历史事实并不能简单归结为是对马克思主义的背离，在一定意义上可以说是合乎自身发展的逻辑，有其合理性和必然性。马克思主义派别并不都是西方马克思主义派别，只有那些与西方思潮有着密切联系，把西方思潮的某些成分或思想因素融入马克思主义之中，并由此而与主流的马克思主义相分离的流派才叫西方马克思主义。但在马克思主义派别中必然存在西方马克思主义派别，这在理论上和历史事实上都可找到充分的证据。

在肯定了上述情况后，更为重要的是怎样正确地认识和看待西方马克思主义与西方思潮的这种连结，特别是认识肯定这种连结与坚持马克思主义的基本原则的关系。

二、马克思主义哲学和现代西方哲学的区别和联系

为了正确认识和对待西方马克思主义与现代西方思潮的连结，最为重要的是重新研究马克思主义哲学与现代西方哲学的关系。如果马克思主义哲学与现代西方哲学的关系仅仅是根本对立的关系，那人们当然有理由认为西方马克思主义之利用现代西方哲学中的某些理论来解释和发挥马克思主义哲学是一种在马克思主义名义下背离马克思主义哲学的行为，西方马克思主义自然很难说是马克思主义哲学派别。如果现代西方哲学除了与马克思主义哲学有对立的一面外还有相通的一面，那对他们的这种利用就应当作具体分析，不能简单说不。

马克思主义哲学和现代西方哲学从其最初产生的时候起就有着原则性区别。马克思主义哲学是革命无产阶级世界观和方法论的理论形态，现代西方哲学从整体上说是作为革命无产阶级对立面的资产阶级的世界观和方法论的理论形态。这种根本性区别使这两种哲学在理论取向上必然存在原则性区别。这在二者对传统西方哲学的批判继承上以及自己的新的哲学理论的原则的选择上都会明显地表现出来。对这方面的情况，国内众多西方哲学和马克思主义哲学论著大都作了相当详尽的论证。这些论证有的存在简单化等片面性，但这些论著企图坚持马克思主义的基本原理无疑是正确的。从整体上肯定这两种哲学

有不同的阶级基础及由此决定的不同的理论取向,这应当成为我们进一步讨论的共识。

但是,对于上述共识不能简单化和绝对化。如果抱着马克思主义的求实原则对这两种哲学的关系重新加以探索,我们会发觉事情的另一方面,即:现代西方各派哲学与马克思主义哲学毕竟处于同一历史时代,只要这些哲学由此产生的现代资本主义社会在一定范围内还有存在和发展的余地,或者说还有其历史必然性,那它们作为维护这个社会的存在和发展的意识形态在一定程度上和范围内应当还能体现这个社会所处时代的精神动向,这使它们在一定程度上和范围内与马克思主义哲学可能存在相通之处。

除了批判地继承了以往哲学(特别是以德国古典哲学为顶点的西方近代哲学)的唯物主义和辩证法的优秀遗产、扬弃了其唯心主义和形而上学等局限性外,马克思在哲学上的革命变更突出地表现为把人的现实生活和实践(首先是维系人的生存和发展的生产劳动)当作哲学的基础和出发点,并由此而使唯物主义和辩证法获得了与以往唯物主义和辩证法有着根本区别的形态。关于这一点,马克思早在《关于费尔巴哈的提纲》中就已有明确的论述。例如《提纲》第一条就指出:"从前的一切唯物主义(包括费尔巴哈的唯物主义)的主要缺点是:对事物、现实、感性,只是从**客体**的或者直观的形式去理解,而不是把它们当作**感性的人的活动**,当作**实践**去理解,不是从主观方面去理解。因此,和唯物主义相反,**能动**的方面却被唯心主义发展了,当然,唯心主义是不知道现实的、感性的活动本身的。"①马克思在这段话中肯定了对事物、现实必须从人的感性活动、实践的角度去理解,而不能只是从客体、直观的形式去理解。这意味着他使唯物主义超越了停留于肯定物质第一性、未能看到人的能动的方面的旧唯物主义,特别是单纯自然主义的唯物主义的界限。马克思在此讲的"能动的方面"指的是辩证法。唯心主义虽然发挥了这一方面,但由于它使这一方面脱离了现实的基础,不了解"现实的、感性的活动",从而只是抽象地发挥了。因而马克思也超越了唯心主义辩证法的界限。他由此把唯物主义和辩证法有机地统一起来。这种统一的基础正是人的实践,或者说人的感性活动。马克思所说的人不是孤立的个人,而是"社会化了的人"。因为"人的本质并不是单个人所固有的抽象物,在其现实性上,它是一切社会关系的总和"②。明确地肯定社会化了的人的实践在哲学上的首要或者说决定性地位,这是马克思在哲学上的革命变更的根本观点。

---

① [德]马克思、恩格斯:《马克思恩格斯选集》,人民出版社1995年第2版,第1卷,第54页。
② 同上书,第56页。

马克思把人的实践放在哲学的首要地位标志着他的哲学超越了以认识论为中心的西方近代哲学的界限。近代哲学在理性主义旗帜和主客二元分立前提下实现认识论的转向当然是西方哲学发展中的重大进步。各种认识论体系的制定对人的认识的发展和科学的进步无疑起了积极作用。但是,由于把理性和二元分立绝对化,对理性的颂扬变成了对理性的迷信,二元分立导致主客完全割裂,这使近代哲学在后来的发展中陷入了独断论和怀疑论等片面性,而这种片面性使西方近代哲学陷入了深刻的矛盾和危机。

近代哲学的矛盾和危机标志着由认识论的转向所建立的近代哲学思维方式的发展已到了尽头。西方哲学为了继续发展与进步,必须突破这种哲学思维方式的界限。这是西方哲学发展的客观趋势。马克思主义哲学的产生正是积极主动地适应了这种趋势。马克思在《提纲》最后一条中指出,"哲学家们只是用不同的方式**解释**世界,问题在于**改变**世界"①。以认识论为中心的近代哲学思维方式正是停留于用不同方式解释世界;而马克思之肯定实践的观点是他的哲学的根本观点正是关注于"改变世界",特别是代表无产阶级的利益去改变资本主义的现存世界。

与马克思在哲学上实现革命变更同时,在西方哲学发展中也出现了由近代到现代的转型。关于这一转型的性质以及历史根据和理论原因,我在《马克思主义与西方哲学的现当代走向》一书中,特别是该书第一篇第一章《西方哲学的近现代转型与马克思主义哲学和当代中国哲学的发展方向》、第二章《对西方哲学近现代转型的历史理论分析》②中已作了较为具体的分析。这两章的分析对论证本章的主旨很是重要,请读者参阅。限于篇幅,此处仅概要地提出如下两点:第一,西方哲学的从近代到现代的转型不是个别哲学派别或哲学家的特殊观点上的变更,而是对从笛卡尔到黑格尔的整个近代哲学在根本性的思维方式上的变更,主要表现为许多西方哲学流派都以自己特有的方式力图超越以理性主义为旗号、以主客二分为出发点、以建立全面完整的理论体系为目标、以基础主义和本质主义为理论特征的近代哲学思维方式,使哲学研究在不同程度上从抽象化的自在的自然界或绝对化的观念世界返回到人的现实生活世界。与近代西方哲学相比,现代西方哲学的出现标志着西方哲学发展到了一个新的、更高的阶段。第二,马克思在哲学上的革命变更比现代西方哲学更加彻底全面地超越了近代哲学的各种片面性,并通过对现实生活和实践的强调为西方哲

---

① [德]马克思、恩格斯:《马克思恩格斯选集》,人民出版社1995年第2版,第1卷,第57页。
② 刘放桐:《马克思主义与西方哲学的现当代走向》,人民出版社2002年版。所提及的两章均曾作为论文先行发表,分别为《新华文摘》1996/8和2001/2转载。

学发展指明了现实的道路。马克思主义哲学与现代西方哲学无论从阶级基础和理论特征来说都与现代西方哲学有着原则的区别。但在批判和超越近代哲学思维方式上、在建立一种以强调人的现实生活和实践以及充分发挥人的创造性和能动性为特征的现代哲学思维方式上,它与现代西方哲学有着重要的共同之处,可谓殊途同归。

如果能够肯定马克思在哲学上的革命变更与西方哲学的现代转型在超越近代哲学思维方式、转向现代哲学思维方式上既有原则区别,又有重要的共同之处,那也可肯定这两种哲学在往后的发展中与对方既会存在着尖锐的对立,又会有许多重要的相通之处。它们在坚持各自的基本立场的同时,可以,而且应当借鉴对方的某些理论,至少是这些理论中的某些重要的成分。为了丰富和发展马克思主义哲学,马克思主义者可以而且应该像批判地吸取古典西方哲学以及人类的一切优秀文化遗产一样批判地吸取现代西方哲学的有益成果。

然而,在马克思主义形成和发展的很长一个时期内,由于某些特殊原因,对同时代的西方哲学未能给予求实的评价,致使吸取这些哲学的有益成果来丰富和发展马克思主义哲学的工作未能由马克思主义的主流力量(即通常所谓正统的,或者说经典的马克思主义)来进行,而只能由其外的力量来进行,以借鉴和利用西方思潮的某些思想来理解和解释马克思主义为特征的西方马克思主义正是作为这种外在的力量,即马克思主义的非主流派别而产生的。

三、马克思主义对现代西方哲学认识的曲折过程

马克思主义哲学是作为革命无产阶级反对资本主义制度、建立社会主义制度的精神武器而产生的,马克思在理论上的最大贡献就在于从对资本主义社会的现实矛盾的分析出发,揭示了人类社会发展的客观规律,特别是资本主义必然灭亡、社会主义必将实现的客观规律。马克思和恩格斯从他们正式提出自己的学说开始,就把领导无产阶级进行反对资本主义、建立社会主义的斗争当作是自己的根本使命。正如恩格斯所指出的:"因为马克思首先是一个革命家。他毕生的真正使命,就是以这种或那种方式参加推翻资本主义社会及其所建立的国家设施的事业,参加无产阶级的解放事业,正是他第一次使现代无产阶级意识到自身的地位和需要,意识到自身解放的条件。"①

---

① [德]马克思、恩格斯:《马克思恩格斯选集》,人民出版社1995年第2版,第3卷,第777页。

事实上，在从1848年《共产党宣言》的发表到1871年巴黎公社革命前后这一段时期内，马克思和恩格斯所最为关注的就是如何动员、组织和领导欧洲无产阶级去进行推翻资本主义制度的现实斗争。他们的理论活动同样以促进这种斗争为根本目标。由于他们当时认为资本主义制度已完全失去了生命力，推翻资本主义制度已是无产阶级当前的使命，无产阶级和资产阶级的斗争已处于决战时刻，因此他们对这一时期的资产阶级哲学等意识形态必然是采取坚决批判的态度，而这种批判往往直接就是一种政治批判。他们对当时在法国和英国流行的实证主义的批判就是这样。马克思在谈到实证主义的创始人孔德时说："我作为一个有党派的人，是同孔德主义势不两立的，而作为一个学者，我对它的评价也很低。"①他们对当时的德国哲学评价同样低。恩格斯后来在《费尔巴哈与德国古典哲学的终结》中对此有一个著名的概括："而在包括哲学在内的历史科学的领域内，那种旧有的在理论上毫无顾忌的精神已随着古典哲学完全消失了；起而代之的是没有头脑的折衷主义，是对职位和收入的担忧，直到极其卑劣的向上爬的思想。这种科学的官方代表都变成毫不掩饰的资产阶级和现存国家的玄想家，但这已经是在资产阶级和现存国家同工人阶级处于公开敌对的时代了。"②马克思也是抱着同样的观点。他曾谈到，"被认为是德国世袭财产的卓越的理论思维能力，已在德国的所谓有教养的阶级中完全消失了"③。对于这一时期在德国有较大影响的叔本华、朗格等人的哲学，他们都是从政治批判出发采取纯粹否定性的态度。

然而后来欧洲资本主义发展的现实与马克思和恩格斯在资本主义未来发展趋势尚未明朗的情况下作的预测存在较大距离。其中最主要的情况是：资本主义通过在政治、经济等各方面的改革，即进行自我调节而在一定时期内获得了进一步发展的余地。巴黎公社革命失败以后，西方资本主义社会进入了一个相对和平发展的时期，这正是这种发展余地的表现。马克思和恩格斯的伟大之处也表现在他们在坚持自己的理论的基本原则的前提下对资本主义社会不断进行观察，注意它的每一重大变化，并由此适时提出无产阶级应当改变斗争的策略。他们在《共产党宣言》后来出版的几个序言中就作了说明。他们对资本主义社会范围内出现的股份公司给予了很大重视，认为它是超越资本主义的重要途径之一。④我们上面所引恩格斯在1895年的《卡·马克思〈1848年至1850年的法兰西阶级斗争〉一书

---

① ［德］马克思、恩格斯：《马克思恩格斯全集》，人民出版社1995年第2版，第33卷，第227—228页。
② ［德］马克思、恩格斯：《马克思恩格斯选集》，人民出版社1995年第2版，第4卷，第258页。
③ ［德］马克思、恩格斯：《马克思恩格斯选集》，人民出版社1995年第2版，第2卷，第105页。
④ ［德］马克思、恩格斯：《马克思恩格斯选集》，人民出版社1995年第2版，第2卷，第516页。

导言》中的那段话也显示出他对他和马克思原来所作的预测作了重要的修正。

马克思和恩格斯对资本主义进一步发展的可能性所作的修正理所当然地会使他们对资本主义在哲学上发展的可能性也作出相应的修正。恩格斯那段话中关于"历史表明我们也曾经错了"的提法既适用于他们对当时资本主义的估计,也适用于他们对当时的资产阶级哲学的估计。事实上,作为无产阶级的革命导师的马克思和恩格斯,在哲学上也如在其他方面一样具有与时俱进的品格。恩格斯就曾肯定资本主义的发展在道德方面的进步。他说:"资本主义生产越发展,它就越不能采用作为它早期阶段的特征的那些小的哄骗和欺诈手段。……这些狡猾手段在大市场上已经不合算了,那时时间就是金钱,那里商业道德必然发展到一定的水平。"①肯定资本主义的"商业道德必然发展到一定的水平",这意味着肯定作为现代西方哲学重要组成部分的道德观念有了新的发展。

然而,由于马克思早逝,恩格斯晚年又忙于整理马克思著作等重任,加上国际共产主义运动出现了复杂的形势,特别是出现了修正主义等用某些流派的现代西方哲学来取代或取消马克思主义的思潮,恩格斯不得不忙于应付各种论战。无论是马克思、恩格斯本人还是忠诚于他们的学说的许多杰出的马克思主义者,都未能把主要注意力放在从哲学上全面研究和评价同时期的西方哲学上,有时还不得不为了政治斗争的要求而对这些哲学作了激烈批判。按照马克思主义所倡导的求实原则重新评价同时代西方哲学的工作实际上未能展开,对这些哲学全盘否定的倾向仍显得是他们的基本倾向。现代西方哲学家对马克思主义哲学的敌视态度更从反面加剧了经典的马克思主义者对现代西方哲学的否定倾向。

利用同时代的西方思潮来曲解和取代马克思主义,并由此损害工人运动的情况在马克思和恩格斯时代就已发生。马克思和恩格斯逝世后这种情况更是加剧了。其中最突出的是以伯恩斯坦为代表的修正主义思潮的出现。修正主义者在哲学上往往利用了同时代西方的某些时髦哲学。但他们不是借鉴这些哲学中的合理因素来丰富和发展马克思主义哲学,而是企图用它们来取代马克思主义哲学,并由此取消或葬送无产阶级的革命运动(例如伯恩斯坦等人之利用新康德主义,主要目的就是要用后者所谓伦理学社会主义的理论,把社会主义解释为没有现实意义,而仅有伦理学意义的可望而不可及的"自在之物",由此从根本上放弃社会主义的目标;俄国马赫主义者之利用马赫主义是用它来取代马克思主义哲学,并由此取消俄国革命),这理所当然地受到了后来许多杰出的马克思主义者、特别是

---

① [德]马克思、恩格斯:《马克思恩格斯选集》,人民出版社1995年第2版,第4卷,第419页。

列宁的激烈批判。如果不对它们进行批判,就会严重地损害甚至断送革命。然而他们当时所作的批判类似马克思当年之否定孔德、恩格斯之否定叔本华,毕竟主要是政治批判。列宁就是在俄国革命处于危急的关头写作《唯物主义和经验批判主义》来批判马赫主义的。为了挽救革命,列宁所关注的是如何更加彻底地驳倒修正主义者所利用的马赫主义。在当时情况下他很难对马赫主义作为一种超越近代哲学视野的流派进行更为全面的理论分析。

从本质上说,马克思主义经典作家和伟大的马克思主义者所作的政治批判与他们的理论批判是一致的。从他们的哲学的基本原则和倾向来说,特别是他们一再肯定马克思主义必须批判地吸取人类一切优秀和合理的文化遗产的根本观点来说,他们对现代西方哲学不可能是全盘否定的。但是他们在这方面毕竟还是存在某些片面性。这主要是由特定的社会历史环境所造成的。随着这种特殊环境的变化,他们的态度也发生了变化。列宁在哲学上的伟大之处也表现在他和马克思、恩格斯一样并未把对异己的哲学的批判绝对化。他在后期,例如在《哲学笔记》中对唯心主义派别所作的评价(例如他明确指出聪明的唯心主义比愚蠢的唯物主义更接近唯物主义)就注意指出了其积极方面。马克思主义经典作家和杰出的马克思主义者一再强调不要把他们的理论当作教条,而要当作科学方法和行动指南,是进一步研究的出发点和供这种研究使用的方法,因而应当根据客观形势的变化而不断调整自己的理论,与时俱进,不断创新。在对待现代西方哲学上同样应当这样。

四、西方马克思主义作为马克思主义非主流派别而产生

遗憾的是:尽管后来占主流地位的马克思主义哲学家在结合所处时代和地区的具体实际创造性地丰富和发展马克思主义哲学方面取得了极其重要的进步,但在实事求是地对待同时代的西方哲学并批判地借鉴其积极方面来丰富和发展马克思主义哲学上却显得不足,对西方现代哲学全盘否定的情况成了一种普遍趋势。这不仅封闭了吸取这些哲学的有益成果来丰富和发展马克思主义哲学的道路,而且为了以马克思主义哲学的名义对具有现代哲学思维方式特征的西方现代哲学进行彻底的批判,有时反而将马克思主义哲学倒退到了近代哲学思维方式的层次。在对一些现代西方哲学流派的唯心主义的批判中就存在这种情况。

例如,超越近代哲学的单纯自然主义和绝对理性主义的界限,强调哲学所研究的世界应是人化的世界,强调现实生活和实践的主导作用,这本来是杜威等实用主义哲学家的哲

学接近马克思的哲学之处,也是他们的哲学的合理因素的主要所在。然而在相当长的时期内,许多马克思主义哲学家简单地把他们这方面的理论当作主观唯心主义而作了全盘否定性的批判。这就偏离了马克思主义的求实原则了。这种批判没有批到实用主义等哲学流派的确存在的片面性上,有时反而批判到了马克思对现实生活和实践的强调和对单纯自然主义的唯物主义的超越上。这种批判越是激烈,对马克思主义哲学的损害就越大。人所共知,马克思主义哲学在一个相当长的时期内在某些方面被教条化和僵化,以致形成了与马克思主义本身格格不入的脱离现实生活和实践的封闭的体系。原因很多,未能按照马克思主义的求实态度对待现代西方哲学,把其中可能与马克思的哲学相通的东西当作唯心主义简单否定,以致把马克思主义哲学倒退到近代哲学的层次,未尝不是重要原因之一。

理论上的失误势必造成实践上的失败。在十月革命以后,中、西欧一些国家出现了对无产阶级有利的革命形势,当时西方各国出现的经济和政治危机也有利于无产阶级的斗争。然而,由于占主流地位的马克思主义者未能根据时代的特点和各国的具体情况制定恰当的革命策略,而是简单地搬用十月革命的武装起义模式,革命最后都归于失败。搬用十月革命的模式的原因当然也是多方面的,对马克思主义作了教条化和僵化的理解显然是重要原因之一。20世纪后期出现的苏东剧变更是国际共产主义运动中所遭到的最大挫折。原因当然很复杂,其中重要原因之一也在将马克思主义僵化、教条化;由此在政治、经济等各方面遭到挫折后没有正确地总结经验教训,反而把被僵化和教条化的马克思主义的失败当作马克思主义本身的失败,由此抛弃和背叛马克思主义,使社会主义在取得了极其伟大的胜利后却毁于一旦。

国际共产主义运动在各个时期中所遭受的种种挫折,都一直在要求马克思主义者从历史和现实、理论和实践等各方面都加以反思。从哲学上说,重新研究和认识马克思主义哲学与同时代西方哲学在超越近代哲学思维方式上的同一性,并批判地吸取现代西方哲学在体现现代社会的发展趋势上的经验教训,具有极为重要的意义。

在马克思主义发展中,哲学上的修正主义和教条主义表现形式不同。修正主义用新康德主义、马赫主义等西方现代哲学流派取代马克思主义哲学,是哲学上的投降主义;教条主义对现代西方哲学简单否定,拒斥其中所包含的体现现代哲学精神的合理因素,是哲学上的关门主义和保守主义。二者都未能处理好马克思主义哲学与西方现代哲学的关系,在背离马克思主义上殊途同归,都应当加以克服。然而,在马克思主义的发展中,教条主义在占主流地位的马克思主义那里往往能以坚持马克思主义、反对修正主义等名目得到保护,以致在较长时期和较大范围内蔚然成风。在这种风尚下,难以做到批判地吸取现代西方哲学中体现时代精神发展趋势的积极因素来丰富和发展马克思主义。

然而,马克思主义哲学作为一种最能体现时代精神的发展方向的哲学、作为当代一种最具有活力的哲学,总是能为自己的发展开辟道路。除了在一些坚持并创造性地发展了马克思主义的国家(例如在中国)外,它在西方国家也仍然在继续发展。在批判地吸取现代西方哲学的有益成果方面也是如此。在西方国家,当占主流地位的马克思主义者因受教条主义等影响而拒斥这些成果时,仍然有一些马克思主义者或者接近和同情马克思主义的人会作为马克思主义主流派别以外的力量来从事这方面的工作。西方马克思主义正是在这种背景下产生的。事实上,卢卡奇、科尔施、葛兰西等西方马克思主义的创始人正是作为非主流地位的马克思主义者来从事他们的理论研究的。后来的西方马克思主义者同样是作为主流派别以外的力量(即作为非主流的马克思主义者或马克思主义的接近者、同情者)从事理论研究的。

在西方马克思主义者中,许多非主流地位的马克思主义者是无产阶级革命运动的参与者,他们和那些仅是接近和同情马克思主义的西方学者在阶级立场和理论观点上往往有着很大的不同。这两部分人之间的区别当然应当予以重视,分别对之作出具体的研究。但是他们作为西方马克思主义者毕竟存在共同之处,即:他们都是在马克思主义主流力量(派别)以外从事马克思主义的研究,他们都认同马克思对现存资本主义制度进行批判、争取人的解放和全面发展这个根本目标,并用他们各自认可的西方哲学流派中某些体现现代哲学发展趋势的成分来解释和理解马克思主义,以此医治马克思主义发展中在主流的马克思主义者那里出现的偏离马克思主义本来意义的弊病。如果我们去具体地审视西方马克思主义各个派别和代表人物的理论,我们大致上都可以发现这种共同倾向。

这当然不是说只有西方马克思主义者才能批判地吸取现代西方哲学的有益成果来丰富和发展马克思主义。恰恰相反,占主流地位的马克思主义者如果能摆脱教条主义等非马克思主义的影响,坚持真正的马克思主义立场,那他们不仅可以这样做,而且会做得无比优胜,因为他们可以克服许多西方马克思主义者在阶级立场和理论观点上所不可避免地存在的局限性。他们才是丰富和发展马克思主义的主导力量。如果占主流地位的马克思主义者这样做了,西方马克思主义甚至将会失去存在的意义。用存在主义来"补充"马克思主义的"人学空场"的西方马克思主义者萨特曾经谈到,一旦在马克思主义中恢复了人的地位,存在主义就没有必要存在了。这实际上也是承认西方马克思主义是不能和马克思主义的本来意义相比的。一旦马克思主义的本来意义不被扭曲而能得到创造性发展,一旦占主流地位的马克思主义者能对同时代的西方思潮采取求实的态度,善于批判地吸取其有益成果,西方马克思主义就没有存在的空间了。

究竟如何全面地看待西方马克思主义流派,如何在肯定其积极因素的同时揭示出它们所存在的种种问题,特别是以不同的方式对马克思主义的扭曲,这是一个需要作具体分析和专门论述的问题。这不是本章的任务。本文的主旨只是揭示他们与西方哲学、特别是现代西方哲学的一般关系,而这又以重新认识马克思主义哲学和现代西方哲学的关系为前提。

西方马克思主义与主流马克思主义的关系情况非常复杂,需要根据具体情况加以分析。无论从阶级立场和理论观点来说,西方马克思主义者往往都存在严重的局限性,对之应当有清醒的认识和批判的眼光,但不能因为他们有西方哲学背景就对之简单否定。真正的马克思主义者应当善于正确把握和具体分析现代西方哲学发展的背景,认清其与时代精神发展的方向适应和背离之所在,采取适当的态度,在新的条件下创造性地丰富和发展马克思主义。只有这样,才能使马克思主义在坚持其基本原则的前提下不断适应时代的要求,永远具有活力。西方马克思主义者在批判地吸取西方哲学流派的他们认为合理的成分来帮助理解和解释马克思主义上作了一些尝试。这些尝试有成有败,这些成败都是重要的经验教训,值得一切真诚的马克思主义者借鉴。

第三章　哈贝马斯与西方马克思主义和后现代主义

一、哈贝马斯的理论体系

尤根·哈贝马斯(Jürgen Habermas，1929—　)，法兰克福学派第二代领袖，当代最具影响力的德国思想家，至今笔耕不辍的社会实践斗士，当代西方学界领军人物，"当代黑格尔"(彼得·威尔比[Peter Weilby]语)……所有这些荣誉称号不过是如实描述了一位作为现代性坚定捍卫(重建)者的哲学家对当今学术界和现实社会的理论与实践的双重贡献。对于汉语学界而言，哈贝马斯早已是一个熟悉的陌生人：说熟悉是因为不但近年来研究哈贝马斯的文章著作之数量①已经达到了令人叹为观止的地步，还因为哈贝马斯教授本人来华的学术访问进一步掀起了国人对哈贝马斯的研究热潮②；说陌生则是因为哈贝马斯理论体系在广度③与深度④上所达到的过人境界和其行文语言的厚重艰深使得很难有人能够在一个合适的层面上对其理论进行总体把握，这直接导致很多对哈贝马斯的研究还停留在只

---

① 笔者于 2008 年 12 月 17 日在中国学术文献网络出版总库中以题名关键字搜索"哈贝马斯"为 865 条而以全文关键字搜索所得文章数量为 29 150 条。汉语学界专门研究哈贝马斯理论的已出版专著保守估计也有 25 本(中国国家图书馆网络搜索并筛选，2008 年 12 月 17 日)。除最近出版的几本访谈、文集、著作之外(多是与宗教之对话或政治论文集)，哈贝马斯教授本人的主要著作也基本都有汉译本了。
② 哈贝马斯教授于 2001 年 4 月访华，2001 年 4 月 30 日之后(2008 年 12 月 17 日搜索)以全文关键字搜索"哈贝马斯"文章数量为 25 737 条，以题名关键字搜索为 718 条。结合注 1 的数据可以发现，绝大部分研究哈贝马斯的文章都是在哈贝马斯教授访华之后发表的。虽然哈贝马斯教授在英语学界早已成名，但若非他亲自访华并在多所大学与研究机构进行演讲，哈氏理论在汉语学界的命运实在难料。
③ 就广度而言，哈贝马斯的理论涉及哲学、语言学、社会学、政治学、法学、心理学(精神分析学)、大众传播学(新闻学)、教育学、人类学、历史学、文学、宗教和部分自然科学理论等。
④ 就深度而言，哈贝马斯本人深浸于德国古典哲学传统之中，融贯欧陆现象学与英美语言分析哲学传统，其交往行动理论、普遍语用学、程序主义法律范式等理论都非凭空搭建或泛泛而论，而是有着坚固深厚的哲学、社会科学的理论地基。

见树木不见树林的状态,这当然不是说哈贝马斯的理论体系本身没有发展的内在线索,而是说真要对这些线索进行扎实的梳理而不是限于片断式的描述,研究者还需要付出更多的努力。一般而言,介绍一位哲学家的理论之前照例要先介绍一下他的生平和学术发展道路,但考虑到本书的篇幅和对哈贝马斯这方面的介绍书籍已经较为丰富[1]等因素,此处就不再赘述。但为了较为清晰地阐明哈贝马斯对马克思的继承与批判以及哈贝马斯与后现代主义者的同一与差异,有必要对其整个理论体系作一个大致的描述,当然,要在如此短的篇幅内介绍一位著述极丰、跨度极广的哲学家的艰深理论,只可能提纲挈领、就其精要[2]。

哈贝马斯的现代性理论集中体现于1981年出版的两卷本巨著《交往行动理论》[3]中,在该书中哈贝马斯详细阐明了其基于平等主体间语言交往而重建的理性概念,通过对韦伯和法兰克福学派前辈们(霍克海默、阿多诺)把理性仅仅理解为工具理性的批判,把对理性单一的工具理性理解扩充为一个具有三个向度之有效性要求(客观世界的真实性要求、社会世界的正当性要求和主观世界的真诚性要求)的交往理性概念,并以交往理性为基础对整个现代社会进行了规范性重构,从而打破了霍克海默和阿多诺在《启蒙辩证法》中对理性的"启蒙复归于神话"的宿命论诊断,挽救了作为一项"未竟事业"的现代性前途。哈贝马斯从以理解为取向的语言交往之语用学纬度出发,以主体间平等无强制的自由交往语境(理想的言谈情境)为规范标准,把交往理性归结为具有交往资质(即语言能力)的主体间平等商谈的程序性条件,凡是同时满足客观真实性(truth)、规范正当性(normative rightness)和主

---

[1] 已翻译中文资料可参见《哈贝马斯传》,[德]得特勒夫·霍尔斯特(Detlef Horster)著,章国锋译,东方出版中心2000年版;《哈贝马斯》,[英]威廉姆·奥斯维特(William Outhwaite)著,沈亚生译,黑龙江人民出版社1999年版;《哈贝马斯》,[美]莱斯利·A.豪(Leslie A. Howe)著,陈志刚译,中华书局2003年版。

[2] 对于哈贝马斯整个理论体系更为翔实的提纲性介绍资料请参阅斯坦福哲学百科全书"Habermas"词条:http://plato.stanford.edu/entries/habermas/;除麦卡锡和伯恩斯坦对哈贝马斯的权威性阐释而外,新近对哈贝马斯整个理论体系的研究专著可参见 Andrew Edgar: *The philosophy of Habermas*, McGill-Queen's University Press, Montreal & Kingston · Ithaca, 2005。此外,SAGE出版社于2002年出版的四卷本哈贝马斯专题研究论文集 *Jurgen Habermas* 是目前为止对哈贝马斯整个理论体系最为权威的最为全面的批判性阐释著作,有兴趣的读者亦可自行参阅,只是由于该书售价过于高昂,国内图书馆似乎难以寻觅,北京大学图书馆有藏。

[3] *Theorie des kommunikativen Handelns. Vol. 1: Handlungsrationalität und gesellschaftliche Rationalisierung. Vol. 2: Zur Kritik der funktionalistischen Vernunft. Frankfurt am Main: Suhrkamp.* 第一卷已由曹卫东教授译出,《交往行为理论第一卷:行为合理性与社会合理化》,上海人民出版社2004年版。

观真诚性(truthfulness)这三个有效性要求(validity claims)的言语行动(speech acts)就是一个理性的行动。这三个有效性要求是任何主体之间若想就世上某物或某事达成理解所不得不承认的"先验"前提,甚至误解也是以理解的语用学前提为先决条件。正因为如此,哈贝马斯把对语言交往前提的研究称为"普遍语用学"(universal pragmatics)。如果我们把普遍语用学用于对道德或伦理问题的研究就可以得到一条商谈原则 D:只有那些在实践话语当中得到所有受影响的参与者赞同的规范才可以提出有效性要求。① 从商谈原则的内容和普遍语用学有效性要求的对比来看,所谓商谈伦理学(或译为话语伦理学)不过就是普遍语用学在道德领域内的特定运用。而把商谈原则用于政治法律领域又可以得出"程序主义法律范式"。以此为基础,哈贝马斯同时批判了自由主义和福利国家两种法律范式的缺点,并用交往行动理论对现代民主法治国进行了从个人权利到国家权力、从规范有效性到制度事实性的一系列可以说是巨细靡遗的重建工作②。

  从交往行动理论到普遍语用学、从商谈伦理学到程序主义法律范式,哈贝马斯的现代性理论几乎囊括了从元哲学批判层面到具体制度层面的一切社会科学领域,近来,哈贝马斯又把理论触角伸及到宗教领域③,这对一位年近八十岁的老人而言实属难能可贵。对理性一以贯之地追求、顽强的学术生命力、过人的综合能力、庞大而深刻的理论体系、广泛的理论影响力,所有这些都使哈贝马斯教授无愧于当代思想巨擘之列。随着对哈贝马斯著作翻译和研究工作的逐步展开,相信其巨大的思想魅力会持续不断地展现在人文社会科学各个领域甚至是自然科学之中。

---

① 对商谈原则的具体论述可参见 Habermas, *Moral Consciousness and Communicative Action*, C. Lenhardt and S. W. Nicholsen (trans). Cambridge, MA: MIT Press, 1990.
② *Faktizität und Geltung. Beitrge zur Diskurstheorie des Rechtes und des demokratischen Rechtsstaats*. Frankfurt am Main: Suhrkamp, 1992; *Between Facts and Norms: Contributions to a Discourse Theory of Law and Democracy*, W. Rehg (trans.). Cambridge, MA: MIT Press, 1996; 中译本参见童世骏教授翻译《在事实与规范之间——关于法律和民主法治国的商谈理论》,生活·读书·新知三联书店 2003 年版。
③ 根据曹卫东教授的分析,哈贝马斯对宗教的态度可以归结为从早期的"否定"到后期的"肯定",在后世俗社会中,有必要让宗教信仰和世俗知识享有同样的认知地位,取长补短、和谐共存。见《哈贝马斯:从否定到肯定》,载曾庆豹主编:《批判理论与汉语神学》,香港道风书社,2007 年,第 161—198 页。哈贝马斯本人论述世俗与宗教关系的问题集中表现在 Habermas: *Between Naturalism and Religion*, translated by Ciaran Cronin, Polity Press, 2008. 英语学界对哈贝马斯宗教观点的研究可参见 Nicholas Adams: *Habermas and Theology*, Cambridge University Press, 2006;汉语学界则可参见《哈贝马斯与汉语神学》,张庆熊、林子淳编,香港道风书社 2007 年版。

二、哈贝马斯对马克思的继承与批评

哈贝马斯自称是"西方当代最后一个马克思主义者",作为当代西方马克思主义者中最富有影响的一员,哈贝马斯理所当然继承了马克思对资本主义现实社会及其意识形态的批判精神。这不但表现在他对马克思本人所提出的诸多理论与实践问题的继续研究上,还表现在他与马克思一样,试图在纯哲学理论之外寻找更多的因素(经济、政治、语言)来为批判理论研究奠定坚固的经验基础。在1968年出版的《认识与兴趣》[①]一书中,哈贝马斯把人类的认识分为三个层面,每一个层面的认识都源自特定种类的兴趣,认识相对于兴趣非但不具有优先性反而处于兴趣的控制之下——自然科学的认识源自技术的兴趣,历史—解释学的认识源自实践的兴趣,批判的科学则源自解放的兴趣。哈贝马斯认为这三种科学与三种兴趣之间存在着由低到高的等级次序。马克思的理论属于批判的科学,来源于人类内在解放的兴趣,马克思所构想的共产主义社会和人的全面发展正是出自全人类的解放兴趣,通过对认识的这种类型学研究,哈贝马斯实际上为马克思主义理论在实证主义思维泛滥的年代中的合法性进行了辩护,捍卫了哲学作为批判武器的内在功能。

颇为悖谬的是,除了批判精神与问题脉络的相似之外,作为西方当代最后一个马克思主义者的哈贝马斯的主要理论观点却与马克思本人相差甚远,哈贝马斯对马克思的态度与其说是批判的继承不如说是继承的批判,尤其要指出的是,哈贝马斯对马克思理论的批判在很多情况下是建立在对马克思原著有意无意的误读基础之上的。这种做法虽然招来不少学者的批评,但哈贝马斯本人对此并不在意。他随后对后现代主义者的批判中再次使用了"误读"的方法。对此有了清楚认识之后,再来分析哈贝马斯对马克思究竟在哪些方面做了批评而他自己的观点又是什么时,就不至于把马克思本人的理论和哈贝马斯描述中的马克思理论相混淆。

哈贝马斯对马克思的批评集中体现在《历史唯物主义的重建》[②]一书中,他对马克思的历史唯物主义大体上提出了三点批判意见:1.劳动的概念必须以交往的概念为补充;2.社会并非一个总体而是由生活世界与系统组成;3.历史不可能在马克思历史唯物主义的意

[①] Habermas: *Erkenntnis und Interesse*. Frankfurt am Main: Suhrkamp, 1968.
[②] Hbermas, *Zur Rekonstruktion des Historischen Materialismus*. Frankfurt am Main: Suhrkamp, 1976.

上被决定。①

1. 哈贝马斯认为马克思仅仅以劳动的概念作为社会进化的基础显然犯了经济决定论的错误,人类除了经济劳动之外还存在对社会进化同样重要、同样基本的"交往"过程,交往结构并不能被简单地还原到劳动过程之中,以语言为中介、以理解为取向的交往具有独立于劳动的特殊结构。尤其是随着文明程度的逐渐提高、社会分化程度的逐渐加深,交往概念在理解历史过程中的作用越来越重要,甚至可以把劳动归结为交往的一个子概念(改造客观世界的工具理性)。"马克思把引发时代发展动力、对进化产生一系列影响的学习过程定位于客观化思维的层面,亦即技术和组织工具、工具性和策略性行为的层面——总之,生产力的层面。而现在,我们有充分的理由相信,在道德认知、实践知识、交往行动和行动冲突的共识调节的层面上,同样存在着学习的过程,这一过程体现为社会一体化更为成熟的形式,体现为新的生产关系,并因此而使新的生产力的运用成为可能。……文化始终是一种上层建筑现象,在向新的发展水平过渡时似乎起着某种作用,但这种作用比许多马克思主义者迄今为止所想象的要重要得多。以我所见,这种'重要性'恰恰解释了交往行动理论为一种更新了的历史唯物主义所能作出的贡献。"②事实上我们知道,马克思对劳动和建立在劳动基础上的生产力都没有仅仅从纯粹的物质层面上来理解,劳动过程本身就已经蕴含了交往可能,离开交往的劳动并不是马克思意义上的劳动而不过是动物谋生的本能。

2. 哈贝马斯认为社会并非一个可以由生产力决定其进化程度的整体,而是可以分为生活世界与系统两个部分:生活世界的整合媒介是以意义理解、情感交流为主的"团结",而系统则可分为以货币为整合媒介的经济系统和以权力为整合媒介的政治系统。处理不同领域的问题应该运用不同的理论分析和解决方法,不能像马克思那样不加区分地把社会视为一个总体,似乎只要生产力发展上去了,整个社会就随之进步,很有可能生产力的发展导致了系统分化程度的提高却没有使得生活世界的团结程度随之提高。处理生活世界(私人领域和公共领域)中的问题时,以理解为取向的交往行动具有根本地位,生产力在此无法发挥什么阐释能力。

3. 哈贝马斯认为马克思混淆了社会发展的动力和社会发展的历史逻辑。哈贝马斯也认为社会处在不断发展不断进化的过程之中,但历史决不可能像马克思所设想的那样按照

---

① 哈贝马斯对马克思的批评更详细的内容可参考 Nancy S. Love, "What's left of Marx?" 载 *The Cambridge Companion to Habermas* (Cambridge University Press 1995), p. 46 - 66。
② *Zur Rekonstruktion des Historischen Materialismu*, p. 12.

某些既存概念自身发展的逻辑（比如生产力、资本）沿着一条既定路线（从资本主义到社会主义再到共产主义）发展下去，马克思历史唯物主义这种强烈的历史决定论倾向遭到了哈贝马斯的严厉批判，在哈贝马斯看来，我们能够预见的历史发展并非一条通向未来的笔直道路而是一种由诸多可能构成的逻辑空间，谁都无权通过所谓的"历史理性"来宣判人类历史的未来，"在启蒙的过程只有参与者"[1]而无决定者，所有试图通过理论研究来预见（决定）人类发展方向的做法都赋予了理性并不具有也不可能具有的能力。因此，批判理论的任务不是预见社会发展的方向然后为此采取暴力革命达到理想，而只能限制在研究解放可能性的社会条件上，解放并不一定非要和暴力革命扯上关系。

哈贝马斯对马克思主义的严重误解使得他并未能继承马克思理论的精髓，"最后一个马克思主义者"于是几乎是在否定的意义上表明了哈贝马斯对马克思的态度，这尤其表现在哈贝马斯后期对现存社会制度的辩护上，"交往理性"在哈贝马斯的政治哲学中成为渐进改良主义的借口，批判理论的批判性至少在对现存社会制度的冲击力上大大减弱了。

三、哈贝马斯与后现代主义的同一与差异

哈贝马斯与后现代主义之争的起因是利奥塔于 1979 年发表的《后现代状况》[2]一书对"宏大叙事"及普遍语用学的严厉批判。在这本篇幅不大却第一次在哲学专业中使用了"后现代主义"（postmodernism）[3]这一名词的著名著作中，利奥塔对所有试图一劳永逸达到实在本身的宏大叙事的合法性提出了质疑，他运用后期维特根斯坦的语言游戏理论论证不同叙事之间的不可还原性，其目的是在消解哲学、科学叙事极权统治的同时对其他各种各样的"小叙事"提供存在的合法性。基于对大体系哲学理论的反感和各叙事之间不可通约这一断定，利奥塔对哈贝马斯建立在普遍语用学之上的"共识"概念提出了批评，"共识是根本不可能达到的地平线"[4]，"跟随哈贝马斯运用商谈或辩论而达成普遍共识的方法来解决合

---

[1] Habermas, *Theory and Practice*, trans. John Viertel (Boston: Beacon Press, 1973), p. 40
[2] *La Condition postmoderne: rapport sur le savoir*, Paris: Éditions de Minuit; trans. G. Bennington and B. Massumi, 1979; *The Postmodern Condition: A Report on Knowledge*, Minneapolis, MN: University of Minnesota Press, 1984.
[3] "随着1979年利奥塔《后现代状况》一书的发表，'后现代主义'一词第一次出现在哲学语汇中了。"参见斯坦福哲学百科全书 postmodernism 词条: http://plato.stanford.edu/entries/postmodernism/。
[4] *The Postmodern Condition*, p. 61.

法性问题,这既不可能也不明智"①。对此,哈贝马斯理所当然进行了有力的反驳,这些反驳于1985年以论文集的形式发表于《现代性的哲学话语》②一书中,该书可以看作是哈贝马斯对后现代主义的一场彻底清算。在阐明哈贝马斯对后现代主义者的具体批评之前,我们先来从宏观上看一看哈贝马斯与后现代主义者之间究竟有哪些异同。

1. 差异中的同一

虽然哈贝马斯站在捍卫现代性的立场上对各式各样的后现代主义思潮进行了严肃的批评,但不可否认的是,他与后现代主义之间仍然共享了一些基本理论出发点与资源,我们认为,哈贝马斯至少在如下三个方面与后现代主义者具有同一性,但需要指出的是,两者之间的同一是建立在差异上的同一,因此即便在论述两者之同一性时也不可避免地要指出其同一背后的差异。

(1) 都是对现代性本身的内在矛盾的反映(问题的根源)

无论是后现代主义者还是哈贝马斯,无论是要彻底摧毁现代性的基地还是要用交往理性重建现代性,其根本原因都是因为现代性在其自身的发展过程中遇到了一些通过传统哲学资源得不到解决的障碍。现代性本身存在的这些弊端不但在理论上造成了哲学思维的危机,更在实践中导致了虚无主义的流行,使得人们普遍感到意义与自由的双重丧失,现代性就像韦伯所言的"铁笼"那样囚禁了人对未来的所有希望。现代性危机的理论根源是主体哲学(意识哲学)思维方式的盛行,是理性异化为神话而在意识形态上限制了人的可能性,理性在人类改造自然的过程中发挥的巨大威力进一步侵入到理性对人的改造之中,从而使得现代社会把本是作为人类发展工具的理性当作了目的本身而把作为目的的人异化为理性的工具。这种颠倒的语境激起了来自敏感心灵的怒火,于是诞生了尼采这样反叛现代性、彻底清算西方哲学遗产的"第一位后现代主义者",哈贝马斯也是在这同样的语境中、出于同样的原因而构建其交往行动理论的。无论是后现代主义者还是哈贝马斯,都在努力辨识、诊断现代性的病源,哈贝马斯只是在开出治病处方时比后现代主义者为现代性自身的痊愈保留了更多希望。

如果说现代性是启蒙时代的理想,那么随着资本主义社会发展到晚期,这样的理想暴露出了越来越多的幻想成分。后现代主义者据此把理想中的幻想成分扩展为幻想本身,完

---

① *The Postmodern Condition*, p. 65.
② *Der Philosophische Diskurs der Moderne*, Suhrkamp, 1985.

全抛弃了理想的任何可能,从而在批判现代性内在矛盾的过程中解构了自身;与后现代主义者普遍存在的悲观情绪不同,哈贝马斯对现代性中的幻想成分进行了批判,试图恢复理想力量的潜能,现代性仍然是"一项未完成的事业"①,现在还远非谈论"后"现代的合适时代,时代赋予我们的任务不是把现代性的内在矛盾极端化为不可调和的冲突,而是通过赋予理性不同的内涵而化解看似不可调和的矛盾。

(2) 都试图突破近代意识哲学的框架(针对的对象)

既然现代性危机的根源在理论上可以解释为意识哲学思维方式的统治,打破意识哲学的统治便成为理论上唯一可行的方案。所谓意识哲学,是指从笛卡尔开始的试图通过主体自我意识自身的确定性来建构世界的哲学传统,通过诉诸主体意识的自明性,意识哲学声称找到了形而上学稳定的阿基米德点,主体意识非但是认识世界的不二法门,甚至是构成世界的唯一要素,世界的意识结构因此成为哲学研究的主要课题。意识哲学虽然在发挥人的主观能动性上开创了一片新天地,但随着意识哲学的进一步发展,尤其是自我意识发展到了黑格尔的绝对精神时,意识哲学也就走到了其神秘主义尽头,遇到了自身无法克服的内在矛盾,暴露出现代性曾经过于理想的憧憬实则为现实社会中的海市蜃楼,现代性几乎就断送在主体意识的自我欺骗中。

后现代主义者与哈贝马斯都对意识哲学导致的这种情形深感忧虑,都意识到只有突破意识哲学的框架才可能找到解决问题的方法,而在意识哲学之中徘徊只可能导致意识异化为工具理性并取消意识本身的"主体性"从而使人的自由遭到严重侵害乃至彻底取消。只不过后现代主义者对意识哲学的态度是一棒子打倒,根本就不承认意识哲学曾经为人类发展所作出的贡献与其自身的合理成分;而哈贝马斯则是把意识的极端主体性转化为平等的主体间性,在取消意识哲学合法性的同时继承了其合理遗产。

(3) 都使用语言哲学的成果作为批判的工具(使用的方法)

作为哲学研究中语言学转向之后的思想家,无论是后现代主义者还是哈贝马斯的理论,都或多或少的采用了语言哲学的研究成果,这使得他们的哲学理论在语言层面上具有某种"家族相似性"。后现代主义者的理论如德里达的文字学、伽达默尔的解释学、利奥塔对"叙事"的分析等,哈贝马斯的"交往行动理论"、"普遍语用学"、"话语伦理学"、"程序主义

---

① 参见 Habermas: *Modernity: An Unfinished Project*, 载 *Habermas and the Unfinished Project of Modernity*, Polity Press, 1996。

法律范式"等理论都在很大程度上利用了语言学或语言哲学的研究成果。在语言哲学这一交汇点上,后现代主义者与哈贝马斯分享了诸多共同的前提,最为明显的就是两者都用对语言的研究取代了对意识的研究。

2. 同一中的差异

(1) 理论传统不同:法国传统与德国传统

虽然主要的后现代主义者与哈贝马斯都处于大陆哲学传统中,但后现代主义的主流更加靠近法国哲学的传统(德里达、福柯、利奥塔、鲍德里亚、德勒兹等都是法国人),而哈贝马斯则是典型的德国古典哲学的继承者(哈贝马斯自认为康德主义者)。不同的理论传统和生活语境(战后德国一些纳粹主义者的态度曾深深伤害了哈贝马斯的感情)造就了不同的理论取向和理论类型。就哈贝马斯而言,其用交往行动理论重建理性的旨趣不但是对康德、黑格尔、马克思等哲学家理论的继承,更暗合了德国战后的经济、政治、文化重建的趋势,现代性与启蒙对哈贝马斯而言不是太多了而是根本走错了方向,对现代性的反省就像战后德国的自我反省一样,如果一个民族能够真正认识到自己的错误所在而不是固执的死不认错或彻底否认自己的历史,那么这个民族就仍有复兴的希望。而法国随着一九六八年五月学生运动的失败,社会左派也陷入深刻的自我反思之中,随着科学话语日益占据思想界的统治地位和晚期资本主义自我稳定机制的成功运行,消极的社会情绪也反映到哲学理论之中,后现代主义思潮主要发源于法国思想界也就不难理解了。

(2) 理论旨趣不同:摧毁与重建

哈贝马斯与后现代主义者对待现代性的不同态度直接导致了两者理论旨趣的差异:哈贝马斯认为现代性是一项未完成的事业从而主张在完善理性概念的基础上重建现代性;而后现代主义者则认为现代性已经走到了无可挽救的尽头,哲学的任务就是从理论上摧毁现代性本质主义、基础主义、意识哲学的地基。理论旨趣上的差异进一步导致了理论关注点、体系建构上的差异,既然认为现代性的潜能仍未耗尽,现存制度仍具有值得保留的合理性,哈贝马斯所有的工作就集中于缔造一个典型的现代主义宏大理论体系中,在这个理论体系中不但有元哲学层面的重构,更有经济、文化、政治法律制度等方方面面的重构;而后现代主义者的理论关注点主要在于元哲学层面与文学艺术层面,相比之下对现存社会制度的关注远不及哈贝马斯。理论旨趣上的差异还使得两者在对待理论传统的态度上天壤之别,哈贝马斯对待主体性乃至一切人类文明成果的态度都是批判的继承、转化、重建,很少使用全面否定的做法,把自己的理论建立在前人研究的基础上(大量的引用与注释)几乎可以成为识别哈贝马斯著作的一个主要特征;而后现代主义者对待理论传统的态度多半是从根本上抛弃,想彻底绕过前人的道路而完全另辟蹊径,这就使得后现代主义者很难对自己所处的理论坐标有一个清晰的认识,后现代主义者的理论根基之合法性因此也很难得到保障。

可以说,理论旨趣上的差异以及由此衍生的一系列差异,是哈贝马斯与后现代主义者之间最明显的区别,哈贝马斯与后现代主义者之间的相互批评其根源就在于此。哈贝马斯对后现代主义者最有力、最关键的批判是后现代主义者缺乏一个规范的、有效的理论基础,这使得后现代主义的批判工作不可避免地陷入自我解构的矛盾之中。无论是后现代主义的先驱尼采、海德格尔还是其当代主力德里达、福柯、伽达默尔等,在阐明其理论时都犯了自我指涉的错误,即他们都在用现代性本身所蕴涵的概念或方法来解构现代性,在哈贝马斯看来,这显然是一项不可能完成的任务,因为即使现代性真能被后现代主义者所解构,他们所运用的思维方式仍然停留在现代性的废墟之中,事实上,后现代主义者非但不可能摧毁现代性的地基,而且在某种程度上反倒成了现代性的共谋。哈贝马斯在《现代性的哲学话语》中对法兰克福学派前辈霍克海默和阿多诺《启蒙辩证法》的批判,也完全适用于对后现代主义者的批判:一旦完全否定理性的规范性力量,那么所有论证本身也就同时丧失了合法性,任何批判都不可能在没有标准的情况下进行,否则的话,我们就很难在理论批判与意识形态、社会现实与幻想虚构中做出必要和严肃的区分。

(3) 语言研究的视角不同

虽然后现代主义者与哈贝马斯都继承了语言哲学的研究成果,但后现代主义者更多是继承并发展了句法学、语义学、语音学的成果而哈贝马斯则继承发展了语用学的成果。语义学与语用学之间的差别当然也可以揭示出哈贝马斯与后现代主义者所处的不同理论传统(哈贝马斯语用学受到了阿佩尔和美国实用主义的影响),但深入地思考后,我们似乎可以得出这样的结论,即比起后现代主义者,哈贝马斯理论中存在更多的现象学因素。哈贝马斯的普遍语用学不但关心语言自身的规律问题,更加关注交往主体的言语能力,对哈贝马斯而言语言并不具有第一位的基础地位,在语言背后有着更为基本的"生活世界",交往主体正是基于生活世界中理解的需要而使用语言进行交往,普遍语用学的要义不在语言结构之中而在产生语言结构那个更深层的生活世界中言语主体间的结构。与之相对,后现代主义者关注语言自身的内部结构,以对语法、语义、语音的研究代替对意识的研究,并试图从语言内部寻找摧毁理性的突破口,这在哈贝马斯看来显然犯了自己拔自己的头发试图离开地球的错误,这样的做法根本就无法从根本上突破一切哲学的樊篱。

四、哈贝马斯对后现代主义的批判

在简单介绍了哈贝马斯本人的理论架构和他对马克思主义的继承与批评以及他与后现代主义者之间的同一与差异之后,我们拟将有选择地介绍一下他对后现代主义的批判。之前的介绍只是提纲挈领地笼统地归纳了后现代主义者与哈贝马斯的同一与差异,现在我们则可以更为具体地分别讨论不同的后现代主义者之间的不同观点以及哈贝马斯对这些观点的逐一批判。限于文章篇幅与作者本人的学识,此处择要选取了哈贝马斯对德里达、福柯、伽达默尔这三位典型的后现代主义者的批判。

1. 对德里达的批判

虽然哈贝马斯与德里达对很多问题都持有不同的哲学观点,哈贝马斯也在很多文章中对德里达进行了程度、规模不一的批判,但他对德里达比较集中地批判是《现代性的哲学话语》第七章《超越源始哲学:德里达的语音中心论批判》及其附论《论哲学和文学的文类差异》,这也是西方很多哈贝马斯研究者最为关注的批判,对这一批判的批判似乎也已经成为学者关注的焦点①。具体来说,哈贝马斯在《现代性的哲学话语》中对德里达的下述三个论点进行了批判:一、书写先于言语;二、修辞学优先于逻辑学;三、文学与哲学不存在文类上的差别。

一、德里达在《论文字学》②和《声音与现象》③中借助对语音中心主义的批判试图承接海德格尔的进路进一步动摇基础主义、本质主义的地基。其方法是提出既不同于海德格尔和胡塞尔仅在宽泛意义上谈论语言,又不同于结构主义把语言研究限于句法学的以"原始书写"概念为主导的"文字学"。其目的是把结构主义基本观点进一步推向极端,不但要解

---

① 参见 Christopher Norris, "Deconstruction, Postmodernism and Philosophy: Habermas on Derrida" and David Couzens Hoy, "Splitting the Difference: Habermas's Critique of Derrida", in Maurizio Passerin d'Entreves and Seyla Benhabib (eds), *Habermas and the Unfinished Project of Modernity* (Polity Press, 1996).
② *De la grammatologie*, trans. G. Spivak, *Of Grammatology*, Chicago, IL: University of Chicago Press, 1974.
③ *La Voix et le phénomène*, trans. D. Allison, Speech and Phenomena and Other Essays on Husserl's Theory of Signs, Evanston, IL: Northwestern University Press, 1973.

构（dekonstruktion）在场形而上学（以胡塞尔为代表）自明意识的根基,甚至连语言结构的初始性也不放过,认为在句法和语义之后隐藏着更为神秘的"原始书写"。德里达认为西方哲学传统赋予语音优先于文字的地位,使得主体在场的言语承载了意识的全部内涵,这是在场形而上学形成的直接原因,因此,德里达反其道而行之,颠倒了声音与文字的本体论关系,把对文字的书写提高到始源性地位,取消了主体意识独立于语言的自足性,甚至把书写理解为遗嘱,"一切书写在本质上都具有遗嘱的特征"[1],并认为这样一来就可一劳永逸地摧毁西方哲学逻各斯中心主义。对德里达这种脱离具体语境、强调书写之绝对可读性（独立于任何主体和结构）的做法哈贝马斯提出了严厉的批评。他认为德里达已经在事实上把书写提高到了他一直想摧毁的本体论地位,这使得德里达"未能摆脱主体哲学范式的束缚"[2]。以神秘的原始书写替代传统的逻各斯中心或海德格尔的存在概念,"不过是让主体哲学所说的基础依赖于一种贯穿在时间当中的源始力量的基础——这个基础虽然更深厚一些,但也已经摇摇欲坠"[3]。由原始书写导致的取消任何主体的源始力量使德里达的解构哲学最终退回到了启蒙之前的神秘主义。哈贝马斯认为,德里达批判主体哲学的目标没有错,错在他不是从主体性转向主体间性,不是从意识哲学和结构主义转向对具有现实言语能力主体的言语行为的分析,德里达没有及时从意识哲学的陷阱中抽身而退,反而越陷越深,这直接导致他不过是用一种非人格化的意识（原始书写）取代了人格化的意识罢了。

二、书写先于言语的直接逻辑后果就是对书写而言至关重要的修辞学先于具有语言结构的逻辑学,从这一表述逻辑本身已经可以看出德里达这个命题的问题。德里达提出这个命题的目的仍然是为了对形而上学作出彻底的批判,既然传统逻辑属于形而上学的范畴,那么用逻辑的方法来反抗形而上学势必不可能彻底。需要注意的是,德里达并没有把逻辑等同于理性,说修辞先于逻辑不是说修辞先于理性,对德里达而言,修辞就是理性。如果德里达的这个命题能够成立,他就找到了解决阿多诺否定辩证法自我指涉问题的钥匙,因为解构哲学并不需要推理上的逻辑一致性,而更加强调哲学作品建立在雄辩术上的说服力。对此,哈贝马斯反驳道,语言解决问题的能力（逻辑）先于语言创造世界的能力（修辞）,人类如果没有在同现实世界不断的磨合中锻造出的逻辑能力,修辞便无法想象,任何修辞都是对一定言语内容的修辞,离开具体内容谈论修辞的优先性只能导致修辞的独断论。由修辞学主导的审美

---

[1]《论文字学》,第120页。
[2][德]哈贝马斯著,曹卫东等译:《现代性的哲学话语》,译林出版社2008年版,第194页。
[3] 同上书,第209页。

语境主义"使德里达无视如下事实：依靠交往行为中的理想化，日常交往时间使得学习过程成为可能。而解释性语言必须依靠这些学习过程才能持续释放出揭示世界的力量"①。

三、修辞学先于逻辑学意味着逻辑学可以被归结为修辞学的一个特殊类别，由于一般哲学著作运用的是逻辑方法、文学著作运用的是修辞学方法，因此理所当然可以把哲学归结为文学的一个种类，哲学与文学根本就是一类文本，至少在文类学上不存在本质区别。用文学批评取代形而上学批判来走出主体哲学的困境因此成为德里达解构主义的一种常规方法。德里达的这种方法在美国文学批评界倒是广受欢迎，把文学批评凌驾于哲学批判之上也的确大大提高了文学批评界学者原本暧昧的学术地位。问题是"如果我们听从德里达的建议，剥夺掉哲学思想解决问题的义务，并把哲学思想转变为文学批评，那么，哲学思想所失去的就不仅仅是其第一性，而且是其创造性和积极性。相反，如果像德里达在美国大学文学系的追随者所做的那样，让文学批评不再关注如何掌握审美的经验内涵，而是关注形而上学批判，那么，文学批评将失去其判断力"②。这种方法在损害了哲学理性批判潜能的同时也使文学批评迷失了方向。

事实上，德里达这三个论点是彼此内在关联的，无论是强调书写先于言语（当然也先于意识、理性）的神秘主义倾向、强调修辞先于逻辑的相对主义方法论还是取消哲学（把哲学化约为文学）的极端做法，都不过是为解构哲学试图从根基上动摇西方传统形而上学本体论的目的服务。问题是从为了解构一种传统哲学倾向出发而最终解构了哲学本身，这样的解构路径蕴含的雄心和付出的代价是否都太大，以至于不可避免的伤害到德里达自身的解构策略，其结果就是"作为现代性哲学话语的参与者，德里达继承了形而上学批判的弱点，即没有摆脱源始哲学的意图。尽管变换了姿态，但说到底他不过是把显而易见的社会病理给神秘化了"③。

2. 对福柯的批判

由于哈贝马斯认为福柯的系谱学方法和权力概念对现代性的理解造成了巨大的负面效果，因此他对福柯的批判特别关照，动用了《现代性的哲学话语》的两章篇幅。在哈贝马斯看来，福柯的理论和方法就是后现代主义的典型，虽然很多学者指出哈贝马斯并没有真正理解福柯，但无可置疑的是他们的理论风格、内容、取向都是针锋相对的，哈贝马斯站在

---

① ［德］哈贝马斯著，曹卫东等译：《现代性的哲学话语》，译林出版社2008年版，第241页。
② 同上书，第245页。
③ 同上书，第212页。

理性主义(交往理性)立场上所要捍卫的现代性恰恰是福柯试图通过无主体的权力所要揭示其非人格特征的。

具体说来,哈贝马斯对福柯谱系学的批评主要集中在如下三个问题上:一、以批判在场形而上学为己任的谱系学自身也未能避免在场性;二、强调客观性的谱系学由于对现实语境的依赖无法逃脱相对主义的宿命;三、权力批判在根本上忽视了批判的规范性基础从而导致了谱系学迷失了批判的方向。

一、福柯对以海德格尔为代表的在场形而上学的批判其目的是为了消解历史解释学预设的主体的"在场性"。后期海德格尔力图在时间(历史)中追溯思想的起源,福柯认为存在虽以时间性为特征,历史也的确由人所缔造,但更为重要的则是把人看作历史的产物,因为历史如此久远以至于一旦对历史进行时间性追问都会触及无穷倒退的悖论,任何追问主体存在的始源哲学都不可能得到它想要得到的答案。因此,"谱系学不应当去寻找起源,而是要揭示话语形态的偶然性开端,分析实际发生历史的多样性,消除同一性的幻象,特别是消除书写历史的主体自身及其同代人所幻想的同一性"①。谱系学这一清除解释主体和解释者前理解而从外部分析历史的方法看似消除了主体的在场性,但由于谱系学自身不可能脱离任何历史而存在,其考查历史的方法和研究历史的目的都不可避免的烙上了现代性自身的痕迹,把对历史意义的研究归结到对无意义权力的结构分析上来最终并没有取消主体的在场,至多只是以未意识到自己已经参与其中的旁观者的在场性取代了主动寻求融入历史的参与者的在场性。对此,哈贝马斯指出,作为谱系学家的历史学家的"比较视角也就不可避免地会与其自身的解释学出发点联系在一起。这一点主要表现为如下事实:福柯无法摆脱在划分历史过程中与现实紧密相关的压力"②。

二、谱系学历史研究方法潜在的在场性进一步导致了其研究结论的相对性。由于根植于其一直试图摆脱的历史和现实语境,虽然谱系学宣称可以把内在于主体理解的历史意义还原为外在于主体甚至与主体之自主性无关的权力斗争,但这样做的同时,谱系学就犯了一个自我指涉的错误,"权力理论要想成立的话,就必须摧毁由它自身所建立起来的研究的有效性基础"③。哈贝马斯迫使福柯回答:谱系学对历史的分析本身是否也仅是权力斗争的结果?如果是的话,它凭什么就比其他权力斗争所导致的分析方法具有更为基本的分析

---

① [德]哈贝马斯著,曹卫东等译:《现代性的哲学话语》,译林出版社2008年版,第295页。
② 同上书,第326—327页。
③ 同上书,第328页。

地位？由于谱系学自身的悖论性自我指涉问题,使得其研究结论染上了不可避免的相对主义特征。福柯的谱系学研究拒绝正统权威的社会科学研究领域,而把其理论触角延伸到那些被宏大理论所忽视或故意避而远之的"底层知识"上,如对疯癫、监狱、性等领域的那些著名研究,这些研究的本来目标是要揭示深藏在人文科学基础中的非理性与无意义,人文科学对人的理解不过为权力结构所控制、由权力结构所主导罢了。但一旦这些底层知识被谱系学纳入常规研究的视角,就被集中化、专业化,从而使得自己摇身变为新的权力形式,这就使得谱系学陷入了自我反对的矛盾之中。"任何一种反权力都是在权力范围内活动,而这个权力正是它所反对的;一旦反权力取得胜利,它就会进入一种权力关系,导致新的反权力。"①

三、福柯以权力概念为基点对传统人文科学进行了严肃的批判,由于权力结构本身的去主体性、非中心性、规训意义上的创造性等特点,使得主体间相互承认的"规范"概念在福柯的理论中找不到立足之地,也就是说,权力结构不允许对什么是"规范上正确的"这一问题进行提问,说到底,权力斗争和正确与否根本扯不上关系。在这点上福柯与韦伯和马克思的策略都不相同:韦伯只是在研究方法上强调价值中立,而对现实社会中的规范性问题并没有否认;马克思则通过揭示资产阶级社会规范的虚伪性而试图建立无产阶级的规范性。如果说韦伯是从外部对社会规范进行客观分析而马克思是从内部对资产阶级规范进行"解构",那么福柯则干脆取消了规范这个问题的存在意义。这样一来使得福柯自己的理论也失去了规范的立足点,福柯探讨权力结构的最终目的是要反抗权力的宰制,但既然权力宰制无所谓正确与否我们为何还要反抗呢?"为什么要斗争而不是服从呢?为什么要抗拒支配?只有通过引入某种规范性概念,福柯才能回答这个问题。只有通过引入规范性概念,他才能告诉我们现代权力知识政体出了什么错,以及我们为什么应该反对它。"②

可以看出,哈贝马斯对福柯的批判采用了内部解构的方法,即从福柯理论自身前提出发推导出反对其理论中存在的种种自相矛盾,对哈贝马斯而言,福柯之所以未能成功颠覆形而上学的地基,其根本原因就在于他仍然把自己的理论建立在了意识哲学的根基上。"福柯用意识哲学来消除意识哲学所无法处理的问题。他用一种零碎的权力化概念取代了一直没有得到充分把握的个体化的社会化,而他这个权力化概念又不足以阐明现代性的

---

① [德]哈贝马斯著,曹卫东等译:《现代性的哲学话语》,译林出版社2008年版,第330页。
② [美]N.弗雷泽:《福柯论现代权力:经验认识与规范混乱》('Foucault on Modern Power: Empirical Insights and Normative Confusions'),载《国际实践》,第1卷,1981年,第283页。转引自《现代性的哲学话语》,第334页。

矛盾现象。"①哈贝马斯认为只有彻底打破意识哲学的框架、走向以语言为中介的主体间交往理论才可能掌握破解现代性诸多矛盾的方法,唯其如此,才可能把社会学的经验性研究与哲学的规范性研究相结合而不再强调那种我们永远也不可能达到的客观性,也才能够找到一种规范基础来打破丧失任何价值判断而又无处不在的权力结构。

3. 对伽达默尔的批判

20世纪60年代末到70年代初,哈贝马斯与伽达默尔之间进行了长达数年的学术辩论,辩论的主题围绕着解释学(Hermeneutics)在社会科学研究中的地位而展开。辩论的起因则是哈贝马斯对伽达默尔于1960年发表的解释学巨著《真理与方法》②一书的批判,其批判性论文于1970年收录到《社会科学的逻辑》③一书中公开发表;随后,伽达默尔也发表了一系列文章做出回应,两人的争论由此展开。这场争论并非仅仅在哈贝马斯与伽达默尔两人之间进行,欧美众多重量级学者④也参与其中,各抒己见。其持续时间之长、涉及范围之广使得这场学术论辩成为当代哲学界尤其是解释学界一个无法回避的话题,考虑到本书的篇幅和目的,这里仅就哈贝马斯对伽达默尔的批判作出精要论述,更多关于两者争论的问题和内容,有兴趣的读者可参阅上注中列出的论文。

伽达默尔在《真理与方法》一书中对海德格尔《存在与时间》中的解释学进行了进一步的发挥,使解释学由方法论上升到存在论的高度,认为人类的一切行动都可以从存在论的角度理解为种种解释活动,这样的解释活动建立在对"传统"(tradition)的非反思性继承上,而解释的前结构与其说存在于先验的意识结构之中不如说存在于经验的传统结构之中,传统中的个人因此不得不从某种"成见"(prejudice)出发来解释世界以及自身的活动,成见对于伽达默尔而言是一切理解的出发点而不是传统意义上可以出于理性思考而避免的谬误。这样一来,伽达默尔就赋予了解释学在社会科学研究甚至自然科学研究中的基础本体论地位,一切客观性都被解释主体出于"成见"的主观性所取代,不同研究传统因此也只能通过

---

① [德]哈贝马斯著,曹卫东等译:《现代性的哲学话语》,译林出版社2008年版,第344页。
② *Wahrheit und Methode*,Tubingen:Mohr[Paul Siebeck],1960.
③ *Zur Logik der Sozialwissenschaften*:Materialen, Frankfurt am Main:Suhrkamp,1970.
④ 如保罗·利科、托马斯·麦卡锡、安东尼·吉登斯、韦尔默、马丁·杰等等。如 Paul Ricoeur:"Ethics and culture:Habermas and Gadamer in Dialogue," 载 *Philosophy Today*,Vol. 2, no. 4,1973. Martin Jay:"Should Intellectual History Take a Linguistic Turn? Reflections on the Habermas-Gadamer Debate," 载 *Modern European Intellectual History*,Ithaca:Cornell University Press,1982.

彼此之间的相互解释来达到某种"视阈融合",一切寄希望于通过客观性论证来驳倒其他研究方法的意图都不再具有合法性。

事实上,对于伽达默尔的某些观点,哈贝马斯也表示赞同,比如哈贝马斯也认为社会科学研究中纯粹的客观性是不可能达到的,社会科学必须强调理解的优先性,因此逻辑实证主义或历史客观主义的研究进路都不足取。但对于伽达默尔过于激进的解释学方法及其可能导致的后果,哈贝马斯提出了两点主要的反对意见:第一、解释学不能独自承担存在论的任务;第二、传统与成见的力量必须通过反思来制约。

伽达默尔解释学的普遍性,即把原本作为文本分析方法的解释学推进到存在论的层面,并主张解释学方法在理解人的存在问题(社会、文化、制度、经济等等)上的普遍适用性。所谓普遍适用性不单是指解释学在理解一切人文科学中的普遍有效性,更是指对于人类总体世界的理解所具有的根本意义。哈贝马斯则认为,对人类社会的理解除了解释学的方法之外还必须结合意识形态批判、系统分析和历史哲学的方法,不能单单以解释学为基础,解释学由于其自身的局限性无法独自承担理解人类存在的重担。因此,解释学在哈贝马斯这里仅仅处于分析社会存在的方法论层面,对哈贝马斯而言,以语言为媒介的解释学是建立在更为基本的"生活世界"之上的,伽达默尔把解释学普遍化为一切存在的基础这种做法最终只能导致历史相对主义和怀疑主义。

伽达默尔认为传统通过语言媒介传递给现存的社会及个人,语言中浸透着各种各样作为理解前结构的成见,对于既定的传统,我们只是被动的接受者,虽然通过对传统的重新解释可能更新传统的内容,但解释主体并不具有任何中立于传统的解释标准。哈贝马斯认为,伽达默尔的解释学赋予了传统过分的权威,人们作为传统的继承者固然不可能不受传统的影响,但与此同时人们也可以通过独立于特定传统的理性(源自生活世界理解需求的交往理性)力量而不断对传统保持批判性的反思,从而可以不断超越传统、创造未来。如果没有独立于传统的理性批判力量的存在,我们就丧失了任何判断传统究竟是否值得继承的标准,更加不可能把人类真实的需求和意识形态控制区分开来。理性反思的必要性与重要性远甚于伽达默尔所认为的那样,尤其是在一个后形而上学社会中,失去理性这最后一根稻草的人类势必跌入无法拯救的虚无主义深渊。伽达默尔忽视理性反思的另一个严重后果是在社会科学研究方法中以解释学的决定论取代了物理学的决定论,既然人们只能出于特定传统来理解自身、进行活动,那么丧失任何主体性的人的行动实际上仅能运行在被传统结构给定的轨迹中,"自由"在伽达默尔解释学中的地位因此是得不到保障的。

第四章 詹姆逊与后现代背景下的当代西方马克思主义

严格地说,詹姆逊所做的工作并不能归入哲学领域;但是他的工作似乎又超出了文学批评领域,他对当代资本主义社会中种种文化现象的分析,某种程度上触及到了当代资本主义本身的一些结构性特征。尤其是,这位杂糅的理论家在与同样杂糅的后现代主义思潮争论时,还宣称自己对马克思主义始终不变地抱着浓厚的兴趣。也许,詹姆逊的这种独特的向马克思主义致敬的方式,正是马克思主义在当今理论界的种种衍生或者变形之一。

一、马克思主义思想谱系中的詹姆逊

在这个时代,当某位理论家承认自己同马克思主义有亲缘关系时,我们其实并不能从这种承认中把握到什么实质性的东西。这是因为这些亲缘关系过于错综复杂,难以辨识。我们所能看到的只是操着不同甚至相反话语的马克思主义。因此,假如我们希望把握到什么有意义的东西,就必须考察两件事情,一是这些话语同时代问题的关系,一是这些话语在马克思主义思想谱系中的位置。就詹姆逊来说,第一件事情关联于他在其后现代主义理论中所阐发的东西,我们将在后面再展开讨论。此处首先考察他在马克思主义思想谱系中的位置,因为这正是使得他的后现代主义理论区别于其他后现代主义理论的一个重要因素,也是使得他成为一位后现代主义的马克思主义学者的主要原因。

詹姆逊更多地是通过阿尔都塞进入这个思想谱系的,尽管我们当然承认詹姆逊对包括萨特和阿多诺等人在内的研究以及这种研究对他所产生的影响。我们之所以通过阿尔都塞来考察詹姆逊在马克思主义思想谱系中位置,首先当然是由于詹姆逊本人对阿尔都塞的结构主义所做的研究,另一方面是由于詹姆逊把这种结构主义的马克思主义当作了一种基本的分析框架,我们可以在后来他以后现代主义理论而著称的资本主义分析中看到这种框架,尽管他并不再更多地提及阿尔都塞的名字。在这个意义上,如果说詹姆逊的理论具有马克思主义的框架,那么这个框架更多地关联于阿尔都塞。

在詹姆逊看来,"结构"的基础地位在西方的思想文化中有着漫长的传统。但是,结构的概念在历史中是变化着的,比如早期就是一种有机论。而詹姆逊所关注的是20世纪60年代结构主义兴起所带来的一种新的结构的概念。他说:"60年代结构主义突然出现了,发现了一种关于结构的新概念。"

在《马克思主义与形式》中,詹姆逊谈到了这样一个问题,即:"在符号里,各种系列互为能指和所指,也就是说,被保留下来的是符号学的基本规范,即能指和所指的关系是一种武断的关系。……这种模式所面临的基本问题或任务,因此是某种最终解释系列的选择,而解释系列可以作为它更为表面的能指的所指:在马克思主义那里,最终的系列是一系列的社会经济,或者说生产方式;对于结构主义者,最终的系列则是语言本身。"①这就是说,作为还原性的思维模式,"结构主义用符号的观念取代了马克思主义经济动力或决定的术语"②。显然,在这里,结构主义的模式与那对来自马克思主义的基本范畴——基础和上层建筑——有着紧密的关联。

当然,这种关联要结合新的情况来加以考察,詹姆逊就这样评论道,"结构主义是对新出现的问题的新的解释办法"③。那么,新的情况是什么呢?詹姆逊认为,在社会生活中,"由于垄断资本主义阶段的到来,第一产业和第二产业之间的区别变得模糊不清;同样,满足真实需要的产品和各种奢侈品之间的区别也不再清楚,而且从此以后广告就人为地刺激这些奢侈品的消费"④。这就是说,在整个社会生活中,各种物质现象与文化现象之间的外在区分也日益地变得暧昧不明,甚至消失不见了。因此,当我们继续以马克思主义的基础和上层建筑的模式来看待这种变化时,基础和上层建筑模式本身,尤其是上层建筑领域就成了一个复杂的、有待解释的问题。事实上,许多结构主义者的工作都可以被认为是"一种上层建筑的研究"。不过,这也就意味着,许多结构主义者,包括列维-斯特劳斯在内,往往将上层建筑与基础结构割裂开来,以至于上层建筑仿佛就是独立的领域。

但是,"上层建筑这个特别的概念的目的是告诫我们注意它所命名的对象的非主导性。

---

① Fredric Jameson, *Marxism and Form: Twentieth-Century Dialectical Theories of Literature*, Princeton: Princeton University Press, 1974, p. 224.
② *Ibid.*, p. 222.
③ [美]詹姆逊著,唐小兵译:《后现代主义与文化理论》,北京大学出版社1997年版,第2页。
④ Fredric Jameson, *The Prison-House of Language: A Critical Account of Structuralism and Russian Formalism*, Princeton: Princeton University Press, 1974, p. 105.

这个术语旨在指向它的指涉物之外它本身并不趋向的东西,它指向上层建筑的基本实在,即物质经济的状况"①。因此,结构主义面临着这样一种矛盾,即,上层建筑与现实的互相隔离。而面对结构主义的这个难以回避的问题,或者说,面对马克思主义模式本身的问题,阿尔都塞为我们提供了最富成果的研究。对此,詹姆逊概括说,在物质生产与精神生产,或者说,在基础与上层建筑的关系上,阿尔都塞创造性地提出了"问题框架"(即"总问题",problematique)概念,并且主张我们应该将理论应用与政治应用区分开来。可以说,阿尔都塞的创新之处突出地表现为,"他在思维本身的封闭领域中,也就是说在上层建筑中,恢复了基础结构和上层建筑的对立"②。

那么,这种被重新恢复的对立,究竟落在什么地方呢?詹姆逊是这样考虑的,与马克思主义有关基础和上层建筑的划分"相应产生的问题,却是一个关于因果关系的问题"③。在这个问题上,詹姆逊继续以阿尔都塞为典范,着重考察了阿尔都塞对因果关系或者说因果律的分析。在詹姆逊的考察中,他比较了三种因果律,即,机械性因果律(mechanical causality)、表现性因果律(expressive causality),以及阿尔都塞的结构性因果律(structural causality)。

詹姆逊认为,按照机械性因果律,基础和上层建筑中的多个因素显然很难定位,但它的意义在于,点明了文化生产最终是以物质为基础的。而表现性因果律作为一种黑格尔式的因果律,强调寻找事物的内在原因。

当我们将表现性因果律运用到基础和上层建筑时,就会产生一种比较传统的认识,即生产方式被当作是起基础作用的内因,它是由生产关系和生产力组成的经济基础。经济基础决定了作为其表现形式的上层建筑,而上层建筑又分为文化、意识形态、法律以及政治等不同的层次。(如下图)

上层建筑		文化 意识形态(哲学、宗教等) 法律系统 政治上层建筑和国家
基础或基础结构	经济或 生产方式	生产关系(阶级) 生产力(技术,生态,人口)

---

① Fredric Jameson, *The Prison-House of Language: A Critical Account of Structuralism and Russian Formalism*, Princeton: Princeton University Press, 1974, p. 103.
② Ibid., p. 135.
③ [美]詹姆逊著,唐小兵译:《后现代主义与文化理论》,北京大学出版社1997年版,第67页。

按照这样一种模式,传统的马克思主义者往往根据达尔文的进化论,将马克思主义理论看成是对生产方式的历时演进的描述。

对于这种线性发展的生产方式序列,詹姆逊认为它们之间各种关系的一个最大的特征就是同一性,即所有层次的关系都被归结为生产方式,或者说,生产力的作用,所有的层次都是对生产力的表现。这样,处于上层建筑之中的文化和意识形态充其量不过是某种反映与模仿,文化和意识形态之间的关系也仿佛化作了互不相交的平行线。

结构性因果律,作为由阿尔都塞本人提出来的一种结构主义的因果律,实际上是对表现性因果律的反对。詹姆逊认为,在阿尔都塞那里,不同层次之间的联系不是某个"绝对理念式的本质或精神",而是"社会的总体结构"。在这种结构性因果律中,各个层次之间不再是平行线的关系,而是呈结构状的"互有联系的线条";不同的层次也不再是内在本质的表现形式,而是"纯粹的相互关系"。值得注意的是,这种联系和关系是互为区分的,因为,阿尔都塞强调的不是"同一",而是"差异",这些层次之间联系的基础不是同一性,而是差异性,是它们自身特有的特性和规律。

因此,当我们将阿尔都塞的结构性因果律运用在基础和上层建筑的分析上时,生产方式就不再是狭义的经济基础了,而成了"整个社会关系的共时系统"。这就是说,按照结构性因果律,马克思主义理论在研究生产方式的演变时,还十分注意研究每一个社会,尤其是注意了资本主义社会的各个不同的层次,"马克思认为每一种生产方式都具有一定的结构,包括生产关系和生产力,也包括一个'上层建筑',即文化、宗教、政治等等"①。因此,倘若说,"我们可以用结构主义关于系统,关于二元对立的思想来考察一下各种生产方式"②,那么"马克思主义提出的主导符码,既不像人们一般设想的那样是狭义的经济和生产,也不是地方性的危机或事件中的阶级斗争,而是与之全然不同的范畴即'生产方式'本身。……生产方式的概念,投射出(project)一个总体性的共时结构"③,这个共时系统本身是由各个社会层次所组成的。(如下图)。

---

① [美]詹姆逊著,唐小兵译:《后现代主义与文化理论》,北京大学出版社1977年版,第14页。
② 同上书,第17页。
③ Fredric Jameson, *The Ideologies of Theory*, *Essays 1971 - 1986*, Volume 2: *Syntax of History*, Minneapolis: University of Minneapolis Press, 1988, p. 149.

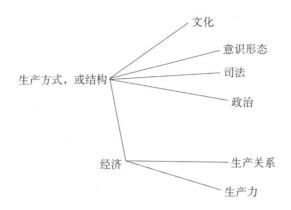

其中,我们可以发现,社会整体各个不同的层次是互相关联的,但这种相互关系本质上不是同一的,而是互为差异的关系。这就是说,在整个社会的结构中,不同的层次之间存在着结构性的差异和一定的距离。因此,在生产方式内部,诸如经济、政治、法律、意识形态以及文化等各个层次既相互联系,又互相区别;而且,正是在这种立体式的关系中,每一个层次本身也相当于一个"亚系统"(subsystem)。所谓的亚系统,一方面体现了不同的层次是整个社会结构的组成部分,它们各自都不能替代社会整体。而另一方面,亚系统的概念又表明,每一个层次都有其自身发展的规律和特性,因此,它们都代表了某种"半自律性"(semi-autonomy)。

因此,詹姆逊认为,在基础和上层建筑的划分上,阿尔都塞的研究是最富成果的。首先,詹姆逊承认,阿尔都塞对马克思历史主义和经典阐释学(即阿尔都塞本人所说的"expressive causality")的批评,就是詹姆逊本人阐述"马克思主义与历史主义"的"基本参考系数"。[①] 其次,詹姆逊肯定了阿尔都塞所说的"半自律性"的意义。在结构性因果律中,基础和上层建筑之间的关系,不再是简单的决定与被决定之间的关系了。因此,文化、意识形态、政治等领域具有两个方面的特点,即,一方面,它们并不能取消生产力的决定性作用,因而它们本身就带有生产的烙印;另一方面,这些上层建筑的领域不再是对生产力的纯粹消极的反映,它们具有相对的"半自律性",甚至可以说,具有一定的实践性和革命性。[②] 詹姆

---

① [美]詹姆逊著,张京媛译:《马克思主义:后冷战时代的思索》,香港牛津大学出版社1994年版,第46页。
② 事实上,在《保卫马克思》中,阿尔都塞将实践区分为四种具体的类型:生产实践、政治实践、意识形态实践以及理论实践。

逊认为,阿尔都塞之所以能攻击黑格尔式的表现性因果律,并将这种攻击转变成一种现实的意识形态批判,是因为他认识和坚持了这种"半自律性"。最后,詹姆逊批判性地反思了作为共时系统的生产方式。詹姆逊的考虑是,生产方式的共时系统是就历史的抽象而言的,"共时性乃是生产方式的'概念';在此意义上,各种生产方式历史的共存的阶段不是共时性的,而是以辩证的方式向历史开放"①。

到这里,虽然我们通过阿尔都塞的结构主义的马克思主义,对詹姆逊在马克思主义思想谱系中的位置进行了勘测,但是我们说过,我们也承认詹姆逊来自别的线索的影响。而且,詹姆逊本人对于结构主义的态度也不是简单的。这些都意味着,我们的这项勘测工作还不可以就此而告终。

首先,我们说,詹姆逊对于结构主义的态度是双重性的,一方面,他对结构主义予以了积极的肯定,并将其中的一些富有启发性的观点和方法作为他本人的思想资源,比如他说,"结构主义在法国产生以后,对旧有的学科,特别是哲学,产生了巨大的冲击,当然首先是针对旧有的人类学的。理论从此有了新的含义,成了一种新的论述,注重的是解读旧有的世界。这是结构主义的发现,即把各层次的现实世界作为符号系统来读"②。但是,结构主义还为我们留下了这样一个基本教训,"即一种总体性是一种联合或置换的规划,不论它的过程可能具有多么不可言喻的流动性和历时性,它本身就赋有一种封闭性:这就是说,任何想把这种过程概念化的尝试——例如,采取混乱或者突变的理论——只有赋予它们一种表现才可能实现,而表现本身就是一种封闭的形式"③。由于这种封闭的形式,结构主义用语言的模式创造了空间般的结构性神话,并将自己封闭起来、囚禁起来,因此,结构主义不可能对它自身的观念和方法进行评论,它"不可避免地缺乏真正的元批评"。因此,结构主义还有待于被超越。事实上,我们在詹姆逊对作为共时系统的生产方式的批判性反思中已经看到了这一点。

这也透露给我们,詹姆逊对结构主义的超越并非是简单否定或者抛弃,而是运用历史的范畴对结构主义进行转换与完善,因为"历史范畴不仅事关斯芬克斯之谜的解答……而且,在此之后,它还以回退的方式,将历史之谜本身理解为一种文学类型,将我们的理解范

---

① Fredric Jameson: *The Political Unconscious: Narrative as a Socially Symbolic Act*, Ithaca and New York: Cornell University Press, 1985, p.95.
② [美]詹姆逊著,唐小兵译:《后现代主义与文化理论》,北京大学出版社1997年版,第2页。
③ Fredric Jameson, *The seeds of Time*, New York: Columbia University Press, 1994, p.xv.

畴作为对历史特定时刻的反映来加以领会"①。这就是说,我们能够破除结构的神话,在结构主义本身的基础上,开创一种新的"解释学",这种解释学将"通过揭露先在的各种符码和模式的存在,通过再次强调分析者本人的处境,向历史的潮流重新打开文本以及类似的文本分析。并不存在什么永恒的命运能在哲学史中有所作为而带来方法论上的这样一种新发展。……只有以这种发展或类似的东西为代价,共时分析和历史意识、结构和自我意识、语言和历史这些孪生的、但又显然不能比较的需求才可能得以调和"②。顺着这个进路,我们看到了詹姆逊后来的那些同他的名字联在一起的工作,即,与马克思主义有着亲缘关系的后现代主义理论。

二、詹姆逊的后现代主义与马克思主义的思想传统

乍看起来,詹姆逊的这种与马克思主义有着亲缘关系的后现代主义理论令人困惑,因为,在利奥塔等许多后现代主义理论家那里,后现代主义与马克思主义往往背道而驰。那么,詹姆逊如何既能承继马克思主义的某些传统,同时又能运用后现代主义来展开他自身的理论论争? 对此,我们也许可以进行这样的考虑,即,马克思主义作为一种批判的理论,对旧世界有着极大的颠覆作用,这种颠覆的作用在后现代主义中也得到了极大的推崇。尽管马克思主义由于其乌托邦的维度而最终与后现代主义走上了两条截然相反的道路,但是那一段批判与颠覆的同路并不应该被取消。而且,实际上,詹姆逊的兴趣更多地在于"晚期马克思主义",即,相对于传统马克思主义而言的当代马克思主义,也就是说,将当代资本主义社会的诸多现象纳于其视野的马克思主义。詹姆逊坦言他并不赞同像福柯那样强调权力,因此他并不把自己局限于阶级之中,他强调马克思主义的一个内在的历史特征是与晚期资本主义的经济逻辑联系在一起,相应地,"后现代阶段的理论最终是一种经济理论"③。这种对经济理论的强调再次反映了詹姆逊由马克思主义的思想传统而来的对社会政治的

---

① Fredric Jameson, *The Ideologies of Theory*, *Essays 1971-1986*, *Volume 1*: *Situations of Theory*, Minneapolis: University of Minnesota Press, 1988, p. 13.
② Fredric Jameson, *The Prison-House of Language*: *A Critical Account of Structuralism and Russian Formalism*, Princeton: Princeton University Press, 1974, p. 216.
③ Fredric Jameson, "Marxism and The Historicity of Theory: An Interview by Xudong Zhang (1998)", *The Jameson Reader*, Edited by Michael Hardt and Kathi Weeks, Oxford and Malden: Blackwell Publishers Ltd, 2000, p. 156.

关注。不过,确切地说,这里所说的马克思主义的思想传统更多地还是关联于阿尔都塞,特别是那种"半自律性"的思想,我们可以从詹姆逊对当代资本主义社会中文化与经济消融并作用于生产方式的判断中读出这一点,特别是可以从他对晚期资本主义的文化逻辑的强调中读出这一点,在那里,文化(确切地说是消融了经济的文化)作为上层建筑的"半自律性"被发挥到了极致,表现出对现实社会生活的强大的实践作用。关于这些,我们留到后面再详细展开,在这里还是集中于詹姆逊后现代主义理论的脉络与特征的勾勒。

与利奥塔不同,詹姆逊认为,后现代并不是对现代的一种重写,而是一种分期。这种分期与马克思对于资本主义的论述密切相关,同时也与一位经济学家恩斯特·曼德尔(Ernest Mandel)密切相关。詹姆逊明确指出他本人并非是一位"经济决定论"者,但马克思主义本身也具有鲜明的历史性,谈论马克思主义会无可避免地论及经济,进而触及到社会的经济结构。对詹姆逊而言,只要人们正确地对待这个问题,那么人们"最终不得不谈及资本主义。因此,贯穿在我著作中的一致性来自于我们所处的时代。其马克思主义的成分来自这个历史阶段基本的经济动态"①。在詹姆逊看来,马克思主义是有关资本主义的科学,或者确切地说,"马克思主义是有关资本主义内在矛盾的科学"②。

我们知道,资本主义的内在的基本矛盾表现为生产的社会化与资本主义私人占有之间的矛盾,在政治领域,这种不可调和的矛盾又表现为资产阶级和无产阶级两大对抗阶级之间的阶级矛盾。不过,在詹姆逊看来,资本主义的"矛盾"并非是某种无形的内在的瓦解,事实上,它已经经历了多次周期性的经济危机的考验而延续至今,因此可以说,它是一种"最有弹性和适应能力的生产方式"③。在这个意义上,对于资本主义的周期性运作的考察,非常有助于我们了解它的弹性和适应能力。而詹姆逊最为重视的就是曼德尔在其《后期资本主义》中所进行的考察。在该书中,曼德尔根据"孔德拉梯夫(Kondratiev)周期"理论指出,资本主义的发展经过了四个周期或者说阶段,即,18世纪末到1847年,1847年危机到19世纪90年代初,19世纪90年代初到第二次世界大战,最后是从二战到现在的这一段阶段。

---

① Fredric Jameson, "Marxism and The Historicity of Theory: An Interview by Xudong Zhang (1998)", *The Jameson Reader*, Edited by Michael Hardt and Kathi Weeks, Oxford and Malden: Blackwell Publishers Ltd, 2000, p. 156.
② Fredric Jameson, "Five Theses on Actually Existing Marxism(1996)", *The Jameson Reader*, Edited by Michael Hardt and Kathi Weeks, Oxford and Malden: Blackwell Publishers Ltd, 2000, p. 164.
③ *Ibid.*, p. 165.

曼德尔从技术形式的角度归纳了这四个阶段的特征,他说,第一阶段的特征是,手工制造或机器制造的蒸汽机逐渐伸展到工业和工业国家的所有最重要部门;第二阶段的特征是,机器制造的蒸汽机的普及;第三阶段的特征是,电和燃油引擎的广泛应用;而我们自己的阶段是以电子仪器和核力为特征的。① 不过,詹姆逊更为感兴趣的恐怕还是曼德尔的后三个分期,他说,"蒸汽技术对应于民族资本主义阶段;电与内燃机对应于帝国主义阶段;而原子能以及控制论对应于我们现在的跨国资本主义和全球化阶段"②。而最后的"这一阶段已逐渐地被贴上了后现代性(postmodernity)的标签"③。

通过上面这样一种进路,詹姆逊使得他所提出的后现代主义同包括生产方式在内的一系列具有马克思主义思想传统的范畴发生了亲缘关系。詹姆逊进一步的工作就是要在这种分期的背景下,对当前阶段的资本主义,也就是贴上后现代性标签的资本主义,展开研究。而他研究的切入点则是这个阶段的资本主义的文化逻辑,就如他那部有影响的著作《后现代主义,或者,晚期资本主义的文化逻辑》这个标题给我们的提示那样。不过,有必要稍微提一下的是,詹姆逊与曼德尔的分期并不完全一致,肖恩·霍默发现了这一点,他说,对于曼德尔来讲,"晚期资本主义"这一术语标示了"清楚地开始于二战之后"的经济历史阶段。而詹姆逊对后现代主义的分期则有点模棱两可:既把它定义为后二战阶段——这与曼德尔对于晚期资本主义的分期相一致,又把它定义为出现于 60 年代末和 70 年代初的那个阶段。④ 不过,这种不一致并不影响詹姆逊对后现代主义和晚期资本主义的评论。在这里,作为后现代主义理论家的詹姆逊与资本主义评论家的詹姆逊是同一个人。

接下来,詹姆逊就全面地展开了他的具有马克思主义思想传统的后现代主义研究。如前所述,詹姆逊是将后现代主义同晚期资本主义的文化逻辑相提并论的,所以,他首先同样要在文化上进行一个分期的工作。他说:"现在让我解释一下'文化分期'。我认为资本主义已经历了三个阶段。第一是国家资本主义阶段,形成了国家的市场,这是马克思写《资本

---

① Cf. Sean Homer, *Fredric Jameson:Marxism, Hermeneutics, Postmodernism*, Cambridge:Polity Press, 1998, pp. 107 - 108.
② Fredric Jameson, "Five Theses on Actually Existing Marxism(1996)", *The Jameson Reader*, Edited by Michael Hardt and Kathi Weeks, Oxford and Malden:Blackwell Publishers Ltd, 2000, p. 165.
③ *Ibid.* pp. 165 - 166.
④ Cf. Sean Homer, *Fredric Jameson:Marxism, Hermeneutics, Postmodernism*, Cambridge:Polity Press, 1998, pp. 108 - 109.

论》(*Capital*)的时代。第二阶段是列宁所论述的垄断资本或帝国主义阶段,在这个阶段形成了不列颠帝国、德意志帝国等。第三阶段则是二次大战之后的资本主义。……第三阶段的主要特征可概述为晚期资本主义,或多国化的资本主义。这一阶段在六十年代有其集中体现,这是一个崭新的、与前面各阶段根本不同的新时代,而且很多人都认为这个时代更接近马克思对资本主义的描述。"①显然,这种文化分期同样是建立在同马克思主义的关联之上的。事实上,一方面,詹姆逊表示,后现代主义或晚期资本主义的经济准备与文化逻辑是同时开始的。另一方面,他也注意到,随着资本主义进入第三阶段,即晚期资本主义阶段,对资本主义进行批判的马克思主义也发展出了新的状况,成为"后马克思主义"。詹姆逊谈到,"各种'后马克思主义'(post-Marxisms)恰恰是资本主义的重构及其惊人的扩张阶段,尤其是在上个世纪之交或者 20 世纪 80 年代的后结构主义时候,在伯恩斯坦等人所假定的马克思主义的'危机'或者'死亡'的伴随之下,与之同时发生的。而反过来与之相随的是各种更为现代的——或事实上我们时代的后现代主义——的马克思主义的理论设计,马克思主义努力尝试着提出关于它传统的研究对象——即资本主义——呈现的崭新而意外的各种维度的理论"②。可以说,詹姆逊的这些考察是同他的身份完全适应的,即作为一个后现代主义理论家,同时作为一个马克思主义思想传统的承继者。

有了前面的这些准备,接下来我们也许可以正当地考察詹姆逊的后现代主义理论的特征了。我们试图主要围绕愉悦(pleasure)、拼凑(pastiche)和精神分裂(schizophrenia)这三个概念来展开考察。

我们知道,康德在他的美学思想中区分了优美和崇高。在詹姆逊看来,现代主义只是认同了崇高,而后现代主义则要回归于优美。他谈到,"在旧有的现代的崇高的位置上,出现了优美和装饰性事物的回归,它们抛弃了被艺术所声称的对绝对或真理的追求,而重新定义为纯粹的愉悦和满足"③。所以,我们看到,"后现代主义宣布:我们不需要天才,也不想成为天才,我们不需要现代主义者所具有的个人风格,我们不承认什么乌托邦性质,我们追求的是大众化,而不是高雅。我们的目标是给人以愉悦,因而我们不反对装饰,恰恰相

---

① [美]詹姆逊著,唐小兵译:《后现代主义与文化理论》,北京大学出版社 1997 年版,第 6—7 页。
② Fredric Jameson, "Five Theses on Actually Existing Marxism(1996)", *The Jameson Reader*, Edited by Michael Hardt and Kathi Weeks, Oxford and Malden: Blackwell Publishers Ltd, 2000, p. 166.
③ Fredric Jameson, *The Cultural Turn: Selected Writings on the Postmodern, 1983 - 1998*, London and New York: Verso, 1998, p. 86.

反,我们喜欢雕饰"①。而在这个时代,即詹姆逊所说的跨国资本主义的时代,后现代主义所追求的愉悦、优美以及大众化是在消费中达成的。詹姆逊说:"今天的物化是一种美化,商品现在也以审美的方式消费。"②在这里,关键的不是联系于愉悦的优美取代了现代主义的崇高,而是愉悦成为了唯一的标准,通过这个标准,原来的崇高与优美之间的张力解除了。事实上,这里大众化很大程度也已经不是和高雅相对的那个大众化了,而是指消除了高雅与大众化之后的那个大众化,一个将所有的一切都置于同一个平面的大众化。这看起来是一种颠覆,但实际上却最大限度地维护了资产阶级的统治,因为资本主义社会在很大程度上依赖着市场,现在,通过优美和雕饰把愉悦也纳入市场,无疑等于把人们那一点点难以市场化的东西也市场化了,这当然令资产阶级欢欣鼓舞。从中,我们阅读出了愉悦的政治含义。

那么,资本的逻辑是如何来运作愉悦的市场化的?这个问题之所以被提出,是因为,在市场上,所有的东西作为商品都是批量生产的。在这个意义上,它们被抹杀了自身的特殊性,它们的使用价值被交换价值所代替,因为交换是商品的本性。这样的话,它们如何能够满足消费,或者说,市场如何运作,因为我们不能想象消费者会愿意去消费一模一样的东西。这实际上也是后现代主义在现代主义的个人风格消失之后不得不面临的一个问题。在这个地方,詹姆逊提出了一个概念:拼凑(pastiche)③。他说,"随着个人风格的日益无效。今天所产生的可谓普遍的实践乃是那被称为拼凑的东西"④。詹姆逊所说的拼凑非常适合于商品的本性,因为它是中立的,詹姆逊通过将拼凑与现代主义的戏仿(parody)相比较来揭示了前者的特点,"拼凑,像戏仿那样,乃是对一种特定或唯一的特殊风格的模仿,戴上语言的面具,以僵死的语言来言说。但是,拼凑是这种模仿的一种中立的实践,它没有任何戏仿的隐秘动机,而且被切除了讽刺的冲动,缺乏笑声和任何确信……因而拼凑是

---

① [美]詹姆逊著,唐小兵译:《后现代主义和文化理论》,北京大学出版社1997年版,第165页。
② [美]詹姆逊:《论全球化的影响》,王逢振译,《马克思主义与现实》,2001年第5期,第73页。
③ 根据詹姆逊自己的说法,拼凑这个概念源自阿多诺,他说:"拼凑的概念,我们可以归功于托马斯·曼(在《浮士德博士》中),而他转而又要归功于阿多诺论先进音乐实验的两条途径的伟大作品(勋伯格的创新规划和斯特拉文斯基的非理性折衷主义)。"(Fredric Jameson, *Postmodernism, or The Cultural Logic of Late Capitalism*, Durham: Duke University Press, 1991, p. 16.)
④ Fredric Jameson, *Postmodernism, or The Cultural Logic of Late Capitalism*, Durham: Duke University Press, 1991, p. 16.

一种空白的戏仿,一尊双目失明的雕像"①。在这里,拼凑较之戏仿来说,似乎要公正得多,因为它并不进行讽刺与取笑。中立似乎意味着不偏不倚,但是实际上把真正有意义的东西抹杀了,即把内在的东西抹杀了;然而它又是拼凑,这意味着它在进行抹杀之后,又把一些东西通过模仿粘贴在一起,粘贴在那个空的东西上面,也就是詹姆逊说的空白的模仿。

由拼凑所模拟出来的主体从根本上来说是平面的、没有纵深的,所以既不指向外部世界,也不指向内部世界。因此,这样的主体无法在时间中前后一致的贯穿起来,这种情形,用拉康的一个术语来说,就是"指意链的断裂"(a breakdown in the signifying chain)②。这就引出了詹姆逊所说的另一个重要的概念——精神分裂(schizophrenia)。

事实上,詹姆逊一开始在"后现代主义与消费社会"——中所列出的后现代主义的特征就是两个,一个是拼凑,另一个就是精神分裂。③ 如果说拼凑从空间的角度对晚期资本主义的文化逻辑展开了充分的描述,那么精神分裂则从时间的角度来进行描述。

刚才,我们是联系"指意链的断裂"来提出"精神分裂"的,那么,指意链究竟意味着什么?詹姆逊这样来描述它,"互相锁定的能指的语段系列,它们构成了一段话语或者一个意思"④。作为结果,指意链的断裂实际上指向了主体的被解构,就是说,主体无法在时间的过去和未来中组织起来,这种能力的消失使得指意链变得不可能了,因为指意链作为一个链接很大程度上正是要在时间中才能把指意组织起来。因此指意链的断裂、主体的摧毁、精神分裂等描述都是指向同一个东西的。精神分裂的结果,或者说指意链断裂的结果,乃是时间中的一切都成为了碎片,它们也被平面化了。这就是说,现在、过去以及将来以一种平面的而不是纵深的方式向精神分裂者呈现出来。

关于拼凑和精神分裂,我们可以大致总结地说,后现代的拼凑使人们置身于某个空间的平面之上,这个平面就是主体在资本主义社会中的那个被拼凑起来的身份或者说位置,主体就在这里,拼凑维持着主体的在这里的状况。而精神分裂则使人们置身于时间的某个

---

① Fredric Jameson, *Postmodernism, or The Cultural Logic of Late Capitalism*, Durham: Duke University Press, 1991, p. 17.
② *Ibid.*, p. 26.
③ Cf Fredric Jameson, *The Cultural Turn: Selected Writings on the Postmodern, 1983 - 1998*, London and New York: Verso, 1998, p. 3.
④ Fredric Jameson, *Postmodernism, or The Cultural Logic of Late Capitalism*, Durham: Duke University Press, 1991, p. 26.

平面之上，这个平面就是资本主义社会中的现在——把一切时间上的纵深都抹平为现在的现在，主体就在现在，精神分裂维持着主体的在现在的状况。某种意义上可以说，时间和空间也被抹平了。在这样的情形下，一切都很切近，一切都是现在，所以追求愉悦就是唯一需要与唯一可能的事情。

三、后现代主义语境下的资本主义批判

前面，我们提到了詹姆逊的这样一个想法，即，"贴上了后现代性（postmodernity）的标签"的资本主义阶段乃是"我们现在的跨国资本主义和全球化阶段"。因此，如果要讨论后现代主义语境下的资本主义批判，那么跨国资本主义和全球化就是两个主题，而我们的考察也将围绕它们展开。

在这里，我们有必要注意这样一个现象，即，在詹姆逊那里，后现代主义、跨国资本主义往往是和消费社会联系在一起的，他说，"二战以后的某个时刻，一种新型的社会开始出现（它被描述为后工业社会、跨国资本主义、消费社会、媒体社会等等）"[①]。又说，"我相信，后现代主义的出现与晚期的、消费的或跨国资本主义新契机的出现紧密相关"[②]。詹姆逊对消费社会的论述透露出这样一个信息，即，我们是通过消费与这个世界上的各种事物发生关系的。但是，消费还只是一个表面的现象，因为从根本上来说，这与西方在场形而上学的传统有关，即通过某种方式一劳永逸地占有对象。既然是可以一劳永逸地占有的，那么就有一个假设，即，被占有的对象是全然在场的。而现在，这种占有体现为消费。而且，随着跨国资本主义的出现，这一在场形而上学的内在要求在消费中得到了淋漓的体现。

这种全然在场与全然占有使得"现在"成为了时间维度中的唯一一极，作为结果，历史纵深消失了。事实上，历史感的消失正是这个时代的特征。在《文化的转向》中，詹姆逊表述完后现代主义与晚期的、消费的或跨国资本主义紧密相关之后，很快就说："然而，我只能展示一个重要的主题：即历史感的消失（the disappearance of a sense of history），在这种状态之中，我们整个的当代社会系统一点儿一点儿地开始失去其留存自己往昔的能力，开始活在一个永恒的现在和一个永恒的变化之中，而抹去了早先社会信息曾经以这样或那样的

---

① Fredric Jameson, *The Cultural Turn: Selected Writings on the Postmodern 1983-1998*, London and New York: Verso, 1998, p. 19.
② *Ibid.*, p. 20.

方式所保存的种种传统。"①就文化而言,往昔的消失意味着文化成为了一个没有传统的东西,而只留下一连串象征性的符号和元素。但是这些符号和元素本身并不构成文化,因为它们在失去历史感之后就成为了平面的、分散的东西。因此,我们会看到,在跨国资本主义阶段,各种无根的文化元素被牵扯到一起,进行一种我们前面所提到的后现代拼凑(pastiche)。换句话说,各种文化的元素像碎片一样在全球飘舞,但是却没有一种文化得以留存自身。还有一点就是,如果说文化是需要逗留的,那么失去历史感的文化元素是不需要逗留的,它们是完全适合于消费的,而且事实上,人们所消费的文化也仅仅是文化元素。这生动地体现了詹姆逊对后现代的这样一个判断,即,"至于文化,说到底,后现代性已经具有文化消融于经济和经济消融于文化的特征"②。

结合消费社会的特征,我们可以说,无论是消融了文化的经济还是消融了经济的文化,都是围绕消费转的。在这里,詹姆逊分析了文化和经济彼此消融的两种方式,一种是经济到文化的运动,另一种是文化到经济的运动。关于前一种,他说:"因此,一方面,商品生产现在是一种文化现象,你购买产品不仅因为它的直接价值和功能,而且因为它的形象。为了设计商品的形象和推行销售它们的战略,一种整体工业——一种经济机制——已经形成,于是在文化和经济之间广告成了基本的中介。"③这其中存在着一种回转,一方面,这个时代的人们极其地缺乏文化经验,另一方面这个时代的人们极其地富有文化元素。那些文化元素被拼凑起来,不过是被拼凑在商品之中。所以,人们的文化品味与他们的文化传统毫无关系,而只是关联于他们的消费品。作为结果,尽管人们从根本上来说处于文化上的苍白境地,但是那些拼凑着文化元素的商品营造了一种似是而非的文化氛围。反过来,这种文化氛围助长了人们对文化元素的要求,所以他们从来不会满足于直接价值和功能,而要求文化方面的东西,以至于任何商品要是缺乏文化元素,简直无法在市场上竞争和立足。詹姆逊在这里所提及的广告是一个极好的例子。如果说审美在康德那里意味着一种无目的的合目的性,那么广告中的审美则意味着有目的的合目的性。

对于文化到经济的运动,詹姆逊说:"但也存在着从文化到经济的运动,而且它同样重

---

① Fredric Jameson, *The Cultural Turn: Selected Writings on the Postmodern 1983-1998*, London and New York: Verso, 1998, p.20.
② [美]詹姆逊:《论全球化的影响》,王逢振译,《马克思主义与现实》,2001年第5期,第73页。
③ 同上。

要。这就是娱乐业本身——美国庞大的、最赢利的出口品之一,与食品和武器等同。"①同广告一样,娱乐业既是文化元素的拼凑,又是工业化的生产。在娱乐业中,詹姆逊特别感兴趣的是电影,事实上,我们可以看到,好莱坞的电影已经在全球泛滥。尽管在詹姆逊看来,法国似乎在对这种状况进行抵制,但是我们看不到这种抵制有什么希望。对于大众来说,可口可乐和好莱坞电影在全球的风靡是全球化的最好体现,这也就是詹姆逊所说的作为美国最为庞大而赢利的出口品的食品和娱乐业,至于武器,我们这里不做讨论。透过詹姆逊的这段话,我们也能体味到所谓的全球化与美国化之间的关联,这一重要的关联我们放在下面来加以讨论。

需要指出的是,广告和娱乐业虽然有所不同,但是从根本上来说,它们都属于鲍德里亚意义上的类象(simulacrum)。类象刻画了全球化语境下的文化特征。詹姆逊在谈到电影的机械化复制时就仔细分析了这个概念,事实上,可机械化复制的广告也同样如此。詹姆逊说:"首先我们区别一下'摹本'(copy)和'类象'(simulacrum)的不同。之所以有摹本,就是因为有原作,摹本就是对原作的摹仿,而且永远被标记为摹本。原作具有真正的价值,是实在,而摹本只是因为想欣赏原画而请手艺人临摹下来的,因此摹本的价值只是从属性的,而且摹本帮助你获得现实感,使你知道自己所处的地位。而'类象'却不一样。'类象'一词是法国人鲍德里亚(Baudrillard)首先使用的,其定义之一是:类象是那些没有原本的东西的摹本。"②在这里,类象的无原本性是与前面我们所讨论的平面化和历史感的消失相一致的。一般地,我们总是会通过摹本去构想某个原本,并认为那个原本是实在的。但是现在,类象改变了一切,我们失去了原本,而只生活在类象之中,而类象恰恰不是实在的,换句话说,我们的真实生活消失了。

在对跨国资本主义和消费社会进行了简短的讨论之后,接下来我们将讨论后现代主义语境下的资本主义批判的另一个主题,即全球化。其实,我们上面在讨论跨国资本主义的时候,已经触及到了这个主题,因为这两个主题是彼此渗透的。

对于全球化问题,詹姆逊直接就将它归结到了美国化,"我们在讨论日益扩张的全球化的权力与影响的时候,指的难道不正是美国咄咄逼人的日益扩张的经济实力与军事实力?我们在讨论民族国家的衰弱的时候,所描述的难道不正是其他的民族国家在美国霸权下的

---

① [美]詹姆逊:《论全球化的影响》,《马克思主义与现实》,2001年第5期,第73页。
② [美]詹姆逊著,唐小兵译:《后现代主义与文化理论》,北京大学出版社1997年版,第218页。

从属地位吗?……现在我们已经能够追溯帝国主义王朝的所有形式"①。显然,在詹姆逊那里,全球化不是一个简单的经济或者文化的问题,而是同资本主义批判联系一起的。

詹姆逊在这里所说的"帝国主义王朝的所有形式"包括三种不同版本的帝国主义,而詹姆逊对它们的分析乃是要突出其中的一种最新的帝国主义,即仅仅关联于美国的帝国主义。詹姆逊认为,帝国主义的早期版本是"一战"前的殖民主义秩序;在"二战"以及随之而来的冷战的非殖民化浪潮中,这一形式被取代,新版本对于经济施压与敲诈手段的运用更隐蔽也更阴险。② 在分析完这两种形式的帝国主义之后,詹姆逊马上谈到了帝国主义的第三个发展阶段,也就是最新的阶段,他援引亨廷顿的论述来勾勒这种帝国主义,不过旋即就做了一个重要补充,他说:"我们现在或许已经看到了帝国主义的第三个发展阶段,在这一阶段美国追求塞缪尔·亨廷顿所阐述的三个取向的策略:美国独家拥有核武库;人权以及美国式的选举民主;(隐蔽的)对移民以及劳工的自由流动的限制③。这里还可以加上第四条极其重要的政策:在全球范围内推广自由市场。帝国主义的这一晚近形式将仅仅以美国(以及像英国这样死心塌地的卫星国)担负起世界警察的角色……"④如果说前面的三条策略关联于军事、政治和经济的话,那么詹姆逊所提出的第四条策略则体现了全球化的要义。

以上,我们从美国化和全球化的角度对这一新的帝国主义进行了考察。接下来,我们还可以注意到,这一新的帝国主义的特征也体现在文化方面,詹姆逊直接就说:"文化帝国主义似乎伴随着真正的帝国主义,如同好莱坞的电影、成捆成箱的流行音乐磁带被装上炮舰一样。"⑤在这里,詹姆逊提出了文化帝国主义(cultural imperialism)的概念,这个概念非常贴切地刻画了这一新的帝国主义的特征,詹姆逊也将它与真正的帝国主义联系在一起。文化帝国主义与传统帝国主义也有很大的不同,一方面,那种表面上的独断专横消失了,另一方面,一种形式上的多元主义被确立起来了,但这种多元主义恰恰在掩盖控制的同时加

---

① [美]詹姆逊:《全球化与政治策略》,刘春荣译,《当代国外马克思主义评论》第二辑,复旦大学出版社2001年版,第272页。
② 参看[美]詹姆逊:《全球化与政治策略》,刘春荣译,《当代国外马克思主义评论》第二辑,复旦大学出版社2001年版,第272页。
③ [美]塞缪尔·亨廷顿:《文明的冲突》,纽约,1998。——原注。
④ [美]詹姆逊:《全球化与政治策略》,刘春荣译,《当代国外马克思主义评论》第二辑,复旦大学出版社2001年版,第272页。
⑤ [美]詹姆逊著,张京媛译:《马克思主义:后冷战时代的思索》,香港:牛津大学出版社1994年版,第16页。

深了控制。

对此,詹姆逊陈述道:"文化帝国主义比以往更为真实地存在着,它冲破了旧名的死茧壳,在新的天空中舒展开自己的华丽翅膀,招来遮天盖地的蝗虫狂乱四处觅食,使整个天空昏暗无光。在后现代的国际贸易策略和所谓的'后福特主义'(post-Fordism)①时代,老式的专横暴虐、那种强迫推广美国式产品(不论是奶粉、洗头剂、五十年代的电视节目,还是军事体系)的标准的做法,似乎已经结束,一种不妥协于统治和霸权的新的弹性已蔚然成风。'多元主义'(pluralism)一词,无论是作为一个社会和政治标语抑或作为理论和哲学生活的事实,似乎是对后福特主义在上层建筑里的真实反映,然而'多元主义'把帝国主义和统治的现象与商品化结构更为复杂地联系在一起,使从前较为公开和明显的暴力转变为精巧微妙和形而上的复杂物。"②

那么,这种转变是如何达成的呢? 如果我们将后福特主义与后现代性、美国化、全球化和文化帝国主义放在同一层面上来考虑,那么也许可以从两个方面来看待这种转变,一个是区域性被转化成全球性,另一个是强行倾销被转化为贸易协定。无论哪一点,都在表面上收敛起了原来的专横暴虐。

我们先来看第一点,在这一点上,詹姆逊《时间的种子》一书的最后的一段话仿佛直接就是对上面那句话的详细说明,告诉我们公开和明显的暴力怎么转变成了精巧微妙和形而上的复杂物。他是这么说的:"福特主义和古典的帝国主义在中心设计它们的产品,然后借助法令将其强加给新出现的公众……而后福特主义……'尊重'当地居民的价值和文化,因为它使其多样的货品适合于那些本地的语言和习惯。不幸的是,这种状况恰恰将公司插入

---

① 后福特主义由罗宾·摩雷(Robin Murray)精彩地描述如下:同那些仅拥有少数销路好的货物的廉价商店不一样,赛恩斯波利(Sainsbury)商店网,作为高级商店的新潮一代,与市场的需求挂钩,承销一系列产品。针对消费者群而制定市场产品成为商店的流行口号。市场调查员按年龄(少年、青年、壮年)、家庭种类(双职工无子女家庭、同性恋家庭、单身双亲家庭)、收入、职业、房产、住址来划分市场。市场调查员分析"生活方式",把商品同消费模式联系起来,从食品到服装、从健康到度假……最成功的产品制造区是那些有灵活的生产系统、敢于创新、强调"客户化"设计和质量的工业区。生产系统的灵活性之一是通过新科技和引进易于调配的机器而取得的。那些机器只需要简单地调整一下便可以用来生产不同的产品。例如,本尼通(Benetton)的自动洗染工厂可以根据需要而调整颜色。载于"Fordism and Post-Fordism", Stuart Hall and Martin Jacques, eds., *New Times* (London: Lawrence & Wishart 1989), pp. 43-44。——原注。
② [美]詹姆逊著,张京媛译:《马克思主义:后冷战时代的思索》,香港牛津大学出版社1994年版,第16—17页。

地方和区域文化的心脏之中,这样,对于区域文化,我们很难断定其是否还是本真的(事实上是难以断定'区域文化'这个术语是否还有意义)。……现在'区域'同样变成了全球性的……难道全球的'差异'今天已等同于全球的'同一'?"①在这里,詹姆逊通过辩证的思考和形象的说明勾勒出了区域性向全球性的转变,那种被"尊重"的区域文化实际上已经失去其本身的活力了,因为它们的心脏之中已插入了跨国垄断公司。作为结果,它们所有的活力,包括本地语言和习惯在内的一切,都需要跨国垄断公司从它们的心脏之中来供给。

再来看第二个方面,即贸易协定的方面,詹姆逊说道,"然而我所描述的那种在今天看来更为独特的帝国主义(及其文化帝国主义)的后现代形式,主要是通过北美自由贸易协定(NAFTA)、关税及贸易总协定(GATT)、最低年收入计划(MAI)、世界贸易组织(WTO)等的计划而奏效,其重要原因是这些形式提供了一种教科书式的范例(来自于一本新版教材),这一范例置任何差异性于不顾,它把不同层面的、截然不同的经济、文化、政治问题混为一谈,这正是后现代性的特征,这一特征赋予了全球化的基本结构"②。很清楚,贸易协定就是游戏规则。现在的情形就是,强行推销这种专横而容易引起抵制的方式已经过时,而贸易协定由于玩弄平等谈判、权利义务的手段获得了一种公共规则的地位。而一旦进入这个游戏,一旦游戏规则运作起来,所有的一切都将发生全局性的转变。照詹姆逊的看法,这种转变是置任何差异性于不顾的,作为结果,区域当然也就消失了。所以,詹姆逊明确将它与全球化的基本结构联系起来。

以上,我们对詹姆逊与后现代背景下的当代西方马克思主义这个问题做了一个简单的考察,这个考察更多地是借助他的后现代主义理论展开的。这一方面是因为后现代主义理论是詹姆逊的标志性理论,另一方面是因为他对当代资本主义的分析,以及他同马克思主义的亲缘关系都渗透在这个理论之中。

---

① Fredric Jameson, *The Seeds of Time*, New York: Columbia University Press, 1994, pp. 204 - 205.
② [美]詹姆逊:《全球化与政治策略》,刘春荣译,《当代国外马克思主义评论》第二辑,复旦大学出版社2001年版,第277页。

第五章 "生态学的马克思主义"与后现代主义的对立

"生态学的马克思主义"是"西方马克思主义"的最新形态,自从它从生态运动中分化出来以后,它与后现代主义的对立越来越明显。我们这里集中论述一下它与后现代主义的对立,从中进一步来阐发"生态学的马克思主义",乃至整个"西方马克思主义"的当代意义。

一、生态中心主义是生态运动内部的后现代主义

随着西方生态运动的蓬勃兴起,西方出现了所谓"绿色政治"。"绿色政治"无疑就是一种后现代政治。当代西方新涌现的生态学的马克思主义者佩珀(David Pepper)就是这样认为的:"'绿色政治'通常缺乏结构和统一性,舍弃权威,崇尚文化相对主义,尽管'绿色政治学家'自相矛盾地渴求看到所有的社会都符合普遍的生态学的元理论,也就是说,符合自然容纳量的规律。从而'绿色政治'在许多方面与后现代政治相一致。他们反对加之于群体之上的普遍性的东西(生态规律不在此列)以便可以自我决定,他们在对绿色进行理论化的过程中,反对隐含性和结构性,以便推崇表层性。深藏在有关绿色伦理和绿色社会观点背后的组织原则,不是崇高的道德,而是快乐主义(一种认为快乐是最高的幸福、人生的目的的学说)和唯美主义(鉴赏美)。"①

生态学的马克思主义者这样认为,一些"绿色政治学家"本人也如此认为。如"绿色政治学家"阿特金森(Atkinson)就把"绿色政治"与后现代政治联系在一起,提出了"绿色后现代主义"的概念。阿特金森作为一个绿色政治学家,非常推崇相对主义,确信助长普遍理性和二元论的、还原主义的和分析的思维,就等于助长文化帝国主义。阿特金森强调,不管是实证主义还是马克思主义的社会科学,"作为这种社会和政治制度(一种权力的等级体制)的意识形态的附庸,其功能就在于使工具主义合法化","它对隐含在非工具主义文化背后

---

① [英]佩珀:《生态社会主义——从深层生态学到社会正义》,伦敦洛特雷出版社1993年版,第57页。

的'功能'的'发现',代表了对其他文化,或者说非工具主义文化态度的一种简单否定"。与此形成鲜明的对照,"后现代主义强烈地认可其他文化和观念,即'他者'的同样的价值"①。阿特金森在这里推崇后现代主义的立场十分鲜明。他认为,"绿色政治学家"的使命就是批判和抛弃启蒙主义,创造一种替代性的政治生态学。

必须指出,与后现代主义相呼应的"绿色政治",并不包含所有的环境保护主义。这里所说的"绿色政治"仅仅是指环境保护主义中的生态中心主义的政治。在环境保护、生态运动的"绿色"旗帜下,聚集着形形色色的思潮和流派。这些思潮和流派大致可分为"绿绿派"(Green-greens)和"红绿派"(Red-greens)两大阵营。属于前者的主要派别有生态原教旨主义者(ecofundamentalisim)、生态无政府主义者和主流绿党等,他们的理论统称为生态中心主义。而属于"红绿派"阵营的既有一些社会民主主义者,也有一些马克思主义者,他们的理论统称为生态社会主义,而其中具有明显的马克思主义标记的则又称为生态学的马克思主义。一般说来,"绿色政治"就是指"绿绿派"的政治,而并不包含生态社会主义、生态学的马克思主义,即"红绿派"的政治在内。在环境保护主义中,真正与后现代主义相近而与现代主义相对立的,只是生态中心主义,而生态社会主义,特别是生态学的马克思主义则非但与后现代主义无缘,相反在许多方面却与现代主义走到一起去了。

佩珀认为,明确"绿色政治"仅仅是指环境保护主义中的生态中心主义这一点非常重要,因为环境保护主义中的"绿绿派"与"红绿派"之间争论的一个主要内容就是对后现代主义和现代主义的态度。佩珀甚至这样说,可以把"绿绿派"与"红绿派"之间的争论视为后现代主义与现代主义之间的争论,"绿绿派"代表的是后现代主义,而"红绿派"则代表现代主义的观点②。佩珀这样说道:"生态中心主义在很大程度上是与无政府主义的东西混杂在一起的,它的一些核心内容都是后现代主义的,即使后者是一些陈旧的政治哲学观点。而生态中心主义的红色批判则是一种使生态中心主义走向更现代主义的世界观的一种尝试,它包括:其一,一种人类中心主义形式;其二,对引起生态危机原因的马克思主义(唯物主义和结构主义)的分析;其三,社会变革走冲突和集体的道路;其四,社会主义的处方和绿色社会的前景。"③在佩珀看来,生态社会主义,特别是生态学的马克思主义的理论基础是启蒙主义、理性主义和工业社会的发展观和价值观,这决定了它必然是现代主义的,必然与崇尚非

---

① [英]阿特金森:《政治经济学原理》,伦敦牛津出版社1991年版,第61—62页。
② [英]佩珀:《生态社会主义——从深层生态学到社会正义》,伦敦洛特雷出版社1993年版,第58页。
③ 同上。

理性主义和神秘主义的生态中心主义的绿色政治相对立。

二、在对待现代性态度上的对立

生态学的马克思主义的崛起,代表了生态运动内部一种企图走出后现代主义的困境,把绿色运动引向健康的现代主义的倾向。"红绿派"从生态运动中分化出去的过程实际上就是与后现代主义相对抗的过程。生态学的马克思主义所反对的不仅仅是同属于环境保护主义中的生态中心主义的后现代主义倾向,而是整个后现代主义。

后现代主义是冲着现代工业文明的现代化运动而来的。它从批判现代化的各种负面效应开始,进而否定整个工业文明的发展观和价值观。后现代主义不仅包含了现代主义与后现代主义地时间上的前后相继,而且还包含了后现代主义对现代主义的反叛和矫正。后现代主义源自现代主义,但又反叛现代主义。后现代主义把现代性引发的一系列的社会问题归罪于现代性观念,从而要从根本上否定现代性本身。一些后现代主义者这样说道,后现代主义不是现代主义的末期,而是现代主义的初始状态,既可以说是一种"后来的先到",又能认为是一种"未来的先在"。美国的后现代主义者格里芬(D. R. Griffin)就提出后现代主义是"一种认为人类可以而且必须超越现代的情绪"①。

生态学的马克思主义者对后现代主义首先不满的就是这种"超越现代的情绪"。他们同样对现代化的种种负面效应,特别是对生态环境的破坏提出了尖锐的批评,但不否定现代化本身。他们不像包括生态中心主义者在内的后现代主义者那样否定工业社会,主张反增长、反技术、反生产。他们不美化现代文明社会,也不全盘否定现代文明社会。他们不对现代化和现代性带有偏激的情绪。他们具有强烈的修复已经崩溃的现代性,继续追求文化,社会和经济领域的现代性可能性的动机。

最负盛名的生态学的马克思主义者高兹(Andre Gorz)在其著名的《经济理性批判》一书中提出要为现代化确定一个界限,认为现代化的问题不是出在自身,而是出在越出了自己的范围。他说道:"我们当今所经历的并不是现代性的危机。我们当今所面临的是需要对现代化的前提加以现代化。当今的危机并不是理性的危机,而是合理化的(日益明显的)

---

① [美]大卫·格里芬编,马季方译:《后现代科学——科学魅力的再现》,中央编译出版社1995年版,"英文版序言"。

不合理的动机的危机,正如被变本加厉地所追逐的那样。当前的危机并不意味着现代化的过程已经走到了尽头,而我们必须走回头路。倒不如说具有这样一层含义:需要对现代性本身加以现代化,需要反身性地将现代化本身纳入其自身的行为领域,即将合理性本身加以合理化。"①当今各种各样的后现代主义思潮都认为现代性出现了危机。高兹的这段话主要是针对后现代主义对现代性本身的批判的。他还指出:"'后现代主义者'所说的标志着现化性的终结的东西,以及所谓的理性的危机,实际上是那种选择性的、片面的合理化,即我们称之为工业主义的东西赖以确立的准宗教的非理性的内容的危机。"②高兹在这里强调现代化的过程并没有完成,而业已确立的现代化的界限正被不断突破。危机不是现代性本身,而是其准宗教的非理性的内容。高兹认为,如果坚持当前的危机就是现代性的危机的观点,那么我们就必然处于对过去的怀旧的伤感之中,而不能赋予那些引起我们过去的信仰崩溃的变革新的含义和方向,从而也就不能从危机中走出来。现在关键的是要改变对现代化的观念,即那种把现代化视为是没有界限的、可以漫无边际地加以突破的旧观念。他说,"我希望证明现代化具有本体论的和存在论的界限,证明这些界限只有伪合理化、非理性的手段才能加以突破,而正是这种伪合理化、非理性的手段,使合理化走向了反面","这里我的主要目的之一就是给我们能加以现代化的领域划定界限"。③ 所谓划定界限,就是确立在现代化过程中哪些是可以做的,哪些是不可以做的,而不像现在那样什么都可以做。

另一个著名的生态学的马克思主义者莱易斯(William Leiss)则提出,批评现代化的弊端并不是要人们回到前现代化时代去。鉴于反对生态学的马克思主义的人往往指责生态学的马克思主义的理念和价值观是"原始的",莱易斯反复强调生态学的马克思主义"并不寻求把任何早期的社会发展状态尊崇为我们应返回的黄金时代"④。他指出,生态学的马克思主义"不认为任何其他的早期社会模式已较好地在人与人之间、在人与自然环境之间实现了'自主的和创造性的交往'",而是认为"某些现代产业主义的成就业已为这些特征的表达和实现(指人的自主性、创造性发展——引者注)开辟了新的前景"。⑤ 在他看来,生态学的马克思主义与后现代主义的一个严重分歧就是应不应对现代化的成果加以全盘放弃,可

---

① [英]高兹:《经济理性批判》,伦敦沃索(verso)出版社1989年版,第1页。
② 同上书,第2页。
③ 同上书,第2页。
④ 同上书,第109页。
⑤ 同上书,第109页。

不可倒退回前现代化去。他希望人们不要把生态学的马克思主义对现代化的看法与后现代主义混淆在一起,真正对现代化加以全盘否定并要回到原始状态去的是后现代主义。为了消除人们的误解,他特别指出,生态学的马克思主义的目标"并不是要让基本的人群回到过去那种以穷乡僻壤为特征的艰苦生活环境中去,而是要把现代技术的优势在更大范围的各种不同环境中进行分散",而如果真正做到了这一点,那么无疑,"工业化的积极方面和尖端技术就可以向当代社会提供以前社会所不可能有的舒适环境,即提供一种丰富多彩的生活环境"。①

三、围绕着人类中心主义两者的对立

后现代主义的一个显著特征就是消解主体性。后现代主义者认为,主体的存在不仅意味着"主—客"二分的存在,也反观了现代性的缺陷。主体有如写在沙滩上的字迹一般,可以抹去,从此以后,世界不再有人与物之间的关系存在,而是物与无的关系。我们知道,现代主义推翻了宗教、消解了神性,使人性和主体浮现了出来。现代性运动的伟大成就之一就是使主体和主体性得以确立。所以,后现代主义与现代主义相抗衡,首先做的就是无情地批判主体。环境保护主义中的生态中心主义者,即"绿绿派"把后现代主义的这种反主体性作了系统的发挥,认为生态问题的根源就是人类中心主义。他们从反对工业化对自然的掠夺出发,进而反对人类中心主义,提出要用生态中心来取代人类中心。

生态学的马克思主义者,不是一般地反对人类中心主义,而是反对人类中心主义的资本主义形式。尤其是进入 20 世纪 90 年代以后,生态社会主义强调人类在检讨自身对自然界的态度的同时,不应放弃"人类尺度",提出要重返人类中心主义。他们从"绿色政治"的营垒中分化出来,重建以人类中心主义为宗旨的新的生态政治。在哲学上,他们要建立一种以"人类尺度"分析人与自然关系的现代的自然观。

佩珀明确地指出,"生态学的马克思主义就是人类中心主义和人道主义"②。他具体论述说:"它反对生物道德论和自然神秘论以及由它们所导致的任何各种可能的反人道主义的体制。它强调人类精神的重要性,强调这种人类精神的满足有赖于与其他自然物的非物

---

① [英]高兹:《经济理性批判》,伦敦沃索出版社 1989 年版,第 107、108 页。
② [英]佩珀:《生态社会主义——从深层生态学到社会正义》,伦敦洛特雷出版社 1993 年版,第 232 页。

质性的交往。人并不是一种污染源,人并不是生来就是傲慢、贪婪、好斗、富有侵略性,也不是生来就具有其他的种种野蛮性。假如人沾染这些的话,那也并不是不可改变的遗传因素造成的,也不是原罪所致,而是流行的社会经济制度使然。虽然不能把人与其他动物同日而语,但人也是自然存在物。我们所设想的自然是社会地被设想的和社会地形成的。而人所做的也是自然的。"①佩珀的这段话比较明确地阐述了他把生态学的马克思主义理解为人类中心主义的缘由:如果不是把人而是把自然置于中心地位,颠倒人与自然的关系,认为真正的主人是自然,而人仅仅是自然的奴仆,把人与自然的关系神秘化,那么必然带来各种反人道主义的体制,结果是自然主人没有当上,而大部分人却成了一小部分人的奴隶。人按照本性是理性的,人目前在面对自然时所表现出来的种种贪婪性、疯狂性是由现行的社会经济制度带来的,人按其本性与自然并不冲突。因此只要改变了现行的社会经济制度,人的种种贪婪性、疯狂性就会相继消失,而恢复其理性。这样人就会按照理性的方式合理地、有计划地利用自然资源,满足人类物质上有限而又丰富多彩的需求。在这种人与自然关系的新模式中,人居于中心地位,自然是人的可亲可爱的家园,人与自然形成一种和谐的关系,真正实现了自然主义与人道主义的高度统一。

高兹也认为,生态中心主义的失足就在于把生态危机的原因往往归结为在观念上不把生态置于中心的位置,以为只要切实做到以生态为中心,实施生态中心主义,就能实现环境的保护。他完全不同意这种观点,强调应该从资本主义生产方式本身去寻找生态危机的原因,具体地说,人类破坏自然生态平衡的行为,是由资本主义生产方式决定的。他强调说,每一个企业都是自然资源、生产工具和劳动力等要素的联合体。"在资本主义的生产条件下,把这些要素联合在一起就能生产出最大限度的利润","任何一个企业都对获取利润感到兴趣。在这种情况下,资本家会最大限度地去控制自然资源,最大限度地增加投资,以使自己作为强者存在于世界市场上"。② 他认为,追求利润这一动机同生态环境必然是相冲突的,利润动机必然驱使人们破坏生态环境。在这种情况下,解决生态危机的关键显然不在于是否以生态为中心,而在于是否放弃自己的利润最大化动机。而要人类放弃利润至上原则,不是像生态中心所主张的那样,高叫几声以生态中心就能实现的。人类中心与利润至上之间不存在必然联系。通过反对人类中心来解决生态危机是缘木求鱼,相反只有坚持真

---

① [英]佩珀:《生态社会主义——从深层生态学到社会正义》,伦敦洛特雷出版社1993年版,第232—233页。
② [英]高兹:《作为政治学的生态学》,波士顿南区出版社(South End Press)1980年版,第5页。

正的人类中心主义和人道主义,高扬人的主体性,才能彻底认识利润至上原则的反人性的本质,也才能真正根除生态危机这一毒瘤。他还认为,必须明确生态学的马克思主义所主张的人类中心主义不同于技术中心主义,技术中心主义是一种资本主义形式的人类中心主义,它以追求利润的最大化为目标,造成了人与自然关系的恶化。因此,生态学马克思主义提出要重返人类中心主义,所反对的不仅仅是生态中心主义,而且还有技术中心主义。

四、围绕着理性主义两者的对立

现代主义的核心是人道主义和理性主义。后现代主义在消解主体性、人类中心主义的同时,把矛头直指理性主义。后现代主义者竭力反对现代主义者主张用理性战胜一切、衡量一切的观点。现代化运动是借助于理性而阔步前进的。后现代主义者以理性给现代社会带来的诸多负面效应为根据,强调理性一方面破除了旧的奴役、压抑,另一方面又由于设置了新的"权威"、"本质"、"中心",从而带来了新的奴役、压抑。后现代主义者将现代社会的所有弊端都归罪于理性尤其是科技理性的恶性膨胀和形而上学的思维方式对人们的左右,进而主张消解理性。环境保护运动中的生态中心主义者,即"绿绿派"的文化价值取向与其他的后现代主义者没有什么不同,也完全是非理性主义和反理性主义,他们把批判启蒙理性与批判现代社会的生态危机联系在一起,认为现代社会中的自然的严重破坏始于启蒙理性的得逞。他们从否定工具理性、科技理性、经济理性开始,进而否定整个理性。

生态学的马克思主义者尽管也尖锐地批判了工具理性、科技理性、经济理性,尽管也深刻揭露了启蒙理性给现代人类带来了许多的不幸,但不对理性加以从根本上否定。他们强调理性是人所特有的,人们仍然只能用理性去纠正理性的偏差,理性本身并没有过错,理性也不可能被消解。在他们看来,现在的问题不在于如何去消解理性,而在于如何去恢复人之为人的本质特性,如何使理性健康、有序地发展和发挥作用。他们不断地向后现代主义者提出这样的问题:能够不用理性方式而进行理性批判吗?他们在否定工具理性、科技理性、经济理性的同时,又致力于重建和健全新的理性,即社会理性和生态理性。

生态学的马克思主义者高兹对理性的批判的激烈程度一点也不亚于那些后现代主义者,但他对理性的批判只限于对经济理性的批判。他所说的经济理性是指追求利润的最大化,同时要求生产效率的最大化、消费的最大化、需求的最大化。高兹认为,经济理性的出现是与资本主义的诞生同步的。当人们学会了计算和核算,即不是为了自己的消费而是为了市场而进行生产之时,经济理性也就开始起作用了。他说,"经济合理性发端于计算与核算","从我的生产不是为了自己的消费而是为了市场那一刻开始,一切就开始变了"。① 既然在经济理性的指导下,生产主要是为了交换,那么这种生产必然是越多越好。于是,"足够的"这一范畴就不像在传统社会中那样仅仅是一个文化的范畴,而变成了主要是经济的范畴。其标志是突破了原来的"够了就行"(Enough is Enough)的原则,而开始崇尚"越多越好"(The More the Better)的原则。他借用哈贝马斯对"认识—工具合理性"(cognitive-instrumental rationality)的批判剖析经济理性的危害。他说:"……经济理性,作为'认识—工具合理性'的一种特殊形式,它不仅仅扩充到了其并不适合的制度的行为,而且使社会的统一、教育和个人的社会化赖以存在的关系结构'殖民化'、异化和支离破碎。哈贝马斯就把这种由'经济—管理的亚制度'发展起来的'势不可挡'的动因所推动的'殖民化'视为理性,视为由金钱和国家权力所支配的变异的调节。"②这样,高兹根据哈贝马斯对"认识—工具合理性"的批判,认为经济理性的主要危害在于使生活世界"殖民化"。高兹对经济理性的批判在西方社会产生了广泛的影响,甚至连一些后现代主义者也常常引用高兹对经济理性的批判来说明理性的邪恶。但殊不知高兹在批判经济理性的同时又高扬生态理性。他认为只有生态理性才真正体现了启蒙理性的真精神。所以在他看来,否定经济理性并不要求人们把整个理性精神都清除掉,而是要人们更好地扛起理性的大旗。他要求重新给理性定位,赋予理性具有时代特征的新内容,这就是高扬生态理性。他所说的生态理性是指生活得更好而劳动和消费更少的目标,追求生态利益的最大化。他认为必须打断"更多"与"更好"之间的联结,使"更好"与"更少"结合在一起。他说:"特别是当人们发现更多的并非必然是更好的,发现挣得越多、消费得越多并非必然导向更好的生活,从而发现还有着比工资需求更重要的需求之时,他们也就逃脱了经济理性的禁锢。"③挣脱了经济理性的束缚,最好的方向是进入生态理性。他说道:"生态理性旨在用这样一种最好的方式来满足(人们的)物质需求:尽可能提供最低限度的、具有最大使用价值和最耐用的东西,而花费少量的劳动、资本和资源就能生产出这些东西。"④高兹强调,人类跳出经济理性进入生态理性,不是理性主义的失败而是理性主义的胜利,这标志着人类在真正用理性的方式思维的道路上

---

① [英]高兹:《经济理性批判》,伦敦沃索出版社1989年版,第109页。
② 同上书,第107页。
③ 同上书,第116页。
④ [英]高兹:《社会主义、资本主义和生态学》,伦敦沃索出版社1994年版,第32页。

又迈出了一大步。

莱易斯则更直截了当地提出,在揭露由于理性的偏差和过失而对现代社会造成的危害这一点上,他与后现代主义者是同路人,但在是不是有必要用理性来纠正理性的偏差与过失这一问题上,他与后现代主义者分道扬镳了。他认为,在现代化运动中人的理性的一个重大失误就是认为在消费领域人能获得满足。而要从这一失误中走出来,还须求助于理性主义的传统。属于这一传统的思想家有傅立叶、马克思、拉斯金、莫里斯、克鲁泡特金、布克钦、弗洛姆、伊利奇、哥德曼、麦克弗森严和马尔库塞。他们的理论是建立在这样一种基本理念的基础之上的:人类满足的前景必须植根于创造一个运转良好的共同活动和决策的领域,使各个个人能在其中锻造出满足自己需要的手段。"这些思想家决不仅仅只关注高集约度的市场布局本身。他们的实际理想共同关注的中心,一直是这样一种假设,即社会改造可以使一切个人的劳动活动和自由时间的真正满足具有丰富的意义。"①他提出,这一理性主义的传统的主要理念概括地说就是人的满足最终在于生产活动而不在于消费活动。"满足的可能性将主要是生产活动的组织功能,而不是像今天的社会那样主要是消费活动的功能。"②如果人们弄懂了这样一个事实:不断增长的消费是不可能补偿其他生活领域中遭受的挫折的,那么,他们就会认为进步的社会变革的前景取决于在消费领域之外的其他领域,即在消费领域之外,照常能够达到满足和幸福。莱易斯强调,能使人们从消费主义的噩梦中清醒过来的唯一药方还是理性主义,即把人的满足与生产活动联系在一起的西方理性主义传统。

五、围绕着科学技术两者的对立

在后现代主义者那里,敌视理性与敌视科学是一致的。在他们看来,理性与科学结盟,演变成单纯的"工具理性",才给现代人带来如此多的灾难。自启蒙运动以来,尤其是进入20世纪以后,科学技术对人类的影响越来越大,对人类的负面效应亦愈加明显。他们在科技进步与人类幸福之间制造了一个反比关系,赋予科学技术一种原罪的性质。他们在反增长、反生产的同时,还反技术。后现代主义是一种典型的反科学主义。生态中心主义者,即

---

① [美]W·莱易斯:《满足的极限》,多伦多麦吉尔-女王大学出版社(McGill - Queen's University Press)1976年版,第105页。
② 同上书,第105页。

"绿绿派"把后现代主义的这种反科学主义贯穿于环境保护运动之中,他们把科学技术在现代社会中的沿着反生态方向的使用的批判,延伸为对科学技术本身的批判。他们把现代社会的生态危机说成是技术缺陷本身造成的危机。这样他们又很自然地得出结论,解决生态危机的唯一出路是倒退到前技术状态去。

在生态学的马克思主义者的著作中也可发现大量揭露科学技术的使用如何破坏生态环境,从而造成种种负面效应的言论,但只要仔细分析就不难看出,他们并没有认为科学技术在现代社会中所产生的效应完全是消极的,科学技术只有"负面作用"而没有"正面作用",更没有把科学技术消极的社会作用说成是科学技术本身造成的,离开了社会的生产关系和社会的政治制度来谈论科学技术的所谓"罪恶"。他们强调,现代社会的生态危机并不是科学技术本身的危机,而是生产方式,包括使用科学技术的方式的危机。他们对生态中心主义,乃至整个后现代主义敌视科学技术的行径提出了尖锐的批评。

莱易斯就激烈地批评了后现代主义者把科学和控制自然紧密联系在一起的观点。按照一些后现代主义者的观点,科学本质上是一种关于控制的知识,科学知识必然排除价值判断,科学贬低所有那些对人支配物没有帮助的东西,同时又坚持优先认识自然现象中那些适合控制意图的东西。科学本身就蕴含着对自然的控制,这是科学"题中应有之义"。莱易斯指出,这些人"关于科学对世界的控制是一项实用事业的观点中的错误,是没有对人的目标和目的范围进行分析。只说明对自然的科学研究及其技术应用是发生在一种操作的结构内还是很不够的。关键的问题是,在何种特殊的社会背景中它是操作的?"①莱易斯认为他们的错误在于撇开了特殊的社会历史背景,而单纯在操作的层面上来论述科学的对自然的控制,没有真正揭示出科学在控制自然的过程中相互冲突的诸种成分,这样就无法以索解"追求控制的真正的历史动因"。莱易斯在分析这些人关于科学技术本身就是对自然的控制的观点的基础上明确地说道,"人征服自然是通过科学和技术手段实现的",是数千年来思想家的一个共同的见解,只有认真地揭示出这一观点的真实含义,"才有可能表明人控制自然的全部意图已经被它遮蔽了"。② 在莱易斯看来,在现实社会中,科学技术履行控制自然的功能,这仅仅是个现象,在现象背后还有更深刻的东西,后现代主义者的错误就在于"把征兆当作根源"。他认为,"科学技术仅仅是控制自然这一逐渐广为人知的更宏大谋

---

① [美]W·莱易斯:《自然的控制》,麦吉尔-女王大学出版社1994年版,第117页。
② 同上书,第101页。

划的有力的工具",理解了这一点,就能进一步知晓科学技术充其量只是控制自然的工具,而真正导致对自然进行肆无忌惮地盘剥的是使用这种工具的人的观念,即某种控制自然的意识形态。他在分析当前的国际形势时指出:"在国家与国家之间和在各国内部使物质目标和生活环境方面的模式荒谬地趋于一致,是工业化经济一般化的市场交换的主要趋势之一。"①莱易斯在这里所说的就是"全球化",他明确地对此持否定态度,用"荒谬地"一词加以描述。问题在于,这种"荒谬的""全球化"是如何造成的? 他说:"这并不是技术进步本身的产物,而是支持庞大集中的技术去支配中间的或小规模技术的社会政策造成的。由这种社会政策导致的公共和私人投资的模式,使生产结构集中并使大都市以外的与生产组织中心没有直接联系的那些社会经济的存在的基础受到了损害。"②在他看来,"全球化"并不是技术本身的产物,而是技术集中化、垄断化带来的,所以他反对"全球化",并不是要反对技术本身,而是要反对这种技术的集中化、垄断化。

高兹则提出,技术本身是可分的,即可以分为"以资本主义生产逻辑为标志的技术"和"温和的技术"、"后工业的技术"。前者建立在对工人和自然进行合理性统治的基础之上。"核技术就代表一种独裁主义的政治选择。"③后一种技术抛弃统治,趋向于促使个人间以及个人与自然之间的融合,尊重劳动者和自然。他进而指出,正因为技术是可分的,所以不能像一些后现代主义那样,对技术加以一概否定和拒绝,关键在于面对技术如何选择。"就目前情况而言,社会选择正以技术选择为借口而强加于我们。这些技术选择正赤裸裸地成为唯一的可能的选择,而不是必要的最有效的选择。对资本主义来说,它只致力于发展这样一些技术,这些技术与其发展的逻辑相一致,符合它的继续统治。它要消除那些不能强化现存的社会关系的技术,哪怕这些技术对其所宣称的目标也具有较多的合理性。资本主义的生产和交换关系已经铭刻在由资本主义馈赠给我们的技术之中。"④基于这一些认识,高兹明确地指出,开展生态运动主要不在于停止经济增长,限制技术,而在于如何选择技术。他说:"为着不同的技术的斗争是为一个不同的社会的斗争的核心。"⑤他郑重地向人们建议,把当前的生态运动从一场具有强烈的后现代主义色彩的反技术运动变成一场正确地选

---

① [美]W·莱易斯:《满足的极限》,多伦多麦吉尔-女王大学出版社1976年版,第107页。
② 同上书,第107页。
③ [英]高兹:《作为政治学的生态学》,波士顿南区出版社1980年版,第19页。
④ 同上书,第19页。
⑤ 同上书,第19页。

择和使用技术的运动。

六、围绕着基础主义两者的对立

在后现代主义的所有理论观点中,可能没有比其反逻各斯中心主义、反基础主义、反本质还原主义更引人注目了。后现代主义者坚决否认本来意义上的形而上学,否认本体论,否认有世界的最终本源、人的本质存在,否认"基础"、"原则"问题。由于传统哲学总要为世界,为人的存在,确立一个"始基",后现代主义者就全面地与传统哲学相对抗。后现代主义从反本质、反基础出发,也反对建立在基于这种基础、本质而提出的各种社会理想。由于科学社会主义是以马克思主义的本体论为依据而形成的,从而科学社会主义理所当然地成了他们首先攻击的对象。生态中心主义者,即"绿绿派"之所以如此反对把消除环境退化和生态危机与社会主义联系在一起,崇尚"回到丛林去"的浪漫主义,崇尚无政府主义,说到底,这与他们同所有的后现代主义者一样从根本上取消本体论问题的存在的立场有关。他们反对社会主义理想,更反对这一理想得以确立的马克思主义的"逻各斯"。

"绿绿派"与"红绿派"之间存在着坚持还是反对社会主义理想的分歧,隐藏在这一表面的政治上分歧的背后的是两者对后现代主义的反基础、反本质的两种截然不同的态度。生态学的马克思主义者坚决反对后现代主义者把本体论问题虚无化。他们认为,形而上学的错误不在于承认事物的基础、本质的存在,而在于把这一切绝对化、僵死化和封闭化,因此后现代主义者把形而上学一棍子打死是不对的,从表面上看,后现代主义者只是在形而上学封闭的"城堡"上凿了一个窗口,而实际上则彻底地摧毁了这一"城堡"。他们认为,我们所身临其境的世界确实已让形而上学僵死化、凝固化了,但后现代主义通过反形而上学让这一世界重新动荡起来的同时,却又震碎了、虚无化了这个世界。在他们看来,生态中心主义者面对生态危机,如此地无所适从,最后乞求于无政府主义决不是偶然的,这与他们缺乏本体论的根基密切相关。生态学的马克思主义者把对意义的追寻与论证社会主义的必然性紧紧联系在一起,他们注重于研究社会主义的存在根基。

贯穿于高兹所有著作的一根主线就是说明"保护环境的最佳选择是先进的社会主义"。他广泛搜寻当代社会主义革命新的可能性。其中最有力度的还是在论述这种可能性时,对社会主义意义的追寻,即从本体论上对社会主义所作的说明。他的《经济理性批判》一书差不多有一半的篇幅都在"对意义的探寻"(Search for Meaning)的标题下,为社会主义重新确立存在论根据。他认为,资本主义社会是建立在其特有的生产逻辑基础上的。这种生产逻辑就是:进行"一个人对抗所有的人"斗争。没完没了的竞争迫使每一个企业最大限度地去利用其生产要素,也就是说,最大限度地去获取生产率、利润,最大限度地去进行投资和发明创造。"资本主义过去是,现在仍然是这样一种社会的唯一的形式,这一社会带着最大限度地提高生产率的目的,使竞争成为第一信条,不懈地追求把社会、教育、劳动、个人和集体的消费纳入资本无所不包的价格服务体系之中,其结果是把经济理性的统治扩充到生活和劳动的所有领域,这种经济理性借助于市场的逻辑肆无忌惮地显示自己。"①欲知社会主义有没有可能性,关键在于是否存在另一种生产逻辑。高兹认为,这种新的生产逻辑是完全可能存在的。新的生产逻辑简单地说就是:扩充劳动者的自主活动的领域,增加劳动者自我实现的可能性。他对此具体解释说:"社会主义运动形成于这样一种斗争之中,这种斗争的主体是团结在一起的个体,它建立在伦理的要求的基础之上,对经济理性所发挥作用的领域施加新的社会限制。只有这种限制才能确保劳动者的完整性,以及确保他们无论在个体的层面上还是在集体的层面上自我决定自己怎样度过自己的一生的权利。社会主义运动的含义及目标过去是,现在仍然是使个人从这样一些领域中解放出来,在这些领域中,市场的逻辑、竞争和利益的功能,正阻碍着个人获得独立和自我实现。"②就这样,他把社会主义与这种新的生产逻辑结合在一起了。

  与高兹稍有区别的是,其他的一些生态学的马克思主义者,如莱易斯则直接借助于对人的本质的探讨来说明社会主义的必然性。莱易斯借用伊万·伊利奇的话说,人有着一种"爱交际的特性",人们希望建立的社会结构是"基于人与人之间的自主和创造性的交往和基于人同自己环境的交往"的社会。交往社会的目标是逐步拆散工业化经济的庞大的制度结构和尽可能地减少各个人对这种结构的依赖。人们天生具有康复、种植、缝纫、运动、学习、筑屋、安葬的能力,每一种这样的能力都可以满足交往的需要。只要满足的手段取决于人们本身能做的事情,很少依赖于商品,那么这种手段就会变得十分丰富。这些活动具有使用价值,而不具有交换价值。莱易斯说:"现行的生产和消费活动的体制妨碍人们这样一种才能和能力的发展,即直接参与可提供满足范围广泛的需求(建造房屋、种植粮食、缝制衣服)手段的活动的能力,相反却使人的活动完全围绕市场购买来进行。"③在他看来,唯

---

① [英]高兹:《社会主义、资本主义和生态学》,伦敦沃索出版社1994年版,第39页。
② 同上书,第38页。
③ [美]W·莱易斯:《满足的极限》,多伦多麦吉尔-女王大学出版社1976年版,第106页。

有社会主义的体制才能满足人的这种"爱交际的特性",进而满足人的全面发展的需要。社会主义的必然性存在于人的全面发展这一理念中。

七、结语:生态学的马克思主义的理论成就和现实意义

上面我们揭示了生态学的马克思主义与后现代主义相抗衡的方方面面。这些方面足以表明生态学的马克思主义确实是一种与后现代主义全面抗衡的思潮。至于这种抗衡是否标志着整个"西方马克思主义"传统与后现代主义的对立,本文不做进一步的探究,笔者打算另撰文论述。

这里我们只想指明,生态学的马克思主义理论的正确性正是借助于与后现代主义的对立才充分显示出来的。而生态学的马克思主义之所以逐步取代生态中心主义,对现代西方的环境保护运动产生越来越大的影响,也正是由于不断地批判后现代主义及其对环境保护运动的误导的结果。另外应该看到,生态学的马克思主义的崛起,使马克思主义在苏东剧变后十分困难的境遇中获得了进一步的发展。意大利的社会主义理论家在一篇题为《为什么"红的"必须是"绿的"》论文中指出,关于"红""绿"关系问题的争论,"无疑代表了我们这个世纪(指20世纪——引者注)的最后岁月里马克思主义发展的一个新阶段"。[①]

把生态学的马克思主义置于与后现代主义相对立的背景下,其理论成就和现实意义,特别是在环境保护方面的理论成就和现实意义可以概括如下:

其一,由于后现代主义的误导,面对生态环境的日益恶化,人们变得越来越无所适从,甚至连对要不要把现代化的事业继续进行下去也产生了怀疑,把生态环境的日益恶化视为现代化运动的必然产物。生态学的马克思主义在这样的背景下充当了现代性和现代化运动的卫道士的角色,在理论上割断了现代化运动与环境破坏的必然联系,站在今天的立场上捍卫了现代性这一虽然有缺点,但仍具有解放潜力的设想。

其二,把后现代主义的那种反人类中心主义、反理性主义、反科学技术的基本理念贯穿于环境保护运动之中,造成了极大的混乱。环境保护运动大有变成一场敌视人类、敌视理性、敌视科技的运动的危险。生态学的马克思主义清除了所有这些对环境保护运动的影响,及时地阐明了环境保护不能离开人的尺度,不能放弃理性思维,不能没有科学技术,这

---

① 转引自俞可平主编:《全球化时代的"社会主义"》,中央编译出版社1998年版,第211页。

实际上为环境保护指明了正确的方向。

其三,后现代主义不断地使环境保护运动远离社会主义。生态学的马克思主义从存在论的根据上证明了保护生态环境的最佳选择是社会主义。生态学的马克思主义者不失时机地在原先由后现代主义的反社会主义倾向占统治地位的绿色运动的阵地上,树起了社会主义的旗帜,实现了绿色运动与社会主义的结合。与此同时,他们开辟了人与自然关系的新视角,大大地丰富了社会主义的内涵。

当然,还可继续列举下去,但无疑主要的就是这一些。

与后现代主义在20世纪80年代后期尤其是90年代以后日益衰落形成鲜明的对照,生态学的马克思主义如今是蒸蒸日上。我们没有理由不为这一局面感到由衷的高兴。

第六章 从与后现代主义对立的视角看西方马克思主义的意义

"西方马克思主义"究竟是一种什么样的思想体系？它对当代人有着怎样的意义？尽管"西方马克思主义"流入到我国已多年，尽管我国学术界自其流入后从来也没有停止过对它的研究，但对此一直见仁见智，没有一个明确的、较为统一的认识。实际上，只要细致地研究一下"西方马克思主义"与后现代主义的关系，特别是把它与后现代主义相对立的方面揭示出来，也就是说，只要把它置于与后现代主义相对立的背景下，它的真精神，它的当代意义就一下子呈现于前。当然，"西方马克思主义"与后现代主义除了相对立之外还有许多相通之处，但无疑，真正体现其价值的正是与后现代主义相异的方面。

一、生态学的马克思主义与后现代主义的对立

生态学的马克思主义（Ecological Marxism）是"西方马克思主义"的最新形态，它在20世纪80、90年代以后异军突起。前一章对它已有详细介绍，在此仅对其主要特征作概括，不再展开。

首先，生态学的马克思主义不像后现代主义那样，对现代化运动持全盘否定的态度，而是把现代化运动中的负面效应与现代性本身区别开来，要求走向"更现代主义的世界观"。

其次，生态学的马克思主义不像后现代主义那样，认为生态问题的根源就是人类中心主义，而是强调人类在检查自身的自然界有态度时，不应放弃"人类尺度"，提出要重返人类中心主义。

又次，生态学的马克思主义不像后现代主义那样，认为现代社会中的自然的严重破坏始于启蒙理性的得逞，而是提出不能把现代社会的生态危机归因于理性和科学技术本身，反对离开了社会的生产关系和社会的政治制度来谈论理性和科学技术的所谓"罪恶"。

再次，生态学的马克思主义不像后现代主义那样，从哲学上否定整体性、同一性出发，

强调解决生态危机必须走分散化、多元化的道路,信奉"个人即政治准则",而是崇尚整体性、同一性,提出必须以集体的政治行动的力量来改造社会环境和生态环境。

最后,生态学的马克思主义不像后现代主义那样,致力于反基础主义、反本质还原主义,并从反本质、反基础出发,反对建立在基于这种基础、本质而提出的各种社会理想,特别是社会主义的理想,而是努力从存在论的根基上说明"保护环境的最佳选择是先进的社会主义"。

二、哈贝马斯的理论与后现代主义的对立

上面我们从多方面说明了生态学的马克思主义与后现代主义的对立。有这么多的事实摆在面前,大概没有人会否认这种对立。问题在于,生态学的马克思主义与后现代主义的对立,能不能表示整个"西方马克思主义"传统与后现代主义的对立。

许多的生态学的马克思主义者在论述自己的理论时经常提及哈贝马斯这一当代最有影响的"西方马克思主义"的代表人物,并以哈贝马斯的观点来说明自己的理论的正确性。确实,生态学的马克思主义在诸多方面受的是哈贝马斯的启发,我们可以从生态学的马克思主义的理论中明显地看到与哈贝马斯的理论,特别是哈贝马斯的对现代性的反思理论的承继关系。

哈贝马斯批判现代性、现代化运动、现代文明社会,但不认为现代性、现代化运动、现代文明社会已无可救药。他说,我们要像马克思对待黑格尔那样对待它们,"务必小心翼翼,切莫将婴儿和洗澡水一起倒掉,然后再翱翔于非理性的天空"①。他认为,现代性是不能抛弃的,需要的是救助它。他向世人公开宣布自己"不放弃现代性计划","不屈尊于后现代主义和反现代主义"②。于是,哈贝马斯向人们提出了一个现代性的救助方案,这一方案实际上被生态学的马克思主义在生态领域全面地展开了。哈贝马斯当年在与后现代主义者利奥塔、德里达等论战中对后现代主义全面否定现代性所提出的诸多批评,曲折地反映在20世纪90年代以后的生态学的马克思主义者对后现代主义,特别是对生态运动中的后现代主义——"绿绿派"的讨伐中。生态学的马克思主义者与哈贝马斯同样意识到,后现代主义

---

① [德]哈贝马斯著,包亚明、李安东译:《现代性的地平线:哈贝马斯访谈录》,上海人民出版社1997年版,第37页。
② 同上书,第56页。

者对现代性和现代化运动的否定是对整个文明的否定,因此对他们的行径同样表现出焦虑和不安,认为后现代主义否认现代性理念,必将彻底毁灭现代性自我更新的希望,会把人类带到一种随遇而安、无所适从的状态。

哈贝马斯梳理"理性"概念,揭示了在现代化运动中,理性与科学结盟,演变为单纯的"工具理性"、"科技理性",成为一切事物和问题的标准以及评判是非的审判官的严酷现实。哈贝马斯承认自古希腊以来的哲学理性观的确出现了偏差,理性是在走一条否定自己、放逐自己的不归路。但与此同时,哈贝马斯又强调理性还不至于到了非死去不可的地步,需要后现代主义来消解它。在哈贝马斯那里,对现代性的拯救与对理性的拯救密切不可分,因为在他看来,"现代性本来就是与理性主义有着内在的联系"①。哈贝马斯对理性这一基本态度为生态学的马克思主义者所全盘接受,他们追随哈贝马斯,也一方面对工具理性、科技理性、经济理性展开批判,另一方面又竭力说明理性本身不存在过失,要拯救理性,要求人们运用理性潜能去揭示现代社会实现人类自由的条件。

在哈贝马斯看来,造成理性在现实生活出现种种偏差的意识形态方面的一个重要原因,是现代人在近代主体意识哲学框架内来理解和运用理性。这就是把理性理解成是与生俱来的认知和实践能力,把主体与客体之间的认知和行为关系理解成是理性的基本构架,强调理性是主体对客体的表象和干预能力。哈贝马斯认为,在近代主体意识哲学的框架内对理性的这种理解,必然造成理性和自由、个人和社会、自然和社会、情感和理性陷于没完没了的冲突之中。基于这一基本认识,哈贝马斯强调,要真正释放理性的解放潜能,拯救现代化,必须跳出近代主体意识哲学。从对近代主体意识哲学那里继承过来的理性概念,对要求充分实现理性的解放潜能来说,是一笔过分沉重的遗产,需要清理和改造。于是,他把释放理性的解放潜能,拯救现代化与对近代主体意识哲学的批判结合在一起。生态学的马克思主义对理性的种种过失的原因的分析几乎与哈贝马斯如出一辙。一些生态学的马克思主义者在解释何以人们在合理性的动机支配下的行为会破坏自然时,一般也把此与按照近代哲学思维方式来理解合理性联系在一起。他们以几乎与哈贝马斯完全相同的口吻指出,主体意识哲学只能证明经济理性,要使理性从经济理性的桎梏中分解出来,只能摆脱主体意识哲学。

哈贝马斯认为,实现理性的解放潜能,从而拯救现代化的唯一出路是由主体哲学转向

---

① J. Habermas, *The Philosophi Discourse of Modernity*, Cambridge, MA: MIT Press, 1987, p.1.

语言哲学,由工具理性批判转向交往理性,"把研究的重点从认识的—工具的合理性转向交往的合理性"①。哈贝马斯要在传统的形而上学理论背景之外重建理性概念。他所重建的理性概念就是交往理性。他把交往理性概念作为理解现代性的普遍范畴。在他看来,交往行为概念的提出,不但使人们真正了解了现代性出现危机的根源,即不是由理性本身造成的,而是由在资本主义条件下,交往理性与工具理性之间的不平衡关系造成的,而且使人们找到了摆脱现代性危机的道路,即发展交往理性。生态学的马克思主义者尽管没有提出由主体哲学转向语言哲学,但对于如何纠正现代化的偏差的路向与哈贝马斯的大致相同,这就是批判工具理性、经济理性,建立"新理性"。只是"新理性"的内容不一样,在哈贝马斯那里,"新理性"是交往理性,而在生态学的马克思主义者那里致力于建立的"新理性"则主要是生态理性。

哈贝马斯强烈批评后现代主义虽然看到了近代主体意识哲学的理性具有集权性、排他性、压抑性的特征,但却否认在理论上阐明一种非工具化的理性的可能性,当然也否认现代生活方式中交往理性的实现的可能性。他强调,关键在于,后现代主义并没有把限制工具理性、实现交往理性与改变资本主义社会的结构联系在一起。他认为,到目前为止,现代性是以资本主义的社会结构为其实现形式的。而现代性之所以是"一个未完成的方案",根本原因在于资本主义的社会结构无法完全释放现代性的理性潜能。正是从这里他引出了改变资本主义社会结构的必要性。我们知道,哈贝马斯曾围绕着如何看待现代资本主义社会与他的前辈展开过争论,他不同意完全否定和推翻现代资本主义社会,但不能由此得出结论,他完全接受现代资本主义社会,认为在现代资本主义社会的框架中就能实现他释放交往理性的潜能。生态学的马克思主义者尽管对哈贝马斯的改良主义态度持批评态度,但认为哈贝马斯把实现其拯救现代性的方案与改变资本主义的社会结构联系在一起是难能可贵的,并坦率承认,他们的对现行资本主义制度进行变革的主张,也导源于哈贝马斯对改变资本主义结构的必要性的论证。

三、法兰克福学派与后现代主义的对立

由于哈贝马斯的对现代性的反思理论大致形成于 20 世纪 70 年代以后,而这一时期的

---

① J. Habermas, *Theorie des Kommunikativen Handelns*, Suhrkamp Verlag, 1988, p. 525.

哈贝马斯通常被认为已经历了"精神上的弑父",即已背叛了其先辈霍克海默、阿多诺、马尔库塞等人的批判理论的传统,所以必然有人认为,即使事实表明生态学的马克思主义与后现代主义的抗衡是承继了哈贝马斯的对现代性的反思理论,也不能就此证明这种抗衡完全根源于"西方马克思主义"。

尽管我们对哈贝马斯曾经历了"精神上的弑父"的说法持保留态度,但我们还是想退一步,即姑且承认这一流行的看法有一定的道理,不从生态学的马克思主义与后现代主义的对立同哈贝马斯的后期的对现代性的反思理论等的联系中,来证明生态学的马克思主义对后现代主义的批判是根源于"西方马克思主义"的传统。让我们跳过哈贝马斯,直接考察生态学的马克思主义对后现代主义的批判理论与霍克海默、阿多诺、马尔库塞等人为代表的法兰克福学派的批判理论的关系。无论是生态学的马克思主义者本人,还是国内外对生态学的马克思主义的众多的研究者,都把法兰克福学派的批判理论视为生态学的马克思主义的理论渊源之一。我们认为,这种理论渊源主要表现为它与后现代主义的对立,直接导源于法兰克福学派。

纵观法兰克福学派的全部理论,有一个基本原则像一根红线贯穿于始终,这就是"主体性原则"。法兰克福学派是一个当代颇具影响的人道主义派别,高扬主体性,是法兰克福学派的一个最鲜明的理论特征。他们把这种主体性原则贯彻到自然观中,就提出了"人化自然"论。尽管他们最早提出了解放自然的思想,但他们不是通过放弃人类中心主义而实行生态中心主义,来实现自然的解放。他们认为解放自然的唯一途径是"人道主义地占有自然",即与自然打交道时必须"符合人的本性的要求",以及"按照美的法则来塑造自然",即对自然界进行美的还原。[①] 与佩珀齐名的生态学的马克思主义的一个新涌现的代表人物格仑德曼(Reiner Grundmamn)详细地研究了法兰克福学派的自然观,认为法兰克福学派的自然观明明白白地告诉人们,人类在解决生态危机、重新检讨人与自然的关系时,无论如何不能放弃"人类尺度",还强调生态学的马克思主义可以在法兰克福学派的自然观中找到反对生态中心主义,坚持人类中心主义的全部理由。

人们总把法兰克福学派与反理性主义联系在一起,这不是完全没有理由。只要读一读霍克海默和阿多诺的名著《启蒙辩证法》,了解一下他们是如何揭示以理性和技术为核心的启蒙最终走向了反面,走向了理性的启蒙的自我毁灭的悲剧的;只要读一读马尔库塞的名

---

① 参见 H. Marcuse, *Counterrevolution and Revolt*, Boston, 1972, pp. 64 - 65; p. 74。

著《爱欲与文明》,了解一下他是如何通过改造弗洛伊德的心理结构理论,提出存在的本质是非理性的爱欲的,就会很自然地这样去做。但人们这样做的时候千万不能漠视以下两点:第一,在《启蒙辩证法》和《爱欲与文明》发表之前,法兰克福学派被人们称为是"理性主义的马克思主义",无论是霍克海默的《传统的与批判的理论》等早期著作,还是马尔库塞的《理性与革命》,都是竭力推崇理性,甚至把理性视为与革命同义,他们对实证主义的批判也完全是站在维护理性主义的立场上进行的;第二,就是从《启蒙辩证法》开始的对启蒙理性的批判,实际上主要是对启蒙理性蜕变为工具理性、科技理性的批判,他们在对工具理性、科技理性批判时,从来是把价值理性、批判理性作为其对立面加以宏扬,而且在一定意义上,他们批判前者是为了让后者更好地支配这个世界。最有意思的是马尔库塞,他在推崇爱欲时,也反复申明要沟通爱欲与理性的关系,建立一种新的理性,即满足的理性。[①]可见把法兰克福学派的反工具理性主义视为反整个理性主义是不恰当的。在这方面,还是一些生态学的马克思主义者理解得比较正确,他们认为他们一方面批判工具理性、经济理性,另一方面又致力于重建生态理性、社会理性,受得是哈贝马斯以及整个法兰克福学派的启发。

  法兰克福学派批判科技理性,反对科学主义,这是毫无疑问的。但是,批判科技理性,反对科学主义,不一定就是敌视科学。所以,关于法兰克福学派是否反科技也值得一辩。从1932年霍克海默发表《对科学的发觉及其危机》一文起,法兰克福学派历时数十年,从来也没有停止过对科技理性的批判,而且他们往往把对科技理性的批判与对科学技术的消极的社会功能的揭示结合在一起。全部的关键在于,法兰克福学派对科学技术消极的社会功能的批判,是不是就是批判科学技术本身,换句话说,法兰克福学派有没有把科学技术在现今社会中所表现出来的种种负面效应,归结为是科学技术本身造成的,有没有赋予科学技术一种原罪的性质。对此,只要了解一下马尔库塞的"新科技观"就不难做出回答。在法兰克福学派的所有代表人物中,没有比马尔库塞对科学技术的批判更尖锐的了。但就是这个马尔库塞一再强调,科学技术执行意识形态职能、变成统治工具与科学技术本身没有必然的联系,科学技术完全有可能在新的历史条件下成为一种解放手段。他认为,当科学技术已变成统治或控制工具的时候,革命的理论家应当探讨使科学技术变为解放手段的必要性

[①] 参见[美]马尔库塞著,黄勇、薛民译:《爱欲与文明》,上海译文出版社1987年版,第165—166页。

和可能性的问题。革命的理论必须承担一种新技术和新科学的纲领。① 马尔库塞的"新科技观"清楚地表明,他并不认为科学技术产生的消极的社会作用是科学技术本身固有的属性。马尔库塞的这种观点在整个法兰克福学派中具有代表性,如作为这一学派的中坚与创始人的霍克海默早在马尔库塞之前就曾强调,不能离开运用科学技术的客观条件来谈论科学技术的正效应与负效应,科学技术之所以产生一系列的"副作用"主要在于运用科学技术的外在环境不当。② 倒是哈贝马斯却曾对马尔库塞的"新科技观"提出异议,他从自己的"原罪说"出发,认为马尔库塞用社会环境的不利去说明科学技术消极的社会作用,甚至强调人对科学技术是可加以选择的,是一种不彻底的理论。③ 显然,在整个法兰克福学派关于科学技术的理论中,真正具有典型性和代表性的是霍克海默和马尔库塞的观点,哈贝马斯的观点只能算是一个例外。在生态学的马克思主义者中,有些人本来就是马尔库塞的弟子,他们实际上全盘接受了法兰克福学派关于科学技术的理论,正是在这一理论基点上,他们展开了关于只有改变社会环境才能改变目前这种科学技术对生态环境严重破坏的局面的论述,也展开了与反技术、反生产的生态中心主义和后现代主义的对抗。

法兰克福学派的代表人物是否致力于对存在的基础和本源的探讨,法兰克福学派的批判理论是否是一种本体论,法兰克福学派的批判理论是否也是从其本体论出发引出对未来社会——社会主义社会设想的? 我们认为,回答应该是肯定的。尽管在法兰克福学派的代表人物中有像施密特这样的对马克思主义是非本体论的详细论证,尽管在法兰克福学派的著作中,也会不时找到一些对旧的传统哲学的形而上学的思维方式的批评,但无疑从总的来说法兰克福学派并没有像后现代主义那样要求摧毁和解构基础主义和本质主义,相反,法兰克福学派还向人们展示了一个作为其社会主义的存在根基的本体论体系。霍克海默认为问题不在于对世界终极问题的解答是否是神学的、唯心主义的或是唯物主义的,而在于人们如何才能找到生活和生命之谜的答案。在他看来只有哲学形而上学才能做到这一点,因为唯有形而上学致力于探索存在的本质。他的作为一种生活实践和生活方式的唯物主义观正是基于这一认识提出的。④ 弗罗姆(Erich Fromm)坚决反对把马克思的历史唯物

---

① 参见 H. Marcuse, *One-Dimensional Man*, Boston, 1964, p. 166; pp. 204 - 205。
② 参见[德]霍克海默著,李小兵等译:《批判理论》,重庆出版社1989年版,第2页。
③ H. Marcuse, *Towards A Rational Society*, Boston, 1970, p. 87; p. 88.
④ 参见[德]霍克海默著,李小兵等译:《批判理论》的"唯物主义与形而上学"一章,重庆出版社1989年版,第8—44页。

主义非本体论化、心理学化,即把马克思的历史唯物主义理解成是一种认为人们的主观欲望就是想获得最大的物质利益的学说,他强调马克思的历史唯物主义就是一种认为人们的生产方式决定人们的思想和欲望的哲学本体论。① 值得一提的是马尔库塞的本体论的情结是如此地强烈,以至于他在论述其爱欲论时也千方百计地要说明,他的爱欲论其实是一种寻求一种新的存在本质即爱欲的理论,从而他的爱欲论不仅是一种激进的社会批判理论,也是一种哲学本体论。② 一些生态学的马克思主义者说他们反对后现代主义对本质主义、基础主义的解构,坚持从本体论的基点上研究生态危机问题,并把对生态社会主义的设想建立在存在论的根基上是沿着法兰克福学派的哲学路向进行的,不无道理。

四、西方马克思主义开创者的理论与后现代主义的对立

尽管由于法兰克福学派是"西方马克思主义"中最具代表性的一个派别,从而论证了生态学的马克思主义与后现代主义的对立是沿袭了法兰克福学派的批判理论的基本哲学路向的,也就等于论证了生态学的马克思主义与后现代主义相抗衡是继承了"西方马克思主义"的传统,但我们还是想再从"西方马克思主义"的源头上考察一下生态学的马克思主义与后现代主义的全面抗衡同"西方马克思主义"的关系,也就是说,我们想再看一看在"西方马克思主义"的创始人卢卡奇、科尔施、葛兰西的思想体系中是否也隐含着反后现代主义的成分。如果我们论证了卢卡奇、科尔施、葛兰西在创建后来被称为"西方马克思主义"的思想体系时,在许多方面就与后现代主义的思想有着迥然有别的理论立场,那么,说生态学的马克思主义与后现代主义的对立是继承了"西方马克思主义"的传统,大概更有说服力了。

卢卡奇、科尔施、葛兰西他们虽然激烈地反对传统的本体论,反对传统的形而上学的思维方式,但并没有从根本上颠覆形而上学和本体论,并没有从根本上取消"基础"、"原则"等问题的存在。贯穿于他们的著作的,显然不是一种"小型叙事",而是一种"元叙事"、一种"宏大的叙事方式"。卢卡奇在晚年的《社会存在本体论》一书中检讨了自己早年把马克思主义仅仅归结为是一种方法的错误,提出了"返回到存在去"的口号,强调马克思主义必须"以本体论为先决条件"。其实只要认真研读一下他的《历史与阶级意识》等早期著作,不难

---

① 参见 E. Fromm, *Marx' Concept of Man*, New York, 1965, pp. 12-13; p. 14。
② 参见[美]马尔库塞著,黄勇、薛民译:《爱欲与文明》,上海译文出版社1987年版,第89—90页。

看出,即使在早期,他也不是完全放弃对存在的根基的探究,只是他竭力反对传统哲学,特别是黑格尔哲学对存在的根基的理解。卢卡奇反对黑格尔把绝对精神视为"实体—主体",但他仍然接受了黑格尔"实体即主体"的命题,即也认为世界上有一个构成万物的最基本、最原始的东西,这一东西既是实体又是主体。这样,他一方面摈弃了黑格尔的绝对精神,另一方面又把人,严格地说人的意识,作为"实体—主体"。葛兰西更是个研究本体论的专家,他开创了对马克思主义哲学作"实践本体论"的理解。别因为葛兰西如此地反对唯物主义的一元论,如此地反对把"客观存在的物质"视为世界的本源,就认为他是从根本上反对"一元论",完全取消涉及世界本源的问题。他反对的是"唯物主义的一元论",而与此同时主张"实践一元论",认为真正构成世界本源的是"与某种有组织的历史化的'物质',与由人所变革的自然不可分割地结合在一起的具体的意义上的人的活动"。① 我们从卢卡奇、葛兰西等"西方马克思主义"早期代表人物的著作中丝毫看不到消解本体论的影子,看到的是在否定传统的本体论的基础上,对新的本体论,即"实践本体论"的重建。这一基本立场中经法兰克福学派(包括哈贝马斯的理论在内),一直贯穿到生态学的马克思主义那里。

最鲜明地体现出卢卡奇、科尔施、葛兰西这些"西方马克思主义"的早期代表人物的思想与后现代主义的原则分歧的,是对待整体性的态度。后现代主义向整体性、同一性开战,所推崇的思维模式是一种反整体性的方法。"西方马克思主义"的早期代表人物的思想体系的一个重要特征就是崇尚整体性。卢卡奇甚至把无产阶级的阶级意识归结为把握"整体性"。在他看来,总体性范畴是"马克思主义方法论的精髓"。② 科尔施更是系统地推出了他的整体性理论,确立了总体对于局部的遍及一切的优越性的原则,有人曾经这样评判他的《马克思主义与哲学》一书:"《马克思主义与哲学》的基本假定是把社会作为一个总体加以说明,在这一不可分解的整体中,每一要素都支持并反映其他要素"。③"西方马克思主义"的早期代表人物对整体性的重视,后来为法兰克福学派所继承,它的"整体革命论"是其整体性原则在革命观方面的具体体现,只是其个别代表人物,如马尔库塞,到了晚年转向强调个体。生态学的马克思主义的一些代表人物,如阿格尔(Ben Agger)等,当他们在 20 世纪 60、70 年代还没有完全摆脱后现代主义的影响时,曾经把反整体性原则贯彻到对解除生态危机的设计之中,把实施分散化、小规模经济作为解除生态危机的唯一途径,提出"小的就是美

---

① 参见 A. Gramsci, *Selections from the Prison Notebooks*, London, 1971, p. 372。
② G. Lukacs, *History and Class Consciousness*, MIT Press, 1971, p. 27。
③ 参见 P. A. Gorman ed., *Biographical Dictionary of Neo-Marxism*, London, 1985, p. 237。

好的",而当他们在 20 世纪 80、90 年代摆脱了后现代主义的影响,真正走上生态学的马克思主义的道路之时,都普遍地反对反整体性原则,在哲学上重新推崇"西方马克思主义"的一些早期代表人物提出的"整体性理论"的同时,又强调集中化、整体性的经济模式。

"西方马克思主义"的早期代表人物都反对主客体对立,反对与客体二元分立的主体。但这并不意味着他们也像后现代主义那样要彻底消解主体,他们只是要求把人看作是整体的人,而不是视为与客体对立的片面的人。他们要求重新认识人的存在及其活动的价值与意义。这就是说,人在他们那里,仍是一种确定的存在,他们的哲学具有一种实在性的主体的倾向。卢卡奇的主客体辩证法既是一种反对主客分离的辩证法,又是一种用主体去"包摄"客体的辩证法。他把主体构成并"包摄"客体作为主体和客体同一性的前提。卢卡奇的主客体辩证法说到底是为了从主体与客体的相互作用而展开全部历史,论证人在历史上的能动作用,即为了高扬人的主体性。葛兰西更是把自己的"实践哲学"称为"历史的绝对的人道主义"。他不但公开提出人是什么这是哲学所问的基本的和主要的问题,始终把人的问题放在自己整个研究的中心地位,而且竭力论证世界统一于人,统一于人的实践。他认为所谓"客观"就是"从人的角度客观",是"历史地主观"。① 他这样询问人们:离开了人,这个世界还有什么意义呢? 可见无论是卢卡奇的主客体辩证法,还是葛兰西的"实践哲学",都在反对以主客体分离为特征的主体性的同时,又致力于建立以主客体同一为特征的新的主体性。对主体性的这种基本立场,后又被法兰克福学派所承继,而生态学的马克思主义反对后现代主义对主体性、对人类中心主义的消解的理论出发点,也正导源于这种基本立场。

"西方马克思主义"的早期代表人物,特别是卢卡奇注重于对现代资本主义社会,即现代文明的批判。卢卡奇最早用"物化"来概括现代资本主义社会的特征,并对之展开批判。毫无疑问,卢卡奇对现代资本主义社会中物化现象的批判,是以韦伯的合理性概念为基础的。问题在于,韦伯持有所谓现代人不可能逃出现代文明社会合理化的"铁的牢笼"的观点,韦伯把合理化视为是现代文明所固有的,那么,卢卡奇是否也同样如此。实际情况是,卢卡奇在运用韦伯的合理性概念的同时,又吸纳了马克思的商品拜物教理论,强调在现代资本主义社会中,合理性和物化是与商品拜物教联系在一起的,从而是现代资本主义社会中商品形式普遍化的结果。他强调,物化现象是在商品成为普遍现象、商品结构渗透到社会的所有方面时才出现的。商品作为控制人类社会新陈代谢的许多形式中的一种和作为

---

① 参见 A. Gramsci, *Selections from the Prison Notebooks*, London, 1971, p. 445; p. 446。

普遍结构原则发挥作用是有本质区别的,只有在后一种情况下,合理化才成为物化,才会出现商品拜物教。① 这样,卢卡奇就不但推倒了韦伯所谓现代人是不可能逃脱现代社会合理化过程的"铁的牢笼"的悲观主义的结论,而且把资本主义形式的合理化与合理化本身,资本主义形式的文明与文明本身严格地区别开来,从而并没有把对资本主义形式的合理化的批判,变成对合理性本身的批判,把对资本主义形式的文明的批判变成对文明本身的批判。卢卡奇在20世纪30年代初读到马克思的《1844年经济学哲学手稿》后,曾经检讨过自己没有像马克思那样把异化与对象化区别开来,因此忽视了对异化现象社会根源的分析。② 许多的卢卡奇研究者也据此得出结论卢卡奇犯有把异化的根源归之于合理化、机械化本身的错误。实际上,判断卢卡奇对现代文明社会中物化现象的批判究竟是一种什么性质的批判,主要不是看他在特殊历史背景下的一个检讨,而主要是看批判的实际内容。他的批判的实际内容实实在在地告诉人们,从总体上说,他的批判并没有犯有这样的错误。在这方面,法兰克福学派的理论家,对卢卡奇的批判理论是正确地领悟了,因为他们对现代文明社会中工具理性的批判基本上是沿着卢卡奇的这一批判思路展开的;生态学的马克思主义者更是正确地理解了卢卡奇的批判理论,否则他们不可能在对现代文明中生态危机展开批判时,表现出与后现代主义如此截然有别的立场。

五、西方马克思主义和后现代主义在批判近代哲学上的对立

我们从"西方马克思主义"的最新形态——生态学的马克思主义一直追溯到"西方马克思主义"的源头,全面地考察了其与后现代主义的对立。事实已充分地说明,"西方马克思主义"是一个与后现代主义相对立的思潮,尽管这种对立经历了一个发展的过程,即从部分走向整体,从隐性走向显性。真正意义上的后现代主义只是在20世纪60、70年代以后才形成的,但后现代主义的一些基本观点早在此之前就出现,有人甚至把19世纪中叶以来的整个西方以反传统哲学为特征的思潮都归属于后现代主义范围。所以,虽然"西方马克思主义"的历史比真正意义上的后现代主义长久得多,但是我们仍然可以说整个"西方马克思主义"的历史就是与后现代主义相抗争的历史。

---

① 参见 G. Lukacs, *History and Class Consciousness*, MIT Press, 1971, pp. 83-88。
② 参见 G. Lukacs, *History and Class Consciousness*, MIT Press, 1971, pp. xxiii-xxiv。

"西方马克思主义"从其形成那时起,就与许多思潮处于对立状态,其中也包括了后现代主义。而其与后现代主义的对立,一直为许多研究者所忽视。人们往往只看到"西方马克思主义"与维护形而上学传统,特别是维护资本主义的各种思潮的对立,而无视它与虽然都具有反形而上学传统、批判资本主义、揭示现代性的负面效应的特征,但却有着不同的理论出发点和归宿的后现代主义的对立。可实际上,只有把其与后现代主义相对立的这一方面揭示出来,才能真正认识它的理论实质和当代意义。后现代主义在反形而上学传统、批判资本主义等方面有其积极意义,但无疑这种积极意义是"西方马克思主义"同样具有的。问题在于,"西方马克思主义"的积极意义不仅仅体现在这里,甚至主要不是体现在这里。"西方马克思主义"的积极意义不是主要体现在与后现代主义的相同之处而是主要体现在相异点上。

　　人类历史发展到 20 世纪,伴随着近代自然科学而形成的近代形而上学哲学世界观,以及根源于这种哲学世界观的人类的现代性理念,以及作为这种现代性理念在现实生活中实际体现的现代化运动,遇到了空前的危机,其对人类的负面效应暴露无遗。"西方马克思主义"和后现代主义的出现都源于对这种危机和负面效应的愤然不满和激情批判。问题在于,这是沿着两种不同的路向所展开的激情批判,而在激情批判中所建立的也是两种大相径庭的理论体系。这样,当代人面对近代形而上学哲学世界观、现代性理念和现代化运动的危机与负面效应,有着两种不同的理论体系可供借鉴和启迪,这就是"西方马克思主义"和后现代主义。当人们了解了后现代主义的虚无化、消极性和荒谬性以后,了解了后现代主义的那种"明察秋毫之末,而不见舆薪"的状况以后,会倍加觉得"西方马克思主义"的入情入理、至当不易,会充分感受到在"西方马克思主义"的字里行间蕴含着指引人类在新的世纪里前进的正确路向。

　　近代形而上学哲学世界观和思维方式曾在促进唯物主义和科学的发展,反对宗教,特别是中世纪神学中曾经起过不可磨灭的作用,但由于这种哲学世界观和思维方式禁锢在抽象化的自然界或绝对化的观念世界中,越来越走向困境。从 19 世纪中叶以来就不断有哲学家对这种传统的哲学世界观的思维方式发出挑战和进行批判,这种挑战和批判一直延伸到 20 世纪后半期。纵观 20 世纪 60 年代以后的后现代主义者的理论以及作为其理论先驱的其他许多现代西方哲学家的理论不难看出,他们对近代形而上学哲学世界观和思维方式的挑战和批判持有一种浓厚的虚无主义、相对主义和主观主义的倾向,他们从批判近代的形而上世界观和本体论出发,变成了反对世界观和本体论本身,并由此进一步引向极端,要从根本上取消哲学,取消对形而上学问题的探究。罗蒂认为,在这样一个时代,"将不存在任何称作哲学家的人"①。德里达明言后现代主义的"写作""绝对地颠覆一切本体论"②。殊不知自古以来哲学对形而上的追求,哲学作为一门关于世界观的学问,是不可能被取消的。正确的道路是摆脱把世界僵死化和凝固化的近代形而上学本体论,摆脱脱离人的现实生活和实践的近代思维方式,建立一种能使世界动荡起来,与人的现实生活和实践密切相联的新的本体论、新的形而上学、新的哲学世界观、新的思维方式。"西方马克思主义"正是沿着这一思路走的。"西方马克思主义"的理论家对近代形而上学哲学观和思维方式所展开的批判的激烈和尖锐程度,一点也不亚于那些后现代主义者,但他们并没有由此简单地否定对世界观和本体论问题研究的意义,而注重于把这种研究由面向脱离现实的抽象的自然界或观念世界改变为面向人的现实生活世界,面向人的感性实践活动。

现代性理念的哲学基础就是这种近代形而上学的哲学世界观,或者说,现代性理念是从这种近代形而上学哲学世界观中引出来的。正是在以追求绝对真理,承认同一性、崇尚整体性为宗旨的近代哲学世界观的基础上,形成了以人道主义和理性主义为核心的现代性理念。与近代形而上学哲学世界观有其不可磨灭的历史功绩相一致,现代性理念在实现西方社会的工业文明和现代化方面亦功不可没。也与近代形而上学哲学世界观逐步陷入困境相一致,现代性理念的负面效应亦日趋明显。正是在这种背景下,后现代主义把批判矛头直指现代性理念的两个核心——人道主义和理性主义。写在后现代主义旗帜上的最醒目的词句就是反对理性,消解主体性。他们把当代文明社会中的一切不幸的根源都归结于坚持主体性原则和理性主义原则。"西方马克思主义"及时地扭转了这种敌视理性、敌视人类、在人类历史上危害最甚的理论倾向。"西方马克思主义"的理论家揭示了现代性理念在现实生活中所产生的种种不良后果,但与此同时,他们又强调这并不是现代性理念本身的过错。他们认为,问题不在于要不要坚持主体性原则和理性主义原则,而在于如何真正恢复人之为人的本质特性,如何使理性健康、有序地发展和发挥作用,具体地说,就是如何使理性不演变为纯粹的工具理性或科技理性,如何使人道和人权不从属于工具理性,人成为工具理性的奴隶。在他们看来。理性为人所固有,人们只能依赖主体,用理性去纠正理性的偏差、恢复人的主体性。尽管以理性和主体性为标志的现代性出了问题,但现代性并没

---

① [美]罗蒂著,黄勇译:《后哲学文化》,上海译文出版社1992年版,第13页。
② J. Derrida: *Margins of Philosophy*, Chicago, 1982, p. 67.

有完成,人类只有通过不断地纠正现代性的偏差来完成现代性这一尚未完成的方案。

如果说现代性是现代化运动的理念的话,那么现代化运动则是现代性的现实。实际上,人们所说的现代性理念的负面效应都是通过现代化运动表现出来的。现代化运动在使社会现代化和带给人们充分、精致的物质享受的同时,又带来了极为恶劣的负面影响。这就引来了对现代化运动的无穷的批判,批判现代化运动在当今已成了一个时尚。后现代主义显然处于批判现代化运动的最前沿。他们对现代化运动的批判有四个最显著的特点:第一,无视现代化运动对人类带来的福音,而对之持全盘否定态度;第二,不对现代化运动作历史的分析,看不到现代化的一些负面效应有一个发生、发展的过程;第三,把现代化运动中出现的一切问题都说成是现代化本身带来的,是现代化运动逻辑发展的必然结果;第四,强烈要求回到前现代化状态去。"西方马克思主义"理论家可能比后现代主义者更早、更深刻地觉察到了现代化运动负面效应,但他们在对现代化运动中出现的种种问题展开揭露和批判时,后现代主义者的所有这些特点在他们身上很少体现。他们在批判现代化运动中出现的负面效应的同时,又讴歌现代化运动给人类带来了物质文明,为人类开辟了一个全新的时代,使人类摆脱各种自然和历史的束缚。他们肯定现代化运动是推动近200年来人类历史变革的主要动力。他们仔细地剖析了现代化运动中各种负面效应产生和发展的历史过程,富有说服力地向人们揭示现代化运动中所出现的所有问题并不是现代化运动本身、现代性的理念带来的,而是由目前推进现代化运动的社会环境,特别是社会制度所造成的。简言之,他们批判的不是现代化运动本身,而是现代化运动的资本主义形式。他们相信,只要换一种社会制度,换一种价值观念,现代化运动完全有可能避免目前所出现的各种弊端。他们强烈要求使现代化运动不是与资本主义而是与社会主义结合在一起,这样他们又把对现代化运动中负面效应的批判变成了对社会主义目标追求的必然性的论证。

总之,无论是从对近代形而上学哲学世界观的态度来看,还是就对现代性理念和现代化运动所持的立场而言,"西方马克思主义"与后现代主义的界限是清楚的,对立是明显的。"西方马克思主义"理论家韦尔默尔(A. Wellmer)在谈及后现代主义时指出,后现代主义实际上是"要宣告这样的历史设想的终结:现代性的设想、欧洲启蒙运动的设想、最终也是希腊和西方文明的设想"①。韦尔默尔对后现代主义的实质的揭露可谓是一语中的,后现代主

---

① 参见汪行福:《走出时代的困境——哈贝马斯对现代性的反思》,上海社会科学院出版社2000年版,第1页。

义的全部的消极性都在这里。"西方马克思主义"则与之相反,它是要在不断克服这些设想的缺点的过程中,特别是要通过建立一种新的社会制度来推进这种设想,"西方马克思主义"的全部的积极意义也正是在这里。

最后必须指出的是,通过把"西方马克思主义"置于与后现代主义对立的背景下其所体现出来的全部的积极意义,是马克思主义本身的积极意义。"西方马克思主义"与后现代主义的对立,实际代表了马克思主义与后现代主义的对立。"西方马克思主义"的理论家之所以能如此有力地与后现代主义相抗衡,之所以在抗衡中提出了如此深刻的真知灼见,关键在于他们一方面领会了马克思主义的基本理论,另一方面又善于使马克思主义的基本理论与时代的要求相吻合。

最近一时期,国内学术界一些学者撰文反复说明,在马克思主义诞生以来的100多年时间里,围绕着如何看待马克思的哲学,无论在马克思主义者那里还是在非马克思主义中间,一直存在着对马克思哲学的严重曲解,这就是看不到马克思的哲学对西方近代形而上学哲学世界观的超越,以近代哲学思维方式来理解马克思的哲学,这样就把马克思的哲学也视为是一种以主客心物等二分为出发点,以建立关于世界的本源或本质的理论体系为目标,以基础主义或本质主义为主要理论特征的哲学。实际上,国内这些学者只是重复"西方马克思主义"理论家的观点,"西方马克思主义"的创始人早在80多年前就已开始探讨马克思的哲学与近代形而上学哲学世界观的界限,并努力把马克思超越近代哲学之处当作马克思在哲学上真正的创新点(主要是以社会化的人的现实生活为哲学的基础)加以挖掘和弘扬,而以后几乎所有的"西方马克思主义"理论家基本上都是沿着这一思路,一直强调马克思的哲学源于近代哲学而超越近代哲学,属现当代哲学思维方式。"西方马克思主义"在马克思主义研究史上是最早也是最明确地把马克思的哲学当作是超越近代哲学的现当代哲学的。在他们看来,马克思在哲学上既源于近代哲学又超越近代哲学的这一基本立场,决定了他对植基于近代哲学的现代性理念,对作为现代性理念的核心的人道主义和理性主义也持既肯定其历史功绩又批判其不断滋生的负面效应的态度,这样,在马克思的著作中既看到大量讴歌现代化运动的篇章,又读到许多对之展开批判的词句,也就不足为奇了。

难能可贵的是,"西方马克思主义"理论家在把马克思的哲学理解为超越近代哲学的现当代哲学时,并没有与后现代主义走到一起去了。由于他们正确地把握了马克思的哲学,所以他们既不会把马克思的哲学与西方近代哲学相提并论,也就是说,不会根据近代哲学的思维方式来解释马克思的哲学,也不会把马克思的哲学当作与近代哲学水火不相容的哲学,从反对近代哲学的本体论,走向连近代哲学的本体论指向也一块消解掉,从反对现代性理念和现代化运动的一些负面效应连现代性理念和现代化运动本身也放弃掉了。他们一方面通过强调马克思的哲学对近代哲学的超越与传统的对马克思哲学的那种僵死的理解划清界限,另一方面又通过说明马克思的哲学不会因超越近代哲学而对本体论问题本身也否定掉了,不会因批判了现代性理念和现代化运动的负面效应而对现代性理念和现代化运动本身也加以敌视,来与后现代主义相抗衡。必须承认,这是一种建立在正确理解马克思的哲学的基础上的正确的马克思主义的立场。"西方马克思主义"与后现代主义的对立正是来自于这种基本的立场,"西方马克思主义"的积极意义也正来自于这种基本的立场。

代结论：当代哲学走向：后现代主义、西方马克思主义还是发展着的马克思主义

后现代主义和西方马克思主义的产生和发展都是在马克思的哲学变革和西方哲学的现代转型的大背景下发生的。研究这两种思潮当然具有多方面的意义，其中最值得关注的是：这两种思潮在现当代哲学的发展中具有很大的代表性，具体分析它们的发生和发展的复杂和曲折历程，有助于深刻和准确地揭示现当代哲学发展的客观趋势，并从对现当代哲学可能的发展道路的比较研究中进一步揭示只有发展着的马克思主义才能体现当代哲学发展的正确走向。

在本书第一篇中，我们对作为现当代哲学发展的大背景的马克思在哲学上的革命变更与西方哲学从近代到现代的转型以及二者之间的关系分别作了较为具体的论述。在第二篇中，我们对当代后现代主义思潮的来龙去脉以及它的一些代表人物的主要理论的成败得失作了较为具体的分析。第三篇进一步从与马克思主义哲学相关的角度来评介后现代主义，主要是揭示它们对马克思主义的态度。第四篇涉及西方马克思主义，但不是系统地介绍西方马克思主义，而是从与马克思主义及后现代主义相关的角度来谈西方马克思主义。在作了这些论述以后，我们现在可以回头来谈论当代哲学的走向问题了。我们将从当代哲学走向问题的意义及其全球化背景谈起。

一、当代哲学走向问题的意义

哲学的走向问题也就是哲学发展的方向问题。发展当然可以是指相对局部（某些方面）和短期（不是一个历史时代）的变化，但引起哲学界普遍关注的往往是整体性和长远性的变化。哲学界对当代哲学的走向的关注正是后一种意义的走向。如果原有的哲学发展的道路或者说方向仍然具有生命力，那人们谈论的哲学走向当然还是以原有哲学思维方式为基础，这意味着这种走向没有根本性的方向变更。如果原有的哲学发展道路已不能适应

哲学进一步发展的要求,或者说它已失去了生命力,那就必须从根本上改变哲学发展的方向,进行整体性的哲学思维方式的转型。后者涉及一个时代哲学研究的问题的性质、范围、方法和目标的变更,而这自然具有划时代意义。例如,通过认识论的转向所实现的变更形成了横跨几个世纪的近代哲学思维方式,而以马克思在哲学上所实现的革命为最高表现形态的哲学变更则意味着现代哲学思维方式的形成。

在同一种具有划时代意义的哲学思维方式下,哲学发展也可以发生重大变更,存在处于不同的阶段,持不同、甚至相反的哲学观点的派别。例如,在近代哲学中,17世纪的形而上学、18世纪的启蒙主义、19世纪的德国古典哲学就处于不同发展阶段;而当时的唯物主义和唯心主义、经验论和唯理论等等派别之间往往存在着激烈的争论。但是所有这些不同的哲学派别在以主客分立(也就是所谓主体性原则的确立)为前提,以主体所固有的理性为手段、以研究认识论问题为中心、以建立关于整个世界的体系为目标上却有着重要的共同之处。马克思在哲学上的变更之所以具有划时代的意义,就在于他全面彻底地超越了近代哲学思维方式,建立了以强调社会化的人的现实生活和实践(这正是马克思的唯物史观的出发点和核心)为特征的现代哲学思维方式。由于西方现代各派哲学各以不同方式在特定方面超越了近代哲学,因而它们在一定程度上也转向了现代哲学思维方式,并由此与马克思主义哲学有某些共同之处。无论是由革命变更创建的马克思主义哲学还是由现代转型建立的现当代西方哲学,也都有一个发展过程,由此呈现出不同的发展阶段。西方马克思主义和后现代主义就是马克思主义哲学和现代西方哲学在其发展过程中的产物,体现了其发展过程中特定方面的特征。

因此在讨论当代哲学走向问题时,应当关注的主要是具有长远和整体性意义的走向。这具体表现在:由马克思在哲学上的革命变更所开创的马克思主义哲学的发展方向以及由现代西方各派哲学在不同程度上所进行的现代转型的方向是否已经过时?如果没有过时,它们在新的历史时期能否再取得和怎样取得新的进步?后现代主义和西方马克思主义在现当代西方哲学和马克思主义哲学的发展中具有怎样的地位?它们是否标志着现代西方哲学和马克思的哲学发展中的新方向?如果不是,它们在这两种哲学的发展中具有怎样的意义?在当代哲学发展中,马克思主义哲学和后现代主义等现代西方各派哲学将处于怎样的关系中,究竟是哪一种哲学才能真正体现当代哲学发展的正确方向?这些问题正是本书所试图关注、并力所能及地作出某种回答的问题。

二、当代的全球化运动是否从根本上改变了哲学发展的方向

当代哲学走向问题近些年来之所以成为中外哲学界关注的热点问题之一有两个重要原因。一是无论是西方哲学还是马克思主义哲学,在当代的发展中都遇到了严重挑战,人们由此想到它们的进一步发展是否需要有新的方向性转换。这可以说是最主要的原因。我们在本书上面的一些章节中已经提及,下面还将要作出综述。二是进入新的世纪以来,经济全球化浪潮比以往任何时候进行得更为强烈,其范围还涉及科学技术、政治和文化等众多领域。全球化问题由此成了中外学界普遍关注的热点问题。各国社会制度、经济发展状况以及历史和文化传统等虽可能有很大差异,但又同处于一个在这些方面都密切联系的时代,都难以摆脱全球化的潮流。学界由此想到这种潮流是否会导致哲学上发生划时代意义的新的转型。

马克思指出:"任何真正的哲学都是自己时代精神的精华。"①在估计当代哲学的发展是否会发生根本性的思维方式转型、进入到一个与马克思主义哲学产生一百多年来具有本质区别的新的历史时代时,当然需要从不同方面和层次进行分析,其中包括要认识当代全球化浪潮是否会从根本上改变我们的时代的性质。

中外学界对全球化概念并无统一的解释。就其实现程度说,既可以指一种趋势,又可以说是正在实现的过程或已有的结局。应用领域不同和应用人的立场不同都会有不同意义。它在政治上既可以是指超级大国在全球推行霸权主义,也可以是指与之相反的全球范围内的多极化趋势;在经济上既可以是指全球范围经济联系和合作的加强,生产要素的优化配置,也可以是指发达国家通过跨国公司等实现的对其他国家的控制;有的人把全球化与世界主义、世界一体化相提并论,有的人则将其理想化为世界大同,互联网的发展则被当作科学技术领域全球化的标志。但总的说来全球化现象是市场经济发展的产物。正是市场经济使商品的生产和消费越来越世界化,而这又必然导致政治、思想文化等各个方面世界化。

尽管许多人把20世纪80年代罗马俱乐部提出"全球问题"的报告当作全球化理论提出的标志,实际上马克思和恩格斯早在一百多年前在《德意志意识形态》中,特别是在《共产党

---

① [德]马克思、恩格斯:《马克思恩格斯全集》,人民出版社1956年版,第1卷,第121页。

宣言》中就都已有明确论述。他们指出,正是商品经济造成了资产阶级,而资产阶级"由于开拓了世界市场,使一切国家的生产和消费都成为世界性的了"①。资产阶级在经济上造成的世界化导致在政治上也造成以他们为中心的世界化,"它使未开化和半开化的国家从属于文明国家,……使东方从属于西方"②。与资产阶级实现以其为中心的世界化同时,随着作为其对立面的各国的无产者越来越形成为一支独立的政治力量,他们也越来越变成世界性的了,成为"世界历史性的存在"。作为《共产党宣言》结语的"全世界无产者,联合起来"正是无产阶级的国际主义意义上的世界化的集中表现。当然,正像资产阶级的世界化过程必然存在种种冲突一样,无产阶级的这种联合也会因为具体的历史条件的局限性而存在着种种障碍,在某些特定时期它甚至难以成为现实。但如果把它当作是一个较长期的社会发展过程,它就是一种可以实现的客观趋势。总之,全球化不仅是一个多义概念,而且从经济、政治等各个方面说都是一个具有不同倾向性的概念,而这些不同意义又存在于同一过程之中,是出于从不同角度和立场来看待这一过程。

从《共产党宣言》发表的一百多年来,由于市场经济体制在世界范围的极大扩展,全球化现象无论在深度和广度上也都有重大变化。不仅西方资本主义各国形成了统一的世界市场,以中国为代表的社会主义国家也越来越融入世界市场。在经济越来越全球化的基础上,其他各个领域的全球化过程也越来越迅猛进行。马克思主义者对于这一百多年来社会历史等各个方面的深刻变化当然必须有充分的认识,在分析社会历史和哲学等思想文化上的各种变更时必须有"世界历史"的眼光即全球化的发展过程的眼光。然而这些变化的基本趋势从整体上说仍然是马克思和恩格斯在《宣言》中所指出的世界历史的发展趋势,那就是冲破私人资本垄断的狭隘桎梏,导致共产主义。这种趋势当然是一个相当长时期的历史发展过程,存在着多种表现形态,期间可能存在着种种困难、挫折、甚至局部和暂时性的倒退;但这一过程的发展趋向是确定无疑的。一百多年来世界历史的发展正是这样复杂的过程。期间资本主义因其内在矛盾而遇到了各种严重的危机,以及爆发世界大战。社会主义在取得胜利的同时也经历了种种困难和挫折。苏东剧变和中国的十年动乱都具有明显的倒退性质。但这些都没有改变马克思所揭示的社会发展的趋势。换言之,当前世界历史的发展仍处于《宣言》所揭示的发展趋势的过程中。既如此,作为历史发展趋势,即时代精神

---

① [德]马克思、恩格斯:《马克思恩格斯选集》,人民出版社1995年第2版,第1卷,第276页。
② 同上书,第277页。

的体现的哲学在整体上还没有、也不可能发生根本性的哲学思维方式转换意义的变更,由马克思所开辟的哲学发展的道路仍然是当代哲学发展的正确道路。

这当然并不意味着当前强劲的全球化浪潮对哲学发展没有产生深刻影响,更不意味着从哲学上研究这一浪潮没有重要意义。最能既对"世界历史性"、"全球化"进程的不同意义和倾向性作出明确区分,又能对它们作出整体分析的是哲学。哲学总是处于同时代的经济、政治、科学技术以及各种思想文化形态的基础之上,或者说立于它们之巅。如果失去这样的基础,就必然倾覆。但也正因为哲学立于它们之巅,它能比它们本身更清楚地发现它们在运行中出现的各种偏向,为其指出前进道路。换言之,探索和确定一种具有全球性意义的哲学发展的正确方向必须立足于对这种哲学所处时代的经济、政治、思想文化和科学技术等各个方面的深刻而全面的认识,而一旦具有这种方向的哲学建立起来,就能够反过来指示出经济、政治等等各个方面的发展的正确方向。在这方面,从马克思、恩格斯到毛泽东、邓小平等无产阶级革命家为我们作出了光辉的榜样。他们从来不把自己的哲学理论当作教条,而总是既牢固地把握住社会和时代发展的大方向,又关注和研究在各种具体环境下的各种现实问题,因而能从哲学上把握住时代精神的脉搏,为经济、政治和思想文化等各个具体领域的发展指出正确的方向,使他们所领导的各项具体事业能取得胜利。

正因为如此,在探索和讨论当代哲学走向这样牵涉广泛的问题时,马克思主义者必须充分关注包括全球化浪潮在内的当代世界政治经济思想文化等各个方面显示出的新问题、新情况,从中更加深刻地领悟时代精神的精华所在,使我们的哲学研究更加能体现时代精神的要求。这样我们就会发觉,西方现当代哲学之陷入困境从其社会背景来说正是由于它们偏离了时代精神,而许多西方哲学家在全球化现象加剧等情况下高度重视当代哲学走向问题的研究也正是企图以此克服其哲学的困境。我们既要从他们的成败得失中吸取经验教训,又要看到他们在这方面与马克思主义哲学的原则性区别,从比较研究中更为全面和深刻地认识马克思主义哲学的当代意义。

三、当代西方哲学的困境与后现代主义

全面和深刻地认识西方现当代哲学的发展动向需要从不同方面和层次上对之加以研究。由于后现代主义曾被一些西方哲学家当作摆脱当代西方哲学的困境的重要途径,甚至体现了全球化条件下的当代哲学的发展方向,因此对其实际所是及其在西方哲学发展中的

地位更需要有适当的了解。本书上面对后现代主义已有较具体评介,此处仅概述它是否体现当代哲学发展的前进方向。

正如我们上面谈到的,后现代主义一词在学界被较广泛应用是20世纪下半期以后的事。它最初仅指称一种以背离和批判某些古典,特别是现代设计风格为特征的建筑学倾向,后来被移用于指称文学艺术、社会学、政治学甚至自然科学等诸多领域中具有类似反传统倾向的思潮。在哲学领域中,一些具有反传统哲学倾向的流派,特别是那些以反对和超越心物二元论、基础主义、本质主义、理性主义和道德理想主义、主体主义和人类中心论、一元论和决定论、唯一性和确定性、简单性和绝对性等为特征的哲学流派,也大都被归属于后现代主义哲学。例如,以利奥塔、福柯、德里达等为代表的法国后结构主义,以伽达默尔为代表的德国哲学释义学,以及以蒯因、罗蒂等人为代表的美国新实用主义,由于都具有上述特征而被认为是20世纪60年代以来出现的当代后现代主义哲学的主要形态。这些哲学流派或哲学家之间往往存在着重要区别,许多西方哲学家因此肯定后现代主义哲学的多样性,甚至提出有多少后现代主义者就有多少种后现代主义。然而西方哲学家在谈论后现代主义时,又基本上离不开上述那些特征。

是否可以把具有上述特征的哲学归属于后现代主义以及后现代主义是否都具有上述特征,这些都并不特别重要。现代西方哲学中哲学派别和思潮的划分以及各派究竟具有哪些特征,都很少具有严格的确定性。后现代主义哲学之所以引起人们关注,主要在于一些西方哲学家把它看作是一种与现代西方哲学根本不同的哲学,甚至构成了西方哲学发展上一个新阶段;而当它传入中国后,这种说法更为一些人所轻信,由此引起了种种思想混乱。

出现这种混乱的重要原因在于不少人对于西方哲学在近现代以及现当代的变更的历史过程缺乏深刻了解。最早将西方后现代主义引入中国的多为文学艺术界人士。他们对西方文学艺术领域中后现代主义对现代主义的批判也许很是了解,但对于它们的哲学背景可能不太熟悉。其实从哲学上来说,20世纪下半期以来一些西方哲学家提出的被当作后现代主义的理论,其基本观点是尼采以来许多西方现代哲学家早就提出过的,或者说他们的思想倾向是现代西方哲学发展中的较有普遍性的倾向。一些西方学者也认为后现代主义只是一种要求超越"现代性"的倾向,超越了特定的时间和学派的界限,可以把不同时期具有这种倾向的哲学理论都归入其内。除后结构主义、哲学解释学、新实用主义等哲学流派外,还包括海德格尔、哈贝马斯、弗洛伊德、马尔库塞、阿多诺、维特根斯坦、奥斯汀、戴维森、波普、库恩、拉卡托斯、费耶阿本德等人的理论,尼采、狄尔泰等一些19世纪思想家被认为是后现代哲学的重要先驱。总之,19世纪中期以来具有反传统哲学(特别是反笛卡尔和康德以来的近代哲学)特征的主要哲学流派大都被归属于后现代主义之列(有的人甚至将其思想渊源追溯到帕斯卡尔、维柯和卢梭)。这样理解的后现代主义哲学实质上就是指超越了近代哲学视野的一种具有较普遍意义的哲学思维方式,可以归属于现代哲学思维方式。总之,从当代后现代主义者的理论与实现了西方哲学近现代转型的那些著名哲学家的理论的比较来说,不能证明后现代主义在西方哲学史上是不同于,或者说超越了现代西方哲学的另一个发展阶段。

这当然不是说一百多年来的西方哲学没有重大发展,也不是说近几十年来西方哲学家在后现代主义等名目下提出的种种理论只是简单重复其前辈哲学家。他们与之相比至少有如下几点区别。第一,他们大都指责前辈哲学家对传统形而上学的批判不彻底,在批判基础主义时往往又陷入另一种形式的基础主义,而他们力图克服这种不彻底性。例如罗蒂、德里达等人都明确地承认自己在继续尼采以来的许多重要哲学家的工作,但又要求克服他们的不彻底性。德里达就说正因为他受惠于海德格尔,他才要"在海德格尔的著作中寻找其属于形而上学或他所谓的存在—神学印记"①,以便最终摆脱形而上学思维方式。第二,他们进一步发挥了某些现代西方哲学家的反主体性和人类中心论倾向,但不同意后者仍然把人作为一种具有实在性的主体,而要求像消解其他实体性的存在那样消解人的存在,以此使人不受任何外在的或内在的制约,而只领略当下的、现实的生活。第三,他们对现代西方哲学中的非理性主义作了改造,不仅要超越理性主义,也要超越非理性主义。在他们那里,一切都成了变动不居的、非决定的、不可比较、不可公度的东西。人的认识成了一种相对主义、无政府主义式的自由嬉戏。第四,当代后现代主义者把对传统和现代西方哲学的超越发展成了对哲学本身的超越,消解了哲学的本来意义,使哲学变成某种非哲学的东西。最值得注意的是他们把哲学和诗融合起来。德里达提出哲学与诗同源,认为从事哲学就是从事诗的创作。也正是在这种意义上他把哲学当作隐喻之学。

我们在上面的有关篇章中已经谈到,对于当代后现代主义对现代西方哲学的种种超越,都应当分别作出具体研究。但总的说来,这些超越或者是对前辈哲学家的观点的发挥,使之更为彻底(例如对基础主义的批判);或者将其引向极端(例如极端相对主义)。这就是说,当代后现代主义哲学家所进行的种种批判和变更不管怎样激烈和奇特,都是在现代西

---

① [法]德里达:《立场》,1981年芝加哥英文版,第9—10页。

方哲学思维模式这个总的框架内进行的。因此不管从肯定或否定方面说,都不能认为他们实现了对现代西方哲学的根本性超越或新的方向性转换,而只能把它们当作整个现代西方哲学发展中出现的一种引人注目的动向。一些当代后现代主义哲学家的确在一定程度上察觉了并试图克服现代西方哲学发展中存在的一些问题及所处的某些困境,但他们并没有、也不可能达到预期的目标,他们没有、也不可能为当代西方哲学的发展找出正确的道路。

当代后现代主义的上述局限性并不意味着对它的研究不重要。它的出现至少具有如下几点意义。第一,它对近代等西方传统哲学的批判虽有片面性和极端性,但毕竟揭示了后者的许多缺陷和矛盾,由此可以看到西方哲学由近代向现代的转向作为基本哲学思维模式变换的必然性和进步性。第二,它对西方现代哲学的批判和超越虽然同样有很大局限性,但毕竟同样暴露了后者的种种矛盾以及所陷入的困境。这意味着现代西方哲学所体现的现代哲学思维方式有严重缺陷,必需加以批判和超越。第三,它虽然在基本哲学思维模式上没有超越现代西方哲学,从而未能体现当代哲学的现实走向,但毕竟为研究当代哲学的走向提供了某些值得思索的设想。第四,它在批判近现代哲学时把马克思主义哲学也列入其内。这固然可以说是对马克思主义哲学的歪曲和攻击,但也应看作是对被僵化和教条化的马克思主义哲学的种种弊端的揭露,这有助于我们思考如何重新认识和恢复马克思主义哲学作为现代哲学的本来意义,认识它如何既超越西方近代哲学,也超越西方现代哲学。

值得一提的是:在当代后现代主义的演化中,出现了用后现代主义理论来解释马克思主义,以便借用马克思主义的名义来认证后现代主义道路的合理性。在这一点上,他们往往被认为是西方马克思主义的继承者。然而,正如本书上面曾谈到的,马克思主义与后现代主义等现代西方哲学尽管在超越近代哲学上有某些共同之处,但二者不仅社会基础不同,在理论形态上也有着原则区别。马克思主义在超越近代哲学上不是对后者采取虚无主义态度,它高度肯定近代哲学的唯物主义和辩证法的传统以及对理性的颂扬,只是反对近代哲学在这些方面的绝对化倾向。而后现代主义对近代哲学的批判恰恰是走向虚无主义和相对主义。用后现代主义来解释马克思主义实际上是把马克思主义后现代主义化,而这必然背离马克思主义的立场,当然也谈不到用马克思主义来认证你们的理论的合理性。他们对西方马克思主义的援引同样不能证明他们站到了马克思主义立场上,因为西方马克思主义并不是一个统一的哲学派别。有的西方马克思主义者同当代后现代主义一样是用现代西方哲学来解释马克思主义哲学,使马克思主义哲学现代西方哲学化,而这明显地背离了马克思主义立场。当然,也有一些后现代主义者的确力图接近甚至接受马克思主义。但只要他们坚持当代后现代主义的立场,他们仍然只能是后现代主义者,而不是马克思主义者。他们同其他后现代主义者一样不能为当代哲学的发展找到正确道路。

四、马克思主义哲学发展中的曲折及其经验教训

研究当代哲学走向问题既涉及对西方现代哲学,特别是后现代主义哲学的重新评价,也涉及对马克思主义哲学的重新认识。二者又是密切相关的。我一直主张把对这两种哲学的研究结合起来:既在马克思实现了哲学上的伟大革命的背景下来重新认识和评价西方哲学近现代之间的变更,又在西方哲学变更这个大背景下重新更为深刻地认识马克思在哲学上的变更的伟大意义。我由此对二者都有了一些新的想法,这在我近几年的一些论著中都有所体现[①]。这里想补充的是:马克思主义哲学在其发展历程中出现过一些曲折,重要原因之一在于人们有时往往按照马克思批判和超越过的近代哲学思维方式来理解和解释马克思主义哲学,从而偏离了后者的实际所是,扭曲了其本来意义。

在马克思主义哲学的发展过程中出现的挫折中,最严重的从国际上说是20世纪80—90年代之交发生的苏东剧变,从中国国内说是20世纪60—70年代发生的"文化大革命"。前者公开从右的方面攻击和抛弃马克思主义,使前苏联和东欧的一些社会主义国家倒退到了资本主义;后者以极左的口号扭曲了马克思主义,使中国的社会主义事业遭到了空前浩劫。二者在外表上有右和极左之别,但都背离了马克思主义;从哲学根源说都背离了马克思在哲学上的革命变更的本来意义。马克思的变更的根本内容是批判和超越了以体系哲学为特征的近代哲学思维方式,建立了以强调人的现实生活和实践为特征的现代哲学思维方式;然而上述两种背离都会使马克思主义哲学倒退到近代哲学思维方式上去。

这样说并不是全盘否定近代哲学。笛卡尔等西方近代哲学家高举理性主义的旗帜以不同方式对宗教神学及作为其"婢女"的经院哲学发起批判,他们明确地区分主客心物使哲学基本问题突现出来,并由此实现了西方哲学发展中的认识论转向,这大大地促进了唯物主义反对唯心主义、科学反对宗教的斗争,也为近代自然科学的发展开辟了道路。主客之

[①] 参见《马克思主义与西方哲学的现当代走向》,人民出版社2001年版;另见《新编现代西方哲学》,人民出版社2000年版。

明确区分开来也确立了主体的独立地位,这为资本主义商品经济(市场经济)体制的确立创造了必要前提,促进了西方各国现代化的实现。对于正处于实现现代化过程的中国来说,西方近代哲学的许多原则更值得研究和借鉴。

但是,西方近代哲学在它后来的发展中由于脱离现实生活和实践而越来越片面化了。例如,对理性的颂扬变成了对理性的迷信,导致了绝对理性主义和思辨形而上学;主客分立变成了主客分离,导致了二元论及与之相关的独断论和怀疑论;对包含了认识论和方法论等丰富内容的对哲学体系的重新构建转化成了使哲学变成凌驾于现实生活和各门实证科学之上的科学的科学,即思辨形而上学,或者说体系哲学;把人从神的桎梏下解放出来变成了使人脱离了与自然和社会的现实联系,越来越与人本身的发展发生冲突。这些本书上面已一再揭示过。我们在此再次强调的是:随着19世纪30年代开始出现的经济危机对资本主义所谓理性社会的矛盾的暴露以及无产阶级的反抗运动的兴起,现存资本主义的合理性受到了严重的挑战,加上19世纪以来自然科学一系列的重大发现对形而上学思维方式的冲击,西方近代体系哲学从整体上说越来越失去其历史必然性,必将被新的哲学思维方式所取代。

马克思在哲学上之得以实现具有划时代意义的伟大革命变更,正在于他深刻地察觉到了近代哲学的根本缺陷是脱离了人的现实生活和实践,从而针锋相对地提出了一种把人的现实生活和实践作为出发点和根本特征的哲学来取代它。他的《关于费尔巴哈的提纲》的核心思想正是强调实践的观点在哲学研究中的决定性意义。因为"全部社会生活在本质上是**实践的**。凡是把理论引向神秘主义的神秘东西,都能在人的实践中以及对这个实践的理解中得到合理的解决"①。这种实践不是人作为孤立的个体的活动或作为体现人的自然共性的人的"类"的活动,而是社会化了的人的活动。因为"人的本质并不是单个人所固有的抽象物。在其现实性上,它是一切社会关系的总和"②。因此马克思的哲学是一种以社会化了的人的现实生活为基础的实践哲学,也就是他后来作了进一步发挥的唯物史观。唯物史观当然是唯物主义,但这不是近代哲学中那种立足于自在的自然的直观的唯物主义,而是"把感性理解为实践活动的唯物主义"③,也就是立足于人的实践性和历史性的唯物主义。

马克思哲学的根本目标是为无产阶级改造世界服务,因此它不把理论当作教条,而当作行动的指南;它不刻守任何背离现实生活和实践的抽象原则,而是把它的原则与现实生

---

① [德]马克思、恩格斯:参见《马克思恩格斯选集》,人民出版社1995年第2版,第1卷,第56页。
② 同上。
③ 同上。

活和实践紧密联系起来,既用来指导现实生活和实践,又在现实生活和实践中受到检验。马克思竭力反对并力图超越任何封闭、僵固的哲学体系,自然也避免构建易于变得封闭和僵固的那种严密完整的哲学体系,而坚持采取一种能动地面向现实生活和实践、面向未来的开放的思维方式。他和恩格斯对德意志意识形态的批判就其直接意义说是对费尔巴哈、鲍威尔等人的形而上学的批判,但就其实质说也是对全部传统形而上学,特别是笛卡尔以来近代理性派形而上学的批判,而后者的突出特征就是脱离现实生活和实践来建构关于整个世界的无所不包的哲学体系。

马克思主义哲学的发展道路是不平坦的。除了受到西方哲学家的攻击外,在马克思主义内部也存在对它的种种扭曲,不过出自不同动机。其中有的人是忠诚的甚至是杰出的马克思主义者,他们对马克思理论的曲解往往出于误解;有的人只是打着马克思主义旗号,不是真正的马克思主义者,他们之所以曲解马克思往往是为了反对马克思主义。但是从哲学理论根源来说,他们都是自觉或不自觉地按照近代哲学思维方式来理解和解释马克思的理论,混淆了近代体系哲学和马克思以唯物主义为前提的实践哲学。

上述扭曲情况在第二国际部分理论家和普列汉诺夫那里就有表现。在斯大林时代的苏联,这种把马克思哲学近代化、体系哲学化的倾向有了更大发展。斯大林在《联共(布)党史简明教程》(1938)4章2节中对马克思主义哲学所作的概括长期以来被认为具有权威性。尽管其中许多内容是马克思主义的,在传播马克思主义哲学上起过积极作用;但它又使整个马克思主义哲学具有明显的封闭性和独断性,从而更接近西方近代哲学,或者说在一定意义上倒退到了脱离现实生活的体系哲学。尽管包括斯大林在内的俄国马克思主义者通过十月革命以及后来的社会主义建设的现实斗争在许多方面丰富和发展了马克思主义哲学,而后者也促进了他们在现实斗争中取得胜利。然而对作为指导思想的马克思主义哲学的近代化使他们在各个方面都出现了与现实生活和实践严重背离的僵化和教条化倾向,也都导致了严重的消极后果。这在经济领域表现得特别突出。

尽管社会主义制度曾经促使前苏联的经济取得飞速发展,从一个相对落后的国家一度变成了在某些方面可以与美国相匹敌的超级大国。然而越来越僵化和教条化的计划经济体制严重地违背了经济发展规律,也未能融入统一的世界市场,致使经济发展在一些重要方面越来越停滞不前。在这种情况下斯大林等却提出要以产品交换来取代商品交换[①],他

[①] 参见[苏联]斯大林:《苏联社会主义经济问题》,人民出版社1952年版。

的一些后继者甚至进一步宣布要在短期内建成共产主义。这种严重脱离实际的倾向使苏联经济在与西方资本主义国家的"和平竞赛"中越来越处于下风,最后遭到失败,甚至处于崩溃边缘。

在包括哲学在内的意识形态领域,尽管斯大林时代的苏联马克思主义者力图用马克思主义来批判各种西方现当代哲学思潮,但也正因为把马克思主义哲学近代化,他们的批判同样往往脱离了其实际所是。以致所批判的可能正是应当吸取的合理因素,而对应当加以批判或超越的东西却反而视而不见。这样的批判在理论上使人陷入教条主义,在实践上必然导致失败。现实情况也正是这样。

以斯大林时代为主的前苏联的教条主义倾向在马克思主义内部曾引起争议,其中特别值得一提的是以卢卡奇、葛兰西为代表的早期西方马克思主义者对把十月革命的武装起义道路以及经济基础的决定作用绝对化的倾向提出了异议。他们认为这种倾向正是第一次世界大战后中西欧各国革命失败的原因。他们由此主张各国应当根据自己的具体环境选择适当的革命道路,应当强调思想意识的作用。他们的这种观点显然具有合理性。但是,他们以及他们以后的西方马克思主义者往往从一个极端走向了另一个极端,在批评将马克思主义教条化时却试图用现代西方哲学的某些观点来解释马克思主义,从而使马克思主义现代西方哲学化了。

总之,马克思主义者如果脱离了马克思主义的实际所是,如果从马克思的以社会的人的现实生活和实践为出发点的哲学倒退到近代哲学思维方式上去,那不仅不能坚持马克思主义,反而会导致右倾等片面性。前苏联一些领导人后来公开背离和反对马克思主义的"新思维"等极右理论之所以能成为时髦,他们公开解散共产党和废弃社会主义的极右的背叛行为之所以能得逞,并非他们个人有多大号召力,而是由于长期以来对马克思主义的本来意义的背离使马克思主义在很大程度上失去了广大人民群众的信任。对一切真正忠诚于马克思主义的人来说,这是一个应当认真总结的深刻的教训。

这种以近代哲学思维方式来理解和解释马克思主义哲学的倾向在中国同样存在。中共党史上多次反对右和左的机会主义斗争从哲学理论上说就是反对放弃和扭曲马克思主义根本原则,特别是其实践性的斗争。因为"机会主义和冒险主义,都是以主观和客观相分裂,以认识和实践相分离为特征的"[①]。由于左的教条主义打着维护马克思主义的招牌,欺

---

① 毛泽东:《实践论》,《毛泽东选集》第1卷,人民出版社1991年版,第295页。

骗性和危害性更大。甚至像毛泽东这样伟大的马克思主义者有时也未能幸免受其影响。

毛泽东在领导中国革命的实践活动中所写的许多论著都极大地丰富和发展了马克思主义辩证法,在将马克思主义的普遍原理与中国革命的具体实践相结合上作出了杰出的贡献。然而毛泽东后期由于过分强调不断革命而在一定程度上脱离了中国的现实条件,越来越走向左的道路。这在哲学等理论上也明显地表现出来。他在1953年斯大林逝世时发表的《最伟大的友谊》纪念文章中把《联共(布)党史简明教程》当作最有权威性的马克思主义经典著作,其中的第4章第2节《辩证唯物主义与历史唯物主义》更被看作是对马克思主义哲学的经典概括。中国的马克思主义哲学研究本来已受斯大林时代苏联模式的影响。经过毛泽东的肯定和提倡,更进一步促使这种模式成了中国马克思主义哲学的主导模式。

这种对马克思哲学的实际所是的偏离在中国的政治、思想文化和经济领域都产生过严重的消极后果。毛泽东在政治路线上之过分强调以阶级斗争为纲与他后期在哲学上把唯物唯心的斗争绝对化和简单化的倾向有着密切联系。20世纪50年代中期由他直接领导的对实用主义的批判就突出地表现了这一点。从克服和肃清学术领域内的资产阶级影响、确立和巩固马克思主义的领导地位说,这场批判有其必要性,也取得了重大成果。然而批判中把实用主义简单地归结为唯心主义和形而上学、把马克思主义和实用主义的对立绝对化却偏离了这两种哲学的实际所是,由此也造成了不少消极后果。对实用主义的批判之出现偏向,主要理论根源仍然是忽视了现代哲学和近代哲学的根本区别,特别是忽视了马克思在哲学上的革命变更的根本意义。

对"文革"造成的空前浩劫,绝大部分经历过的人都会刻骨铭心。然而"文革"正是由毛泽东这样的革命导师亲自发动并领导的,是在批判资产阶级和修正主义反动路线、坚持和发展马克思主义的旗号下进行的。"四人帮"之能猖獗一时,也正因为他们打的是马克思主义的旗号,喊的是马克思主义口号。这使千千万万对马克思主义有崇高信念但对之又无深刻了解的人一度跟随其后,汇成了一股几乎是势不可挡的狂潮。这里关键的问题是:"四人帮"对马克思主义作了肆无忌惮的篡改。他们不仅将马克思主义扭曲倒退到了近代哲学的地步,甚至也扭曲倒退到了欧洲中世纪和中国封建专制主义的地步。而他们之所以能得以作出这样的扭曲,是因为背离马克思主义的实际所是的左的思潮早已存在,并有深刻的影响,他们正是在此基础上将其发展到极端。

中国的"文革"使马克思主义在中国的发展受到很大挫折,苏东剧变则更使马克思主义在世界范围遭到更严重的挫折。马克思主义者应当承认这些挫折,并学会从中吸取经验教训。但进一步的思考使我们不难发觉,这并非马克思主义本身的失败,而是将马克思主义哲学加以扭曲所导致的失败。

五、当代哲学走向：后现代主义、西方马克思主义还是发展着的马克思主义

从全球化的观点来观察当代哲学的发展可以发觉,无论现当代西方哲学还是马克思主义哲学都有各自的问题,都遇到了新的挑战或受到过新的挫折;在全球化运动的新的阶段中,它们各自都需要总结既往发展的经验教训,探索新的发展方向。那么它们究竟是否会发生根本性的、或者说哲学思维方式转型意义上的变更呢？这是我们通过上面的讨论应当进一步思考的问题。

对于现当代西方哲学的处境,现在很少再有人用穷途末路等词汇来形容了。但它们存在矛盾和危机,处于某种困境之中,则是西方哲学家都肯定的事实。在众多现当代西方哲学流派中几乎没有一个流派能得到公认,也没有一种哲学理论不受到批驳。当代后现代主义思潮的出现曾使一些人受到鼓舞,仿佛它为西方哲学的发展找到了新的方向。然而正如我们上面谈到的,尽管它的确适应了对西方哲学发展进行新的反思和变更的需要,一些当代后现代主义哲学家也以开辟哲学的新方向为己任,但他们的哲学大体上只是对尼采以来的西方现代哲学的一些基本观点的重述,有的虽有所发挥,也并未越出现代西方哲学的基本思维框架,甚至使后者的某些本来就存在的矛盾和片面性更加极端化。因此尽管后现代主义在西方哲学界曾轰动一时,但好景不长。一些西方哲学家在"后后现代主义"等各种名目下早已开始对之加以批判,企图为西方哲学的发展另外寻找较健全的道路,但他们大都仍是回到当代后现代主义之前的那些现代西方哲学家的原有立场上去,当然谈不到为西方哲学的发展找到了新的道路。这种状况表明：无论是当代后现代主义者还是他们的批判者都没有为西方哲学发展找到一条具有思维方式转型意义的发展道路。

对于在全球化倾向加剧的条件下西方哲学今后应当怎样走？目前在西方哲学家中众说纷纭。最值得注意的是包括当代后现代主义者在内的许多西方哲学家纷纷把他们对近代哲学的一些根本观念的批判与马克思的名字联系起来,有的人甚至把马克思哲学当作从现代通向后现代的必经之路。他们由此与原有的西方马克思主义一道汇成了一股通向马克思的强大潮流。萨特等人早就提出过的马克思的哲学是当代唯一不可逾越的哲学的论

断现在为越来越多的西方思想家接受。就在1999年,马克思居然被西方媒体评列千年伟人之首。这在一定意义上意味着不是个别人,而是相当多的人肯定了马克思开辟的哲学道路是当代哲学发展的正确道路。

众多的西方哲学家确认马克思的哲学道路是当代哲学发展的唯一正确道路,这当然值得马克思主义者高兴,甚至由此受到鼓舞。但对于当前盛行的这种涌向马克思的潮流我们也应冷静分析。关键问题在于他们是按照马克思哲学本来意义来解释马克思哲学呢还是仅仅企图借用马克思的名字来宣扬后现代主义之类他们自己的理论。在历史上,打着马克思的旗号来曲解甚至反对马克思本人的学说的情况实在太多了。我们不要在这方面再发生迷误。

对于马克思主义者来说,当然需要重新研究和认识西方近现代哲学的发展和变化的历史,从它们的成败得失中吸取经验教训,并注意它们的发展动向;但更为重要的是在整个西方近现代哲学转型的大背景下更为深刻、全面地认识马克思在哲学上的革命变更的伟大意义,从一百多年来世界的社会政治和思想文化领域的错综复杂的斗争的大背景下来重新认识对马克思哲学的左和右的扭曲及它们所造成的严重的后果,由此既划清马克思主义哲学与各种西方哲学流派的界限,又划清马克思哲学的本来意义与对它的左和右的扭曲形态的界限。在这方面,国际上的苏东剧变和国内的十年动乱的教训很是值得我们进一步从哲学上认真研究。我们应当从中吸取教训,坚定对马克思主义哲学的深刻信念。

为了更加坚定对马克思主义的深刻信念,始终不渝地坚持马克思主义的发展方向,就必须既正确认识和理解马克思主义哲学的本来意义,又正确认识和理解马克思主义哲学在新的环境和历史条件下的发展,把握它在新的情况下所遇到的各种新的问题。这意味着必须既把握马克思主义哲学的实践性,又把握马克思主义哲学的历史性,并把二者统一起来。恩格斯把马克思超越黑格尔和费尔巴哈所建立的新哲学称为"关于现实的人及其历史发展的科学"[①],明确地揭示了马克思主义哲学对历史发展的强调。马克思主义哲学之永远具有生命力,就在于它在坚持唯物主义的前提下既把实践的观点当作是其哲学的根本观点,并由此而能把唯物主义与辩证法统一起来,成为辩证的唯物主义;又把实践看作是一个历史发展过程,使辩证的唯物主义同时又是历史的唯物主义。用马克思主义哲学观点看待事物,意味着既要有辩证的观点,又有历史的观点;既要看到事物的诸种复杂的联系和矛盾,

---

① [德]马克思、恩格斯:《马克思恩格斯选集》,人民出版社1995年第2版,第4卷,第241页。

又要看到事物的历史发展过程;既要坚持根本原则,又要有发展的眼光,能与时俱进。马克思和恩格斯在看待资本主义和工人运动时正是这样做的。他们对放弃原则的机会主义和墨守成规的教条主义都作出了旗帜鲜明的批判。列宁之能领导俄国无产阶级取得十月革命的伟大胜利,也正是由于他既坚持了马克思主义的基本原则,又在俄国革命的新的具体条件下发展了马克思主义。列宁主义坚持了马克思主义,但又是发展了的马克思主义。以毛泽东、邓小平为代表的中国马克思主义者同样是既坚持又发展了马克思主义。也正因为如此,以毛泽东思想和邓小平理论为指导思想的中国共产党人才能领导中国人民取得了革命和建设的伟大胜利。

总之,无论从一百多年来世界哲学发展的历史以及当前的现实看,只有马克思所开辟的哲学发展方向才是当代哲学发展唯一正确方向,尽管全球化的趋势一百多年来发生了深刻变化,但从哲学上说,这种变化没有超越发展着的马克思主义所及的范围。只有发展着的马克思主义才是现当代时代精神的精华的高度和深刻的体现。

后　记

　　《现代哲学的变更与后现代主义和西方马克思主义》这个课题算起来我竟然前后已作了近20年了，从课题正式立项算起也已12年。迟迟未能出版主要并不是这个课题有多困难，或者这本书稿质量有多高，而是其中存在较多曲折，以致一拖再拖。在最终确定出版之时，我想将其中有些原委说出来。算是向读者的一点交代吧！

　　我最初写关于后现代主义的文章是在1994—1995年间。记得1994年现代外国哲学学会与文艺界的一些学者在西安合开了一次关于后现代主义的学术讨论会。我因为当时对后现代主义没什么研究，就没有去参加。后来听参加会议的朋友们讲，会上发言的基本上都是文艺界的专家，哲学界的专家因对这方面了解不多只能沉默。这次会议促使哲学界的许多人开始关注后现代主义。也正在这一年，《国外社会科学》的主编王治河先生来上海组稿，约我带头写一篇关于后现代主义的文章。我当时还没有研究过后现代主义，但他说我对现代西方各派哲学都较熟悉，有条件较准确地把握后现代主义的要义，因此由我来写较合适。同时给我"封"了一个该刊名誉编委的名义，并带来了一张证书。我一方面觉得盛情难却；另一方面当时正在准备对《现代西方哲学》修订本作新的修订，而这次修订必须对后现代主义有所交代，必须花一定力量来研究后现代主义。于是就答应了他的约请。从那以后一年多，我把当时能找到的后现代主义的材料都看了。正好那时美国芝加哥大学有两位教授在组织国际哲学界通过网络讨论后现代主义。我与他们建立了联系，前后几个月几乎每天都能通过电子邮件从他们那里收到国外学者谈论后现代主义的材料（有的是长篇大论，有的只是简短的意见）。这样我大体上对国内外学者研究后现代主义的动态有了较多具体了解。他们的意见纷纭，很难从中找出一种我信服的观点。正好这时我经过几年的研究，对西方哲学从近代到现代的转型及其与马克思在哲学上的革命变更的关系问题已形成了具有一定"颠覆性"的观点（这些观点在《西方哲学的近现代转型与马克思主义哲学和当代中国哲学的发展道路（论纲）》作了阐释），于是我就大体上按照这种观点写成了《后现代主义与西方哲学的现当代走向》一文，由《国外社会科学》于1996年3、4两期发表。大概是由于本文属于国内哲学界这方面最早发表的论文之一,观点又与众不同,连向高层送审的《大参考》也全文转载了。这样我与后现代研究就挂上边了。其实,我并不是国内曾经出现的"后现代热"的助推者。我从来不把后现代主义看作是超越西方哲学现当代发展的新方向,而只是认为它是西方现当代哲学发展的动向之一。

至于西方马克思主义,国内是由中国社会科学院徐崇温教授最早于20世纪80年代初引入的,而他的引进正是适应了"体制"内的急需。那时我与他因工作关系交往较多。他曾建议我也重点从事这方面的研究。考虑到《现代西方哲学》教材必须不断修订,需要花费我绝大部分时间,我不可能再把研究西马作为重点。但我很明白其研究的重要性,于是在我负责的复旦大学现代哲学研究所内立即专门设立了一个西方(国外)马克思主义研究室,由新加入所的俞吾金和陈学明专职研究。他们是我国高校最早从事这方面研究的学者,后来研究成果卓著,获准建立教育部研究基地和国家研究基地,在国内一直走在前面。我虽然没有专职从事这方面的研究,但对他们的研究还是较为关注的。20世纪90年代以来,我由于准备对《现代西方哲学》再作修订,重点是把现代西方哲学研究与马克思主义哲学研究结合起来:在马克思在哲学上的革命变更的视野下来看待西方哲学从近代到现代的转型,在西方哲学的近现代转型的背景下更好地理解马克思的哲学变革的意义。对后现代主义和西方马克思主义的研究自然成了这种结合的必要的一环。2000年出版的《新编现代西方哲学》在一定程度上体现了一种意图。

《现代哲学的变更与后现代主义和西方马克思主义》这个课题是在上述工作的基础上在2002年开始启动的。当时除了我作为课题负责人外,还有俞吾金和陈学明作为主要撰写人。全书计划分四篇,我负责编写两篇,他们各负责一篇。原来估计3年可以完成。但不久他们自己又担负了新的课题,无暇顾及本课题。我自己也担负了一项国家社科基金重点课题,加上2004年起复旦大学杜威中心成立后我在这方面负责了较多工作,特别是主持《杜威全集》37卷中文版的翻译出版,精力分散。这样对原来的计划不能不作些调整。除了我自己负责主体部分外,有关后现代主义和西方马克思主义的具体人物的编写大部分由我前后各届毕业的博士研究生按他们的特长分工编写,另由陈学明和张艳芬写了三章。参写人员各按所长编写提高了编写质量,更重要的是有更好的条件在统一规划下涉及后现代主义和西方马克思主义的较广泛的领域,使本书能成为一部较为系统而全面的论著。但参写人员较多又产生了较大的分散性,风格较难统一。更重要的是相互等待,交稿大大迟延。较多稿件到2009—2010年间才交出。

如果没有体制上的麻烦,本书在2010年就可出版。但本课题属于教育部基地课题,按教育部规定必须等教育部审查完毕后才能出版。我们在2010年6月就向教育部送呈了"终结报告书"(连带五份打印纸质书稿和一份电子书稿)。但一等再等,直到2014年10月才正式见到教育部的结项证书(但并无评审专家的修改意见)。据说有关部门这样的拖拉不是个案。果如此,他们的工作效率显然太低了些。但愿能有所改进。

书稿完成四年后才出版必然要失去某些新意。好在这部书稿不是跟风之作,即使现在重写,各个具体人物的内容不可能有多大变化。综合性的部分都是由我自己写的。它们大都由《新华文摘》转载过,得到了学界较多人的认可,与我现在的观点也没有什么改变。因此大体上还能算是一部新书吧!

最后就本书编写分工作些说明:本书的绪论、代结论、各卷的卷头语以及第一篇全部、第二篇第一章、第四篇第一、二章为复旦大学刘放桐;第二篇第二章和第三篇第一、五章为华东师大王寅丽;第二篇第三、四章、第四篇第三章为复旦大学莫伟民;第四篇第五、六章为复旦大学陈学明;第三篇第二、三章为华东师大姜宇辉;第二篇第五、六、七、八章分别是上海理工大学许良、西南政法大学周发财、鲁东大学韩升、海南师范大学刘华初;第三篇第四、六、七章分别为上海师范大学张志平、复旦大学高国希、刘平;第四篇第四章为上海大学张艳芬。

刘放桐

2015年4月

图书在版编目(CIP)数据

现代哲学的变更与后现代主义和西方马克思主义/刘放桐主编.—上海:华东师范大学出版社,2016.1
ISBN 978-7-5675-4709-4

Ⅰ.①现… Ⅱ.②刘… Ⅲ.①哲学-发展-研究-世界-现代②后现代主义-研究③西方马克思主义-研究 Ⅳ.①B15②B089

中国版本图书馆CIP数据核字(2016)第027633号

现代哲学的变更与后现代主义和西方马克思主义

主　　编　刘放桐
项目编辑　朱华华
特约审读　沈　秋
责任校对　林文君
装帧设计　崔　楚

出版发行　华东师范大学出版社
社　　址　上海市中山北路3663号　邮编　200062
网　　址　www.ecnupress.com.cn
电　　话　021-60821666　行政传真　021-62572105
客服电话　021-62865537　门市(邮购)电话　021-62869887
地　　址　上海市中山北路3663号华东师范大学校内先锋路口
网　　店　http://hdsdcbs.tmall.com

印　刷　者　常熟市文化印刷有限公司
开　　本　787×1092　16开
印　　张　27.5
字　　数　490千字
版　　次　2016年8月第1版
印　　次　2016年8月第1次
书　　号　ISBN 978-7-5675-4709-4/B·999
定　　价　68.00元

出版人　王焰

(如发现本版图书有印订质量问题,请寄回本社客服中心调换或电话021-62865537联系)